Emmanuel Macron

Président de la République française

Liste alphabétique par département de Mesdames et Messieurs les députés à l'Assemblée nationale*

© Assemblée nationale

* Liste établie en juin 2020

AIN

Damien Abad
Les Républicains
Ain

Xavier Breton
Les Républicains
Ain

Olga Givernet
La République en Marche
Ain

Stéphane Trompille
La République en Marche
Ain

Charles de la Verpillière
Les Républicains
Ain

AISNE

Aude Bono-Vandorme
La République en Marche
Aisne

Jean-Louis Bricout
Socialistes et apparentés
Aisne

Marc Delatte
La République en Marche
Aisne

Julien Dive
Les Républicains
Aisne

Jacques Krabal
La République en Marche
Aisne

ALLIER

Jean-Paul Dufrègne
Gauche démocrate et républicaine
Allier

Bénédicte Peyrol
La République en Marche
Allier

Laurence Vanceunebrock-Mialon La République en Marche *Allier*

ALPES-DE-HAUTE-PROVENCE

Delphine Bagarry
Écologie Démocratie Solidarité
Alpes-de-Haute-Provence

Emmanuelle Fontaine-Domeizel
La République en Marche
Alpes-de-Haute-Provence

ALPES-MARITIMES

Marine Brenier
Les Républicains
Alpes-Maritimes

Bernard Brochand
Les Républicains
Alpes-Maritimes

Éric Ciotti
Les Républicains
Alpes-Maritimes

Loïc Dombreval
La République en Marche
Alpes-Maritimes

Éric Pauget
Les Républicains
Alpes-Maritimes

Cédric Roussel
La République en Marche
Alpes-Maritimes

Michèle Tabarot
Les Républicains
Alpes-Maritimes

Laurence Trastour-Isnart
Les Républicains
Alpes-Maritimes

Alexandra Valetta Ardisson
La République en Marche
Alpes-Maritimes

ARDÈCHE

Fabrice Brun
Les Républicains
Ardèche

Hervé Saulignac
Socialistes et apparentés
Ardèche

Michèle Victory
Socialistes et apparentés
Ardèche

ARDENNES

Pierre Cordier
Apparenté au groupe Les Républicains
Ardennes

Bérengère Poletti
Les Républicains
Ardennes

Jean-Luc Warsmann
UDI, Agir et Indépendants
Ardennes

ARIÈGE

Michel Larive
La France insoumise
Ariège

Bénédicte Taurine
La France insoumise
Ariège

AUBE

Valérie Bazin-Malgras
Les Républicains
Aube

Grégory Besson-Moreau
La République en Marche
Aube

Gérard Menuel
Les Républicains
Aube

AUDE

Danièle Hérin
La République en Marche
Aude

Alain Perea
La République en Marche
Aude

Mireille Robert
La République en Marche
Aude

AVEYRON

Anne Blanc
La République en Marche
Aveyron

Stéphane Mazars
La République en Marche
Aveyron

Arnaud Viala
Les Républicains
Aveyron

BAS-RHIN

Laurent Furst
Les Républicains
Bas-Rhin

Antoine Herth
Agir ensemble
Bas-Rhin

Patrick Hetzel
Les Républicains
Bas-Rhin

Thierry Michels
La République en Marche
Bas-Rhin

Frédéric Reiss
Les Républicains
Bas-Rhin

Bruno Studer
La République en Marche
Bas-Rhin

Vincent Thiébaut
La République en Marche
Bas-Rhin

Sylvain Waserman
Mouvement Démocrate et apparentés *Bas-Rhin*

Martine Wonner
Écologie Démocratie Solidarité
Bas-Rhin

BOUCHES-DU-RHÔNE

Saïd Ahamada
La République en Marche
Bouches-du-Rhône

Cathy Racon-Bouzon
La République en Marche
Bouches-du-Rhône

Valérie Boyer
Les Républicains
Bouches-du-Rhône

Bernard Deflesselles
Les Républicains
Bouches-du-Rhône

DÉPUTÉS DE L'ASSEMBLÉE NATIONALE

Bouches-du-Rhône, Calvados, Cantal, Charente, Charente-Maritime, Cher, Corrèze, Corse-du-Sud

Pierre Dharréville
Gauche démocrate et républicaine
Bouches-du-Rhône

Éric Diard
Les Républicains
Bouches-du-Rhône

François-Michel Lambert
Libertés et Territoires
Bouches-du-Rhône

Mohamed Laqhila
Mouvement Démocrate et apparentés
Bouches-du-Rhône

Alexandra Louis
La République en Marche
Bouches-du-Rhône

Jean-Luc Mélenchon
Président du groupe La France insoumise
Bouches-du-Rhône

Monica Michel
La République en Marche
Bouches-du-Rhône

Anne-Laurence Petel
La République en Marche
Bouches-du-Rhône

Claire Pitollat
La République en Marche
Bouches-du-Rhône

Bernard Reynès
Les Républicains
Bouches-du-Rhône

Guy Teissier
Les Républicains
Bouches-du-Rhône

Jean-Marc Zulesi
La République en Marche
Bouches-du-Rhône

CALVADOS

Fabrice Le Vigoureux
La République en Marche
Calvados

Laurence Dumont
Socialistes et apparentés
Calvados

Sébastien Leclerc
Les Républicains
Calvados

Christophe Blanchet
La République en Marche
Calvados

Bertrand Bouyx
La République en Marche
Calvados

Alain Tourret
La République en Marche
Calvados

CANTAL

Jean-Yves Bony
Les Républicains
Cantal

Vincent Descoeur
Les Républicains
Cantal

CHARENTE

Jérôme Lambert
Socialistes et apparentés
Charente

Sandra Marsaud
La République en Marche
Charente

Thomas Mesnier
La République en Marche
Charente

Sur les 577 députés de l'Assemblée nationale, la classe d'âge la plus représentée est celle des 50-60 ans avec 181 représentants. Elle devance les 40-50 ans (156).

CHARENTE-MARITIME

Jean-Philippe Ardouin
La République en Marche
Charente-Maritime

Olivier Falorni
Libertés et Territoires
Charente-Maritime

Raphaël Gérard
La République en Marche
Charente-Maritime

Didier Quentin
Les Républicains
Charente-Maritime

Frédérique Tuffnell
Écologie Démocratie Solidarité
Charente-Maritime

CHER

François Cormier-Bouligeon
La République en Marche
Cher

Nadia Essayan
Mouvement Démocrate et apparentés *Cher*

Loïc Kervran
La République en Marche
Cher

CORRÈZE

Christophe Jerretie
La République en Marche
Corrèze

Frédérique Meunier
Les Républicains
Corrèze

CORSE-DU-SUD

Paul-André Colombani
Libertés et Territoires
Corse-du-Sud

Jean-Jacques Ferrara
Les Républicains
Corse-du-Sud (2A)

Le Bureau composé de 22 membres (le président de l'Assemblée nationale, 6 vice-présidents, 3 questeurs et 12 secrétaires), exerce une compétence générale sur l'organisation et le fonctionnement de l'Assemblée.

CÔTE-D'OR

Yolaine de Courson
Écologie Démocratie Solidarité
Côte-d'Or

Rémi Delatte
Les Républicains
Côte-d'Or

Fadila Khattabi
La République en Marche
Côte-d'Or

Didier Martin
La République en Marche
Côte-d'Or

Didier Paris
La République en Marche
Côte-d'Or

CÔTES-D'ARMOR

Hervé Berville
La République en Marche
Côtes-d'Armor

Éric Bothorel
La République en Marche
Côtes-d'Armor

Bruno Joncour
Mouvement Démocrate et apparentés
Côtes-d'Armor

Yannick Kerlogot
La République en Marche
Côtes-d'Armor

Marc Le Fur
Les Républicains
Côtes-d'Armor

CREUSE

Jean-Baptiste Moreau
La République en Marche
Creuse

DEUX-SÈVRES

Delphine Batho
Écologie Démocratie Solidarité
Deux-Sèvres

Guillaume Chiche
Écologie Démocratie Solidarité
Deux-Sèvres

Jean-Marie Fiévet
La République en Marche
Deux-Sèvres

DORDOGNE

Philippe Chassaing
La République en Marche
Dordogne

Jean-Pierre Cubertafon
Mouvement Démocrate et apparentés
Dordogne

Michel Delpon
La République en Marche
Dordogne

Jacqueline Dubois
La République en Marche
Dordogne

DOUBS

Éric Alauzet
La République en Marche
Doubs

Frédéric Barbier
La République en Marche
Doubs

Fannette Charvier
La République en Marche
Doubs

Annie Genevard
Les Républicains
Doubs

Denis Sommer
La République en Marche
Doubs

DRÔME

Emmanuelle Anthoine
Les Républicains
Drôme

Mireille Clapot
La République en Marche
Drôme

Célia de Lavergne
La République en Marche
Drôme

Alice Thourot
La République en Marche
Drôme

ESSONNE

Laëtitia Romeiro Dias
La République en Marche
Essonne

Stéphanie Atger
La République en Marche
Essonne

Nicolas Dupont-Aignan
Non inscrit
Essonne

Marie Guévenoux
La République en Marche
Essonne

Franck Marlin
Les Républicains
Essonne

Pierre-Alain Raphan
La République en Marche
Essonne

Robin Reda
Les Républicains
Essonne

Marie-Pierre Rixain
La République en Marche
Essonne

Francis Chouat
Apparenté au groupe La République en Marche
Essonne

Cédric Villani
Écologie Démocratie Solidarité
Essonne

EURE

Séverine Gipson
La République en Marche
Eure

Fabien Gouttefarde
La République en Marche
Eure

Claire O'Petit
La République en Marche
Eure

Bruno Questel
La République en Marche
Eure

Marie Tamarelle-Verhaeghe
La République en Marche
Eure

EURE-ET-LOIR

Guillaume Kasbarian
La République en Marche
Eure-et-Loir

Olivier Marleix
Les Républicains
Eure-et-Loir

Laure de La Raudière
Agir ensemble
Eure-et-Loir

Philippe Vigier
Président du groupe Libertés et Territoires
Eure-et-Loir

FINISTÈRE

Erwan Balanant
Mouvement Démocrate et apparentés
Finistère

Richard Ferrand
La République en Marche
Finistère

Jean-Charles Larsonneur Agir ensemble
Finistère

Sandrine Le Feur
La République en Marche
Finistère

Didier Le Gac
La République en Marche
Finistère

Annaïg Le Meur
La République en Marche
Finistère

Graziella Melchior
La République en Marche
Finistère

Liliana Tanguy
La République en Marche
Finistère

GARD

Philippe Berta
Mouvement Démocrate et apparentés *Gard*

Anthony Cellier
La République en Marche
Gard

Annie Chapelier
Écologie Démocratie Solidarité
Gard

Françoise Dumas
La République en Marche
Gard

Olivier Gaillard
Non inscrit
Gard

Nicolas Meizonnet
non inscrit
Gard

GERS

Gisèle Biémouret
Socialistes et apparentés
Gers

Jean-René Cazeneuve
La République en Marche
Gers

GIRONDE

Florent Boudié
La République en Marche
Gironde

Bérangère Couillard
La République en Marche
Gironde

Alain David
Socialistes et apparentés
Gironde

Dominique David
La République en Marche
Gironde

Pascal Lavergne
La République en Marche
Gironde

Catherine Fabre
La République en Marche
Gironde

Véronique Hammerer
La République en Marche
Gironde

Sophie Mette
Mouvement Démocrate et apparentés *Gironde*

Sophie Panonacle
La République en Marche
Gironde

Éric Poulliat
La République en Marche
Gironde

Loïc Prud'homme
La France insoumise
Gironde

Benoit Simian
La République en Marche
Gironde

HAUT-RHIN

Olivier Becht
Président du groupe Agir ensemble *Haut-Rhin*

Jacques Cattin
Les Républicains
Haut-Rhin

Bruno Fuchs
Apparenté au groupe Mouvement Démocrate et apparentés *Haut-Rhin*

Jean-Luc Reitzer
Les Républicains
Haut-Rhin

Raphaël Schellenberger
Les Républicains
Haut-Rhin

Éric Straumann
Les Républicains
Haut-Rhin

HAUTE-CORSE

Jean-Félix Acquaviva
Libertés et Territoires
Haute-Corse (2B)

Michel Castellani
Libertés et Territoires
Haute-Corse (2B)

HAUTE-GARONNE

Joël Aviragnet
Socialistes et apparentés
Haute-Garonne

Pierre Cabaré
La République en Marche
Haute-Garonne

Monique Iborra
La République en Marche
Haute-Garonne

Jean-Luc Lagleize
Mouvement Démocrate et apparentés
Haute-Garonne

Sandrine Mörch
La République en Marche
Haute-Garonne

Sébastien Nadot
Écologie Démocratie Solidarité
Haute-Garonne

Mickaël Nogal
La République en Marche
Haute-Garonne

Jean-François Portarrieu
La République en Marche
Haute-Garonne

Élisabeth Toutut-Picard
La République en Marche
Haute-Garonne

Corinne Vignon
La République en Marche
Haute-Garonne

HAUTE-LOIRE

Isabelle Valentin
Les Républicains
Haute-Loire

Jean-Pierre Vigier
Les Républicains
Haute-Loire

HAUTE-MARNE

Bérangère Abba
La République en Marche
Haute-Marne

François Cornut-Gentille
Les Républicains
Haute-Marne

HAUTE-SAVOIE

Virginie Duby-Muller
Les Républicains
Haute-Savoie

Frédérique Lardet
La République en Marche
Haute-Savoie

Marion Lenne
La République en Marche
Haute-Savoie

Véronique Riotton
La République en Marche
Haute-Savoie

Xavier Roseren
La République en Marche
Haute-Savoie

Martial Saddier
Les Républicains
Haute-Savoie

HAUTE-SAÔNE

Barbara Bessot Ballot
La République en Marche
Haute-Saône

Christophe Lejeune
La République en Marche
Haute-Saône

HAUTE-VIENNE

Sophie Beaudouin-Hubiere
La République en Marche
Haute-Vienne

Marie-Ange Magne
La République en Marche
Haute-Vienne

Pierre Venteau
La République en Marche
Haute-Vienne

DÉPUTÉS DE L'ASSEMBLÉE NATIONALE

Hautes-Alpes, Hautes-Pyrénées, Hauts-de-Seine, Hérault, Ille-et-Vilaine, Indre

HAUTES-ALPES

Pascale Boyer
La République en Marche
Hautes-Alpes

Joël Giraud
La République en Marche
Hautes-Alpes

HAUTES-PYRÉNÉES

Jeanine Dubié
Libertés et Territoires
Hautes-Pyrénées

Jean-Bernard Sempastous
La République en Marche
Hautes-Pyrénées

HAUTS-DE-SEINE

Bénédicte Pételle
La République en Marche
Hauts-de-Seine

Jean-Louis Bourlanges
Mouvement Démocrate et apparentés
Hauts-de-Seine

Céline Calvez
La République en Marche
Hauts-de-Seine

Frédérique Dumas
Libertés et Territoires
Hauts-de-Seine

Elsa Faucillon
Gauche démocrate et républicaine
Hauts-de-Seine

Isabelle Florennes
Mouvement Démocrate et apparentés
Hauts-de-Seine

Christine Hennion
La République en Marche
Hauts-de-Seine

Constance Le Grip
Les Républicains
Hauts-de-Seine

Jacques Maire
La République en Marche
Hauts-de-Seine

Jacques Marilossian
La République en Marche
Hauts-de-Seine

Laurianne Rossi
La République en Marche
Hauts-de-Seine

Thierry Solère
La République en Marche
Hauts-de-Seine

Florence Provendier
La République en Marche
Hauts-de-Seine

HÉRAULT

Nicolas Démoulin
La République en Marche
Hérault

Coralie Dubost
La République en Marche
Hérault

Jean-François Eliaou
La République en Marche
Hérault

Christophe Euzet
Agir ensemble
Hérault

Philippe Huppé
Agir ensemble
Hérault

Emmanuelle Ménard
Non inscrit
Hérault

Patricia Mirallès
La République en Marche
Hérault

Muriel Ressiguier
La France insoumise
Hérault

Patrick Vignal
La République en Marche
Hérault

ILLE-ET-VILAINE

Florian Bachelier
La République en Marche
Ille-et-Vilaine

Thierry Benoit
UDI, Agir et Indépendants
Ille-et-Vilaine

Christine Cloarec-Le Nabour
La République en Marche
Ille-et-Vilaine

Mustapha Laabid
La République en Marche
Ille-et-Vilaine

Gaël Le Bohec
La République en Marche
Ille-et-Vilaine

Gilles Lurton
Les Républicains
Ille-et-Vilaine

Laurence Maillart-Méhaignerie
La République en Marche
Ille-et-Vilaine

Claudia Rouaux
Socialistes et apparentés
Ille-et-Vilaine

INDRE

Nicolas Forissier
Les Républicains
Indre

François Jolivet
La République en Marche
Indre

INDRE-ET-LOIRE

Sophie Auconie
UDI, Agir et Indépendants
Indre-et-Loire

Philippe Chalumeau
La République en Marche
Indre-et-Loire

Fabienne Colboc
La République en Marche
Indre-et-Loire

Daniel Labaronne
La République en Marche
Indre-et-Loire

Sabine Thillaye
Écologie Démocratie Solidarité
Indre-et-Loire

ISÈRE

Caroline Abadie
La République en Marche
Isère

Marie-Noëlle Battistel
Socialistes et apparentés
Isère

Émilie Chalas
La République en Marche
Isère

Jean-Charles Colas-Roy
La République en Marche
Isère

Camille Gaillard-Minier
La République en Marche
Isère

Élodie Jacquier-Laforge
Mouvement Démocrate et apparentés *Isère*

Catherine Kamowski
La République en Marche
Isère

Monique Limon
La République en Marche
Isère

Marjolaine Meynier-Millefert La République en Marche *Isère*

Cendra Motin
La République en Marche
Isère

JURA

Danielle Brulebois
La République en Marche
Jura

Marie-Christine Dalloz
Les Républicains
Jura

Jean-Marie Sermier
Les Républicains
Jura

LANDES

Lionel Causse
La République en Marche
Landes

Fabien Lainé
Mouvement Démocrate et apparentés
Landes

Boris Vallaud
Socialistes et apparentés
Landes

LOIR-ET-CHER

Stéphane Baudu
Mouvement Démocrate et apparentés
Loir-et-Cher

Pascal Brindeau
UDI, Agir et Indépendants
Loir-et-Cher

Guillaume Peltier
Les Républicains
Loir-et-Cher

LOIRE

Julien Borowczyk
La République en Marche
Loire

Dino Cinieri
Les Républicains
Loire

Valéria Faure-Muntian
La République en Marche
Loire

Régis Juanico
Apparenté au groupe Socialistes et apparentés
Loire

Jean-Michel Mis
La République en Marche
Loire

Nathalie Sarles
La République en Marche
Loire

LOIRE-ATLANTIQUE

Aude Amadou
La République en Marche
Loire-Atlantique

Anne-France Brunet
La République en Marche
Loire-Atlantique

Yves Daniel
La République en Marche
Loire-Atlantique

Audrey Dufeu Schubert
La République en Marche
Loire-Atlantique

Sarah El Haïry
Mouvement Démocrate et apparentés
Loire-Atlantique

Sophie Errante
La République en Marche
Loire-Atlantique

DÉPUTÉS DE L'ASSEMBLÉE NATIONALE

Loire-Atlantique, Loiret, Lot, Lot-et-Garonne, Lozère, Maine-et-Loire, Manche, Marne, Mayenne

Yannick Haury
La République en Marche
Loire-Atlantique

Sandrine Josso
Libertés et Territoires
Loire-Atlantique

Valérie Oppelt
La République en Marche
Loire-Atlantique

François de Rugy
La République en Marche
Loire-Atlantique

LOIRET

Jean-Pierre Door
Les Républicains
Loiret

Marianne Dubois
Les Républicains
Loiret

Claude de Ganay
Les Républicains
Loiret

Caroline Janvier
La République en Marche
Loiret

Richard Ramos
Mouvement Démocrate et apparentés
Loiret

Stéphanie Rist
La République en Marche
Loiret

LOT

Aurélien Pradié
Les Républicains
Lot

Huguette Tiegna
La République en Marche
Lot

LOT-ET-GARONNE

Olivier Damaisin
La République en Marche
Lot-et-Garonne

Alexandre Freschi
La République en Marche
Lot-et-Garonne

Michel Lauzzana
La République en Marche
Lot-et-Garonne

LOZÈRE

Pierre Morel-À-L'Huissier
Apparenté au groupe UDI, Agir et Indépendants
Lozère

MAINE-ET-LOIRE

Philippe Bolo
Mouvement Démocrate et apparentés
Maine-et-Loire

Nicole Dubre-Chirat
La République en Marche
Maine-et-Loire

Stella Dupont
La République en Marche
Maine-et-Loire

Denis Masséglia
La République en Marche
Maine-et-Loire

Matthieu Orphelin
Écologie Démocratie Solidarité
Maine-et-Loire

Laetitia Saint-Paul
La République en Marche
Maine-et-Loire

Jean-Charles Taugourdeau
Les Républicains
Maine-et-Loire

MANCHE

Stéphane Travert
La République en Marche
Manche

Philippe Gosselin
Les Républicains
Manche

Sonia Krimi
La République en Marche
Manche

Bertrand Sorre
La République en Marche
Manche

MARNE

Valérie Beauvais
Les Républicains
Marne

Charles de Courson
Libertés et Territoires
Marne

Éric Girardin
La République en Marche
Marne

Aina Kuric
Agir ensemble
Marne

Lise Magnier
Agir ensemble
Marne

MAYENNE

Géraldine Bannier
Mouvement Démocrate et apparentés
Mayenne

Yannick Favennec Becot
Libertés et Territoires
Mayenne

Guillaume Garot
Socialistes et apparentés
Mayenne

Sur les 577 députés de l'Assemblée nationale, 228 sont des femmes.

MEURTHE-ET-MOSELLE

Thibault Bazin
Les Républicains
Meurthe-et-Moselle

Caroline Fiat
La France insoumise
Meurthe-et-Moselle

Laurent Garcia
Apparenté au groupe Mouvement Démocrate et apparentés *Meurthe-et-Moselle*

Carole Grandjean
La République en Marche
Meurthe-et-Moselle

Xavier Paluszkiewicz
La République en Marche
Meurthe-et-Moselle

Dominique Potier
Socialistes et apparentés
Meurthe-et-Moselle

MEUSE

Émilie Cariou
La République en Marche
Meuse

Bertrand Pancher
Libertés et Territoires
Meuse

MORBIHAN

Jean-Michel Jacques
La République en Marche
Morbihan

Nicole Le Peih
La République en Marche
Morbihan

Paul Molac
Libertés et Territoires
Morbihan

Jimmy Pahun
Mouvement Démocrate et apparentés
Morbihan

Hervé Pellois
La République en Marche
Morbihan

Gwendal Rouillard
La République en Marche
Morbihan

MOSELLE

Christophe Arend
La République en Marche
Moselle

Belkhir Belhaddad
La République en Marche
Moselle

Fabien Di Filippo
Les Républicains
Moselle

Brahim Hammouche
Mouvement Démocrate et apparentés *Moselle*

Richard Lioger
La République en Marche
Moselle

Ludovic Mendes
La République en Marche
Moselle

Isabelle Rauch
La République en Marche
Moselle

Nicole Trisse
La République en Marche
Moselle

Hélène Zannier
La République en Marche
Moselle

NIÈVRE

Perrine Goulet
La République en Marche
Nièvre

Patrice Perrot
La République en Marche
Nièvre

NORD

Ugo Bernalicis
La France insoumise
Nord

Alain Bruneel
Gauche démocrate et républicaine
Nord

Guy Bricout
UDI, Agir et Indépendants
Nord

Anne-Laure Cattelot
La République en Marche
Nord

Sébastien Chenu
Non inscrit
Nord

Paul Christophe
Agir ensemble
Nord

Béatrice Descamps
UDI, Agir et Indépendants
Nord

Jennifer De Temmerman
Ecologie Démocratie Solidarité
Nord

Christophe Di Pompeo
La République en Marche
Nord

Dimitri Houbron
Agir ensemble
Nord

Christian Hutin
Apparenté au groupe Socialistes et apparentés
Nord

DÉPUTÉS DE L'ASSEMBLÉE NATIONALE

Nord, Oise, Orne, Paris

Sébastien Huyghe
Les Républicains
Nord

Charlotte Lecocq
La République en Marche
Nord

Vincent Ledoux
Agir ensemble
Nord

Brigitte Liso
La République en Marche
Nord

Florence Morlighem
La République en Marche
Nord

Catherine Osson
La République en Marche
Nord

Valérie Petit
Agir ensemble
Nord

Adrien Quatennens
La France insoumise
Nord

Fabien Roussel
Gauche démocrate et républicaine
Nord

Francis Vercamer
UDI, Agir et Indépendants
Nord

OISE

Pascal Bois
La République en Marche
Oise

Carole Bureau-Bonnard
La République en Marche
Oise

Olivier Dassault
Les Républicains
Oise

Maxime Minot
Les Républicains
Oise

Agnès Thill
non inscrit
Oise

Pierre Vatin
Les Républicains
Oise

Éric Woerth
Les Républicains
Oise

ORNE

Jérôme Nury
Les Républicains
Orne

Véronique Louwagie
Les Républicains
Orne

Joaquim Pueyo
Socialistes et apparentés
Orne

PARIS

Laetitia Avia
La République en Marche
Paris

Pierre-Yves Bournazel
Agir ensemble
Paris

Claude Goasguen
Les Républicains
Paris

Olivia Gregoire
La République en Marche
Paris

Benjamin Griveaux
La République en Marche
Paris

Stanislas Guerini
La République en Marche
Paris

Brigitte Kuster
Les Républicains
Paris

Anne-Christine Lang
La République en Marche
Paris

Gilles Le Gendre
Président du groupe
La République en Marche
Paris

Mounir Mahjoubi
La République en Marche
Paris

Sylvain Maillard
La République en Marche
Paris

Danièle Obono
La France insoumise
Paris

George Pau-Langevin
Socialistes et apparentés
Paris

Pierre Person
La République en Marche
Paris

Hugues Renson
La République en Marche
Paris

Pacôme Rupin
La République en Marche
Paris

Marielle de Sarnez
Mouvement Démocrate et apparentés
Paris

Buon Tan
La République en Marche
Paris

PAS-DE-CALAIS

Bruno Bilde
Non inscrit
Pas-de-Calais

Brigitte Bourguignon
La République en Marche
Pas-de-Calais

Marguerite Deprez-Audebert
Mouvement Démocrate et apparentés *Pas-de-Calais*

Pierre-Henri Dumont
Les Républicains
Pas-de-Calais

Bruno Duvergé
Mouvement Démocrate et apparentés
Pas-de-Calais

José Evrard
Non inscrit
Pas-de-Calais

Daniel Fasquelle
Les Républicains
Pas-de-Calais

Marine Le Pen
Non inscrit
Pas-de-Calais

Jacqueline Maquet
La République en Marche
Pas-de-Calais

Ludovic Pajot
Non inscrit
Pas-de-Calais

Jean-Pierre Pont
La République en Marche
Pas-de-Calais

Benoit Potterie
La République en Marche
Pas-de-Calais

PUY-DE-DÔME

André Chassaigne
Président du groupe Gauche démocrate et républicaine
Puy-de-Dôme

Michel Fanget
Mouvement Démocrate et apparentés
Puy-de-Dôme

Christine Pires Beaune
Socialistes et apparentés
Puy-de-Dôme

Valérie Thomas
La République en Marche
Puy-de-Dôme

Laurence Vichnievsky
Mouvement Démocrate et apparentés
Puy-de-Dôme

PYRÉNÉES-ATLANTIQUES

Vincent Bru Apparenté au groupe Mouvement Démocrate et apparentés
Pyrénées-Atlantiques

David Habib
Socialistes et apparentés
Pyrénées-Atlantiques

Jean Lassalle
Libertés et Territoires
Pyrénées-Atlantiques

Florence Lasserre
Mouvement Démocrate et apparentés
Pyrénées-Atlantiques

Jean-Paul Mattei
Mouvement Démocrate et apparentés *Pyrénées-Atlantiques*

Josy Poueyto
Mouvement Démocrate et apparentés
Pyrénées-Atlantiques

PYRÉNÉES-ORIENTALES

Louis Aliot
Non inscrit
Pyrénées-Orientales

Sébastien Cazenove
La République en Marche
Pyrénées-Orientales

Laurence Gayte
La République en Marche
Pyrénées-Orientales

Romain Grau
La République en Marche
Pyrénées-Orientales

RHÔNE

Yves Blein
La République en Marche
Rhône

Bruno Bonnell
La République en Marche
Rhône

Blandine Brocard
La République en Marche
Rhône

Anne Brugnera
La République en Marche
Rhône

Danièle Cazarian
La République en Marche
Rhône

Jean-Luc Fugit
La République en Marche
Rhône

Thomas Gassilloud
Agir ensemble
Rhône

DÉPUTÉS DE L'ASSEMBLÉE NATIONALE

Rhône, Sarthe, Savoie, Saône-et-Loire, Seine-et-Marne, Seine-Maritime

Cyrille Isaac-Sibille
Mouvement Démocrate et apparentés
Rhône

Hubert Julien-Laferriere
Écologie Démocratie Solidarité
Rhône

Anissa Khedher
La République en Marche
Rhône

Bernard Perrut
Les Républicains
Rhône

Thomas Rudigoz
La République en Marche
Rhône

Jean-Louis Touraine
La République en Marche
Rhône

Patrice Verchère
Les Républicains
Rhône

SARTHE

Jean-Carles Grelier
Apparenté au groupe Les Républicains
Sarthe

Pascale Fontenel-Personne
Apparenté au groupe La République en Marche
Sarthe

Marietta Karamanli
Socialistes et apparentés
Sarthe

Sylvie Tolmont
Socialistes et apparentés
Sarthe

Damien Pichereau
La République en Marche
Sarthe

SAVOIE

Émilie Bonnivard
Les Républicains
Savoie

Typhanie Degois
La République en Marche
Savoie

Patrick Mignola
Président du groupe Mouvement Démocrate et apparentés
Savoie

Vincent Rolland
Les Républicains
Savoie

SAÔNE-ET-LOIRE

Josiane Corneloup
Les Républicains
Saône-et-Loire

Benjamin Dirx
La République en Marche
Saône-et-Loire

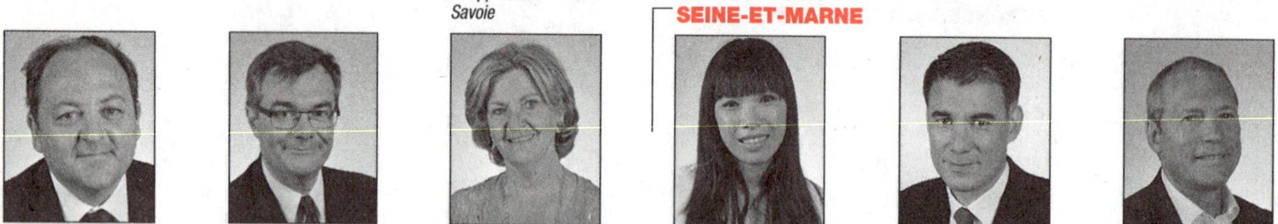

Raphaël Gauvain
La République en Marche
Saône-et-Loire

Rémy Rebeyrotte
La République en Marche
Saône-et-Loire

Cécile Untermaier
Socialistes et apparentés
Saône-et-Loire

SEINE-ET-MARNE

Stéphanie Do
La République en Marche
Seine-et-Marne

Olivier Faure
Socialistes et apparentés
Seine-et-Marne

Jean-Michel Fauvergue
La République en Marche
Seine-et-Marne

Christian Jacob
Les Républicains
Seine-et-Marne

Rodrigue Kokouendo
La République en Marche
Seine-et-Marne

Valérie Lacroute
Les Républicains
Seine-et-Marne

Patricia Lemoine
Agir ensemble
Seine-et-Marne

Aude Luquet
Mouvement Démocrate et apparentés
Seine-et-Marne

Jean-François Parigi
Les Républicains
Seine-et-Marne

Michèle Peyron
La République en Marche
Seine-et-Marne

Jean-Louis Thiériot
Les Républicains
Seine-et-Marne

SEINE-MARITIME

Damien Adam
La République en Marche
Seine-Maritime

Xavier Batut
La République en Marche
Seine-Maritime

Christophe Bouillon
Socialistes et apparentés
Seine-Maritime

Sébastien Jumel
Gauche démocrate et républicaine
Seine-Maritime

Stéphanie Kerbarh
La République en Marche
Seine-Maritime

Agnès Firmin Le Bodo
Agir ensemble
Seine-Maritime

Jean-Paul Lecoq
Gauche démocrate et républicaine
Seine-Maritime

Sira Sylla
La République en Marche
Seine-Maritime

Annie Vidal
La République en Marche
Seine-Maritime

Hubert Wulfranc
Gauche démocrate et républicaine
Seine-Maritime

SEINE-SAINT-DENIS

Patrice Anato
La République en Marche
Seine-Saint-Denis

Clémentine Autain
La France insoumise
Seine-Saint-Denis

Marie-George Buffet
Gauche démocrate et républicaine
Seine-Saint-Denis

Sylvie Charrière
La République en Marche
Seine-Saint-Denis

Éric Coquerel
La France insoumise
Seine-Saint-Denis

Alexis Corbière
La France insoumise
Seine-Saint-Denis

Bastien Lachaud
La France insoumise
Seine-Saint-Denis

Jean-Christophe Lagarde
Président du groupe UDI, Agir et Indépendants
Seine-Saint-Denis

Stéphane Peu
Gauche démocrate et républicaine
Seine-Saint-Denis

Alain Ramadier
Les Républicains
Seine-Saint-Denis

Sabine Rubin
La France insoumise
Seine-Saint-Denis

Stéphane Testé
La République en Marche
Seine-Saint-Denis

SOMME

Stéphane Demilly
UDI, Agir et Indépendants
Somme

Jean-Claude Leclabart
La République en Marche
Somme

Emmanuel Maquet
Les Républicains
Somme

Barbara Pompili
La République en Marche
Somme

François Ruffin
La France insoumise
Somme

TARN

Philippe Folliot
La République en Marche
Tarn

Jean Terlier
La République en Marche
Tarn

Marie-Christine Verdier-Jouclas
La République en Marche
Tarn

TARN-ET-GARONNE

Sylvia Pinel
Libertés et Territoires
Tarn-et-Garonne

Valérie Rabault
Présidente du groupe Socialistes et apparentés
Tarn-et-Garonne

TERRITOIRE DE BELFORT

Ian Boucard
Les Républicains
Territoire de Belfort

Michel Zumkeller
UDI, Agir et Indépendants
Territoire de Belfort

VAL-DE-MARNE

Jean-Jacques Bridey
La République en Marche
Val-de-Marne

Gilles Carrez
Les Républicains
Val-de-Marne

Luc Carvounas
Socialistes et apparentés
Val-de-Marne

Frédéric Descrozaille
La République en Marche
Val-de-Marne

Albane Gaillot
Écologie Démocratie Solidarité
Val-de-Marne

Guillaume Gouffier-Cha
La République en Marche
Val-de-Marne

DÉPUTÉS DE L'ASSEMBLÉE NATIONALE

Val-de-Marne, Val-d'Oise, Var, Vaucluse, Vendée, Vienne

Michel Herbillon
Les Républicains
Val-de-Marne

Jean François Mbaye
La République en Marche
Val-de-Marne

Mathilde Panot
La France insoumise
Val-de-Marne

Maud Petit
Mouvement Démocrate et apparentés
Val-de-Marne

Laurent Saint-Martin
La République en Marche
Val-de-Marne

VAL-D'OISE

Dominique Da Silva
La République en Marche
Val-d'Oise

Nathalie Elimas
Mouvement Démocrate et apparentés
Val-d'Oise

Fiona Lazaar
La République en Marche
Val-d'Oise

Naïma Moutchou
La République en Marche
Val-d'Oise

Zivka Park
La République en Marche
Val-d'Oise

François Pupponi
Libertés et Territoires
Val-d'Oise

Cécile Rilhac
La République en Marche
Val-d'Oise

Antoine Savignat
Les Républicains
Val-d'Oise

Aurélien Taché
Écologie Démocratie Solidarité
Val-d'Oise

Guillaume Vuilletet
La République en Marche
Val-d'Oise

VAR

Valérie Gomez-Bassac
La République en Marche
Var

Émilie Guerel
La République en Marche
Var

Geneviève Levy
Les Républicains
Var

Jean-Louis Masson
Les Républicains
Var

Fabien Matras
La République en Marche
Var

Sereine Mauborgne
La République en Marche
Var

Philippe Michel-Kleisbauer
Mouvement Démocrate et apparentés
Var

Cécile Muschotti
La République en Marche
Var

VAUCLUSE

Julien Aubert
Les Républicains
Vaucluse

Jean-Claude Bouchet
Les Républicains
Vaucluse

Marie-France Lorho
Non inscrit
Vaucluse

Adrien Morenas
La République en Marche
Vaucluse

Souad Zitouni
La République en Marche
Vaucluse

VENDÉE

Stéphane Buchou
La République en Marche
Vendée

Pierre Henriet
La République en Marche
Vendée

Philippe Latombe
Mouvement Démocrate et apparentés
Vendée

Martine Leguille-Balloy
La République en Marche
Vendée

Patrick Loiseau
Mouvement Démocrate et apparentés
Vendée

VIENNE

Jean-Michel Clément
Libertés et Territoires
Vienne

Sacha Houlié
La République en Marche
Vienne

Jacques Savatier
La République en Marche
Vienne

Nicolas Turquois
Mouvement Démocrate et apparentés
Vienne

VOSGES

Gérard Cherpion
Les Républicains
Vosges

Jean-Jacques Gaultier
Les Républicains
Vosges

Christophe Naegelen
UDI, Agir et Indépendants
Vosges

Stéphane Viry
Les Républicains
Vosges

YONNE

Michèle Crouzet
La République en Marche
Yonne

Guillaume Larrivé
Les Républicains
Yonne

André Villiers
UDI, Agir et Indépendants
Yonne

YVELINES

Didier Baichère
La République en Marche
Yvelines

Jean-Noël Barrot
Mouvement Démocrate et apparentés
Yvelines

Aurore Bergé
La République en Marche
Yvelines

Yaël Braun-Pivet
La République en Marche
Yvelines

Florence Granjus
La République en Marche
Yvelines

Nadia Hai
La République en Marche
Yvelines

Marie Lebec
La République en Marche
Yvelines

Bruno Millienne
Mouvement Démocrate et apparentés
Yvelines

Béatrice Piron
La République en Marche
Yvelines

Natalia Pouzyreff
La République en Marche
Yvelines

Michèle de Vaucouleurs
Mouvement Démocrate et apparentés *Yvelines*

Michel Vialay
Les Républicains
Yvelines

Quinzième législature

Les groupes politiques sont constitués au minimum de 15 députés et jouent un rôle majeur dans le fonctionnement de l'Assemblée nationale. Ainsi :
- les présidents de groupe siègent à la Conférence des présidents ;
- les commissions sont composées en proportion de l'importance numérique des groupes ;
- le temps de parole est distribué en fonction de l'effectif des groupes.

Groupe	Membres	Membres apparentés	Total
La République en Marche	303	3	306
Les Républicains	99	5	104
Mouvement Démocrate et apparentés	40	6	46
UDI, Agir et Indépendants	27	2	29
Socialistes et apparentés	25	4	29
La France insoumise	17	0	17
Libertés et Territoires	16	0	16
Gauche démocrate et républicaine	16	0	16
Total groupes	543	20	563
Non inscrits (NI)	14	0	14
Total des sièges pourvus		577	
Sièges vacants		0	
Total des sièges		577	

DÉPARTEMENTS D'OUTRE-MER

GUADELOUPE

Justine Benin
Apparentée au groupe Mouvement Démocrate et apparentés *Guadeloupe*

Max Mathiasin
Apparenté au groupe Mouvement Démocrate et apparentés *Guadeloupe*

Olivier Serva
La République en Marche
Guadeloupe

Hélène Vainqueur-Christophe
Socialistes et apparentés
Guadeloupe

GUYANE

Lénaïck Adam
La République en Marche
Guyane

Gabriel Serville
Gauche démocrate et républicaine *Guyane*

DÉPUTÉS DE L'ASSEMBLÉE NATIONALE

Martinique, Mayotte, Réunion, Nouvelle-Calédonie, Polynésie française, St-Barthélemy et St-Martin, St-Pierre-et-Miquelon, Wallis-et-Futuna et les Français établis hors de France

MARTINIQUE

Manuéla Kéclard-Mondésir
Gauche démocrate et républicaine *Martinique*

Serge Letchimy
Apparenté au groupe Socialistes et apparentés
Martinique

Josette Manin
Apparentée au groupe Socialistes et apparentés
Martinique

Jean-Philippe Nilor
Gauche démocrate et républicaine
Martinique

MAYOTTE

Ramlati Ali
La République en Marche
Mayotte

Mansour Kamardine
Les Républicains
Mayotte

RÉUNION

Ericka Bareigts
Socialistes et apparentés
Réunion

Nathalie Bassire
Apparentée au groupe Les Républicains
Réunion

Huguette Bello
Gauche démocrate et républicaine
Réunion

Jean-Luc Pourdroux
Les Républicains
Réunion

David Lorion
Les Républicains
Réunion

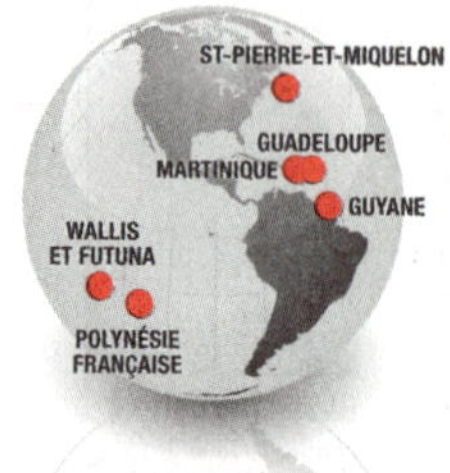

Nadia Ramassamy
Apparentée au groupe Les Républicains
Réunion

Jean-Hugues Ratenon
La France insoumise
Réunion

Jean-Luc Poudroux
Apparenté au groupe Les Républicains
Réunion

NOUVELLE-CALÉDONIE

Philippe Dunoyer
UDI, Agir et Indépendants
Nouvelle-Calédonie

Jean-Luc Pourdroux
Les Républicains
Nouvelle-Calédonie

POLYNÉSIE FRANÇAISE

Moetai Brotherson
Gauche démocrate et républicaine
Polynésie française

Maina Sage
UDI, Agir et Indépendants
Polynésie française

Nicole Sanquer
UDI, Agir et Indépendants
Polynésie française

ST-BARTHÉLEMY ET ST-MARTIN

Claire Guion-Firmin
Apparentée au groupe Les Républicains
St-Barthélemy et St-Martin

ST-PIERRE-ET-MIQUELON

Stéphane Claireaux
La République en Marche
St-Pierre-et-Miquelon

WALLIS-ET-FUTUNA

Sylvain Brial
Libertés et Territoires
Wallis-et-Futuna

FRANÇAIS ÉTABLIS HORS DE FRANCE

Pieyre-Alexandre Anglade
La République en Marche
Hors de France

Samantha Cazebonne
La République en Marche
Hors de France

Paula Forteza
Écologie Démocratie Solidarité
Hors de France

Anne Genetet
La République en Marche
Hors de France

M'jid El Guerrab
Agir ensemble
Hors de France

Meyer Habib
UDI, Agir et Indépendants
Hors de France

Alexandre Holroyd
La République en Marche
Hors de France

Amal-Amélia Lakrafi
La République en Marche
Hors de France

Roland Lescure
La République en Marche
Hors de France

Frédéric Petit
Mouvement Démocrate et apparentés
Hors de France

Joachim Son-Forget
Non inscrit
Hors de France

Soleil
lever : **8 h 44**
coucher : **17 h 04**

Vendredi 1er janvier

Jour de l'An – On fête aussi les Fulgence

Année nouvelle, amour éternel.

MÉTÉO DU MOIS

Mois de Janus. Dieu de la mythologie romaine, avec ses deux visages opposés il regarde la sortie et l'entrée... de l'année ?

LA PASSANTE : *Vous vous intéressez à la météorologie, Monsieur ?*
ÉTIENNE : *Un peu. Je possède un parapluie.*

Vous êtes probablement plus concernés par les prévisions météorologiques que le rêveur de la pièce de Queneau. Vous devez alors admettre que le météorologue ne domine pas intégralement les règles qui régissent l'atmosphère et que ses modélisations sont forcément trop approximatives pour prévoir avec certitude toutes les sortes d'évolution. Reconnaissons avec Pierre Dac que « les prévisions sont difficiles, surtout lorsqu'elles concernent l'avenir ».

C'est arrivé le... 18 janvier 1910

Dernière crue majeure de la Seine à Paris, avec un niveau exceptionnel enregistré le 28 janvier de 8,62 m.

REPÈRES CLIMATIQUES

C'est le mois le plus froid. Celui où on enregistre les températures moyennes les plus basses en France métropolitaine. Les Français les moins frileux habitent Mouthe, dans le Doubs, commune réputée la plus froide avec une température moyenne de -2 °C entre le jour de l'An et le 31 janvier. C'est ici que le record absolu de froid a été enregistré dans l'Hexagone, le 13 janvier 1968 : -36,7 °C ! Le froid polaire ne nous arrive pas directement du pôle Nord, mais après avoir contourné les anticyclones installés soit entre l'Islande et la Grande-Bretagne, soit sur la Scandinavie ou sur l'Europe centrale. Le terrible anticyclone de Sibérie nous envoie la bise et fait chuter le mercure bien en-dessous de 0 °C. Ces épisodes affectent rarement le Cap Corse où la température moyenne de janvier se situe aux environs de 10 °C, la plus haute de France. La neige et le froid sur la France ? Rien de tout cela entre le 17 et le 20 janvier 2017 quand une vague de chaleur s'étend sur tout le pays. Le 18, à Rosqueron (Alpes-Maritimes), le thermomètre affiche même 27,1 °C, ce qui représente la température la plus élevée jamais mesurée pour un mois de janvier en France.

Quelle est la différence entre météo et climat ?

C'est une question de point de vue... La météo ne voit pas plus loin que le bout de son nez. Elle ne cherche qu'à vous annoncer si demain sera confortable ou dangereux. Le climat veut tout voir, à toutes les époques, passées ou futures, et partout, sur l'ensemble de notre globe comme derrière le mur de votre jardin. Comme chacun voit midi à sa porte: certains d'entre nous s'inquiètent de son changement, et craignent son réchauffement, d'autres se targuent de bénéficier du meilleur microclimat et craignent son refroidissement.

À la Saint-Basile, mets de l'huile !

CHERS DISPARUS

La violette de Cry

Découverte en 1866, cette petite fleur totalement dépourvue de poils avait une corolle d'un violet uniforme, des feuilles épaisses et des tiges nombreuses et très ramifiées. Elle poussait uniquement sur des falaises de la commune de Cry, dans l'Yonne, d'où son nom. En 1930, l'extension d'une carrière détruisit son habitat naturel et elle disparut totalement.

1-2-3-1-2-3-1-2-3

JAMAIS DEUX SANS TROIS

Comme pas un

C'est par élision que cette expression s'est formée. Il faut comprendre que quelqu'un est exceptionnel au point qu'il n'y en a pas « un autre » comme lui. Pour dire la même chose, certains préfèrent employer « Comme pas deux », c'est-à-dire qu'il n'y en a « pas deux pareils ». Mais alors, si « Comme pas un » équivaut à « Comme pas deux », peut-on dire que 1 = 2 ?

1-2-3-1-2-3-1-2-3

L'ACTU

Humour so Irish

« Hello, laissez-moi sortir ! Où est-ce que je suis ? ! Il fait noir ici ! Est-ce que c'est le prêtre que j'entends ? Laissez-moi sortir ! Je suis dans le cercueil ! » Les histoires de morts qui se réveillent au moment de leur enterrement sont assez rares. C'est pourtant ce que les proches et la famille de Shay Bradley ont vécu lors de ses obsèques, dans un cimetière de Dublin, en Irlande. Alors que le cercueil venait d'être déposé dans la tombe et que chacun se pressait autour pour l'ultime hommage, le défunt s'est manifesté. Après un instant de stupéfaction, l'assistance a éclaté de rire ! La voix d'outre-tombe avait été enregistrée par Shay qui, se sachant condamné, avait préparé cette blague macabre. Un magnétophone, déclenché à distance par un proche complice, avait été installé dans son cercueil. « Hello ! Je ne suis pas devant vous ! Je suis mort ! J'appelle juste pour dire au revoir… Bye ! », a déclaré Shay avant de se taire pour toujours…

Dans les étoiles

L'orbite de la Terre autour du Soleil n'est pas un cercle parfait. Ainsi, sa distance au Soleil varie légèrement au cours de l'année. La Terre décrit une ellipse dont le point le plus proche du Soleil est le périhélie et le plus éloigné l'aphélie. Aussi étonnant que cela puisse paraître, c'est début janvier que la Terre se trouve au plus près du Soleil (le 2 janvier en 2021, mais cela varie entre le 2 et le 5 janvier du fait des années bissextiles). Cela compense en partie le fait que le Soleil, restant plus bas sur l'horizon, nous chauffe moins à cette époque de l'année. Il y a donc un moindre écart des températures entre l'hiver et l'été dans l'hémisphère Nord alors que, dans l'hémisphère Sud, l'écart est plus grand puisque c'est en été que la Terre est au plus près du Soleil.

Dimanche **3 janvier**

Épiphanie – On fête aussi les Geneviève, Ginette, Gordius

Pour les Rois, pas de gueule de bois !

Nos Régions

Provence-Alpes-Côte d'Azur

Var/Antibes

La fête des Innocents se célébrait chaque année chez les franciscains d'Antibes jusqu'à la Révolution. Ce jour-là, des valets portant des habits sacerdotaux sales et déchirés, des lunettes sur le nez, et tenant une écorce d'orange à la main pour calice, se rendaient à l'église où ils hurlaient des chants insignifiants. Célébrant un office loufoque, ils faisaient semblant de lire dans les missels qu'ils tenaient à l'envers. Dès le lendemain, chacun reprenait sa place et les franciscains retrouvaient leur sérieux. Cette fête des Innocents semble tout droit héritée des Saturnales.

RECETTE

Galette des Rois aux pépites de chocolat

Pour 6 à 8 pers. 15 min de préparation 30 min de cuisson

- 2 rouleaux de pâte feuilletée
- 75 g de beurre mou
- 75 g de sucre en poudre
- 1 œuf entier
- 1 jaune d'œuf pour dorer
- 125 g de poudre d'amandes
- 1 sachet de pépites de chocolat

Préchauffez le four à 200 °C (th. 6-7). Déroulez le premier rouleau de pâte feuilletée sur la plaque du four et piquez la pâte à la fourchette.
Dans un saladier, mélangez le beurre ramolli, le sucre, l'œuf entier et la poudre d'amandes. Ajoutez les pépites de chocolat et remuez jusqu'à obtenir un mélange homogène.
Répartissez la préparation sur la pâte en laissant 2 cm de bord libre et déposez la fève où vous voulez. Déroulez et posez la seconde pâte par-dessus la première. Soudez bien les bords puis tracez des dessins à l'aide de la pointe d'un couteau. À l'aide d'un pinceau, badigeonnez le dessus d'un jaune d'œuf dilué dans un peu d'eau afin que la pâte dore à la cuisson. Enfournez pour 30 min environ.

Conseil : n'oubliez pas la fève !

Ça s'est passé

Le 3 janvier 1521

Le réformateur allemand Martin Luther et ses partisans, considérés comme hérétiques, sont excommuniés par le pape Léon X.

Ça c'est vache
Les plus belles crasses

On le sait, les blagues potaches de vestiaires vont souvent bon train dans les clubs de football, que ce soit au niveau amateur ou professionnel. Les plus grandes stars de la discipline n'échappent pas à cette tradition. Ainsi, en 2006, lorsqu'ils jouaient ensemble pour Manchester United, les internationaux Gérard Piqué et Patrice Évra se sont livrés à une guerre des tranchées ciblant les chaussures. Le dernier mot de la querelle revint à Patrice Évra qui alla jusqu'à déféquer dans les crampons de son coéquipier !

Lundi 4 janvier

Saint Odilon – On fête aussi les Fata, Oringa, Angèle

Soleil
lever : **8 h 43**
coucher : **17 h 07**

À la Saint-Odilon, sans chemise, sans pantalon !

L'humanité en chiffres

1 000 000

C'est le nombre approximatif de personnes qui peuplaient la Terre en 10 000 avant notre ère. Seulement 2 000 ans plus tard, ce nombre était déjà de 5 millions. Ensuite, en 10 000 ans, la population humaine mondiale a donc été multipliée par 7 000. Incroyable, non ?

3.14159265 35

Collectionnite aigüe

« Les titres boursiers ont été dématérialisés au milieu des années 1980. On estime que 95 % d'entre eux ont été détruits », explique Pierre Renelier, l'un des plus importants collectionneurs d'actions anciennes. Lui est tombé dans la scripophilie il y a près de 40 ans, après avoir acheté un premier lot au hasard d'une brocante. Les bourses de collectionneurs et les ventes aux enchères spécialisées se raréfiant, c'est encore, d'après lui, un bon moyen de se lancer « en s'intéressant à un thème comme l'automobile, l'aviation, les mines, l'industrie ou à une zone géographique particulière », précise l'expert. Ensuite, il faut se laisser porter par la beauté graphique (certains titres ont été illustrés par Mucha ou Crabbe), le dépaysement, l'humour parfois des vieilles actions. « La scripophilie est la dernière preuve vivante de notre histoire industrielle », assure Pierre Renelier. Parmi ses milliers de titres, le collectionneur a son préféré : celui d'une mine située à quelques kilomètres de son village natal.

ILS ONT DIT

« Si vous ne vous sentez pas bien, faites-vous sentir par un autre. »

Francis Blanche

DICTION : RÉPÉTEZ APRÈS MOI !

Le chat de Natacha

Natacha n'attacha pas son sage chat chéri Pacha qui s'échappa. Pacha, le sage chat chéri de Natacha, mâcha les chaussettes blanchies de Sacha, le chasseur faisant sécher ses chaussettes blanchies sur une souche sèche. Cela fâcha Sacha qui chassa Natacha et Pacha, le sage chat chéri de Natacha. Cinq chiens chassèrent alors Pacha, le sage chat chéri de Natacha, et Natacha chercha son sage chat chéri Pacha chez Serge, le sage garde-chasse sachant chasser tous les chats qui chassent dans sa chasse.

Théories du complot

Le poison tombé du ciel

Parmi les théories du complot les plus répandues, il y en a une qui a débuté aux États-Unis et qui a pris une ampleur mondiale, notamment grâce à Internet. Apparue au milieu des années 2010, cette théorie répand la rumeur que les traînées blanches qui longent les ailes des avions en vol ne seraient pas de la vapeur d'eau, mais des agents chimiques ou bactériologiques destinés, selon les versions, à tuer, à manipuler ou à rendre vulnérables les personnes se trouvant en dessous. Bien que les scientifiques ayant étudié la question soient tous d'accord pour affirmer que ce phénomène de traînée de vapeur d'eau est parfaitement compris, explicable et surtout sans danger, près de 17 % de la population mondiale croit encore que cette théorie peut être vraie.

Mardi 5 janvier

Saint Édouard – On fête aussi les Eddy, Eddie

À la Saint-Édouard, t'en as pas marre de faire la foire ?

WWW.

Le NET pas BÊTE

Bière de l'abbaye Notre-Dame d'Orval, tisane des Pères Chartreux, crème d'olives du monastère de Solan ou encore baume d'Aiguebelle, le site « Divine Box » propose exclusivement des produits fabriqués par des communautés religieuses en France. Un concept unique pour vous convertir aux productions artisanales et souvent gourmandes d'une cinquantaine d'abbayes et monastères.

Adresse Internet : divinebox.fr

AVEZ-VOUS LE FORMULAIRE ?

Lorsque vous préparez un voyage aux États-Unis, vous devez au préalable faire une demande de visa temporaire. Pour compléter ce processus, il vous faudra remplir un questionnaire et répondre à ses nombreuses et étranges questions parmi lesquelles : « Avez-vous l'intention de tuer le président des USA ? » ou bien « Êtes-vous le représentant d'un groupe terroriste ? » Mais attention, pas de blagues, ou vous finirez refoulé à la frontière ! On ne rigole pas avec les questions bêtes, chez nos amis Américains !

DES PRÊTS POUR DES DURÉES DE PLUS EN PLUS LONGUES

DEVINETTES

Ce morceau est très prisé,
Pourtant elle n'est pas estimée,
Il faut la faire glisser,
Pour pouvoir, sur l'écran, se déplacer.

Qui est-elle ?

Réponse : La souris

NOTTO DICO

ABAT-JOUR, n. m.
Dispositif occultant pour éviter que les ampoules ne fassent de l'ombre au soleil.

ABATTOIR, n. m.
Local où l'on abat beaucoup de travail. Vous n'en reviendrez pas !

ABSENCE, n. f.
Présence qui manque à l'appel.

ACCIDENT, n. m.
Quand le hasard fait mal les choses.

ACCUSÉ DE RÉCEPTION, n. m.
Mis en examen en attente d'envoi.

MONDE DE LA MER

Ce si bruyant monde… du silence

Au fond des océans, le silence n'est pas de mise. Si nous entendons, enregistrons, analysons les sons produits par les mammifères marins qui, pour certains, sont de vrais éléments de langage, les poissons sont eux aussi particulièrement bavards. L'essentiel du bruit est produit en phase de reproduction et, selon les spécialistes, modulations et expressions relevées sont d'une variété égale à celle des singes ! Le problème c'est que nous ne les entendons pas, tout simplement parce que notre système auditif est conçu pour saisir les sons dans l'air par le biais des vibrations qui animent nos tympans. Dans l'eau, ceux-ci deviennent rigides et ne vibrent plus aussi bien. Les fréquences perçues à l'air libre par l'homme sont comprises entre 20 et 20 000 hertz ; la tête dans l'eau, ce registre ne va que de 50 à 5 000 hertz.

Mercredi **6 janvier**

Saint Mélaine – On fête aussi les Gaspard, Balthazar, Melchior

Soleil
lever : **8h43**
coucher : **17h09**

Bon jour et bon an, la paille au cul, le feu dedans.

LA GAFFE DE L'HISTOIRE

Retour vers le futur

En 2012, lors de la campagne présidentielle, si le candidat Hervé Morin avait relu le discours qu'on avait écrit pour lui, il aurait sans doute évité une grosse gaffe. En effet, en lisant le texte, il n'a pas hésité à affirmer : « Moi qui ai vu en Normandie le Débarquement des Alliés… » Annonce étonnante de la part de quelqu'un né en 1961 !

Étymologie

Quelle est donc cette poudre ?

L'escampette serait-elle une fleur, un fruit, un minéral ou un métal dont on aurait tiré une poudre ? Rien de tout cela ! Le nom *escampette*, qui ne s'utilise que dans l'expression *prendre la poudre d'escampette* pour signifier « s'enfuir rapidement », vient du verbe *escamper/eschamper*, apparu au XIIIe siècle et à présent sorti d'usage. Ce verbe signifiait « s'enfuir du champ de bataille ». Aujourd'hui, nul besoin de se trouver sur un champ de bataille pour prendre la poudre d'escampette !

LE CHIFFRE

73

C'est l'âge auquel a accouché Mangayamma Yaramati dans l'état d'Andhra Pradesh, au sud-est de l'Inde. Et la septuagénaire a donné naissance à… deux petites filles. Cette grossesse plus que tardive est évidemment le résultat d'une fécondation in vitro avec don d'ovocytes. Au cours de leurs 57 ans de vie maritale, Mangayamma et son mari Sitarama, aujourd'hui âgé de 83 ans, n'ont pas réussi à concevoir d'enfant. Surnommée « la femme sans enfant » et stigmatisée dans son village pendant des décennies, l'Indienne n'a jamais renoncé à son désir de maternité. « C'est la période la plus heureuse de ma vie », a d'ailleurs confié la « jeune » mère à la BBC quelques heures après son accouchement. Les jumelles se portent très bien, mais le « jeune » père, lui, a dû être hospitalisé dès le lendemain à la suite d'un accident vasculaire cérébral (AVC). Née en 1946, Mangayamma Yaramati est la femme la plus âgée à avoir donné la vie dans l'histoire de l'humanité. Pour l'instant…

PROBLÈMES DE MATHS DU CERTIFICAT D'ÉTUDES

Un vieillard laisse en mourant sa fortune à trois neveux. Le premier doit recevoir 1/4, le deuxième 1/5, le dernier recevra le reste, mais il devra donner la moitié de sa part à l'hôpital. L'hôpital recevant 11 000 €, trouvez la fortune du vieillard et la part de chacun de ses neveux.

Si l'hôpital reçoit 11 000 €, alors le dernier neveu reçoit 11 000 × 2 = 22 000 €.
Le premier et le deuxième neveux reçoivent 1/4 + 1/5 = 9/20 de la fortune.
Le troisième reçoit donc 11/20 = 22 000 € soit 1/20 = 2 000 €.
La fortune du vieillard s'élève donc à 22 000 € + (9 × 2 000 €) = 40 000 €.
Le premier neveu recevra donc 40 000 ÷ 4 = 10 000 €, le deuxième 40 000 ÷ 5 = 8 000 € et le troisième 22 000 € dont 11 000 € pour l'hôpital.

Soleil
lever : **8h42**
coucher : **17h11**

Jeudi **7 janvier**

Saint Raymond – On fête aussi les Aymone, Virginie

À la Saint-Raymond, qui aura le pompon ?

Rétro Vermot

Maman au piano a joué pour Papa et pour Grand-Mère. Puis elle demande à petit Claude :
« Et toi, petit Claude, quel morceau veux-tu ? »
Et lui sans hésiter :
« Un morceau de chocolat. »

Compiler les Perles

Le chuckorème de pas de bol

Qui l'a dit ? Un élève qui n'avait pas révisé sa leçon et qui pensait peut-être s'en sortir en invoquant le plus grand karatéka-acteur de tous les temps… La perle : « Je ne connais pas la réponse que vous attendez mais j'ai mieux : j'applique le théorème de Chuck Norris, ce qui me permet d'avoir les points des exercices quand même ! » Alors, euh… non, mais le professeur, magnanime a mis 2/20 pour la tentative !

DISPARITION DES CABINES TÉLÉPHONIQUES

Vino populum

Arbois

Un vin du Jura, donc issu de cépages à nul autre pareil ! On aime le rosé de ploussard, surtout celui produit dans le village de Pupillin : des arômes de fraise écrasée et de cerise, une bonne matière en bouche et de la fraîcheur. Mais les vins d'Arbois sont aussi rouges (ploussard, trousseau, pinot noir) et blancs (chardonnay et savagnin). En revanche il faudra bourse délier pour les vins jaunes élevés six ans sous voile et les vins de paille…

GRANDS MOMENTS DU CYCLISME

La quinzième étape du Tour de France 1998 fait partie de ces moments inoubliables, où les tables du destin semblent avoir été renversées en une seule journée. Alors que Ian Ulrich est en jaune et semble bien parti pour garder le maillot jusqu'à Paris, « le Pirate » Marco Pantani ne l'entend pas de cette oreille. Dans une étape dantesque reliant Grenoble aux Deux-Alpes, il fait un show diabolique. Sous une pluie battante, l'Italien réussi des attaques sorties tout droit d'un autre monde, mettant le grand plateau dans les pentes du Galibier avant d'enfoncer le clou dans la montée vers les Deux-Alpes. Résultat : dix minutes d'avance sur le leader et récupération du maillot jaune par le futur vainqueur de cette édition pas comme les autres. Le public ne s'en est toujours pas remis !

Vendredi 8 janvier

Saint Lucien – On fête aussi les Gudule, Lucienne, Luciana

Soleil
lever : **8h42**
coucher : **17h12**

En janvier, vas-y mollo sur ton clavier !

MOTS FLÉCHÉS

Travailleraient au noir / Chocolatée		Pansement / Ordonnance		Descente d'organe / Forme une couche protectrice		Panthère / Dénote une certaine maîtrise		Épuisé		Caillou / Manquée		Homme d'affaires
								Palmier / Conquête de la mer				
Chanteur d'opéra / Tape culs												
						Province française / Unité de viscosité						
Tiré d'affaires / Empressée			État d'Asie centrale / Tranché finement						Passé d'un auxilaire			
					Classe / Dressé						Pays d'Afrique centrale	
Ancêtre du Sievert / Durée astronomique				Inoccupé / Jouer de la musique					Du rouge dans l'eau	Chrome / Peut être de passage		
		Marquises par exemple / Suit la pie					Poufferai / Guide					
Être sans connaissance / Encaissa								Impôt / Voyageur				
						Prendre le dessus / Bêche						
Rejetterions / Tient chaud									Fin de verbe / Lieu de combats			Aire de vent
			Danger / Passager clandestin							Marteau ou enclume / Varech		
Renvoi	Mesure de pureté / Groupe						Cuisse de chevreuil / Assume une charge					
				Escargot / Cuit en Égypte								Crier bêtement
À eux / Tête de sardine					Qui a la forme d'un croissant / Sortie						Bugle	
		Écorce de chêne / Branché				Suit le courant / Devant le notaire			Morceau de flûte / Bien fait !			
Fait virer à gauche / Bonne, elle remplit l'estomac				Donne l'ordre				Renouvelle une obligation				
							Flancher					

SOLUTION PAGE 30

Samedi **9 janvier**

Sainte Alix – On fête aussi les Alice

À la Sainte-Alix, relis tes vieux comics !

Charade classique

Mon premier est un accord allemand,
Mon deuxième est un démon normand,
Mon troisième est un drame,
Mon quatrième marque la surprise,
Mon tout est un joueur de tennis français.

YANNICK NOAH (YA – NIQUE La Mère Nique – NÔ – AH)

L'ACTU

Prix long court

Les premiers manuscrits de la Bibliothèque du Futur sont entreposés dans la nouvelle bibliothèque publique d'Oslo. Y figurent déjà les textes de la Canadienne Margaret Atwood, du Britannique David Mitchell, de l'Islandais Sjón, de la Turque Elif Shafak, de la Sud-Coréenne Han Kang… Personne n'a encore lu une ligne de ces livres et personne n'en lira une avant 2114, lorsqu'ils seront édités et publiés ! On sait seulement que ces manuscrits, comme ceux qui les rejoindront au cours des neuf prochaines décennies, ont pour thème l'imagination et le temps. Créé en 2014 par l'artiste écossaise Katie Paterson, le programme Bibliothèque du Futur ajoute chaque année un ouvrage à sa collection pour arriver à cent en 2114. Alors, les cent livres seront imprimés sur du papier provenant d'arbres spécialement plantés pour ce projet. Aucun adulte vivant aujourd'hui ne saura jamais si cela valait la peine d'attendre l'avis des critiques littéraires du XXIe siècle. Quel dommage !

SUDOKU

1	4		2	9			3	6
6	8			5		1	9	2
2								
3	9	8	5					
			6				8	
		6		2	3			7
9			4	1	7			
						7	4	3
				6	5			

Solution page 29

MUSIQUE

Relation électrique

Au début, entre Claude François et Alain Chamfort, c'est le coup de foudre. L'idole choisit de faire du second son poulain, avec (honneur suprême !) le privilège de faire ses premières parties. Chamfort voit dès lors son succès monter en flèche, ce qui rend Cloclo fou de jalousie : celui-ci décide de saboter la carrière montante de son protégé en coupant l'électricité pendant les sets de Chamfort. Silence et noir total. Entre eux, c'est le court-circuit. Plus tard, Cloclo paiera cher cette manie de jouer avec l'électricité…

Dimanche **10 janvier**

Saint Guillaume – On fête aussi les Billy

Soleil
lever : **8 h 41**
coucher : **17 h 15**

À la Saint-Guillaume, à la qui perd paume !

Au Jardin

Mycorhizes

Planter avec des mycorhizes ! Cette méthode est encore peu connue, mais elle n'a rien de mystérieux et donne de bons résultats. Les mycorhizes sont des champignons du sol qui vivent en symbiose avec de très nombreuses plantes, au niveau des racines : ils favorisent l'absorption des nutriments, l'extension du système racinaire, ainsi que la résistance aux maladies et à la sécheresse. On peut donc intégrer à la terre de culture, au moment de la plantation, des engrais « enrichis en mycorhizes », et le mycélium du champignon va se développer en symbiose avec les racines. Cette technique convient en particulier pour la plantation des arbustes, des fruitiers et des rosiers, notamment à racines nues, et elle est recommandée dans les sols pauvres en humus ou encore pour la culture en bac.

Rébus

bande LETTRIQUE
Pièces de théâtre francaises

Voyageur, bagage
Voyageur, bagage
Voyageur ⟵
Voyageur, bagage

Le Voyageur sans bagage, Jean Anouilh

NOTTO DICO

ACUPUNKTEUR, n. m.
Punk pratiquant l'acupuncture au jour le jour, sans penser au lendemain.

ACUPUNCTURE, n. f.
Médecine qui se pique d'être à la pointe.

AÉROBIC, n. f.
Stylo léger.

AÉROPHAGIE, n. f.
Trop plein d'air bruyant.

AIGLE, n. m.
Animal symbole fourre-tout dans lequel se reconnaissent les admirateurs de Johnny Hallyday et de Napoléon.

Ha! Ha! Ha!

Un jeune homme et une jeune femme se rencontrent dans un bar. Ils s'entendent si bien qu'ils décident de poursuivre la soirée chez la fille. Après quelques verres, alors qu'ils sont tous les deux émoustillés, le garçon enlève sa chemise et va se laver les mains. Quelques instants plus tard, alors que sa partenaire est en partie déshabillée, il retire son pantalon et va de nouveau se laver les mains.
« Toi, tu dois être dentiste, lui lance la fille.
– Oui, répond le gars, surpris. Comment as-tu deviné ?
– Oh, c'est simple, lui explique-t-elle, tu n'arrêtes pas de te laver les mains ! »
Puis ils reprennent leurs câlins et font l'amour. Juste après, la fille lui dit :
« Toi, tu dois être un bon dentiste...
– Bien sûr que je suis un bon dentiste, répond l'autre, plutôt fier. Mais pourquoi dis-tu cela ?
– Oh, c'est simple, lui glisse la jeune femme, je n'ai rien senti. »

Lundi 11 janvier

Saint Paulin – On fête aussi les Salvia, Hortense

Dans la nuit de l'hiver Galope un grand homme blanc C'est un bonhomme de neige Avec une pipe en bois…
Jacques Prévert

HEUREUX MARIAGES

On vole et convole

Le département de l'Ain est sans doute un bon nid pour des époux aux noms de volatiles. En effet, le 8 septembre 1875 Claude Merle convola avec Marie Perdrix à Bourg-en-Bresse, le 17 mars 1888. Jean Perdrix roucoula avec Fanny Merle dans la même préfecture et le 12 février 1891, Auguste Merle et Marie Perdrix firent nid commun à Viriat, une commune limitrophe…

Fils et filles de…

Il n'y a pas que dans les familles royales et aristocrates que des héritages prestigieux se transmettent de génération en génération. Dans le monde des arts et des lettres par exemple, la chose a parfois cours. C'est le cas notamment de la célébrissime reine du roman noir, l'Américaine Mary Higgins Clark, qui, à 72 ans, a décidé de passer la main à sa fille Carol. Pour assurer la transition auprès du public, la mère et la fille ont signé deux romans à quatre mains, *Trois jours avant Noël* et *Ce soir je veillerai sur toi*, qui ont rencontré le succès auprès du public. Depuis cette transition réussie, c'est Carol toute seule qui dirige le bateau de la création familiale de romans noirs.

Métiers insolites

Pêcheur de vélo

Tout le monde le sait, la Hollande, et Amsterdam en particulier, est le royaume du vélo. Mais parmi les dizaines de milliers de bicyclettes qui se croisent chaque jour dans les rues de la capitale des Pays-Bas, certaines connaissent hélas un sort tragique : elles sont jetées dans les canaux. Alors, pour les récupérer, la ville a recours à des pêcheurs de vélos professionnels, qui en sortent près de 15 000 par an. On peut dire que ça mord !

Solution sudoku [p. 27]

1	4	7	2	9	8	5	3	6
6	8	3	7	5	4	1	9	2
2	5	9	1	3	6	4	7	8
3	9	8	5	7	1	6	2	4
7	2	5	6	4	9	3	8	1
4	1	6	8	2	3	9	5	7
9	3	2	4	1	7	8	6	5
5	6	1	9	8	2	7	4	3
8	7	4	3	6	5	2	1	9

LUTTES ET HÉROS POPULAIRES

LÉO LAGRANGE

Le Front populaire, incarné par Léon Blum, était composé d'hommes et de femmes qui ont marqué l'histoire par leur engagement. L'un d'entre eux, Léo Lagrange, s'est rendu célèbre notamment par son discours radiophonique du 10 juin 1936. Il fit du sport populaire un point central du programme du Front, car il était persuadé que l'accès au sport pour tous les citoyens était une nécessité, non seulement sur le plan social, mais aussi sur celui de la santé publique. Plus de 80 ans plus tard, force est de constater qu'il avait raison ! Aujourd'hui, en hommage à Léo Lagrange, de nombreux stades et complexes sportifs français portent son nom.

Mardi **12 janvier**

Sainte Tatiana – On fête aussi les Tania, Tanagra, Césarine

Soleil
lever : **8h40**
coucher : **17h17**

Et la nouvelle année, à la suite brumeuse, Laissant traîner les plis de sa robe neigeuse,
Sourit avec des pleurs, et chante en grelottant… Arthur Rimbaud

Correspondance (très) intime…

« Je suis très émue de vous dire que j'ai/bien compris l'autre soir que vous aviez/toujours une envie folle de me faire/danser. Je garde le souvenir de votre/ baiser et je voudrais bien que ce soit… » Ainsi commence la lettre érotique la plus scandaleuse et la plus connue de la littérature. Si on lit une ligne sur deux de cette missive d'Aurore Dupin, alias George Sand, à Alfred de Musset, il est vrai que les termes sont particulièrement torrides. Pourtant, si la passion dévorante entre les deux amants a nourri un échange épistolaire intense et parfois explicite pendant deux ans, cette lettre est, on le sait aujourd'hui, un canular. Elle est apparue quelques années après la mort de George Sand. « Rien d'impur ne restera dans le sillon de ma vie où tu as passé », lui avait promis Alfred de Musset.

PROBLÈMES DE MATHS DU CERTIFICAT D'ÉTUDES

Un robinet fournit 3,5 l d'eau par minute. On le laisse couler pendant 4 h 35. Combien faudra-t-il encore de litres pour remplir un bassin d'une contenance de 1,5 m^3 et combien de temps devra-t-on encore le laisser couler pour le remplir (négliger les secondes) ?

4 h 35 équivalent à 275 min donc quantité d'eau 3,5 × 275 = 962,5 l.
Pour 1,5 m^3, il faudra encore 1 500 l – 962,5 l = 537,5 l.
Le temps nécessaire pour remplir le bassin sera donc de
537,5 ÷ 3,5 = 153 min, soit 2 h 33.

Solution mots fléchés [p. 26]

	R		G		P		L		T		G	
C	A	C	A	O	T	E	E		A	R	E	C
	M	E	Z	Z	O	S	O	P	R	A	N	O
R	O	D	E	O	S		P	O	I	T	O	U
	N	U		N	E	P	A	L		E	U	T
Z	E	L	E	E		O	R	D	R	E		U
	R	E	M		V	I	D	E			C	R
M	A		I	L	E	S		R	I	R	A	I
	I	G	N	O	R	E	R		D	I	M	E
P	E	R	C	U	T		E	T	E	T	E	R
	N	I	E	R	I	O	N	S		E	R	
E	T	E		E	C	U	E	I	L		O	S
		C	A	R	A	T		G	I	G	U	E
E	C	H	O		L	I	M	A	C	O	N	
	L	E	U	R		L	U	N	E	E		R
S	A		T	A	N		L	E		M	I	E
	D	I	A		E	M	E		N	O	V	E
V	E	N	T	R	E	E		C	A	N	E	R

Au secours… de l'impossible

Leur réveillon de Noël 2013, les 52 passagers du MV Akademik *Chokalski* ne sont pas près de l'oublier ! Alors qu'ils profitent d'une croisière touristico-scientifique en Antarctique sur un navire polaire russe reconverti en bateau de loisir, les conditions météo se dégradent rapidement, et voilà le navire piégé dans la glace. La terre habitée la plus proche est à plus de 2000 km et la base française Dumont-d'Urville à plusieurs centaines de kilomètres. Les brise-glaces se succèdent pour essayer d'atteindre le bateau piégé, mais rien n'y fait, et les semaines passent jusqu'à ce qu'un bateau chinois réussisse à s'approcher à moins de 20 km. Des rotations en hélicoptère sont ensuite assurées pour évacuer tous les passagers. Une opération exceptionnelle dans un cadre aussi dangereux qu'envoûtant…

Soleil
lever : **8h40**
coucher : **17h19**

Mercredi **13 janvier**

Sainte Yvette – On fête aussi les Hilaire, Yvonne

À la Sainte-Yvette, mets ta page au net… sur le Net !

Étymologie

Tout se recycle, même les prénoms !

Au Moyen Âge, il était courant de donner à un mouton ou à un bélier le prénom *Robin* (prénom apparu au XIVe siècle, de la même famille que *Robert*), tout comme on appelait les goupils *Renart*. À la même époque, on avait aussi coutume de surmonter d'une figurine en tête de mouton ou de bélier le dispositif permettant d'ouvrir ou de fermer l'écoulement de l'eau d'une fontaine publique, pour le décorer. Ce dispositif était donc orné d'un « petit Robin », soit d'un *robinet*. CQFD !

DEVINETTES

On peut la voir la nuit,
Mais aussi en plein midi,
Qu'elle file ou scintille,
À nos yeux, toujours, elle brille.

Qui est-elle ?

Réponse : L'étoile

ÇA C'EST… Faits divers

Un potager et une chèvre : voilà les seules ressources avec lesquelles un père et ses cinq enfants ont survécu pendant près de dix ans dans une ferme isolée aux Pays-Bas. C'est l'aîné de la fratrie, âgé de 25 ans, qui a donné l'alerte après avoir fugué. « Le jeune homme […] était sale et portait de vieux vêtements. Sa façon de parler était infantile », a expliqué le patron d'un bar de Ruinerwold, village proche de la ferme. Après lui avoir posé quelques questions, celui-ci a rapidement compris que le jeune homme avait besoin d'aide et il a appelé la police. Grâce à ses indications, les policiers ont réussi à localiser la ferme et ont découvert le père et ses enfants dans une pièce dissimulée derrière une armoire. N'ayant plus aucun contact avec l'extérieur et conditionnés par leur géniteur, plusieurs membres de la fratrie pensaient être les derniers survivants sur Terre. Cernée par une grille et surveillée par des caméras, la bâtisse n'avait jamais intrigué les voisins.

Pêche

La perche en ses chasses

Les bancs de jeunes ablettes et gardons explosent en surface du lac. Les perches se goinfrent de ces poissons qui n'ont pour salut que la fuite ou le regroupement, ce qui amène de la confusion pour les carnassiers. La curée est telle que les chasseuses se retrouvent parfois sur la berge !

Aubaine pour les pêcheurs qui repèrent alors facilement ces agitations et qui, à leur tour, chassent les perches. Entre une petite cuiller, un poisson-nageur de surface ou un leurre souple de couleur argentée rappelant la robe des petites ablettes, le pêcheur au lancer n'a que l'embarras du choix. Lancez en bordure du banc et récupérez en variant la vitesse. La touche est violente, ramenez le poisson à la bouche fragile en souplesse et recommencez. Les filets sont excellents.

Jeudi **14 janvier**

Sainte Nina – On fête aussi les Odoric

Soleil
lever : **8 h 39**
coucher : **17 h 20**

À la Sainte-Nina, la bise aux nanas !

Rétro Vermot

« Maman, puis-je parler ?
– Non, mon petit, tu sais qu'on t'a défendu de parler à table. Attends que ton père ait fini de lire son journal. »
Le déjeuner fini, le père dépose lentement son journal sur la table.
« Eh bien, petit bavard, que voulais-tu nous dire ?
– Que le robinet de la salle de bains est resté ouvert. »

Histoires paranormales

Le philosophe et le fantôme

Dans sa lettre à Sura, Pline le Jeune raconte que le philosophe Athénodore loua à Athènes une maison abandonnée, réputée hantée. Il s'y installe, congédie ses domestiques et se met à écrire. Au commencement de la nuit, le spectre d'un vieillard décharné et hirsute lui apparaît, agitant bruyamment des chaînes pour attirer son attention. Le philosophe lui fait signe d'attendre et continue son travail. Au bout d'un moment, il se résout à suivre le fantôme qui le conduit dans la cour et disparaît. Athénodore marque l'endroit de cette disparition et, le lendemain, fait creuser l'emplacement. Il y découvre le squelette d'un esclave dont les membres sont enserrés par des fers. On lui donne une sépulture. « Alors la maison ne fut plus troublée du retour des Mânes enterrés selon les rites. »

NOMS D'OISEAUX !

Faisan

Le faisan a été introduit en France au Moyen Âge et s'est rapidement répandu pour devenir un gibier de choix. Le Ménagier de Paris (ouvrage du XIVe siècle) en parle comme d'un plat digne d'un seigneur et recommande aussi de le laisser « faisander », c'est-à-dire d'attendre que la viande s'altère, qu'elle verdisse et qu'elle pue même, afin d'avoir davantage de fumet dans l'assiette. Le verbe est vite passé dans la langue verte pour signifier « corrompre », mais aussi « tromper » et « duper ». Et le nom « faisan » a suivi le mouvement pour désigner l'escroc, le fricoteur « qui pue » l'arnaque à plein nez.

Métiers d'art

Didier Lieutard est l'un des derniers parcheminiers de France. Installé à Graulhet, petite ville du Tarn longtemps baptisée « capitale mondiale du cuir », il applique une technique qui n'a pratiquement pas changé depuis deux millénaires, comme son père et son grand-père avant lui. « On fabrique le parchemin uniquement à partir de peaux de mouton ou de chèvre. Le choix de la peau est primordial. Ensuite, toutes les étapes de sa transformation, le nettoyage, le délainage, l'apprêt, l'affinage, etc, s'exécutent à la main. Il n'y a pas d'automatisation possible ! » Ses clients sont des relieurs, des artistes, qui utilisent le parchemin pour des icônes, des antiquaires ou des imprimeurs. « Je travaille beaucoup avec des ateliers de restauration. Ils m'envoient de minuscules échantillons de cuir que je dois reproduire au niveau de la teinte et du grain. » La Bibliothèque nationale de France fait régulièrement appel à son savoir-faire et le retour en grâce depuis quelques années de la calligraphie lui ouvre de nouveaux débouchés.

Vendredi **15 janvier**

Saint Rémi – On fête aussi les Rachel, Racilia, Amaury

À la Saint-Rémi, embrasse ta Mamie, c'est permis !

NOTTO DICO

ALADIN, n. pr.
Aîné de trois frères : Aladin, Aladeux et Alatrois.

ALLUMETTE, n. f.
Tête brûlée qui n'a pas froid aux yeux.

AMÉRICAIN, n. m.
Autochtone d'importation.

AMÉRINDIEN, n. m.
Autochtone local.

ANTENNE, n. f.
Râteau métallique posé sur le toit pour ramasser les tuiles éparpillées en cas de vent fort.

Rétro Vermot

« Monsieur ! Monsieur ! Je viens d'avaler une épingle !
– Tenez, en voilà une autre… Et laissez-moi tranquille ! »

Ça s'est passé

Le 15 janvier 1921

L'hélicostat effectue son premier vol. Cet appareil est conçu par le Français Étienne Œhmichen, également inventeur de l'hélicoptère et du stroboscope.

La dictée du mois — La visite

Madame de Martigues vint à Coulommiers, comme elle l'avait promit à madame de Clèves : elle la trouva dans une vie fort solitaire. Cette princesse avait même chercher le moyen d'être dans une solitude entière, et de passer les soirs dans les jardins, sans être accompagné de ses domestiques. Elle venait dans se pavillon où M. de Nemours l'avait écouté ; elle entrait dans le cabinet qui était ouvert sur le jardin. Ses femmes et ses domestiques demeuraient dans l'autre cabinet, ou sous le pavillon, et ne venaient point à elle qu'elle ne les appelat. Madame de Martigues n'avait jamais vu Coulommiers : elle fut surprise de toutes les beautés quelle y trouva.

Madame de La Fayette, La Princesse de Clèves, *1689, éd. 1820.*

Solution : promis, solitaire, cherché, accompagnée, ce pavillon, écoutée, appelât, qu'elle

MNÉMOTECHNIQUE

Un air simple

Apprendre les phrases suivantes permettra de retenir les principaux mots qui s'écrivent avec un seul r, alors qu'on est souvent tenté de leur en mettre deux.

- **Un paresseux couronné dévorait une carotte avec un air intéressé.** *(Liste de mots qui ne prennent qu'un r)*
- **Une seule caresse suffit pour dire qu'on aime.** *(Une seule caresse = un seul r)*
- **Mourir ne prend qu'un r, car on ne meurt qu'une fois.** *(Une fois = un r)*
- **Courir ne prend qu'un r, car on manque d'air en courant.** *(Air = r)*

À la Saint-Marcel, à toi de faire la vaisselle !

1-2-3-1-2-3-1-2-3

JAMAIS DEUX SANS TROIS

Courir deux lièvres à la fois

Cette expression trouve son origine à la fin du XVIIe siècle dans l'univers de la chasse. Elle signifiait que vouloir faire suivre par les chiens deux lièvres en même temps faisait courir le risque qu'ils n'en attrapent aucun. On l'utilise pour dire que partir dans plusieurs directions ou commencer plusieurs tâches simultanément peut conduire à l'échec.

1-2-3-1-2-3-1-2-3

ALZHEIMER : DES AVANCÉES !

FOOTBALL

La panenka est une technique pour tirer un penalty ou un tir au but : le principe est de viser le centre du but d'une simple pichenette, en comptant sur le fait que le gardien aura anticipé une frappe en force sur un côté. Ce geste est très risqué car si le gardien n'a pas anticipé, il peut facilement capter le ballon et, du même coup, ridiculiser le tireur. A contrario, s'il est réussi, il inscrit son auteur dans la légende : ainsi d'Antonín Panenka, qui lui donna son nom en offrant la Coupe d'Europe 1976 à la Tchécoslovaquie.

Nos Régions

Bourgogne-Franche-Comté

Côte-d'Or/Cussy-la-Colonne

Cette commune célèbre jusque dans son nom un mystérieux monument de l'époque romaine. Il s'agit d'une colonne richement ornée, haute de 11,60 m, qui s'élève au milieu des champs sans que l'on sache pourquoi elle a été érigée ici ni pourquoi elle est tant décorée. Son soubassement est composé de trois assises d'un seul bloc, la base forme une espèce de carré dont les angles sont coupés et au-dessus de celle-ci est posé un autel octogonal présentant sur chaque face la figure d'une divinité : Minerve avec sa chouette, Mercure armé d'une massue, Junon sur les pieds de laquelle repose un paon, etc.

EN PASSANT PAR TOUTES LES BULLES DE CE PARCOURS, RECONSTITUEZ CE QUE DIT CE GENTLEMAN.

SOLUTION : ON NE DIT PAS DOROTHÉE MAIS S'ASSOUPIT AU GOÛTER

ÇA C'EST... Faits divers

Bus écolo

Cocorico ! La station hydrogène de Houdain, dans le Pas-de-Calais, est la première en Europe à produire de l'hydrogène et alimenter une ligne de bus. Et l'ensemble a intégralement été fabriqué en France. Mis en circulation il y a un an, les six bus qui assurent la liaison entre Bruay-La-Buissière et Auchel sont dotés de réservoirs d'hydrogène disposés sur le toit et d'une pile à combustible. Leur combustible, l'hydrogène, est donc directement produit par électrolyse de l'eau, comprimé et stocké à proximité de la ligne. Chaque véhicule est « rechargé » une fois par jour. Cette nouvelle flotte de transports verts doit permettre d'économiser plus de 500 tonnes de CO_2 par an, les véhicules à hydrogène n'émettant pas de CO_2 en roulant. Petit bémol : pour fabriquer l'hydrogène, l'électrolyse de l'eau nécessite de l'énergie électrique et émet donc des gaz à effet de serre…

Soleil
lever : **8h37**
coucher : **17h24**

Dimanche **17 janvier**

Sainte Roseline – On fête aussi les Roselyne, Théodose

Janvier rigoureux, tonton catarrheux !

HEUREUX MARIAGES

Des familles au poil

Le 8 octobre 1737, à Plerguer (Ille-et-Vilaine), Julien Barbe épousa Jeanne Peigne. Il y avait à l'époque beaucoup de mariages arrangés pour des raisons financières, on ne sait pas si celui-ci l'était pour des raisons pilaires ! Et le 13 janvier 1812, à Saint-Laurent-du-Bois, en Gironde, une autre union fait contraste, celle d'Amant Tondut avec Françoise Barbe.

EXTINCTION DES ESPECES

RECETTE

Lentilles et saucisses fumées

Pour 4 pers. 15 min de préparation 45 min de cuisson

3 saucisses de Montbéliard
300 g de lentilles du Puy
1 oignon
1 gousse d'ail
1 carotte
75 cl de bouillon de légumes
1 bouquet garni (thym, romarin)
20 g de beurre
Sel, poivre du moulin

Pelez l'oignon et l'ail puis émincez-les ; épluchez la carotte et coupez-la en rondelles.
Dans une sauteuse, faites fondre le beurre puis ajoutez l'oignon et l'ail. Laissez dorer à feu moyen. Ajoutez les lentilles, la carotte et le bouquet garni. Versez le bouillon de légumes. Piquez les saucisses et placez-les dans la sauteuse.
Laissez cuire 35 à 40 min à couvert, en remuant souvent. Surveillez la quantité de liquide, ajoutez-en s'il en manque ou prolongez la cuisson s'il y en a trop.
Ôtez le bouquet et servez chaud.

Variantes : vous pouvez couper les saucisses en rondelles avant de les cuire. Elles seront un peu plus sèches et donneront plus de goût aux lentilles. Ajoutez un peu de coriandre ou de persil et de la crème au moment du service.

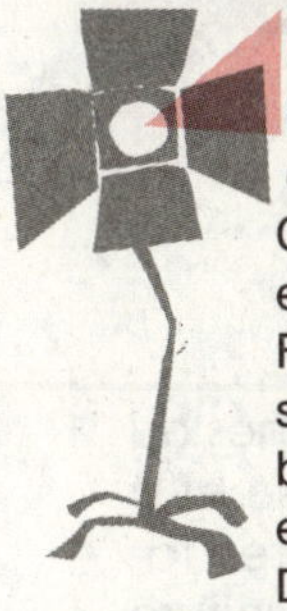

CINÉMA

Le Petit Monde de don Camillo

Comment résister, encore aujourd'hui, à Fernandel, son large sourire et sa soutane bien repassée ? Tourné en 1952 par Julien Duvivier, le film raconte les rivalités entre un maire communiste (Gino Cervi) et un curé de campagne (Fernandel) dans un petit village du fin fond de l'Italie. Le succès est tel que Fernandel, déjà très apprécié du grand public, entre alors dans l'histoire du cinéma français. Quatre suites seront tournées, la cinquième restant inachevée à la mort de Fernandel.

Tout est relatif... (Espace temps)

Le Nobel d'Albert

En 1921, Albert Einstein a reçu le prix Nobel de physique. Mais ce n'était ni pour ses travaux sur la relativité restreinte, publiés en 1905, ni pour sa théorie de la relativité générale rendue publique en 1915. Tout simplement parce qu'à l'époque, les travaux du génial physicien allemand, qui allaient pourtant révolutionner la science, manquaient encore de preuves expérimentales. Einstein a néanmoins été récompensé par le jury du prix Nobel pour un autre apport en physique théorique : l'explication de l'effet photoélectrique. La lumière peut provoquer l'émission d'électrons par le matériau qu'elle éclaire et donc, en quelque sorte, produire de l'électricité. Einstein a expliqué cet effet par l'existence de « particules de lumière », qu'on appellera ensuite les photons.

Lundi **18 janvier**

Sainte Prisca – On fête aussi les Priscilla, Gwendal, Messaline

Soleil
lever : **8h36**
coucher : **17h26**

Ô Muse de mon cœur… Auras-tu, quand janvier lâchera ses borées, …
Un tison pour chauffer tes deux pieds violets? Charles Baudelaire

Nos Régions

Auvergne-Rhône-Alpes

Drôme/Grignan

Surtout connu pour avoir accueilli la marquise de Sévigné lorsqu'elle séjournait auprès de sa fille Françoise-Marguerite, le château de Grignan est pourtant bien antérieur au XVIIe siècle ! Dominant de sa massive silhouette le village du même nom, au cœur de la Drôme provençale, il est devenu château de plaisance à la Renaissance après avoir été un valeureux château fort depuis le XIe siècle. Classé monument historique en 1993 et labellisé Musée de France, il offre aujourd'hui aux visiteurs de précieux témoignages sur l'art de vivre à différentes époques.

ILS ONT DIT

« Celui-là a eu du courage, qui a été le premier à manger une huître. »

Jonathan Swift

L'humanité en chiffres

1 sur 200

Ce chiffre absolument époustouflant est la proportion des habitants de TOUTE LA PLANÈTE qui vivait à Rome en l'an I de notre ère. Rendez-vous compte de ce que cela peut représenter ? Avec ces mêmes proportions appliquées à notre époque, Rome, aujourd'hui, abriterait 35 millions de personnes !

3.14159265358

Voitures célèbres

Aston Martin DB5

Quelle autre voiture aurait pu mieux convenir à James Bond, espion aussi élégant qu'hyperactif ? Construite à partir de 1963 avec le concours de Carrozzeria Touring, maître italien qui mit au point sa carrosserie en aluminium d'après le célèbre procédé « Superleggera », la DB5 séduisit immédiatement son monde grâce à une robe élégante associée à une mécanique sportive de 282 chevaux. Adoptée dès *Goldfinger* (1964), elle accompagnera Bond dans sept films de la saga, jusqu'à *007 Spectre* (2015). Si les versions successives se feront toujours plus sophistiquées, ses courbes et son élégante couleur gris « Silver Birch » resteront les mêmes, traversant les époques et marquant à jamais les amateurs de belles mécaniques.

BIENTÔT UN SERVICE DE RECONNAISSANCE FACIALE POUR ACCÉDER AUX SERVICES PUBLICS

CHAUD DEVANT !

AU CHEVET DE LA BANQUISE

Ce fut probablement l'un des premiers signes du réchauffement climatique à être médiatisé et à éveiller nos consciences : des ours polaires faméliques contraints de chercher de la nourriture au cœur même de villages inuits ou bien dérivant sur de minuscules icebergs. La fonte des glaces, spectaculaire, n'a d'autre cause que la hausse des températures. Les photos satellites nous permettent d'appréhender globalement la réduction de la superficie des différents continents blancs de la planète, aussi bien au pôle Nord qu'au pôle Sud. Et moins il y a de glace, plus celle qui reste fond vite. Une logique tristement implacable…

Soleil
lever : 8 h 35
coucher : 17 h 27

Mardi 19 janvier

Saint Marius – On fête aussi les Gabin, Mario, Faustine

À la Saint-Marius, t'es plus coté à l'argus !

Rétro Vermot

« Madame, c'est le tailleur de Monsieur ; il dit que si on ne le paye pas, il va prendre des mesures ! »

ILS ONT DIT

« La femme veut toujours changer l'homme. L'homme veut toujours changer de femme. »

Anne Roumanoff

EXPRESSIONS IMAGÉES

Cela va faire du bruit dans Landerneau

L'origine de cette expression se trouve dans une pièce écrite à la fin du XVIIIe siècle par Alexandre Duval, intitulée *Les Héritiers*. Il y est question du remariage d'une veuve de Landerneau, dans le Finistère. Quand son premier mari qu'on croyait mort réapparaît, un domestique s'exclame : « Oh, le bon tour ! Je ne dirai rien ; mais cela fera du bruit dans Landerneau. »

LES ERREURS JUDICIAIRES — TOP SECRET

Le crime pour lequel a été condamné Clarence Gideon en 1961 n'était pas des plus graves puisqu'il ne s'agissait que d'un cambriolage. La sentence choisie par le juge d'une cour de Floride contre ce pauvre vagabond fut de cinq ans de prison. Le problème, c'est que le condamné était innocent... À l'époque, comme il n'était pas obligatoire de fournir un avocat aux personnes mises en cause, les classes les plus modestes avaient du mal à se faire entendre lors d'un procès. Heureusement pour Clarence, son cas fut révisé et on découvrit que le principal témoin de l'affaire, sur lequel reposait l'accusation, était en fait le véritable coupable ! Clarence fut libéré et la loi changée dans la foulée : tout accusé a désormais un avocat pour le défendre, qu'il ait les moyens de le payer ou non.

LE CHIFFRE

13,8

C'est le pourcentage de la production agricole alimentaire jetée avant même d'être mise en vente. Le gâchis avant le gaspillage des invendus et périmés non consommés, en somme. Selon un rapport de la FAO, l'organisation des Nations Unies pour l'alimentation et l'agriculture, cela représente près de 400 milliards de dollars de produits agricoles perdus. Tous les aliments ne sont pas concernés au même niveau : 9 % des céréales et légumes secs, près d'un quart de la production pour les fruits et légumes, et même davantage pour les tubercules ou les oléagineux. Les raisons ? Problèmes lors du stockage ou du transport, mauvaise gestion des flux, défaut de calibrage qui envoie chaque année des centaines de millions de tonnes de fruits et légumes au rebut, car ils n'ont pas la « bonne » couleur ou la « bonne » forme… Alors que 820 millions de personnes souffrent de la faim, la FAO estime qu'en agissant notamment sur les infrastructures de stockage, de nombreux pays pourraient considérablement limiter ces pertes.

Mercredi **20 janvier**

Saint Sébastien – On fête aussi les Bastien, Fabien, Fabienne

Soleil
lever : **8h34**
coucher : **17h29**

Si l'on te frappe sur la joue droite, ignore ce que tu fais de ta main gauche.
Francis Blanche.

ÇA C'EST... Faits divers

Selon un rapport confidentiel du Secrétariat général de la Défense et de la Sécurité nationale (SGDSN), les services de renseignement s'inquiètent des relations un peu trop étroites entre étudiantes chinoises et militaires bretons. C'est le journaliste Antoine Izambard qui a révélé l'affaire dans son livre *France-Chine : les liaisons dangereuses*. En cause le nombre « anormalement élevé de mariages » entre des étudiantes chinoises de l'université de Bretagne-Occidentale (UBO) et de l'École nationale supérieure de Techniques avancées (ENSTA) avec des militaires et des ingénieurs civils de l'arsenal de Brest. Rappelons que l'Île Longue sert de base à nos sous-marins nucléaires. Pour le contre-espionnage, il ne fait aucun doute que la Chine a parfaitement identifié cette zone. Pour autant, les services de renseignement n'affirment pas que les jeunes étudiantes sont des espionnes ; ils se contentent de souligner une anomalie qui semble également toucher des laboratoires de recherche et des start-ups bretonnes…

VILLES D'AQUITAINE

E	T	E	N	N	O	Y	A	B	E	X	C	M	P
B	N	A	P	O	L	I	B	O	U	R	N	E	B
O	E	A	L	X	H	Y	A	X	Q	I	S	B	N
R	G	W	S	E	E	C	U	P	H	S	A	X	N
D	A	X	E	R	N	Y	A	N	A	J	C	A	A
E	C	P	G	N	A	C	S	C	X	A	N	G	R
A	A	A	U	X	T	M	E	U	R	G	M	S	Z
U	N	Y	R	S	S	N	E	I	I	A	P	E	T
X	G	A	B	E	O	U	O	D	R	H	H	D	I
O	I	N	L	N	G	L	A	M	T	T	X	R	R
Y	R	G	F	I	F	R	A	R	R	N	Y	E	R
A	E	L	R	S	G	N	E	O	T	O	O	S	A
B	M	E	H	Y	D	M	X	B	Z	Q	L	M	I
X	P	T	H	E	N	D	A	Y	E	X	R	Z	B

Solution page 43

Trouvez les villes d'Aquitaine cachées dans la grille ci-dessus. Vous les trouverez soit horizontalement, soit verticalement, soit diagonalement. Elles peuvent se lire de gauche à droite ou de droite à gauche.

AGEN
ANGLET
ARCACHON
BAYONNE
BÈGLES
BERGERAC
BIARRITZ
BORDEAUX
BRUGES
CENON
DAX
EYSINES
FLOIRAC
GRADIGNAN
HENDAYE
LIBOURNE
LORMONT
MARMANDE
MÉRIGNAC
MONT-DE-MARSAN
ORTHEZ
PAU
PÉRIGUEUX
PESSAC
TALENCE

Compiler les Perles

Marée basse

Qui l'a dit ? Un touriste en vacances à La Rochelle, sûrement parisien et tout à fait désolé. La perle : « Oh ben dites donc, mes pauvres, qu'est-ce que vous avez dû prendre pendant la canicule ! On est passé devant le port tout à l'heure, il n'y avait plus une goutte d'eau ! » Avant de remercier cet agneau de sept heures pour son inquiétude, les locaux ont dû se marrer (marée !) un bon coup !

Soleil
lever : **8 h 33**
coucher : **17 h 30**

Jeudi **21 janvier**

Sainte Agnès – On fête aussi les Aïna, Ania

À la Sainte-Agnès, gare à tes fesses !

Le bon mot de l'histoire

21 janvier 1793 :
« Peuple, je meurs innocent ! »
Louis XVI

Les ultimes paroles du roi, place de la Révolution (aujourd'hui place de la Concorde), nous ont été rapportées par un témoin privilégié : Charles-Henri Sanson, son bourreau. C'est en février 1793 que « l'exécuteur des jugements criminels » relate les derniers instants du monarque afin, écrit-il, de « rendre hommage à la vérité » alors que la plupart des journaux et brochures évoquent la lâcheté de Louis XVI. Sanson, qui n'est pas monarchiste, explique au contraire avoir été étonné « par le sang-froid et la fermeté » du roi au moment de son exécution.

Notto Dico

ANTICIPER, v.
Réfléchir avant de faire une bêtise.

ANTILLAIS, n. m.
Quelqu'un qui ne fait pas les choses à moitillais.

ANTISOCIAL, n. m.
Personne perdant son sang-froid.

ANUS, n. m.
Trou de balle.
Ex : « Donald est adroit au tir. Il a fait trois anus dans le mille. »

APPRENDRE, v.
Être moins con.

VERMOT'ROSCOPE

VERSEAU *(21 janvier – 19 février)*

Caractère

Novateur, inspiré, inventif, avant-gardiste, communicatif, indépendant, humaniste, original, anticonformiste, clairvoyant, lucide, idéaliste, sentimental, aérien, adaptable, aventureux, autoritaire, pessimiste, désinvolte, nerveux, angoissé.

Le message des astres

Saturne et Jupiter vous tiendront compagnie une grande partie de 2021. Ce sera l'occasion de faire le point sur votre vie et, éventuellement, de rompre avec une certaine façon d'agir, voire de tourner une page de votre existence.

Vie relationnelle

Tout au long de l'année, vous serez partagé entre l'envie de sortir, de voir du monde et le besoin de vous ressourcer ou de vous retrouver. De fait, vous évoluerez sur un double rythme et vos amis auront parfois du mal à vous suivre.

Amour

À deux, de janvier à mars, essayez de mieux communiquer sur vos envies et vos besoins ; mettez les choses au clair. En juillet, efforcez-vous de vous retrouver, cherchez des solutions à vos problématiques. À partir de septembre, une page se tourne. Célibataire, vous vivrez bien votre situation. En février et en mars, dites oui aux invitations et aux sorties. En mai et en juin, une jolie histoire pourrait venir adoucir vos soirées.

Famille

Les astres ne vous faciliteront pas la vie. Attendez-vous à devoir faire face à pas mal de situations compliquées. Pour mieux vivre 2021, tenez-vous à l'écart de toute forme de tensions. Préservez-vous. N'entrez pas dans le jeu de certains et prenez un maximum de recul.

Quotidien et vitalité

Vous n'aurez pas le temps de vous ennuyer. C'est une année propice aux projets et aux activités diverses. Certains d'entre vous seront étonnés de se découvrir des ressources insoupçonnées. Quoi que vous viviez, quoi que vous fassiez, vous saurez faire face à tous les événements de 2021. Sur le premier trimestre, faites le point sur vous. Reprenez-vous en main. En mars et en avril, multipliez les activités ou les loisirs. De septembre à novembre, soyez dans l'action. Sortez, bougez.

Budget

Sérieux, prudent et prévoyant, vous ferez attention à vos dépenses. D'un bout à l'autre de l'année, vous garderez le contrôle de vos finances.

Comment optimiser votre année

Montrez-vous réfléchi et essayez de rester optimiste. Pensez à prendre la vie comme elle vient. Faites-vous plaisir.

Vendredi **22 janvier**

Saint Vincent – On fête aussi les Anastase, Laura

Soleil
lever : **8 h 32**
coucher : **17 h 32**

Pas de Saint-Vincent sans vin !

GRANDS MOMENTS DU CYCLISME

C'est bien connu, la polyvalence de l'entraînement et les variations sont une clé de voûte de la performance en cyclisme. Ce n'est toutefois pas ce qui a permis au Britannique Chris Froome de l'équipe Sky d'offrir au cyclisme l'un de ces moments inoubliables comme seul le Tour de France peut en produire. En 2016, alors qu'il est victime d'une chute sur les pentes du Ventoux qui immobilise sa monture, Froome, plutôt que d'attendre l'assistance et perdre plus de temps, décide d'entreprendre un petit sprint jusqu'à l'arrivée. Moment culte devant un public et des commentateurs médusés ! Une bonne opération, finalement, puisqu'elle lui a tout de même permis de sauver son maillot jaune, après à l'analyse de la situation par les commissaires de course.

Nos Régions

Bretagne

Finistère/Brest

L'expression populaire « aller au pieu » pour indiquer que quelqu'un va se coucher vient directement… de Brest ! Les gardiens de l'arsenal de la ville avaient en effet pris l'habitude de se reposer entre deux tours de garde en faisant un somme dans une sorte de hamac, une toile tendue entre deux pieux. Quand l'un d'entre eux prenait un nouveau quart de veille, celui qu'il relevait « allait aux pieux ». Avec le temps, l'expression est restée mais au singulier.

120 ans d'association

Loi de 1901 : libertaire et libératrice

C'est la Révolution française, et plus précisément la Déclaration des droits de l'Homme et du Citoyen rédigée en 1789, qui a provoqué le questionnement législatif. Parce qu'il n'était justement pas inscrit dans ce texte fondateur, le droit de libre association a été débattu et voté un an plus tard. Dès lors, ce droit a réveillé chez les différents régimes la peur de voir s'organiser un contre-pouvoir. En 1810, le Code pénal napoléonien pénalise le droit d'association, mais les organisations continuent de se réunir clandestinement. Le ministre Pierre Waldeck-Rousseau parvient en 1901 à établir une loi pérenne, en commençant par l'article 1 : « L'association est la convention par laquelle deux ou plusieurs personnes mettent en commun, d'une façon permanente, leurs connaissances ou leur activité dans un but autre que de partager des bénéfices. » Pendant les années 1930, un recul est opéré, mais en 1948, l'Assemblée générale des Nations unies grave dans le marbre ce droit en l'intégrant à la Déclaration universelle des Droits de l'Homme. En 1971, une loi instaure à nouveau un contrôle en exigeant une autorisation, mais elle est abrogée par François Mitterrand en 1981.

Samedi 23 janvier

Saint Barnard – On fête aussi les Émerance, Alphonse

À Sainte-Émerance, les jours rallongent d'une aune de ganse.

NOMS D'OISEAUX !

Buse

Pourquoi « triple » buse plutôt que double ou quadruple ? Sans doute pour la sonorité : triple, ça claque ! Ça sonne déjà comme une insulte ! On se traite de buse – même simple et unique – depuis longtemps, depuis les Romains et, au-delà, depuis l'avènement de la fauconnerie car la buse, contrairement à l'épervier, se montre imperméable au dressage. D'où une réputation de stupidité et d'ignorance. Mais on peut y voir, tout au contraire, une preuve d'intelligence : pourquoi chasser pour les humains alors qu'il y a déjà des petits à nourrir ? Pas si bête, la buse !

LA GAFFE DE L'HISTOIRE

Le dictat de la télévision

Une présentatrice de la chaîne américaine Fox News a fait un malheureux lapsus en juin 2018 en commentant l'arrivée du président Donald Trump à Singapour pour sa rencontre avec le Nord-Coréen Kim Jong-Un. « Indépendamment de ce qui se passera lors de cette rencontre entre les deux dictateurs, ce que nous voyons en ce moment, c'est l'Histoire », a-t-elle dit spontanément.

L'ACTU

Belle initiative !

À Bangkok, le designer Apichai Inthutsingh a eu l'idée de recycler les caddies usagés en fauteuils roulants. D'après lui, ce n'est ni un coup de pub ni une lubie, mais un moyen rapide et économique de rendre accessible les déplacements aux personnes à mobilité réduite qui n'ont pas les moyens de financer un fauteuil roulant classique, notamment les habitants des bidonvilles de la capitale thaïlandaise. À ce jour, deux versions existent, l'une pour les handicapés se déplaçant seuls, l'autre qui doit être poussée par une tierce personne. Apichai Inthutsingh souhaite désormais se pencher sur la motorisation de ces fauteuils, toujours à l'aide de systèmes recyclés.

Voyager par les séries TV

Game of Thrones et *Sense8*

Science-fiction et tour du monde. Du château de Castle Ward en Irlande du Nord aux rues de Dubrovnik, en passant par une citadelle perdue au milieu du désert marocain, le phénomène *Game of Thrones (Le Trône de Fer)* nous entraîne dans un tour d'Europe réjouissant. Si les sites choisis par la production sont souvent modifiés digitalement, certains d'entre eux, comme le palais de Dorne/Real Alcázar ou la route Royale/Dark Hedges, sont facilement identifiables. Dans une version plus citadine et contemporaine, l'intrigue de la série de science-fiction des sœurs Wachowski, *Sense8*, réunit des personnages vivant aux quatre coins du monde. D'une scène à l'autre, on navigue entre Berlin, Reykjavik, Londres, Chicago, Séoul, Nairobi, Mexico, Bombay et San Francisco. Très dépaysant !

Saint François de Sales – On fête aussi les Thimothée, Franz, Paco

Soleil
lever : **8h30**
coucher : **17h35**

Année neigeuse, année fructueuse.

Pièges de l'ortographe

Mil ou mille ?

Quelle différence y a-t-il entre « mil » et « mille » ? Simplement le singulier et le pluriel ! « Mil » vient du latin *mille* qui se traduit par un millier, alors que « mille » vient du pluriel *milia* désignant plusieurs milliers. C'est ainsi qu'en entrant dans le troisième millénaire, nous sommes passés de mil neuf cent quatre-vingt-dix-neuf à l'an deux mille.

LA GAFFE DE L'HISTOIRE

Qui est ce monsieur ?

En 1996, lors d'un discours au Bureau international du travail, Jacques Chirac a demandé qui était la personne qui venait de s'exprimer avant lui. Il n'avait pas reconnu Flavio Cotti, qui allait devenir peu de temps après président de la Suisse. Heureusement, en 1998, le président français ne fit pas la même gaffe lors de sa visite d'État auprès de son homologue.

Au Jardin

Savon noir

Qualifié « d'insecticide naturel », le savon noir est efficace contre les pucerons, les cochenilles, les aleurodes et les nématodes. Comment agit-il ? En constituant une carapace huileuse qui bouche les organes respiratoires des petites bêtes – qui meurent donc étouffées. Le dosage ordinaire est de 20 g de savon pour un litre d'eau. Toutefois, les choses ne sont pas si simples. D'abord, il faut utiliser un véritable savon noir (huile végétale et hydroxyde de potassium), sans conservateur. Et il faut savoir que le savon tue tous les insectes sur lesquels il est pulvérisé, y compris les coccinelles ou les larves de chrysopes, prédatrices des pucerons. En outre, il bouche aussi les pores des plantes, ce qui entraîne des dégâts au niveau des feuillages. Moralité : ayez la main légère !

EN PASSANT PAR TOUTES LES BULLES DE CE PARCOURS, RECONSTITUEZ LES PROPOS DU CHAUFFEUR DE CAR.

SOLUTION : ON NE DIT PAS LE CARIBOU MAIS LE MOTEUR DU BUS SURCHAUFFE.

Ça c'est vache
Les plus belles crasses

Au cours de leur formation, les jeunes espoirs du tennis vivent souvent en communauté, ce qui ne manque pas de donner lieu à des blagues de goût variable et autres potacheries sans gravité. Mais, parfois, la rivalité entre jeunes prodiges peut tourner au vinaigre, voire au véritable acharnement. La joueuse Marion Bartoli explique qu'une règle d'or de ces internats sportifs est de ne jamais laisser traîner son sac, sous peine de voir ses cordes ou ses lacets sectionnés. Bel esprit sportif !

Soleil
lever : **8h29**
coucher : **17h37**

Lundi **25 janvier**

Conversion de saint Paul – On fête aussi les Artémis, Juvence

À la conversion de Saint-Paul, l'hiver se renoue ou se casse le cou.

Voyages en train

Avec ses lignes années 1920, ses fauteuils en cuir luisant et son intérieur en bois poli, le train Belmond Hiram Bingham est d'une élégance rare. Dans ce contexte gracieux, on voyage au cœur de la Cordillère des Andes en sirotant un *pisco sour*, accompagné de spécialités péruviennes. Les wagons bleu et or circulent pendant 3 h 30 entre la ville de Cusco et l'ancienne citadelle inca du Machu Picchu, au sud-est du Pérou. On déjeune à bord devant un spectacle de danse et musique folkloriques, avant d'embarquer pour une visite guidée du site inca. Sur le chemin du retour, on pourra s'asseoir au bar et profiter de sa vue imprenable. C'est une excursion complète dans un train d'exception.

Le coin lecture

Le Moulin du loup de Marie-Bernadette Dupuy

La rencontre entre Claire, la fille rebelle d'un maître-papetier, et Jean, un jeune bagnard en cavale, est le point de départ de ce premier tome d'une saga familiale haletante (6 volumes). Entre les amours contrariées de Claire, les secrets de famille qui se dévoilent et la destinée dramatique de Jean, on se laisse rapidement emporter par cette histoire qui prend racine au cœur de la Charente de la fin du XIXe siècle. Avec un style de narration très vif, des personnages au fort caractère et de nombreux rebondissements, l'auteure entraîne le lecteur dans un savoureux tourbillon romanesque.

DONNER DU TEMPS AU TEMPS

Solution mots mêlés [p. 38]

E	T	E	N	N	O	Y	A	B	E	X	C	M	P
B	N	A	P	O	L	I	B	O	U	R	N	E	B
O	E	A	L	X	H	Y	A	X	Q	I	S	B	N
R	G	W	S	E	E	C	U	P	H	S	A	X	N
D	A	X	E	R	N	Y	A	N	A	J	C	A	A
E	C	P	G	N	A	C	S	C	X	A	N	G	R
A	A	A	U	X	T	M	E	U	R	G	M	S	Z
U	N	Y	R	S	S	N	E	I	L	A	P	E	T
X	G	A	B	E	O	U	O	D	R	H	H	D	I
O	I	N	L	N	G	L	A	M	T	T	X	R	R
Y	R	G	F	I	F	R	A	R	R	N	Y	E	R
A	E	L	R	S	G	N	E	O	T	O	O	S	A
B	M	E	H	Y	D	M	X	B	Z	Q	L	M	I
X	P	T	H	E	N	D	A	Y	E	X	R	Z	B

LUTTES ET HÉROS POPULAIRES

LOUISE MICHEL

Héroïne de la Commune aux 100 vies et combats, cette institutrice, militante anarchiste et féministe, est le symbole des mouvements libertaires européens du XXe siècle. Après à la répression sanglante de la Commune en 1871, Louise Michel est arrêtée, puis jugée. Alors qu'elle demande à être traitée comme ses co-accusés masculins, et donc exécutée, elle est condamnée au bagne et à l'exil, et ne reviendra sur le sol français qu'en 1880. Surveillée de près par la police, victime de plusieurs attentats (dont un qui lui laissera une balle dans le crâne), elle fera le tour d'Europe pour donner des conférences et participer à des actions de lutte jusqu'à sa mort en 1905. Infatigable.

Soleil
lever : **8 h 28**
coucher : **17 h 38**

Sainte Paule – On fête aussi les Paola, Pauline, Paulette

À la Sainte-Paule, range un peu ta piaule !

Métiers insolites

Réveille-matin

Ce métier insolite a disparu en même temps que le réveille-matin faisait son apparition, mais il est si romantique qu'il nous fallait l'aborder. Les « knocker-up » de l'Angleterre pré-électricité avaient pour métier de taper au carreau des travailleurs à une heure convenue pour les réveiller. À ces fins, ils se baladaient dans les rues au petit matin, armés de pois à lancer sur les carreaux et de grandes tiges de bambou pour atteindre les étages supérieurs.

1-2-3-1-2-3-1-2-3

JAMAIS DEUX SANS TROIS

Joindre les deux bouts

Qui a essayé, littéralement, de s'asseoir sur deux chaises à la fois sait à quel point la position est inconfortable ! Cela signifie que quand on ne parvient pas à choisir une assise, on reste dans un équilibre instable et déplaisant. L'expression stigmatise celui ou celle qui, au sens figuré, ne sait pas faire de choix alors qu'une prise de décision s'impose.

1-2-3-1-2-3-1-2-3

Maisons d'artistes

En 1859, à 37 ans, Rosa Bonheur quitte son atelier parisien pour le hameau de By, en lisière de la forêt de Fontainebleau. L'artiste un brin fantasque, dont les peintures animalières et portraits sont prisés par une clientèle fortunée, s'installe dans une vaste demeure de style normand. Elle fait aménager les communs en atelier et, dans le parc, installe des enclos pour les moutons, cerfs, chevaux et même deux lions qu'elle utilise comme modèles. Anticonformiste, Rosa Bonheur refusait de se marier, portait cheveux courts et pantalons. Elle fut la première artiste décorée de la Légion d'honneur. Longtemps inaccessibles, son « château de By » et surtout son atelier peuvent aujourd'hui se visiter. Son mobilier, ses chevalets, ses palettes, ses pinceaux, sa blouse brodée, ses carnets de croquis… tout y est. Sauf ses œuvres, aujourd'hui dispersées dans les plus grands musées.

Atelier de Rosa Bonheur, Château de By, 77810 Thomery

Nos Régions

Pays de la Loire

Maine-et-Loire/Cholet

Les Mauges constituent une région naturelle et historique, correspondant au sud-ouest de l'actuel département de Maine-et-Loire, autour de la ville de Cholet. Une vieille coutume, qui a subsisté jusqu'au XIXe siècle, voulait que, aussitôt les cérémonies du mariage accomplies, les mariés se disent exclusivement « vous » alors qu'ils se tutoyaient la veille ! Partout ailleurs en Anjou, le tutoiement était de rigueur dès le lendemain des noces.

Mercredi **27 janvier**

Sainte Angèle – On fête aussi les Angie

C'est terrible d'allonger la vie en prolongeant seulement la vieillesse.
Professeur Choron

L'ACTU

Qu'un sang impur…

Mais de quoi souffrait Marat, poignardé par Charlotte Corday le 13 juillet 1793, alors qu'il soignait une mystérieuse maladie de peau dans sa baignoire ? Des généticiens moléculaires espagnols ont analysé le sang prélevé sur l'exemplaire du journal que le révolutionnaire annotait au moment de son assassinat : *l'Ami du Peuple*. Ils n'ont découvert aucune trace ADN de syphilis, de lèpre, de gale ou de muguet. En revanche, ils ont isolé une levure, *Malassezia restricta*, souvent associée à la dermite séborrhéique, maladie dermatologique chronique se manifestant notamment par l'apparition de plaques rouges recouvertes de pellicules jaunâtres. Selon l'équipe espagnole, comme il n'existait aucun traitement contre cette pathologie, le champignon avait dû atteindre le sang de Marat, et il est probable qu'en assassinant l'illustre révolutionnaire, la jeune Caennaise ait abrégé ses souffrances… Car d'après les chercheurs, le héros des sans-culottes serait sans doute mort d'une septicémie peu de temps après.

Charade
classique

Mon premier est bien en chair,
Mon deuxième est la coloration du visage,
Mon troisième est un revers,
Mon quatrième marque le dédain,
Mon cinquième est le produit du nuciculteur,
Mon tout est une spécialité française.

GRATIN DAUPHINOIS (GRAS – TEINT – DOS – FI – NOIX)

Théories du complot

La Terre plate

Il y a quelques siècles, affirmer que la Terre était ronde pouvait vous apporter quelques ennuis, voire vous faire passer de vie à trépas ! Heureusement, ces temps sont désormais révolus, et tout le monde sait que la Terre est bien ronde. Enfin... presque, car figurez-vous qu'une poignée d'irréductibles pensent encore, à l'encontre de toute évidence scientifique, que la Terre est plate. Les explications qu'ils avancent sont variables : certains pensent que nous serions victimes d'une immense mise en scène décidée par des créatures supérieures qui nous observeraient sur notre Terre plate depuis le plafond de verre, cachées derrière un système de luminaires (les étoiles !), d'autres disent que nous serions manipulés par les gouvernements mondiaux... Au choix !

Jeudi 28 janvier

Saint Thomas d'Aquin – On fête aussi les Gentile, Tom

Soleil
lever : **8h25**
coucher : **17h41**

En janvier, le vin au gosier, les pieds au foyer !

Ça s'est passé

Le 28 janvier 1921

L'inhumation solennelle du Soldat inconnu a lieu à Paris, sous l'Arc de triomphe, en présence des plus hautes autorités militaires et civiles.

MUSIQUE

Une absence, une naissance

Michel Houellebecq s'est essayé à la chanson. C'était en 2000 et son concert de Berlin, point d'orgue de sa tournée, restera à jamais dans les annales de la musique. Et pour cause, Houellebecq ne se présenta jamais sur scène. Un comble, car son album s'appelait *Présence humaine*… Ce soir-là, ses musiciens (qui, eux, étaient bien là !) assurèrent le show en improvisant devant un public médusé et finalement conquis. Cette expérience singulière leur donna envie de monter leur propre groupe, les AS Dragons.

NOTTO Dico

APRÈS-SOLEIL, n. m.
Avant-nuit.

ARAIGNÉE (L'), n. f.
Présence royale. (Ben oui. La reine y est, quoi.)

ARC-EN-CIEL, n. m.
Phénomène naturel militant pour les droits des Lesbiennes, Gays, Bi et Trans (LGBT).

ARMÉE, n. f.
Il suffit de donner une arme à une femme pour en faire une armée.

ARMURIER, n. m.
Personne qui fabrique ou vend de quoi faire passer l'arme à gauche.

Histoires paranormales

Le bail des fantômes

Dans *Le Temps des fantômes* (Fayard, 2019), l'historienne Caroline Callard rappelle que les fantômes furent la cause de nombreux procès au XVIe siècle. Il n'était pas rare en effet que des locataires refusent de payer leur loyer ou exigent la résiliation de leur bail pour cause de « maisons inquiétées d'esprits », motif susceptible aussi de faire baisser le prix d'un bien en cas de vente. Les décisions de justice prises alors montrent que les spectres pouvaient être une clause rédhibitoire des contrats de location, mais pouvaient également ne pas les remettre en cause, sachant que le contractant était censé louer la maison *en l'état*, c'est-à-dire avec murs et fantômes. À charge pour lui, donc, de se débarrasser de ces derniers… comme le fit Athénodore dans le récit de Pline le Jeune (voir le 14 janvier).

Ne jetez aux démons que les anges. Paul Éluard

Pièges de l'ortograhphe

Deux mille milles

Quand il s'agit de l'adjectif numéral cardinal, mille est invariable. Mais quand il désigne une distance, comme le mille marin, il s'accorde car c'est un nom. On dira, par exemple, qu'un bateau se trouve à « deux mille milles » de la côte. Ce mille nautique équivalant à 1 852 m, le navire sera alors éloigné de 3 704 km. Quant au mile anglais, il s'accorde également !

Rétro Vermot

La maîtresse à Danièle : « Quel est de tous nos sens le plus délicat ?
– L'odorat.
– Et peux-tu expliquer pourquoi ?
– Quand on s'assoit sur une épingle, on ne la voit pas, on ne l'entend pas, on ne la goûte pas, mais on la sent. »

ILS ONT DIT

« Snob : en d'autres temps, on les appelait parasites ou fâcheux. Aujourd'hui, on les baptise ventilateurs parce qu'ils croient produire le vent de la mode alors qu'ils ne brassent que les flatulences de leur médiocrité. »

Philippe Bouvard

CHAUD DEVANT !

DES PETS PIRES QUE LE MAZOUT

Concernant les gaz à effet de serre, on pointe souvent du doigt l'industrie et les transports. Pourtant, chacun d'entre nous surcharge aussi l'atmosphère en respirant et, surtout, en émettant des gaz. Sans parler des vaches et autres ruminants dont on fait un élevage intensif et dont les pets et les rots constituent un vrai problème écologique : leurs flatulences riches en dioxyde de carbone, et surtout en méthane, seraient responsables de 15 % des émissions de gaz à effet de serre. Manger moins de viande rouge, c'est donc bon pour notre santé, mais aussi pour la planète !

Le coin lecture

L'Hôtel du Libre-Échange, de Georges Feydeau

Des quiproquos, des mensonges, des maris (presque) trompés et des portes qui claquent : Georges Feydeau (dont on célèbre le centième anniversaire de la mort en juin de cette année) signe un savoureux vaudeville rythmé par des personnages hauts en couleur et des situations rocambolesques. Le texte, plein d'humour, est truffé de répliques cinglantes et sert une histoire qui porte, en arrière plan, un regard critique sur les carcans moraux et la bourgeoise au tournant des années 1900. À lire ou à regarder en DVD dans l'excellente mise en scène d'Isabelle Nanty (Comédie-Française, 2017).

Samedi 30 janvier

Sainte Martine – On fête aussi les Aleaume

Soleil
lever : 8h23
coucher: 17h45

À la Sainte-Martine, je cherche après Titine…

Le bon mot de l'histoire

**30 janvier 1875 :
« Ma proposition ne proclame pas la république, elle la fait ! »
Henri Wallon**

Considérée comme provisoire depuis la fin du Second Empire en 1870, la Troisième République est enfin instaurée par l'Assemblée nationale le 30 janvier 1875 après des débats houleux. Adopté à une voix près, « l'amendement Wallon » énonce que « le président de la République est élu à la majorité absolue des suffrages par le Sénat et la Chambre des députés réunis en Assemblée nationale ». Ce texte est fondamental : il établit l'impersonnalité de la fonction présidentielle et consacre le régime républicain.

LE CHIFFRE

82

C'est officiellement le nombre total de lunes en orbite autour de Saturne selon l'Union astronomique internationale. Vingt nouvelles lunes viennent en effet d'être découvertes à l'aide du télescope Subaru (Hawaii) par l'équipe de Scott S. Sheppard de l'université de Carnegie-Mellon (Pittsburgh). La planète aux anneaux dépasse désormais Jupiter, dont on a dénombré à ce jour 79 satellites naturels. Chacune de ces lunes possède un diamètre d'environ 5 km. Dix-sept d'entre elles gravitent en arrière ou dans une direction opposée à la rotation de la planète autour de son axe. Les trois autres tournent dans le même sens que Saturne. Déjà découvreurs d'une douzaine de lunes jupitériennes en 2018, Sheppard et son équipe ont décidé d'organiser un concours pour baptiser leurs (petites) cousines saturniennes. Une seule obligation : ces lunes devront porter le nom de géants de la mythologie nordique, gauloise ou inuit. Leur baptême officiel aura lieu dans quelques mois.

WWW.

Le NET pas BÊTE

Comment s'inscrire en toute tranquillité sur des sites Internet sans craindre de laisser son adresse email et voir bientôt sa boîte de messagerie pleine de publicités non désirées et autres spams ? En adoptant un email temporaire qui fonctionne pendant 3 à 10 minutes ! Cette adresse jetable mais sécurisée est idéale lorsqu'on prévoit par exemple d'utiliser un site une seule fois, pour tester un service ou un produit, par exemple. Adresse Internet : 10minutemail.net

Vino populum

Crémant-de-bourgogne

Issu d'une fermentation en bouteille (la méthode traditionnelle !) comme son prestigieux voisin le champagne, le crémant-de-bourgogne n'a pas à rougir de ses origines… ni de son caractère. Bulles délicates et persistantes dans le verre, arômes floraux et fruités avec même la petite note de beurre attendue quand le chardonnay est majoritaire, c'est décidément un vin festif à prix tout doux. Il est sans doute le plus proche du champagne.

Dimanche **31 Janvier**

Sainte Marcelle – On fête aussi les Marcelline, Marcela

Le chaînon manquant entre le singe et l'homme c'est nous. Pierre Dac.

Nos Régions

Centre-Val de Loire

Cher/Bourges

Autrefois, lorsque la ville de Bourges était ceinte de murailles, on y entrait par des portes gardées. Sur la plus grande d'entre elles, la porte d'Auron, on pouvait lire une inscription latine qui évoquait le tempérament des habitants de la ville : *Ingredere quisquis morum candorem affabilitatem et sinceram religionem amas, regredi bescies.* Ainsi les Berruyers étaient, semble-t-il, « purs dans leurs mœurs, affables dans leurs manières, tolérants et sincères dans leur piété ». Dans ses Promenades autour d'un village, George Sand affirme que la phrase gravée dans la pierre était encore lisible en 1815.

M. Frèche
Chirurgien dentiste
a le plaisir de vous annoncer la naissance de sa fille

ALAINE

Solution : ALAINE FRÈCHE – (Haleine fraîche)

Énigmes

Des policiers enquêtant sur la mort d'un riche homme d'affaires ont trouvé des lettres contenant des menaces de mort. Voici le contenu de l'une d'elles :

Tu ne mérites pas de vivre. Ta fin est proche. Prépares-toi à mourir!

Suivant une perquisition chez six des suspects, la police a saisi leurs machines à écrire qui ont les caractéristiques suivantes qui est le coupable ?

- La machine de Christian : la lettre s est plus basse que les autres, l'accent sur le à est plus gras que le a qu'il surmonte, le centre de la boucle de la lettre e est gris et la lettre t minuscule penche vers la droite.
- La machine de Didier : la barre verticale du p majuscule a une encoche, les lettres a, e et s sont moins grasses que les autres et les lettres v et h sont plus grasses que les autres.
- La machine de Pascal : la lettre s est plus basse que les autres, la lettre h est suivie d'une macule, la barre verticale du p majuscule a une encoche et la barre verticale du p majuscule a une encoche.
- La machine de Bruno : les lettres e, i et n sont moins grasses que les autres, la lettre c est plus haute que les autres, la lettre t minuscule penche vers la droite et le centre de la boucle de la lettre e est gris.
- La machine de Frédéric : la lettre h est suivie d'une macule, les lettres v et h sont plus grasses que les autres, la lettre t minuscule penche vers la droite et le centre de la lettre o est gris.
- La machine de Marc : la lettre h est suivie d'une macule, les lettres e, i et n sont moins grasses que les autres et la lettre r est plus proche de la lettre qui la suit que de celle qui la précède.

Solution : Bruno.

Lundi 1er février

Sainte Ella – On fête aussi les Viridiana, Sibert

Soleil
lever : **8 h 20**
coucher : **17 h 48**

En février, fais briller ta vie.

MÉTÉO DU MOIS

C'est arrivé le… 27 et 28 février 2010

La tempête Xynthia ravage la façade Atlantique et affecte toute la moitié nord du pays. Les digues rompent à La Faute-sur-Mer, commune partiellement envahie par la mer.

Mois de Februarius, mois de la purification puisque le verbe latin* februare *signifie « purifier ».

« Février est, de tous les mois, le plus court et le moins courtois. » Il n'est peut-être pas très délicat, mais lorsque nos joues piquent et nos doigts s'engourdissent, on se félicite de ce froid qui éradique les parasites néfastes pour les cultures et les animaux… dont nous faisons partie.

REPÈRES CLIMATIQUES

Si février est le dernier mois de l'hiver (d'un point de vue météorologique, bien sûr) et si la durée du jour continue d'augmenter, la chaleur n'est vraiment pas au rendez-vous : 7 °C de moyenne nationale sur le mois. Il pleut moins qu'en janvier, même si le sud de la France est particulièrement exposé aux inondations : le 5 février 1952, une crue historique de l'Adour et de ses affluents noie tout le Sud-Ouest. En 1974, la Bretagne subit des pluies diluviennes entre le 10 et le 15 février : 159 mm à Brennelis (Finistère), 180 mm à Ploerdut (Morbihan)… Côté record de température, la France connaît entre le 1er et le 27 février 1956 une vague de froid exceptionnellement longue qui fait chuter la température moyenne à -4,6 °C sur la période. En 2019, c'est un record de chaleur qui est battu : 21,3 °C de moyenne sur la France le 27 février et des relevés dignes d'un mois d'août dans les Pyrénées-Atlantiques (28,1 °C à Aïcirits ou encore 27,7 °C à Eus) et en Gironde (27,4 °C à Belin-Béliet).

Qu'est-ce que la pression atmosphérique ?

« La pression, il vaut mieux la boire que la subir », nous disait Desproges. Pourtant c'est notre destin de subir la pression puisque, quand elle est atmosphérique, elle représente le poids de l'air que nous portons sur nos épaules. Dans nos latitudes tempérées, souvent la pression varie et n'est pas fol qui s'y fie. Quand elle augmente, c'est qu'un anticyclone approche. Au contraire, sa chute annonce le mauvais temps. Pour la voir diminuer on peut aussi s'élever. D'ailleurs, la correspondance entre pression et altitude sert d'altimètre et ceux qui, passant du rêve à la réalité, se sont mis à voler, mesurent ainsi la distance qu'ils mettent entre eux et le plancher des vaches.

Soleil
lever : **8h19**
coucher : **17h50**

Mardi **2 février**

Chandeleur – On fête aussi les Théophane, Jeanne de Lestonnac

À la chandeleur, brûle tes malheurs.

Présentation du Seigneur

Nos Régions

Corse

Humour corse

Cinq conseils corses à l'usage du touriste qui vient visiter l'île de Beauté :

- Ne portez pas de chaussettes dans vos sandales.
- Arrêtez de dire : « Oh comme c'est beau ! », on le sait.
- Ne vous ridiculisez pas en parlant de politique.
- Nos routes ne sont pas dangereuses, c'est vous qui ne savez pas conduire.
- Ici, le klaxon ne sert qu'à dire « bonjour ». Vous ne connaissez personne, ne klaxonnez pas.

La dictée du mois — Se réveiller à Rome

Oswald se réveillat dans Rome. Un soleil éclatant, un soleil d'Italie frappa ses premiers regards, et son âme fût pénétrée d'un santiment d'amour et de reconaissance pour le ciel qui semblait se manifester par ces beaux rayons. Il entendit raisonner les cloches des nombreuses églises de la ville ; des coups de canon, de distance en distance, annonçaient quelque grande solennité : il demanda qu'elle en était la cause ; on lui répondit qu'on devait courronner le matin même, au Capitole, la femme la plus célèbre de l'Italie, Corinne, poëte, écrivain, improvisatrice, et l'une des plus belles personnes de Rome. Il fit quelques questions sur cette cérémonie.

Madame de Staël, Corinne ou l'Italie, *1807.*

Solution : réveilla, fut, sentiment, reconnaissance, résonner, quelle, couronner, poète

Rétro Vermot

Un homme affamé se précipite dans un restaurant où l'on sert de la viande de cheval. « J'ai l'estomac dans les talons, servez-moi bien vite », dit-il au garçon. Quand il est rassasié, il quitte le restaurant en soupirant : « Maintenant, j'ai l'étalon sur l'estomac... »

Maisons d'artistes

Auvers-sur-Oise ? Van Gogh bien sûr ! Nous savons tous que le génie y a vécu ses derniers jours. On peut encore y voir sa chambre, aujourd'hui vide, à l'auberge Ravoux, et aller sur sa tombe, dans le cimetière communal. On devrait aussi se souvenir de Charles-François Daubigny, précurseur des Impressionnistes. Dès 1857, celui-ci installa un bateau-atelier, Le Botin, sur les berges de l'Oise, au pied du village. Trois ans plus tard, il fit construire une maison-atelier qui devint bientôt le premier foyer artistique d'Auvers-sur-Oise. Daubigny y accueille Berthe Morisot, Cézanne, Pissarro, Monet... Chez lui, les murs sont décorés par ses amis, Corot et Daumier notamment. Ce havre méconnu a conservé tout son charme et de fort jolies fresques.

Maison-Atelier de Daubigny, 1 rue Daubigny, 95430 Auvers-sur-Oise

À la Saint-Blaise, l'hiver prend ses aises.

VIVRE ENSEMBLE

NOMS D'OISEAUX !

Bécasse

Quel bel oiseau, avec son plumage rouge-brun ! Plutôt vive et maligne, la bécasse a un long bec fin, qui lui a d'ailleurs valu son nom. Toutefois, malheureusement pour elle, elle est appréciée des becs fins pour sa chair délicate. Mais pourquoi ce nom est-il venu affubler les femmes stupides et niaises – si tant est qu'il y en ait ! Peut-être parce que « bécasse », que l'on trouve déjà chez Mme de Sévigné, a un homophone encombrant, en l'occurrence « bêtasse ». Toutefois, si l'on peut dire « grosse bêtasse » sur un ton affectueux, « grosse bécasse » ne fait qu'aggraver l'injure.

Histoires paranormales

En bière

En 1674, Spinoza a échangé une correspondance sur les spectres et les esprits avec un jeune juriste, Hugo Boxel. Ce dernier veut le convaincre de leur existence par toutes sortes de raisons, souvent farfelues, que le philosophe n'a pas de peine à réfuter : autorité des anciens, beauté et perfection de l'univers, qui impliquent qu'il y ait des fantômes nécessité que l'espace entre la Terre et les astres soit rempli par les esprits, etc. Au cours de ce pugilat argumentatif, Boxel invoque aussi le témoignage d'un bourgmestre qui aurait entendu des esprits « travailler de nuit, dans le laboratoire à bière de sa mère », témoignage que Spinoza trouve « digne de risée ». Il aurait pu ajouter que l'esprit de ce bourgmestre, sans doute troublé par le breuvage, confondait deux sens du mot *bière*…

Métiers d'art

À La Jonchère-Saint-Maurice, en Haute-Vienne, Philippe Bidault perpétue un savoir-faire apparu au milieu du XIXe siècle. Spécialiste de la maçonnerie arborescente, ce rocailleur crée et restaure des ornements de jardins en faux bois-ciment. « L'idée de reproduire des décors naturels est très ancienne. En France, au XVIIe, les nobles raffolaient des fausses grottes. Mais la pratique s'est véritablement développée grâce à l'invention du ciment Portland vers 1850. » Très en vogue sous Napoléon III avec l'aménagement de nombreux parcs entièrement décorés de rocailles, comme les Buttes-Chaumont à Paris, cet art est tombé en désuétude pendant l'entre-deux-guerres. Selon Philippe Bidault, « 75 % des pièces en faux bois ont disparu ou sont très dégradées ». L'artisan sculpte écorce, nœuds et veines du bois dans le mortier posé sur un squelette en métal. « L'écorce est comme la signature de chaque rocailleur. Mais le temps, les saisons qui se succèdent font la patine particulière de chaque pièce... »

Soleil
lever : **8h16**
coucher : **17h53**

Jeudi **4 février**

Sainte Véronique – On fête aussi les Véronica

À la Sainte-Véronique, l'hiver sort sa trique.

Correspondance (très) intime...

« Pendant la solennité même du divin sacrifice, au moment où la prière doit être la plus fervente, ah ! J'en ai honte ! Les licencieux tableaux de nos plaisirs captivent tellement ce cœur misérable, que je suis plus occupée de ces indignités que de la sainte oraison. » Celle qui écrit ces lignes n'a pas 20 ans. Le destinataire, son précepteur, approche la quarantaine. Nous sommes en 1116, sous le règne de Louis VI. Les « premiers amants de Paris », Héloïse et Abélard, échangent des dizaines de lettres, mêlant érudition la plus fine et passion la plus crue. Mais cette relation scandaleuse entre l'éminent professeur et sa brillante étudiante (qui accouchera d'un enfant) est brutalement brisée par l'oncle d'Héloïse. Abelard est castré et se retire comme moine, tandis qu'Héloïse prend le voile.

MARÉE NOIRE EN FRANCE

Compiler les Perles

Mot d'excuse

Qui l'a dit ? Un parent d'élève désabusé devant le comportement de son enfant. La perle : « Madame, en réponse à votre mot dans le carnet de correspondance de Thomas, je dois vous avouer que je suis au courant de l'absence de Thomas, mais je ne trouve pas d'excuse à vous fournir. Franchement, que voulez-vous que j'y fasse ? Salutations. » Remarquez que ce parent est quand même un minimum impliqué dans la vie scolaire de son fils puisqu'il a répondu au mot de la prof !

Problèmes de maths du certificat d'études

1) La base d'un écrou d'acier est un hexagone régulier (côté : 14 mm, apothème : 12 mm) percé d'un trou de 16 mm de diamètre. Quel est le poids de l'écrou, son épaisseur étant de 15 mm ? (1 dm^3 d'acier pèse 7,8 kg)

2) Un bloc de calcaire a une section rectangulaire de 40 cm sur 30 cm, dont la diagonale mesure 50 cm. On partage le bloc en deux parties égales en suivant cette diagonale. On obtient ainsi deux prismes à base triangulaire ayant chacun un volume de 90 dm^3.

Calculer la hauteur du bloc de pierre.
Calculer la surface totale de chaque prisme.

1) Surface de l'hexagone : $((14 \times 6)/2) \times 12 = 504\ mm^2$
Surface du cercle : $8 \times 8 \times 3,14 = 200,96\ mm^2$
Volume : $303,04 \times 15 = 4\,545,6\ mm^3 = 0,0045456\ dm^3$
Poids de l'écrou : $7,8 \times 0,0045456 = 35,455$ g.
2) Volume du bloc : $90 \times 2 = 180\ dm^3$.
Surface de base : $4 \times 3 = 12\ dm^2$
Hauteur du bloc : $180/12 = 15$ dm.
Surface de base d'un prisme : $12/2$: 6 dm^2.
Périmètre : $4 + 3 + 5 = 12$ dm.
Surface latérale : $12 \times 15 = 180\ dm^2$.
Surface totale : $180 + 6 + 6 = 192\ dm^2$.

Collectionnite aigüe

Certaines collectionnites n'arrivent pas par hasard ! Encore moins lorsqu'elles sont aussi originales que l'arénophilie, parfois appelée psammophilie, à savoir la passion des sables du monde entier. Installé à Amboise, sur les bords de la Loire, Pascal Guyon est tombé dedans par atavisme : son oncle draguait le sable du fleuve après-guerre, et son père a longtemps exercé la même activité. Enfant, il s'amusait à dévaler les immenses tas de sable stockés près de l'eau. Aujourd'hui, il collectionne les échantillons de quelques grammes et en possède plus de 2 400 différents. « Ces sables viennent des quatre coins du monde. Ils ont été ramassés au bord de lacs, de rivières, de mers, sous l'eau ou dans les déserts. Et ils sont tous uniques, en raison de leur couleur, leur composition ou la forme des grains », explique Pascal qui avoue sélectionner ses voyages en fonction du sable qu'il pourra trouver. « On peut voir le monde dans un grain de sable », dit-il en paraphrasant William Blake, avant de rappeler un principe fondamental de l'arénophilie : « Le sable ne se vend pas. Il s'échange ! »

Vendredi **5 février**

Sainte Agathe – On fête aussi les Agatha, Avit

Soleil
lever : **8h14**
coucher : **17h55**

À la Sainte-Agathe, le temps des patates !

L'ACTU

La fin d'un mythe

La véritable charentaise – on parle ici de la pantoufle de feutre originaire de la Charente –, c'est terminé ! Installée à Rivières, La Manufacture charentaise (LMC), dernière entreprise à confectionner le célèbre chausson inventé à Rochefort au XVIIe siècle, a fermé ses portes, et ses 104 salariés, experts dans l'art du « cousu-retourné », ont été licenciés. Créée il y a seulement trois ans par le regroupement de quatre fabricants déjà mal en point, la LMC a voulu relancer le mythe en se recentrant sur la charentaise haut de gamme, abandonnant peu à peu les modèles traditionnels vendus en grande surface. Le pari n'a pas fonctionné. Paradoxe cruel : l'entreprise avait été la première à bénéficier de l'appellation Charentaise de Charente-Périgord, indication géographique protégée attribuée par l'Institut national de la propriété industrielle (INPI) en 2019 pour lutter contre la contrefaçon. Une première pour l'habillement et la chaussure en France, mais qui ne lui a pas porté chance...

Rétro Vermot

Au restaurant, un consommateur examine sa note.
« Vous devez avoir fait une erreur quelque part, dit-il au serveur.
– C'est bien improbable, Monsieur, je compte toujours tout deux fois. »

Le bon mot de l'histoire

5 février 1955 :
« Les hommes passent, les nécessités nationales demeurent. »
Pierre Mendès France

Prononcé alors que l'Assemblée vient de lui refuser la confiance, cet aphorisme de Mendès France illustre l'instabilité gouvernementale de la IVe République. Son gouvernement qui a mis fin à la guerre d'Indochine a duré 7 mois et 18 jours. Le président du Conseil a été renversé sur la question du statut de l'Algérie. «Mon gouvernement est tombé à propos de l'Algérie, mais ce n'était qu'un prétexte (mauvais d'ailleurs). Il serait tombé de toute manière… », dira bien plus tard, avec philosophie, celui qu'on surnommait PMF.

Pêche

Vif-argent : l'ablette

En cette période, les eaux sont hautes, un peu sales. Le printemps tente de s'incruster, les petites gelées nocturnes sont fréquentes, mais durant la journée le soleil fait son apparition. Les ablettes viennent jouer en surface, gobant quelques insectes. Tant en rivière qu'en étang, le pêcheur, bien protégé du froid et du vent, va pouvoir exercer ses réflexes sur ces poissons vifs comme l'éclair. Une canne de 2 à 3 m suffit. La ligne est fine (8/100, hameçon n° 20), longue de 2 m, le flotteur bien visible. Rien de bien original ! La réussite dépend de l'amorçage. Les particules sont fines, la fréquence soutenue. Jetez l'amorce, très liquide et blanche, à la cuiller toutes les 2 min maximum. Ferrez à la moindre touche. Les ablettes sont des fruits de la fin de l'hiver !

Soleil
lever : **8h13**
coucher : **17h56**

Samedi **6 février**

Saint Gaston – On fête aussi les Dorothée, Doris, Melvin

À la Saint-Gaston, fais gaffe à ton patron !

Au Jardin

Bacs à compost

Idéalement, pour faire du bon compost, il faut prévoir trois bacs : un pour le stockage (placé au milieu des deux autres) et deux pour la maturation. Le bac de stockage accueille les déchets au fur et à mesure. Quand il est plein, il faut transférer son contenu dans un des deux bacs de maturation, ce qui permet de bien mélanger le tout, de rectifier éventuellement l'équilibre entre matières brunes et matières vertes (carbone/azote) et de bien humidifier. Pendant que le compost « mûrit » dans son bac de maturation, le bac de stockage peut être de nouveau utilisé pour recevoir des déchets. Une fois rempli, il suffit de transférer son contenu dans le troisième bac, qui va servir, comme le deuxième, à la maturation. Un cercle vertueux qui s'entretient presque tout seul !

NOTTO DICO

ASPERGER, v.
Arroser avec du jus d'asperge.

ASTRONOME, n. m.
Personne chargée de nommer les astres.

ASSURANCE, n. f.
Établissement ne connaissant pas la crise grâce aux nombreuses assurances obligatoires.

ATTERRISSAGE, n. m.
Atterrir de manière prudente et raisonnée.

AURÉOLE, n. f.
Marque circulaire que l'on trouve plus facilement sous les bras qu'au-dessus des têtes.

Ha! Ha! Ha!

Un couple de retraités belges décide de passer des vacances à la montagne pour la première fois de sa vie. Le lendemain de leur arrivée, alors qu'ils prennent le petit-déjeuner, ils entendent à la radio : « Nous allons avoir 30 cm de neige aujourd'hui. Vous devez garer votre voiture du côté pair de la rue pour que le chasse-neige puisse passer. » Le mari sort immédiatement et déplace sa voiture. Le lendemain, alors qu'ils prennent leur petit-déjeuner, la radio annonce : « Nouvelles chutes de neige très importantes. Vous devez garer votre voiture du côté impair de la rue pour le chasse-neige. » Le mari court déplacer sa voiture. Le surlendemain, au petit-déjeuner, la radio annonce : « Plus de 30 cm de neige supplémentaires attendus ! Vous devez garer votre… » Une coupure de courant interrompt la suite du message.
« Chérie ! dit l'homme. Je ne sais pas quoi faire ! De quel côté garer la voiture, à ton avis ? »
Avec beaucoup de tendresse, sa femme lui répond :
« Pour cette fois, laisse-la dans le garage. »

LUTTES ET HÉROS POPULAIRES

GRETA THUNBERG

Bien qu'il n'y ait pas d'âge pour devenir une star, il est assez rare aujourd'hui de voir une adolescente être célèbre pour des raisons politiques. Du haut de ses 18 ans, Greta Thunberg, jeune militante suédoise pour le climat, est à l'origine du mouvement de grève scolaire qui s'est répandu dans le monde entier pour protester contre l'inaction des États en matière de réchauffement climatique. Critiquée sur les réseaux sociaux par une partie de la population, la jeune fille n'a pas hésité pour autant à interpeller les puissants du monde entier, allant jusqu'à « remonter les bretelles » de toute une génération qui, selon elle (et le consensus scientifique), a ravagé sa planète.

Dimanche **7 février**

Sainte Eugénie – On fête aussi les Audren

Soleil
lever : **8h11**
coucher : **17h58**

À la Sainte-Eugénie, oublie ton ordi !

Ha ! Ha ! Ha !

Alors qu'ils se promènent au salon de l'Agriculture, un couple de quinquagénaires s'arrête devant les taureaux reproducteurs. Devant un premier enclos, un panneau indique : « Ce taureau s'est accouplé 50 fois l'an passé. » La femme donne un petit coup de coude à son mari et lui dit : « 50 fois, c'est presque une fois par semaine ! » Devant un deuxième enclos, le panneau mentionne : « Ce taureau s'est accouplé 150 fois l'an passé. » La femme redonne un petit coup de coude à son mari et lui glisse avec un petit sourire : « C'est plus de deux fois par semaine ! Tu pourrais lui demander des conseils ! » Enfin, devant un troisième enclos, le panneau précise : « Ce taureau s'est accouplé 365 fois l'an passé. » La femme est tellement impressionnée qu'elle lance à son mari, moqueuse : « Une fois par jour ! Tu te rends compte ! Il faut absolument que tu ailles lui demander comment il fait ! » Alors, tranquillement, son mari lui répond : « Et si tu allais d'abord lui demander si c'est toujours avec la même vache ? »

HEUREUX MARIAGES

De riches mariages

Le 24 novembre 1859, à Labaroche, dans le Haut-Rhin, fut célébré un mariage de grand intérêt, celui de Jean-Baptiste Finance avec Marie Million. Les époux firent fructifier leur famille avec de nombreux enfants… Tout comme Léon Charles Frique après son mariage le 30 mai 1877 à Soissons (Aisne) avec Octavie Lefranc dont le second prénom, Prudence, incitait à l'épargne.

DEVINETTES

Sur la terre vous me voyez,
Dans le ciel vous m'admirez,
Sur la mer vous me contemplez,
Mais chez vous, vous m'éliminez.
Qui suis-je ?

Réponse : Le mouton

LE CHIFFRE

24

C'est la somme (record !) en millions d'euros atteinte lors d'une vente aux enchères à Senlis, dans l'Oise, par un tableau retrouvé par hasard dans la maison d'une femme âgée, à Compiègne. Celle-ci le considérait comme une sorte d'icône et l'avait accroché au-dessus d'une plaque chauffante entre la cuisine et le salon. De petite taille (25,8 cm sur 20,3 cm), cette toile relativement bien conservée montre le Christ entouré d'une foule d'hommes grimaçants. Réalisée sur panneau de peuplier, elle est en réalité l'un des éléments d'un diptyque exécuté par le maître florentin de la pré-Renaissance, Cimabue (1272-1302). *Le Christ moqué* est devenu le tableau primitif le plus cher adjugé en vente publique dans le monde. Il entre également dans la catégorie des dix tableaux anciens les plus chers où il côtoie le *Salvator Mundi* de Vinci, le *Massacre des Innocents* de Rubens, le *Portrait de femme âgée de 62 ans* de Rembrandt ou encore le *Portrait de Lorenzo de Medici* de Raphaël… Rien que ça !

BINERO ADDITION

- Cette grille ne contient que des 1 et des 2.
- Il y a autant de 1 et de 2 sur chaque ligne et sur chaque colonne.
- Il n'y a pas plus de 2 chiffres identiques côte à côte.
- 2 lignes ou colonnes ne peuvent être identiques.
- Le chiffre dans chaque zone pointillée est égal à la somme des chiffres de la zone correspondante.

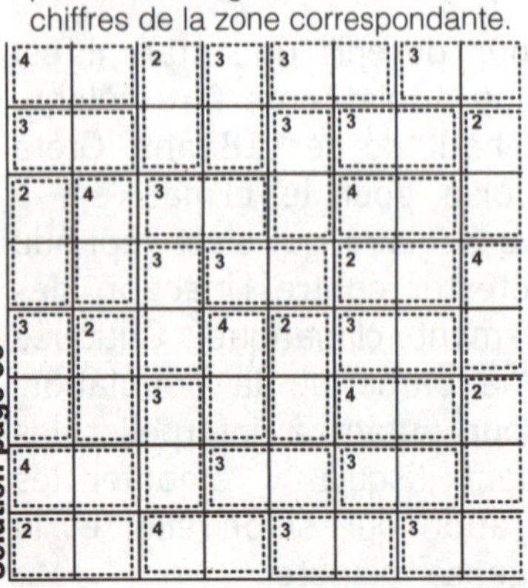

Solution page 59

Soleil
lever : **8h10**
coucher : **18h00**

Lundi **8 février**

Sainte Jaqueline – On fête aussi les Jacotte, Jackie, Effie

À la Sainte-Jacqueline, fais-toi câline.

EXPRESSIONS IMAGÉES

C'est l'hôpital qui se moque de la charité

Pour comprendre l'origine de cette expression, il faut savoir que le mot « charité » désignait autrefois des établissements de soins destinés à accueillir les plus pauvres. Ils avaient une vocation identique à celle des hôpitaux et les deux avaient finalement aussi peu de moyens pour pratiquer des soins. Les seconds n'avaient donc pas de raison de se moquer des premiers.

MONDE DE LA MER

La pêche en mer

Avec 698 000 tonnes de poissons pêchés et de coquilles produites en 2019, la France est, en Europe, le troisième pays pour la pêche professionnelle en mer, derrière l'Espagne et le Royaume-Uni. Les deux principaux ports de pêche sont bretons avec Le Guilvinec (68 000 tonnes) et Lorient (66 000 tonnes). Le Grau-du-Roi (11 700 tonnes) est le premier port méditerranéen français. Les cinq espèces les plus pêchées dans l'Hexagone sont la sardine, le merlu, la baudroie (appelée lotte une fois sur les étals), le lieu noir et le merlan. Il y a en France 7 855 bateaux de pêche (dont 3 438 dans les DOM) pour 13 500 marins pêcheurs professionnels. Par comparaison, la pêche en mer récréative est pratiquée par près de 1,4 million de Français qui pêchent 20 400 tonnes de poissons (bar principalement), dont 5 000 sont relâchées.

AVEZ-VOUS LE FORMULAIRE ?

En plus de devoir répondre en amont du voyage à des questions plus ou moins ridicules sur le formulaire de demande de visa, le voyageur qui prétend entrer sur le territoire américain doit également passer par un monument national : le douanier. Dans l'arsenal de ces trieurs sur le volet, des questions plutôt… bizarres. Des voyageurs affirment ainsi s'être vus demander de quel côté du lit dormait leur femme. Sacré oncle Sam !

Fils et filles de…

La génétique est la plus aléatoire des loteries. Comment, en effet, savoir si parmi les milliards de possibilités d'assemblage génétique qui existent, un enfant va être doté de tel ou tel talent de l'un de ses parents, voire des deux ? Au regard de ces probabilités obscures, la chance pour que plusieurs enfants récupèrent un talent paternel est franchement infime. Et pourtant… Le grand Zizou, Zinedine Zidane, a réussi l'exploit de transmettre à ses quatre enfants ses talents de footballeur. Enzo, Luca et Teo sont devenus des joueurs professionnels, et le petit dernier, Elyaz, est en centre de formation pour jeunes au Real de Madrid. Et un, et deux, et trois, et quatre footeux !

Mardi **9 février**

Sainte Apolline – On fête aussi les Ansbert, Tyliann

Soleil
lever : **8h09**
coucher : **18h00**

Quand on a la santé, c'est pas grave d'être malade. Francis Blanche

DICTION : RÉPÉTEZ APRÈS MOI !

Les prés loin des prés près

Père Pierre a six prés. Le pré le plus près de chez lui, et le plus précieux de ceux de ce lieu, est le plus petit pré du pays. Pourtant, les deux prés à côté de celui le plus près sont de loin les prés les plus prisés, parce qu'un champ ou un sentier où un chant ou un air chanté répercute, et où Père Pierre réécouterait de près un ré enchanté chanté loin coûterait cher. La propre haie du pauvre pré situé après les prés prisés est une haie faite en effet de six cyprès. Père Pierre hait la haie de six cyprès ; là est l'issue ici.

Ça s'est passé

Le 9 février 1821

Le Columbian College, future « université George-Washington », est fondé à Washington à l'initiative de George Washington en personne.

L'ACTU

Neuneu le petit robot

La police d'Huntington Park, en Californie, pensait impressionner la population avec son HP Robocop, conçu pour assurer, 24 h sur 24, la surveillance d'un parc de la ville. Équipée de caméras avec une vision à 360° et capable de parler, la machine pouvait détecter les délits ou servir de relais aux visiteurs du parc pour donner l'alerte en cas de problème. Cette merveille technologique louée 70 000 euros par mois – soit le salaire annuel d'un policier expérimenté, n'a jamais fonctionné. À peine mise en service, elle a déraillé. Avertie par une promeneuse d'une bagarre en cours, la machine lui a répondu « Poussez-vous de mon chemin » avant de se retourner et d'entonner une chansonnette ! La visiteuse a dû prévenir elle-même les policiers. Depuis ce raté, une nouvelle mission a été assignée à HP Robocop : aujourd'hui, il déambule dans le parc en diffusant de la musique douce et des messages pour le respect de la propreté. C'est moins risqué.

Théories du complot

Feu Paul McCartney

Saviez-vous que Paul McCartney était mort ? Non, rassurez-vous, il ne l'est pas encore au moment de la rédaction de cet article. Mais dans la tête de nombreux conspirateurs dans le monde, Paul McCartney est bien mort depuis plusieurs décennies, des suites d'une machination des autres Beatles contre lui. Ses assassins auraient ensuite embauché un double parfait pour incarner Paul McCartney sur scène et dans la vie. Et la chose serait tellement bien faite que personne n'aurait rien vu ! Remarquez, ce n'est pas pire qu'une autre théorie qui dit que les Beatles n'ont carrément jamais existé et qu'ils n'étaient que des robots destinés à divertir le peuple des manœuvres d'une élite secrète...

Soleil
lever : **8h08**
coucher : **18h01**

Mercredi **10 février**

Saint Arnaud – On fête aussi les Austreberte, Arnaude

Vive le vent, Vive le vent, Vive le vent d'hiver,
Qui s'en va sifflant soufflant Dans les grands sapins verts, Oh !

Métiers insolites

Graveur de timbres

Vous êtes-vous déjà demandé comment les timbres spéciaux et originaux étaient fabriqués, et par qui ? Avant d'imprimer des séries de nouveaux timbres, La Poste fait appel à une douzaine de graveurs de timbres dont le métier est de concevoir et de graver (comme leur nom l'indique) des motifs sur de grandes plaques qui serviront ensuite à l'impression de nos petits timbres. Un métier particulièrement… léché !

Vino populum

Petit-chablis

Ça se passe en Bourgogne et c'est le « petit » du quator du Chablisien, à côté d'Auxerre. De haut en bas, vous avez chablis grand cru, chablis 1er cru, chablis « tout court » et le petit-chablis. Petit, petit… il ne faudrait pas le mépriser quand même. Car ce vin or, un tantinet argenté même, évoque bien les arômes attendus de fleurs blanches et d'agrumes, ainsi que la fameuse petite touche de silex (vous savez ? Cette odeur quand on frotte deux silex l'un contre l'autre).

Solution Binero addition [p. 56]

2	2	1	1	2	1	1	2
2	1	1	2	2	1	2	1
1	2	2	1	1	2	2	1
1	2	2	1	2	1	1	2
2	1	1	2	1	2	1	2
1	1	2	2	1	2	2	1
2	2	1	1	2	1	2	1
1	1	2	2	1	2	1	2

GRANDS MOMENTS DU CYCLISME

Si les moments les plus inoubliables du cyclisme sont généralement des exploits individuels, l'histoire retient aussi parfois les belles communions. C'est le cas de cette étape absolument culte du Tour de France 1986, entre Briançon et l'Alpe d'Huez. Il ne reste que cinq étapes dans ce Tour, et les deux coéquipiers de La Vie Claire, Greg Lemond et Bernard Hinault, sont au coude à coude au classement général. Le public français est tendu et attend avec anxiété cette dernière étape de montagne de l'année, qui pourra être décisive pour ou contre Hinault. Mais les deux s'envolent de concert dans l'Alpe d'Huez et jouent un magnifique duo de manivelles jusqu'à l'arrivée, qu'ils franchiront main dans la main. Trop honnêtes pour gagner au sprint surprise, ils remettent leur affrontement à plus tard. C'est finalement Lemond qui gagnera le Tour, devant Hinault, au grand dam des Français…

Jeudi **11 février**

Soleil
lever : **8h05**
coucher : **18h05**

Notre-Dame de Lourdes – On fête aussi les Héloïse

Petit février, soufflant, soufflant, tue le merle en son nid.

LA GAFFE DE L'HISTOIRE

Glissement de terrain

Le 8 février 2019, pour la signature du contrat d'avenir des Pays-de-la-Loire, le Premier ministre a mis sur le compte de l'émotion une monumentale gaffe. En effet, à Nantes ce jour-là, Édouard Philippe a remercié pour son accueil la présidente de la région… Bretagne ! Quand on sait combien Bretons et Normands sont sensibles sur la limite qui sépare leurs territoires…

Étymologie

Le chiot ne vient pas du chien

Contrairement aux apparences, *chiot* et *chien* n'ont aucun lien de parenté étymologique, et si le *chiot* naît bien du *chien*, ou plus exactement de la chienne, le nom *chiot* n'est pas un dérivé du nom *chien*. D'abord écrit *chiaux* (nom masculin pluriel), *chiot* est une forme dialectale (Ouest et Centre) de l'ancien français *chael*, lui-même issu du latin *catulus*, qui désignait d'une façon générale le petit d'un animal. Ce nom latin est sans rapport avec *canis* qui, lui, a donné *chien*.

PROBLÈMES DE MATHS DU CERTIFICAT D'ÉTUDES

Pour se fabriquer un tailleur, maman achète 1,10 m de tissu pour la jupe, 1,80 m du même tissu pour la jaquette, et 2,50 m de doublure. Le tissu coûte 45 F les 3 mètres et la doublure vaut 4,50 F le mètre. Il faut acheter encore un patron de 2 F, 4 boutons à 2,25 F les cinq et 3,50 F d'autres fournitures.

Question 1 : À combien revient le tailleur à maman ?
Question 2 : En magasin, le même costume est affiché à 124 F, moins une remise de 5 %. Combien maman économise-t-elle en fabriquant elle-même son tailleur ?

1) Le prix de revient total du tailleur est de 62,05 F.
2) L'économie est de 55,75 F.

ÇA C'EST… Faits divers

À Saint-Pétersbourg, des policiers ont repêché dans la rivière Moïka un drôle de sexagénaire. L'homme leur a expliqué qu'il avait voulu se suicider publiquement, habillé en Napoléon. Comme il ne portait ni habit-veste de chasseur, ni bicorne, ni redingote grise, les agents ont d'abord cru que le rescapé avait un peu forcé sur la vodka, mais en examinant son sac à dos, ils ont découvert un pistolet d'alarme, puis… des bras de femme. L'identité de l'homme a alors été vérifiée : il s'agissait d'Oleg Sokolov, historien russe spécialiste de l'Empereur. À son domicile ont ensuite été retrouvés la tête et le reste du corps de sa jeune compagne et collaboratrice, Anastasia Yeshchenko, qu'Oleg avait tuée lors d'une dispute ; il avait ensuite démembré le cadavre pour s'en débarrasser. Selon ses aveux, c'est après avoir fait disparaître toutes les parties du corps dans la Moïka que cet amateur de reconstitutions historiques devait mettre fin à ses jours. Ivre, il était tout simplement tombé dans la rivière (il avait donc un peu trop forcé sur la vodka !).

Vendredi 12 février

Saint Félix – On fête aussi les Hilarion, Rioc, Eulalie

À la Saint-Félix, l'hiver fait son remix !

WWW.

Le NET pas BÊTE

Si vous commandez des produits sur Amazon et que votre budget est serré, le site « Camel Camel Camel » vous permet de surveiller l'évolution des prix de pratiquement tous les objets mis en vente par le géant du commerce électronique. Vous pouvez ainsi acheter lorsqu'ils sont au plus bas et même suivre leur fluctuation sur une année. Adresse Internet : fr.camelcamelcamel.com

RECETTE

Poulet aux olives et citrons confits

Ce plat familial est si facile à préparer qu'il vaut mieux taire la recette !

Pour 4 pers. 15 min de préparation 1 h 15 min de cuisson
1 nuit de repos

- 4 cuisses de poulet
- 2 oignons
- 100 g d'olives vertes dénoyautées
- 2 citrons confits au sel
- Curcuma
- Huile d'olive

La veille, pelez et émincez les oignons. Dans une cocotte, versez de l'huile d'olive puis faites revenir les oignons. Ajoutez le poulet quand les oignons commencent à dorer. Laissez rissoler quelques minutes avant d'ajouter les olives et le curcuma. Couvrez d'eau à hauteur et faites mijoter 1 h au moins. Laissez reposer une nuit. Le lendemain, placez la cocotte sur feu doux. Rincez les citrons confits, coupez-les en morceaux et ajoutez-les dans la cocotte. Stoppez la cuisson quand le plat est bien chaud et servez sans attendre.

Conseils : accompagnez ce plat de riz basmati ou de pâtes. Préférez un poulet biologique ou élevé en liberté (Label Rouge par exemple), la viande est meilleure au goût et pour la santé !

CINÉMA

Les Tontons flingueurs

« Il connaît pas Raoul ce mec ! » Cette phrase culte est prononcée par Bernard Blier, alias Raoul Volfoni, après à une action de Fernand Naudin, interprété par le grand Lino Ventura, et compte parmi les nombreuses références de ce monument de la comédie française. Écrit par Michel Audiard et réalisé par Georges Lautner en 1963, les « tontons » résonnent encore de leurs sorties furibardes et de leurs accrochages verbaux, « façon puzzle ».

Dans les étoiles

Entre la nouvelle lune et le premier quartier, ce qui sera le cas tous les soirs du 12 au 18 février 2021, la lune montre un fin croissant lumineux et, curieusement, le disque entier de la lune est alors visible avec une pâle lumière grisâtre qu'on appelle la lumière cendrée. C'est la Terre qui renvoie alors vers la Lune une partie de la lumière du Soleil. En effet, si l'on se trouvait à ce moment-là sur la face de la Lune qui est tournée vers la Terre, on pourrait admirer dans le ciel la Terre entièrement éclairée par le Soleil. Le « clair de Terre » qui en résulte sur la Lune est beaucoup plus lumineux que le clair de lune que nous avons sur Terre lors de la pleine lune du fait que le disque terrestre présente une superficie qui est 13 fois celle du disque lunaire.

La grande plaine est blanche, immobile et sans voix. Pas un bruit, pas un son ; toute vie est éteinte.
Guy de Maupassant

CHERS DISPARUS

Les bégonias exotiques

S'ils fleurissent sur de nombreux balcons ou dans les jardins, les bégonias n'en sont pas moins une espèce menacée. Bien que certaines variétés aient le vent en poupe, d'autres, sauvages, ont aujourd'hui disparu comme à Cuba, au Panama ou en Malaisie. Leur extinction est liée à la destruction de leur milieu naturel. On n'en conserve plus que dans des herbiers.

Au secours... de l'impossible

Quand survient une catastrophe climatique comme un ouragan ou un typhon, des mesures de sauvetage extrême sont mises en place pour venir en aide à la population. Mais dans ces cas-là, il arrive que les secours et les habitants pensent aussi à leurs amis les animaux, autant pris au piège qu'eux et sans possibilité de se défendre… Ainsi en 2017, après l'ouragan Harvey qui frappa le sud des États-Unis, des habitants de la ville de Houston ont effectué un sauvetage pas comme les autres : une colonie de près de 250 000 chauves-souris vivant sous un pont se trouvait menacée par le niveau de l'eau qui montait dangereusement. Des dizaines d'habitants ont alors formé une chaîne géante pour sortir les animaux de leur piège aquatique et les mettre en lieu sûr. Batman en inversé, en quelque sorte !

1-2-3-1-2-3-1-2-3

JAMAIS DEUX SANS TROIS

Deux doigts

Autrefois, lorsque nos ancêtres vivaient essentiellement de leurs cultures agricoles, il fallait produire suffisamment de subsistance pour nourrir la famille pendant douze mois. À la moindre intempérie qui gâchait une récolte, on avait du mal à « joindre les deux bouts ». Les deux bouts sont les récoltes d'une année sur l'autre, « joindre les deux bouts » est le temps écoulé entre les deux.

1-2-3-1-2-3-1-2-3

Ça c'est vache

Les plus belles crasses

L'actrice Bette Davis, à l'apogée de sa carrière, n'avait qu'un rêve : décrocher un Oscar. Lors de l'édition 1963 des célèbres récompenses, elle est nominée pour Qu'est-il arrivé à Baby Jane ? *et nourrit de grands espoirs. Hélas, c'est une autre actrice qui gagne, et pire, Bette voit monter sur scène sa rivale Joan Crawford, qui avait convaincu la véritable gagnante de la laisser accepter le prix à sa place avec un seul objectif : faire rager Bette Davis. Crawford, qui jouait également dans le film nominé, n'avait pas digéré de ne pas l'être aussi.*

Dimanche 14 février

Saint Valentin – On fête aussi les Auxence, Cyrille, Maroun

En un baiser, partons vers un monde inconnu. Alfred de Musset

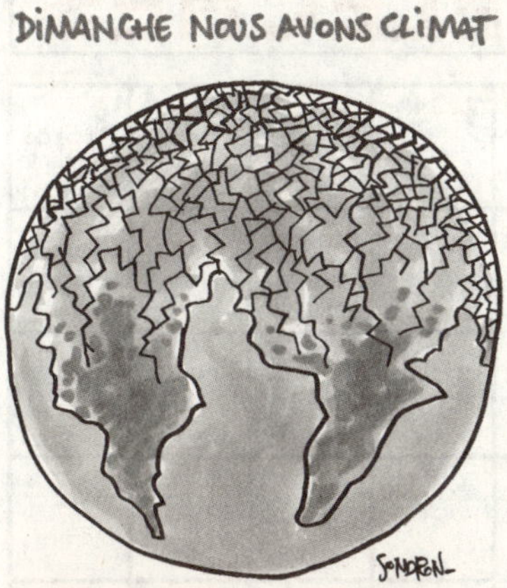

Notto Dico

AUTORADIO-CASSETTE, n. m.
Équipement de série préhistorique pour automobile.

AUTOROUTE, n. f.
Bien public confisqué par les pouvoirs publics pour le bien d'entreprises privées.

AUTOSUGGESTION, n. f.
Pratique consistant à se dire que tout va bien quand tout va mal.

AVANT-GARDE, n. f.
Se dit de quelque chose qui ne plaît pas aujourd'hui et dont on suppose que ça plaira demain.

AVARICE, n. f.
Qualité d'économe perçue par les autres comme un défaut.

Rétro Vermot

Lise est en pleurs.
« Qu'y a-t-il donc ? demande sa maman.
– Oh, Maman ! Il vient d'arriver un terrible malheur...
– Ciel ! Quoi donc ?
– Ma poupée vient de casser une assiette dans la cuisine. »

Le coin lecture

Le Poids des secrets, de Aki Shimazaki

Comme un puzzle, les cinq petits romans qui constituent *Le Poids des secrets* s'assemblent pour créer une seule et même histoire qui nous plonge au cœur de trois événements majeurs de l'histoire du Japon : séisme du Kantō de 1923, colonisation de la Corée, bombardement atomique de Nagasaki en 1945. Les personnages se croisent et se dévoilent à travers des drames collectifs ou plus personnels. L'auteure, francophone d'origine japonaise, parvient à nous transmettre toute la singularité de la sensibilité nippone dans un style d'écriture simple, limpide et nourri d'images très poétiques.

Nos Régions

Grand Est

Aube/Troyes

Le musée des Beaux-Arts et d'Archéologie de Troyes est une institution culturelle fondée par la municipalité en 1831. Il offre à tous ses visiteurs un ensemble incomparable d'œuvres d'art et de précieux souvenirs de l'histoire auboise. On peut notamment y admirer des peintures des écoles françaises et européennes, auxquelles s'ajoutent quelques rares sculptures de François Girardon, né à Troyes, l'un des plus fameux sculpteurs du siècle de Louis XIV. Comme la plupart des musées, il est ouvert tous les jours sauf le mardi.

Lundi **15 février**

Saint Claude – On fête aussi les Georgette, Georgia, Faustin

Soleil
lever : **7h58**
coucher : **18h11**

On compare souvent les hommes politiques à des acteurs. C'est très injuste pour les acteurs. Guy Bedos

MOTS FLÉCHÉS

Celle du cercle est insoluble / Froidement		Vent de sable / Donner vie		Après bis / Contestera		Ravaillac / Mal poli		Sortie d'égout / Galette asiatique		Infusions		Pièce de charpente
										L'homme / Glissé ou Piqué		
Est en retard de paiement / Théâtre									Lettre / Tétée			
					Gobelet / Courtisais dans le temps							
Brisant / Morcelle						Étendard de l'empereur Constantin		Éroder / D'un auxiliaire				
										Tête de série / Bienheureux		
Fait gagner du temps		Écho / Troupe de biches							Céréale / Pousser			
			Havres du voyageur / Spore mobile									Dominos
Courant de passage / Soustraira				Cercle lumineux / Brome			Porte-plume coloré / Imprévu				Porte couronne	
								On y met le feu / Messagers				
Belles plumes	Vieille carte maritime / Sarigue									Nous / Réussir		
				Fumait / On y trouve un monde fou								
Altérai / Rhodes avait le sien						Marcher / Être avec vous					Haut	
							Traîne / Dénote une certaine maîtrise					Attrapées
Habituelles		Parti en éclats / Réunion d'étoiles			Règles / Découverte				Java / Peinture			
								Confession / Ton féminin				
Moeurs / Épargne			Roulés				Temps d'arrêt					
						Comptent les moutons						

SOLUTION PAGE 68

Mardi 16 février

Sainte Julienne – On fête aussi les Onésime, Mareria, Lucille

Quand Mardi gras est gras, Mardi gras est gros.

Mardi Gras

Nos Régions

Hauts-de-France

Aisne/Saint-Quentin

Au Moyen Âge, le châtelain offrait chaque année un festin aux échevins de la ville. Ce banquet répondait à un rituel immuable : la table était recouverte de trois nappes et les échevins étaient servis par le procureur et le greffier. Le premier service se composait de potages, de poulets bouillis aux pois, de pâtés de poulets, de poisson, de rôti et de bœuf salé. Puis on enlevait la première nappe et arrivaient les tartes, les cerises, les fromages, les noix et les gâteaux secs. On ôtait ensuite la deuxième nappe et on servait aux échevins un grand verre d'hypocras avec des oublies. Enfin on disait les grâces avant de retirer la dernière nappe.

Le bon mot de l'histoire

24 février 1524 : « Tout est perdu, fors l'honneur ! »

Ces mots ont été écrits par François Ier à sa mère, Louise de Savoie, au soir de sa reddition à Charles Quint lors de la bataille de Pavie. La rédaction originale est un peu différente : « Madame, pour vous avertir comme se porte le reste de mon infortune, de toute chose ne m'est demeuré que l'honneur et la vie qui m'est sauve. » François Ier restera captif de l'empereur germanique jusqu'en janvier 1526, à la signature du Traité de Madrid par lequel il lui cède la Bourgogne et renonce à la Flandre, au Milanais et à Naples.

WWW. Le NET pas BÊTE

Un site de films « pour apprendre et se divertir » a été imaginé par des enseignants et des producteurs de films d'animation pour les enfants à partir de 3 ans. Classés par âges ou par thématiques (comique, abstrait, musical, écologie...), des dizaines de courts-métrages amusants, instructifs ou poétiques sont mis gratuitement à disposition du jeune public. Adresse Internet : www.films-pour-enfants.com

LUTTES ET HÉROS POPULAIRES

OLYMPE DE GOUGES

De nos jours, on peut librement être féministe, c'est-à-dire réclamer des droits égaux pour les femmes et les hommes. Mais au temps de la Révolution, on pouvait littéralement perdre sa tête pour avoir de telles idées. Pour preuve Olympe de Gouges, de son vrai nom Marie Gouze, citoyenne de province qui aurait pu mener une vie tranquille (mais sans éclat) et qui choisit d'être l'une des toutes premières féministes « modernes ». En réponse à la Déclaration de l'Homme et du Citoyen, elle publia en 1791 une Déclaration de la Femme et de la Citoyenne, réclamant des droits égaux pour tous et toutes. En 1793, elle fut arrêtée et guillotinée, non sans avoir crié auparavant : « Enfants de la patrie, vous vengerez ma mort ! »

Mercredi **17 février**

Cendres - St Alexis – On fête aussi les Loman, Théodule, Fintan

Soleil
lever : **7 h 55**
coucher : **18 h 14**

Si haut qu'on monte, on finit toujours par des cendres. Henri Rochefort

Ha ! Ha ! Ha !

Un homme entre chez un barbier pour se faire raser. Pendant que le barbier le mousse, l'homme lui explique qu'il a toujours un problème pour avoir les joues rasées au plus près.

« J'ai un petit truc pour permettre un rasage parfait », lui dit le barbier en prenant une petite boule en bois dans un tiroir voisin ». Puis il ajoute : « Placez-la entre votre joue et vos gencives, vous verrez ! »

Le client met la petite boule en bois dans la bouche comme indiqué et, effectivement, grâce à ça, le barbier procède à un rasage extraordinaire. Jamais sa peau ne lui est apparue aussi douce au toucher. Après avoir enlevé la petite boule, le client la tend au barbier et lui dit :

« Super votre truc, mais il se passe quoi si on avale la boule ?

– Aucun souci ! Ça arrive régulièrement, lui répond le barbier. Dans ce cas-là, le client me la rapporte le lendemain. »

DE L'EQUICOACHING POUR LES MANAGERS DE TOTAL

Énigmes

Flash info : « Ce matin, le corps d'une jeune femme a été retrouvé sur le bas-côté de la route départementale 26 entre Anizy-le-Château et Faucoucourt. Son père offre un montant de 10 000 euros pour la collecte d'informations qui pourraient mener à l'arrestation de son agresseur. »

Plusieurs personnes appelèrent la police :

- Premier appelant : « J'ai pris la départementale assez tard dans la soirée et une voiture rouge était arrêtée sur le bord de la route, tous feux éteints. »
- Deuxième appelant : « Vers 2 h du matin, j'ai croisé un break qui roulait à grande vitesse. »
- Troisième appelant : « Je roulais le long de cette départementale juste avant minuit et j'ai vu un homme sortir d'une voiture rouge. Son visage était bien éclairé par mes phares. Je peux donc donner une bonne description de l'homme qui l'a étranglée. »
- Quatrième appelant : « Une voiture blanche s'est arrêtée brusquement devant moi sans mettre son clignotant pour indiquer qu'elle allait stationner. Quand je l'ai dépassée, on aurait dit que les occupants se disputaient. »

Après à ces coups de téléphone, la police appréhenda l'assassin. Quel appelant les amena à procéder à cette arrestation ?

Solution : La police arrêta le troisième appelant. La cause du décès n'avait pas été révélée dans le flash info, donc comment savait-il que la victime avait été étranglée ?

LE TÉLÉTRAVAIL EN QUESTION

Voyager par les séries TV
The Bridge, The Killing et *Borgen*

Stratégies politiques et criminelles à Copenhague. Les fameux polars venus du froid s'exportent également sur le petit écran. *The Bridge (Bron)* nous plonge brutalement entre Malmö, en Suède, et Copenhague, sur un pont devenu le lieu d'un crime atroce. Deux enquêteurs, l'une suédoise, l'autre danois, enquêtent dans un contexte binational étonnant. On reste à Copenhague avec *The Killing* aux côtés de la commissaire Sara Lund. Dans une ambiance plus que glaciale, on suit l'enquêtrice sur les traces du meurtrier de Nana Birk Larssen et on ne se lasse pas des ruelles sombres de la capitale danoise. Ses pavés prennent un visage plus institutionnel sous les projecteurs de *Borgen*. La ville devient alors le cœur de toutes les stratégies politiques de Birgitte Nyborg pour accéder au pouvoir – et surtout y rester.

Soleil
lever : **7h53**
coucher : **18h16**

Jeudi **18 février**

Sainte Bernadette – On fête aussi les Taraise, Jean-Pierre, Riwan

En février, fièvre et vent fieffé !

L'ACTU

Histoire belge (I)

Une bonne blague de nos voisins d'outre-Quiévrain nous vient de Kuurne, « chez les Flamands » diront nos amis wallons. Dans cette petite ville, à proximité de Courtrai, un restaurant, le bien nommé *Gust'eaux*, sert à ses clients de l'eau des toilettes lorsqu'ils demandent une carafe. Et ce, en toute transparence ! Cette eau « totalement saine et de haute qualité » garantie par le Centre flamand de connaissances sur l'eau est bien évidemment recyclée via un système de purification ultra perfectionné avant d'atterrir sur les tables. Cinq technologies sont utilisées pour extraire les plus petites molécules de l'eau et, après une ultime filtration, des minéraux sont ajoutés, car elle est même trop « pure » pour être consommée. Réutiliser les eaux usées, mais aussi récupérer les eaux de pluie, y compris pour les glaçons, les cafés ou même pour brasser une bière, n'est pas qu'une blague marketing pour le *Gust'eaux* : le restaurant, par ailleurs très bien noté, est installé dans une zone sans égout.

POLICES D'ÉCRITURE

Y	D	U	O	G	K	D	O	R	M	I	N	A	I
C	O	U	R	P	W	N	N	U	C	S	L	R	A
O	P	L	A	N	T	I	N	O	D	O	B	R	I
N	T	C	A	P	M	I	N	I	M	I	I	B	G
S	D	C	L	P	V	S	M	D	L	A	A	X	R
O	J	A	A	E	T	Y	B	A	S	S	R	N	O
L	A	I	R	A	T	C	C	Y	K	O	O	A	E
A	O	S	N	L	O	I	X	E	A	D	R	M	G
S	T	T	I	U	T	C	R	N	N	S	I	O	E
G	I	A	R	E	O	V	A	E	Y	A	N	H	N
A	R	I	V	R	I	D	R	N	S	R	E	A	T
A	E	L	B	L	R	A	T	R	O	I	V	T	I
R	E	E	L	E	L	A	I	R	B	M	A	C	U
H	L	E	V	C	X	A	R	U	T	U	F	S	M

Solution page 75

Trouvez les polices d'écriture cachées dans la grille ci-dessus. Vous les trouverez soit horizontalement, soit verticalement, ou encore diagonalement. Elles peuvent se lire de gauche à droite ou de droite à gauche.

ARIAL	CONSOLAS	GEORGIA	PLANTIN
AVENIR	CONSTANTIA	GOUDY	SYNTAX
BASKERVILLE	CORBEL	HELVETICA	TAHOMA
BODONI	COURIER	IMPACT	TIRESIAS
CALIBRI	FUTURA	MONACO	UNIVERS
CAMBRIA	GARAMOND	NIMROD	VERDANA
CLARENDON	GENTIUM	OPTIMA	WINDSOR

Charade classique

Mon premier est utile,
Mon deuxième est très personnel,
Mon troisième est une incursion,
Mon quatrième ne bouge pas,
Mon cinquième ne sait pas grand chose,
Mon sixième est un batteur de pavés.
Mon tout est un acteur et un chanteur français d'origine italienne.

SERGE REGGIANI
(SERT - JE - RAID - GIT - ÂNE - HIE)

Histoires paranormales

Place à l'ombre !

Comme ce fut le cas dans le théâtre antique, les fantômes hantent le théâtre classique : spectre de Jézabel dans *Athalie*, statue du Commandeur dans *Don Juan*, etc. Voltaire lui-même met en scène plusieurs ombres dans ses tragédies, ainsi le spectre du roi Ninus dans *Sémiramis* (1748). À l'époque, la scène où évoluent les acteurs est encombrée de sièges pour des spectateurs qui ne se privent pas d'intervenir dans le spectacle. Dans *Sémiramis*, Ninus était joué par Legrand, un acteur corpulent. À la première représentation, Legrand, peinant à se frayer un passage parmi les fauteuils des spectateurs, trébucha et faillit tomber, ce qui déclencha l'hilarité générale. Excédé, Voltaire cria : « Place à l'ombre ! », rappelant aux spectateurs le respect dû à un fantôme, et qui plus est le fantôme d'un roi.

Vendredi **19 février**

Soleil
lever : **7h51**
coucher : **18h18**

Saint Gabin – On fête aussi les Gabia, Philothée, Quodvultdeus

À la Saint-Gabin, le cave se rebiffe !

Étymologie

Merci docteur !

Le bon docteur Joseph Ignace Guillotin était aussi un homme politique, député très actif pendant la Révolution. Il n'a pas inventé la guillotine qui lui doit son nom, mais avait observé que la mort par décapitation était la « moins violente » des peines capitales. Et le couperet, à l'époque, était réservé aux nobles. Les autres mouraient par pendaison. Au nom de l'égalité prônée par la Révolution, Guillotin fit voter une loi imposant ce mode d'exécution à tous les condamnés.

LE CHIFFRE

85,5

C'est la vitesse en cm/s à laquelle se déplace *Cataglyphis bombycina*, la fourmi la plus rapide du monde, selon une étude publiée dans *The Journal of Experimental Biology*, soit 108 fois la longueur de son corps par seconde. À l'échelle humaine, elle est dix fois plus rapide que le Jamaïcain Usain Bolt. Si elle court aussi vite, c'est grâce à la chaleur du désert, car étant ectotherme, elle ne produit pas sa propre chaleur et son énergie dépend de la température extérieure. Par ailleurs, ses pattes avancent par trois à un rythme frénétique. Durant ses foulées, *Cataglyphis bombycina* ne touche le sol que pendant 7 millisecondes ; en une seconde, ses pattes touchent 47 fois le sol. Cette « sprinteuse du désert », qui possède également des poils pour refléter les rayons du soleil, a besoin de cette vitesse impressionnante pour trouver de la nourriture et retourner au nid sans succomber à la chaleur écrasante. Ses impressionnantes capacités biomécaniques intéressent beaucoup les ingénieurs…

Théories du complot

Le remède anticancer universel

Imaginez un peu vivre dans un monde où le remède universel contre le cancer existe. Que de drames cette découverte éviterait… Eh bien figurez-vous que pour certains esprits pour le moins originaux, non seulement le remède universel pour soigner toute forme de cancer existe depuis des années, mais il est gardé secret par les laboratoires pharmaceutiques qui ne vendent la recette qu'aux plus riches d'entre nous. Ce que les concepteurs de cette théorie peinent un peu à expliquer, c'est pourquoi des laboratoires, dont le but est uniquement lucratif, garderaient secrète une recette qu'ils pourraient vendre cher à des millions de personnes dans le monde… Et comment tous les médecins assurant le suivi des patients traités pourraient bien garder un tel secret…

Solution mots fléchés [p. 64]

	Q		S		T		R		U		T	
L	U	C	I	D	E	M	E	N	T		I	L
	A	R	R	E	R	A	G	E		P	L	I
O	D	E	O	N		T	I	M	B	A	L	E
	R	E	C	I	F		C		U	S	E	R
P	A	R	C	E	L	L	I	S	E		U	N
	T		O	R	E	A	D	E		B	L	E
E	U	H		A	U	B	E	R	G	E	S	
	R	A	Z		R	A		A	R	A		D
D	E	R	O	B	E	R	A		A	T	R	E
		P	O	R	T	U	L	A	N		O	N
B	O	A	S		A	M	E	N	D	A	I	T
	P	I	P	A	I		A	G	I	R		S
C	O	L	O	S	S	E		E	R	R	E	
	S		R	I		T	E	S		I	L	E
U	S	U	E	L	L	E	S		A	V	E	U
	U	S		E	U	S		T	R	E	V	E
A	M	A	S	S	E		P	A	T	R	E	S

Samedi **20 février**

Saint Aimée – On fête aussi les Amy, Aimie, Amata

En février, tout à espérer, rien à regretter. Patience Strong

Métiers insolites

Priorités

Qui l'a dit ? Un parent d'élève qui, apparemment, sait mieux que l'Éducation nationale où se trouvent les VRAIES priorités. La perle : « Pierre n'ira pas à l'école parce qu'il va faire l'ouverture de la chasse avec son père et il faut qu'il se repose pour ramener le gibier à la maison. » Voilà une stratégie éducative tout à fait intéressante qui se propose de remplacer l'arithmétique par le vidage de sangliers. Après tout, pourquoi pas !

1-2-3-1-2-3-1-2-3

JAMAIS DEUX SANS TROIS

Deux doigts

À une époque, pas si lointaine, on mesurait les choses courantes avec des parties du corps humain. Parmi les mesures d'autrefois existaient, par exemple, le pied ou la coudée. Les doigts étaient également utilisés, notamment pour leur épaisseur : on parlait de « travers de doigt ». Deux doigts d'apéritif correspondaient ainsi à une petite dose d'alcool dans un verre.

1-2-3-1-2-3-1-2-3

VERMOT'ROSCOPE

POISSONS *(20 février – 20 mars)*

Caractère

Insaisissable, intuitif, sensible, romantique, doux, tendre, adaptable, réservé, calme, compréhensif, sociable, opportuniste, inspiré, créatif, mystérieux, gourmand, ambivalent, hypersensible, irrationnel, hypocondriaque, angoissé, fuyant.

Le message des astres

Saturne et Jupiter vous inciteront à réfléchir à votre vie, voire à mettre en place un projet sur du long terme. En 2021, restez observateur et faites preuve de détachement. Pour certains, ce sera l'année rêvée pour faire une pause.

Vie relationnelle

Vous serez très certainement plus réservé et un peu moins communicatif. Vous privilégierez votre cercle d'amis proches et ne serez pas spécialement ouvert à de nouvelles rencontres. Profitez-en pour consolider les relations déjà existantes.

Amour

En couple, en quête d'harmonie et de romantisme, vous devriez passer de bons moments. En février et en mars, multipliez les soirées en amoureux. En juin, misez sur l'harmonie et la complicité. Surprenez votre moitié ou laissez-vous surprendre. En août et en septembre, rompez avec vos habitudes. Soyez créatif et réinventez votre vie conjugale.
Célibataire, votre vie amoureuse sera assez calme, l'occasion de mieux déterminer vos aspirations et vos envies. En mars, ayez plus confiance en vous et laissez-vous porter par la vie. En mai et en juin, une personne ne vous laissera pas indifférente. Saurez-vous donner une chance à cette histoire ?

Famille

L'ambiance sera douce et légère. D'un bout à l'autre de l'année, vous serez amené à partager des moments authentiques et vrais. En mai et en juin, rapprochez-vous de ceux que vous aimez ou clarifiez une situation.

Quotidien et vitalité

Cette année, vous prendrez le temps de vivre et évoluerez à votre rythme. Cela vous permettra de recharger vos batteries et de moins céder au stress. En février et en mars, très sollicité, vous devrez répondre à de nombreuses invitations. D'avril à juin, montrez-vous adaptable, ouvrez-vous à d'autres loisirs ou d'autres activités.

Budget

Vous saurez faire face à toutes vos obligations financières. L'équilibre sera au rendez-vous, ce qui vous rassurera.

Comment optimiser votre année

Pour tirer profit de 2021, essayez de penser à vous. Déterminez vos besoins et surtout vos envies. Savourez le moment présent et évitez de trop vous projeter.

Dimanche **21 février**

Saint Pierre-Damien – On fête aussi les Pépin

Soleil
lever : **7h47**
coucher : **18h21**

Mon pays ce n'est pas un pays, c'est l'hiver. Gilles Vigneault

Nos Régions

Île-de-France

Paris/Montmartre

La basilique du Sacré-Cœur, sur la butte Montmartre, n'est pas seulement le deuxième lieu le plus visité de Paris, avec 11 millions de visiteurs par an, c'est aussi l'endroit où l'adoration eucharistique perpétuelle (exposition permanente du Saint-Sacrement), qui a commencé dans la crypte de la basilique en 1885, n'a jamais été interrompue, même lors des bombardements de 1944, faisant voler en éclats les vitraux. La basilique a aussi la particularité d'accueillir la messe la plus tardive de Paris, célébrée à 22 h.

Voyages en train

Avec ses 180 tunnels, ses 300 ponts et viaducs et ses 28 km de galeries paraneiges, la Bergensbanen, ou la ligne Oslo-Bergen, est une prouesse technique conçue pour s'adapter au relief et au climat norvégiens. Ouverte en 1909, elle court sur 500 km d'est en ouest. Elle s'éloigne d'abord lentement des buildings de verre d'Oslo puis traverse le parc national de Hardangervidda, le plus grand plateau d'Europe, avant d'atteindre les somptueux fjords turquoise de Bergen. Pour prolonger l'expérience, les voyageurs peuvent emprunter une ligne secondaire qui bifurque vers la montagne Myrdal en longeant de profonds ravins et des cascades bouillonnantes. Flam Railway, qui rallonge le voyage de deux heures, est l'un des chemins de fer les plus étroits et pentus du monde.

Au Jardin

Purin d'ortie

Pour certains, le purin d'ortie, c'est magique, comme l'eau bénite dont on aspergeait les cultures au Moyen Âge pour conjurer les maladies démoniaques. Pour d'autres, plus sceptiques, précisons que le purin d'ortie favorise POUR DE VRAI la croissance des plantes et leur densité foliaire, et attire des insectes « auxiliaires », prédateurs notamment des pucerons. En revanche, il n'a aucun effet insecticide ni curatif sur l'oïdium et le mildiou. Et pour qu'il soit efficace et inodore, il faut empêcher l'oxydation : procédez à la macération, avec des tiges non recoupées, dans une cuve remplie à ras bord et close. Vous obtenez ainsi un purin clair qui n'empeste pas, contrairement à celui qui est préparé dans un seau à l'air libre. Dissolvez-le (1 litre de purin pour 5 litres d'eau) et appliquez-le sans tarder.

Ça c'est vache

Les plus belles crasses

À l'automne 1968, Stevan Markovic, garde du corps d'Alain Delon, est retrouvé mort. Une rumeur circule rapidement : Markovic ferait dans la photographie de parties fines de célébrités, et le nom de Claude Pompidou est cité. Aucun élément n'étaie cette thèse, bien sûr, et il devient de plus en plus certain que ce sont les ennemis politiques de Pompidou, proches du général de Gaulle, qui ont orchestré le complot. En politique, pour se débarrasser d'un adversaire gênant, il suffit donc d'une rumeur et d'un bon plan média !

Lundi 22 février

Sainte Isabelle – On fête aussi les Belle, Bella, Iseult, Papias

À la Sainte-Isabelle, la paye se fait la belle !

Ça s'est passé

Le 22 février 1921

C'est la date de la première traversée aérienne des États-Unis d'ouest en est. Le vol, entre San Francisco et New York avec escales, dure plus de 33 heures.

CHAUD DEVANT !

PIRES QUE LE MAZOUT (SUITE)

Si parmi les principaux producteurs de méthane, puissant gaz à effet de serre, on pense d'abord aux pets de ruminants (voir l'article du 29 janvier), n'oublions pas les grands mammifères herbivores, comme l'éléphant. Et si l'on regarde plus loin en arrière, on peut aussi penser que les grands dinosaures herbivores, comme le diplodocus ou le brachiosaure, ont participé au réchauffement climatique de leur époque. Il y a enfin également d'autres bêtes concernées, beaucoup plus petites, certes, mais plus nombreuses au mètre carré : les termites. Les conséquences écologiques du pet de termite, avouez, vous n'y avez jamais pensé !

L'humanité en chiffres

23 000 000

C'est, selon une étude biologique et généalogique menée récemment, le nombre de descendants directs et indirects de l'empereur Genghis Khan que l'on peut trouver dans le monde. Même si ça fait beaucoup pour partager l'héritage, faites un test ADN, sait-on jamais !

3,14159265358

Voitures célèbres

Delorean DMC-12

Vous ne l'avez probablement jamais vue rouler sur les routes de France, et pourtant cette voiture ne vous est pas inconnue ! Pour certains, la simple évocation de son nom suffit à évoquer son inimitable silhouette, ses deux portes papillon et sa carrosserie en acier inoxydable. Pour les autres, précisons que cette voiture américaine, produite entre 1981 et 1983, doit sa notoriété à la trilogie *Retour vers le futur* dans laquelle elle incarne un bolide de fiction capable de voyager dans le temps dès lors qu'il atteint la vitesse approximative de 141,619 28 km/h, grâce à un convecteur alimenté par des déchets tels que peaux de bananes, coquilles d'œufs et canettes de bière. Stylée, futuriste et écolo à la fois !

Mardi **23 février**

Saint Lazare – On fête aussi les Milburge, Alexandre

Soleil
lever : **7h43**
coucher : **18h24**

À la Saint-Lazare, pas de chambard !

NOTTO DICO

AVIATEUR, n. m.
Pilote qui vous emmène au septième ciel.

AVOCAT, n. m.
Fruit qui défend ses clients pour 200 € de l'heure.

AZUR, adj.
Du bleu qui fait rêver.

BABALLE, n. f.
Petit jeu bébête.

BABY-SITTING, n. m.
Performance rémunérée consistant à garder les enfants assis.

Ça s'est passé

Le 23 février 1921

Le poète britannique John Keats, auteur d'*Endymion* (1817), *Hypérion* (1818) et de la fameuse *Ode à l'automne* (1819), meurt à l'âge de 25 ans des suites de la tuberculose.

Guy Thard
Professeur de musique

01 03 05 07 09

Solution : Guy Thard (Guitare)

Tout est relatif... (Espace temps)

À l'horizon des trous noirs

Un trou noir est un objet céleste issu de l'effondrement sur elle-même d'une étoile massive en fin de vie. Son champ gravitationnel est si intense qu'il empêche toute matière et tout rayonnement de s'en échapper, y compris la lumière, ce qui lui vaut son qualificatif de « noir ». Près d'un trou noir, la zone de non-retour porte un nom particulièrement poétique : l'horizon des événements. Il est impossible de décrire l'intérieur d'un trou noir puisque aucun rayon lumineux n'en sort et que, même si un engin d'observation y pénétrait, il ne pourrait en revenir ni nous communiquer ce qu'il observe… À défaut, réjouissons-nous déjà du premier cliché d'un tel objet, révélé en 2019, qui montre ce puits sans fond entouré de son disque d'accrétion, des gaz chauds en rotation inexorablement engloutis.

LES ERREURS JUDICIAIRES TOP SECRET

Pour se faire entendre d'une justice un peu dure de la feuille, les condamnés à tort n'ont que peu de recours. Certains tentent d'attirer l'attention de la presse, notamment en pratiquant la grève de la faim. La stratégie de Roland Agret pour faire reconnaître son innocence a été un peu plus radicale : condamné et incarcéré en 1973 pour un meurtre qu'il n'avait pas commis, il a tout tenté pour protester, jusqu'à se couper deux doigts. À force d'insistance, il a obtenu la révision de son procès, duquel il est ressorti blanchi et libre. Le problème, c'est que l'État a refusé, à l'époque, de le dédommager. Pour alerter l'opinion, Roland Agret s'est alors tiré une balle dans le pied ! Depuis, l'homme aux méthodes expéditives est devenu un personnage clé de la lutte contre les erreurs judiciaires en France.

Soleil
lever : **7 h 42**
coucher : **18 h 26**

Mercredi **24 février**

Saint Modeste – On fête aussi les Modesty

La feuille précède le vent. Paul Éluard.

FOOTBALL

Cristiano Ronaldo est un bourreau de travail. Son ancien coéquipier à Manchester, Carlos Tevez, raconte : « Si nous avions entraînement à 9 h 30 du matin et que vous arriviez à 8 h, il était là. Vous arriviez à 7 h 30, il était là. Un jour, je suis arrivé à 6 h pour tenter d'arriver avant lui… et il était là. À moitié endormi, mais bien là ! » Sur Lionel Messi, Tevez déclare : « Je ne l'ai jamais vu au gymnase. Généralement, je ne le voyais pas non plus s'entraîner pour contrôler le ballon ou faire des exercices comme ça. C'est naturel pour lui. » Chacun son style…

RECETTE

Mini-cakes à l'aquafaba, poires et chocolat

Pour 4 à 6 pers. 20 min de préparation 20 min de cuisson

- 4 poires
- 10 cl d'aquafaba (jus des pois chiches en conserve)
- 100 g de flocons d'avoine
- 100 g de sucre
- 100 g de poudre d'amandes
- 2 cuil. à soupe de miel liquide
- ½ tablette de chocolat noir dessert

Pelez les poires, ôtez les trognons, coupez la chair en morceaux et placez-les dans une casserole sur feu doux. Laissez compoter quelques minutes.
Préchauffez le four à 180 °C (th. 6). Montez l'aquafaba en neige au batteur. Mixez les flocons d'avoine avec le sucre. Ajoutez la poudre d'amandes et le miel puis mélangez avec l'aquafaba en neige jusqu'à obtenir une pâte. Incorporez la compotée.
Versez la pâte dans des mini-moules en silicone et enfournez pour 10 min. Baissez la température à 150 °C (th. 5), enfoncez un carré de chocolat dans chaque alvéole et poursuivez la cuisson pendant 2 min. Servez tiède.

Conseils : l'aquafaba remplace le blanc d'œuf. Une douceur qui convient particulièrement aux végans et aux allergiques (recette sans œufs, ni lactose, ni gluten).

Rébus bande LETTRIQUE

Pièces de théâtre françaises

ŒUAVENIRFS

L'Avenir est dans les œufs, Eugène Ionesco

Saint Roméo – On fête aussi les Gerland, Walburge

Soleil
lever : **7 h 40**
coucher : **18 h 27**

Février le fier finit en farce en mars !

Nos Régions

Normandie

Calvados/Isigny

Avant la Normandie, c'est peut-être le Moyen-Orient qui donna le jour au caramel. Au VIIe siècle, après l'invasion de la Perse, les envahisseurs arabes s'approprièrent la culture de la canne à sucre et découvrirent rapidement comment obtenir du caramel. Le mot lui-même viendrait de l'arabe *Kurat al milh*. Par la suite, sa transformation en bonbon résulta d'une idée géniale : associer au sucre un ou plusieurs produits laitiers (lait, beurre ou crème). Aujourd'hui, le caramel un peu collant d'Isigny est reconnaissable à son bon goût de beurre et de lait. On peut découvrir le secret de sa fabrication à la galerie du caramel, à Isigny bien sûr !

Pièges de l'ortographe

Composés décomposés

Certains noms nous rappellent, quand on veut les mettre au pluriel, qu'ils ne sont que le résultat d'un assemblage de plusieurs mots. Ainsi madame, mademoiselle, monseigneur ou bonhomme doivent-ils être décomposés pour accorder au pluriel les deux parties qui les constituaient autrefois : on devra écrire mesdames, mesdemoiselles, messeigneurs et bonshommes.

Randonnées en France

LA DORSALE CORSE

Un vent méditerranéen balaie les pierres sèches. La Grande Bleue borde des rivages lointains. Le GR 20, l'un des sentiers les plus célèbres (et les plus difficiles) de France, longe l'arête centrale de la Corse, du nord au sud. Il offre au marcheur des paysages accrochés à flanc de montagne et plongeant dans la Méditerranée. La diversité des panoramas, maquis impénétrables, torrents assourdissants, sommets enneigés, tourbières, parois rocailleuses, subjugue le randonneur le plus aguerri. Le parcours escarpé, principalement sur la portion nord du sentier, s'adresse aux marcheurs confirmés. Sur 180 km et 13 000 m de dénivelé – soit une quinzaine de jours de marche –, le GR 20 révèle tout le charme de l'île de Beauté. En hiver, il est accessible en ski de fond. On peut aussi explorer mare e monti *sur des chemins plus doux, qui suivent les parcours des bergers et descendent jusqu'à la mer.*

MUSIQUE

Trop de paillettes… tue la paillette

Récompense au Grammy Awards, bande originale de films à Hollywood, Thomas d'Arcy (le chanteur) en couple avec Sofia Coppola… Le groupe français Phoenix vit dans le strass et les paillettes. De paillettes justement, il en était question lors de leur tout premier concert où les Versaillais avaient eu la mauvaise idée de s'en recouvrir totalement, histoire de paraître « cool et chic ». C'était sans compter la chaleur et la sueur… À la fin, ils étaient plutôt poisseux comme jamais !

Vendredi 26 février

Saint Nestor – On fête aussi les Koulfinid, Porphyre

Un accusé est cuit quand son avocat n'est pas cru. Pierre Dac

HEUREUX MARIAGES

Le monde inversé

En ce samedi 10 décembre 1892, la commune d'Hadol, dans les Vosges, avait un petit air de paradis… inversé ! En effet, ce jour-là, Théophile Ève proposa à Marie Adam de croquer la pomme avec lui en toute légalité. Ils se marièrent donc devant monsieur le maire et monsieur le curé en présence de nombreux témoins et eurent de nombreux enfants, mais aucun Caïn ni Abel…

Rétro Vermot

Paul et André sont en classe de neige. Un jour, leur maman leur téléphone.
« J'espère, dit-elle à Paul, que tu laisses ton petit frère jouer avec la luge.
– Oh oui, Maman. On se la partage en frères. André la prend pour monter et moi pour descendre. »

Solution mots mêlés [p. 67]

Y	D	U	O	G	K	D	O	R	M	I	N	A	I
C	O	U	R	P	W	N	N	U	C	S	L	R	A
O	P	L	A	N	T	I	N	O	D	O	B	R	I
N	T	C	A	P	M	I	N	I	M	I	I	B	G
S	D	C	L	P	V	S	M	D	L	A	A	X	R
O	J	A	A	E	T	Y	B	A	S	S	R	N	O
L	A	I	R	A	T	C	C	Y	K	O	O	A	E
A	O	S	N	L	O	I	X	E	A	D	R	M	G
S	T	T	I	U	I	C	R	N	N	S	I	O	E
G	I	A	R	E	O	V	A	E	Y	A	N	H	N
A	R	I	V	R	I	D	R	N	S	R	E	A	T
A	E	L	B	L	R	A	T	R	O	I	V	T	I
R	E	E	L	E	L	A	I	R	B	M	A	C	U
H	L	E	V	C	X	A	R	U	T	U	F	S	M

GRANDS MOMENTS DU CYCLISME

Le vélo est plus qu'un sport, c'est une véritable école de la vie, de la réussite, de l'échec et de la résilience. C'est en tous cas la leçon qu'on peut tirer de l'histoire de Johan Museeuw, un coureur belge revenu des tréfonds de l'enfer du Nord. En 1998, alors que le peloton traverse la mythique Trouée d'Arenberg, Museeuw chute et se blesse gravement à la jambe. Les médecins ne sont pas optimistes sur sa récupération et doutent même qu'il pourra recourir un jour. Mais le Belge, déterminé, ne l'entend pas de cette oreille. Il donne tout ce qu'il a pour récupérer et, deux ans plus tard, contre tout pronostic et devant un public enflammé, il franchit la ligne du vélodrome de Roubaix en vainqueur et en levant sa jambe blessée, un pied-de-nez au destin !

RÉUNION DE CRISE À L'ÉLYSÉE

L'ACTU

Chat = chien

Contrairement aux idées reçues, les chats tissent des liens d'attachement comparables à ceux des chiens avec les êtres humains. Des chercheurs américains ont mené une expérience sur 70 félins, adultes ou juvéniles, et leurs maîtres. Le chat et l'humain sont d'abord placés quelques instants dans une pièce vide. Puis l'humain sort, laissant l'animal seul, avant de revenir au bout de deux minutes. Les chats ont reproduit presque à l'identique le comportement que des chiens auraient eu en pareilles circonstances : inquiet pendant l'absence de son maître, un « sécure » reprend son exploration de la pièce à son retour ; « l'anxieux » se réfugie dans ses bras, et « l'évitant » reste éloigné. Petite différence : si 58 % des chiens adoptent un comportement « sécure », les chats sont 64,3 % à trouver dans la présence de leur maître tranquillité et liberté. C'est presque autant que les jeunes enfants avec leurs parents (65 %).

Samedi 27 février

Sainte Honorine – On fête aussi les Léandre, Galmien

Soleil
lever : **7 h 36**
coucher : **18 h 31**

En février, pour ta meuf, repeins ton cœur à neuf !

Nos Régions

Occitanie

Ariège/Fontestorbes

La fontaine de Fontestorbes est une des sources les plus célèbres de France. Son nom, en languedocien, veut dire « fontaine troublée » et le phénomène qui l'a rendue célèbre n'a lieu qu'en été, quand il fait sec. La fontaine ne coule alors que par intermittence, disparaissant pendant 32 minutes 30 secondes après chaque écoulement de 36 minutes 35 secondes de durée. Seules les pluies font cesser ce phénomène. Et quand l'été commence par des pluies, Fontestorbes ne devient intermittente que vers la fin de la saison. Deux jours de pluie peuvent suffire à faire cesser l'intermittence pendant une quinzaine de jours et des pluies fréquentes la suppriment pour toute une année.

L'humanité en chiffres

Savez-vous combien de personnes naissent chaque année sur Terre ? Eh bien, figurez-vous que plus de 80 millions de bébés, viennent au monde tous les ans. C'est-à-dire 200 000 par jour et 150 par minute ! Ça en fait des couches à changer !

3.1415 9265

Vino populum

Seyssel

Entre la Haute-Savoie et l'Ain, donc pas très loin de nos amis suisses, deux jolis cépages, l'altesse et la molette (non, ce ne sont pas les héros d'une blague Vermot !) produisent non seulement des vins blancs secs, mais aussi des effervescents. Ne cherchez pas la puissance, mais plutôt la retenue et la finesse d'esprit. Certains disent que les vins sentent la violette.

Le coin lecture

À la recherche du temps perdu, bande dessinée de Stéphane Huet, d'après l'œuvre de Marcel Proust

Si la lecture de Proust vous semble aussi inaccessible que l'ascension de l'Everest, essayez en bande dessinée ! Respectueux de l'auteur de *La Recherche*, Stéphane Huet livre une adaptation très fidèle en reprenant des extraits de textes et de dialogues originaux pour proposer une version condensée des romans. Ce souci de l'exactitude se retrouve également dans les illustrations qui retranscrivent parfaitement les descriptions de Proust et qui permettent de voir Paris ou Cabourg avec les yeux du romancier. La série de BD compte une dizaine de volumes. Elle est toujours en cours.

Dimanche **28 février**

Saint Romain – On fête aussi les Antonia, Rivelen, Romane

Si tu veux être heureux en ménage, marie-toi le 30 février.

NOTTO DICO

BAÏONNETTE, n. f.
Test de fatigue permettant de démasquer les malhonnêtes.

BALCON, n. m.
Tout le contraire d'une fête intelligente.

BALIVERNE, n. pr.
Sœur indonésienne de Jules Verne.

BANQUE, n. f.
Tirelire collective qui nous coûte cher.

BANQUIER, n. m.
Comique qui s'ignore en jouant avec l'argent des autres.

Correspondance (très) intime...

« Tu me demandes si j'ai consommé l'œuvre des bains. Oui, sur un jeune gaillard gravé de la petite vérole qui avait un énorme turban qui m'a fait rire. Je recommencerai. » Les mots sont envoyés depuis Le Caire par Gustave Flaubert au poète Louis-Hyacinthe Bouilhet. Au cours de son périple en Orient entre 1849 et 1852, Flaubert ne manque pas de détailler à son ami ses aventures sexuelles et les orgies auxquelles il participe. Il se révèle aussi sensible aux charmes féminins que masculins. Transformé par ce voyage, l'écrivain s'attaquera à son retour, sur les conseils de son ami Bouilhet, à la rédaction de Madame Bovary. Ô combien plus prude que ses descriptions épistolaires, son chef-d'œuvre sera pourtant accusé d'atteinte aux bonnes mœurs à sa sortie en 1857.

HEUREUX MARIAGES

Les inséparables

Le jour où Lhomme rencontra Labitte, ce fut un véritable coup de foudre ! Et c'est ainsi que le 15 octobre 1890 à Montreuil-sur-Mer, dans le Pas-de-Calais, Arthur Lhomme a dit oui à Adèle Labitte. Il était coiffeur, elle était modiste ; mieux que chaussure à leur pied, avec de pareils métiers ils trouvèrent… chapeau à leur tête !

BIENTÔT LA FIN DU MONDE ?

MNÉMOTECHNIQUE

Trop est l'ennemi du bien

Apprendre les phrases suivantes permettra d'éviter les excès de zèle : dans ces mots, une consonne simple suffit.

- **On ne boit pas une tasse de thé à l'échalote.** *(Thé = t, donc un seul t à échalote)*
- **Il n'y a pas deux l à profiterole, car on n'en a jamais vu voler dans le ciel.** *(Deux l = deux ailes)*
- **Quand je mets deux p à apercevoir, j'aperçois une faute.**
- **Un palier prendra toujours un seul l, quel que soit le nombre de marches de l'escalier.**
- **Il est rare de faire deux fois la même chute.** *(Chute avec un seul t)*

Lundi 1er mars

Saint Aubin – On fête aussi les Albin, Jonathan, Suitbert

Soleil
lever : **7h32**
coucher : **18h34**

S'il pleut à la Saint-Aubin, tu économises un bain !

MÉTÉO DU MOIS

Mars, dieu de la guerre : à la sortie de l'hiver on pouvait lancer de nouvelles guerres !

Giboulées de mars, nom à particule. Les giboulées ne manquent pas de noblesse. « *Les giboulées de mars ne se perdent jamais.* » Ce dicton veut probablement nous avertir que l'averse de grêle arrive toujours au sol où elle fait de sérieux dégâts, même si chacun garde un secret espoir que le coup de vent qui l'accompagne va la perdre chez le voisin.

C'est arrivé le... 6 mars 2017

Zeus frappe la France de la Bretagne jusqu'à la Corse. La dixième tempête la plus sévère depuis les années 1980 envoie des rafales de 120 km/h. On enregistre un remarquable 144 km/h à Chambéry et un exceptionnel 193 km/h à Camaret.

REPÈRES CLIMATIQUES

Pour les météorologues, le printemps commence en mars. Il partage la France en deux : les gelées se font rares sur la façade Atlantique et dans le Sud, alors que l'hiver n'a pas dit son dernier mot dans l'Est au climat continental et sur les massifs montagneux. La température moyenne normale du mois est de 8,7 °C et les précipitations sont plutôt faibles (50 mm de moyenne). Parmi les vagues de froid mémorables, celle de 1971 reste dans les annales : le 5 mars, la neige recouvre le sud de la France (13 cm à Ajaccio, 15 à Antibes et 25 à Cannes) et le mercure plonge le lendemain (-6 °C à La Rochelle, -11 °C à Beauvais, -14 °C à Besançon). En 2005, on atteint des valeurs historiques à Poitiers (-13 °C), Nancy (-15 °C), Épinal (-18 °C) et jusqu'à -25 °C à Morteau dans le Doubs. A contrario, le mois de mars 2017 a été le plus chaud depuis 1900 avec une moyenne de 11 °C. À Pau, le 25 mars 1955, on sortait les parasols et on quittait les manteaux avec 31 °C sous abri l'après-midi et des valeurs supérieures à 25 °C sur la côte basque.

Qu'est-ce qu'une dépression ?

Dépression n'est pas perturbation. Quoi que.... Elles sont si souvent associées. La dépression est le contenant, la perturbation le contenu. Qu'importe le flacon, pourvu que l'on ait l'ivresse. Une dépression sans perturbation passe inaperçue ou ne se repère qu'au baromètre.

La dépression est tout à l'opposé de l'anticyclone, mais l'un n'existerait pas sans l'autre. Ils sont le Yin et le Yang de l'atmosphère. L'anticyclone serait du côté du Yang avec positivité, soleil, extériorité, masculinité (un anticyclone) tandis que la dépression serait du côté du Yin avec négativité, ombre, intériorité, féminité (une dépression). Non Mesdames, n'y voyez aucune arrogance, ici la négativité est aussi louable que la positivité. Comme dans le Yin et le Yang, chaque caractéristique possède sa complémentarité dont elle est dépendante.

Mardi 2 mars

Saint Charles le Bon – On fête aussi les Charlton, Chad, Jaoua

Au début ou à la fin, mars lâche son venin.

1-2-3-1-2-3-1-2-3

JAMAIS DEUX SANS TROIS

Danser sur un pas de deux

Depuis la nuit des temps, les ballets sont rythmés par l'harmonie des pas des danseurs. Leurs mouvements s'accordent au son de la musique et tout semble naturel dans la mécanique qui les réunit. Cette expression renvoie donc à la relation de connivence entre deux personnes, à l'instar des danseurs qui s'entendent sur les mouvements sans se parler.

1-2-3-1-2-3-1-2-3

Au secours… de l'impossible

Naviguer dans un sous-marin est certainement déjà intimidant. Mais rester coincé dans un sous-marin qui ne peut remonter à la surface, voilà qui doit être terriblement angoissant ! C'est ce qui est arrivé à sept sous-mariniers russes à bord de l'AS-28 Priz, au large des côtes extrême-orientales russes. Le sous-marin, bloqué par des câbles sous-marins, ne pouvait plus bouger ni remonter. Plusieurs jours passèrent sans que les bateaux envoyés par la Russie ne puissent rien faire. Il fallut l'intervention de sous-marins télécommandés envoyés par la Grande-Bretagne pour découper les câbles et libérer le sous-marin prisonnier. Juste à temps, car les réserves d'oxygène et de vivres à bord étaient presque épuisées…

CHERS DISPARUS

L'ail sauvage

Cultivé pour son usage culinaire, l'ail est présent partout sous différentes couleurs, formes et variétés, certaines ayant même obtenu une AOP comme l'ail de Cadours (Haute-Garonne) depuis 2017. Pourtant, celui que nous consommons aujourd'hui est très éloigné de la plante dont il est issu à l'origine. En effet, l'ail sauvage a officiellement disparu de la planète !

L'ACTU

Alerte au bébé (dans l'avion)

Selon divers sondages, le bébé est dans le trio de tête des pires voisins d'avion, avec les personnes qui sentent mauvais et celles qui sont alcoolisées. Ses inévitables pleurs finissent forcément par exaspérer les passagers. Japan Airlines vient justement de mettre en service un système de localisation des nourrissons au moment de la réservation. Les enfants âgés de 8 jours à 2 ans sont identifiés sur le plan de l'avion grâce à un pictogramme. Plutôt bien accueilli par les clients, le dispositif est avant tout destiné au confort des personnes voyageant en avion au quotidien, à savoir les hommes et les femmes d'affaires. Mais la compagnie nippone l'assure : elle bichonne aussi les jeunes parents et leurs petits en leur offrant embarquement prioritaire, eau chaude pour les biberons, installations pour changer les couches à bord, poussettes enregistrées en bagage gratuit… et surtout, la garantie d'être placé à côté d'une personne tolérante. Ou qui a eu la malchance de réserver en dernier ?

Saint Guénolé – On fête aussi les Cunégonde, Gerwin, Dylan

Soleil
lever : **7 h 28**
coucher : **18 h 37**

Je regarde la carte des vins pour éviter les bouchons. Raymond Devos

Nos Régions

Nouvelle-Aquitaine

Dordogne/Périgueux

L'alimentation en eau de toute la ville de Périgueux et de quelques communes avoisinantes est fournie par une résurgence mystérieuse connue depuis la nuit des temps sous le nom de « source de l'abîme ». Il en sort en moyenne 35 000 m³ d'eau par jour, soit 300 à 950 litres par seconde ! L'histoire rapporte qu'elle s'est tarie trois fois pour seulement une journée, en 1870, 1922 et 2005. Comme l'eau provient de cavités souterraines, il est possible que ces « pannes » aient été dues à des éboulements vite débouchés par la pression.

CINÉMA

La Grande Vadrouille

Gérard Oury avait déjà réuni Louis de Funès et Bourvil dans *Le Corniaud*, mais en 1966, il crée un duo intemporel, dans *La Grande Vadrouille* qui restera pendant 40 ans le plus grand succès cinématographique en France. Le scénario a tout pour plaire : en pleine occupation nazie, deux Français – l'un est aussi doux et naïf que l'autre est anxieux et agité – vont se retrouver à devoir aider malgré eux des soldats anglais à passer en zone libre. Une aventure rocambolesque menée tambour battant !

Éric Assé
Fleuriste

Lundi à samedi 08:00-19:30
dimanche 08:00-12:00

Solution : Éric Assé (Éricacée)

RECETTE

Riz au saumon, petits pois et lait de coco

Pour 6 pers. — 20 min de préparation — 20 min de cuisson

500 g de riz thaï ou basmati
250 g de saumon fumé
100 g de petits pois
25 cl de lait de coco
2 tiges de citronnelle
1 morceau de gingembre
Sauce soja

Faites cuire le riz 1 min de moins que le temps indiqué sur le paquet (10 min environ).
Faites bouillir une casserole d'eau et blanchissez les petits pois ; gardez-les croquants.
Coupez le saumon en petits morceaux. Taillez la citronnelle en petits tronçons. Râpez le gingembre.
Dans une sauteuse, réunissez le riz, les petits pois, le saumon, la citronnelle et le gingembre. Versez le lait de coco et un peu de sauce soja. Laissez réchauffer 1 min puis servez sans attendre.

Conseils : privilégiez toujours le saumon d'élevage biologique (le saumon sauvage contient souvent des métaux lourds). Pour une version plus économique mais tout aussi savoureuse, utilisez de la truite fumée. Ne salez pas le riz, la sauce soja l'est déjà suffisamment.

Jeudi **4 mars**

Saint Casimir – On fête aussi les Casimo, Roméo

À la Saint-Casimir, sors ton cachemire !

L'humanité en chiffres

102

C'est le nombre de personnes qui meurent chaque minute sur Terre. Au total, cela fait 150 000 par jour, et 55 millions par an. Rapportez ça à l'arrivée d'*Homo Sapiens* sur notre planète, et vous obtiendrez un nombre absolument hallucinant !

3.1415926

Collectionnite aigüe

Une collection complètement marteau ! Difficile de couper au jeu de mots lorsqu'on découvre l'étrange manie qui anime le Breton Bernard Lefèvre : en effet, depuis une quinzaine d'années, celui-ci est marcuphiliste, autrement dit il collectionne… les marteaux. « L'origine du nom Lefèvre, c'est l'homme qui travaille le métal et puis, le marteau, c'est le roi des outils, le plus ancien aussi », explique le plombier à la retraite pour justifier sa passion. Aujourd'hui, il possède près de 3 000 maillets, masses, mailloches et autres outils à percussion utilisés par des ébénistes ou des charpentiers, des carriers ou des ornemanistes, des forgerons ou des chaudronniers. Toutes ses pièces sont soigneusement étiquetées et classées : « Plus de quatre-vingts métiers sont représentés dans mon petit musée ! » Utilisé par les maquettistes, son plus petit marteau pèse à peine 40 g. Celui d'un paveur des années 1930, le plus lourd de sa collection, dépasse les 5,5 kg.

WWW.

Le NET pas BÊTE

Qui ne s'est jamais trouvé avec une touche de clavier qui ne répond plus ? Plutôt que de racheter un clavier entier, vous pouvez désormais remplacer la seule pièce défectueuse grâce au site touchedeclavier.com. Cette boutique en ligne vend des touches au détail qui proviennent du recyclage de claviers hors d'usage. Économique et écologique !

Théories du complot

Les extraterrestres

Si certaines théories du complot dérivent très légèrement de la réalité en exagérant juste un petit peu afin de rester crédibles, d'autres, en revanche, n'ont pas peur de partir loin. Très loin. L'une d'elles affirme deux choses. Premièrement, des extraterrestres auraient construit les pyramides d'Égypte et auraient profité de l'ouvrage pour dissimuler des armes parfaitement secrètes et ravageuses. Ensuite, Adolf Hitler, un envoyé extraterrestre d'une civilisation ennemie, aurait mené sa guerre dans un seul but : cacher aux yeux du monde ses recherches des armes en question. Selon cette théorie, sa véritable intention n'était autre que de prendre le contrôle de cette technologie. Une fois son objectif atteint, il aurait simulé la défaite et sa mort, avant de retourner sur sa planète. Ah oui, quand même !

Vendredi **5 mars**

Sainte Olive – On fête aussi les Olivia, Gérasime

Soleil
lever : **7h24**
coucher : **18h40**

À la Sainte-Olive, reste donc au lit !

NOTTO DICO

BATMAN, n. pr.
Excentrique milliardaire sado-maso qui se travestit la nuit en chauve-souris pour donner des coups et en prendre.

BIÈRE, n. f.
Boisson alcoolisée issue de la ferme tentation du houblon.

BIOGRAPHIE, n. f.
Tissu de mensonges, d'approximations et d'oublis malencontreux.

BISCORNU, adj.
Cocu deux fois.

BLEU, n. m.
Couleur qui se schtroumpfe entre le jaune et le vert.

AVEZ-VOUS LE FORMULAIRE ?

Lorsqu'un ressortissant d'un pays étranger veut se rendre en Australie, il doit avant toute chose faire une demande de visa, via un processus assez fastidieux, et répondre à tout un tas de questions. Dans certains cas, on demande, entre autres rubriques tout à fait ordinaires, si le demandeur du visa « a été dans une ferme dans les six derniers mois ». Une façon de savoir qui envoyer traire les vaches en cas de pénurie ?

Rétro Vermot

**« Un de mes ancêtres s'est battu avec Napoléon !
– Ah bon, et à quel sujet ? »**

DICTION : RÉPÉTEZ APRÈS MOI !

Tas de riz et tas de rats

Tas de riz tentant. Tas de rats tentés. Tas de riz tentant tenta tas de rats tentés. Tas de rats tentés tâta tas de riz tentant. Chat vit rat, rat tenta chat, chat mit patte à rat, rat brûla patte à chat. Chat vit rôt. Rôt plut à chat. Chat mit patte à rôt. Rôt brûla patte à chat. Chat retira patte et quitta rôt. Chat vit rôt, rôt tenta chat, chat mit patte à rôt, rôt brûla patte à chat, chat quitta rôt. Rat vit rôt, rôt tenta rat, rat mit patte à rôt, rôt brûla patte à rat, rat secoua patte et quitta rôt.

MONDE DE LA MER

Le Spi Ouest-France

C'est une course connue des seuls amateurs et pourtant, elle mérite qu'on s'y attarde ! Du 1er au 5 avril prochain se déroulera à La Trinité-sur-Mer le 43e Spi Ouest-France : une institution dans la voile avec plus de 400 voiliers qui régatent sur le magnifique plan d'eau de la baie de Quiberon. Le « Spi », comme le nomment les initiés, organisé par le plus grand quotidien francophone au monde (*Ouest-France*) en partenariat avec la Société nautique de La Trinité, est tout simplement la plus grande épreuve de voile française en nombre de participants. Lorsque la météo le permet, plus de 150 régates sont lancées sur quatre jours permettant ainsi à plus de 2 500 professionnels et amateurs de régater en toute sécurité. Le Spi est à la voile ce que le Marathon de Paris est à la course à pied.

Samedi 6 mars

Soleil
lever : **7 h 22**
coucher : **18 h 42**

Sainte Colette – On fête aussi les Fridolin, Chrodegang

À la Sainte-Colette, cueille la violette !

LA GAFFE DE L'HISTOIRE

Noir et blanc

Joe Biden était, selon de nombreux observateurs, le roi de la gaffe. Celui qui a été vice-président des États-Unis de 2009 à 2017 a confondu Theresa May avec Margaret Thatcher et, lors d'un discours dans l'Iowa, il a osé dire : « Les enfants pauvres sont aussi intelligents que les enfants blancs », précisant plus tard qu'il voulait employer l'adjectif « riches ».

Étymologie

Quand mars était le premier mois de l'année

Notre troisième mois de l'année, mars, porte un nom qui vient du latin *martius (mensis)*, littéralement « (mois) du dieu Mars ». Mars, connu sous le nom d'Arès chez les Grecs, était le dieu de la Guerre. Dans l'ancien calendrier romain, mars était le premier mois de l'année. Après les mois d'hiver et avec l'arrivée des beaux jours, les campagnes guerrières reprenaient et il fallait s'attirer les faveurs de Mars pour remporter les batailles. C'est pourquoi ce premier mois lui était dédié.

L'ACTU

Alerte au bébé (sur Mars)

Si tout va bien, en ce mois de mars 2021, scrutez ferme les cieux et, surtout, tendez bien l'oreille ! Avec beaucoup de chance, vous entendrez le son choisi par l'agence spatiale européenne pour être émis depuis le sol martien par son rover Rosalind Franklin. Parmi les douze enregistrements embarqués à son bord figurent les paroles d'enfants colombiens, le chant d'un oiseau à Hong Kong, l'ambiance sonore dans un parc norvégien, quelques mots des élèves d'un lycée à Épinal ou encore le rire d'un bébé. Pour la petite histoire, le père du bébé hilare a d'abord cru à un canular, comme il en existe tant sur Internet, en recevant l'annonce du concours dans sa boîte mail. Puis il s'est aperçu que la proposition émanait de l'Académie des sciences de Prague et d'une revue scientifique tchèque, en lien avec l'agence spatiale européenne. Il a donc expédié un fichier audio de son enfant et le rire de Tom a gagné son voyage vers Mars.

PROBLÈMES DE MATHS DU CERTIFICAT D'ÉTUDES

Pour fabriquer un coffre, j'utilise 9,50 F de bois, 12,40 F de contreplaqué, deux charnières à 0,85 F l'une, 15 vis à 0,30 F les 10 et pour 8,50 F de fournitures diverses. Pour peindre le coffre une fois construit, j'emploie 0,750 kg de peinture à 8,40 F le kilo.

Question 1 : À combien me revient le coffre ainsi fabriqué ?
Question 2 : Sachant que j'aurais pu acheter un coffre similaire tout fait pour 55,65 F, combien ai-je économisé ?

1) Prix de revient : 38,85 F
2) Économie réalisée : 16,80 F

Fête des Grands-Mères

Mars radieux, Mamie pète le feu !

Rétro Vermot

Le maître à l'élève :
« Encore une figure mal lavée. Toi, on peut dire tout de suite ce que tu as mangé ce matin pour ton petit déjeuner : du chocolat.
– Vous vous trompez, M'sieur, c'était hier. »

Compiler les Perles

Excuses

Qui l'a dit ? Un professeur aussi honnête qu'usé par le temps et les corrections de copies hasardeuses à la suite de une tache malencontreusement faite sur une copie. La perle : « Je te fais toutes mes excuses pour cette tache : je puise toujours mes forces pour lire vos âneries dans une bonne tasse de thé, et celle-ci m'a glissé des mains. Je t'ajoute 0,5 point pour me faire pardonner. » Voilà qui a le mérite d'être très (trop ?) honnête !

Vino populum

Valençay

D'accord, le fromage de chèvre s'impose quand on ouvre une bouteille de ce vin de Touraine, mais pas que ! Soyez inventifs ! Et sachez qu'il n'y a pas que du blanc. Rouges et rosés sont aussi bien en verve dans le registre des fruits rouges. Gamay, cabernets, côt et pinot noir jouent leur partition. Ce blanc porte la marque du sauvignon dans ses arômes de feuille de cassis et de genêt comme dans sa vivacité, ainsi que celle du chardonnay.

GRANDS MOMENTS DU CYCLISME

Les moments les plus incroyables du cyclisme sont souvent ceux qui ont trait à une performance exceptionnelle inattendue ou à une défaillance du même type. Mais ce sont parfois les moments cocasses qui s'inscrivent dans l'histoire du sport. Comme par exemple cette arrivée de la quinzième étape du Tour de France, le 18 juillet 1972, au mont Revard. L'arrivée se joue au sprint entre deux coureurs, Eddy Merckx, dit « le Cannibale », et un autre coureur français, Cyrille Guimard. Au terme d'un effort phénoménal, les deux coureurs passent la ligne et Merckx lève instantanément les bras, sûr de sa victoire. Malheureusement pour lui, c'est bien Guimard qui a passé la ligne en premier, et le Cannibale doit lui laisser la première marche du podium. Il ne faut pas vendre la peau de l'ours…

Soleil
lever : **7h18**
coucher : **18h45**

Lundi **8 mars**

Saint Jean de Dieu – On fête aussi les Humphrey, Ryan, Pons

Mars terreux, mari vigoureux !

Journée de la femme

Métiers insolites

Excuseur de chantier

Le Japon a la réputation d'être le pays de l'empathie et de la politesse. Comment faire alors, quand une entreprise de travaux publics japonaise doit effectuer des travaux bruyants qui dérangent le voisinage ? Rien de plus simple : elle embauche un excuseur de chantier, dont le métier consiste très simplement à demander pardon aux passants et aux riverains pour les dérangements sonores et visuels occasionnés par le chantier. « Bonjour Madame, pardon, bonjour Monsieur, pardon… »

MUSIQUE

Ici musiciens en lutte !

La symphonie n°45 de Haydn ne s'appelle pas *Les Adieux* pour rien. En 1772, le compositeur et ses musiciens sont retenus par leur protecteur le prince Esterházy dans son lointain palais d'été à Fertöd, en Hongrie. D'où l'idée de cette symphonie, véritable action militante, où tous les musiciens quittent la scène les uns après les autres, laissant le public seul devant une scène vide. Le message est clair : « C'est sympa, Fertöd, mais maintenant on voudrait bien rentrer chez nous. »

SUDOKU

1 2 3
3 1
1

					7			4
5		4			1			
2			9			3		
						4		
8		2			6			
			1	9	5			8
						5	8	1
9	7				4		6	
				2				

Solution page 88

LE CHIFFRE

90

C'est le pourcentage de médecins généralistes qui « ont reçu au moins un cadeau » de la part de laboratoires pharmaceutiques ces dernières années en France. Ce résultat apparaît dans une étude parue dans le *British Medical Journal* (BMJ). Ses auteurs, des chercheurs, ingénieurs et médecins du CHU de Rennes, ont croisé les prescriptions de 41 000 médecins libéraux avec les données du portail Transparence Santé, sur lequel tous les professionnels doivent déclarer leurs liens d'intérêt avec des entreprises du secteur. L'étude montre que les généralistes qui reçoivent le plus de « cadeaux » ont tendance à faire « des prescriptions plus chères et de moindre qualité ». À l'inverse, les médecins n'ayant rien accepté sont en moyenne « associés à de meilleurs indicateurs établis par l'Assurance Maladie quant à l'efficacité de leurs prescriptions, et celles-ci coûtent globalement moins cher. » Chaque année, les firmes pharmaceutiques dépensent près d'un quart de leur chiffre d'affaires – qui atteint près de 1 000 milliard d'euros au niveau mondial – pour promouvoir leurs médicaments.

Mardi 9 mars

Sainte Françoise – On fête aussi les Fanny, Alvère, Botolf

Soleil
lever : **7h16**
coucher : **18h46**

À la Sainte-Françoise, pour les gonzes, tout gaze !

MOTS FLÉCHÉS

CHER-CHERAI CEEEGIN-ORR		PAILLE-TES AELNRUU		DDOU AGIS		NIA CMOPTU		FIGER		TEP		AEHINNTX
										XE ABCEH-NOOR		
CALENDO HILMTUU								OTAI EEEGR-RTUV				
							ERV EI				VAIR	
REES BRTU					PROFITE EMSS							
				MURE SPIRE					ABH RIO			
PLACET RACHIS							VAGIR					
						LIONNE EEHIPPTY						
FIK		ISSE FENIL					CIT				AAELM-NORS	
			MRU		PUE EENO-ORRT				AH AIIR			TRESSAIT
ULVE	RIMEE PEINDRA						TENIR AT					
				PORTE DATER						SO		
AINHARP IGN								ARUA EX				
			DYE CHTU				IX TOUR			RM LOBS		
CETE-RACH		COTRET ICO							BIA CIR			
								CLOS NU				
OUTRE DITE						ROTULE						
				EEIN-RSSU								

Dans cette grille,
les mots déclencheurs sont des anagrammes.

SOLUTION PAGE 89

Mercredi **10 mars**

Saint Vivien – On fête aussi les Simplice

Je suis plus intéressé par le vin d'ici que par l'eau de là. Francis Blanche

Ha! Ha! Ha!

Pourquoi ai-je divorcé ? La semaine dernière, c'était mon anniversaire. Ma femme ne m'a pas souhaité un joyeux anniversaire. Mes parents ont oublié et mes enfants aussi. Aucun de mes amis ne m'a téléphoné. En arrivant au travail, aucun de mes collègues ne m'a souhaité un joyeux anniversaire. Mais en entrant dans mon bureau, ma jeune secrétaire m'a lancé « Joyeux anniversaire, patron ! ». Je me suis senti vraiment heureux. Elle m'a proposé d'aller déjeuner ensemble. J'étais enchanté, car en plus elle est vraiment très jolie. Après le repas, elle m'a invité à l'accompagner chez elle. Nous y sommes allés et, après m'avoir demandé de me mettre à l'aise, elle m'a dit : « Ça vous gêne si je vais dans la chambre un instant ? » J'ai bien sûr répondu qu'il n'y avait aucun problème. Elle est revenue cinq minutes plus tard avec un gâteau d'anniversaire, ma femme, mes parents, mes enfants, mes amis et mes collègues criant tous « SURPRISE ! » pendant que j'attendais sur le canapé… tout nu.

Pièges de l'ortografe (h / ph)

Il y a un os

Quelle est la particularité du mot « os » entre son singulier et son pluriel ? C'est un des rares noms de la langue française (le seul ?) à s'écrire de la même façon mais à se prononcer de manière différente ! En effet, il convient de dire « je suis tombé sur un os » en faisant sonner le « s » final alors qu'il est muet au pluriel, comme dans l'expression « n'avoir que la peau et les os ».

NOTTO DICO

BOUILLOIRE, n. f.
Récipient à bec au tempérament chaud-bouillant.

BOULANGER, n. m. et v.
Terme désignant à la fois le métier et le verbe du 1er groupe pratiqué par le premier.

BOVIN, n. m.
Synonyme de Français.

BRAVISSIMO, interj.
Bravo en mode fortissimo.

BRUSHING, n. m.
Coupe de cheveux effet coup de vent permanent.

Au Jardin

Consoude

La consoude occupe une place particulière dans les jardins bio, ainsi que dans le cœur des jardiniers. Pourquoi ? D'abord c'est une belle plante, qui forme une grosse touffe de larges feuilles d'un vert soutenu et qui donne même des fleurs. Mais surtout la consoude est un engrais naturel exceptionnel, grâce à de sa haute teneur en potasse. Elle favorise le grossissement et le mûrissement des fruits, elle est donc précieuse au verger comme au potager, notamment pour la tomate. On l'utilise en général sous forme de purin, mais on peut aussi enterrer superficiellement les feuilles séchées aux pieds des plantes cultivées, comme du compost. La variété bocking 14 est la plus riche en potasse et ne produit pas de graines, ce qui évite l'envahissement, fréquent avec la consoude officinale.

Jeudi **11 mars**

Sainte Rosine – On fête aussi les Théodora, Sophrone

Soleil
lever : **7h12**
coucher : **18h49**

À la Sainte-Rosine, embrasse ta copine !

HEUREUX MARIAGES

De jolis mariages

Le 20 juillet 1812, le maire d'Airaines, dans la Somme, a célébré un joli mariage, celui de Pierre Beauvisage avec Scolastique Bellegueule. La photographie n'existant pas à l'époque, il n'y a pas de preuve visuelle pour nous dire si leurs patronymes étaient bien portés… comme lorsque Louis Lebeau épousa Sidonie Villaine le 4 novembre 1890 à Fontenouilles (Yonne).

LES GARDIENS DE PRISON MÉCONTENTS

ILS ONT DIT

« Dieu a inventé la calvitie pour rendre les hommes plus humbles. »

Bruce Willis

Fils et filles de…

En français, on dit « tel père, tel fils » ou encore « les chiens ne font pas des chats ». En anglais, on préfère dire que la pomme ne tombe jamais très loin de l'arbre (*the apple doesn't fall far from the tree*), et quand le pommier est l'un des pires dictateurs du Moyen-Orient, la pomme a de grandes chances d'être déjà pourrie en tombant de la branche ! Oudaï Hussein, fils du tristement célèbre Saddam, était un personnage dérangé avec un sordide goût pour la torture. Quand il fut nommé par papa à la tête du comité olympique irakien, on raconte qu'il n'a pas hésité à torturer, voire à carrément « faire disparaître » des athlètes dont les performances n'étaient pas à la hauteur, selon lui.

LUTTES ET HÉROS POPULAIRES

JACQUES HÉBERT

La Révolution française, pour peu que l'on s'y intéresse, fourmille de héros anonymes et célèbres, aux actions tout aussi fortes et marquantes que celles des chefs de file révolutionnaires que l'on connaît tous. Jacques Hébert est de ceux-là : journaliste et patron du très familier *Père Duchesne*, il a joué un rôle central dans la lutte contre le roi et les Girondins. C'est l'un des premiers à avoir proposé un programme de séparation de la religion et du pouvoir, ainsi que plusieurs programmes sociaux innovants. Un peu trop extrême aux yeux de Robespierre, ce dernier le fera guillotiner le 24 mars 1794. Sympa, le collègue républicain !

Solution sudoku [p. 85]

1	3	8	2	5	7	6	9	4
5	9	4	6	3	1	8	7	2
2	6	7	9	4	8	3	1	5
7	1	9	3	8	2	4	5	6
8	5	2	4	7	6	1	3	9
3	4	6	1	9	5	7	2	8
4	2	3	7	6	9	5	8	1
9	7	5	8	1	4	2	6	3
6	8	1	5	2	3	9	4	7

Soleil
lever : **7h10**
coucher : **18h51**

Vendredi **12 mars**

Sainte Justine – On fête aussi les Maximilien, Finette, Pol

Grosses pluies de mars, de l'eau plein les godasses !

Correspondance (très) intime...

« J'en atteste le ciel, je ne crois pas que, tant que je resterai en Lombardie, le rut me reprenne. » Cette chaste promesse clôt une lettre adressée à Luigi Guicciardini de Mantoue par le père de la philosophie politique : Machiavel. Dans sa missive, le futur auteur du Prince relate l'une de ses mésaventures survenue en décembre 1509 à Vérone. Alors qu'il est « aveuglé par les frustrations du mariage », Machiavel atterrit dans une arrière-boutique obscure. Dans le noir, une femme lui est offerte. Après un rapport furtif, l'illustre Florentin découvre sa partenaire à la lumière : « Je manquai de tomber raide mort tant cette femme était laide. » La suite de son récit est à la fois savoureuse et dérangeante : il décrit en effet par le détail un véritable monstre sur lequel il finit par... vomir avant de s'enfuir !

ILS ONT DIT

« Il y a des moments dans la vie où il faut être économe de son mépris vu le grand nombre de nécessiteux. »

François-René de Chateaubriand

Solution mots fléchés [p. 86]

	R		P		D		A		G		P	
R	E	N	E	G	O	C	I	E	R		E	X
	C	E	L	A	D	O	N		I	O	T	A
T	H	U	L	I	U	M		V	E	R		N
	E	R	E	S		P	I	E	F	O	R	T
B	R	U	T		M	U	E	R		B	A	H
	C	L	A	P	E	T		G	R	A	V	I
C	H	A	I	R	S		L	E	O	N	I	N
	A		S	I	S	E		T	I	C		E
K	I	F		S		P	E	U		H	A	
		E	M	E	R	I		R	I	E	N	T
V	E	L	U		O	P	T	E	R		O	S
	P	I	R	A	N	H	A		A	U	R	A
G	I	N		D	E	Y		X	I		M	R
	N		C	R	O	T	T	E		B	A	I
C	A	C	H	E	T	E	R		C	O	L	S
	R	O	U	T	E		O	U	R	L	E	T
E	D	I	T		R	E	U	N	I	S	S	E

L'ACTU

Canon à saumon

Utilisé dans les hôpitaux, notamment pour envoyer des prélèvements sanguins au laboratoire – 14 km de tubes à l'hôpital Cochin ! –, mais également dans certaines entreprises pour transporter échantillons et documents, dans des banques ou des supermarchés pour faire circuler l'argent, et même dans des aéroports comme celui de Denver, aux États-Unis, le bon vieux tube pneumatique a encore de l'avenir. Cette fois, ce sont des saumons vivants qui sont expédiés ! Mis au point par une entreprise américaine, ce « fish tube » permet aux poissons migrateurs de franchir les obstacles, notamment les barrages. Comme autrefois les « petits bleus » de la Poste pneumatique de Paris, les poissons voyagent à l'intérieur d'un long tuyau grâce à la différence de pression. Les saumons sont propulsés à 35 km/h pendant un trajet qui doit durer moins de 30 secondes. À l'intérieur du tube, des brumisateurs les aident à respirer. Selon ses initiateurs, ce système pourrait remplacer de nombreuses passes à poisson qui s'avèrent inefficaces.

PROBLÈMES DE MATHS DU CERTIFICAT D'ÉTUDES

Un retraité décide d'élever un porc gras acheté 125 F. L'animal a mangé 700 kg de pommes de terre à 25 F le quintal, 800 kg de chou à 12 F le quintal, 240 kg de farine à 0,40 F le kilo et 150 kg de son à 7 F le sac de 50 kg.

Question 1 : À combien revient en tout l'élevage du porc gras pour le retraité ?
Question 2 : À l'abattage, le porc pèse 160 kg et donne 85 % de son poids total en viande. Quel est le prix de revient d'un kilogramme de viande de ce porc ?
Question 3 : Dans le commerce, la viande de porc vaut en moyenne 5,50 F le kilo. Quelle est l'économie totale faite par notre retraité en élevant un porc ?

1) Prix de revient total : 513 F.
2) Prix d'un kilo de viande : 3,77 F.
3) Économie totale réalisée : 235 F.

Samedi 13 mars

Saint Rodrigue – On fête aussi les Rodéric, Ruya

Soleil
lever : 7h07
coucher : 18h52

À la Saint-Rodrigue, essaie d'avoir du cœur !

Ça s'est passé

Printemps 1921

La première des trois grandes famines que connaîtra l'État soviétique démarre. En un an, elle cause la mort de plus d'un million de personnes dans les régions du nord de la mer Caspienne.

ILS ONT DIT

« Théorème du pistonné : tout protégé de la direction plongé dans une entreprise subit une poussée de bas en haut au moins égale au volume d'incompétence déplacé. »

Bruno Masure

Rébus

bande LETTRIQUE
Pièces de théâtre françaises

TF1
CNN
Rai 1
BBC One ←
Al Jazeera

Une chaîne anglaise, Eugène Labiche

Pêche

L'ouverture est une fête

En ce samedi de la mi-mars, Monsieur quitte le domicile alors que le jour n'est pas encore levé. La veille, il a préparé ses cannes, monté des hameçons, recherché des appâts, regroupé ses leurres. Comme lui, ils sont près d'un million à procéder ainsi, et aujourd'hui, ils n'ont qu'une idée en tête : leur rendez-vous avec la truite, la fario blonde et l'arc-en-ciel à la robe irisée. C'est l'ouverture ! Et toutes les méthodes sont bonnes : au toc dans les eaux vives, à la coulée aux appâts naturels, au lancer, plus rarement à la mouche. La première prise procure toujours une émotion forte. Les truites finissent dans le panier, sur un lit d'herbes, jusqu'à atteindre le quota. Fourbu, le pêcheur rentre heureux de sa journée, de sa communion avec la truite et la nature.

MNÉMOTECHNIQUE

Une histoire de chapeau

Il suffit d'assimiler l'accent circonflexe à un chapeau et d'apprendre ces phrases pour retenir les mots qui prennent un accent et ceux qui en sont dépourvus.

- **Le chapeau de la cime est tombé dans l'abîme.**
- **Le chapeau du boiteux est tombé dans la boîte.**
- **Chapeau pour la tâche accomplie, mais pas chapeau pour la tache sur le vêtement !**
- **Le bateau coulerait avec un chapeau, donc n'en mettez pas. Un gâteau est plus joliment décoré avec un chapeau, donc il lui en faut un !**

Soleil
lever : **7h05**
coucher : **18h54**

Dimanche **14 mars**

Sainte Mathilde – On fête aussi les Mahaut, Maud, Matilda

Mars en froidure, dur, dur !

NOMS D'OISEAUX !

Linotte

On peut être tête de piaf, tête de moineau ou tête en l'air (ce qui renvoie à tous les oiseaux), mais tête de linotte a davantage la cote ! Ce petit oiseau ocre au bec court de granivore doit son nom à son goût pour les graines de lin. D'où lui vient alors cette réputation d'étourdi ? Serait-ce parce qu'il a une cervelle d'oiseau ? On dit que c'est plutôt parce qu'il construit son nid sans le dissimuler, à la vue de tous, pour le plus grand plaisir des prédateurs. L'expression ne date pas d'hier. Ainsi Mme de Sévigné évoque « M. de Saint-Malo, linotte mitrée, âgé de soixante ans ».

ILS ONT DIT

« Il ne faut jamais gifler un sourd. Il perd la moitié du plaisir. Il sent la gifle, mais ne l'entend pas. »

Courteline

R.I.P. Histoires paranormales

Son revenant

Célèbre actrice du XVIIIe siècle, Mademoiselle Clairon raconte dans ses *Mémoires* qu'elle dut un jour éconduire un amant importun. Tombé dans la misère et la maladie, cet amant mourut et la Clairon ne put lui rendre visite sur son lit de mort, comme il le désirait. Or, juste après son décès, l'actrice fut harcelée chaque soir par des cris stridents d'origine inconnue, poussés sous ses fenêtres. Ensuite ce furent comme des coups de feu contre sa croisée, puis des claquements de mains et une *voix céleste* la poursuivant partout. Ces phénomènes cessèrent au bout de deux ans et demi, durée pendant laquelle l'actrice et son amant s'étaient fréquentés. Elle apprit que celui qu'elle appelait « mon revenant » avait proféré, mourant : « Je la poursuivrai autant après ma mort que je l'ai poursuivie pendant ma vie ! »

Métiers d'art

Depuis quelques mois, « l'Armoire de fer », le fameux coffre-fort monumental conçu pendant la Révolution, est enfin restauré ! Conservé aux Archives nationales, ce chef-d'œuvre d'ingénierie renferme plusieurs documents historiques comme le Serment du Jeu de Paume ou la dernière lettre de Louis XVI. Il a pu être réhabilité grâce à l'exceptionnel savoir-faire de l'Atelier d'Œuvres de Forge, basé à Hautefort en Dordogne. « Cette armoire n'avait jamais connu la moindre intervention. Notre travail consistait notamment à revoir les mécanismes des serrures des trois portes », explique Nicolas Henry, créateur de l'atelier. Spécialisés en serrurerie fine et ferronnerie d'art, lui et son équipe d'artisans-compagnons ont commencé il y a 25 ans par façonner des clefs, fermetures, garde-corps, rampes, portails et grilles pour des édifices publics prestigieux comme le palais du Luxembourg ou le château de Fontainebleau. Aujourd'hui, la majorité de leur clientèle est privée et le carnet de commandes est plein !

Lundi **15 mars**

Sainte Louise – On fête aussi les Lucrèce, Clément-Marie

Soleil
lever : **7h03**
coucher : **18h56**

La Sainte-Louise, le jour des grosses bises !

NOTTO DICO

BRUTALITÉ, n. f.
Amabilité policière.

BÛCHERON, n. m.
Hipster vintage.

BURQA, n. f.
Tente individuelle.

BUS, n. m.
C'est comme un car. Sauf qu'on a remplacé toutes les lettres.

BUTINER, v.
Laisser traîner son dard.

Rétro Vermot

Deux secrétaires bavardent entre elles :
« Mon patron, dit l'une, est complètement idiot. Hier, je lui apporte une lettre à signer et il me dit : « Mademoiselle, vous avez mis un "t" de trop à "salutations". » Eh bien, tu me croiras si tu voudras, mais il ne m'a même pas dit quel « t » était en trop ! »

La dictée du mois — Portrait de chien

Ce beau chien de chasse [...] était remarquable par sa longue taille, ses larges jarets velus, son museau éffilé comme celui d'un renard, et sa spirituelle phisyonomie toute hérissée de poils en désordre, au travers desquel deux grands yeux fauves brillaient comme deux topazes. Ces yeux de chien courants, si sanglants et si sombres dans l'ardeur de la chasse, avaient alors un sentiment de mélencolie et de tendresse indéfinissable ; et, lorsque le maître, objet de tout cette amour d'instinct, si supérieur parfois aux affections raisonnées de l'homme, promenaient ses doigts dans les soies argentées du beau griffon, les yeux de l'animal étincelaient de plaisir.

George Sand, Indiana, *1832.*

Solution : jarrets, effilé, physionomie, desquels, courant, mélancolie, cet amour, promenait

ÇA C'EST... Faits divers

Humour so irish

Au cours de l'été 2019, un couple de Français a été interpellé en Sardaigne pour vol de... sable. Alors qu'il s'apprêtait à quitter l'île en Ferry pour rejoindre Toulon, il a, par hasard, été contrôlé par les douanes. Surprise des gabelous quand il ont découvert près de 40 kilos de sable, répartis dans une quinzaine de bouteilles en plastique ! Les touristes avaient ramassé l'objet du délit sur les plages de Chia, célèbre localité touristique, au sud de la Sardaigne. Les vacanciers ont tenté d'expliquer qu'ils souhaitaient rapporter un souvenir de leur séjour. En vain : la police locale les a mis en examen pour « trafic international de biens d'utilité publique », le sable blanc local étant protégé. Des panneaux ont d'ailleurs été installés sur les plages pour décourager les voleurs et des vigiles surveillent le sable. Rappelons aux amateurs de souvenirs qu'en France aussi les prélèvements de sable sont réglementés et qu'ils sont considérés comme un délit si les quantités ramassées sont déraisonnables.

Mardi 16 mars

Sainte Bénédicte – On fête aussi les Eusébie, Héribert

Sur la planète Terre, ça plane en mars !

1-2-3-1-2-3-1-2-3

JAMAIS DEUX SANS TROIS

En deux temps, trois mouvements

L'expression vient du monde militaire où, pour être prêt à tirer, il faut trois mouvements (saisir le fusil, le monter au niveau de la ceinture puis le placer à l'épaule) réalisés en deux temps (la montée du fusil puis sa mise à l'horizontale). Le soldat doit apprendre à exécuter l'exercice de manière rapide et efficace, « en deux temps, trois mouvements ».

1-2-3-1-2-3-1-2-3

FOOTBALL

Disparu en 2009 à l'âge de 87 ans, Norman Windram était un fervent supporter de Manchester United, l'un des clubs les plus titrés de l'histoire ayant vu passer dans ses rangs certains des plus grands joueurs du monde. Mais Norman Windram n'a pas attendu que son club favori gagne des trophées à tour de bras pour venir l'encourager dans le stade d'Old Trafford. En 2002, il déclara n'avoir pas manqué un seul match à domicile de son équipe depuis… 1926, soit 1 800 matchs ! C'est ce qu'on appelle un vrai fan.

Métiers insolites

Senteur d'aisselles

Voilà un métier pour lequel il vaut mieux avoir l'estomac bien accroché ! En effet, pour juger de l'efficacité d'une nouvelle formule de déodorant avant sa mise sur le marché, les marques qui le fabriquent effectuent une batterie de tests et d'examens. Parmi eux on trouve le test olfactif, qui consiste à demander à des senteurs professionnels de renifler les aisselles de personnes portant le déodorant en question afin de juger de son efficacité. Ça peut piquer le nez…

L'ACTU

Idée en carton

En Inde, la triche aux examens est un sport national. Même les meilleurs élèves s'y adonnent, tant les places sont rares : chaque année, 10 millions de lycéens doivent se disputer à peine 600 000 places à l'université. À défaut de pouvoir garantir un accès à tous aux études supérieures, les établissements tentent d'adopter des mesures anti-triche, certains n'hésitant pas à faire passer les examens en slip à leurs étudiants. L'an passé, la direction de Baghat Pre-University College a innové : lors d'un partiel de chimie, les élèves ont dû se mettre un carton sur la tête. La boîte, ajourée au visage, devait les empêcher de copier sur leur voisin. Des photos de la salle d'examen ont très vite circulé sur Internet. Bientôt, des dizaines de milliers de parents et de jeunes se sont indignés de cette humiliation. « Une idée inhumaine », ont déploré à leur tour les autorités académiques. Les responsables de l'établissement ont immédiatement mis fin à cette pratique, tout en précisant que les principaux concernés avaient donné leur accord.

Mercredi **17 mars**

Saint Patrice – On fête aussi les Patrick, Pascalin

Soleil
lever : **6 h 59**
coucher : **18 h 59**

À la Saint-Patrick, cajole ta barrique !

HEUREUX MARIAGES

Souhaits et désirs

Quand on se marie, que peut-on espérer de mieux que d'épouser celui ou celle qu'on désire ? À Toulon, le 15 février 1896, les mariés ont été comblés puisque l'officier d'état civil a uni pour la vie Jules Mondésir avec Marie Clézia Mondésir. De même, le 4 juin 1862 à La Valla-en-Gier (Loire), Jean Souhait réalisa son rêve en épousant Catherine Souhait. Tous nos vœux aux époux.

Charade syllabique

Mon premier est l'autre nom de l'encens.
_ _ _ BAN

Mon deuxième est un ruminant des plateaux andins.
_ _ GOGNE

Mon troisième est un être himalayen.
_ _ TI

Mon quatrième est un aruspice.
_ _ VIN

Mon cinquième est une fête en plein air.
_ _ _ MESSE

Mon sixième récolte le sel.
_ _ _ NIER

Mon septième est un mort-vivant.
_ _ _ BIE

Mon tout est un navigateur français.

OLIVIER DE KERSAUSON (OLI – VI – YÉ – DE – KER – SAU – ZOM)

RECETTE

Tarte gourmande aux pommes

Pour 4 à 6 pers. 15 min de préparation 50 min de cuisson

1 pâte à tarte brisée prête à dérouler
8 pommes
120 g de poudre d'amandes
75 g de sucre cassonade
40 g de beurre salé

Pelez et épépinez 4 pommes. Coupez la chair en petits morceaux et placez-les dans une casserole avec le beurre salé. Laissez compoter à feu doux quelques minutes.
Préchauffez le four à 180 °C (th. 6). Déroulez la pâte et foncez un moule à tarte. Piquez la pâte avec une fourchette. Mélangez le sucre cassonade et la poudre d'amandes puis versez le tout sur le fond de tarte. Déposez ensuite la compotée par-dessus.
Pelez et épépinez le reste des pommes. Coupez-les en lamelles fines et disposez-les harmonieusement sur la compotée.
Enfournez pour 45 min de cuisson. Les lamelles de pommes doivent être bien dorées.

Variante : faites une tarte gourmande pommes-poires en utilisant 4 poires en compotée et 4 pommes en garniture… ou l'inverse !

MUSIQUE

Amen

Le compositeur Erik Satie était un sacré personnage, qui a signé des œuvres aux titres originaux : *Tapisserie en fer forgé, Trois morceaux en forme de poire, Sonatine bureaucratique*, etc. Mais ce n'est pas tout : fervent catholique, il a fondé sa propre église sobrement intitulée « L'église métropolitaine d'art du Jésus conducteur ». Il en fut le trésorier, le grand prêtre et… le seul fidèle. Pas de quoi émouvoir Dieu : Satie a fini sa vie seul et abandonné à seulement 59 ans.

Jeudi 18 mars

Saint Cyrille – On fête aussi les Salvatore, Léobard

En mars, l'averse te trempe les fesses.

Nos Régions

Provence-Alpes-Côte d'Azur

Hautes-Alpes/Andrieux

Au cœur de la vallée du Valgaudemar, dans les Hautes-Alpes, les habitants du hameau des Andrieux sont privés de soleil chaque année de novembre à février en raison de l'ombre portée par la montagne. Autrefois, une grande fête s'organisait lorsque le soleil revenait : dès l'aube, quatre bergers annonçaient son retour au son des fifres et des trompettes et chacun des habitants devait préparer une omelette. Le plus âgé d'entre eux, nommé « vénérable », réunissait ensuite toute la population, poêle en main, pour former une chaîne. Tout le monde dansait sur la musique des bergers jusqu'aux premiers rayons du soleil, puis on dégustait les omelettes.

L'humanité en chiffres

8 100 000

C'est le nombre complètement fou de voitures vendues aux États-Unis en une seule année. À titre de comparaison, quand Henry Ford développa sa méthode de construction à la chaîne, il vendait 1 700 voitures par an… Faut-il vraiment se demander d'où vient la pollution ?

3 . 1 4 1 5 9 2 6 5 3 5

Voitures célèbres

Ford Falcon

Lancée en 1959 pour concurrencer les Volvo et Volkswagen bon marché, la Ford Falcon a très vite connu un succès commercial autour du monde. Mais à partir des années 1970, elle est devenue le véhicule de prédilection des escadrons de la mort de la junte en Argentine, qui enlevaient les opposants au régime avant de les faire disparaître. Malgré cet épisode funeste, la Ford Falcon va retrouver des heures de gloire grâce au film *Mad Max* et sa monstrueuse version V8 Interceptor. L'histoire se déroule dans un univers post-apocalyptique où les nations se font la guerre pour les dernières gouttes de pétrole (qu'est-ce que la science-fiction n'irait pas inventer !), et Mel Gibson traque les malfaiteurs au volant de son fantastique bolide…

EMPLOI : ON N'EST PLUS DU GENRE À ACCEPTER N'IMPORTE QUOI !

CHAUD DEVANT !

OPA SUR LE GROENLAND

En août 2019, Donald Trump a proposé au Danemark de lui acheter le Groenland… sans succès. Il n'est pas le premier président américain à tenter le coup – Andrew Johnson en 1867, et Harry Truman en 1946. Pourquoi cette lubie des États-Unis ?Parce que le vaste territoire inuit recèle d'immenses richesses en sous-sol (hydrocarbures, or, terres rares…) ainsi que aussi sous la forme de réserves d'eau douce. Le changement climatique va en faciliter l'exploitation et ouvrir des routes maritimes. On comprend dès lors les enjeux stratégiques que représente le Groenland face à la concurrence de la Chine et de la Russie. Ce n'est plus la guerre froide, on mise désormais sur le réchauffement.

Vendredi 19 mars

Saint Joseph – On fête aussi les Joséphine, Quartille, Landoald

Soleil
lever : **6h55**
coucher : **19h02**

À la Saint-Joseph, gare au grand zef !

EXPRESSIONS IMAGÉES

Être dans la panade

N'en déplaise aux gastronomes du sud-est de la France, la « panade » est une soupe provençale de mauvaise qualité, très claire, seule nourriture à laquelle pouvaient accéder autrefois les plus pauvres. Quand on n'avait pas le sou, on était donc « dans la panade », ou « dans la mouise », ce dernier mot étant un synonyme argotique de la misère, apparu à la fin du XIXe siècle.

LE CHIFFRE

19

19 h 19 : c'est la durée exacte du plus long vol sans escale de l'histoire. La prouesse a été réalisée par la compagnie australienne Quantas pour effectuer le trajet Londres-Sidney, soit près de 17 000 km… Afin de limiter le poids de l'appareil pour embarquer suffisamment de kérosène (plus de cent tonnes !), seuls quelques privilégiés ont pu profiter de ce vol très long-courrier. Quatre pilotes se sont relayés aux commandes et des chercheurs étaient à bord pour étudier les passagers, notamment leur sommeil et leur alimentation. Des repas spécialement conçus, un éclairage adapté et quelques exercices physiques leur étaient d'ailleurs proposés pour les aider à mieux supporter le voyage et le décalage horaire. Réalisé avec un Boeing 787-9 Dreamliner, ce vol expérimental doit permettre à la compagnie aérienne de développer des lignes sans escales sur de très longs trajets. À ce jour, la liaison New York-Singapour reste le vol commercial direct le plus long : distantes d'un peu plus de 15 000 km, les deux villes sont reliées en 18 h.

Le bon mot de l'histoire

19 mars 1314 : « Pape Clément ! Roi Philippe ! Avant un an, je vous cite à paraître au tribunal de Dieu pour y recevoir votre juste châtiment ! Maudits ! Maudits ! »

Jacques de Molay

Selon la légende, ressuscitée par Maurice Druon dans ses *Rois maudits*, c'est sur le bûcher, à Paris, que le grand-maître de l'ordre du Temple, Jacques de Molay, aurait ainsi condamné à une mort prochaine le pape Clément V et Philippe IV dit le Bel. Véridique ou pas, la malédiction a traversé les siècles car le souverain pontife est décédé un mois plus tard et le « Roi de fer » en novembre de la même année.

LES ERREURS JUDICIAIRES TOP SECRET

Lorsqu'un jeune délinquant du nom d'Horsely confesse en 1977 à la police d'Alabama l'assassinat particulièrement violent et sordide d'une jeune fille de la région, on lui répond gentiment qu'on a déjà un coupable, merci, au revoir. Et peu importe si Horsely insiste et donne des détails sur le crime que seul le meurtrier peut connaître ! Car quelque temps plus tôt, sous la pression des policiers, un dénommé Brian Baldwin a déjà avoué avoir tué la jeune femme sans qu'aucun indice ne vienne corroborer la thèse de sa culpabilité. Pire, Baldwin était droitier alors que le crime avait été de manière évidente commis par un gaucher… Les deux hommes seront finalement condamnés à mort, bien qu'Horsely ait répété pendant tout le procès que le pauvre Baldwin n'était pour rien dans cette histoire.

Soleil
lever : **6h53**
coucher : **19h03**

Samedi **20 mars**

Saint Herbert – On fête aussi les Alexandra, Cuthbert, Wulfran

Au printemps au printemps, Et mon cœur et ton cœur Sont repeints au vin blanc, Au printemps, au printemps… Jacques Brel

PRINTEMPS

h ph
Pièges de l'ortografe

Compte rendu au compte-gouttes

Quand le mot « compte » est utilisé au sens du verbe, les mots composés avec lui prennent un trait d'union comme dans compte-tours, compte-fils, compte-gouttes, etc. En revanche quand il s'agit du substantif, le tiret n'est pas nécessaire comme dans compte rendu. En conséquence, dans le second cas uniquement, les deux mots prennent un « s » au pluriel : des comptes rendus.

NOMS MASCULINS COMMENÇANT PAR C

C	Z	E	D	I	D	N	A	C	D	N	W	E	C
M	H	E	C	I	R	D	E	C	I	Y	H	R	H
J	J	R	F	F	I	L	C	T	R	P	B	C	A
K	V	I	I	B	E	C	N	O	O	E	O	L	R
E	M	A	C	S	U	A	A	T	L	R	S	A	L
R	G	S	T	L	T	S	S	L	I	I	S	U	E
D	D	E	V	S	E	I	I	N	V	E	N	D	S
N	A	C	N	O	R	M	A	C	C	I	A	E	O
A	S	O	M	H	A	I	E	N	T	R	N	L	L
S	C	S	C	C	I	R	E	N	N	C	U	L	R
S	H	L	Z	T	F	R	E	O	T	S	T	I	A
A	V	M	A	P	A	R	C	A	T	I	G	R	C
C	H	A	R	L	O	T	N	E	I	R	P	Y	C
S	D	I	C	C	I	C	E	D	A	R	A	C	I

Solution page 102

Trouvez les noms masculins commençant par la lettre C cachés dans la grille ci-dessus. Vous les trouverez soit horizontalement, soit verticalement, ou encore diagonalement. Ils peuvent se lire de gauche à droite ou de droite à gauche.

CALVIN
CAMILLE
CAMRON
CANDIDE
CARADEC
CARLOS
CASIMIR
CASSANDRE
CÉDRIC
CÉLESTE
CÉSAIRE
CÉSAR
CHARLES
CHARLOT
CHRISTIAN
CHRISTOPHE
CLARENCE
CLAUDE
CLÉMENT
CLIFF
COLIN
CONRAD
CONSTANTIN
CORENTIN
CORIN
CRÉSUS
CYPRIEN
CYRILLE

Nos Régions

Auvergne-Rhône-Alpes

Allier/Cressanges

Au XVIe siècle, le seigneur de Noix, qui régnait sur la commune de Cressanges, au sud-ouest de Moulins, obligeait les paroissiens à passer la journée du dernier mardi de mars dans le cimetière. Et ce, du lever du soleil au coucher. Tout au plus pouvaient-ils se promener entre les tombes et se faire apporter à boire et à manger. Si quelqu'un leur adressait la parole, ils n'avaient pas le droit de répondre et devaient simplement prononcer cette curieuse sentence en faisant la moue : « Mars est mars à Cressanges sont les musards. » Quiconque ne respectait pas cette coutume absurde s'acquittait d'une amende.

Dans les étoiles

Qu'est-ce que l'équinoxe ? On parle d'équinoxe lorsqu'il s'écoule 12 h entre le lever et le coucher du Soleil, le jour et la nuit ont alors la même durée. Il y a l'équinoxe de printemps, qui tombe le plus souvent le 21 mars, et l'équinoxe d'automne, qui a lieu le plus souvent le 22 septembre (comme ce sera le cas en 2021). Mais comme une année (qui est le temps que met la Terre pour tourner autour du Soleil) ne dure pas exactement 365 jours mais plutôt 365,2425 jours, cela produit des décalages dans les dates d'une année à l'autre – l'introduction d'années bissextiles ne compense que partiellement ce phénomène. Ainsi, l'équinoxe de printemps, qui tombe souvent le 21 mars, a lieu cette année le 20 mars. Et ce sera le 19 mars en 2044 !

Dimanche 21 mars

Sainte Clémence – On fête aussi les Endée, Sérapion

Soleil
lever : **6h50**
coucher : **19h05**

À la Sainte-Clémence, soigne ton audience.

Étymologie

Quel rapport avec la choucroute ? Si la spécialité alsacienne, la choucroute, a pour ingrédient de base le chou coupé finement en lamelles et fermenté qui lui confère cette saveur légèrement aigre, le nom *choucroute* n'a pas pour base le nom *chou*. Apparu en français dans la première moitié du XVIIIe siècle sous la forme *sorcrote*, *choucroute* est une déformation – certes, sous l'influence de *chou* – du nom alsacien *surkrut*, correspondant à l'allemand *sauer* qui signifie « sur, aigre » et *Kraut* qui signifie « plante, herbe ».

Ça s'est passé

En 321

Sur décision de l'empereur Constantin, le dimanche, jour du dieu du Soleil, devient officiellement un jour chômé dans les villes de l'Empire romain.

NOTTO DICO

CABOTIN, n. m.
Chien ayant bon mine.

CANAPÉ, n. m.
Immense espace privé et moelleux offrant une parfaite stabilité horizontale idéale pour la sieste.

CANARI, n. m.
Enfant illégitime du canard.

CARTON, n. m.
Papier super résistant. Sa kryptonite, c'est l'eau.

CENDRILLON, n. pr.
Jeune étourdie qui n'a pas les pieds sur terre et perd ses affaires n'importe où.

VERMOT'ROSCOPE

BÉLIER *(21 mars – 20 avril)*

Caractère

Dynamique, entreprenant, volontaire, passionné, entier, impulsif, créatif, combatif, rapide, curieux, franc, direct, héroïque, conquérant, séducteur, infatigable.

Le message des astres

Le bienveillant Jupiter et le dur Saturne vous rendront plus élitiste dans vos relations. Quant au bras de fer entre Uranus et Saturne, il jouera avec vos nerfs ou l'empêcheur de tourner en rond.

Vie relationnelle

Cette année, vous aurez un noyau d'amis solides et fidèles. Leur soutien et leur présence vous apporteront énormément. De janvier à mars, dites oui aux sorties et aux invitations diverses. En mai et en juin, essayez d'être plus à l'écoute de vos amis. En septembre et en octobre, votre vie sociale vous épanouira pleinement.

Amour

À deux, les astres devraient vous permettre de regarder devant vous. Les projets en amoureux seront à l'honneur. En janvier, libérez-vous. Soyez plus présent. En mars et avril, remettez la sensualité au cœur de votre relation. De juin à août, laissez plus de place à la passion et au dialogue. Rapprochez-vous. Redécouvrez-vous. En septembre et en octobre, la douceur et la bonne humeur vous accompagneront. Seul, l'amitié sera à l'honneur d'un bout à l'autre de l'année. Les sorties et les invitations seront au rendez-vous, notamment de février à juillet.

Famille

Ce devrait être une année assez calme. Ainsi, vous prendrez le temps de vivre et vous saurez profiter de ceux et celles que vous aimez. En mai, évitez les tensions, l'atmosphère sera plus propice à la communication de juin à juillet.

Quotidien et vitalité

C'est une année intéressante que se profile à l'horizon. Multipliez les loisirs et les projets. Rompez avec la routine. Donnez plus de place à l'imprévu. En janvier, fixez-vous des objectifs clairs et tenez-les. En avril, en juin, en juillet, en septembre et en octobre, pratiquez une activité ou un loisir. D'un bout à l'autre de 2021, vous pourrez compter sur une belle résistance et un bel enthousiasme.

Budget

Vous devrez être plus vigilant sur vos finances, surtout au printemps. Évitez les dépenses inutiles et hasardeuses. Faites vos comptes régulièrement et constituez-vous une cagnotte en cas de besoin.

Comment optimiser votre année

Restez ouvert à d'autres horizons. Montrez-vous curieux de tout, émerveillez-vous d'un rien. Prenez la vie avec légèreté. Misez sur la fantaisie. Soyez créatif.

Nos Régions

Bretagne

Côtes-d'Armor/ Saint-Thélo

À Saint-Thélo, la Maison du Forgeron est à la fois un lieu de formation, un centre de mémoire et un lieu d'exposition. Gérée par des passionnés de l'art de la forge, cette association propose des initiations et des démonstrations autour du travail du métal ainsi que des formations complètes. L'objectif est de produire du mobilier urbain et domestique ainsi que des sculptures, ou encore de travailler sur la récupération et le recyclage d'objets, de machines et d'outils anciens. Une bibliothèque rassemblant de nombreux ouvrages sur les métiers du métal est à la disposition de tous les amateurs de métal.

ILS ONT DIT

« Les parents devraient toujours obliger leurs enfants à devenir des artistes. Y en aurait moins. »

Jean-Charles Tacchella

Tout est relatif... (Espace temps)

Le mystère du trou de ver

Imaginez deux points A et B tracés sur une feuille de papier. Comment obtenir le chemin le plus court entre eux ? Si vous répondez « en traçant une ligne droite de A à B », c'est que vous savez raisonner dans l'espace en deux dimensions, comme un enfant sortant de maternelle. Mais il est possible de faire plus court : en repliant la feuille sur elle-même de manière à superposer les deux points. Eh bien, à l'échelle de l'Univers, imaginez que c'est l'espace-temps qui se recourbe, et vous aurez une assez bonne représentation de ce que pourrait être un « trou de ver », sorte de raccourci interstellaire. Ce concept a été introduit par Albert Einstein, mais cela reste un pur objet de l'esprit, son existence n'ayant jamais été démontrée. Ce qui n'empêche pas les fans de science-fiction d'y croire à fond, sans tortiller !

GASPILLAGE ALIMENTAIRE

GRANDS MOMENTS DU CYCLISME

Ce 21 juillet 1910, si le monde du cyclisme a du mal à oublier cette date, les coureurs qui ont vécu cette journée ont dû s'en rappeler toute leur vie. Et pour cause : ce jour-là, le Tour de France, toute jeune compétition, fait sa première arrivée dans les Pyrénées. L'organisation qui avait été envoyée en repérage avait été choquée par la difficulté des pentes et l'état des routes, mais elle avait quand même décidé d'y envoyer les coureurs. L'étape du jour est simplement diabolique : 325 km de Luchon à Bayonne, en passant par les quatre géants : Peyresourde, Aspin, Tourmalet et Aubisque. Octave Lapize, le vainqueur de cette étape mythique, aura ce mot à l'arrivée à l'adresse des organisateurs : « Vous êtes des assassins. »

Mardi **23 mars**

Saint Victorien – On fête aussi les Rébecca, Justog

Soleil
lever : **6h47**
coucher : **19h08**

Si vous n'aimez pas les cercueils, on vous fera monter de la bière. Pierre Dac

NOMS D'OISEAUX !

Chouette

« T'es chouette ! » chantait Léo Ferré en 1962. Et c'est un compliment ! Mais l'expression est plus ancienne puisqu'on la rencontre déjà sous la plume de George Sand en 1837, qui elle-même la reprend du temps où une chouette était aussi une femme galante, charmante et charmeuse. Rabelais fait allusion à « une belle petite chouette » dans Pantagruel *(1532). Toutefois, la chouette chevêche, symbole de sagesse chez les Grecs, a aussi été associée aux sorcières au Moyen Âge et c'est peut-être pour cela que, comme Eugène Sue dans* Les Mystères de Paris, *on qualifie de « vieille chouette » une horrible mégère...*

Voyager par les séries TV

Luther et *Sherlock*

Londres, patrie d'enquêteurs surdoués. On savait Londres inquiétante, notamment depuis les horribles crimes de Jack l'Éventreur... La série *Luther* confirme les faits, avec ses tueurs fous et ses courses poursuites haletantes. On suit l'imposante carrure de John Luther, détective brillant aux méthodes discutables, dans des rues londoniennes qui n'ont jamais paru aussi dangereuses, et on prie pour qu'il résolve tous ces crimes avant notre prochain week-end sur place... Avec *Sherlock*, on retrouve une capitale anglaise plus classique – et plus touristique – grâce à des enquêtes qui font la part belle à la ville, de la Tour de Londres à l'inévitable 221B Baker Street, adresse mythique de l'illustre détective Sherlock Holmes et de son compère le docteur John Watson !

Rétro Vermot

Dans un salon de thé, deux femmes papotent. « Tiens, tu ne prends plus tes tranquillisants ? – Penses-tu ! La dernière fois que j'en ai pris, j'étais dans un tel état de calme que je me suis prise à parler à des gens auxquels, sans mes tranquillisants, je n'aurais jamais adressé la parole... »

ÇA C'EST... Faits divers

Humour so Irish

Quoi de mieux qu'un cimetière pour dissimuler un cadavre encombrant ? C'est la solution choisie par deux meurtriers dans le département de la Somme, comme le racontait *Le Courrier picard*. Personne ne s'en serait jamais rendu compte si l'un des deux coupables, soupçonné d'être impliqué dans la disparition de la victime, n'était pas passé aux aveux lors de sa garde à vue. Selon son avocat, l'individu a évoqué une histoire de dette d'argent aux enquêteurs. Avec l'aide de son complice, il a dissimulé le corps de la victime dans l'un des caveaux du cimetière de Sorel, petite commune située près de Péronne, à l'est du département. Sur place, les gendarmes ont effectivement retrouvé le corps d'un homme en état de décomposition avancée. Si le complice court toujours, la dépouille de la victime, elle, est retournée au cimetière. Légalement, avec dignité et pour de bon cette fois.

Soleil
lever : **6h44**
coucher : **19h09**

Mercredi **24 mars**

Sainte Catherine de Suède – On fête aussi les Adhémar

Mars bien mouillé, du vin à satiété.

LA GAFFE DE L'HISTOIRE
Un souffle politique

Lors des campagnes électorales, les hommes politiques effectuent un véritable marathon à la conquête des électeurs. Et il leur arrive parfois d'utiliser un mot pour un autre, comme Édouard Balladur en février 1998 : « L'abstention sera l'un de nos principaux obstacles. C'est donc par le bouche-à-bouche qu'il faudra convaincre les électeurs d'aller voter. »

Pièges de l'ortografe (h, ph)
Usage de faux

Il ne faut pas confondre l'usage de « faux » comme adjectif avec son utilisation dans un mot composé. Ainsi, quand il s'agit de qualifier quelque chose, comme dans « faux papiers », « faux billets » ou « faux jour », l'adjectif est séparé du substantif. En revanche, on doit impérativement réunir d'un trait d'union le « faux-monnayeur », le « faux-filet » ou les « faux-semblants ».

Ça c'est vache
Les plus belles crasses

Avoir un avantage compétitif sans tricher ? Le rêve ! Le joueur de basket J. R. Smith a découvert un jour qu'aucune règle écrite de la NBA ne disait qu'on ne pouvait défaire les lacets de ses adversaires. Il le fit donc une fois, sans être sanctionné. On fait difficilement un coup plus « bas » ! Cependant avant qu'il ne puisse en prendre l'habitude, le règlement a été changé, et la tentative suivante de Smith s'est soldée par une amende de 50 000 dollars ! Tel est pris…

Au Jardin

Hormones de bouturage

Le bouturage est un moyen quasi miraculeux pour multiplier les plantes : il suffit de couper une tige et de la mettre en terre pour obtenir un nouveau sujet. Enfin presque. Car si certaines plantes se bouturent facilement, d'autres sont plus rétives et nécessitent le recours à des produits qui provoquent l'apparition de racines. Les hormones de bouturage chimiques de jadis ne sont plus diffusées en France, mais vous avez à votre disposition des produits naturels efficaces. Le premier est la salive : il suffit d'en enduire la plaie de coupe. Essayez aussi l'eau de ronce : hachez finement les petites racines blanches des tiges de ronce enterrées et laissez-les macérer dans l'eau. Mettez ensuite la base des boutures à tremper pendant un jour ou deux dans ce liquide, avant de les piquer en terre.

Annonciation – On fête aussi les Humbert, Dula, Dismas

Soleil
lever : **6h42**
coucher : **19h11**

Mars venteux, Papy quinteux !

Ça s'est passé

25 mars 421

Selon la légende, la ville de Venise est fondée avec la pose de la première pierre de sa première église, celle de San Giacomo di Rialto, le jour de la fête de l'Annonciation.

Voyages en train

The Ghan est un train mythique, une légende nationale qui court sur les rails australiens depuis 1929. Son nom fait référence aux chameliers afghans qui explorèrent l'Outback – le centre désertique du pays – il y a plus de 150 ans. Point de chameau aujourd'hui, mais plutôt des cabines confortables et même un casino ! Pendant trois jours, les voyageurs font l'expérience de ce qui est désormais le plus long voyage en train nord-sud du monde. Plusieurs escales sont prévues tout au long du parcours. L'occasion de découvrir quelques-unes des attractions locales, les étonnants dingos, le « cœur rouge » et son Painted desert, ou encore les gorges de Katherine dans lesquelles se reflète un soleil de plomb.

Solution mots mêlés [p. 97]

C	Z	E	D	I	D	N	A	C	D	N	W	E	C
M	H	E	C	I	R	D	E	C	I	Y	H	R	H
J	J	R	F	F	I	L	C	T	R	P	B	C	A
K	V	I	I	B	E	C	N	O	O	E	O	L	R
E	M	A	C	S	U	A	A	T	L	R	S	A	L
R	G	S	T	L	T	S	S	L	I	I	S	U	E
D	D	E	V	S	E	I	I	N	V	E	N	D	S
N	A	C	N	O	R	M	A	C	C	I	A	E	O
A	S	O	M	H	A	I	E	N	T	R	N	L	L
S	C	S	C	C	I	R	E	N	N	C	U	L	R
S	H	L	Z	T	F	R	E	O	T	S	T	I	A
A	V	M	A	P	A	R	C	A	T	I	G	R	C
C	H	A	R	L	O	T	N	E	I	R	P	Y	C
S	D	I	C	C	I	C	E	D	A	R	A	C	I

Le coin lecture

Mort d'une héroïne rouge, de Qiu Xiaolong

À Shanghai dans les années 1990, l'inspecteur en chef Chen Cao est chargé d'enquêter sur l'assassinat d'une jeune femme retrouvée morte dans un canal. Les soupçons se portent rapidement sur le fils d'un fonctionnaire de haut rang, membre éminent du parti communiste chinois… Ce roman policier au suspens haletant révèle les facettes d'une Chine souvent inconnue des Occidentaux (modes de vie à Shanghai, gastronomie…) dans laquelle on découvre un étrange capitalisme à la chinoise mêlant libéralisme et règlementation communiste, mais surtout marqué par la corruption et les mœurs dissolues des cadres du parti.

BIENTÔT LA FIN DE L'ÉLEVAGE POUR LA CONSOMMATION ?

LUTTES ET HÉROS POPULAIRES

MICHEL BRÛLÉ

Grand héros populaire de la Seconde Guerre mondiale, il a résisté et combattu l'oppression sans jamais fouler le sol d'un champ de bataille : le 27 mai 1941, ce jeune militant communiste fit stopper les machines de sa mine de Montigny-en-Gohelle et incita tous les mineurs à le suivre dans une grève générale. Elle dura près de deux semaines et mobilisa plus de 100 000 mineurs, ce qui en a fait la grève la plus importante de l'Europe occupée. Le dommage fut considérable pour les Allemands, qui renoncèrent, en plein conflit, à 500 000 tonnes de charbon ! En représailles, l'occupant procéda à des arrestations et à des déportations, dont 136 mineurs ne reviendront jamais…

Soleil
lever : **9h40**
coucher : **19h12**

Vendredi **26 mars**

Sainte Larissa – On fête aussi les Ludger, Lara

La mort est un manque de savoir-vivre. Alphonse Allais

Le bon mot de l'histoire

26 mars 1962 :
« Il va peser lourd le *oui* que je demande à chacune et à chacun de vous ! »
Charles de Gaulle

Arrivé au pouvoir en proclamant « Vive l'Algérie française », de Gaulle déclare un an plus tard : « L'Algérie à papa, c'est mort ! » Désormais partisan de l'autodétermination, il engage des pourparlers avec le FLN qui aboutissent le 18 mars 1962 aux accords d'Évian. Une semaine plus tard, lors d'une allocution radiotélévisée mémorable, de Gaulle demande aux Français de se prononcer par référendum en faveur des accords qui scellent l'indépendance algérienne. Et plus de 90 % des Français répondent « OUI ».

LA GAFFE DE L'HISTOIRE

Agréables obsèques

Harry S. Truman, président des États-Unis de 1945 à 1953, a continué à effectuer quelques missions de représentation après son mandat. C'est ainsi qu'il représenta son pays aux obsèques du roi des Hellènes, Paul Ier, à Athènes en 1964. On ne sait pas ce qui lui passa par la tête lorsqu'il remercia la veuve du monarque, après la cérémonie, « pour ce très agréable après-midi ».

Ça c'est vache
Les plus belles crasses

En politique, tout est permis, voire encouragé. La preuve avec Valéry Giscard d'Estaing qui, en 1971, alors qu'il est jeune ministre des Finances, n'hésite pas à « balancer » le Premier ministre Chaban-Delmas à la presse à qui son cabinet fournit les relevés d'imposition de l'occupant de la place Beauvau. Coup on ne peut plus bas de VGE, qui obtiendra ce qu'il désirait : la démission de Chaban-Delmas, le mauvais payeur d'impôts. Il n'y a pas de morale…

Maisons d'artistes

Avec la maison-atelier d'Antoine Bourdelle, également transformée en musée, c'est l'un des derniers témoignages du Montparnasse des artistes (1900-1950) qui put être sauvegardé. Nichés dans un îlot de verdure, à deux pas du jardin du Luxembourg, cette ancienne dépendance du couvent Notre-Dame de Sion, ses ateliers et son jardin furent, de 1928 à 1967, les lieux de vie et de création d'Ossip Zadkine. Ami intime de Picasso et Modigliani, figure essentielle de l'École de Paris, l'artiste d'origine russe est considéré comme l'un des maîtres de la sculpture cubiste. Léguée à la Ville de Paris avec une bonne partie de ses œuvres par sa veuve, la maison-atelier du sculpteur est ainsi devenue le Musée Zadkine dont l'une des particularités est de permettre aux non-voyants de toucher les œuvres.

Musée Zadkine, 100, rue d'Assas, 75006 Paris

Trop de fleurs en mars, fruits éparses.

LE CHIFFRE

2040

Il est désormais acquis que la totalité des glaciers des Pyrénées auront disparu d'ici 2040 et non vers 2050, comme les spécialistes le prévoyaient encore récemment. En cause, bien sûr, la hausse des températures et l'allongement des périodes de fortes chaleurs. Ainsi, le glacier du pic d'Arriel, le plus à l'ouest de la chaîne des Pyrénées et le dernier de Nouvelle-Aquitaine, a définitivement disparu il y a deux ans. Si les glaciers du massif ont amorcé leur déclin il y a un siècle, le phénomène s'est accéléré ces dernières années. Depuis vingt ans, la moitié des glaciers pyrénéens a disparu ! De la centaine encore dénombrée au XIXe siècle, il en reste à peine une vingtaine. Et même si elles étaient abondantes, ce ne sont pas les chutes de neige hivernales qui pourraient changer la donne. Dans les Pyrénées, entre 1959 et 2010, l'augmentation des températures était en moyenne de + 0,28 °C par décennie, depuis elle est passée à + 0,4 °C et, selon plusieurs projections, pourrait dépasser les + 4,5 °C d'ici la fin du siècle…

Théories du complot

Les Illuminati

Quand des gentilshommes de Bavière ont créé les Illuminati en 1776, ils étaient sûrement loin de se douter que leur club secret finirait associé à des théories toutes plus farfelues les unes que les autres ! Avec les distorsions de l'histoire et du fantasme, ce qui n'était à l'origine qu'un petit groupe de penseurs des Lumières, qui se rassemblaient en secret pour lutter contre l'obscurantisme et la pensée religieuse extrémiste, est devenu synonyme de conspiration mondiale et de pouvoir dissimulé. Dès la fin du XVIIIe siècle, on a accusé les Illuminati d'avoir fomenté en secret la Révolution française. Et aujourd'hui, des listes des membres de ce gouvernement mondial secret circulent, parmi lesquels Lady Gaga ou Beyoncé. Une thèse un peu… illuminée !

Énigmes

À la suite d'un avis de recherche diffusé par les médias, un membre du public a informé la police que le fugitif suspecté de braquages dans la région de Lyon s'est réfugié à Bordeaux sous une fausse identité et travaille comme professeur dans un lycée de la ville. Sous le couvert d'une inspection de l'Éducation nationale, un détective assiste à quatre cours tenus par des professeurs récemment recrutés :

- Durant le cours d'anglais, le professeur explique que le séparateur décimal est représenté par un point dans les systèmes anglo-saxons et non par une virgule.
- Le professeur de physique énonce que l'unité de mesure du poids est le kilogramme.
- « Robespierre était un membre pivot du club des Jacobins », affirme le professeur d'histoire.
- Le professeur de français écrit au tableau le thème de la dissertation : « La surpopulation est-elle une menace pour la planète ? »

Le détective a trouvé l'imposteur. Et vous ?

Solution : Le professeur de physique. L'unité de mesure du poids est le newton et non le kilogramme qui est l'unité de mesure de la masse.

LA GAFFE DE L'HISTOIRE

Quelle Coupe !

À l'issue de la Coupe du monde de football de 1998, lorsque la France remporta une victoire historique sur le Brésil par 3 à 0, les joueurs français furent reçus à l'Élysée par Jacques Chirac. Le président de la République, s'improvisant alors animateur de la cérémonie, annonça fièrement : « Voici l'équipe de France et la Coupe de France ! »

1-2-3-1-2-3-1-2-3

JAMAIS DEUX SANS TROIS

Jamais deux sans trois

Au Moyen Âge, quand on réussissait à imposer quelque chose plus de deux fois, il était impossible que cela fût refusé ensuite. On disait précisément : « Tierce fois, c'est droit. » Aujourd'hui, l'expression a pris un sens légèrement différent en exprimant une sorte de fatalisme dans ce qui doit arriver et non plus un objectif à atteindre pour réussir.

1-2-3-1-2-3-1-2-3

MUSIQUE

Précurseur malgré lui

Henri Salvador s'amusait à répéter qu'il détestait, ô combien, le rock'n roll. Sous le pseudonyme Henri Cording (vous pourrez apprécier le jeu de mots) et avec l'aide de Boris Vian, il a pourtant sorti en 1956 *Rock and roll-mops*. Même s'il s'agit d'une parodie, ce titre a fait de Salvador le premier chanteur du genre en France. Remarquez que, sans le vouloir, avec sa chanson *Dans mon île*, il aurait également inspiré la Bossa Nova. Henri Salvador, avant-gardiste sans le faire exprès ?

Histoires paranormales

Fantôme de citation

« Croyez-vous aux fantômes ? Non, mais j'en ai peur. » Avec ce paradoxe amusant, Mme du Deffand, épistolière et amie de Voltaire et de Walpole, renverse la *doxa* selon laquelle seuls ceux qui croient aux fantômes en ont peur. Elle suggère au contraire que les fantômes n'ont pas besoin que nous croyions en leur existence pour nous faire peur (de même Baudelaire écrit que « Dieu est le seul être qui, pour régner, n'ait même pas besoin d'exister ») et que la peur suffit à les faire exister. Mais où se trouve sa célèbre boutade ? Roger Caillois la cite sans en donner la source et tout le monde la reproduit sans références. D'ailleurs, on ne la rencontre nulle part dans la correspondance et les recueils de pensées de Mme du Deffand. Cette citation fantôme n'a pas besoin d'exister pour qu'on y croie.

Lundi 29 mars

Sainte Gwladys – On fête aussi les Gladys, Archibald, Pasteur

Soleil
lever : **7 h 34**
coucher : **20 h 17**

Mieux vaut claquer du fric que du bec. Professeur Choron.

Pièges de l'orthographe

Changement de sexe

Certains mots changent de sens en fonction de leur genre. Ainsi le barde d'Astérix n'a rien à voir avec la barde qui entoure le rôti ; le livre de chevet ne pèse pas toujours une livre ; le moule à gâteau n'est pas comme la moule de bouchot ; le mousse qui travaille sur un bateau n'aime pas forcément la mousse de la bière, et le page du roi n'est pas forcément à la page.

ILS ONT DIT

« Les risques du métier : son menton a soudainement quitté la paume de sa main droite posée grâce à un coude et sa tête est venue frapper lourdement le bureau. Une fois encore, un fonctionnaire s'est tué au travail. »

Les Nuls

CHAUD DEVANT !

LE JOUR OÙ LE PERMAFROST DÉGÈLERA…

Le permafrost (« pergélisol » en français) est le sol des régions les plus nordiques, qui est gelé toute l'année. D'ici 2100, il devrait avoir fondu d'un tiers. Or, il recèle de sombres menaces pour l'humanité. D'abord d'immenses réserves de dioxyde de carbone, dont le dégagement amplifierait le phénomène de réchauffement de la planète. Mais aussi des virus inconnus, congelés depuis des millénaires, et face auxquels nos organismes risquent de se trouver fort démunis. Le choc promet d'être rude…

FOOTBALL FÉMININ…

Le coin lecture

D'après une histoire vraie, de Delphine de Vigan

Après le succès de son dernier roman, une écrivaine se retrouve face à l'angoisse de la page blanche. Une femme, qui se présente comme une admiratrice, surgit alors dans sa vie et va peu à peu accroître son emprise sur l'auteure jusqu'à prendre sa place… Dans ce thriller psychologique, Delphine de Vigan mêle la fiction et l'autobiographie avec brio, poussant le lecteur à s'interroger sur ce qui est vrai ou pas. Prix Renaudot et Goncourt des lycéens en 2015, ce roman surprend et déroute le lecteur au fur et à mesure que l'histoire avance. Une lecture incontournable selon de nombreux critiques littéraires.

Mardi 30 mars

Saint Amédée – On fête aussi les Amadeus, Amédine, Malon

À la Sainte-Amédée, mars s'éclipse en loucedé.

NOTTO Dico

CHAISE, n. f.
Petit espace privé offrant stabilité à son postérieur (voir FAUTEUIL).

CHEMINÉE, n. f.
Porte utilisée une fois par an dans la nuit du 24 au 25 décembre.

CHIEN-CHIEN, n. m.
Prolongement naturel de son pépère et de sa mémère.

CHEVALIER, n. m.
Les cowboys gardent les vaches et les chevaliers les princesses.

CHIRURGIEN, n. m.
Boucher ayant fait médecine.

L'ACTU

Internet interne

Une loi entrée en vigueur en Russie vise l'instauration dans le pays d'un « Internet souverain », isolé des grands serveurs mondiaux. Des câbles sous-marins aux fournisseurs d'accès en passant par les connexions des particuliers et celles des entreprises privées, cet Internet sera intégralement contrôlé par les autorités. Il est destiné à protéger la Russie en cas de conflit ou de cyberattaque d'envergure. Testé depuis 2015, le « Runet » doit permettre à Moscou de récupérer la gestion de tous les noms de domaines en « .ru ». Aujourd'hui, c'est l'Internet Corportation for Assigned Names and Numbers (ICANN), basée à Los Angeles, qui coordonne les attributions dans le monde entier. Puis la régulation de l'Internet souverain sera confiée à un organe gouvernemental unique : le Roskomnadzor. D'après le Kremlin, ce système est beaucoup plus ouvert que la « Grande muraille informatique » chinoise mise en place dès 1998 par Pékin, qui a limité l'accès des géants occidentaux (Google, Apple, Facebook, Amazon…) à ce marché d'un milliard d'individus.

NO COMMENT ..!

WWW.

Le NET pas BÊTE

Savez-vous qu'il existe des alternatives à Google, dont certaines sont françaises, écolos et gratuites ? Ecogine, par exemple, est un moteur de recherche dont les bénéfices sont reversés à des associations environnementales choisies par le vote des internautes. De même Lilo qui propose également le financement de projets sociaux. Adresses internet : ecogine.org et lilo.org

Vino populum

Troulégy

C'est l'un des plus petits vignobles de France, au nord du Pays basque, éparpillé dans la montagne entre les communes d'Trouléguy, de Saint-Étienne-de-Baïgorry et d'Anhaux. Mais il raconte une belle histoire, celle des pèlerins de Saint-Jacques-de-Compostelle de l'époque médiévale. Si vous marchez sur les sentiers de la région, vous découvrirez ses vins rouges, rosés et blancs. Sur la table, jambon de Bayonne, thon à la basquaise, piperade ou fromages de brebis.

Mercredi 31 mars

Saint Benjamin – On fête aussi les Acace, Balbine

Soleil
lever : **7h30**
coucher : **20h20**

À la Saint-Benjamin, change pas de main !

Nos Régions

Bourgogne-Franche-Comté

Territoire de Belfort/Belfort

La statue trônant sur la place d'Armes à Belfort devait, à l'origine, être un hommage au président Adolphe Thiers grâce à qui, entre autres, le Territoire de Belfort est resté français. Le sculpteur Antonin Mercié a préféré représenter le combat du peuple par l'allégorie d'une femme prenant le fusil d'un soldat et défiant l'ennemi du regard. Reprenant la devise des patriotes de 1880, *Car, malgré tout, il faut quand même résister…*, elle s'appelle aujourd'hui tout simplement *Quand même !* Thiers n'a néanmoins pas été totalement écarté de l'hommage puisque son portait figure sur le socle du monument.

Charade syllabique

Mon premier est une étendue artificielle de terre gagnée sur l'eau.

_ _ _ DER

Mon deuxième est une élévation de terrain.

_ _ _ NENCE

Mon troisième est un morceau de pâte en cours de fermentation.

_ _ VAIN

Mon quatrième est un succès.

_ _ _ TOIRE

Mon cinquième est en forme d'hélice.

_ _ _ SADE

Mon tout est un explorateur français.

PAUL ÉMILE VICTOR (POL – ÉMI – LE – VIC – TOR)

LUTTES ET HÉROS POPULAIRES

NICHOLAS WINTON

Nicholas Winton est un héros très discret. Surnommé le « Schindler britannique », il a pris des risques phénoménaux pour sauver plus de 600 enfants juifs juste avant le début de la Seconde Guerre mondiale en organisant des voyages en train depuis l'Europe de l'Est en direction de Londres. Après la guerre, le sauveur est resté dans l'ombre jusqu'à ce que son épouse (qui ignorait tout de cette histoire) découvre fortuitement, plusieurs décennies plus tard, des documents prouvant l'exploit de son mari. Elle partagea ces informations avec la presse qui pu résoudre, enfin, « l'affaire des enfants sauvés ». Plusieurs des « enfants de Winton » purent ainsi lui témoigner leur reconnaissance d'être en vie.

SPÉCIALISTE DE L'ÉVASION AU TROU !

Ha! Ha! Ha!

Le frère Jean fait son entrée dans un monastère qui impose une stricte loi du silence. À son arrivée, le prieur lui annonce : « Frère, tu es le bienvenu ici aussi longtemps que tu le souhaites à condition de ne pas parler sauf si je te le demande. »
Le frère Jean vit dans le silence pendant une année complète. Un jour, le supérieur lui dit :
« Frère Jean, tu es ici depuis un an, tu peux dire deux mots.
– Lit dur, répond le moine.
– Je suis désolé d'entendre cela, déclare le prieur. Nous allons te donner un meilleur lit. »
Une autre année s'écoule.
« Frère Jean, tu peux prononcer deux autres mots, indique le supérieur.
– Nourriture froide, répond l'autre. »
Le prêtre en chef lui assure qu'à l'avenir la nourriture sera meilleure. Pour son troisième anniversaire au monastère, le frère Jean est de nouveau convoqué.
« Tu peux encore prononcer deux mots aujourd'hui, déclare le prieur.
– J'arrête, annonce le moine.
– C'est ce qu'il y a de plus raisonnable, lui répond le prieur. Depuis ton arrivée ici, tu n'arrêtes pas de te plaindre. »

Jeudi 1er avril

Soleil
lever : **7 h 28**
coucher : **20 h 21**

Saint Hugues – On fête aussi les Valéry, Agapé, Konwal

En avril, range tes blagues débiles.

MÉTÉO DU MOIS

En latin* aperire *signifie « s'ouvrir », comme les fleurs.

Fin de saison du blanc. Dommage. Pour le poète et philosophe Christian Bobin, la neige c'est « un peu de froid, beaucoup d'enfance ». Elle étouffe les bruits. Elle est attendue avec un mélange de désir et d'inquiétude. Elle arrive à pas de loup. Parvenue en Île-de-France, les journaux titrent : « Le malheur des uns fait le bonheur des autres ». Pendant que certains restent bloqués dans leur voiture, d'autres skient au Trocadéro. Puis elle se retire et, même si en montagne on tente d'en créer de l'artificielle pour faire durer le plaisir, l'or blanc devient boue jaune.

C'est arrivé le… Avril 2001

2 800 maisons inondées et plus de 500 foyers évacués dans le Nord, dans le Pas-de-Calais et la Picardie. Les pluies d'hiver ont saturé le sol, les nappes phréatiques débordent et les rivières sortent de leur lit. La vallée de la Somme et la région d'Abbeville restent sous les eaux durant un mois.

REPÈRES CLIMATIQUES

C'est le mois des grands contrastes. Le chaud et le froid soufflent sur l'Hexagone et la météo reste incertaine d'un jour à l'autre. Il pleut moins de 50 mm en moyenne, même si le Pays basque reste bien arrosé avec 130 mm sur le mois. Au nord de la Loire, la neige n'était pas rare en avril jusqu'aux années 2000, mais aujourd'hui ces épisodes sont exceptionnels. En avril, le soleil fait son grand retour : 150 heures sur la majorité des villes et 246 heures à Toulon qui détient la palme de l'ensoleillement sur le mois. Avril 2017 reste le plus chaud de l'histoire : le 24, la température moyenne atteint 26,1 °C, soit 9,9 °C de plus que la normale. Parmi les records, il faisait 33,2 °C à Cazaux, en Gironde, le 30 avril 2005 et plus de 30 °C sur le Massif central et autour de la frontière allemande. Gare aux gelées tardives : elles peuvent être destructrices pour les cultures. Le 22 avril 1991, après plusieurs jours de douceur, le froid s'abat sur la France : -2,2 °C à Évreux dans l'Eure, -4,9 °C à Romorantin-Lanthenay (Loir-et-Cher). Idem entre le 21 et le 24 avril 1997 avec de nombreux -5 °C enregistrés sur le territoire (-7,7 °C le 21 avril à Charleville-Mézières, -5,1 °C le 24 à Vichy).

Qu'est-ce que l'effet de Foehn ?

Quand un vent du Sud, chaud et sec, rencontre un obstacle (les Alpes, les Pyrénées…,) il s'élève en condensant son humidité. Avant le sommet, l'air saturé devient pluvieux. Devenu plus sec, il se réchauffe rapidement en redescendant l'autre versant de la montagne. Le Foehn est un effet qui nous fait de l'effet. Quand il arrive, la migraine et la violence arrivent aussi. C'est un vent qui rend fou. À Los Angeles, le Santa Ana est surnommé vent du suicide. Sa réputation de pousse au crime sert l'intrigue du romancier Chandler dans *Le Vent rouge* : « Le Santa Ana descend des cols des montagnes pour faire dresser vos cheveux, vous mettre les nerfs à bout et vous démanger la peau. Lors de nuits comme ça, toutes les beuveries se terminent en bagarres. »

Ste Sandrine – On fête aussi les Agneflète, Alexandrine, Muse

Soleil
lever : **7 h 26**
coucher : **20 h 23**

Vendredi Saint

Avril entrant, coucou chantant, sonnailles tintant.

Nos Régions

Pays de la Loire

Mayenne/ Thorigné-en-Charnie

Alternativement gentille et cruelle, la fée Margot est un personnage légendaire de la Mayenne. Elle peut tout aussi bien récompenser les justes que punir ceux qui lui font du mal. Pour attirer ses grâces, il faut lui faire des dons, tant en animaux qu'en argent ou offrandes diverses. C'est pourquoi la tradition populaire raconte qu'il y a de nombreux trésors cachés sous terre, dans les différents repères de la fée Margot. La « cave à Margot » est aujourd'hui un site archéologique appartenant au groupe des grottes de Saulges, très apprécié pour ses admirables ornements stalagmitiques aux formes insolites.

Randonnées en

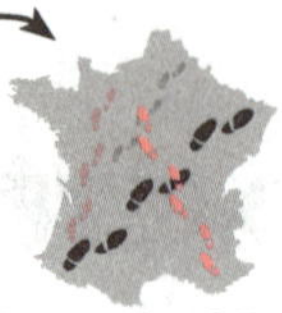

LE SENTIER DES DOUANIERS

À moins d'avoir 80 jours devant soi, on ne parcourt pas le GR 34 en une seule fois. Ce chemin côtier suit la péninsule bretonne du Mont-Saint-Michel au pont de Saint-Nazaire. Sur près de 2 000 km, les paysages marins défilent, falaises escarpées balayées par les embruns, roches de granit rose, landes multicolores et longues plages de sable blond. En découpant le circuit en plusieurs randonnées d'une semaine, on peut explorer les différentes facettes naturelles bretonnes. La portion qui relie Saint-Malo à Saint-Brieuc, en passant par le Cap Fréhel, borde une mer d'émeraude et suit un rivage sauvage. Autour de la presqu'île de Crozon, on découvre des plages propices au surf et à la baignade. Du côté de Concarneau, c'est un enchaînement de petits ports bretons aux phares colorés. La marche, accessible à tous, présente un dénivelé très doux.

EN PASSANT PAR TOUTES LES BULLES DE CE PARCOURS, RECONSTITUEZ LES PROPOS DE CET ENTARTEUR.

SOLUTION : ON NE DIT PAS LA TARTE TATIN (T'ATTEINT) MAIS TU LA PRENDS EN PLEINE POIRE.

DICTION :
RÉPÉTEZ APRÈS MOI !

Le pâtissier et le tapissier

Un pâtissier pâtissait chez un tapissier qui tapissait. Le tapissier qui tapissait dit au pâtissier qui pâtissait : « Pourquoi, pâtissier qui pâtisse, viens-tu pâtisser chez un tapissier qui tapisse ? » Le pâtissier qui pâtissait répondit au tapissier qui tapissait : « Pourquoi un pâtissier ne pourrait-il pas pâtisser chez un tapissier qui tapisse ? Un pâtissier qui pâtisse peut aussi bien pâtisser chez un tapissier qui tapisse, qu'un tapissier qui tapisse peut tapisser chez un pâtissier qui pâtisse. »

Ça c'est vache

Les plus belles crasses

En boxe, les coups bas sont interdits par le règlement, mais cela ne concerne pas que les coups en dessous de la ceinture. Le boxeur portoricain Luis Resto n'avait peut-être pas lu toutes les clauses avant d'accepter de se faire littéralement plâtrer les mains sous les gants par son coach, Panama Lewis. Résultat, Billy Collins, boxeur prometteur et malchanceux rival de Resto ce soir-là finit par perdre un œil, et Resto, sa licence. Aux innocents les mains lourdes…

Samedi **3 avril**

Saint Richard – On fête aussi les Nicétas, Sixte, Dick

À la Saint-Richard, arrête ton char !

Rameaux

CINÉMA

Le Grand Blond avec une chaussure noire

Ce classique des années 1970 est reconnaissable entre mille : un sifflotement entêtant, la silhouette longiligne de Pierre Richard et une foultitude de personnages secondaires savoureux (Jean Carmet, Jean Rochefort, Bernard Blier, Mireille Darc) qui gravitent autour de François Perrin, personnage récurrent dans les scénarios de Francis Veber (*La Chèvre*, *Coup de Tête*), héros malgré lui, maladroit, distrait et attachant.

L'ACTU

Sexe pas si faible

Et si les femmes étaient beaucoup plus belliqueuses que les hommes ? En tout cas lorsqu'elles sont aux manettes du pouvoir. C'est l'étonnante conclusion à laquelle ont abouti des politologues américains qui ont analysé les règnes de 193 monarques dans 18 pays européens entre 1480 et 1913. Or, les scientifiques ont démontré que les reines avaient 38,8 % plus de chances de déclarer la guerre que les rois. Au cours de cette période, les royaumes gouvernés par des femmes ont également plus souvent été attaqués, mais ils ont aussi gagné davantage de territoires que ceux dirigés par des hommes. De même, si les reines célibataires étaient agressées plus souvent que les rois célibataires, les reines mariées attaquaient plus que les rois mariés. Comme quoi il faut toujours se méfier des stéréotypes…

TROTTINO-COMMERCIAL

NOTTO DICO

CHORALE, n. f.
Groupe de personnes qui chantent ensemble pour se tenir chaud au chœur.

CHRONOLOGIE, n. f.
C'est quand les choses se passent dans l'ordre selon lequel elles devaient se passer.

CIEL, n. m.
Plafond en trois coloris : bleu, gris et nuit.

CITROËN, n. pr.
Véhicule automobile réalisé avec des arbres en nombre pair.

CIVILISATION, n. f.
Arme de destruction massive.

LES ERREURS JUDICIAIRES — TOP SECRET

« Être au mauvais endroit au mauvais moment » pourrait résumer l'affaire Patrick Dils. Aperçu à proximité d'une horrible scène de crime sur laquelle deux jeunes garçons sont retrouvés assassinés, Patrick Dils, mineur au moment des faits, avoue le crime avant de se rétracter rapidement. Bien qu'il clame sans discontinuer que sa confession lui a été arrachée par la violence lors de ses interrogatoires, il est condamné sans preuve à la réclusion criminelle à perpétuité en 1989. Heureusement pour lui, le tueur en série Francis Heaulme est arrêté en 2002 et avoue, entre autre, le double meurtre pour lequel Patrick Dils est incarcéré. Ce dernier est acquitté puis libéré après près de quinze ans de prison au cours desquels il a subi de nombreuses violences en raison de la nature des crimes qu'en réalité il n'a pas commis…

Dimanche 4 avril

Saint Isidore – On fête aussi les Aleth, Platon

Soleil
lever : **7h21**
coucher : **20h26**

Pâques

Pâques au tison, mais dans les bras de Lison !

Rétro Vermot

« Pourquoi votre femme ne chante-t-elle pas pour calmer votre bébé lorsqu'il pleure ?
– Elle le faisait... Mais les voisins sont venus lui dire qu'ils préféraient entendre le gosse pleurer. »

Ça s'est passé

Le 1er avril 1921

La Française Adrienne Bolland effectue la première traversée en avion de la cordillère des Andes. Croyant à un poisson d'avril, le consul de France ne se déplace pas pour la féliciter...

h ph
Pièges de l'ortografe

Vers la fin des mots épicènes ?

Traditionnellement, un mot épicène est masculin même s'il qualifie le genre féminin. Pourtant la mouvance de l'écriture inclusive et ses vagues collatérales mettent à mal certains de ces termes, notamment ceux se terminant par « eur » qui sont transformés sans scrupule : ainsi auteur devient auteure au féminin et professeure se substitue à professeur.

Dans les étoiles

Les religions font souvent appel à des événements astronomiques pour fixer des dates importantes de leur calendrier. C'est le cas de l'islam pour le ramadan (lié à l'observation du croissant de lune) ou de la religion catholique pour Pâques. En 325, le premier concile de Nicée a fixé la date de Pâques au premier dimanche après la pleine lune qui suit l'équinoxe de printemps. L'Église catholique utilise systématiquement le 21 mars comme date référence de cet équinoxe (bien que ce soit le 20 mars en 2021) et la pleine lune qui suit tombe le dimanche 28 mars 2021. Pâques ne peut donc être que le dimanche suivant, soit le 4 avril 2021. Si l'on suit cette règle, on en déduit que Pâques peut avoir lieu au plus tôt le 22 mars et au plus tard le 25 avril.

Collectionnite aigüe

« Il y a 25 ans, s'intéresser aux rondelles métalliques qui ornent les bouchons de champagne était plutôt confidentiel », s'amuse Yves Borel, président du club des placomusophiles du Puy-de-Dôme. Mais aujourd'hui, ils sont plus de 50 000 collectionneurs de plaques de muselet et il existe une trentaine de clubs spécialisés en France. Yves Borel possède plus de 20 000 capsules différentes, soit le quart environ des modèles répertoriés à ce jour, sachant que, chaque année, les producteurs de champagne en créent de nouveaux. « Pour commencer, on peut récupérer des capsules (…) au moment des fêtes, mariages ou baptêmes et, sur les brocantes, on déniche de beaux exemplaires pour moins d'un euro. C'est une collection qui s'adresse à tous ! » s'enthousiasme Yves Borel. Inventées au milieu du XIXe siècle, les plus anciennes plaques de muselet sont cotées (plusieurs centaines d'euros). Le Graal pour tout collectionneur ? La capsule de la Maison Pol Roger « Millésime 1923 », : toute la cuvée aurait été achetée par Winston Churchill !

GRILLE CHIFFRÉE

Remplir les cases vides avec les chiffres de 1 à 6, en respectant les règles suivantes :

- Un chiffre ne doit pas apparaître plus d'une fois par ligne.
- Un chiffre ne doit pas apparaître plus d'une fois par colonne.

Notez que les chiffres en dehors de la grille indiquent la somme des deux premiers chiffres directement en dessous, au-dessus, à la gauche ou à la droite d'eux.

	8	7	9	5	6	7	
7							10
8							3
10							6
5				5			10
7							8
5							5
	5	7	9	8	8	5	

Solution page 116

ILS ONT DIT

« Comment peut-on aimer un intellectuel ? Ils ont une balance à la place du cœur et une petite cervelle au bout de la queue. »

Simone de Beauvoir

Pêche

L'anguille en danger

Jusque dans les années 1970, l'anguille était très abondante dans nos eaux. Aujourd'hui, sa population a tellement baissé qu'on a dû instaurer des quotas de pêche et des périodes de fermeture. Comment en est-on arrivé là ? Les causes sont multiples : tout d'abord, comme l'anguille se reproduit dans la mer des Sargasses, au large du Mexique, elle doit nager 5 000 km aller et autant au retour ! Périple au cours duquel elle rencontre de nombreux prédateurs : l'homme, bien sûr, mais aussi les cormorans et beaucoup de poissons. De plus, elle subit le réchauffement climatique (qui modifie les courants marins), les sécheresses à répétition, les pollutions multiples, les barrages infranchissables en eau douce qui perturbent sa migration… Pas simple, la vie d'une anguille !

VERS UNE SOCIÉTÉ ZÉRO CASH

120 ans d'association

Le rôle des associations dans le développement des loisirs et de l'éducation populaire

Né au début du XXe siècle, le concept d'éducation populaire vise l'épanouissement individuel comme celui de la communauté (quartier, école, ville). Les premières associations consacrées aux loisirs prennent leurs racines dans ce contexte, notamment grâce à la loi sur les congés payés, votée en 1936. C'est une véritable volonté d'émanciper les classes ouvrières qui n'avaient, jusqu'alors, pas accès à ce privilège. À l'époque, les associations de loisirs et d'éducation populaire, comme Ciné-liberté (ancêtre de l'ACID) ou Tourisme et vacances pour tous (encore actif aujourd'hui), sont soutenues par des syndicats et des coopératives, montrant leur lien étroit avec le monde de l'entreprise. Une décennie plus tard apparaissent des mouvements d'éducation populaire issus de la Résistance, comme Les Glénans – la plus importante école de voile d'Europe fut créée à l'origine pour aider à la réinsertion des résistants et des soldats dans la vie civile. Aujourd'hui, ces structures associatives prennent souvent la forme de centres socio-culturels, implantés localement et adhérents pour la plupart à la Fédération des centres sociaux.

Mardi 6 avril

Saint Marcellin – On fête aussi les Neven

Soleil
lever : **7h17**
coucher : **20h29**

Pour Saint-Marcellin, fais-moi un câlin.

MOTS FLÉCHÉS

Moyen de transport / Sans finesse
Prend la parole / Lois islamiques
Filé / Maure
Plus d'un / Fesse
Recueillent la cire
Pestera / Pus séreux
Projet
Se lançai
Boucheries / Tempêta
Commune du Morbihan
Être membre
Lave / Forme de savoir
Boudais / Lettre étrangère
Lustre / Démonstratif
A sacrifié sa peau / Du Sahara
Veine
Toxicomane
Vide-bouteilles
Sort du moulin / Ruine
Suit le docteur / Muse
Manière d'être / Porte feuilles
Statue
Filèrent / Assomma
Chef-lieu des Hautes-Alpes / Tête chaude
Amène / Garnir un filet
Bien enveloppé
Donne des coups de fil
Vécu / Entaillai
Veille / Enveloppe
Borde la baie des Anges / Découverte
Porte une charge / Passereau
Nécessaire de toilette / Adresse
Vieil iranien / Faisai suer
Pressera / Citerne
Se trouvent
Touche
Sonde / Couguar
Dispersé / Son premier est fêté
Précédé de deux autres
Philosophe grec / Vaut l'or
Gâteau / Poème japonais
Petites poules
Artiste ou ouvrier

SOLUTION PAGE 117

Mercredi 7 avril

Saint Jean-Baptiste de La Salle – On fête aussi les Hégésippe

Le vrai plaisir de la dispute, c'est la réconciliation. Guy Bedos

Notto Dico

CIVILITÉS, n. pl.
Anciennement : « Madame, Mademoiselle, Monsieur. » Actuellement : « Vos papiers, s'il vous plaît. »

CLIGNOTANT, n. m.
Lumière placée à l'arrière des automobiles pour indiquer si l'on va tourner à gauche ou à droite.
Ce dispositif semble être en option sur bon nombre de véhicules.

CLIMATISATION, n. f.
Invention transformant les voitures en frigo.

COLLECTIONNEUR, n. m.
C'est l'histoire d'un mec qui, pour combler un vide, cherche à en avoir plus que les autres.

COMMÈRE, n. f.
Contraction de « conne » et de « mémère ».

Énigmes

Un homme a été retrouvé mort, poignardé dans le dos dans une rue longeant un parc. En examinant les vidéos enregistrées par les caméras de surveillance se trouvant dans les rues avoisinantes, la police a établi que cinq personnes se trouvaient proches du lieu du crime au moment des faits. Elle a lancé un appel à la télévision pour que ces personnes se présentent afin de les éliminer de l'enquête. Quatre des cinq personnes se sont présentées. La police leur a demandé si elles avaient vu quelque chose de suspect :

- « Je suis allée faire du jogging dans le parc et n'ai rencontré personne. »
- « J'ai vu un homme courir dans la direction du parc. Il était grand, avait un long pardessus noir et un chapeau enfoncé sur la tête. »
- « Je n'ai rencontré personne. »
- « J'ai vu l'homme qui a donné le coup de couteau. Il s'avançait vers sa victime et juste avant de la croiser, il a sorti son arme et l'a poignardée, puis il est parti en courant. »

Une de ces personnes ment, laquelle ?

Solution : La quatrième personne interviewée. La victime a été poignardée dans le dos, or selon cette personne l'assassin l'a frappée de face !

Compiler les Perles

Prévoyant

Qui l'a dit ? Un vacancier très méticuleux en ce qui concerne l'organisation, et un parent très prévoyant pour son enfant. La perle : « Bonjour, j'ai inscrit mon enfant au concours de château de sable qui a lieu sur la plage ce matin, mais je me demandais : est-ce que vous fournissez bien le sable ? Sinon, où puis-je en trouver suffisamment ? » En voilà un qui ne doit pas souffrir de trop réfléchir…

Vino populum

Pouilly-fuissé

La Roche de Solutré, cet escarpement dont le président François Mitterrand faisait l'ascension chaque année à la Pentecôte, domine des vignes de chardonnay. Le lieu est sans pareil, le vin également : or soutenu, arômes de noisette, d'agrumes, de fruits blancs, de miel et de brioche au beurre, puis une belle matière qui tient longtemps au palais. Et il se garde au moins entre cinq et dix ans.

Jeudi 8 avril

Sainte Julie – On fête aussi les Constance, Devan

Soleil
lever : **7h13**
coucher : **20h32**

À la Sainte-Julie, la journée au lit !

Correspondance (très) intime...

« Quel est votre parfum ? Êtes-vous gourmande ? Comment est votre oreille physique ? » Ces questions, faussement pudiques, apparaissent avec d'autres dans l'une des nombreuses lettres, tout en esprit et badinage, que Maupassant échangea avec une inconnue au printemps 1884. Vive, souvent taquine, parfois boudeuse et narcissique, mais toujours exquise dans le choix de ses mots, cette admiratrice anonyme intrigue et séduit l'écrivain, qui désire la rencontrer pour lui « dire des impertinences ». Mais la jeune femme refuse, et pour cause : Marie Bashkirtseff est une aristocrate ukrainienne qui se sait atteinte de la tuberculose. Elle décédera en octobre de la même année. Si l'auteur d'Une Vie a fini par deviner l'identité de sa mystérieuse correspondante, il a toujours assuré ne l'avoir jamais rencontrée...

Solution grille chiffrée [p. 113]

	8	7	9	5	6	7	
7	5	2	3	1	4	6	10
8	3	5	6	4	2	1	3
10	6	4	2	3	1	5	6
5	2	3	1	5	6	4	10
7	1	6	4	2	5	3	8
5	4	1	5	6	3	2	5
	5	7	9	8	8	5	

Théories du complot

Les reptiliens

Quand vous êtes au milieu d'une foule, n'avez-vous pas l'impression parfois que certaines personnes ne sont pas comme les autres ? Rassurez-vous (ou pas), selon David Icke et la théorie farfelue du complot qu'il a mise au point, il y a une explication simple à cela : nous vivons parmi les reptiliens, des créatures extraterrestres venues du système solaire Alpha Draconis. Elles se cachent parmi nous dans le but de prendre le contrôle de l'humanité. Si les reptiliens parviennent à se faire passer facilement pour des humains, un œil averti comme celui d'Icke peut toutefois les distinguer. Selon lui, la dynastie mérovingienne, les Rothschild ou encore la famille royale anglaise sont à mettre sur la liste des reptiliens. Ouvrez l'œil !

MNÉMOTECHNIQUE

Doubler, c'est gagner (1)

Pour ne plus oublier de doubler les consonnes dans les mots suivants, on retiendra ces phrases.

- **Dans addition, il y a deux d, car d + d = addition.**
- **L'hirondelle prend deux l, car il lui faut absolument ses deux ailes pour voler.**
- **Les amants ont deux aimants fins.** *Les adverbes qui se finissent par le son « aman » (amants) ont deux m en fin (deux aimants fins).*
- **Deux l et deux t dans ballotter et ballottage, car il y a souvent deux listes et deux tours aux élections.**

Vendredi **9 avril**

Saint Gauthier – On fête aussi les Vadim, Gaucher

À Saint-Gauthier, on revoit les giboulées d'hiver.

1-2-3-1-2-3-1-2-3

JAMAIS DEUX SANS TROIS

En trois coups de cuiller à pot

La « cuiller à pot » était un instrument de cuisine de grande taille, presque de celle d'une louche, utilisée pour servir la ration des soldats au début du XXe siècle. Avec une cuillère d'une telle contenance, on avait vite fait de nourrir un régiment entier ou de vider le contenu d'une marmite. Trois coups de cuiller à pot suffisaient !

1-2-3-1-2-3-1-2-3

Solution mots fléchés [p. 114]

	A		S		F		D		B		M	
R	U	S	T	A	U	D	E		O	S	A	I
	T	U	E	R	I	E	S		B	A	U	D
T	O	N	N	A		M		V	E	N	G	E
	S	N	O	B	A	I	S		C	I	R	E
E	T	A		E	P	L	U	C	H	E	E	
	O		T		P	U	R	E	E		E	S
O	P	I	O	M	A	N	E		S	E	R	A
		F	U	I	R	E	N	T		G	A	P
G	I	S	A	N	T		T	I	R	E		H
	M		R	E	E	L		G	A	R	D	E
E	P	E	E		N	I	C	E		I	O	N
	O	N	G	L	I	E	R		M	E	D	E
A	R	T		U	R	G	E	R	A		U	
	T	A	T	E		E	P	A	R	S		L
P	U	M	A		A	R	I	S	T	O	T	E
	N	A	N	A	N		N	A	I	N	E	S
H	A	I	K	U		P	E	I	N	T	R	E

AVEZ-VOUS LE FORMULAIRE ?

Dans la rubrique des excellentes questions posées sur les formulaires de pré-entretien d'embauche, celle-ci mérite une place d'honneur. En effet, après avoir donné leur nom et informations personnelles, les candidats à l'embauche de cette entreprise américaine sont invités à répondre à une question piège : « Savez-vous lire ? Entourez oui ou non. » Il faut croire que les ressources humaines avaient mis leur meilleur homme sur le coup !

L'ACTU

Mieux piger les pigeons

À Paris et dans toutes les villes où ces « rats volants » pullulent, on en aperçoit souvent avec des doigts en moins ou claudiquant sur un moignon, « et la tête et l'œil bas » aurait ajouté Baudelaire. Dans ses brochures, la Ville de Paris avertit le citoyen : « Le pigeon peut parfois transmettre à l'homme des maladies, telles que les zoonoses, ainsi que des parasites, comme la puce du pigeon (*Ceratophyllus columbae*). » Pourtant, selon une étude du Muséum national d'Histoire naturelle, si les volatiles sont mutilés, ce n'est pas à cause de maladies mais de nos activités. Ils sont notamment estropiés dans les quartiers où les coiffeurs sont nombreux car, lorsqu'ils marchent au sol, des cheveux ou des fils s'enroulent autour de leurs extrémités. Cela finit par faire un garrot sur le doigt qui se nécrose et tombe. Autre enseignement de cette étude : les pigeons qui fientent sur les voitures ne sont pas nos bisets urbains, mais les pigeons ramiers qui vivent sur les arbres. Réhabilitons le pigeon des villes !

Samedi **10 avril**

Saint Fulbert – On fête aussi les Térence

Soleil
lever : **7 h 09**
coucher : **20 h 35**

À la Saint-Fulbert, tu peux te mettre au vert !

L'humanité en chiffres

2 000

C'est le nombre de générations d'aborigènes qui se sont succédé sur les terres australiennes. On pourrait traduire ce chiffre en années, avec une grosse approximation, et dire que cela fait plus de 80 000 ans que les aborigènes sont chez eux en Australie.

3.1415926535

Rétro Vermot

« Encore un conseil, mon vieux. Quand tu auras fini ta conférence, salue poliment, puisque c'est d'usage, et file sur la pointe des pieds.
– Pourquoi sur la pointe des pieds ?
– Pour ne réveiller personne. »

MONDE DE LA MER

Le premier autour du monde

Le 27 avril 1521, Magellan succombait sur l'île de Mactan aux Philippines lors d'un affrontement avec les tribus locales. La lance empoisonnée qu'il reçut au visage interrompit net son voyage autour du monde commencé le 10 août 1519 avec cinq navires et 237 hommes. Le 6 septembre 1522, 18 seulement de ses compagnons rejoignirent le port espagnol de Sanlucar. Depuis, les historiens se perdent en conjectures : sont-ce ces 18 marins qui bouclèrent le premier tour du monde à la voile ou est-ce l'amiral en tant qu'initiateur de cette entreprise ? Ou encore Henrique, l'esclave que Magellan acheta en 1511 à Malacca lors de l'un de ses premiers voyages l'amenant ensuite au Portugal puis l'embarquant lors de la circumnavigation ? Certes, ce voyage ne passa pas par le port malais, mais si près qu'Henrique put échanger dans sa langue avec des indigènes philippins avant de déserter peu après la mort de son maître. Finalement entre 1511 et 1521, Henrique tourna bien autour du monde…

Métiers d'art

« Choisir le bon archet est plus difficile que choisir le bon violon. Le fabriquer est encore plus compliqué ! » Ainsi parle Sandrine Raffin, l'une des rares archetières qui exercent en France. Dans son atelier-boutique de Paris, elle perpétue depuis 30 ans un savoir-faire né à la fin du XVIIIe siècle et qui se transmet exclusivement à l'oral : la fabrication, la restauration et la réparation des archets du quatuor. « Cette baguette de 73 cm et 60 g, qui est comme le prolongement du bras du musicien, doit aussi être en alchimie avec son instrument. Chaque archet nécessite au moins une semaine de travail. » Si Sandrine Raffin expérimente de nouveaux matériaux pour certaines de ses créations, le bois de Pernambouc et le crin de cheval demeurent indispensables. « Nos gestes et outils ont peu changé depuis François-Xavier Tourte et Dominique Peccatte, les Stradivarius de l'archet. Nous nous efforçons de proposer la baguette idéale (...) Et quand le musicien rencontre son archet, c'est magique ! »

Dimanche **11 avril**

Saint Stanislas – On fête aussi les Gemma, Stanley, Godeberte

L'ennemi est bête : il croit que c'est nous, l'ennemi, alors que c'est lui ! Pierre Desproges

WWW.

Le NET pas BÊTE

Internet est un monde fascinant, qui représente aujourd'hui beaucoup d'argent et sur lequel on passe (et on perd) de plus en plus de temps. Le site « The Useless Web » vous invite justement à perdre votre temps en connaissance de cause. En cliquant sur un gros bouton rose, cette plateforme vous envoie au hasard vers un site totalement inutile et absurde. L'outil parfait pour procrastiner ! Adresse Internet : theuselessweb.com

Étymologie

De plus en plus petit…

Le moine italien Ambrogio Calepino a publié en 1502 un dictionnaire latin, qui fut un véritable best-seller pendant plus de deux siècles. C'est ainsi qu'en italien, *calepino*, devenu nom commun, était synonyme de *dictionnaire*. Les Français, friands d'italianismes à l'époque de la Renaissance, ont emprunté le nom à leurs voisins en le francisant en calepin. Mais, peu à peu, le *calepin* a rapetissé, devenant un recueil de renseignements au XVIIe siècle, puis un agenda de poche à partir du XIXe siècle.

MUSIQUE

Son mentor est un charlot

C'est sûr, les BB Brunes (ou BBB) sont au sommet de la « branchitude » ! Ce groupe de pop rock français séduit la presse et fait fondre les petites minettes. Mais saviez-vous que derrière le côté « tendance » se cache un secret assez cocasse ? Le désir de devenir musicien de son leader Adrien est né le jour où Luis Rego lui a donné sa première guitare électrique. Oui, vous avez bien lu : LE Luis Rego des Charlots, réalisateur de l'inoubliable *Poule et frites*. Comme quoi, tout peut mener à la gloire…

Un métier qui a la classe !

PROBLÈMES DE MATHS DU CERTIFICAT D'ÉTUDES

Un coquetier a ramassé dans les fermes 42 douzaines d'œufs : 14 douzaines à 2,16 F la douzaine, 18 douzaines à 2,04 F la douzaine, et le reste à 1,80 F la douzaine. Pour faire sa tournée, sa voiture a consommé un total de 4 l d'essence à 1 F le litre, et 0,30 F d'huile.

Question 1 : Quel est le prix de revient des œufs ?

Question 2 : Sachant qu'il en revend 35 douzaines avec un bénéfice de 0,03 F par œuf vendu, et le reste (moins 1 douzaine et demie avariée) avec une perte de 0,24 F par douzaine. Quel est le prix de vente total ?

1) Le prix de revient total des œufs est de 89,26 F
2) Le prix de vente total est 100,54 F

Lundi **12 avril**

Saint Jules – On fête aussi les Zénon

Soleil
lever : **7 h 05**
coucher : **20 h 38**

À la Saint-Jules, embrasse le tien !

Métiers insolites

Cacheur de plaque

À Téhéran, pour lutter contre la pollution automobile, le gouvernement a mis en place le principe de circulation alternée : certains jours les voitures immatriculées pair ont le droit de rouler, le lendemain ce sont les impaires. Les contrevenants sont identifiés par des caméras de surveillance et sanctionnés. Pour déjouer ce système, certains Iraniens s'offrent les services d'un cacheur de plaque, qui marche derrière le véhicule (!) en cachant la plaque pour éviter que les caméras ne la repèrent.

HEUREUX MARIAGES

À la vôtre !

Si les archives de Paris conservent l'acte de mariage de Joseph Boisson avec Pauline Pinard célébré le 4 février 1896, elles ont malheureusement perdu la trace de ce qui a été servi aux invités pour le vin d'honneur… Nous n'en savons pas plus sur les libations qui suivirent l'union d'Antoine Bières avec Catherine Périé, un siècle plus tôt à Puycasquier, dans le Gers.

Nos Régions

Centre-Val de Loire

Indre/Buzançais

Le journaliste, animateur et producteur de télévision Michel Denisot est né à Buzançais le 16 avril 1945. Il a débuté sa carrière comme pigiste à Châteauroux avant de devenir une icône de la chaîne Canal + où il a présenté de nombreuses émissions à succès comme « Mon Zénith à moi », « La Grande Famille » et, bien sûr, « Le Grand Journal ». Après avoir présidé deux clubs de football français, dont le Paris Saint-Germain, il est aujourd'hui directeur de la rédaction de la version française du magazine *Vanity Fair* et s'est lancé dans la réalisation cinématographique. Mais il reste avant tout un ambassadeur fidèle de son Berry natal.

LE CHIFFRE

334 000

C'est la somme en dollars à laquelle s'est arraché, lors d'une vente aux enchères à New York, un gilet troué de Kurt Cobain, le chanteur du groupe Nirvana, porté lors de l'enregistrement d'un concert en 1993 et jamais lavé depuis. Le vendeur l'avait lui-même acquis en 2015 pour 137 500 dollars. Le gilet, un modèle forcément un peu *vintage* qui porte des marques et même un trou de cigarette, était estimé à seulement 200 000 dollars. Le concert de juillet 1993 correspond à l'apogée du groupe de rock qui a cristallisé autour de lui un mouvement musical, le grunge. Cinq mois plus tard, Kurt Cobain, dépressif et dépendant à l'héroïne, s'est suicidé. Lors de la même vente, sa guitare Fender Mustang pour gaucher utilisée durant sa dernière tournée a été vendue sensiblement au même prix : 340 000 dollars.

Mardi **13 avril**

Sainte Ida – On fête aussi les Karadeg

En avril, sors ton sex-appeal !

LA GAFFE DE L'HISTOIRE

Le sexe du ministre

En 1975, le député Robert-André Vivien, auteur du livre *Solution au problème de la prostitution*, intervenait à l'Assemblée nationale dans le débat portant sur la TVA appliquée aux publications pornographiques. S'adressant au ministre pour lui demander de proposer un texte plus ferme, il commit un lapsus mémorable en s'écriant : « Faites très attention et durcissez votre sexe ! »

RECETTE

Risotto poulet-chorizo aux deux poivrons

Pour 4 pers. **30 min de préparation** **30 min de cuisson**

400 g de riz à risotto
4 escalopes de poulet
2 oignons
1 courgette
1 poivron rouge
1 poivron jaune
100 g de chorizo (fort ou doux)
1 l de bouillon de légumes
Parmesan
Paprika
1 noix de beurre
Sel, poivre

Émincez le poulet. Pelez les oignons et ciselez-les. Lavez la courgette et les poivrons puis coupez-les en dés. Ôtez la peau du chorizo et tranchez-le.
Dans une sauteuse, faites fondre le beurre et faites dorer les oignons. Ajoutez la viande et laissez revenir 5 min. Ajoutez les poivrons et la courgette puis laissez mijoter 5 min.
Faites bouillir le bouillon de légumes.
Versez le riz dans la sauteuse et, dès qu'il est translucide, ajoutez une première louche de bouillon ; mélangez. Quand le bouillon s'est partiellement évaporé, ajoutez le chorizo.
Poursuivez la cuisson en mouillant le riz au fur et à mesure de l'évaporation du bouillon, sans cesser de remuer. Le risotto doit être crémeux mais les grains de riz rester fermes (la cuisson dure un peu moins de 20 min).
Parsemez de parmesan et de paprika, puis mélangez. Rectifiez l'assaisonnement et servez.

Le bon mot de l'histoire

13 avril 1655 : « L'État, c'est moi ! » Louis XIV

Si le monarque n'a jamais prononcé cette sentence le 13 avril 1655, il est bien établi que, ce jour-là, Louis XIV, âgé de 17 ans, affirma sa conception du pouvoir. Alors que le parlement de Paris s'apprêtait à débattre d'édits récents signés par le roi, ce dernier, furieux, interrompit la séance et exigea des édiles qu'ils ne discutassent pas ses décisions. S'ils persistaient, ils seraient responsables de troubles et seraient considérés comme des frondeurs – ceux-là mêmes qui, dirigés par le Grand Condé trois ans plus tôt, avaient été écrasés par les armées royales.

Étymologie

Ne laissons rien au hasard !

Nous avons emprunté le très vieux nom *hasard* – il est âgé de plus de 900 ans ! – à l'espagnol *azar* qui lui-même est issu de l'arabe *az-zahr*. Mais à l'origine, *hasard* désignait un jeu de dés, et en particulier le chiffre six amené aux dés, parce que *zahr* signifie « fleur » en arabe et que la face du six était ornée d'une fleur. Peu à peu, le sens a glissé de « coup heureux » à « cause imprévisible » et « concours de circonstances » et les jeux de hasard ne comprennent pas que les jeux de dés.

Saint Maxime – On fête aussi les Ludivine, Donan, Tiburce

Soleil
lever : **7h01**
coucher : **20h41**

Pour la Saint-Maxime, vacances à Saint Trop' !

Pièges de l'ortografe

Capitales et majuscules

Savez-vous faire la différence, en matière de caractères d'imprimerie, entre capitales et majuscules ? La plupart du temps on les confond, alors que les majuscules sont uniquement en début de mot. Même si celui-ci est écrit entièrement en lettres capitales, même si elles sont toutes de la même taille, seule l'initiale du mot peut être qualifiée de majuscule.

Ça c'est vache
Les plus belles crasses

Roberto Rojas, un footballeur international chilien, avait pour objectif de faire gagner sa patrie lors des qualifications aux mondiaux de 1990, dans un match face au Brésil. À ces fins, il avait une stratégie : lors d'une cohue et alors que les supporters brésiliens lançaient des projectiles sur le terrain, Rojas sortit une lame de son gant et s'entailla l'arcade. Il prétendit avoir été blessé par un objet et les Chiliens exigèrent la disqualification du Brésil. Mais c'était sans sans compter sur une vidéo qui révéla le pot-aux-roses...

Histoires paranormales

Revenants et revenus

Dans *Ursule Mirouët*, Balzac raconte comment une jeune fille, dépouillée de son héritage par d'autres héritiers sans scrupules, voit à plusieurs reprises le spectre de son parrain et père adoptif. Apparaissant dans ses rêves mais aussi en plein jour, le fantôme révèle à Ursule la cachette de son testament et les malversations de ses spoliateurs, ce qui permet à sa filleule de les confondre. Tout au long du roman, Balzac fait débattre ses personnages sur les revenants : existent-ils ? Sont-ils dus au magnétisme ou voulus par Dieu ? Or, quand Zélie demande à l'abbé Chaperon : « Croyez-vous aux revenants ? », il répond : « Croyez-vous aux revenus ? » Nul doute que ce curé est ici le porte-parole de Balzac, dont la *hantise*, comme celle des bourgeois de ses romans, est… l'argent !

GRANDS MOMENTS DU CYCLISME

Le malheur des uns fait le bonheur des autres, dit-on. Une étape, celle du 12 juillet 1971, absolument incroyable et surtout résolument mythique, nous prouve que le dicton n'a pas tort. Ce jour-là, le favori, Luis Ocana, tombe et se blesse. Il dit adieu à son Tour sur la descente du col de Menté, et c'est ce que l'histoire a retenu. Pourtant, cette chute en a caché une autre aux conséquences bien moins dramatiques : alors qu'Ocana est resté sur le tapis, Merckx, qui avait été pris dans la même chute, a pu repartir avec son vélo et s'envoler vers la victoire. Lui qui avait sept minutes de retard sur le coureur espagnol au classement général, put assurer sa troisième victoire sur le Tour grâce à cette funeste journée. Inoubliable.

Soleil
lever : **6h59**
coucher : **20h42**

Jeudi **15 avril**

Saint Paterne – On fête aussi les Basilisse, César

À la mi-avril, fuis l'ami débile !

Métiers insolites

Demoiselle d'honneur

Vous êtes une femme, vous vous mariez bientôt et vos amies les plus proches ne sont pas disponibles ? Ou bien vous avez peur des manières un peu cavalières de certaines d'entre elles ? Pas de problème, vous pouvez, comme en Chine, faire appel à des demoiselles d'honneur professionnelles qui viendront à votre mariage, prétendront être vos amies et régaleront par leur jovialité et leur politesse tous les autres invités. Et après tout, pourquoi pas ?

ÇA C'EST... Faits divers

Révélée par le *New York Times*, l'affaire embarrasse la Nasa, car elle implique l'une de ses astronautes, accusée d'usurpation d'identité et d'accès irrégulier à des données financières. Entre décembre 2018 et juin 2019, alors qu'elle séjournait à bord de la Station spatiale internationale, Anne McClain aurait consulté, sans sa permission, le compte bancaire de Summer Worden. Selon l'avocat de l'astronaute, il s'agissait d'un compte joint, ouvert par les deux femmes avant leur séparation. Quoi qu'il en soit, même si le délit était reconnu, encore faudrait-il savoir depuis quel module il a été commis ? À bord de l'ISS, la juridiction pénale qui s'applique dépend non seulement de la nationalité de l'astronaute, mais aussi de celle du module qui peut être américain, russe, japonais, canadien, voire européen. Une chose est sûre : Anne McClain, à défaut d'effectuer la première sortie spatiale 100 % féminine de l'histoire faute de combinaison à sa taille, inaugure la rubrique « crimes et délits » dans l'espace.

Chers disparus

Les bromes européens

Sous le nom de « brome » (sans rapport avec l'élément chimique) on désigne différentes graminées dont la particularité est de se répandre dans les champs d'épeautre. Présents autrefois dans toute l'Europe, les bromes sauvages ont été complètement anéantis par les pesticides. On tente aujourd'hui de les réimplanter à partir de bromes cultivés, au nom de la biodiversité.

Théories du complot

Le crash extraterrestre

Quand, en 1947, un objet volant non identifié s'écrase dans un ranch près de Roswell, au Nouveau-Mexique aux États-Unis, la population est persuadée d'avoir assisté à un crash d'engin extraterrestre. La rumeur se propage comme une traînée de poudre, et l'armée ne peut rien faire d'autre que de démentir en affirmant que c'était un ballon météorologique on ne peut plus conventionnel qui s'est écrasé ce jour-là. Mais rien n'y fait, les habitants de Roswell et la population américaine est convaincue. Le gouvernement et l'armée américaine publieront tour à tour des preuves détaillées et fournies sur la nature du crash de 1947, mais cela ne suffira jamais face à des théoriciens du complot persuadés qu'on leur ment.

Saint Benoît-Joseph – On fête aussi les Padern, Druon, Galina

Soleil
lever : **6h57**
coucher : **20h44**

Bon anniversaire à la reine Margrethe II du Danemark !

Notto — Dico

CORSE (LA), n. pr.
Dépendance territoriale française indépendante.

COUVERTURE, n. f.
Pièce de tissu destinée à cacher les activités d'espionnage des agents secrets.

COW-BOY, n. m.
Jeanne d'Arc au masculin préférant garder les vaches plutôt que de compter les moutons.

CRAMPON, n. m.
Équipement sportif permettant à tout joueur de refaire le visage de son adversaire lors d'une compétition de foot ou de rugby.

CRÉDIT, n. m.
Épée de Damoclès reliée à un nœud coulant.

Charade syllabique

Mon premier est un coléoptère. _ _ _ ABE

Mon deuxième est un jeu d'enfant. _ _ _ _TTE

Mon troisième est un poisson de mer, voisin du hareng. _ _ OSE

Mon quatrième suit aujourd'hui. _ _ MAIN

Mon cinquième est un élément d'assemblage. _ _ VET

Mon sixième est un passage étroit navigable. _ _ _ NAL

Mon septième est un peuplier noir utilisé en vannerie. _ _ ARD

Mon huitième est l'autre nom de l'anaconda. _ _ NECTE

Mon tout fut le principal ministre du roi Louis XIII.

CARDINAL DE RICHELIEU (CAR – DÎNE – AL – DE – RI – CHE – LI – EU)

Nos Régions

Corse

Le 10 mars 1776, sept ans après le rattachement de la Corse à la France, le roi Louis XVI émet un interdit pour l'ensemble du territoire, empêchant les inhumations dans les églises pour des raisons de salubrité. Sur l'île de Beauté, il faut attendre 1812 pour que cet édit soit respecté et que chaque paroisse ouvre un cimetière. Dès lors, les morts ne sont plus enterrés dans l'arca, une tombe collective creusée directement dans l'église permettant aux croyants d'être au plus près de l'éternité. La Bretagne, quant à elle, avait précédé toute la nation puisqu'elle avait déjà promulgué le même interdit… au début du XIIIe siècle !

Au Jardin

Fleurs annuelles

Les fleurs annuelles sont les grandes oubliées des jardins d'aujourd'hui. Elles ne durent certes qu'une saison mais offrent une floraison abondante et de longue durée, ce qui permet de renouveler le décor d'une année sur l'autre. En outre, elles attirent les papillons et les abeilles, ce qui justifie leur place dans un potager ou un verger. Elles ne demandent guère de soins, il suffit de les semer en avril-mai. Parmi les plus mellifères, choisissez l'alysse odorante, idéale en bordure, le grand cosmos, le lupin annuel avec ses gros épis colorés, ou encore des espèces en régression ou menacées dans les campagnes comme le chrysanthème des moissons, la marguerite dorée à fleurs jaunes, le bleuet, la nielle des blés à fleurs roses, ou le réséda jaune, romantique et très parfumé.

Samedi 17 avril

Saint Anicet – On fête aussi les Anicette, Marianne

Gros vent d'avril, gare aux tuiles !

WWW.

Le NET pas BÊTE

Vous avez égaré le mode d'emploi de votre télécommande, acheté sur une brocante un appareil électronique sans notice, ne comprenez rien à ce manuel d'installation en anglais ? Pas de panique ! Plusieurs sites proposent de télécharger gratuitement et en français des milliers de notices pour des centaines d'appareils. Adresses Internet : central-manuels.com ; www.manuel-notice.fr ou mesnotices.20minutes.fr

1-2-3-1-2-3-1-2-3

JAMAIS DEUX SANS TROIS

Un de ces quatre

L'expression complète est de « un de ces quatre matins », utilisée dès la seconde moitié du XIXe siècle. À cette époque, les enfants n'avaient que quatre jours d'école par semaine et tous les événements (interrogations, punitions, récompenses, etc.) risquaient d'arriver n'importe quand mais forcément dans un temps court, c'est-à-dire « un d'ces quat' ».

1-2-3-1-2-3-1-2-3

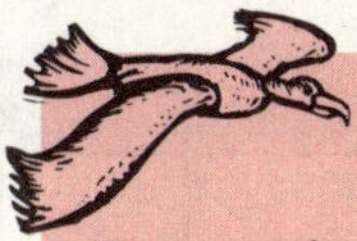

NOMS D'OISEAUX !

Rossignol

Comme le rossignol produit un chant mélodieux, on attribue tout naturellement ce nom à un chanteur ou une chanteuse d'exception, telle la Castafiore d'Hergé surnommée « le rossignol milanais » – tant redoutée du capitaine Haddock ! Mais un « vieux rossignol » est plutôt un objet démodé, ou un invendu, tels certains livres perchés (comme l'oiseau) sur les plus hautes étagères des librairies. L'expression évoque aussi les cages à oiseaux longtemps pendues au même clou. Et dans la sphère matrimoniale, un vieux rossignol, c'est un moche, un défraîchi ou un mal fichu, dont personne ne veut.

Tout est relatif...

(Espace temps)

Stupéfiant trou blanc

Si le trou noir n'a (presque) plus de secret pour vous, avez-vous déjà entendu parler de cet autre phénomène astronomique, le « trou blanc » ou « fontaine blanche » ? Grosso modo, il s'agirait de l'opposé d'un trou noir : alors que rien – ni matière ni rayonnement – ne peut s'échapper de ce dernier, rien – ni matière ni rayonnement – ne pourrait pénétrer dans un trou blanc. Mais contrairement au trou noir, le trou blanc n'est encore à ce jour qu'un objet de l'esprit, imaginé par le physicien russe Igor Novikok en 1964. Certains considèrent qu'il s'agirait en fait de « la sortie » d'un trou noir, les deux communiquant par ce que l'on appelle un « trou de ver » (autre objet de l'esprit). À moins que le trou blanc représente la fin de vie d'un trou noir ? Reste à la science de confirmer ou d'infirmer son existence. Patience !

Dimanche **18 avril**

Saint Parfait – On fête aussi les Panthéa, Ursmer

Soleil
lever : **6h53**
coucher : **20h47**

C'est la Saint-Parfait - c'est ma fête !

NOMS D'OISEAUX !

Pigeon

Pourquoi sont-ce des pigeons que l'on plume, c'est-à-dire que l'on soulage de leur argent, plutôt que des perdreaux ou des canards ? Mystère... Quoi qu'il en soit, ces gogos se font gentiment dévaliser au bonneteau ou aux cartes, mais surtout par les lorettes et les demi-mondaines. Valtese de la Bigne, née en 1848 et courtisane de premier plan, aurait conseillé à Anne-Marie Chassaigne, qui voulait suivre ses traces, de se faire appeler Liane de Pougy avec cet argument d'experte en volaille : « On ne peut garder, pour plumer les pigeons, le même nom que pour garder les oies ! »

Le coin lecture

Un été avec Homère, de Sylvain Tesson

Drôle, épique, *Un été avec Homère* propose au lecteur de partir en voyage en Grèce en compagnie d'Ulysse et du poète Homère. Une navigation en Méditerranée sur les traces des mythes grecs que Sylvain Tesson raconte en les mettant en perspective avec notre monde actuel. Ainsi, les sirènes qui tentent d'envoûter Ulysse sont comparables, selon l'auteur, à l'emprise qu'exercent Facebook, Google ou Amazon dans notre quotidien… Un merveilleux livre, plein de poésie, de finesse et d'humour qui nous fait découvrir ou redécouvrir une mythologie dont les thèmes restent, ô combien, d'actualité.

MICHELIN FERME SES USINES ...

L'humanité en chiffres

1 800

C'est l'année (approximativement, bien sûr) où la population humaine mondiale a dépassé le milliard pour la première fois de son histoire, en raison notamment de la première révolution industrielle qui a permis de grands progrès médicaux et des changements de mode de vie.

3 . 1 4 1 5 9 2 6 5 3 5

L'ACTU

Mort (bien) vivant

Un corps peut bouger plus d'un an après la mort ! La découverte a eu lieu dans la « ferme des morts », un centre de recherches en médecine légale installé en périphérie de Sydney (Australie). Afin d'améliorer un système utilisé pour estimer l'heure de décès, Alyson Wilson, diplômée en criminologie, a photographié pendant un an et demi les mouvements de l'un des cadavres entreposés dans l'établissement. Sa conclusion : les corps ne reposent pas en paix. En effet, si la rigidité cadavérique est l'un des signes biologiques de la mort, elle disparaît lorsque commence la décomposition. Alors le corps se (re)met en mouvement. Les chairs se momifient, les ligaments et les vaisseaux s'assèchent. Sans compter l'action d'éventuels insectes, et celle des gaz issus de la biodégradation. Ainsi, des bras initialement le long du corps peuvent se retrouver déplacés sur les côtés, voire revenir à leur position. Ces observations pourraient aider à réduire le nombre de mauvaises interprétations d'une scène de crime.

Lundi **19 avril**

Sainte Emma – On fête aussi les Garnier, Timon, Verny

À la Sainte-Emma, ne sois pas stone !

EXPRESSIONS IMAGÉES

Tourner sept fois sa langue dans sa bouche avant de parler

Dans l'Ancien Testament, on trouve la sentence suivante, attribuée au roi Salomon : « Le sage tourne sept fois sa langue dans sa bouche avant de parler. » Le choix du chiffre sept est symbolique, il revient fréquemment dans l'histoire de l'humanité : les 7 péchés capitaux, les 7 jours de la semaine, les 7 couleurs de l'arc-en-ciel, les 7 notes de la gamme…

ILS ONT DIT

« Un touriste se reconnaît au premier coup d'œil. C'est un individu habillé d'une manière telle que, s'il se trouvait dans son propre pays, il se retournerait dans la rue en se voyant passer. »

Philippe Meyer

NOTTO DICO

CREVAISON, n. f.
Pour un pneu, c'est comme la dépression chez les humains : d'un coup il se sent complètement à plat et inutile.

CROTTOIR, n. m.
Trottoir tapissé de crottes. Spécificité française.

CUILLÈRE, n. f.
Couvert évitant d'avoir à laper sa soupe pour pouvoir la déguster.

DÉFAITE, n. f.
Victoire fortement compromise dans l'immédiat.

DÉMOCRATIE, n. f.
Système politique où, par paresse, le peuple laisse la souveraineté à quelques élus.

CHAUD DEVANT !

ANIMAUX À LA RESCOUSSE

Comment ralentir le dégel du permafrost (voir l'article du 29 mars) ? En réintroduisant dans les régions concernées des herbivores supportant leur rude climat. Cela stimulerait la croissance de graminées, qui ont la capacité de réfléchir le rayonnement solaire, freinant ainsi le réchauffement du sol. Des chercheurs russes ont commencé à tenter l'expérience avec des rennes, des bisons et des chevaux, espèces déjà présentes pendant les périodes glaciaires de la préhistoire. Grâce aux progrès de la génétique, c'est désormais le mammouth laineux qu'ils envisagent de réintroduire !

Voyager par les séries TV

Braquo et *Dix pour Cent*

Paris, nuit et jour. Même si elle n'est pas le centre du monde – ni des séries –, Paris ne perd rien de sa superbe et reste cinégénique en toutes circonstances. Avec le polar *Braquo*, on se lance dans une course-poursuite échevelée le long des grilles du jardin du Luxembourg, on reprend son souffle sur les quais de Seine, avant de s'engouffrer dans des tunnels bleutés au son des gyrophares. Même ville mais ambiance radicalement différente avec *Dix pour Cent*. Ici, on se cantonne aux « arrondissements à un chiffre, parce que les autres sont trop loin ». Donc Ier, 2e, 3e, éventuellement 4e et 5e pour ces agents d'acteurs et d'actrices qui courent après les contrats, composent avec les caprices des stars et sauvent (ou pas) des tournages. Ici, c'est le Paris des magazines, à la fois intime et inaccessible.

Mardi **20 avril**

Sainte Odette – On fête aussi les Odiane, Théotime

Soleil
lever : **6h49**
coucher : **20h50**

À la Sainte-Odette, planque tes pépètes !

Nos Régions

Grand Est

Marne/Songy

En septembre 1731, une jeune fille à demi-nue, se déplaçant d'arbre en arbre et buvant à quatre pattes comme un animal, fut recueillie par le châtelain de Songy avant d'être placée à l'hospice Saint-Maur de Châlons-en-Champagne. Lorsque la mémoire et le langage lui revinrent, elle raconta son incroyable histoire. Née vers 1712 en Nouvelle-France (actuel Wisconsin) dans la tribu amérindienne des Renards, Marie-Angélique Le Blanc fut vendue comme esclave et ramenée jusqu'à Marseille en 1720. Maltraitée, elle s'enfuit et traversa la France jusqu'en Champagne où elle vécut dix ans à l'état sauvage…

Au secours… de l'impossible

Une légende urbaine affirme qu'une mère, sous l'effet de la panique, peut soulever une voiture pour sauver son enfant. Et si cette légende n'en était pas une ? C'est ce que tend à prouver l'histoire de Tom Boyle, survenue en 2010. Alors qu'il marche dans la rue, Tom est témoin d'un accident entre une voiture et un cycliste, qui finit coincé sous le véhicule. Tom Boyle se rue alors vers le lieu de l'accident et, sans réfléchir, passe ses mains sous le pare-chocs avant de la Chevrolet Camaro… et tire. Et là, chose incroyable : le véhicule de 1,360 tonne se soulève et le cycliste se glisse hors de son piège mortel. La force du sauveteur héroïque a été décuplée sous l'effet de l'adrénaline, à tel point qu'en rentrant chez lui il s'est découvert huit dents brisées, conséquence de la force avec laquelle il serrait les mâchoires au moment de son exploit !

LES ENFANTS PARTICIPENT AUX TÂCHES MÉNAGÈRES

M. et Mme Xire
Pharmaciens
ont la joie de vous annoncer la naissance de leur fille

ELIE

Solution : ELIE XIR (Élixir)

LE CHIFFRE

50

C'est le nombre d'années qu'il a fallu pour retrouver une bouteille jetée à la mer en 1969. Tyler Ivanoff l'a découverte sur une plage en Alaska. À l'intérieur, un message en cyrillique daté du 20 juin 1969 : « À quiconque trouve cette bouteille, nous vous demandons de le signaler à l'ensemble de l'équipe du Sulak de la ville de Vladivostok. Nous vous souhaitons une bonne santé, de nombreuses années à vivre et bon vent ! » Le Sulak étant un navire-mère de la flotte soviétique, des journalistes sont remontés jusqu'à Anatolii Prokofievich Botsanenko, capitaine de la marine russe à la retraite. Mais si celui-ci a bien navigué durant plusieurs années sur ladite embarcation et qu'il a vaguement reconnu son écriture, il ne se souvient pas avoir lancé de bouteille à la mer ! Tyler Ivanoff ayant précisé avoir senti une odeur d'alcool en débouchant sa trouvaille, le message du passé n'est peut-être que le vestige d'une soirée bien arrosée entre marins dans le détroit de Béring.

Soleil
lever : **6h48**
coucher : **20h51**

Mercredi **21 avril**

Saint Anselme – On fête aussi les Anceline, Lancelot

En avril, bas ou haut, tout arbre a son loriot.

Le bon mot de l'histoire

5 avril 1794 :
« Tu montreras ma tête au peuple, elle en vaut bien la peine ! »
Georges Danton

Après les Girondins de Madame Roland et Condorcet, les « enragés » d'Hébert, c'est au tour des « indulgents » de Danton et Desmoulins d'être mis en accusation par le Comité de salut public. Arrêtés le 30 mars 1794, les dantonistes sont condamnés à mort le 5 avril et guillotinés le jour même. C'est le poète Antoine Vincent Arnault, témoin de la scène, qui rapportera les derniers mots de Danton quelques années plus tard.

Rébus
bande LETTRIQUE
Pièces de
théâtre françaises

ALEXANDRE ←
ALEXANDRE
ALEXANDRE

Alexandre le Grand, Jean Racine

VERMOT'ROSCOPE

TAUREAU (21 avril – 21 mai)

Caractère

Observateur, terre à terre, concret, organisé, volontaire, déterminé, voire buté, résistant, travailleur, sensible, sensuel, bon vivant, épicurien, fidèle, fiable, sincère, ambitieux.

Le message des astres

De mars à juillet, Saturne et Uranus, dans une sorte d'épreuve de force, viendront taquiner vos nerfs. Vous serez moins patient et plus facilement irritable. Heureusement, en juin et juillet, Jupiter viendra soulager vos tensions. Elle sera votre porte de sortie en vous donnant l'occasion de trouver des solutions à vos petites problématiques.

Vie relationnelle

Cette année, vous ferez de belles rencontres et vous élargirez vos horizons amicaux. Le printemps sera propice à la bonne humeur et aux échanges. En novembre, trompez l'ennui aux côtés de vos amis.

Amour

En couple, certains d'entre vous devront revoir leurs priorités ou leur mode de fonctionnement. Ce ne sera pas l'année la plus facile, et ce, même si vous êtes accompagné. Vous devrez vous attendre à pas mal d'incompréhensions ou de tensions. En janvier, l'ambiance sera explosive. Mettez de l'eau dans votre vin. En avril, faites la chasse aux habitudes. En juillet, laissez-vous surprendre. Soyez moins dans la raison. D'août à octobre, donnez libre cours à vos sentiments.
Célibataire, 2021 sonnera comme un tournant. Ainsi aurez-vous l'occasion de clore un chapitre de votre vie sentimentale. Plus vous avancerez dans les mois et plus vous vous sentirez prêt à vous ouvrir à d'autres influences.

Famille

Vous aurez du mal à vous montrer disponible. Certains entretiendront des relations à la carte, d'autres s'interrogeront sur les liens qui les unissent à leurs proches. 2021 sera une période de réflexion intense autour de la notion de filiation.

Quotidien et vitalité

Cette année, vous céderez plus facilement au stress. De fait, vous serez en quête de calme et fuirez les tensions. Ce sera le bon moment pour redéfinir vos aspirations ou faire le point sur vos désirs. La fin du printemps ainsi que l'été seront difficiles. Pensez à vous préserver. Faites des pauses et reposez-vous régulièrement.

Budget

Vous saurez parfaitement gérer vos finances et maintenir un bon équilibre budgétaire sans jamais être dans le rouge.

Comment optimiser votre année

Évitez de trop cogiter. Ne ruminez pas. Lâchez prise. Prenez du recul et ne soyez pas trop buté ou entêté. Montrez-vous adaptable et ouvert d'esprit.

Jeudi **22 avril**

Saint Alexandre – On fête aussi les Sacha, Opportune

Soleil
lever : **6 h 46**
coucher : **20 h 53**

Chanson de printemps, chansonnette d'amour, Chanson de vingt ans, chanson de toujours. Charles Trenet

Nos Régions

Hauts-de-France

Nord/Roncq

La famille Couvreur, de Roncq, est dans le lait depuis dix générations ! Aujourd'hui, l'exploitation familiale s'étend sur plus de 40 ha et possède un cheptel d'environ 65 vaches laitières. Des rouges flamandes et des holstein qui fournissent environ 650 000 litres de lait par an, et permettent ainsi l'élaboration à la ferme de plus de vingt variétés de fromage, comme le « Carré du Vinage », le « Saint Paulin fermier », la « Tomme du Ferrain » ou encore le « Petit Vinageois ». Une belle illustration de l'alliance entre tradition et modernité dans les productions artisanales de nos terroirs !

Compiler les Perles

Quelle bonne surprise !

Qui l'a dit ? Un vacancier avec un vrai sens de la déduction, mais qui sait apprécier les plaisirs simples de la vie et les bonnes surprises. La perle : « Oh, mais c'est génial, il y a des poissons ! Ah ça… Je savais qu'il y avait des aquariums, mais pas qu'il y avait des poissons dedans ! » Évidemment, on brûle de lui demander : « Mais que pensiez-vous trouver dans les aquariums, sinon des poissons ?! » Qui sait…

ILS ONT DIT

« Ma femme et moi avons été heureux vingt-cinq ans. C'est à cet âge-là que nous nous sommes rencontrés. »

Sacha Guitry

L'ACTU

Eurêka-ca !

La France n'a toujours pas de pétrole, mais elle a encore des idées ! La patrie des Lumières et des Droits de l'homme vient en effet d'apporter une nouvelle contribution capitale au bien-être du genre humain : l'invention du rouleau de papier de toilette sans tube en carton au milieu. Cette innovation qui devrait révolutionner tout le secteur a été mise en place dans l'usine Essity de Gien, dans le Loiret. Immédiatement adopté par plusieurs marques leaders, ce rouleau sans tube aura nécessité cinq longues années de recherches. Aujourd'hui, alors que sa fabrication tourne à plein régime, pas question de dévoiler le secret du rouleau de papier toilette sans mandrin – nom du tube en carton dans le métier. « On part tous avec les mêmes ingrédients, mais après il y a la touche personnelle qui fait qu'on réussit ou non ! », explique Helder Marcelino, directeur de l'usine de Gien. Un peu comme pour une recette de cuisine…

L'ILLETTRISME NUMÉRIQUE TOUCHE 17% DE LA POPULATION

Fils et filles de…

Quand on est fils de grand champion sportif, il doit être particulièrement difficile de suivre la même voie, au risque de devoir subir les inévitables – et parfois vexantes – comparaisons avec papa. Joakim Noah, le fils du tennisman et chanteur français Yannick Noah, a trouvé la parade : devenir sportif professionnel… dans un autre sport. Mesurant plus de 2,10 m, c'est le basket et les États-Unis que l'athlétique fils de Noah a choisis pour exercer et développer sa carrière. Et on peut dire que c'était une bonne idée : Joakim a aligné deux titres universitaires nationaux et a joué pour des équipes prestigieuses telles que les Chicago Bulls et les Knicks de New York. Bien joué !

Vendredi **23 avril**

Saint Georges – On fête aussi les Gorgia, Fortunata, Gordon, Jordi

À la Saint-Georges, draguons !

MUSIQUE

Diva capricieuse

Aussi grand par le talent que petit par la taille, le chanteur Prince était connu pour ses excentricités. Une fois, il a exigé d'aller à Cannes la veille de l'ouverture du festival. Évidemment, les avions étaient complet, et il n'y avait plus aucune chambre d'hôtel libre. Son équipe s'est démenée et a réussi l'exploit de tout organiser en un temps record. Cinq minutes avant d'arriver à l'aéroport, Prince a décrété que, finalement, il n'en avait plus envie. En matière de caprice, Prince était en réalité… un roi !

CONTRE LE GASPILLAGE :
LES BONNES VOLONTÉS S'ORGANISENT !

Correspondance (très) intime…

« Il me tarde que tu soies là. Si tu savais comme j'ai envie de faire l'amour, c'est inimaginable. C'est à chaque instant la tentation de saint Antoine ! » Ce court extrait est en vérité bien sage comparé aux dizaines de passages particulièrement crus qui figurent dans les sublimes lettres – et poèmes – de Guillaume Apollinaire à Lou. Les amants se sont rencontrés en 1914, se sont revus plusieurs fois dans le sud de la France avant que le poète ne parte pour le front. Ils se sont alors beaucoup écrit. Et on a découvert dans plusieurs lettres que Louise de Coligny-Châtillon, dite « Lou », savait fort bien répondre à la beauté torride des mots d'Apollinaire : « Je voudrais t'embrasser, te prendre, te boire… t'embrasser, te caresser de ma langue partout ! partout !… »

Vino populum

Grignan-les-adhémar

On l'appelait autrefois coteaux-du-tricastin. Au sud de Montélimar, sur les terrasses de la rive gauche du Rhône, ce n'est pas tant la vigne que le lavandin qui frappe le voyageur. Et pourtant, on y produit un bon vin rouge fruité et gouleyant, parfois plus corsé quand le cépage syrah est majoritaire sur le grenache. En février, à Saint-Paul-Trois-Châteaux, la fête de la Truffe et du Vin est l'occasion de se faire plaisir avec une savoureuse omelette… aux truffes.

PROBLÈMES DE MATHS DU CERTIFICAT D'ÉTUDES

Un marchand de charbon achète 20 tonnes d'anthracite. On trie le charbon et on en tire 18 tonnes de grain, vendu 7,80 F le sac de 50 kg. Le poussier restant est transformé en boulets et donne 38 sacs de 50 kg vendus 5,50 F l'unité. Les frais de transport s'élevaient à 85 F, les frais de triage et de transformation se montent au total à 74 F.

Question 1 : Quel était le prix de vente total du charbon ?
Question 2 : Le marchand ayant réalisé un bénéfice total de 438 F, combien avait-il payé la tonne d'anthracite au moment de l'achat ?

1) Le prix de vente total est de 3 017 F.
2) Le prix d'achat d'une tonne d'anthracite par le marchand était de 121 F.

Pour la Saint-Fidèle, change donc de gazelle !

Nos Régions

Île-de-France

La région Île-de-France, instituée dans sa forme actuelle en 1976, est née du domaine royal constitué depuis le xe siècle par les rois Capétiens. Plusieurs explications se revendiquent être la clé de son nom. Pour certains, c'est parce que le territoire est délimité par l'Oise, la Marne et la Seine qu'elle peut être assimilée à une « île ». Pour d'autres, il faut revenir à l'ancienne langue franque qui qualifiait la région parisienne de « Liddle Franke », c'est-à-dire « Petite France ». La déformation de prononciation aurait mené à la naissance de « l'Île-de-France ».

La dictée du mois Des parents exemplaires

Mon père et ma mère étaient deux bonnes gens qui vivaient, depuis nombres d'années, au fond d'un vieux jardin retiré du Marais. S'était un ménage exemplaire. Pendant que ma mère, assise dans un buisson fourré, pondait réguliéremment trois fois par an, et couvait, tout en someillant, avec une religion patriarcale, mon père, encore fort propre et fort pétulent, malgré son grand âge, picorait autour d'elle toute la journée, lui apportant de beaux insectes qu'il saisissaient délicatement par le bout de la queue pour ne pas dégoûter sa femme, et, la nuit venue, il ne manquait jamais, quant il faisait beau, de la régalait d'une chanson qui réjouissait tout le voisinage.

Alfred de Musset, Histoire d'un merle blanc, *1842.*

Solution : nombre, C'était, régulièrement, sommeillant, pétulant, saisissait, quand, régalerpromenait

Voitures célèbres

Peugeot 406

Commercialisée à partir d'octobre 1995, la 406 s'est vendue à plus de 1,6 million d'exemplaires. Élue voiture de l'année 1995, elle doit son succès à une ligne classique et élégante, une excellente tenue de route ainsi qu'une conduite vive, joueuse mais sûre, qui fait nettement mieux que la concurrence à l'époque. Mais c'est aussi grâce au film *Taxi* que la 406 est restée dans les mémoires. Six modèles spécifiques ont été nécessaires pendant le tournage, comme celui issu du championnat allemand de super-tourisme, ou cet autre permettant au taxi de se transformer, ou encore un modèle doté d'un volant supplémentaire à droite pour qu'un pilote professionnel puisse conduire à la place de Samy Naceri qui faisait semblant !

Soleil
lever : **6h40**
coucher : **20h57**

Dimanche **25 avril**

Saint Marc – On fête aussi les Marcia, Clarence, Ermin, Héribald

Avril en crachin, fortune du médecin.

Souvenir des Déportés

LUTTES ET HÉROS POPULAIRES
JOSHUA WONG

Quand on parle de luttes et de héros populaires, on pense souvent à des faits lointains. Pourtant, certains de ces combats sont actuels : c'est le cas de la « révolte des parapluies » initiée en 2014 par Joshua Wong, un jeune Hongkongais d'à peine 18 ans au moment des faits. Engagé en politique et militant contre le pouvoir pékinois devenu fou de répression et de manipulation des esprits, Joshua s'est rebellé pour la première fois contre la mise en place de cours patriotiques à l'école. Il a fondé le mouvement Scholarism et a convaincu plus de 100 000 personnes de manifester devant le siège du gouvernement. Malgré la surveillance policière, Joshua Wong continue de galvaniser les foules de contestataires.

NOTTO DICO

CONCUBINAGE, n. m.
Couple en transit à destination du PACS ou du mariage.

CONSONNE, n. f.
Imbécile qui frappe à la porte.

CONSTELLATION, n. f.
Jeu de points à relier stellaire.

CONTACT, n. m.
Relation que l'on cherche à établir en vue d'un gain (argent, amour ou sexe). Si le contact permet d'obtenir les trois ensemble, on parle alors d'un bon contact.

CONTRARIÉTÉ, n. f.
Ennui, dépit causé par l'opposition que l'on rencontre en été. Voir CONTRARHIVER.

DEVINETTES

Nous sommes contents de le trouver
Quand nous désirons être protégés,
Nous ne désirons pas y être enfermés
Car nous ne jouissons plus de liberté.

Qu'est-ce que c'est ?

Réponse : L'asile

ÇA C'EST... Faits divers

Été 2019, île d'Oléron. Même le *New York Times* en parle... Des voisins, gênés par le chant du coq Maurice, portent plainte contre l'animal et son propriétaire. Mais le tribunal correctionnel de Rochefort les déboute. Hourra ! Dans l'euphorie, un député propose une loi Maurice pour protéger le son de nos campagnes. Pourtant, loin des médias, les querelles continuent. À Boursin, dans le Nord, une plainte pour tapage nocturne est enregistrée contre les coqs Gilles et Bébert ; le propriétaire de Prince, volatile d'Arles-sur-Tech, dans les Pyrénées-Orientales, a été convoqué au tribunal d'instance de Perpignan ; à Soustons, dans les Landes, une cinquantaine de canards et d'oies sont accusés de caqueter trop fort ; à La-Bastide-du-Salat, la situation est entre les mains d'un médiateur... Après la condamnation de l'un de ses administrés pour « troubles anormaux du voisinage » à cause de la rengaine matutinale de son coq, le maire de Saint-Sylvestre, en Haute-Savoie, a signé un arrêté autorisant les gallinacés à chanter sur sa commune afin d'en « préserver le caractère rural ».

Lundi 26 avril

Sainte Alida – On fête aussi les Alda, Aldona, Espérance

Soleil
lever : **6 h 38**
coucher : **20 h 58**

Il n'est si joli mois d'avril qui n'ait son chapeau de grésil !

Rétro Vermot

« Jeanne, c'est une charmante femme, je ne lui connais qu'un défaut : c'est de s'ennuyer partout.
– Oh, elle en a un très grand : c'est de ne pas être égoïste.
– … ?
– Dame, elle ennuie aussi les autres. »

Ça s'est passé

Le 26 avril 121

Le philosophe Marc Aurèle, qui tiendra les rênes de l'Empire romain de 161 à 180, voit le jour à Rome.

HEUREUX MARIAGES

Les bons et les méchants

En se mariant avec Désirée Villain le 4 mars 1880 à Marcilly-la-Campagne, dans l'Eure, Théodore Gentil a sans doute fait la bonne action de sa vie ! Mais que dire alors d'Émile Mauvais qui épousa le 22 février 1876 à Briel-sur-Barse, dans l'Aube, Anna Villain ? Nul doute que leurs enfants durent ensuite se forger leur propre réputation à l'école, au-delà de leur patronyme !

CHAUD DEVANT !

MON BEAU GAZON, QUE J'AIME TA VERDURE !

Les Américains sont réputés pour leur pragmatisme. Exemple parmi d'autres dans le cadre du réchauffement climatique : votre gazon est sec, très sec ? Sa teinte jaunâtre vous déprime ? Les restrictions d'eau vous empêchent de lui rendre sa verdeur ? Qu'à cela ne tienne : teignez-le ! Eh oui, il existe des peintures vertes non toxiques (à base d'algues), dont la couleur est garantie pendant trois mois. Pratiquée aux États-Unis dès les années 1950 pour reverdir les greens de golf, cette technique est au moins une alternative écologique au gazon synthétique !

RECETTE

Agneau de 7 heures aux petits légumes confits

Pour 6 pers. — 1 h de préparation — 7 h de cuisson

1 épaule d'agneau
8 carottes
600 g de rattes

Pour le bouillon
½ tête d'ail
1 botte d'oignons nouveaux
1 botte de carottes avec les fanes
1 morceau de gingembre

Quelques feuilles de laurier

Pour la compotée
5 échalotes
1 verre de vin rouge
1 tomate
20 cl d'eau
30 g de beurre
20 cl de crème fraîche

Faites bouillir une casserole d'eau. Pelez l'ail. Détaillez les oignons et les carottes. Râpez le gingembre. Laissez frémir le tout.

Préchauffez le four à 90 °C (th. 3). Déposez l'épaule dans un grand plat. Enfournez pour 6 à 7 h de cuisson, en arrosant souvent la viande de bouillon.

Au bout de 3 h de cuisson, ajoutez les carottes coupées en rondelles et les rattes.

2 h avant la fin de la cuisson, pelez et émincez les échalotes. Faites-les revenir dans le beurre. Déglacez au vin. Pelez la tomate et coupez-la en petits dés. Ajoutez-les avec l'eau et laissez cuire doucement.

Ajoutez la crème fraîche et un peu de jus de cuisson dans la compotée. Servez avec la viande.

Mardi **27 avril**

Sainte Zita – On fête aussi les Anthime, Floribert, Konwen

À la Sainte-Zita, fais risette à papa !

Charade classique

Mon premier fait partie d'un membre,
Mon deuxième est un fruit ou un morceau de viande,
Mon troisième est une boisson alcoolisée,
Mon quatrième est un liquide nutritif,
Mon cinquième n'est pas haut,
Mon sixième est le deuxième d'une série,
Mon tout est un architecte français du XVIIIe siècle et l'un des créateurs du style Louis XVI en architecture.

JEAN BENOÎT VINCENT BARRÉ
(JAMBE – NOIX – VIN – SANG – BAS – RÉ)

Ha! Ha! Ha!

Alors que tous les grands chevaliers du royaume s'apprêtent à partir en croisade, l'un d'entre eux dit à son meilleur ami chargé de protéger le château en son absence :
« Ma mie est sans aucun doute la plus gentille et la plus belle femme du royaume. Ce serait injuste de la laisser vieillir seule si je devais mourir à la bataille. Aussi, en tant que meilleur ami en qui j'ai absolument confiance, je te confie la clé de sa ceinture de chasteté à utiliser si je ne reviens pas. »
Puis, le chevalier se met en route sur son fier destrier. Mais, à peine a-t-il parcouru un kilomètre qu'il aperçoit, dans son dos, un cavalier qui s'approche à toute vitesse en faisant de grands gestes avec un bras. Le chevalier arrête son cheval. Il s'agit peut-être d'un message qui vient du château ? L'autre arrive bientôt à sa hauteur. C'est son meilleur ami qui, tout essoufflé, lui lance :
« Hé, tu m'as donné la mauvaise clé ! »

LE MONDE CHANGE

Ça s'est passé

Le 27 avril 1521

L'explorateur portugais Magellan meurt, atteint par une flèche empoisonnée sur l'île de Mactan, aux Philippines, alors qu'il menait le premier tour du monde à la voile.

GRANDS MOMENTS DU CYCLISME

Si les victoires et les échecs sportifs font partie intégrante de l'histoire du cyclisme, force est de constater que les scandales aussi font partie des événements qui ont marqué le public et les coureurs. Ainsi, il nous paraît difficile de parler de moments inoubliables sans évoquer ce funeste 18 juillet 1998, jour de l'expulsion de l'équipe Festina pour dopage. À la suite de l'arrestation d'un membre de l'équipe transportant des produits dopants, l'organisation décide de sortir l'équipe du Tour. Richard Virenque s'écroule, en larmes, devant les caméras du monde entier, dans ce qui reste aujourd'hui un des moments les plus douloureux et les plus mémorables du cyclisme moderne…

Mercredi **28 avril**

Sainte Valérie – On fête aussi les Vital, Valéria, Chanel

Soleil
lever : **6h35**
coucher : **21h01**

À la Sainte-Valérie, embrasse ta chérie !

HEUREUX MARIAGES

Dans les règles du lard

Le 1er floréal de l'an V de la République française, c'est-à-dire le 20 avril 1797, Jacques Cochon a épousé Urbaine Le Porcher à Clermont-Créans, dans la Sarthe. Ils ont eu beaucoup de petits lardons et, dans la même commune, 60 ans plus tard, c'est Marie Louise Leporcher qui a dit oui à René Cochon le 26 juin 1858 car elle ne pouvait rêver d'autrui…

L'ACTU

Ils ne pensent qu'à ça !

Selon un récent sondage Ifop, 95 % des cadres pensent au travail le soir (60 % « souvent », 35 % « de temps en temps »). Pire : ils sont 20 % à reconnaître qu'ils y pensent en faisant l'amour. Et les moins de 35 ans, souvent décrits comme moins investis dans l'entreprise, sont autant touchés que leurs aînés par le phénomène. La fameuse « charge mentale professionnelle » déborde, elle vient s'immiscer non seulement sous les draps, mais aussi lors des activités sportives, les week-ends, voire pendant les vacances. Résultat : 58 % des cadres interrogés par l'Ifop reconnaissent que leur boulot génère « souvent » des tensions avec leur conjoint ou leurs proches. Instauré en 2017, le droit à la déconnexion doit définitivement s'installer dans les têtes.

Ha! Ha! Ha!

Il y a quelques années, une enquête mondiale sur la faim dans le monde, menée par l'Onu, s'est soldée par un cuisant échec. En effet, la plupart des sondés n'ont pas pu répondre à la seule question posée, pourtant simple en apparence : « Donnez honnêtement votre opinion : selon vous, quelles seraient les solutions pour résoudre la pénurie de nourriture dans le reste du monde ? » En Afrique, les sondés ne savaient pas vraiment ce que signifiait « nourriture ». En Russie, ils ne savaient pas vraiment ce que signifiait « honnêtement ». En Europe occidentale, ils ne savaient pas vraiment ce que signifiait « pénurie ». En Chine, ils ne savaient pas du tout ce que signifiait « opinion ». Au Moyen-Orient, ils ne savaient pas du tout ce que signifiait « solution ». Et aux États-Unis, ils ne savaient pas du tout ce que signifiait « le reste du monde ».

LE COQ GAULOIS

C	R	F	V	C	S	J	S	C	H	E	F	R	I
X	D	I	K	R	L	A	L	S	H	Q	H	A	P
U	O	R	F	O	L	E	M	C	P	E	X	B	M
O	G	G	A	I	E	T	U	O	A	K	V	W	S
P	R	🐓	🐓	U	E	T	T	E	N	D	U	T	R
E	N	U	E	U	🐓	E	O	D	Z	O	R	D	E
U	E	E	🐓	U	E	L	U	C	H	E	🐓	G	🐓
X	K	T	U	C	X	L	M	.	P	G	A	U	U
O	P	I	🐓	M	A	I	I	T	O	L	P	B	E
C	K	E	U	U	O	U	O	C	L	R	I	U	T
R	U	R	E	R	I	🐓	L	I	O	🐓	C	U	T
I	C	F	N	W	U	N	U	R	U	T	Z	I	E
M	H	G	H	E	O	🐓	Z	E	S	U	F	U	M
S	T	E	R	P	T	O	C	O	K	N	I	C	W

Solution page 138

Trouvez les mots contenant le mot COQ cachés dans la grille ci-dessus. Le groupe de lettres COQ a été remplacé par l'image du volatile. Vous les trouverez soit horizontalement, soit verticalement, soit diagonalement. Ils peuvent se lire de gauche à droite ou de droite à gauche.

BICOQUE
COQUARD
COQUELICOT
COQUELUCHE
COQUETIER
COQUETTE
COQUILLAGE
COQUILLETTE
COQUIN
MICROCOQUE
MONOCOQUE
PNEUMOCOQUE
SALICOQUE
STREPTOCOQUE

Jeudi 29 avril

Sainte Catherine de Sienne – On fête aussi les Ava, Segondel

Fleur d'avril tient par un fil.

Nos Régions

Normandie

Calvados/Entre Potigny et Soumont-Saint-Quentin

La Brèche au Diable est un site naturel unique situé à quelques kilomètres au nord de Falaise, dans le Calvados. Son nom provient de la légende de saint Quentin, un ermite qui voulut dompter le Laizon, capricieux ruisseau, pour venir en aide aux populations locales. Afin d'ouvrir un passage aux eaux, il conclut un pacte avec le diable qui fendit la roche d'un seul geste. Plusieurs versions existent de la fin de cette histoire, mais dans tous les cas saint Quentin réussit à sauver son âme sans renier sa parole.

FOOTBALL

Au palmarès insolite des blessures idiotes, citons Santiago Cañizares, gardien espagnol qui se sectionna un tendon du pied en tentant d'amortir la chute de son flacon de parfum ; Robbie Keane, attaquant irlandais qui se rompit les ligaments du genou en tentant d'attraper la télécommande de la télé sur sa table basse depuis son canapé ; ou encore Ever Banega, milieu argentin qui souffrit d'une fracture tibia-péroné lorsque sa voiture, dont il avait oublié de serrer le frein à main, lui roula sur la jambe alors qu'il faisait le plein…

Au Jardin

Limaces

Pourquoi y a-t-il de plus en plus de limaces à l'assaut de nos salades ? La réponse est simple : parce qu'il y a de moins en moins de prédateurs, notamment d'oiseaux. Et à cause de quoi ? Essentiellement des pesticides, bien entendu. Les trucs anti-limaces, surtout des pièges et des barrières, donnent des résultats passables. La méthode la plus efficace et la plus durable consiste à « assécher » le jardin, le soleil étant l'ennemi et le destructeur numéro un des mollusques : nettoyage systématique en éliminant les déchets, notamment les tas de feuilles mortes sous lesquels s'abritent ces indésirables gastéropodes, binages superficiels réguliers pour détruire les œufs et les jeunes, arrosages minimums. Pour arriver à un résultat, il faudra évidemment se passer de paillage, au moins pendant un certain temps.

Le coin lecture

L'Éducation sentimentale, de Gustave Flaubert

Nous célébrons cette année le bicentenaire de la naissance d'un des plus grands romanciers de la littérature : Gustave Flaubert, né le 12 décembre 1821. L'occasion de puiser dans son œuvre si riche un roman majeur : *L'Éducation sentimentale*. Dans les années 1850, à travers la vie du velléitaire Frédéric Moreau, de ses rêves et de ses échecs, Flaubert dresse le portrait d'une génération à la recherche de gloire et qui ne trouve pas sa place dans une France en pleine mutation. Un tableau précis, sombre et réaliste d'une époque tourmentée.

À la Saint-Robert, mouche-toi le blaire !

les tweets auquels vous avez échappé...

#réchauffementclimatique

Les bonhommes de neige sont en voie de fondaison.

Voyages en train

Alors qu'on frôle les cahutes de vendeurs de fruits et les balcons des maisons, de la vapeur s'échappe en continu de ce petit train surnommé « Toy Train », le « train-jouet ». Au départ de Darjeeling, on grimpe avec lui jusqu'à New Jalpaiguri, pointe sud-est de la chaîne himalayenne, suspendu sur des rails de 61 cm de large. Construit par les Britanniques entre 1879 et 1881, le Darjeeling Himalayan Toy Train a été inscrit par l'Unesco au patrimoine mondial en 1999. Il n'est pas luxueux mais sa petite taille et le parcours qu'il emprunte pendant ses 8 h d'ascension himalayenne lui donnent un charme unique. Une version courte de 2 h existe pour les plus pressés et forme une boucle jusqu'à Batasia Loop.

Solution mots mêlés [p. 136]

C	R	F	V	C	S	J	S	C	H	E	F	R	I
X	D	I	K	R	L	A	L	S	H	Q	H	A	P
U	O	R	F	O	L	E	M	C	P	E	X	B	M
O	G	G	A	I	E	T	U	O	A	K	V	W	S
P	R			U	E	T	T	E	N	D	U	T	R
E	N	U	E	U		E	O	D	Z	O	R	D	E
U	E	E		U	E	L	U	C	H	E		G	
X	K	T	U	C	X	L	M		P	G	A	U	U
O	P	I		M	A	I	I	T	O	L	P	B	E
C	K	E	U	U	O	U	O	C	L	R	I	U	T
R	U	R	E	R	I		L	I	O		C	U	T
I	C	F	N	W	U	N	U	R	U	T	Z	I	E
M	H	G	H	E	O		Z	E	S	U	F	U	M
S	T	E	R	P	T	O	C	O	K	N	I	C	W

Maisons d'artistes

C'est pour ne pas déranger ses enfants dans leurs jeux que Pierre-Auguste Renoir, qui peignait alors dans le salon, fit construire un atelier dans le jardin de sa maison d'Essoyes, dans l'Aube. Séduit par le village natal de sa femme, le « peintre aux 4 000 tableaux » y avait acquis une bâtisse et son terrain en 1896, qu'il retrouvera dès lors chaque été jusqu'à sa mort en 1919. Essoyes fut le berceau de nombreuses toiles et esquisses de l'artiste. Aujourd'hui, la maison et l'atelier ont été réaménagés pour immerger le visiteur dans l'univers de Renoir et de sa famille. La majeure partie du mobilier, les tapisseries et de multiples objets ont pu être retrouvés ou reconstitués. Plus d'un siècle après sa disparition, on s'attend presque à le surprendre derrière un chevalet.

Du côté des Renoir, 9 Place de la Mairie, 10360 Essoyes

COMMENT LUTTER CONTRE LA FRAUDE SOCIALE ?

Histoires paranormales

Spectres de Balzacien

Nadar, qui a daguerréotypé Balzac, rapporte que le romancier se méfiait de la photographie. Il concevait en effet le corps humain comme constitué d'une série de « spectres en couches superposées, foliacées en pellicules infinitésimales », comme les couches d'un oignon, et il craignait que l'exposition au daguerréotype lui dérobe un de ces spectres pour le fixer sur la plaque photographique. De même qu'un oignon finit par disparaître si on lui enlève ses différentes couches, Balzac redoutait d'être dépouillé d'une pellicule de son être à chaque photographie et, à terme, de ne plus exister. Mais Nadar ne manque pas de remarquer ironiquement que, vu ses « ampleurs abdominales », Balzac avait de la marge et pouvait se permettre de « prodiguer ses spectres sans compter »…

Soleil
lever : **6 h 30**
coucher : **21 h 06**

Samedi 1er mai

Saint Jérémie – On fête aussi les Brieuc, Jean-Louis

Le travail c'est bien une maladie,
puisqu'il y a une médecine du travail. Coluche.

Fête du travail

MÉTÉO DU MOIS

Le mot latin maïus signifie « plus grand ».
C'est le mois de la croissance.
Avril fait la fleur, mai en a l'honneur.

Si vous voulez voir la vie en rose il faut vous précipiter à Hokkaido, l'île la plus septentrionale du Japon. Là vous verrez déferler la vague de la floraison des cerisiers. Elle était partie 5 mois plus tôt, 2 500 km plus au sud. En quelques jours tout devient rose et se couvre de pétales. C'est la fête de l'Hanami, Hana signifie « fleur » et Mi signifie « regarder », un moment de communion avec la nature que les Japonais ne manqueraient sous aucun prétexte. Pour cela ils se fient aux bulletins météo qui annoncent l'éclosion des bourgeons et la progression de la floraison à travers tout le pays.

C'est arrivé le... 29 mai 2018

29 mai 2018 : 147 981 impacts de foudre relevés par Météo France sur le mois. Du jamais vu ! C'est deux fois plus que le précédent record de 2009. Le 29 mai, pluie et grêle s'abattent aux quatre coins du pays provoquant de nombreux dégâts. Dans le Bordelais, plus de 7 000 ha de vignobles sont endommagés.

REPÈRES CLIMATIQUES

Le troisième et dernier mois du printemps prend une couleur estivale au fil des semaines avec des températures moyennes qui s'échelonnent entre 7 et 10 °C sur l'ensemble du territoire et jusqu'à 14 °C à Nice. Quelques coups de froid sévères peuvent affecter les massifs et l'est de la France, voire tout le territoire comme le 6 mai 2019 quand une violente descente d'air polaire vint glacer le pays : -1,7 °C au Caylar (Hérault), -3,8 °C à Léaz (Ain), -2,3 °C à Tence (Haute-Loire). Côté ensoleillement, le nord et le sud de la Loire ne sont pas logés à la même enseigne : si les rayons ardents frappent régulièrement les régions méridionales (300 heures dans le Var), le nord n'est pas forcément plus ensoleillé en mai qu'en avril (200 heures environ) à cause d'une couverture nuageuse assez présente. Avec 22,9 °C de moyenne, le 28 mai 2017 reste la journée de mai la plus chaude depuis 70 ans. Sur ce week-end de l'Ascension, de nombreux records sont atteints : 32,4 °C à Niort, 33,3 °C à Troyes, 33,6 °C à Fontainebleau et jusqu'à 35,1 °C à Biscarosse pour le plus grand plaisir des surfeurs.

Qu'est-ce qu'un anticyclone ?

C'est le contraire d'une dépression (et d'un cyclone). Merci pour l'info, me direz-vous... Bref, c'est une zone de hautes pressions créée par un lent mouvement descendant de l'air vers le sol et qui empêche la formation de nuages. Le temps est généralement beau et sec. Dans l'hémisphère Nord, les vents s'échappent de l'anticyclone en tournant autour dans le sens des aiguilles d'une montre. Dans l'hémisphère Sud le vent anticyclonique adopte le sens antihoraire.

Dimanche 2 mai

Saint Boris – On fête aussi les Antonin, Athanase, Flamine, Zoé

Soleil
lever : 6 h 28
coucher : 21 h 07

À la Saint-Boris, cède à ses caprices.

CHERS DISPARUS

Le thuya du Sichuan

Au XIXe siècle, les botanistes signalaient l'extinction du thuya du Sichuan, les derniers spécimens ayant été coupés pour exploiter les vertus aromatiques de son bois. Et puis, en 1999, des scientifiques ont retrouvé sa trace sur des crêtes escarpées et inaccessibles où il bénéficie aujourd'hui d'une zone de protection spéciale, car l'espèce est toujours menacée.

L'ACTU

Qui mange trop d'œufs…

Le drame s'est produit à Jaunpur, au nord de l'Inde. Pour une raison inconnue, deux amis qui se trouvaient au marché de la ville ont commencé à se disputer. Afin de régler leur différend, les deux hommes, des quadragénaires, se sont lancé un pari stupide : manger 50 œufs. Le gagnant devait empocher 2 000 roupies, soit environ 25 euros. Subhash Yadav a accepté de commencer le premier à relever le défi. Au bout du 42e œuf ingurgité, il a perdu connaissance et s'est effondré. Son camarade de jeu idiot a immédiatement appelé les secours. En vain. Transporté en urgence à l'hôpital, l'homme est mort à son arrivée. Après examen, les médecins ont confirmé que son décès était bien dû à des complications engendrées par sa surconsommation d'œufs. Rappelons que les nutritionnistes conseillent en général de ne pas dépasser six œufs par semaine…

1-2-3-1-2-3-1-2-3

JAMAIS DEUX SANS TROIS

Être tiré à quatre épingles

Dès le XVIIe siècle, la mode voulait qu'on soit habillé avec des vêtements bien ajustés, sans plis, notamment dans les classes aisées. On disait alors qu'on était « bien tiré », comme un carré de tissu qui serait maintenu à plat par quatre épingles fixées à ses quatre coins. Aujourd'hui, l'expression est plutôt péjorative, se moquant de la maniaquerie vestimentaire de certains.

1-2-3-1-2-3-1-2-3

Tout est relatif… (Espace temps)

Un paradoxe changeant

Les conséquences possibles de la théorie de la relativité n'ont pas fini de nous étonner. Que se passe-t-il si deux jumeaux sont temporairement séparés, l'un effectuant un aller-retour dans l'espace à une vitesse proche de celle de la lumière, l'autre restant sur Terre ? Ils vieilliront à un rythme différent. Tel est le fameux « paradoxe des jumeaux », mondialement connu comme ayant été conçu en 1911 par le physicien français Paul Langevin. Mais ce qui est étonnant, c'est que Paul Langevin n'a jamais parlé de jumeaux et encore moins de paradoxe lors de son exposé ! Il a évoqué un voyageur envoyé dans l'espace au moyen d'un boulet (référence à *De la Terre à la Lune* de Jules Verne) et un observateur resté sur Terre. Dans l'absolu, l'idée est la même, mais sa forme a fait l'objet d'une réelle distorsion au fil du temps.

Lundi 3 mai

Soleil
lever : **6 h 26**
coucher : **21 h 09**

St Philippe et St Jacques le Mineur – On fête aussi les Ophélie

Voici venir le joli mai qu'il est plaisant, qu'il est gai,
Voici venir le joli mai. Jacques Douai

Nos Régions

Occitanie

Aude/Carcassonne

Autrefois à Carcassone, le premier dimanche du mois de décembre, les jeunes gens de la rue Saint-Jean se rendaient en procession hors de la ville, armés d'un bâton pour battre les buissons afin d'y chercher le petit oiseau appelé roitelet. Le premier qui en trouvait un et qui l'abattait prenait pour l'année suivante le titre de « roitelet ». Son couronnement avait lieu le dernier jour de l'année. Il parcourait les rues de la ville au son des tambours et des fifres, accompagné de ceux qui avaient participé à la battue avec lui. Le cortège s'arrêtait devant chaque maison où on écrivait à la craie sur la porte « Vive le roi » et le millésime de l'année qui allait commencer.

RECETTE

Œufs cocotte chèvre-courgette

Pour 4 œufs cocotte — 20 min de préparation — 6 à 7 min de cuisson

- 4 œufs frais bio ou plein air
- 1 courgette
- 150 g de chèvre frais (type Petit Billy®)
- 10 cl de crème fraîche
- Herbes fraîches de votre choix (persil, coriandre, ciboulette…)
- Fleur de sel

Préchauffez le four à 200 °C (th. 6-7). Pelez la courgette et râpez-la grossièrement (sur une râpe à gros trous). Placez la courgette râpée dans un torchon pour ôter un maximum d'eau. Salez et réservez.

Dans quatre petites cocottes (ou ramequins) individuelles, déposez 2 cuil. à soupe de crème fraîche puis répartissez un peu de courgette râpée préalablement égouttée. Cassez l'œuf par-dessus et finissez en émiettant le fromage. Enfournez pour 8 à 10 min de cuisson.

À la sortie du four, parsemez d'herbes fraîchement ciselées et de fleur de sel.

Conseil : les œufs sont une bonne alternative à la consommation de viande, souvent excessive. Prenez garde cependant à ne consommer que des œufs français de bonne qualité (le code commence par 0FR pour les œufs biologiques et 1FR pour les œufs plein air).

CINÉMA

Les Bronzés

Parodie du Club Med et satire de la « beauferie » à la française, le film choque autant qu'il amuse à sa sortie en 1978. Patrice Leconte met en images une pièce écrite par l'équipe du Splendid, *Coquillages et crustacés*, qui deviendra un classique du cinéma populaire français. Le slip de Popeye, la calvitie de Jean-Claude Dusse et sa valise perdue contribuent à dresser un portrait cinglant du Français moyen, autocentré et mesquin. La suite, *Les Bronzés font du ski*, transporte tous les personnages à la montagne et continue sur le même ton.

Énigmes

Après avoir dévalisé une banque, les malfaiteurs ont pris la fuite dans une voiture. La police interroge deux des témoins qui étaient aussi des employés de la banque. L'un d'eux affirme que la voiture des fuyards était rouge. L'autre déclare que leur voiture était verte. Après un interrogatoire plus approfondi, les inspecteurs déclarent que la voiture était rouge. Comment sont-ils arrivés à cette conclusion ?

Ils ont appris que l'employé qui avait affirmé que la voiture était verte était atteint de protanopie, un type de daltonisme qui empêche de voir la couleur rouge.

Ça c'est vache
Les plus belles crasses

Quand on est malhonnête, mieux vaut se méfier de ses ex… C'est la (seconde) morale de l'histoire de l'affaire Cahuzac. Car si Jérôme Cahuzac s'est retrouvé dans la tourmente à cause de ses malversations fiscales révélées à tous, c'est avant tout grâce à Patricia Ménard, son ex-femme, qui le dénonça. Non par droiture d'esprit, puisqu'elle avait également un compte en Suisse, mais par pure vengeance. C'est beau l'amour…

Mardi **4 mai**

Saint Sylvain – On fête aussi les Florian, Enéour

Soleil
lever : **6 h 25**
coucher : **21 h 10**

À la Saint-Sylvain, de l'eau dans ton vin.

L'humanité en chiffres

4

C'est le coefficient par lequel a été multiplié la population humaine mondiale totale en à peine 100 ans, de 1900 à 2000, passant d'environ 1,5 milliard à 6 milliards. Notre petit doigt nous dit que dans 100 ans, les places sur Terre seront bien chères !

3.1415926535 3

Collectionnite aigüe

« Depuis 40 ans, je crois n'avoir jamais jeté une boîte de sardines. J'ai écumé des centaines d'épiceries dans le monde pour trouver des exemplaires que je ne connaissais pas. » Auteur de plusieurs ouvrages sur le petit poisson vieux de plus de 400 millions d'années, Philippe Anginot voue un véritable culte à la sardine. Il a même créé « le Musée imaginaire de la sardine », une exposition itinérante qui permet notamment de découvrir l'histoire de la conserverie de la sardine à l'huile née en France au XIXe siècle et, bien sûr, d'admirer quelques-unes des plus belles boîtes de sa vertigineuse collection. « Si la boîte à sardines est aujourd'hui banale, elle fut auparavant un vrai produit de luxe. Au début, les sardines étaient placées une par une à la main dans des boîtes fabriquées manuellement et destinées à la haute société », explique Philippe Anginot. Pourtant, s'il possède plusieurs pièces anciennes rarissimes, c'est avant tout l'aspect populaire et universel du modeste poisson qui touche le collectionneur : « Grâce aux boîtes, c'est le poisson que mangent ceux qui ne sont pas près de la mer ! »

DICTION : RÉPÉTEZ APRÈS MOI !

Histoire de foies

Je crois que je vois trois fois trois foies d'oie à Foix ou à Troyes ; tu crois que tu vois trois fois trois foies d'oie à Foix ou à Troyes ; il ou elle croit qu'il voit trois fois trois foies d'oie à Foix ou à Troyes ; nous croyons que nous voyons trois fois trois foies d'oie à Foix ou à Troyes ; vous croyez que vous voyez trois fois trois foies d'oie à Foix ou à Troyes ; ils ou elles croient qu'ils voient trois fois trois foies d'oie à Foix ou à Troyes.

Théories du complot

L'assassinat de JFK

Quand un événement traumatique public se passe, il est parfois trop gros pour que la population accepte purement et simplement la fatalité. L'assassinat du président américain J. F. Kennedy à Dallas le 22 novembre 1963, par exemple, a donné lieu à des théories insolites dès les premières minutes suivant la tragédie. Parmi les « explications » avancées, on trouve : l'implication de la mafia, de la CIA, d'exilés cubains, de Lyndon Johnson, des Soviétiques. Selon un ancien procureur, près de 42 groupes et 82 assassins ont été successivement accusés. Le véritable coupable, Lee Harvey Oswald, a pourtant bien été arrêté, mais ce n'est pas suffisant, semble-t-il, pour les opposants à la « théorie officielle », qui continuent de la contredire comme ils peuvent.

Mercredi **5 mai**

Sainte Judith – On fête aussi les Ange, Jutta, Jodie

Le mai le joli mai en barque sur le Rhin. Apollinaire.

Ça s'est passé

Le 5 mai 1821

Napoléon Ier meurt sur son lieu d'exil, l'île Sainte-Hélène, dans l'Atlantique Sud, à l'âge de 51 ans, officiellement des suites d'un cancer de l'estomac.

Le bon mot de l'histoire

1515 / 89

5 mai 1981 :

« Vous avez tendance à reprendre le refrain d'il y a sept ans, “l'homme du passé”. C'est quand même ennuyeux que, dans l'intervalle, vous soyez devenu, vous, l'homme du passif. »
François Mitterrand

À J-5 avant le second tour de l'élection présidentielle, 30 millions de téléspectateurs assistent à une joute verbale opposant le président sortant Valéry Giscard d'Estaing et le candidat de la gauche, François Mitterrand. Cette phrase en est une parmi d'autres que le socialiste prononcera pour faire capoter le débat tant il a conservé un souvenir désagréable de leur précédent affrontement, sept ans plus tôt.

DEVINETTES

Dedans tout est secoué,
Dehors c'est la liberté,
Tout ce qui était mouillé
En ressort bien égoutté.
Qu'est-ce que c'est ?

Réponse : Le panier

AVEZ-VOUS LE FORMULAIRE ?

Sur Internet, nous acceptons tout un tas de contrats, de termes et conditions d'utilisation que, la plupart du temps, nous ne lisons jamais. Pourtant, il pourrait bien nous être utile d'en prendre connaissance. Ainsi, les acheteurs et utilisateurs du site Amazon apprendraient, par exemple, que leurs achats ne sont pas couverts en cas d'attaque de zombies. Remarquez, c'est bon à savoir, pour tous ceux d'entre nous qui voudraient rendre un article juste avant l'apocalypse !

MONDE DE LA MER

Passe-moi le sel !

Lorsque vous cuisez des crustacés, n'oubliez jamais d'ajouter à l'eau douce 35 g de sel par litre. C'est le taux moyen de salinité de la mer. Il faut remonter aux origines de la terre pour expliquer la présence du sel dans les océans. Les explosions volcaniques d'alors crachèrent du dioxyde de soufre et de carbone qui, plus tard, retombèrent sous forme d'ions carbonates et sulfates lors de pluies très acides. Une fois sur terre, ce mélange produisit des ions chlorures. Les pluies ruisselant sur le sol, les eaux se jetèrent dans les océans où les ions chlorures se mélangèrent aux ions sodium issus de l'activité volcanique sous-marine encore très violente. Et cela donna du chlorure de sodium, nom savant du sel. D'une mer à l'autre, le taux de salinité n'est pas identique : il passe de 6 g/l dans la mer Baltique à 330 g/l dans la mer Morte.

Jeudi 6 mai

Sainte Prudence – On fête aussi les Avoye, Eadbert, Marien

Soleil
lever : **6 h 21**
coucher : **21 h 13**

Puisque mai tout en fleurs dans les prés nous réclame, Viens ! Victor Hugo

LA GAFFE DE L'HISTOIRE

C'est l'intention qui compte

Yvette Roudy, ardente féministe, députée et ministre, est à l'origine de la loi de 1983 sur « l'égalité de l'homme et de la femme qui travaillent en entreprise ». On ne saura jamais si c'est de manière consciente et volontaire qu'elle laissa planer une libre interprétation de ses intentions en affirmant : « Je suis pour l'égalité des sexes et je prendrai moi-même les mesures. »

Étymologie

Fait-il bon s'y baigner ?

Au début du XVIe siècle, les autorités locales de Livourne, ayant besoin d'une prison, décidèrent de transformer les anciens bains (*bagno*, en italien) publics romains en établissement pénitentiaire, qui fut tout naturellement appelé *Bagno*. Pour désigner leur prison, les chrétiens italiens prisonniers à Constantinople utilisèrent le terme *bagno* qui se répandit dans toute l'Afrique du Nord. C'est Colbert qui, remplaçant la peine de galère par celle du bagne, contribua au XVIIe siècle à la diffusion du mot en français.

LE CHIFFRE

31

C'est, mesuré en « zgegs », le nouveau record de France du lancer de slip. Il a été battu en 2019 par un certain Morgan à Nœux-les-Mines lors du championnat national. Rappelons que cette discipline se pratique avec un slip blanc à poche kangourou. Ses règles sont très strictes : il faut suspendre la culotte sur le pied et la lancer le plus loin possible. Les performances sont mesurées par un arbitre déguisé en sexe masculin géant, et la distance entre la zone de jet et le point de chute est calculée en « zgegs » et en « coucougnettes ». Sponsorisés par des entreprises de lingerie, les initiateurs de l'épreuve sillonnent la France en mobylette pour organiser les quatre-vingts manches du championnat. Aucune licence n'étant exigée pour s'inscrire et le slip kangourou officiel étant fourni au compétiteur, peut-être aurez-vous la chance de participer à une épreuve près de chez vous ? Avec un peu d'entraînement, vous établirez même, qui sait, un nouveau record et remporterez du même coup – ravi, on l'imagine – un très seyant slip couleur or !

PROBLÈMES DE MATHS DU CERTIFICAT D'ÉTUDES

Un grossiste des Halles achète 35 cageots de pêches à 1,40 F le kilo. Chaque cageot plein pèse 11,50 kg et 1,50 kg vide. Les frais de transport sont de 0,60 F par cageot transporté.

Question 1 : Quel est le prix de revient total des pêches ?
Question 2 : Le grossiste vend les 2/5e de ses pêches à 1,70 F le kilo, les 3/7e à 1,75 F le kilo, et le reste, légèrement avarié, à 1,25 F le kilo. Quel est son bénéfice total ?
Question 3 : Quel pourcentage du prix de revient le bénéfice représente-t-il ?

1) Le prix de revient total des pêches est de 511 F.
2) Le bénéfice total réalisé par le grossiste est de 64,50 F.
3) Son bénéfice représente 12,62 % du prix de revient des pêches.

Vendredi 7 mai

Sainte Gisèle – On fête aussi les Domitille, Flavia, Marie-Louise

À la Sainte-Gisèle, torche ta gamelle.

Rétro Vermot

À l'école :
« M'zelle, vous puniriez un enfant pour quelque chose qu'il n'a pas fait ?
– Bien sûr que non, ce serait une injustice !
– Tant mieux, car je n'ai pas fait mes devoirs… »

Compiler les Perles

C'est agaçant tout de même !

Qui l'a dit ? Une mère de famille pas du tout contente des infrastructures balnéaires en Bretagne et qui compte bien se faire entendre. La perle : « Oh, dites, c'est pas un peu l'arnaque votre truc ? Ça fait trois heures qu'on tourne partout pour trouver les plages où se baigner, et rien !
– Mais, madame, les plages sont juste là…
– Ah oui, mais ce ne sont pas des plages pour se baigner, tout le monde ramasse des coquillages et il n'y a pas d'eau ! » On n'aurait pas su quoi répondre…

Vino populum

Tavel

C'est un rosé, rien qu'un rosé, direz-vous… Mais il a de l'allure dans sa bouteille élancée, gravée d'un T en écusson. Car nous sommes face à Châteauneuf-du-Pape, dans la vallée du Rhône méridional, là où les cailloux roulent aux pieds des vignes. Un rosé presque cuivré qui décline les petits fruits rouges, les fruits à noyau, l'amande grillée et les épices, la réglisse parfois. C'est rond, c'est chaleureux ! Et, cerise sur le bouchon, le tavel est bien le seul rosé qui se garde trois ans et plus en cave.

GRANDS MOMENTS DU CYCLISME

Il n'est pas forcément besoin de remonter très loin pour trouver des moments inoubliables dans l'histoire du cyclisme… Sur le Tour de France 2019, par exemple, il y a un moment que personne n'est près d'oublier : l'abandon de Thibault Pinot. Le Français, en pleine démonstration sur la troisième semaine, se rapproche de plus en plus du maillot jaune, porté depuis 14 jours (un exploit !) par un compatriote, Julian Alaphilippe. Le public se prend alors à rêver. Et si on pouvait mettre deux Français sur le podium ? Mais patatra, en une seule étape, Alaphilippe perd son maillot jaune, et Pinot abandonne sur blessure. Ses sanglots devant la caméra sont un véritable coup de massue pour le vélo français, qui garde encore cet échec en travers de la gorge…

Samedi 8 mai

Sainte Désiré – On fête aussi les Gibrien, Tunvezh

Soleil
lever : 6 h 18
coucher : 21 h 16

Victoire 1945

La victoire est brillante, l'échec est mat ! Coluche

MOTS FLÉCHÉS

- Se rendra indigne / Gain
- Perd de la valeur / Rouge orangé nacré
- Livre / Trésor public
- Contente
- Composition musicale numérotée
- D'abord / Berge
- Mettre à plat
- Tombe du ciel / Aube
- Peut être noire / Procès-verbal
- Dorer / Matière de Rideau
- Déments / Nid à rats
- Durée astronomique / Convoiter
- Amertume / Mise en rayon
- Possessif / Redonnera de l'éclat
- Au premier abord (à) / Pratique sexuelle
- Suit le choc
- Est aux pieds / Corps céleste
- Public pour l'État / Plan d'eau
- Paradis / Marché
- Crues
- Donne des plaques
- Emporta dans son lit
- Oblitéra / Distinct
- Calendrier liturgique / Coupe du monde
- Ne pas rester sans effet / Recourbée
- Suit le licencié / Rasera
- Patinage
- Adoucie / Sauce anglaise
- Dure longtemps
- Enguirlandée / Joie
- N'arrives pas directement / Contient des cendres
- Plaines / Demanda
- Espionne / Marteau ou hachette
- Exprime la singularité / Forme de jazz vocal
- Distance
- Est donc proche / Manque d'harmonie
- Ouvre une maison close / Tient la barre
- Tellement
- Parcourus
- Qui a deux côtés égaux / Fait du bruit
- Cafard
- Muscle
- Pied-de-veau
- État religieux

SOLUTION PAGE 150

Dimanche **9 mai**

Saint Pacôme – On fête aussi les Paciane

Pluie de mai fait pousser les enfants.

WWW.

Le NET pas BÊTE

À quelle date vivrez-vous votre 20 000e jour, votre 30 000e jour, voire, pour les très chanceux, votre 44 725e jour – votre présence sur Terre dépasserait alors celle de la mémorable Jeanne Calment ? Il suffit de saisir votre date de naissance sur le site « 10 000 jours » et le résultat s'affiche. Pas forcément réjouissant de découvrir le nombre vertigineux de nos journées déjà consumées, il faut bien le reconnaître !

10000jours.com

L'ACTU

Mort réversible

L'an passé, pour la première fois, des médecins américains ont placé au moins un patient en biostase, un état assimilable à l'hibernation, pour l'opérer d'un grave traumatisme qui, sinon, aurait entraîné sa mort. Également appelée « animation suspendue » ou « arrêt réversible de la vie », cette technique ultra-expérimentale consiste à refroidir rapidement une personne à environ 15 °C en remplaçant son sang par une solution saline glacée. L'activité cérébrale du patient s'arrête presque complètement. L'équipe chirurgicale dispose de deux heures pour son intervention avant que la personne ne se réchauffe et que son cœur ne redémarre. Strictement encadrée, cette expérience menée par le centre médical de l'Université du Maryland est réservée à des personnes en urgence absolue ayant subi un traumatisme aigu (comme un coup de feu), qui ont perdu plus de la moitié de leur sang et dont le cœur a cessé de battre, autrement dit des patients qui ont moins de 5 % de chances de survivre. Les médecins annonceront prochainement si le ou les cobayes ont survécu.

- Vous êtes le prof de self-défense de ma femme ? Vous pourriez trouver un vrai bandit pour qu'elle s'entraîne ? Parce que j'en ai marre, là...

SUDOKU

1 2 3
3 1
1

		8		4				
						3		5
9		3			2			6
		7			1		6	9
	3						1	
		2		7	5	4		
	2	5				6	3	7
			7		3			
						9		

Solution page 149

MUSIQUE

Tout le monde peut se tromper

Jacques Brel n'aimait pas beaucoup sa chanson *Amsterdam* et ne croyait pas en son potentiel auprès du public. La chanson connut pourtant un succès retentissant lors du concert à l'Olympia en 1964 avec *standing ovation* et tout le tintouin. Malgré cela, Brel, peut-être un peu têtu sur les bords, refusa toujours d'enregistrer le titre en studio. Il n'existe donc que des enregistrements en public de ce qui est devenu l'un des plus grands tubes du chanteur belge.

Lundi **10 mai**

Sainte Solange – On fête aussi les Gordien, Philadelphie, Job

Soleil
lever : **6 h 15**
coucher : **21 h 19**

À la Sainte-Solange, pépie la mésange.

Au Jardin

Mildiou de la tomate

La maladie de la tomate, le mildiou, décourage souvent les jardiniers de sa culture. Pour l'éviter sans avoir recours à la bouillie bordelaise, espacez suffisamment les plants, de 75 cm à 1 m si vous avez de la place, et utilisez des tuteurs neufs ou préalablement désinfectés. Les germes des maladies pénètrent souvent par les plaies occasionnées lors des manipulations ou de la taille. Repiquez les plants semés en caissette dans des godets dès que les premières feuilles vraies sont apparues, en évitant de toucher la tige, très fragile : saisissez-les par le dessous, par les racines. La taille, en général conseillée pour les variétés à port indéterminé, fait souvent plus de mal que de bien. Les pieds laissés à eux-mêmes sont moins malades et tout aussi productifs.

Charade classique

Mon premier est un véhicule de guerre,

Mon deuxième est un poisson à la tête énorme,

Mon troisième a la peau dure,

Mon quatrième est un toit honorifique,

Mon tout est une personnalité meurtrière de la Révolution française.

CHARLOTTE CORDAY (CHAR – LOTTE – COR – DAIS)

Ha ! Ha ! Ha !

Un soir, Sébastien fait irruption dans le salon et déclare : « Papa ! Maman ! J'ai une grande nouvelle : je vais me marier avec Nicole, elle habite à un pâté de maisons. »
Après le dîner, le père de Sébastien le prend à part :
« Fils, je dois te parler. Ta mère et moi sommes mariés depuis 30 ans, c'est une mère merveilleuse, mais elle n'a jamais été portée sur la chose et j'ai eu plusieurs maîtresses. Nicole est ta demi-sœur. Tu ne peux pas l'épouser. »
Le cœur brisé, Sébastien renonce à cette union. Un an plus tard, il rentre chez lui et annonce :
« Diane a dit oui ! Nous nous marions en juin ! » Mais, juste après lors d'une nouvelle conversation privée, son père lui avoue : « Diane est également ta demi-sœur. »
Abattu et en colère, le jeune homme décide d'aller tout raconter à sa mère : « Maman, je ne pourrai jamais me marier ! Chaque fois que je tombe amoureux, papa me dit que la fille est ma demi-sœur.
– Ne fais pas attention à ce qu'il dit, pouffe sa mère. Ce n'est pas vraiment ton père. »

NOTTO Dico

DIVINITÉ, n. f.
N'importe quoi auquel n'importe qui dédie un culte.

DIVISION, n. f.
Opération mathématique ayant pour but de mieux régner.

DOMINO, n. m.
Pièce de jeu bipolaire.

DORMANT (La Belle au bois), n. pr.
Feignasse passant ses journées au lit.

DOYEN, n. m.
Généralement, le premier sur la liste de la grande faucheuse.

Mardi **11 mai**

Sainte Estelle – On fête aussi les Stella, Ansfrid, Mamert

À la Sainte-Estelle, c'est toi la plus belle !

HEUREUX MARIAGES

Les nouveaux foyers

Quand Marie Lacave épousa Jean Grenier le 4 juin 1817 à La Teste-de-Buch, en Gironde, ils ne firent sans doute pas de liste de mariage car à eux deux ils avaient de quoi équiper toute la maison du sous-sol aux combles ! De même qu'Achille Cuisine n'eut jamais à souffrir de la faim en se mariant avec Louise Ducellier le 22 septembre 1900 à Fontaine-sous-Jouy, dans l'Eure.

Fils et filles de...

En 1941, alors qu'elle est sur un bateau qui quitte le port albanais de Valona, Edda, la fille aînée du dictateur italien Benito Mussolini, échappe de justesse à la mort. En effet, son bateau est pris pour cible par l'aviation britannique et coulé par une bombe. Grâce à l'aide d'un membre de l'équipage, Edda parvient à se jeter à l'eau et à combattre l'hypothermie pendant plusieurs heures avant d'être secourue. Le Duce, avec toute la finesse et la sympathie qui le caractérisaient, aura ces mots en entendant le récit du périlleux sauvetage de sa fille : « Tu as vécu l'une de ces aventures qui rendent les femmes intéressantes. » Elle n'a pas dû être facile, la vie de la pauvre Edda...

Métiers insolites

Pleureuse

Depuis la Grèce antique, en passant par l'Égypte, et jusqu'à certaines cultures asiatiques et africaines actuelles, persiste un métier ô combien original : celui de pleureuse. Des femmes ont pour profession « chouineuses » : cela consiste à se rendre aux enterrements d'inconnus et à pleurer très ostensiblement, soit pour montrer l'importance du défunt, soit pour éviter aux femmes de la famille de se compromettre dans des démonstrations trop effusives !

Solution sudoku [p. 147]

7	5	8	3	4	6	2	9	1
2	1	6	8	9	7	3	4	5
9	4	3	1	5	2	8	7	6
4	8	7	2	3	1	5	6	9
5	3	9	6	8	4	7	1	2
1	6	2	9	7	5	4	8	3
8	2	5	4	1	9	6	3	7
6	9	4	7	2	3	1	5	8
3	7	1	5	6	8	9	2	4

LUTTES ET HÉROS POPULAIRES

VALENTÍN GONZÁLEZ

Surnommé « El Campesino », ce militaire républicain espagnol né en 1904 est un des héros populaires de la guerre civile espagnole de 1936-39. Fils d'un journaliste anarchiste, il commet son premier « attentat » à 16 ans, ce qui lui vaut un séjour en prison (avec torture au passage). Lorsque la guerre civile éclate, il intègre une unité d'élite des milices populaires et participe aux combats les plus importants. Quand les armes viennent à manquer, il fait de faux fusils et de fausses boîtes d'explosifs pour parader et faire peur à l'ennemi. Après la défaite face aux forces franquistes, il s'exile en URSS où on l'invite à « visiter » un goulag pendant cinq ans avant de pouvoir rejoindre l'Iran, puis la France. Quelle vie !

Mercredi **12 mai**

Saint Achille – On fête aussi les Ismérie, Imelda, Pancrace

Soleil
lever : **6 h 12**
coucher : **21 h 21**

À la Saint-Achille, fais pas l'imbécile.

Correspondance (très) intime…

« J'allai rendre une visite respectueuse à la naïade du torrent. Un soir qu'elle m'accompagnait lorsque je me retirais, elle me voulut suivre ; je fus obligé de la reporter chez elle dans mes bras. » Dans ses Mémoires d'outre-tombe, Chateaubriand glisse quelques mots sur le comportement plus qu'équivoque d'une jeune femme surnommée « l'Occitanienne », rencontrée à Cauterets, dans les Pyrénées, en 1829. L'identité de Léontine de Villeneuve n'a été connue, et son honneur réparé, qu'en 1925, avec la publication par sa petite-fille de la correspondance de son aïeule avec l'écrivain. Plus de soixante-dix lettres qui témoignent de son immense admiration et d'une grande affection, mais en aucun cas d'amour, et encore moins de désir charnel, pour le sexagénaire. Chateaubriand vieillissant a dû prendre son fantasme d'un soir pour une réalité…

Problèmes de maths du certificat d'études

Un cultivateur de pommes de terre a récolté 25 tonnes de pommes de terre à l'hectare, dans un champ rectangulaire de 860 m de périmètre et 250 m de long. Un marchand de la ville lui en achète les deux tiers à 21 F le quintal.

Question 1 : Combien d'argent le cultivateur reçoit-il en tout de la part du marchand ?

Question 2 : Le marchand vend les 3/5e de son stock de pommes de terre à 0,25 F/kg et garde le reste qu'il vend deux mois plus tard. Lorsqu'arrive le moment de vendre, 1/15e du poids restant est invendable et le cours de la pomme de terre a chuté de 8 % par rapport à la vente précédente. Le marchand gagne-t-il ou perd-il finalement ? Combien ?

1) Le cultivateur reçoit 15 750 F lors de cette vente.
2) Le marchand réalise un bénéfice final de 1940 F.

Solution mots fléchés [p. 146]

	D		D		F		R		O		P	
B	E	N	E	F	I	C	E		P	A	R	A
	M	A	G	I	E		J	A	U	N	I	R
R	E	C	E	S		F	O	U	S		M	A
	R	A	N	C	O	E	U	R		V	O	S
C	I	R	E		P	R	I	O	R	I		E
	T	A	R	S	E		T	R	E	S	O	R
M	E	T	E	O	R	E		E	D	E	N	
	R			D	A	T	A		O	R	D	O
C	A	C	A	O		A	G	I	R		E	S
		H	U	M	A	N	I	S	E	E		E
S	K	A	T	I	N	G		O	R	N	E	E
	E	R	R	E	S		L	L	A	N	O	S
A	T	R	E		E	P	I	E		U	N	
	C	I		A	E	R	E		S	I		S
C	H	A	O	S		I	S	O	C	E	L	E
	U		P	S	O	A	S		A	R	U	M
S	P	L	E	E	N		E	X	T	A	S	E

Au secours… de l'impossible

Quand on est sauveteur en montagne, on est évidemment prêt à tout affronter pour aller faire son métier. Mais parfois, cela va encore plus loin : en 2002, alors qu'ils se rendent sur le site d'un accident de randonneurs sur le mont Rainier dans l'État de Washington, les sauveteurs Dave Hahn et Chris Olson s'écrasent en hélicoptère. Miraculeusement, ils s'en sortent avec seulement quelques grosses égratignures, mais rien de grave. Pas question pour eux d'abandonner la mission et de rentrer panser leurs plaies. Ils récupèrent alors le matériel qu'ils peuvent sauver dans l'hélicoptère en flammes, avant de continuer à pieds dans la montagne vers le site du sauvetage. Ils finissent par ramener les victimes saines et sauves, et sont ensuite récupérés par un hélicoptère de l'armée. De vrais héros !

Jeudi **13 mai**

Sainte Rolande – On fête aussi les Servais, Fatima, Orlanda

Le ciel est gai, c'est joli Mai. Paul Fort

Ascension

NOTTO Dico

DÉSOLANT, adj.
Pluriel d'« insolent ».

DIABÉTIQUE, n. m.
Personne ne prenant pas de sucre dans son café sans avis médical.

DIAGNOSTIC, n. m.
Possible erreur médicale.

DICTÉE, n. f.
Torture française imposée aux élèves dès le plus jeune âge.

DIVAGATION, n. f.
Discours politique.

PEINTURE FRAÎCHE

L'ACTU

Maison honteuse

Inoccupée depuis une dizaine d'années, la maison natale d'Hitler à Braunau, dans le nord de l'Autriche, sera finalement transformée en poste de police. Après plusieurs années de litiges entre les propriétaires qui souhaitaient la vendre et le gouvernement autrichien qui voulait empêcher que l'endroit devienne un lieu de pèlerinage pour les néonazis du monde entier, un accord a donc été trouvé. En échange de compensations financières conséquentes, la famille Pommer a cédé la maison – qu'elle avait acquise au début des années 1920 – au ministère autrichien de l'Intérieur. « La future utilisation par la police doit montrer clairement que cette bâtisse ne sera jamais un lieu de commémoration du nazisme », a proclamé le gouvernement de Vienne. Adolf Hitler a seulement vécu ses cinq premières années à Braunau. Un passage bref mais, hélas, suffisant pour les nostalgiques du dictateur qui viennent encore sur place lui rendre hommage. Il faut dire que le Führer demeura « citoyen d'honneur » de la ville entre 1938 et… 2011.

INNOVATIONS EN SÉRIE DANS LE TRANSPORT PUBLIC

Charade répétitive

Mon premier est l'alizé,
Mon deuxième est la bise,
Mon troisième est l'autan,
Mon quatrième est le mistral,
Mon cinquième est le noroît,
Mon sixième est le tramontane,
Mon septième est le cers,
Mon huitième est le zéphyr,
Mon neuvième est le sirocco,
Mon dixième est le simoun,
Mon tout est un siège.

DIVAN (Dix vents)

Pêche

L'anguille en danger

Au bord de la mer, il est tentant de ramasser des coquillages et de s'adonner à la pêche aux crustacés. D'autant que tout le monde est à même de devenir pêcheur à pied, même les enfants ! La mer, en se retirant, abandonne des flaques dans lesquelles on peut, à l'aide d'un haveneau, trouver des crevettes. Sur les rochers découverts, il y a des bulots, des bigorneaux, des moules, et dans le sable des coques, des palourdes… Sachez toutefois qu'il existe pour chaque espèce une taille et une quantité maximales à respecter par jour. Cela figure sur des panneaux d'affichage en bord de mer et des contrôles ont lieu régulièrement. Pour que la mer reste un espace de liberté, le pêcheur à pied doit se montrer responsable, par exemple en remettant en place les pierres retournées.

Vin de mai, piquette de chai.

ILS ONT DIT

« Pour moi, les parties « molles » de l'homme, c'est le cerveau ! »

Geneviève de Fontenay

NOMS D'OISEAUX !

Harpie

C'est Linné, au XVIIIe siècle, qui a donné à ce grand aigle d'Amérique du Sud le nom de harpie, et les ornithologues ont ajouté le qualificatif « féroce », sans doute parce qu'il chasse activement les singes et les paresseux. Quand il dresse ses « oreilles », ce rapace évoque un monstre à tête de femme et à corps d'oiseau, et que c'est ainsi que l'on représentait les harpies, divinités cruelles de la colère divine. Le terme a servi dès le XVIe siècle à qualifier des mégères acariâtres, et on peut considérer qu'en le baptisant ainsi, c'est l'oiseau qu'on a insulté !

Histoires paranormales

Naissance du spiritisme

Le spiritisme naît en 1848 à Hydesville, dans l'État de New York. Deux jeunes filles, Margaret et Kate Fox, découvrent qu'elles peuvent entrer en contact avec un esprit par des coups (*raps*) dans leurs mains ou contre les cloisons de la ferme parentale. Le public s'emballe pour les esprits frappeurs, aux États-Unis d'abord, puis rapidement dans toute l'Europe grâce aux populaires tables tournantes. Chose sérieuse ou plaisanterie ? Dans son *Histoire du spiritisme*, Arthur Conan Doyle raconte que le premier échange des sœurs Fox avec leur esprit eut lieu dans la nuit du 31 mars au 1er avril et qu'elles crurent d'abord à un poisson d'avril. Mais en 1888, ce sont les sœurs Fox elles-mêmes qui confessèrent avoir trompé tout le monde depuis le début…

Métiers d'art

« Je travaille en jouant à la poupée depuis 35 ans », s'amuse Jean François Lebeault, l'un des derniers fabricants d'automates de France. Entré dans le métier à 19 ans, il a eu l'opportunité très vite d'être embauché par l'entreprise Roullet Decamps, une maison réputée depuis le milieu du XIXe siècle. « J'y ai acquis un savoir-faire et des secrets de restauration inestimables ! », explique le quadragénaire. Quand la vénérable entreprise a cessé son activité, il a naturellement lancé son propre atelier : « Je m'emploie quotidiennement à ma passion. J'installe des grandes scènes animées dans des vitrines, je conçois de nouveaux modèles et, bien sûr, je répare des automates dits "de salon", souvent des pièces très anciennes appartenant à des collectionneurs et des musées. » Artisan aux multiples facettes, Jean François Lebeault maîtrise diverses compétences en matière de sculpture, modelage, mécanique et même électronique, très utiles pour contrôler les mouvements de ses créatures. Imaginer une pièce nécessite des centaines d'heures de travail. Mais qu'est-ce que le temps lorsqu'on invente l'émerveillement permanent ?

Samedi **15 mai**

Sainte Denise – On fête aussi les Primel, Primaël, Privelin

À la Sainte-Denise, ne me fiche pas la cerise !

NOTTO Dico

ÉBAUCHE, lang. fam.
Ne dites pas « la petite ébauche » mais plutôt « la petite est allemande ».

ÉCAILLER, v.
Enlever la caille.

EHPAD, n. m.
L'art de faire du fric avec du vieux.

ENDORMI, adj.
Se dit d'une personne qui rêve éveillée.

La dictée du mois — En cas de brûlure

Si l'enfant se fait une brûlure, soit par l'eau bouillante, soit par le feu, rapez immédiatement du savon blanc de lessive dans un peut d'eau, mêlez bien jusqu'à ce que le savon soit fondut et qu'il fasse une pâte de l'épaisseur du cérat ; appliquez un paquet de ce savon sur la brûlure ; maintenez le avec une bande de linge ; au bout de cinq minutes la douleure disparaîtra.

Préparez-en d'avance la quantitée nécessaire pour un ou deux pansements ; au bout de trois ou quatres heures changez le savon ; ayez soin de tout préparer d'avance pour que la brûlure ne reste pas a l'air ; aussitôt qu'elle est à découvert, appliquez vite dessus un paquet de savon délayé frais.

La comtesse de Ségur, La Santé des enfants, *1855.*

Solution : râpez, un peu, fondu, maintenez-le, douleur, quantité, quatre, à l'air

L'Opéra Bastille présente

Tony Truand
Tenor

dans Carmen

Solution : Tony Truand (tonitruant)

ILS ONT DIT

« N'apprenez jamais à faire quoi que ce soit ; si vous n'apprenez pas, vous trouverez toujours quelqu'un d'autre qui le fera à votre place. »

Mark Twain

MNÉMOTECHNIQUE

Doubler, c'est gagner (2)

Pour ne plus oublier de doubler les consonnes dans les mots suivants, on retiendra ces phrases mnémotechniques dans lesquelles le nombre deux rappelle la consonne double.

- **Nourrir prend deux r, car on prend deux repas dans la journée : le déjeuner et le dîner.**
- **Appuyer prend deux p, car on s'appuie toujours mieux sur deux pattes.**
- **Culotte prend deux t, car il y a deux trous pour les deux jambes dans une culotte.**
- **Échapper prend deux p, car on a besoin de ses deux pieds pour s'échapper.**

Dimanche 16 mai

Saint Honoré – On fête aussi les Germier, Brendan

Soleil
lever : 6h07
coucher : 21h27

À la Saint-Honoré, honore ta mousmé.

1-2-3-1-2-3-1-2-3

JAMAIS DEUX SANS TROIS

Disperser aux quatre vents

Dans cette expression, les « vents » sont en fait des « directions » pour signifier que quelque chose a été divisé ou mis en pièces et éparpillé un peu partout. D'ailleurs, la « rose des vents » n'est-il pas le nom de cette figure aux allures de boussole indiquant les quatre points cardinaux ?

1-2-3-1-2-3-1-2-3

- Ah ! Te voilà ! Je te cherchais partout !

FOOTBALL

Le règlement de la FIFA étant souple sur ce point, les terrains de football ne sont pas tous exactement de la même taille. À titre d'exemple, on cite souvent l'immense Camp Nou espagnol, connu pour compliquer sérieusement la tâche des défenseurs contre l'armada offensive du FC Barcelone. Mais les apparences peuvent être trompeuses, car si la capacité d'accueil du stade est impressionnante (plus de 99 000 places), le terrain, lui, ne fait « que » 105 m de long sur 68 m de large, il est donc plus petit que le Stade de France !

Nos Régions

Nouvelle-Aquitaine

Gironde/La Brède

Né au château de La Brède en 1689, le philosophe et écrivain des Lumières Charles de Montesquieu eut pour parrain un simple mendiant. En faisant ce choix, les parents du penseur, eux-mêmes issus de familles de magistrats et de la noblesse de robe, voulaient que leur fils se souvienne toute sa vie que les pauvres étaient ses frères. L'acte de baptême confirme mot pour mot cette volonté : « Ce jour 18 janvier 1689 a été baptisé (…) le fils de M. de Secondat, notre seigneur. Il a été tenu sur les fonds par un pauvre mendiant (…) nommé Charles, à telle fin que son parrain lui rappelle toute sa vie que les pauvres sont nos frères. »

TRANSPORTS ET RÉVOLUTION NUMÉRIQUE

LE CHIFFRE

22

C'est le nombre d'enfants mis au monde par une mère de famille, très nombreuse par conséquent, britannique ! La famille Radford a en effet annoncé la naissance d'un onzième garçon, portant ainsi le total de leur progéniture à une égalité parfaite entre les sexes ! Si Archie, le petit dernier, a moins d'un an, l'aîné, Chris, en a presque 32. Suivent Sophie, 26 ans, Chloe, 24 ans, Jack, 22 ans, Daniel, 21 ans, Luke, 19 ans, Millie et Katie, 17 ans, James, 16 ans, Ellie, 15 ans, Aimee, 14 ans, etc. Sue Radford a eu son premier enfant à l'âge de 14 ans. Elle s'est mariée avec Noel, le père, quatre ans plus tard. Au départ, l'un comme l'autre pensait se limiter à trois enfants, puis ils ont « pris plaisir à avoir des enfants et à les élever » et ne se sont plus jamais arrêtés. Pourquoi pas ? Le record du plus grand nombre d'enfants mis au monde est détenu par une paysanne russe qui aurait accouché pas moins de 67 fois, entre 1725 et 1765. Autre temps, autres mœurs, paraît-il…

Soleil
lever : **6 h 06**
coucher : **21 h 28**

Lundi **17 mai**

Saint Pascal – On fête aussi les Pamphalon, Restitute, Tudon

À la Saint-Pascal, évite les paris !

HEUREUX MARIAGES

Mariages organiques

Le 24 avril 1880 à Villejust, dans l'Essonne, c'est un mariage que la science médicale a dû approuver qui fut célébré. Ce jour-là, Julien Lecœur épousa Ernestine Foix. Leur union donna sans doute naissance à de nombreuses petites bouches à nourrir… de même que lorsque Christophe Ventre s'unit avec Marie Anne Bouche le 18 février 1773 en l'église Saint-Roch à Paris.

ILS ONT DIT

« Quand, durant tout un jour, il est tombé de la pluie, de la neige, de la grêle et du verglas, on est tranquille. Parce que, à part ça, qu'est-ce que vous voulez qu'il tombe ?… Oui, je sais, mais enfin c'est rare… »

Pierre Dac

NOTTO DICO

ARRIÈRE-SAISON, n. f.
Il n'y a plus de saisons de nos jours. Il n'y a donc plus d'arrière-saisons non plus.

ART CONTEMPORAIN, n. m.
Mouvement artistique réussissant à donner du sens à rien et à faire beaucoup d'argent avec pas grand-chose.

ARTIFICIER, n. m.
Professionnel qui pète le feu.

ASCENSEUR, n. m.
Invention connaissant quotidiennement des hauts et des bas.

ASILE, n. m.
Lieu où la folie est la norme.

RECETTE

Pizza tomates à la burrata

Pour 4 pers. 15 à 30 min de préparation 30 min de cuisson

1 pâte à pizza
5 tomates
1 boule de burrata
1 bouquet de basilic
Ail semoule (à votre goût)
Olives noires (optionnel)

Préchauffez le four à 210 °C (th. 7). Lavez et coupez les tomates en rondelles fines. Étalez la pâte sur une plaque tapissée de papier sulfurisé. Saupoudrez l'ail semoule sur la pâte puis disposez les rondelles de tomates. Enfournez pour 25 min.

Pendant ce temps, coupez le fromage en morceaux ou en tranches. La burrata se tranche moins facilement que la mozzarella car elle est bien plus crémeuse (donc un peu plus gourmande). Lavez et effeuillez le basilic.

À la sortie du four, déposez la burrata sur les tomates chaudes et parsemez de basilic. Ajoutez quelques olives noires et servez.

Conseils : cette pizza a tout bon avec ses tomates juteuses, sa burrata fondante et sa touche de basilic frais. Un plat à déguster sans modération tout l'été, quand les tomates sont mûres et sucrées, en pleine saison du basilic.

Dans les étoiles

Des huit planètes principales du Système solaire, Mercure est la plus petite et la plus proche du Soleil, et donc difficile à observer car toujours noyée dans les lueurs du levant ou du couchant. Pour avoir une chance de l'apercevoir, il faut repérer les dates où elle est la plus éloignée du Soleil, angulairement parlant. Mercure atteint alors ce qu'on appelle l'élongation maximale. C'est le cas ce 17 mai 2021 : la planète va s'éloigner de 22° vers l'est par rapport au Soleil couchant, ce qui la rendra visible à l'œil nu. L'observation restera toutefois difficile car cet angle correspond à la distance angulaire entre le pouce et l'index de la main ouverte à bout de bras. Le même phénomène se reproduira le 14 septembre 2021 au soir, Mercure sera alors à 27° du Soleil.

Saint Éric – On fête aussi les Eris, Genséric, Gens, Potamon

Soleil
lever : **6h05**
coucher : **21h29**

À la Saint-Éric, tu casses pas des briques !

Nos Régions

Provence-Alpes-Côte d'Azur

Alpes-de-Haute-Provence

En 1835, Abel Hugo évoque ainsi la vie des habitants du département dans *France Pittoresque* : « Pendant une moitié de l'année, les habitations sont presque ensevelies sous les neiges, les travaux agricoles interrompus et, comme il n'existe aucun établissement industriel, les bras se trouvent pour ainsi dire paralysés. Les familles se retirent alors dans les étables, seul lieu où le froid excessif ne se fait pas sentir ; là, pendant que les femmes filent ou tricotent, les hommes font des lectures interrompues quelquefois par les cris des bestiaux réunis dans le même local. Ces lectures, qui sont pour eux une distraction et une occupation, entretiennent le goût de l'instruction. »

Voitures célèbres

Ford Mustang

Sortie en 1964, son succès fut immédiat : plus de 10 millions d'exemplaires vendus pour le premier modèle ! Destinée aux jeunes Américains blasés des voitures lourdes et massives de leurs parents, la Ford Mustang faisait partie du concept appelé « Pony Car », qui proposait des voitures financièrement abordables, compactes et dotées d'une image sportive. Chantée par Serge Gainsbourg en 1968, elle fut immortalisée la même année par l'icône Steve McQueen dans *Bullitt*, lors d'une mémorable course-poursuite de 9 minutes et 42 secondes à 180 km/h dans les rues de San Francisco. Depuis, l'éclat de ses chromes et sa célèbre teinte vert highland n'ont jamais terni dans l'œil des amateurs de voitures…

L'humanité en chiffres

90 %

C'est le taux de viabilité des bébés humains qui naissent aujourd'hui. À titre de comparaison, ce taux n'était que de 50 % (un sur deux, imaginez !) à l'époque des hommes préhistoriques. Ce n'était vraiment pas beaucoup !

3.141592653

CHAUD DEVANT !

UN GAZ PLUS TROP HILARANT

Le protoxyde d'azote (N_2O) est un gaz que l'on utilise en anesthésie et que l'on surnomme « gaz hilarant » pour ses effets euphorisants. Pourtant, l'heure n'est plus vraiment à la rigolade quand on se rend compte qu'il est le troisième gaz à effet de serre, après le dioxyde de carbone (CO_2) et le méthane (CH_4). C'est aussi désormais le principal responsable de la destruction de la couche d'ozone. Les principaux émetteurs sont l'agriculture, par le biais des engrais et lisiers azotés, l'industrie chimique et le textile, notamment dans la synthèse du nylon – qui, en plus, est fabriqué à partir du pétrole !

Mercredi **19 mai**

Saint Yves – On fête aussi les Célestin, Dunstan

À la Saint-Yves, fais ta lessive.

Rétro Vermot

La petite Colette est songeuse.
« Qu'as-tu ? demande sa mère.
– Rien.
– Mais encore ?
– Eh bien, en regardant ton calendrier, j'ai trouvé la lune rousse, la pleine lune, la nouvelle lune, mais je n'ai pas vu la lune de miel... »

LES ERREURS JUDICIAIRES TOP SECRET

Le soir du 29 mai 1991, lors de la fameuse finale de la Coupe d'Europe de foot qui opposa Marseille à Belgrade, la cité phocéenne est chauffée à blanc. Dans un bar, un homme est tué au cours d'une bagarre. Six mois d'enquête plus tard, la police exhibe son suspect : Rida Daalouche, un délinquant de seconde zone, toxicomane, dénoncé par des sources peu fiables. Sa réputation et un témoignage anonyme suffiront à le faire condamner à quatorze ans de réclusion criminelle. Fort heureusement pour lui, son avocat, convaincu de l'innocence de son client, finit par mettre la main sur une preuve irréfutable : Daalouche était hospitalisé le soir du crime. Il avait tout simplement oublié ce détail ! Verdict : cinq ans de prison pour rien, et un vrai coupable qui court toujours...

75 % DES FRANÇAIS UTILISENT DES PESTICIDES À LA MAISON

EXPRESSIONS IMAGÉES

Ne pas faire dans la dentelle

Née en Italie au XVIe siècle, la dentelle est un ouvrage très fin dont la confection nécessite un maniement délicat de l'aiguille. L'expression « ne pas faire dans la dentelle » est née en contrepoint de cet art pour qualifier celles et ceux qui ne savent pas user de précision et de raffinement dans leurs actes, leurs mouvements ou même, au sens figuré, dans leurs paroles.

L'ACTU

Gribouillages payants

À la fin des années 1970, dans une célèbre publicité télévisée pour Guy Degrenne, entreprise spécialisée dans les arts de la table, un proviseur réprimandait un cancre qui passait son temps à dessiner. Le spot se finissait par un cinglant : « Ce n'est pas comme cela que vous réussirez dans la vie, Monsieur Guy Degrenne. » À l'époque, le succès de la PME normande invalidait la prévision du principal. Plus précoce que cet illustre prédécesseur, un gamin de neuf ans régulièrement puni par ses professeurs à cause des nombreux gribouillis sur ses cahiers a déjà transformé son coupable passetemps en métier rémunéré. Malgré les critiques du corps enseignant, les parents du jeune Joe Whale ont décidé de l'inscrire à des cours de dessin après l'école. Son professeur a rapidement remarqué le don inné de son élève et il a partagé ses œuvres sur les réseaux sociaux. C'est ainsi que le patron d'un restaurant de Shrewsbury (Angleterre), la ville où habite Joe, a demandé au jeune gribouilleur de venir décorer l'intérieur de son établissement, contre rémunération. Aujourd'hui, l'artiste en herbe expose et vend plusieurs de ses œuvres sur Internet.

Jeudi 20 mai

Soleil
lever : 6 h 02
coucher : 21 h 32

Saint Bernardin – On fête aussi les Outrille, Austrégésille, Therezien

Un enfant accroupi plein de tristesse, lâche un bateau frêle comme un papillon de mai. Arthur Rimbaud

ÇA C'EST… Faits divers

Créé au XVIIe siècle, le couvent de Sansepolcro, en Toscane, a dû fermer ses portes à cause d'une histoire d'amour entre une religieuse et un habitant de la région. En effet, l'une des sœurs bénédictines ayant confessé une idylle avec un voisin, elle a dû quitter les lieux à la demande du Vatican. Problèmes : non seulement la nonne concernée était la mère supérieure de l'établissement, mais en prime, après son départ, il ne restait plus que trois religieuses. Or, sans la pécheresse, « une quadragénaire débordant d'énergie » selon le quotidien italien *La Repubblica*, les trois femmes, dont une octogénaire, ne pouvaient pas assurer le bon fonctionnement du couvent ni vaquer à leurs occupations habituelles (récolte d'olives, confitures de fruits, hébergement de pèlerins, célébrations de mariages et de baptêmes, etc.). Outre la mère supérieure défroquée qui a déclaré être dévastée par la dissolution de la petite communauté religieuse, de nombreux habitants des environs ont dit leur tristesse de voir le couvent fermé pour une simple histoire de confesse…

Compiler les Perles

Mot pour mot

Qui l'a dit ? Un vacancier dans le Var qui doit sans aucun doute être géomètre à la ville et qui aime bien prendre la vraie mesure des choses. La perle : « Bonjour, je cherche une plage de sable fin.
– Eh bien, vous avez la plage du Veillat.
– Ah non ! Sur celle-là, le sable n'est pas fin.
– Sinon, vous avez celle d'Agay.
– Ah, peut-être, je ne la connais pas celle-là. Vous pouvez me donner le diamètre des grains ? »

SPÉCIALITÉS CORSES

F	E	S	E	H	C	A	N	E	V	A	P	A	U
I	U	U	N	D	J	F	S	U	X	A	M	B	C
N	A	I	C	C	I	S	L	A	S	B	I	V	O
U	U	C	C	A	H	E	T	T	R	U	E	I	I
C	Z	C	D	C	T	J	I	U	L	O	L	C	F
C	Z	O	J	T	A	Z	C	L	F	L	C	I	I
H	N	R	A	P	Z	C	E	R	E	A	T	Y	G
E	O	B	P	U	I	V	I	R	I	T	T	A	A
T	L	O	E	A	A	T	T	L	O	N	Z	U	T
T	C	L	T	C	E	S	G	N	I	I	N	M	E
I	U	A	C	L	I	I	U	O	M	T	U	A	L
V	B	A	L	N	M	O	L	I	A	P	S	L	L
N	C	I	A	E	C	O	N	C	O	P	A	A	U
C	C	C	U	T	T	U	S	I	R	P	M	S	B

Solution page 163

Trouvez les spécialités corses cachées dans la grille ci-dessus. Vous les trouverez soit horizontalement, soit verticalement, soit diagonalement. Elles peuvent se lire de gauche à droite ou de droite à gauche.

AMBRUCCIATA
AZIMINU
BASTILICACCIU
BROCCIU
CACCAVELLU
CANISTRELLI
COPPA
FIADONE
FIGATELLU
FINUCCHETTI
FITTONU
FRITELLI
LONZU
MIGLIACCI
NIOLO
PASTIZZU
PRISUTTU
SALAMU
SALSICCIA
STUFATU
VENACHESE
VULETTA

Vendredi 21 mai

Saint Constantin – On fête aussi les Second

À la Saint-Constantin, relis Tintin !

Nos Régions

Auvergne-Rhône-Alpes

Haute-Loire/Aiguilhe

La chapelle Saint-Michel d'Aiguilhe est un monument exceptionnel qui couronne un pain de sucre rocheux près du Puy-en-Velay. Au Xe siècle, un certain Truanus fit construire ici un oratoire chrétien, à l'emplacement d'un ancien temple dédié à Mercure. Cette construction préromane, bien qu'elle fût posée directement sur le rocher, donc sans fondations, a été bien conservée. Sa forme actuelle date du XIIe siècle, où la chapelle a été agrandie pour révéler un plan étonnant car essentiellement commandé par l'espace disponible au sommet. La visite nécessite quelques efforts, notamment pour gravir les 268 marches qui y mènent… mais elle reste inoubliable !

GRANDS MOMENTS DU CYCLISME

Ce qui fait les grands champions, c'est bien sûr un physique et des aptitudes exceptionnelles, mais c'est aussi et surtout un mental d'acier et une volonté inébranlable, jusque dans la difficulté… Ce 14 juillet 1959, l'ancien triple vainqueur du Tour et chouchou du public français n'est pas à la fête dans les pentes de l'Iseran. Largué au classement général, il est affaibli par une bronchite qui rend chaque effort presque insurmontable. Mais Bobet est un vrai champion, et même quand il abandonne, il le fait en champion. Il attend donc d'être au sommet de l'Iseran, le point le plus haut du Tour, pour déclarer un abandon inévitable… L'auteur Christian Laborde résume : « Sa Majesté Bobet ne se retire pas au pied d'un col. On reconnaît la grandeur du champion non seulement quand il triomphe mais aussi quand il se retire. »

CHAUD DEVANT !

DES GONDOLES À NEW YORK ?

La montée des eaux pourrait atteindre 2 m d'ici 2100. Et d'ici 2050, près d'un million de Français habitant sur les littoraux atlantiques ou ceux de la Manche, ou de la mer du Nord, subiront chaque année des inondations. Dans le monde, pour plus de 300 millions de personnes, ce sera encore pire ! Bombay, en Inde, mais aussi Miami et New York en Amérique, ou encore Venise et Amsterdam en Europe sont susceptible de disparaître partiellement ou totalement sous les eaux. Il est temps de les visiter !

Samedi **22 mai**

Saint Émile – On fête aussi les Rita, Quitterie

Soleil
lever : **6 h 00**
coucher : **21 h 34**

Pour la Saint-Émile, mets-le dans le mille.

Étymologie

***Elle en a perdu son* a**

La griotte est certes une petite cerise au goût légèrement aigre. Mais qu'ont en commun le nom *griotte* et l'adjectif *aigre* ? Ni plus ni moins que leur étymologie. En effet, la forme originale du nom du fruit était *agriotte*, empruntée à l'ancien provençal *agriota*, lui-même dérivé de l'adjectif *agre*, « aigre ». Petit à petit, le a initial de *agriotte* s'est rattaché à l'article *l'* et *l'agriotte* est devenu *la griotte*.

NOTTO DICO

ÉNERVÉ, adj.
Calme sous pression.

ÉPOUVANTABLE, n. m.
Monsieur Vantable, homme marié.

ESPADRILLE, n. f.
1. Chaussure de corde et de toile dans laquelle on prend son pied.
2. Question posée à la femme de Padrille : « Est-ce Padrille ? »

EST, n. m.
Direction pour les lève-tôt.

FACHO, form. pol.
Se dit en été quand il fait chaud. En hiver, on dit : « Fapacho, hein ? »

VERMOT'ROSCOPE

GÉMEAUX (22 mai – 21 juin)

Caractère

Communicatif, curieux, ouvert d'esprit, observateur, inventif, intelligent, opportuniste, adaptable, vif, rapide, bon vivant, pétri d'humour, intuitif, cérébral, changeant, caméléon, surprenant, insaisissable, aérien, désinvolte, ambigu, infantile, nerveux, voire angoissé.

Le message des astres

Cette année, les astres vous inciteront à vous ouvrir à d'autres influences et à d'autres horizons. Vous serez mû par une belle énergie qui vous incitera à repousser vos limites et donc à vous dépasser. Fini le temps de la réflexion et des tergiversations, la période sera à l'action.

Vie relationnelle

D'un bout à l'autre de 2021, vous ferez de très belles rencontres. Votre vie sociale sera riche et intense. Pour beaucoup, vous serez très sollicités et vous devrez répondre à de nombreuses invitations. Jusqu'en mars, vous communiquerez avec aisance. En avril, les sorties seront au rendez-vous. De mai à juin, vous lierez de nouvelles connaissances.

Amour

À deux, vous ne manquerez pas d'idées pour rompre avec les habitudes. La fantaisie rythmera votre quotidien. En février, misez sur les tête-à-tête ou les sorties à deux. Avril sera propice aux projets en tout genre. En mai, exprimez vos sentiments, et en fin d'été rapprochez-vous de votre moitié. En octobre, optez pour l'harmonie et l'écoute. Les célibataires tableront sur l'amitié, mais quelques flirts et une petite histoire pourraient voir le jour.

Famille

Les astres vous inciteront à être un peu plus attentif à vos proches. Jusqu'en juillet, vous manquerez de disponibilité et votre famille vous le fera remarquer. En août, profitez de la fin des vacances pour resserrer les liens qui vous unissent.

Quotidien et vitalité

Ce sera une année intense en loisirs et en activités diverses. Vous ne tiendrez pas en place et ferez la chasse à l'ennui. D'un bout à l'autre de 2021, les astres vous conféreront énergie et résistance. Jusqu'en mai, rien ne pourra vous arrêter. D'avril à août, malgré votre dynamisme, pensez à bien vous reposer.

Budget

Vous saurez faire face à vos obligations financières. Vous gérerez bien votre budget et ciblerez parfaitement bien vos dépenses.

Comment optimiser votre année

Restez ouvert aux autres. Dites oui aux sorties. Stimulez votre curiosité. Pratiquez une activité ou trouvez un loisir divertissant.

Soleil
lever : **5 h 59**
coucher : **21 h 36**

Dimanche **23 mai**

Saint Didier – On fête aussi les Guibert, Bili

À la Saint-Didier, débranche ton ordi !

Pentecôte

NOMS D'OISEAUX !

Pie

La pie a un puissant organe vocal grâce auquel elle jacasse avec entrain. Dès le XVIe siècle, on a traité de pie les personnes bavardes et, allez savoir pourquoi, surtout les femmes : « Je suis un peu pie de mon naturel ; les femmes le sont tout à fait. » (Marivaux) Quant à la « vieille pie », c'est une bavarde doublée d'une médisante. Pourtant, la pie ne jacasse-t-elle pas parfois la vérité ? Saint-Simon raconte l'histoire d'un certain La Varenne qui, croyant entendre une pie crier « maquereau » à son encontre (ce qu'il était effectivement), se persuada que c'était Dieu, par la voix de l'oiseau, qui lui reprochait ses péchés !

L'ACTU

Très cher vol d'oiseaux

Il y a quelques mois, une équipe d'ornithologues russes a eu une très mauvaise surprise en recevant sa facture téléphonique. Des aigles marqués pour pouvoir être suivis à l'aide d'un système de géolocalisation pendant leur migration entre le Kazakhstan et la Russie ont choisi de faire un long et onéreux détour par l'Iran. Les coordonnées de chaque volatile étant régulièrement communiquées aux scientifiques par SMS, plusieurs centaines de messages surtaxés (25 fois plus chers qu'en Russie) ont été expédiés depuis les cieux, les monts et les vaux persans. En faisant ainsi fi des prévisions des ornithologues, des abonnements téléphoniques et des frontières humaines, ces aigles des steppes ont failli causer la ruine financière du projet. Le coût de leur escapade hors forfait a quasiment épuisé le budget annuel du programme ! Pour poursuivre leur travail d'étude, les ornithologues ont donc lancé un appel aux dons en racontant le mauvais tour que leur avaient joué les oiseaux.

Voyager par les séries TV

Top of the Lake et *Flight of the Conchords*

Nouvelle-Zélande, splendeur mystique et humour décalé. La bouleversante série *Top of the Lake* prend sa source dans le pays de sa réalisatrice Jane Campion, en Nouvelle-Zélande. Dans l'île du Sud, dans la ville imaginaire de Laketop, Robin Griffin (Elizabeth Moss) revient sur les terres de son enfance pour enquêter sur la disparition d'une jeune fille. Avec son intrigue sombre et son personnage principal mystérieux, *Top of the Lake* reflète la splendeur mystique des paysages néo-zélandais, marqués de lacs et de montagnes désertes. *Flight of the Conchords* nous montre une autre facette de cet étonnant pays, avec son humour décalé et ses talentueux ambassadeurs Bret McKenzie et Jemaine Clement. Cette comédie réussit d'ailleurs le pari de centrer son sujet sur la Nouvelle-Zélande alors que, l'action se passe à New York !

Lundi 24 mai

Soleil
lever : 5 h 58
coucher : 21 h 37

Saint Donatien – On fête aussi les Rogatien, Zoëlie, Maël, Servilio

Lundi de Pentecôte

Mai mai mai Paris mai, Mai mai mai Paris. Claude Nougaro

Pièges de l'ortograhphe

Du bon usage des majuscules

Le même mot, selon qu'il sera nom ou adjectif, pourra s'écrire avec ou sans majuscule. Par exemple, français prend une majuscule pour évoquer le citoyen (un Français), mais l'adjectif conserve une initiale minuscule (le peuple français). Pourtant, l'adjectif prend une majuscule s'il précède le mot qu'il qualifie et que celui-ci prend une majuscule : la Première Guerre mondiale.

LA GAFFE DE L'HISTOIRE

Un homme dans chaque porc

Certains devraient tourner sept fois la langue dans leur bouche avant de prononcer des phrases ambiguës, surtout en public. Ainsi Michel Debatisse (1929-1997), député européen et personnalité du syndicalisme chrétien et paysan, aurait dû imaginer que ses détracteurs allaient se moquer de lui quand il déclara dans un discours : « Protéger le porc, c'est nous protéger nous-mêmes. »

Au Jardin

Maïs-tuteur

Le maïs, avec sa tige robuste, fait un bon tuteur pour les plantes grimpantes, en particulier pour le haricot à rame. Préparez de petits monticules de terre bien tassés, espacés de 50 à 60 cm, et semez sur chacun trois ou quatre graines de maïs. Après la levée, ne conservez que le plus beau pied. Environ trois semaines après le premier semis, semez trois graines de haricots. Vous pouvez compléter en semant des graines de courge une semaine plus tard. Cette association des trois plantes, que l'on appelle les « trois sœurs », est une vieille tradition amérindienne. Le feuillage de la courge évite les mauvaises herbes et maintient la fraîcheur, tandis que les racines du haricot apportent de l'azote au sol. Le maïs peut aussi servir de tuteur à d'autres grimpantes annuelles, y compris d'ornement.

Ça c'est vache

Les plus belles crasses

Johnny Hallyday, en plus d'être le rockeur préféré des Français, était avant tout un sacré farceur. Mais certaines de ses blagues n'étaient pas toujours du goût de ses « victimes » tant elles pouvaient être sournoises et un peu cruelles... Bernard Montiel en a fait l'amère expérience en voyant sa relation secrète avec la star du cinéma américain, Faye Dunaway, dévoilée au grand jour dans la presse people grâce à son ami Johnny, qui l'a fait juste... pour s'amuser. Sympa, le copain !

Mardi **25 mai**

Sainte Sophie – On fête aussi les Bède, Sonia

À la Sainte-Sophie, super profits !

Voyages en train

Rien de plus agréable, pour découvrir les richesses patrimoniales et naturelles des provinces nord de l'Espagne, que d'être passager à bord du Transcantábrico. Au départ de Léon, en Castille, cet élégant train à la décoration soignée remonte vers la côte jusqu'à Bilbao et s'y accroche ensuite, traversant les sublimes Santander, Santillana del Mar et Oviedo, jusqu'à la mythique Saint-Jacques-de-Compostelle. Le Transcantábrico fonctionne depuis 1983 et propose durant huit jours une immersion totale dans la culture nord-espagnole, au rythme des escales culturelles et des dîners gastronomiques servis à bord. Notons que les cuisines du Transcantábrico accueillent quelques-uns des meilleurs chefs espagnols du moment.

Rébus

BANDE LETTRIQUE

Pièces de théâtre françaises

CONFIDENCES
CONFIDENCES
CONFIDANCES ←

Les Fausses Confidences, Marivaux

Solution mots mêlés [p. 158]

F	E	S	E	H	C	A	N	E	V	A	P	A	U
I	U	U	N	D	J	F	S	U	X	A	M	B	C
N	A	I	C	C	I	S	L	A	S	B	I	V	O
U	U	C	C	A	H	E	T	T	R	U	E	I	I
C	Z	C	D	C	T	J	I	U	L	O	L	C	F
C	Z	O	J	T	A	Z	C	L	F	L	C	I	I
H	N	R	A	P	Z	C	E	R	E	A	T	Y	G
E	O	B	P	U	I	V	I	R	I	T	T	A	A
T	L	O	E	A	A	T	I	L	O	N	Z	U	T
T	C	L	T	C	E	S	G	N	I	I	N	M	E
I	U	A	C	L	I	I	U	O	M	T	U	A	L
V	B	A	L	N	M	O	L	I	A	P	S	L	L
N	C	I	A	E	C	O	N	C	O	P	A	A	U
C	C	C	U	T	T	U	S	I	R	P	M	S	B

Le coin lecture

La Tresse, de Laetitia Colombani

Trois femmes sur trois continents se battent pour leur liberté et pour contrer les funestes projets de leur destinée. Si ces battantes ne se rencontrent jamais, leurs histoires se répondent et s'entrelacent pour former une tresse d'espoir. Avec cette première œuvre qui nous entraîne en Inde, en Sicile et au Canada, Laetitia Colombani parle directement au cœur du lecteur, spectateur admiratif du courage de ces femmes en lutte pour leur survie et celle de leurs proches. Trois héroïnes du quotidien qui nous interpellent sur la condition féminine dans le monde. Puissant.

LUTTES ET HÉROS POPULAIRES

LES INDIGÈNES

Ils sont les grands oubliés de la guerre, ceux à qui la France n'a pas hésité à tout demander, jusqu'au plus grand des sacrifices, puis qu'elle a oubliés, souvent sans même leur verser de pension. Ils sont Africains du Maghreb ou d'Afrique noire, tirailleurs, goumis et spahis, entre autres, qui ont pris les armes pour aider la France à combattre l'invasion nazie et qui ont joué un rôle central dans le conflit : Toulon, Marseille, Lyon, Dijon ou encore Belfort leur doivent la liberté ! Le compte de leurs pertes est plus élevé que dans n'importe quel corps non professionnel. Pourtant, qui parle de ces héros ? Il n'est jamais trop tard pour le dire, alors : merci !

Mercredi 26 mai

Saint Béranger – On fête aussi les Bérangère, Éleuthère, Godon

Soleil
lever : **5 h 56**
coucher : **21 h 39**

Tous les matins, j'apporte à ma femme le café au lit... Elle n'a plus qu'à le moudre ! Pierre Doris

Métiers insolites

Siffleur

Si le nom d'Alessandro Alessandroni ne vous dit rien, il y a pourtant fort à parier que vous ayez déjà entendu ses « créations ». En effet, ce musicien italien est le plus célèbre des siffleurs du cinéma, un métier original et étonnant qui existe encore aujourd'hui. C'est Alessandroni qui a notamment composé et interprété toutes les parties sifflées des chansons des bandes originales des western-spaghetti du mythique Sergio Leone.

LES ÉMIRATS S'OUVRENT AU TOURISME

1-2-3-1-2-3-1-2-3

JAMAIS DEUX SANS TROIS

Se saigner aux quatre veines

Quand on « se saigne aux quatre veines », on mise (et risque) tous ses biens pour un objectif. Dans cette ancienne expression, les veines sont en réalité les artères qui irriguent chacun des quatre membres du corps humain. Si on les sectionne toutes ensemble, on risque de se vider de tout son sang. Alors, pour faire un tel geste, autant que le jeu en vaille la chandelle !

1-2-3-1-2-3-1-2-3

Maisons d'artistes

C'est à Paris, au cœur de la Nouvelle Athènes dans le IXe arrondissement, que l'on peut découvrir l'atelier du peintre Gustave Moreau. Installé dans un hôtel particulier où le maître du symbolisme vécut et travailla jusqu'à sa mort en 1898, cet endroit peu ordinaire a été créé et aménagé selon ses désirs. Tout y est à la fois charmant et étrange, de la décoration Louis XVI au boudoir consacré à Alexandrine Dureux, « meilleure et unique amie » du peintre, sa muse trop tôt disparue, en passant bien sûr par les centaines de tableaux et les milliers de dessins présentés dans des meubles mobiles. Mallarmé, André Breton, Maurice Barrès ou encore J. K. Huysmans ont été troublés par l'ambiance du lieu et l'univers fantasmagorique si particulier de Moreau.

Musée national Gustave Moreau,
14, rue de La Rochefoucauld 75009 Paris

ÉPIDÉMIE DE GASTRO SUR L'OASIS OF THE SEA

Vino populum

Pacherenc-du-vic-bilh

Vous l'entendez l'accent des Pyrénées dans ce joli nom de vin, n'est-ce pas ? En gascon pachet-en-rène, « piquets en rangs », car c'est ainsi que la vigne est conduite entre Pau, Vic-en-Bigorre et Riscle. Les cépages ont aussi cette consonnance : arrufiat, petit et gros mansengs, courbu, associés au sauvignon et au sémillon bordelais. Les vins sont secs ou moelleux, agréablement ronds et fruités, avec une touche miellée.

Soleil
lever : 5 h 55
coucher : 21 h 40

Jeudi 27 mai

Saint Augustin de C. – On fête aussi les Brunon, Bed

Tu as le mois de mai sur les joues, et le mois de janvier dans le cœur. Alfred de Musset

WWW.

Le NET pas BÊTE

Trouver une balade adaptée à ses capacités, à la saison et à ses envies n'est pas toujours aisé. Le site « Recoin », par exemple, propose 700 excursions partout en France, classées par départements et thèmes. Chacune d'entre elles est détaillée, illustrée de photos et accompagnée d'infos pratiques (durée, difficulté, accès, matériel…). Adresses Internet : www.recoin.fr ; www.randonner malin.com

LE CHIFFRE

18

C'est le nombre d'années durant lesquelles un Australien a conservé du cannabis dans… le nez ! Le *British Journal* a révélé ce cas pour le moins stupéfiant. Âgé de 48 ans, l'homme avait totalement oublié la présence du sachet de drogue dans sa narine. Alors qu'il était incarcéré, sa petite amie lui avait apporté un peu de cannabis. Pour ne pas se faire repérer par les gardiens, il l'avait dissimulé dans sa narine droite, mais ayant enfoncé le paquet trop profondément, il n'avait pas pu le récupérer. Les années passant, il pensait que l'ensemble s'était dissous peu à peu. Un jour qu'il souffrait de terribles maux de tête, l'homme s'est rendu dans un hôpital de Sidney où un scanner a révélé un important rhinolithe, une concrétion calcaire qui se forme dans les fosses nasales à partir d'un corps étranger. Une fois l'amas très gênant ôté, les analyses ont montré qu'il contenait des résidus végétaux enserrés dans du plastique. Interrogé par les médecins, l'homme s'est alors souvenu de l'incident survenu 18 ans auparavant. Premier cas rapporté d'un « rhinolithe à base de cannabis », ce dossier confirme également que le cannabis provoque des dégâts sur la mémoire.

RETRAITES : DÉROGATION POUR L'OPÉRA DE PARIS

Théories du complot

La Finlande imaginée

Dans la longue liste des théories du complot totalement délirantes, certaines sont stupéfiantes, d'autres touchantes de naïveté, d'autres encore laissent parfaitement perplexe. Mais certaines ne peuvent que faire rire, jugez plutôt : la Finlande n'existe pas. C'est en tout cas une théorie développée sur Internet et véritablement crue par un nombre conséquent de personnes ! Cet espace que les gouvernements mondiaux font passer pour la Finlande ne serait en réalité qu'un morceau de mer servant de réserve de pêche aux navires japonais. Les poissons seraient ensuite rapportés au Japon via le Transsibérien. Quant aux Finlandais, cette théorie les considère comme des victimes puisqu'on leur ferait croire qu'ils sont finlandais, alors qu'en réalité ils viveraient en Suède !

Ça s'est passé

Le 27 mai 1921

Le premier Code de la route français est publié sous forme de décret. Il concerne alors « l'automobile, la bicyclette, le piéton et la voiture attelée. »

Vendredi **28 mai**

Saint Germain – On fête aussi les Lanfranc, Guillemette

Soleil
lever : **5 h 54**
coucher : **21 h 41**

À la Saint-Germain, j'ai ta main dans ma main, je joue avec tes doigts. Charles Trenet

LA GAFFE DE L'HISTOIRE

Pas de langue de bois

Valéry Giscard d'Estaing, qui n'est pas connu pour ses gaffes, contrairement à certains de ses homologues, eut parfois des mots abscons. On se demande par exemple ce qui lui passa par la tête lorsqu'il dit, évoquant la nécessaire pratique des langues étrangères par les jeunes Français : « Tout le monde doit être bilingue dans une langue et savoir en parler une autre. »

Pièges de l'ortografe (h / ph)

Un point et c'est pas tout

Après un point d'interrogation, certains correcteurs orthographiques des logiciels de traitement de texte voudraient nous obliger à mettre une majuscule. Pourtant cela n'est nécessaire que si la phrase est terminée par ce signe de ponctuation. De même, les points de suspension ne constituent pas systématiquement une ponctuation finale et peuvent être suivis d'une minuscule.

MUSIQUE

Arnaques casquées

Daft Punk inspire les escrocs. En 2009, de prétendus organisateurs de concert vendent via Facebook des places pour une date exceptionnelle du duo électro à Shanghai : 4 000 personnes sont arnaquées de quelque 57 euros pour un concert fantôme. Et puis le fait d'apparaître toujours casqué peut donner des idées à certains : un homme n'a pas hésité à se faire passer pour Thomas Bangalter, l'un des membres du groupe, et a ainsi réussi à se faire offrir dix mille livres de consommation dans des clubs à Ibiza.

Histoires paranormales

Tables tournantes

Agénor de Gasparin relate dans *Les Tables tournantes* les expériences auxquelles il s'est livré avec une dizaine de collaborateurs, du 20 septembre au 2 décembre 1853, au château de Valleires en Suisse. Pour lui, si les tables se soulèvent, se renversent et répondent à des questions, c'est uniquement par l'effet du fluide des participants : « Ce lieu où tant de tables ont tourné n'a jamais été hanté par le plus petit esprit. » Refusant toute explication surnaturelle, Gasparin pense qu'on trouvera un jour la cause physique, rationnelle du phénomène. Il en irait ainsi des tables tournantes comme de l'électricité, considérée à l'origine comme magique (la *fée* électricité) et expliquée ensuite par la science. Mais Gasparin pense aussi que « Dieu a mis le fluide en nous »…

Soleil
lever : 5 h 53
coucher : 21 h 42

Samedi 29 mai

Saint Aymard – On fête aussi les Bona, Ursule, Géraldine

Mai sans rose, âme morose.

Le bon mot de l'histoire

29 mai 1328 :
« Qui m'aime me suive ! »
Philippe VI

Alors qu'il vient de succéder à Charles IV le Bel, dernier des Capétiens directs, Philippe VI doit s'assurer de la fidélité des grands du royaume. Aussi, lorsque le comte de Flandre lui demande de l'aide pour réprimer une révolte sur ses terres, il saisit l'occasion. Alors que les grands barons lui conseillent d'attendre, le nouveau roi choisit d'intervenir et les invite en ces termes à se joindre à lui. Les grands cèdent et les insurgés sont rapidement écrasés. Philippe VI assoit ainsi pleinement son autorité.

Rétro Vermot

« Ah ! Mon vieux ! Je l'ai échappé belle, figure-toi que je suis tombé d'une échelle de trois mètres de hauteur.
– Et tu ne t'es rien cassé ?
– Non, heureusement, car lorsque je suis tombé, j'étais sur le premier échelon. »

DEVINETTES

Je remplis bien des seaux,
Pour créer des châteaux,
Je peux former une mer,
Qui n'est rien qu'un désert.
Qui suis-je ?

Réponse : Le sable

CHAUD DEVANT !

FEU LE GLACIER

Le 18 août 2019, une cérémonie pas comme les autres a eu lieu en Islande : une plaque commémorative a été installée en souvenir d'un glacier, l'Okjökull, qui, à force de fondre, a complètement disparu en 2014. Sur cette plaque est écrit : « *Tous nos glaciers pourraient connaître le même sort dans les 200 prochaines années. Ce monument atteste que nous savons ce qui se passe et ce qui doit être fait.* » Les Islandais ont ainsi souhaité alerter le monde sur les conséquences irrémédiables du réchauffement climatique et sur l'urgence d'une réaction internationale. Espérons que nous n'aurons pas à faire de même un jour pour notre Mer de Glace…

Le coin lecture

Les Enfants de Longbridge, de Jonathan Coe

Cette trilogie romanesque dresse une fresque de l'Angleterre des années 1970 jusqu'au Brexit, à travers le quotidien et les aventures personnelles de trois amis et de leurs proches. Lycéens à Birmingham au début du premier volet (*Bienvenue au club*) Benjamin, Philip et Doug traversent les années Thatcher, Blair, Cameron… en tentant d'atteindre le bonheur. Grâce à sa plume vive et à son talent pour inscrire son histoire romanesque dans la réalité de son pays, Jonathan Coe dépeint brillamment l'évolution et les contradictions de la société britannique de ces 50 dernières années. Chaque volume peut se lire indépendamment les uns des autres (*Bienvenue au club, Le Cercle fermé, Le Cœur de l'Angleterre*).

Dimanche 30 mai

Soleil
lever : 5 h 53
coucher : 21 h 43

Saint Ferdinand – On fête aussi les Yanna, Lorraine

Fête des Mères

Sommeil qui chante fait trembler les ombres. Paul Éluard.

NOTTO DICO

FACTEUR, n. m.
Homme de lettres.

FACTURE, n. f.
Sorte de post-it rappelant que l'on doit de l'argent.

FAUTEUIL, n. m.
Large espace privé et moelleux offrant stabilité à son postérieur (voir CANAPÉ).

FEMME, n. f.
La femme est l'égale de l'homme. Sauf sur les salaires... entre autres.

FEU TRICOLORE, n. m.
Lumières vives installées au coin des rues afin de mettre un peu de couleur dans le gris des villes.

L'ACTU

Histoire belge (II)

Des chercheurs des universités de Louvain (Belgique) et de Gans (Pays-Bas) viennent de découvrir le secret de la bière belge : elle est fermentée sous l'action de levures hybrides « issues d'espèces totalement différentes », explique Jan Steensels, l'un des microbiologistes de l'équipe. « Comme si une lionne et un tigre donnaient naissance à un super-petit. » Selon les chercheurs, l'apparition de ces levures remonterait au Moyen Âge, quand les brasseurs utilisaient des fûts de fermentation en bois. Outre l'ADN des levures qui servent à produire les bières trappistes, l'équipe a aussi étudié celui des levures utilisées pour des lagers. Cette fois, c'est dans l'Allemagne médiévale que les origines ont été trouvées. En plus de retracer l'histoire des bières, l'étude doit aider les brasseurs à mettre au point de nouveaux hybrides plus efficaces, écologiques et offrant de nouveaux arômes.

Ça s'est passé

Le 30 mai 1621

La place forte protestante Saint-Jean-d'Angély, à proximité de La Rochelle, est assiégée par des milliers de soldats sur ordre du roi Louis XIII. Elle capitulera le 24 juin.

Nos Régions

Bretagne

Côtes-d'Armor/Trédarzec

Très populaires, les Pardons sont des célébrations religieuses honorant des saints, comme saint Votrom à Trédarzec le 30 mai de chaque année. Il s'agit en fait d'un détournement chrétien d'antiques fêtes païennes qui autrefois honoraient les fontaines. Comme elles attiraient beaucoup de monde, le clergé fit construire une chapelle à chaque endroit de pèlerinage et les plaça chacune sous l'invocation d'un saint. Les eaux des fontaines étant réputées pour guérir les maladies, les saints devinrent eux-mêmes des guérisseurs.

Lundi **31 mai**

Sainte Pétronille – On fête aussi les Pierrette, Perrine

À la Sainte-Pétronille, roupille !

Visitation

Nos Régions

Bourgogne-Franche-Comté

Jura/Poligny

Jacques Coitier était un médecin né vers 1430 à Poligny, dans le Jura. Parce qu'il soignait Philippe de Bresse, fils du duc de Savoie et beau-frère de Louis XI, il parvint à se faire une place à la cour et devint le premier médecin du roi. Chance pour lui, le souverain était hypochondriaque et payait largement celui qui s'occupait de sa santé. Pour être sûr de ne pas être congédié et donc d'augmenter sa fortune, Coitier aurait dit au roi : « Je sais bien qu'un matin vous me renverrez comme tant d'autres, mais vous ne vivrez pas huit jours après. » Il resta dix-sept ans auprès du monarque, jusqu'à la mort de celui-ci.

KIM JONG-UN ANNONCE LA FIN DES ESSAIS NUCLÉAIRES...

Charade classique

Mon premier est un sarrasin,
Mon deuxième déploie avec effort,
Mon troisième est grand ouvert,
Mon quatrième est le mâle de l'oie,
Mon tout est un danseur et chorégraphe français.

MAURICE BÉJART
(MAURE – HISSE – BÉE – JARS)

Ha! Ha! Ha!

Un député rentre à la maison après quelques jours d'absence et s'aperçoit que son épouse a fait installer à son insu dans le jardin un espace réservé à des pigeons. En désapprobation totale, il crie à sa chère épouse :
« Comment as-tu pu prendre une telle initiative ? ! Avoir des pigeons à la maison, sûrement pas !
– Mais chéri, je pensais te faire plaisir, car lorsque que tu rentres, tu me dis souvent : « J'ai encore vu aujourd'hui tous mes fidèles et adorables pigeons… »

Robert Berthomé

Randonnées en 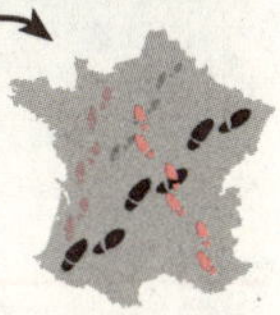

LE QUEYRAS, AU CŒUR DES ALPAGES

Qu'il soit jaune flamboyant, de la couleur de ses buissons de fleurs au mois de juin, ou vert doux, du ton de ses infinies forêts de mélèzes, le Parc naturel régional du Queyras est une ode à la nature. Situé au cœur des Alpes du Sud, ce site naturel est l'un des plus prisés de la région. Le GR 58 forme une boucle qui permet d'en faire le tour, de mai à octobre. Sur 130 km, on découvre des villages de haute montagne, dont Saint-Véran, plus haute commune d'Europe, qui culmine à 3 175 m, des chalets d'alpage et des paysages rocailleux. Apprécié des randonneurs débutants, ce parcours s'accomplit en 7 à 8 jours de marche, ponctués de nuits sous la tente ou en refuge, avec un passage en Italie. Outre la somptueuse végétation d'altitude, on croise régulièrement dans ce concentré d'alpages de curieuses marmottes et de majestueux aigles royaux.

Mardi 1er juin

Soleil
lever : 5 h 51
coucher : 1 h 45

Saint Justin – On fête aussi les Justinien, Renan, Pamphile

Jouaient les mandolines, les flûtes, les hautbois, c'était en juin, le mois où le ciel s'illumine.
Georges Moustaki

MÉTÉO DU MOIS

Mois de Junius, en hommage à Junon déesse de la Lumière

Le Jour le plus long. Ce film de 1962 retrace les événements du débarquement allié en Normandie. Lors du tournage, il fallait obtenir des prévisions météo locales pour retrouver les circonstances météorologiques de l'époque. Le réalisateur trouva astucieux de louer les services d'un vieux pêcheur du coin assurément intime d'Éole et de Neptune. Le taiseux, regard fixé sur l'horizon, fit merveille en aidant chaque jour aux décisions par des prévisions lâchées au compte-goutte. Invité au repas de clôture, le réalisateur le félicita et finit par lui demander son secret pour de si bonnes prédictions. La réponse fut sobre : « J'écoute le bulletin à la radio comme tout le monde. »

C'est arrivé le… 24 juin 1967

La tornade dite de Palluel dévaste un couloir de 40 km de long entre le Nord et le Pas-de-Calais. Avec des vents à plus de 320 km/h, elle reste à ce jour la seule tornade classée EF5 (le maximum de l'échelle de Fujita) en France métropolitaine depuis 1845. Des maisons entièrement soufflées, des milliers d'arbres arrachés… Une grue de chantier est même projetée à plus de 20 m !

REPÈRES CLIMATIQUES

D'un point de vue météorologique, juin est le premier des trois mois d'été. Beaucoup de soleil et peu de pluie : moins de 5 jours dans le sud-est… et pas plus de 8 en Bretagne. Dans le sud-ouest, autour du Massif central et dans le nord-est on compte plus de 10 jours de pluie sur le mois. L'ensoleillement est supérieur à 200 heures sur la majeure partie de l'Hexagone avec un maximum de 340 heures dans le Var. Le record absolu de chaleur en France a été enregistré le 28 juin 2019 : 46 °C ont été relevés à Vérargues dans l'Hérault (et 45,9 °C à Gallargues-le-Montueux dans le Gard), soit la température « habituelle » en août dans la vallée de la Mort aux États-Unis, région la plus chaude de la planète. La veille, la moyenne des températures en France a atteint 27,9 °C, loin de la normale saisonnière du mois (18,3 °C). Il faut remonter à 1923 pour trouver le mois de juin le plus froid de l'Histoire (-4 °C) : les Vosges et le Jura se couvrent même d'une épaisse couche de neige les 17 et 18 juin.

Qu'est-ce qu'un front ?

C'est une zone de combat où les belligérants sont des masses d'air. Un front est dit « chaud » lorsqu'une masse d'air chaud surmonte, avec une faible pente, au-dessus de l'air relativement froid. Sur cette surface frontale, des nuages stables s'épaississent jusqu'à donner des pluies continues. Un front est dit « froid » lorsque c'est l'air froid qui s'enfonce sous l'air chaud qui le précède. Le soulèvement est brutal, les nuages sont instables et épais. Les précipitations, pluie, neige ou grêle, tombent en averses parfois orageuses. Après le passage du front froid, c'est le ciel de traîne qui arrive avec son lot de cumulus et d'éclaircies.

Soleil
lever : **5 h 50**
coucher : **21 h 46**

Mercredi **2 juin**

Sainte Blandine – On fête aussi les Alcide, Erasme, Nicéphore

Pour la Sainte-Blandine, l'été se radine.

Nos Régions

Nouvelle-Aquitaine

Pyrénées-Atlantiques/ Île des Faisans

L'île des Faisans située sur la frontière franco-espagnole dépend de la Nouvelle-Aquitaine. Depuis le traité de Bayonne de 1856, précisé par une convention en 1901, l'îlot est un condominium sous l'autorité conjointe de la France et de l'Espagne, changeant de souveraineté tous les six mois : du 1er août au 31 janvier pour la France, du 1er février au 31 juillet pour l'Espagne. Il est administré en alternance par deux vice-rois, officiers de marine, l'un commandant de la station navale de la Bidassoa pour la France, l'autre commandant de la station navale de Fontarrabie et de Saint-Sébastien pour l'Espagne.

DICTION : RÉPÉTEZ APRÈS MOI !

La Suissesse

Madame S. est une Suissesse. Au sous-sol de sa maison, elle chausse ses souliers secs, saisit son sac et sort sur le seuil, seule dans le silence du soir. Quand soudain, elle aperçoit une scène sensationnelle : « Sapristi ! » Sous les cent sapins, six cent six sots sans le sou sucent six cent six sucettes au cassis et six cent six saucisses salées. Surprise, madame S. sursaute, glisse sur le sol moussu, puis s'assied sur ses fesses, stupéfaite. Quel suspense ! « Mais c'est... bien sûr ! Ce sont six cent six petits Suisses sots. »

Randonnées en

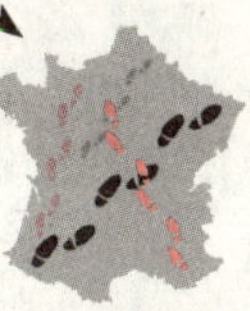

LA GRANDE TRAVERSÉE DES PYRÉNÉES

La richesse naturelle du Pays basque se découvre en suivant le GR 10. Près de deux mois de randonnée sont nécessaires pour le parcourir en entier, mais le voyage peut s'envisager par étapes de quelques jours. Sur 900 km, d'Hendaye à Banyuls, des Pyrénées-Atlantiques aux Pyrénées-Orientales, en passant par la Haute-Garonne, on alterne de vallées en cols et de lacs d'altitude en panoramas marins. Plusieurs réserves naturelles ponctuent le tracé, le Parc naturel des Pyrénées, la réserve naturelle du Néouvielle ou encore l'altiplano de la Cerdagne. Surnommée la « cordillère pyrénéenne », ce sentier s'adresse à tous les niveaux de randonneurs en fonction des portions. On y verra des chevaux pottoks autochtones, des grands tétras et de gracieux vautours. Chemin de moyenne montagne, le GR 10 ne doit pas être pris à la légère, notamment sur le plan météorologique.

Ça c'est vache
Les plus belles crasses

Entre les deux sœurs actrices Joan Fontaine et Olivia de Havilland, séparées de seulement quinze mois, la rivalité a toujours été forte. Les deux femmes se sont disputé les mêmes films, les mêmes hommes et les mêmes rêves d'Oscar. Loin d'être cordiales, leurs relations étaient ponctuées de piques assez peu sympathiques par presse interposée. Le pire fut peut-être cette déclaration de Joan Fontaine : « J'étais la première à me marier, à gagner un Oscar, et si je décède avant Olivia, elle sera folle, car je l'"aurai battue dans cette course à la mort. »

Jeudi 3 juin

Saint Kévin – On fête aussi les Morand

Soleil
lever : **5 h 50**
coucher : **21 h 47**

J'ai une mémoire admirable, j'oublie tout. Alphonse Allais

CINÉMA

Le père Noël est une ordure

Zézette épouse X, Pierre, Thérèse, Félix et l'inénarrable Monsieur Preskovitch n'ont pas vieilli, ou si peu. Réalisé en 1982 par Jean-Marie Poiré et la troupe du Splendid, ce film est un festival de vilains mots, une perle de méchanceté gratuite et de mesquinerie pathétique. On se bidonne à l'écoute du pervers téléphonique, on tremble de rire devant la scène des babouins au zoo de Vincennes et on peine à reprendre son souffle à la vue de la serpillère de Pierre.

L'ACTU

Poils de poilu

Mobilisé en août 1914, Charles Desoblin est mort le 27 mai 1917 à Montcornillet, dans la Marne. Tombé « entre les lignes », son corps, comme celui de 700 000 soldats, n'a jamais été retrouvé. Pourtant, sa barbe vient de rejoindre les collections du musée du fort de Leveau, près de Maubeuge. La présence d'une telle relique, exposée avec d'autres effets personnels du poilu (photographies, médailles, lettres à ses proches), a de quoi surprendre, d'autant que la dépouille de Charles Desoblin est portée disparue depuis 1917 ! Son petit-neveu a éclairci ce mystère : sur le front, Charles Desoblin avait laissé pousser sa barbe comme de nombreux soldats, mais, en 1916, pour garantir l'étanchéité des masques à gaz, tous ont eu l'obligation de la couper. Dépité de devoir renoncer à sa pilosité, perçue par lui comme une dernière petite part de liberté, le conscrit l'a rasée puis envoyée à sa femme comme « souvenir ». Et pendant plus d'un siècle, la barbe est restée dans la famille. Grâce à ce don, le musée du fort de Leveau est, semble-t-il, le seul en France à exposer une barbe de la Grande Guerre.

NOTTO DICO

FIENTE, n. f.
Don du ciel.

FINANCE, n. f.
Système où l'argent fait de l'argent avec de l'argent et qui ne profite qu'aux gens qui ont de l'argent.

FLAMENCO, n. m.
Danse espagnole usant fortement les talons des danseurs.

FLEUVE, n. m.
Rivière qui prend ses aises dans son lit.

FOOTBALL, n. m.
Activité salariée pour sportifs millionnaires.

LES ERREURS JUDICIAIRES TOP SECRET

Au début des années 2000, David Camm est condamné à perpétuité pour le meurtre de sa femme et de ses deux enfants. Principale preuve contre lui : des éclaboussures de sang sur un sweat qui, d'après un expert, prouvent sans ambiguïté la culpabilité du mari. Par la suite, cet expert s'avérant être un imposteur, les bases du dossier contre Camm s'effondrent. La police s'intéresse alors à Charles Boney, un autre homme qui a laissé des traces ADN et des indices sur la scène du crime. Pourquoi ces traces et indices n'ont-ils pas été utilisés auparavant ? Tout simplement parce qu'à l'époque l'accusation a fait pression sur les policiers pour « mettre de côté » ces éléments plus qu'embarrassants. En effet, l'avocat général officiait également en tant que défenseur de Boney... le vrai coupable.

Soleil
lever : 5 h 49
coucher : 21 h 48

Vendredi 4 juin

Sainte Clotilde – On fête aussi les Klotilda, Bréaca, Quirin

À la Sainte-Clotilde, ne sois pas stupide !

Rétro Vermot

Un laveur de carreaux passe devant un pavillon de banlieue et sonne à la porte. À la vieille dame qui vient ouvrir, il demande :
« Voulez-vous que je donne un bon coup de lavage à vos carreaux ?
– Non merci, ils ne sont pas sales.
– Alors, voulez-vous que je donne un coup à vos lunettes ? »

MONDE DE LA MER

Merci la SNSM !

« Pour que l'eau salée n'ait jamais le goût des larmes », tel est le magnifique message de la Société Nationale de Sauvetage en Mer (SNSM). Créée en 1967, elle puise ses racines dans les différentes sociétés de sauveteurs en mer, imaginées sur le littoral dès le XIXe siècle. Sur les côtes françaises, quelque 8 000 bénévoles, répartis en 250 stations et disposant de 450 navires, sont prêts à intervenir à tout moment pour porter assistance à n'importe quel marin et bâtiment en difficulté. En tant qu'association, la SNSM repose à 75 % sur les dons financiers. Grâce à eux, elle réalise une moyenne de 6 000 interventions par an pour porter assistance à 30 000 personnes. Les bénévoles qui la composent sont capables du plus absolu don de soi à l'image des trois sauveteurs décédés en juin 2019 aux Sables-d'Olonne dans le cadre du sauvetage d'un pêcheur. Pour donner : https://don.snsm.org

Pièges de l'ortografe (h, ph)

Guillemets, tirets et parenthèses

Dans une phrase, les guillemets servent à « faire une citation » et à la mettre en valeur. Les tirets – plus longs que des traits d'union – ont aussi pour vocation de mettre en valeur des éléments mais sans que ceux-ci proviennent d'un texte externe. Les parenthèses, quant à elles, sont réservées à l'encadrement des compléments (ou des éléments de moindre importance).

Collectionnite aigüe

« J'ai commencé tout simplement par un, puis deux, puis trois appareils chinés dans les vide-greniers ou chez des particuliers. Aujourd'hui j'en possède plus de 300 », explique le Tourangeau Patrick Boutet. Sa marotte : les téléphones anciens à cadran, des années 1920 aux années 1980. Appareils en bois, en acier et en bakélite, modèles standards, spécimens réservés à l'armée et séries limitées pour Disney ou Harley-Davidson, l'ancien tapissier-sellier enrichit régulièrement sa collection. « Dans les bourses, les brocantes ou sur Internet, je fonctionne exclusivement au coup de cœur. Il y a quelque chose de viscéral quand on tombe sur une pièce. C'est difficile à expliquer, mais cela n'a rien à voir avec son prix », raconte le retraité installé à Montlouis-sur-Loire. Toutefois, il n'y a pas qu'avec les téléphones anciens que ce phonéphile entretient un rapport particulier, car Patrick Boutet collectionne également les ciseaux (anciens), les médailles militaires, les solex et... les pièges à renards !

Samedi **5 juin**

Saint Igor – On fête aussi les Boniface, Sanz, Sancho

Soleil
lever : **5 h 49**
coucher : **21 h 49**

Pluie de la Saint-Igor, c'est trop gore !

BINERO CERCLÉ

Remplir les cases vides avec les chiffres 0 et 1 en respectant les 3 règles suivantes :

- Il y a autant de 0 et de 1 sur chaque ligne et sur chaque colonne.
- Il n'y a pas plus de 2 chiffres identiques côte à côte.
- Deux lignes ou colonnes ne peuvent être identiques.

Les chiffres dans les cercles indiquent la somme des chiffres des quatre cases qu'ils chevauchent.

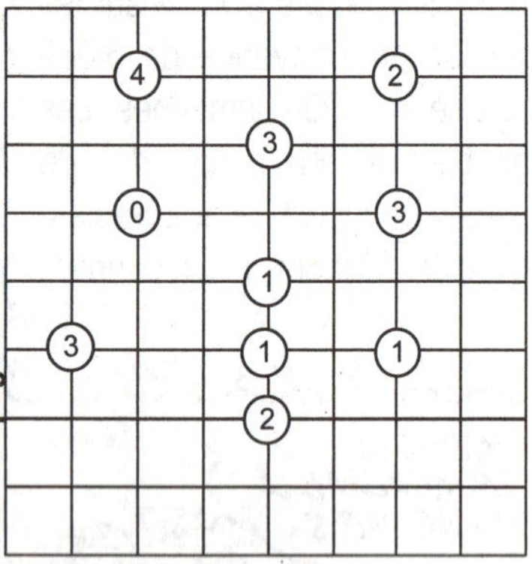

Solution page 177

ILS ONT DIT

« Le businessman américain est un monsieur qui, toute la matinée, parle de golf à son bureau et qui, le reste de la journée, discute affaires sur le terrain de golf. »

Jerry Lewis

Pêche

La carte de pêche

Pour pêcher en eau douce, il faut un « permis de pêcher ». Pour cela, vous devez acquérir une carte, soit en vous rendant dans un commerce d'articles de pêche, soit vous connectant sur le site www.cartedepeche.fr. À qui profite cet argent ? Une part est attribuée à l'association locale qui loue des droits de pêche à l'État ou aux propriétaires des berges. Celle-ci repeuple les eaux, organise des manifestations et favorise l'apprentissage des jeunes. Une autre partie va à la fédération départementale chargée de la surveillance et de la protection des milieux. La dernière partie revient à la fédération nationale qui redistribue des aides aux départements. La totalité des fonds collectés reste dans la pêche et près de 90 % sont investis dans les missions de chaque structure.

120 ans d'association

Les associations de défense des citoyens

L'histoire des associations est intimement liée à l'histoire de l'homme. Depuis la Grèce antique, on se réunit autour de sujets professionnels, religieux, civiques ou culturels. Parmi les différentes raisons de créer une association, on retrouve bien souvent la défense des droits des citoyens. Aux XXe et XXIe siècles, cette problématique anime toujours l'esprit associatif. En 1954, par exemple, l'abbé Pierre lance son appel à la solidarité envers les plus pauvres – un élan qui se poursuit encore aujourd'hui avec la Fondation Abbé Pierre. Dans les années 1960, la gynécologue Marie-Andrée Lagroua Weill-Hallé et l'auteure Catherine Valabregue cofondent La Maternité Heureuse, ancêtre du Planning familial, s'engageant dans la lutte pour la contraception et le contrôle des naissances, et donnant un souffle nouveau au féminisme en France. Dans les années 1980, l'humoriste Coluche touche le grand public avec ses Restos du Cœur, qui gagnent une grande popularité grâce à une médiatisation importante. Et l'on pourrait citer aussi SOS Racisme, Act Up, la Cimade, Reporters Sans Frontières ou encore 60 millions de consommateurs qui, toutes, sont dédiées à la défense des citoyens.

Soleil
lever : 5 h 48
coucher : 21 h 50

Saint Norbert – On fête aussi les Agobart, Bessarion, Goal

MOTS FLÉCHÉS

Quand nous chanterons le temps des cerises, Et gai rossignol, et merle moqueur Seront tous en fête ! Jean-Baptiste Clément

RODERONS / Rejettera – Liqueur / Creuser – Dégonfler / RASE – Avancée – Crier comme la perdrix – Vent chaud / NYEMO – NES

MISA / RI

DOSER / OUTRAGE – COPIER / Gallinacé sauvage

Bande lumineuse / URGERA

RINCERA / Vent sec et froid – Bouche cornée / REUSSIMES – TOLIER

Chant andalou / Brome

PIS – Contraindre / Inexactes – Provoque une fièvre / A son chemin

Guides / CRAQUERONS – EMPIRERA – Implicitement

Herbacée tropicale – AN / Lettre hébraïque – PORTEUSE / C'est de l'or

RETIRAI / Rager

Système de fermeture / Mordu – RE / ALTISES – Chlore / Cent un romains

Pas un autre – Maigreur extrême

PARUE / Élevé – METIER / SE

SEMES – TE / BUSA

Rapace – Chrome / SUA – SET / EUS – MARI / Voie importante

BASERA / Sied

Direction / RALASSES – Rouge – NUI

TEES

SOLUTION PAGE 178

Les mots déclencheurs en majuscules sont des anagrammes.
Les mots en minuscules sont des définitions.

Lundi **7 juin**

Saint Gilbert – On fête aussi les Marie-Thérèse, Maïté

Soleil
lever : **5 h 48**
coucher : **21 h 51**

À la Saint-Gilbert, choie ta régulière !

NOTTO DICO

FOU, n. m.
Génie ignoré par la société.

FURONCLE, n. m.
Attention ! Ce n'est pas un membre de la famille.

FUSILLADE, n. f.
Échange armé de points de vue divergents.

FUTUR, n. m.
Quand l'avenir répond présent.

GÉNIE, n. m.
Fou reconnu par la société.

Énigmes

Le mardi 13 août 2019 à 11 h, à Paris, un homme suspecté d'être le chef du gang des Gros Bras est abattu en pleine rue. Quatre suspects appartenant à des bandes rivales sont interrogés par la police :

- Sébastien déclare qu'il était chez son kinésithérapeute : il avait rendez-vous à 10 h 45.
- Christophe dit qu'il est allé au musée du Louvre et qu'il y est resté jusqu'en début d'après-midi.
- Guillaume déclare qu'il s'entraînait au club de sport situé rue Caumartin.
- Jérôme dit qu'il est allé seul voir le film *Never Grow Old* au cinéma UGC Normandie, avenue des Champs-Élysées, à la séance de 10 h.

La police a arrêté le coupable sans prendre la peine de vérifier les alibis. Savez-vous qui ils ont appréhendé et pourquoi ?

Solution : Christophe : le Louvre n'est pas ouvert le mardi.

Compiler les Perles

Humour gras

Qui l'a dit ? Un touriste apparemment ravi des prestations de sa location de vacances et qui n'hésite pas à laisser un avis positif sur les sites de location. La perle : « Super séjour, dans un super établissement. Endroit parfait, propreté au top, et prix bas. Bref, pour nos vacances tout à beignet dans l'huile. » On dirait bien que cette perle-ci est notre favorite, mais on va encore dire qu'on a des chouchous (beignets et chocolats) !

LES CHÈVRES PRÉFÈRENT LES VISAGES SOURIANTS...

Vino populum

Givry

Dans la Côte chalonnaise, en Bourgogne, le givry est essentiellement rouge. Du pinot noir, évidemment ! Violette, fraise et mûre, notes de réglisse, épices : ça pinote à coup sûr. S'il est assez tannique dans sa jeunesse, il gagne en rondeur (comme nous tous) en prenant de la bouteille sur une période de cinq à huit ans. C'est le moment de vous souvenir de la recette de la terrine de gibier que vous gardiez pour les copains.

Soleil
lever : **5 h 47**
coucher : **21 h 51**

Mardi **8 juin**

Saint Médard – On fête aussi les Godard

Quand il pleut le jour de la Saint-Médard, pendant quarant' jours faut prendr' son riflard.
Les Frères Jacques

Correspondance (très) intime...

« T'en souviens-tu, ma bien-aimée ? Notre première nuit, c'était une nuit de carnaval, la nuit du Mardi gras de 1833. [...] Paris avait la fausse ivresse, nous avions la vraie. » Lorsque Victor Hugo écrit ces mots, il est déjà une personnalité politique et littéraire reconnue. Il est également marié à Adèle et père de quatre enfants. La bien-aimée en question est Juliette Drouet, son amante, sa confidente, sa secrétaire parfois, qui lui restera fidèle jusqu'à sa mort en 1883. Leur relation est parsemée d'amour et d'orages, de dévouement et de déchirements, d'érotisme et de réconciliation. Cette passion ardente respire à travers les 23 650 lettres que « Juju » et « Toto », comme ils se surnomment, se sont échangé pendant un demi-siècle, une correspondance amoureuse unique, exceptionnelle.

Rétro Vermot

« Docteur, soyez franc, combien de temps me reste-t-il à vivre ?
– Eh bien... voyons... vous aimez la télévision ?
– Bien sûr !
– Alors ne regardez pas le prochain feuilleton à épisodes. »

Solution Binero cerclé [p. 174]

0	1	1	0	0	1	1	0
0	1	1	0	1	0	0	1
1	0	0	1	1	0	1	0
1	0	0	1	0	1	1	0
0	1	1	0	0	1	0	1
1	1	0	0	1	0	0	1
0	0	1	1	0	1	1	0
1	0	0	1	1	0	0	1

Théories du complot

Créatures surnaturelles

Les célébrités et les puissants, soit par l'aura soit par le pouvoir qu'ils dégagent, ont toujours été la cible de théories du complot farfelues. La famille royale d'Angleterre n'y échappe pas et aujourd'hui circulent encore de nombreuses thèses à propos de ses membres. Pour commencer, Élisabeth II et le prince Charles seraient des vampires, descendants du prince Vlad de Transylvanie, noble qui a inspiré la légende du comte Dracula. Ou bien ils seraient des robots, des extraterrestres, des cannibales ou des reptiliens, au choix. Selon une autre théorie, Élisabeth Ire aurait en fait été un homme, ce qui expliquerait sa garde-robe et son vœu de virginité... Une petite dernière pour la route : le roi Édouard VII ne serait autre que Jack l'Éventreur !

MNÉMOTECHNIQUE

Qui retrouvera Ornicar ?

La liste des conjonctions de coordination, si elle est donnée par ordre alphabétique (car, donc, et, mais, ni, or, ou), ne se retient pas facilement. Qu'on retienne alors la phrase **Mais où est donc Ornicar ?** *et la tâche en sera facilitée. Et mieux vaut la retenir à l'oral pour bien distinguer où (adverbe, pronom) de ou (conjonction), ainsi que est (verbe) de et (conjonction). Nos amis québécois proposent une variante de la phrase :* **Mais où est donc Carnior ?**

UN MILLION D'ESPÈCES VONT DISPARAÎTRE À CAUSE DE L'HOMME

Soleil
lever : 5 h 47
coucher : 21 h 52

Sainte Diane – On fête aussi les Félicien, Éphrem, José, Josette, Malcolm

À la Sainte-Diane, ça plane !

1-2-3-1-2-3-1-2-3

JAMAIS DEUX SANS TROIS

Tomber les quatre fers en l'air

Contrairement à une idée reçue, les « quatre fers » ne sont pas ceux d'un cheval qui serait tombé à la renverse. Il s'agit des fers qui garnissaient autrefois les sabots des paysans : un à l'avant et un à l'arrière de chaque sabot. Lors d'une chute qui jetait un individu à terre, il n'était pas rare que celui-ci se retrouve sur le dos, montrant au ciel les quatre fers de ses sabots.

1-2-3-1-2-3-1-2-3

AVEZ-VOUS LE FORMULAIRE ?

Si certaines questions étranges et stupides arrivent sur les formulaires du fait d'un léger manque de réflexion de leurs auteurs, il en est d'autres plus accidentelles, mais qui n'en restent pas moins tout aussi amusantes. Par exemple, ce formulaire de visa mexicain qui demandait aux arrivants sur le territoire de « sing in the box » (chantez dans la case) au lieu de « sign in the box » (signez dans la case). Pas évident !

Solution mots fléchés [p. 175]

	R		C		D		C		C		S	
R	E	F	U	S	E	R	A		A	M	I	S
	D	O	R	E	S		P	I	C	O	R	E
T	O	U	A	R	E	G		R	A	Y	O	N
	R	I	C	A	N	E	R		B	E	C	
B	O	R	A		F	L	A	M	E	N	C	O
	N		O	B	L	I	G	E	R		O	R
P	S	I		R	E	N	E	S		F		T
		N	A		R	O	U	S	P	E	T	E
T	A	C	C	A		T	R	I	E	R	A	I
	L	O	Q	U	E	T		E	R		C	L
F	E	R	U		C	E	L	U	I	C	I	
	P	R	E	A	U		E	R	M	I	T	E
C	H	E	R		M	E	S	S	E		E	T
		C	R		E	S	T		R	A	M	I
A	U	T	O	U	R		A	R	A	B	E	S
	S	E	N	S		V	I	N		U	N	I
L	A	S	S	E	R	A	S		E	S	T	E

LE CHIFFRE

9

C'est l'âge du plus jeune diplômé universitaire au monde. Et il est belge ! Déjà bachelier à 8 ans, Laurent Simons, un garçon originaire d'Ostende, a obtenu il y a quelques mois son diplôme en ingénierie électrique à l'université d'Eindhoven (Pays-Bas). Doté d'un QI de 145 et d'une mémoire photographique hors normes, le jeune prodige a bénéficié d'une dérogation pour pouvoir suivre des cours en accéléré. Résultat : il a bouclé les trois années du cursus en une seule ! Laurent Simons, qui maîtrise déjà quatre langues, est désormais inscrit en doctorat tout en poursuivant des études de médecine. Désormais pisté par les plus grandes universités, le surdoué envisage de se spécialiser dans le développement d'organes artificiels. Pas étonnant de la part d'un gamin doté de capacités « surhumaines ».

Soleil
lever : 5 h 47
coucher : 21 h 53

Jeudi **10 juin**

Saint Landry – On fête aussi les Foulques

Dieu a dit : "Je partage en deux, les riches auront de la nourriture, les pauvres de l'appétit." Coluche

L'humanité en chiffres

300

C'est le nombre de villes de plus d'un million d'habitants que l'on trouve sur la planète dont 33 sont sur le continent africain. La première ville du monde à passer cette barre fut Rome vers le Ier siècle, largement avant les autres.

3 . 1 4 1 5 9 2 6 5 3

Dans les étoiles

Il y a éclipse de Soleil lorsque la Lune passe entre la Terre et le Soleil, masquant ainsi tout ou partie de ce dernier. Aujourd'hui 10 juin 2021 va se produire une éclipse de Soleil, observable depuis les régions polaires de l'hémisphère Nord (du Canada à la Sibérie, en passant par le Groenland). Toutefois, la Lune étant alors relativement éloignée de la Terre, elle ne masquera pas entièrement le Soleil. On parle alors d'éclipse annulaire car, même au maximum de l'éclipse, il reste un anneau de lumière visible tout autour de la Lune. Depuis la France, on ne pourra voir qu'une petite partie du Soleil masquée par la Lune. Au maximum de l'éclipse, qui se produira vers midi, la Lune masquera tout au plus 20 % de la surface du Soleil pour les observateurs privilégiés situés au nord de la France.

NOTTO DICO

GIRAFE, n. f.
Animal sachant prendre de la hauteur tout en gardant les pieds sur terre.

GRAMMAIRE, n. f.
Épouse du grampaire.

GROSSIÈRETÉ, n. f.
C'est quand on dit « merde », « putain » ou « bordel ». Mais sans le faire exprès.

GROSSIR, v.
Profiter des plaisirs de la table un peu plus que les autres.

GRUYÈRE, n. m.
Ensemble de trous avec du fromage autour.

Métiers d'art

Si la plus ancienne girouette exhumée date du Ier siècle avant Jésus-Christ, le fameux dispositif indiquant la direction du vent, en forme de coq le plus souvent, a commencé à pousser sur les toits au Moyen Âge. « Longtemps, leur installation était associée à un événement particulier, une naissance, un mariage ou l'arrivée dans une nouvelle maison, et puis la tradition s'éteignant, les girouettes ont commencé à disparaître », explique Thierry Soret, l'un des derniers artisans girouettiers de France. Installé dans le Perche, il répare et façonne des girouettes à l'ancienne, entièrement à la main, depuis près de vingt ans. « Les matériaux utilisés, comme le cuivre et le laiton, se patinent naturellement, ce qui permet de distinguer les petits détails d'une girouette dans le ciel. » Ce passionné des « messagers du vent » a donné naissance à près de 500 modèles différents, tous accompagnés d'un petit texte destiné aux générations futures. Car chaque pièce est prévue pour résister à tous les climats pendant au moins... 300 ans !

Vendredi **11 juin**

Saint Barnabé – On fête aussi les Barney, Yolande

Soleil
lever : **5 h 47**
coucher : **21 h 53**

Pour tout arranger, il a encor plu. La Saint-Barnabé, oh ça tant et plus ! Les Frères Jacques

Le bon mot de l'histoire

11 juin 1472 :
« Par Saint-Georges ! Mes enfants, vous avez fait une jolie boucherie ! »
Charles le Téméraire

Entamé depuis 1465, l'affrontement entre Louis XI et son vassal félon, le duc de Bourgogne, s'est intensifié les années suivantes. En juin 1472, alors qu'ils marchent sur Beauvais, Charles le Téméraire et son armée investissent la ville de Nesle. La population et les archers royaux se réfugient dans l'église, ce qui n'empêche pas les soldats bourguignons de les massacrer. Selon les chroniqueurs du XVIe siècle, c'est en entrant en armure et à cheval dans la nef que Charles le Téméraire aurait lancé sa formule.

MUSIQUE

Micro chanteur

Tout n'a pas été simple pour Jean Sablon. En 1936, il est le premier en France à utiliser un micro sur scène : scandale, moquerie, on le surnomme « le chanteur sans voix ». Il fuit aux États-Unis où il apparaît comme LE chanteur français par excellence. Devenu une vedette internationale, il rentre en France après-guerre. Mais il a retenu la leçon : au début de ses concerts, il commence son tour de chant sans amplification, avant de reprendre le micro, cette fois avec succès !

Étymologie

La boucle est bouclée

Le nom *sport* est bien un anglicisme : le français l'a emprunté à la langue de Shakespeare au début du XIXe siècle. Mais d'où vient le nom *sport* en anglais ? C'est la forme raccourcie par suppression de la première syllabe de l'ancien nom anglais *disport*, qui signifiait « divertissement » et que nos voisins d'outre-Manche avaient emprunté à l'ancien français *desport, deport*, qui signifiait également « plaisir, divertissement ».

PROBLÈMES DE MATHS DU CERTIFICAT D'ÉTUDES

Un marchand de primeur achète 15 cageots de raisin à 0,75 F/kg et 12 cageots contenant chacun 7 kg de poires à 0,90 F/kg. Il vend la moitié des poires 1,15 F le kilo et l'autre moitié 0,60 F le demi-kilo. Le raisin est vendu avec un bénéfice de 0,15 F par kilo.

Question 1 : Sachant que le prix de vente total s'élève à 206,70 F, quel est le poids du raisin acheté initialement par le marchand de primeurs ?

Question 2 : Quel était le prix unitaire d'un cageot de raisin ?

1) Le primeur a acheté un total de 120 kg de raisin.
2) Le prix d'achat unitaire d'un cageot de raisin est de 6 F.

Samedi 12 juin

Saint Guy – On fête aussi les Onuphre

À la Saint-Guy, dansons toute la nuit !

HUMOUR FISCAL

Métiers insolites

Européen de service

Dans certains pays d'Asie, comme le Japon ou la Chine, le fait de connaître et de faire affaire avec des Occidentaux est parfois signe de pouvoir et d'influence. C'est ainsi qu'on a vu apparaître, ces dernières décennies, un métier nouveau et grassement payé : Européen de service. Le but de ces potiches d'un nouveau genre est de se présenter à des événements en prétendant faire partie de l'entreprise ou de l'entourage du commanditaire, pour montrer à tous son statut « international ».

HEUREUX MARIAGES

Mariages laïques ?

Il n'y a pas que dans *Le Petit Monde de don Camillo* que tout finit bien entre l'édile local et le desservant de l'église. Le 15 mai 1872, en Meurthe-et-Moselle, François Curé épousa Marie Le Maire. Quelques années plus tard, en 1919, Albert Lévêque convola avec Raymonde Lemaire dans le Nord. Et comble du comble, Antoine Lévêque s'unit avec Virginie Curé en 1873 en Haute-Saône !

Nos Régions

Centre-Val de Loire

Eure-et-Loir/Chartres

Les druides, qui existaient depuis la plus haute Antiquité sur l'ensemble du territoire français, ne sortaient de leurs forêts qu'une fois par an pour tenir leur grande assemblée où leur chef était élu. Selon certains historiens, le lieu de cette réunion pourrait avoir été la commune de Lèves, limitrophe de celle de Chartres, qui était regardée comme le centre de la Gaule celtique. D'ailleurs, la deuxième ville du département, Dreux, tire directement son nom des mêmes racines que le mot « druide ».

DISCRIMINATION À L'EMBAUCHE DANS LES GRANDES ENTREPRISES

L'ACTU

Copie (presque) blanche

En cette période de baccalauréat, les légendes concernant l'épreuve ressurgissent. L'une des plus célèbres prétend qu'au sujet « Qu'est-ce que le courage ? », un candidat ayant simplement répondu « C'est ça ! » aurait obtenu un 20 sur 20. Le ministère de l'Éducation nationale ne retrouvant aucune trace d'un tel sujet de philosophie dans ses archives, les futurs bacheliers peuvent reprendre leurs révisions. Quoique… Une étudiante de l'université de Mie (Japon) a effectivement obtenu un 20 sur 20 en rendant une copie blanche : le professeur a justifié la note en expliquant qu'elle avait fait preuve d'une « incroyable créativité » ! Eimi Haga avait en effet rédigé sa composition en utilisant une encre invisible. Pour s'assurer que son examinateur ne lui colle pas un zéro pointé, la jeune femme avait précisé, en bas de page et à l'encre normale, que pour découvrir son texte il fallait chauffer la feuille. Le professeur s'est prêté au jeu et a découvert la dissertation. Et comme le devoir portait sur l'art de la dissimulation chez les ninjas…

Dimanche **13 juin**

Saint Antoine de Padoue – On fête aussi les Antonia, Anthony, Rambert

Soleil
lever : **5 h 46**
coucher : **21 h 55**

Juin au soleil, amours et merveilles !

LA GAFFE DE L'HISTOIRE

Mauvais choix

Voulant rendre hommage aux déportés de la rafle du Vélodrome d'Hiver, Benjamin Griveaux qui était alors porte-parole du gouvernement, a tweeté en juillet 2019 une photo de personnes séquestrées. Mauvais choix iconographique puisque l'image représentait des Français ayant collaboré avec les forces occupantes allemandes, arrêtés et réunis à Paris en août 1944 après la Libération.

Ça s'est passé

Le 13 juin 1521

Une ordonnance contraint les libraires et imprimeurs parisiens à soumettre toutes leurs publications à la Faculté de théologie de Paris.

RECETTE

Tarte soleil pistou-parmesan

Pour 4 pers. | 15 min de préparation | 25 à 30 min de cuisson

- 2 pâtes feuilletées prêtes à dérouler
- 1 beau morceau de parmesan (75 g)
- 150 g de pistou
- 1 jaune d'œuf (pour dorer)
- Sel, poivre

Préchauffez le four à 180 °C (th. 6). Râpez le parmesan. Déroulez une première pâte sur une plaque de four. Étalez le pesto dessus à l'aide d'une cuillère, en laissant 1 cm sur le pourtour. Saupoudrez la pâte des deux tiers du parmesan. Recouvrez le tout avec la seconde pâte en appuyant bien sur toute la surface afin de souder les deux parties.

Déposez un verre au centre. À l'aide d'un couteau, découpez des parts pas trop grosses en partant du bord du verre. Torsadez ensuite les lamelles de pâte en les tournant délicatement afin de ne pas les déchirer. Ôtez le verre et badigeonnez le centre de jaune d'œuf. Saupoudrez la tarte du reste de parmesan et enfournez-la pour 25 min : en fin de cuisson, elle doit être bien dorée.

Variante : ajoutez quelques pignons de pin sur le pesto.

Étymologie

Le travail, c'est la santé

Cet adage est sans doute vrai, mais pas d'un point de vue étymologique. En effet, jusqu'à l'époque classique, *travailler* signifiait « souffrir ». Le verbe vient du latin populaire *tripaliare* (qui signifiait « torturer »), lui-même formé sur le nom *trepalium* qui désignait un instrument de torture à trois (*tre*) pieux (*palium*). Ainsi, lorsqu'on parle aujourd'hui du travail d'une femme qui accouche, il faut voir dans *travail* un synonyme de *douleur* et non d'*activité*… étymologiquement parlant, bien entendu !

Soleil
lever : 5 h 46
coucher : 21 h 55

Lundi 14 juin

Saint Élisée – On fête aussi les Rufin, Ludivine, Méthode

Le rire est à l'homme ce que la pression est à la bière. Pierre Dac

Pièges de l'ortografe

Possible ou impossible ?

Employé au sein de formules comme « le plus possible », le mot « possible » reste invariable alors qu'il s'accorde quand il est tout seul. On écrira donc « j'ai fait de possibles fautes », mais il faudra en revanche écrire que « les fautes, j'en ai fait le moins possible ». Et même si à l'impossible nul n'est tenu, nous allons tenter de retenir ces règles impossibles !

Ça c'est vache

Les plus belles crasses

Les ruptures amoureuses sont toujours difficiles, mais c'est encore pire quand il s'agit d'une rupture princière ! Quand Lady Diana et le prince Charles se sont séparés, ils ont dû faire face aux commentaires de la presse internationale et au courroux de la famille royale d'Angleterre. Pour être tranquille et contrer les attaques de sa belle-famille, Diana a fourni aux tabloïds américains un certain nombre de numéros de téléphone privés permettant de mettre sur écoute des membres de la famille royale…

Histoires paranormales

Tables parlantes

De 1853 à 1855, la famille Hugo et d'autres exilés de Jersey s'adonnent régulièrement à des séances de spiritisme à Marine Terrace. Ils invoquent une foule de personnages historiques, écrivains, artistes, figures religieuses, entités abstraites (le Drame, la Gloire, la Mort…) qui leur dictent des messages au moyen de coups frappés par les pieds d'un guéridon et correspondant à des lettres de l'alphabet. Le plus souvent, Charles Hugo sert de médium et Auguste Vacquerie de secrétaire des procès-verbaux recueillis dans *Le Livre des Tables* (Folio, 2014). Eschyle et Molière dictent de longs poèmes en vers, Chénier achève les textes que sa décapitation a interrompus, Shakespeare compose des drames en français, etc. Le problème est que tous ces esprits frappeurs écrivent comme Victor Hugo…

GRANDS MOMENTS DU CYCLISME

Les véritables champions, ceux qui marquent leur temps et la mémoire de leur sport, sont souvent ceux qui courent à l'instinct, faisant fi des stratégies prédéterminées et organisées. C'était le cas d'Eddy Merckx, dont les attaques pleines de panache pouvaient donner de belles frayeurs à ses entraîneurs et directeurs sportifs. En 1969, sur le célèbre Tour des Flandres, quand Merckx s'échappe à plus de 70 km de l'arrivée, le public et son directeur sportif, Guillaume Driessens, sont estomaqués : « C'est de la pure folie, Eddy, jamais tu n'iras au bout. » Et pourtant ! Non seulement « le Cannibale » remportera cette course, mais il enchaînera avec une magnifique victoire sur Milan-San Remo. Un moment inoubliable, offert par un champion exceptionnel.

Mardi **15 juin**

Sainte Germaine – On fête aussi les Germina, Lothaire, Landelin

Soleil
lever : **5 h 46**
coucher : **21 h 56**

Pour la mi-juin, reste à jeun !

Métiers insolites

Troisième passager

Pour faire face aux nombreux problèmes liés au trafic automobile de ses grandes métropoles, l'Indonésie a mis en place des règles strictes dans les endroits les plus bouchés et pollués, dont l'une stipule que les véhicules transportant moins de trois personnes ont interdiction de circuler. Malins, certains Indonésiens se louent donc comme troisième passager afin de permettre à des voitures sous-remplies de traverser ces zones. Une sorte de taxi inversé puisque c'est le conducteur qui paie le passager !

ANIMAUX : LA FRANCE CHAMPIONNE D'EUROPE DES ABANDONS

Ça s'est passé

Le 15 juin 1921

Le *Paris*, plus grand paquebot français de l'époque, part pour sa première traversée transatlantique, entre Le Havre et New York, avec 3 000 passagers à bord.

ÇA C'EST... Faits divers

En Italie comme en France, la prolifération des sangliers inquiète. Depuis 2015, leur population a doublé dans la Péninsule pour atteindre deux millions d'individus. Selon les autorités, les sangliers seraient notamment responsables d'environ 10 000 accidents sur les routes italiennes chaque année. L'animal est tellement envahissant que même les dealers s'en plaignent ! C'est en effet ce qu'ont découvert, il y a quelques mois, des policiers de la région de Sienne, en Toscane. Au cours d'une enquête sur la mort d'un jeune homme assassiné en 2018, ils ont placé sur écoute trois suspects, un Italien et deux Albanais. Or, lors d'une conversation entre les malfrats, les policiers ont entendu l'un deux se plaindre du saccage de leur cachette de drogue par des sangliers. Après avoir fouillé l'endroit avec leurs groins, ces derniers ont utilisé leurs défenses pour ouvrir les emballages, puis ils ont disséminé la cocaïne dans la forêt. Chez les dealers, cette drogue, chère et qui se prend par le nez, est parfois surnommée « la truffe ». Ceci explique peut-être cela...

LE CORONAVIRUS SE PROPAGE EN IRAN

Théories du complot

Deux soleils

Et si notre Système solaire n'avait pas qu'un soleil ? Serait-ce possible ? Une théorie du complot largement répandue sur Internet assure que notre Système solaire serait en effet composé de deux soleils. L'existence de ce second soleil aurait été découverte depuis belle lurette par la Nasa qui, pour une raison bien évidemment secrète et mystérieuse, l'aurait cachée au reste du monde. Une hypothèse mise à mal par des milliers et des milliers de relevés, de photographies de l'espace et d'observations indépendantes, mais rien qui puisse empêcher les complotistes de croire dur comme fer à cette théorie farfelue et de propager la rumeur !

Soleil
lever : 5 h 46
coucher : 21 h 56

Mercredi 16 juin

Saint Jean-François Régis – On fête aussi les Aurélien, Cyr, Ferréol

Qui aime bien ses lunettes ménage sa monture. Francis Blanche

Le bon mot de l'histoire

1515 – 89

16 juin 1894 :
« Le succès n'est pas un but, mais un moyen de viser plus haut ! »
Pierre de Coubertin

Du 16 au 23 juin 1894, 2 000 personnes représentant 13 nations et une cinquantaine de clubs sportifs se réunissent à la Sorbonne. Parmi eux, Pierre de Coubertin, jeune pédagogue qui milite pour le rétablissement des jeux Olympiques. Sa proposition, exposée lors d'un discours dans lequel il défend une vision presque chevaleresque de l'esprit sportif qui doit animer l'événement, est immédiatement adoptée. Seize épreuves sont retenues pour les premiers JO modernes qui se dérouleront deux ans plus tard à Athènes.

Charade classique

Mon premier est un félidé,
Mon deuxième est un ursidé,
Mon tout est un fromage de l'Aube.

CHAOURCE (CHAT - OURS)

DEVINETTES

Sur le dos elle est portée,
Ou surplombe la cheminée,
Au revoir buées, vapeurs et fumées,
Qui par elle sont emportées.
Qu'est-ce que c'est ?

Réponse : La hotte

Nos Régions

Corse

Corse/Proverbe

Le proverbe corse « In bòcca chjosa un c'entre mòsche » peut être traduit littéralement par : « Il n'entre pas de mouches dans une bouche fermée. » L'image évoque les oisillons dans le nid attendant la pitance rapportée par leurs parents : ceux qui garderaient le bec fermé ne seraient pas nourris. Le proverbe peut donc être interprété par : « Qui ne demande rien n'a rien. »

Au Jardin

Anti-pucerons

Il existe des milliers d'espèces de pucerons et presque autant de trucs et astuces pour les éliminer. Certains sont peu efficaces, alors que d'autres le sont trop et tuent aussi des insectes utiles, déséquilibrant la faune du jardin. L'introduction d'insectes prédateurs n'est pas simple, car il faut choisir la bonne espèce et le bon moment. La meilleure des préventions, c'est de constituer un jardin biologiquement équilibré, caractérisé par une grande diversité végétale et un sol vivant, habité par une faune nombreuse et variée. Dans un tel environnement, les pucerons ont aussi leur rôle car ils servent de nourriture à d'autres insectes. Et une attaque, même spectaculaire, de pucerons est souvent rapidement endiguée par les coccinelles et d'autres prédateurs naturels.

Jeudi **17 juin**

Saint Hervé – On fête aussi les Harvey, Rainier

Soleil
lever : **5 h 46**
coucher : **21 h 56**

À la Saint-Hervé, plus un lové.

WWW.

Le NET pas BÊTE

Savez-vous que les relations sexuelles brûlent 360 calories par heure ? Qu'on peut tricoter 14 pulls avec un mouton ? Qu'une personne passe en moyenne six mois de sa vie arrêtée à un feu rouge ? Si ce genre d'informations inutiles mais véridiques vous passionnent, le site « Savoir Inutile » est fait pour vous ! Chaque jour, le plein de nouvelles connaissances sans aucun intérêt, ou presque.
Savoir-Inutile.com

1-2-3-1-2-3-1-2-3

JAMAIS DEUX SANS TROIS

Reçu cinq sur cinq

Dans l'univers militaire du début du xxe siècle, lors des premières télécommunications, on notait la qualité de la transmission pour confirmer qu'un message avait été parfaitement reçu. « Cinq sur cinq » était la meilleure note possible, qualifiant la communication de parfaite. Aujourd'hui, le sens de cette expression s'est élargi et indique qu'on a bien compris un message, même caché...

1-2-3-1-2-3-1-2-3

Pour bébé, il ne faut pas abuser du portage grenouille...

NOMS D'OISEAUX !

Corbeau

Le corbeau n'a jamais eu bonne presse : le noir de son plumage serait une couleur de mauvais augure, son croassement rauque est inquiétant, il pille les graines de céréales... Aussi, ceux qui sont vêtus de noir et que l'on veut dénigrer sont-ils qualifiés de corbeaux, notamment les magistrats, les croquemorts, les prêtres en soutane et les hommes d'affaires qui s'enrichissent sans vergogne. Pourtant, cet oiseau supérieurement intelligent gagne à être connu : il sait résoudre des problèmes et utiliser des outils, et ses jeunes, comme nos bambins, ont la faculté rare de pratiquer le jeu !

Tout est relatif... (Espace temps)

Première lumière sur la relativité

Il y a un peu plus de 100 ans, l'astronome et astrophysicien britannique Arthur Eddington a apporté au monde la première validation expérimentale de la théorie de la relativité générale, à l'occasion d'une éclipse totale de Soleil observée au large de l'Afrique de l'Ouest. Eddington a étudié la position des étoiles de l'amas des Hyades, visibles à proximité immédiate du disque solaire au moment de l'éclipse. Il s'est avéré qu'elles apparaissaient plus écartées les unes des autres que d'habitude. En réalité, la lumière qu'elles émettent était déviée lors de son passage à proximité du Soleil, à cause de la masse de celui-ci. Et le phénomène était visible grâce à l'éclipse totale. Pour la première fois, la distorsion de l'espace-temps imaginée par Einstein était observée. Puisqu'on vous dit que tout est relatif !

Vendredi **18 juin**

Saint Léonce – On fête aussi les Osanna, Marselan

Le coin lecture

Windows on the World, de Frédéric Beigbeder

Le 11 septembre 2001, au restaurant *Windows on the World* au 107e étage de la tour nord du World Trade Center, Frédéric Beigbeder imagine et décrit, minute par minute, les derniers moments des clients au moment de l'attaque terroriste. Poignant, terrifiant, parfois révoltant, le récit est émaillé des réflexions de l'auteur sur sa propre existence à Paris. Quittant son habituel costume de dandy provocateur, Beigbeder prend un ton grave mais jamais larmoyant pour livrer son hommage aux victimes de ce funeste jour. Un huis clos très émouvant, dont nous connaissons tous l'issue et qui pourtant nous tient en haleine jusqu'à la dernière page.

Charade classique

Mon premier est le nom des âmes des morts dans l'Antiquité romaine,

Mon deuxième est la source de bien des racontars,

Mon troisième maintient à distance,

Mon quatrième est un pays de la région de Normandie,

Mon tout est un personnage d'un roman de l'abbé Prévost.

MANON LESCAUT (MÂNES – ON – LAISSE – CAUX)

L'ACTU

Concours de caisses

L'an passé, de nombreux médias ont annoncé la première édition du championnat du monde de pets. Organisé à Liège, en Belgique, l'événement devait réunir plusieurs centaines de concurrents dans trois disciplines : « La caisse qui dure le plus longtemps », « le pet qui fait le plus de bruit » et, enfin, « le prout qui flaire le plus ». D'après plusieurs télévisions et radios, le concours devait se dérouler au Palais des Congrès de la capitale économique de la Wallonie. Ses organisateurs informèrent également les médias qu'ils avaient noué un partenariat exclusif avec un supermarché : celui-ci offrait une réduction sur les boîtes de cassoulet la veille de l'événement. Mais, alors que chacun retenait son souffle, une dépêche est tombée 24 heures avant le début des hostilités : ce championnat n'était qu'un canular imaginé par un petit groupe d'amis. Médusés par le sérieux avec lequel plusieurs journalistes considéraient leur idée lancée comme une blague, les joyeux drilles ont décidé d'entretenir la plaisanterie en multipliant les communiqués « officiels ». Ainsi, pendant des jours, ce concours qui n'était que du vent a fait couler beaucoup d'encre…

L'humanité en chiffres

3.141592

1 300 000

C'est, en tonnes, la quantité de café bue par la totalité de la population américaine en une seule année. Pas étonnant avec toute cette caféine que nos amis américains soient si agités !

Samedi **19 juin**

Saint Romuald – On fête aussi les Die, Dieudonné, Déodat, Gervais

Soleil
lever : **5 h 46**
coucher : **21 h 57**

À la Saint-Romuald, on s'fait des grillades ?

HEUREUX MARIAGES

Le divin enfant

Lorsque Monsieur Joseph épousa Mademoiselle Marie le 1er juillet 1856 à Auxerre, dans l'Yonne, nous ne savions pas s'ils s'étaient préparés à faire naître leur enfant dans une étable. Quant à l'improbable couple formé par Joseph Mary et Marie Joseph, ils n'eurent pas d'enfant prénommé Jésus, mais un petit Fernand, né le 22 août 1765 à Hennuyères, dans le Hainaut, en Belgique.

CHAUD DEVANT !

MIGRATIONS CLIMATIQUES

Dans nos contrées, les systèmes de climatisation – qui, soit dit en passant, ne font qu'augmenter le réchauffement général – nous aident à affronter les épisodes de canicule. Mais avec le réchauffement climatique, tout le monde ne pourra pas rester chez soi : à force de sécheresse et de chaleurs extrêmes, certaines populations risquent d'être contraintes de migrer vers les régions tempérées. D'ici 2050, plus de 250 millions de personnes seraient concernées, soit l'équivalent de plus de trois fois et demie la population actuelle de la France.

NOTTO DICO

HERCULE, n. pr.
Dans la mythologie grecque, demi-dieu n'ayant pas froid aux yeux et qui Hercule devant rien.

HOMMAGE, n. m.
Manifestation publique que le mort n'aurait jamais acceptée de son vivant.

HIBERNATION, n. f.
Repli social sur soi de novembre à mars afin de mieux se retrouver au printemps.

HIDEUX, adj.
Somme de Hiun plus Hiun.

HIRONDELLE, n. f.
Faux ami du printemps.

Séries TV

Sex and the City et *Girls*

New York, ville de tous les possibles et de toutes les destinées. C'est, du moins, ce que nous raconte Lena Dunham dans sa série *Girls*, reflet d'une génération de femmes en quête d'accomplissements personnels et professionnels. De séquence en séquence, on découvre Brooklyn et ses bars de hispters, ses cafés branchés et ses lofts aménagés. Une autre bande de copines avait déjà investi la Grosse Pomme quelque vingt ans plus tôt. Carrie Bradshaw et ses acolytes, dans *Sex and the City*, nous entraînent plutôt du côté de l'Upper East Side, de ses appartements cossus et de ses soirées branchées où presse et people se côtoient. Au-delà des Louboutin de Carrie, c'est bien New York qui tient le rôle principal de cette série devenue culte.

Soleil
lever : **5 h 46**
coucher : **21 h 57**

Dimanche **20 juin**

Saint Silvère – On fête aussi les Gobain, Marcan

Fête des Pères

L'été, lorsque le jour a fui, de fleurs couverte
La plaine verse au loin un parfum enivrant. Victor Hugo

Nos Régions

Grand Est

Aube/Villemaur

Le 13 janvier 1714, le curé de Villemaur, aujourd'hui commune de l'Aube, enterre un de ses jeunes paroissiens : « Les os de François Bécard, âgé de onze ans, trouvés dans les fossés auprès de la porte des Quatre-Vents après avoir été rongés par une bête cruelle ont été ramassés et enterrés dans le petit cimetière. » Sans doute un loup affamé avait-il dévoré le pauvre enfant…

Au secours… de l'impossible

Si vous êtes claustrophobe, cette brève risque de vous donner la chair de poule… Au cours d'une expédition dans la grotte de Lechuguilla, un réseau sous-terrain de près de 250 km et l'une des dix plus grandes grottes du monde, située dans le parc national des grottes de Carlsbad, un rocher tomba sur la jambe de la scientifique Emily Davis Mobley et la lui brisa en plusieurs morceaux. Son sauvetage est l'un des plus longs et fastidieux jamais réalisés en sous-terrain : il fallut près de quatre jours et des dizaines de spéléologues confirmés pour sortir la jeune femme de son piège. La légende raconte qu'Emily, pendant que tout le monde s'affairait à son sauvetage, chantait des chansons pour encourager les sauveteurs. Voilà qui est sympa !

LA COLLECTE DES PIÈCES JAUNES : UNE TRADITION FRANÇAISE

NOMS D'OISEAUX !

Serin

Son joli plumage jaune et ses trilles valent souvent au serin de passer sa vie dans une cage. Mais est-il nécessaire, en sus, de pousser l'ignominie jusqu'à le taxer de vaniteux et de niais ? Pour Paul Léautaud, la chose est claire : « J'entends par serins ceux qui joignent au manque de talent une prétention assez marquée. » Chez Proust, M. de Norpois, suffisant et creux dans ses jugements, est qualifié de vieux serin. Et Zola parle d'une femme qui « a un mari trop serin pour ne pas le faire cocu ». Le mot n'a pas de féminin : les dames bêcheuses et godiches échappent donc à « vieilles serines » !

LE CHIFFRE

7,4

Ahurissant ! C'est le poids en kilos du rein malade retiré à un patient par des chirurgiens en Inde. L'énorme grosseur de la taille d'une boule de bowling occupait la moitié de l'abdomen. Il a fallu plus de deux heures d'intervention pour que l'équipe médicale de l'hôpital Sir Ganga Ram à New Delhi réussisse à extraire l'organe de 45 cm, sachant qu'un rein normal mesure environ 12 cm et pèse moins de 150 g. L'homme opéré, âgé de 56 ans, souffrait de polykystose rénale autosomique type dominant, une maladie génétique grave. À ce jour, le plus gros rein jamais enlevé, lors d'une opération à Dubaï en 2017, pesait 4,25 kg. Toutefois, les médecins de l'hôpital de New Delhi ont certifié avoir retrouvé dans les archives le dossier d'un patient dont le rein dépassait les 9 kg…

Parler de musique, c'est comme parler de sexe... Pourquoi en parler ? John Lennon

Nos Régions

Hauts-de-France

Oise/Beauvais

Au Moyen Âge, Beauvais célébrait chaque année la très burlesque fête de l'Âne. Le 4 janvier, un âne était mis en tête d'une procession, portant sur son dos une jeune fille représentant la sainte Vierge allant en Égypte avec l'enfant Jésus dans ses bras. Le cortège partait de la cathédrale et allait à l'église Saint-Étienne, où l'âne et la jeune fille étaient accueillis pour célébrer la messe. Puis, à la fin de la cérémonie, le prêtre au lieu de dire « ite missa est » se mettait à braire par trois fois et le peuple au lieu de « Deo gratias » répondait en cœur « Hi han ! Hi han ! Hi han ! »

LE CHIFFRE

15

Il a fallu attendre 15 ans pour que le corps d'une Madrilène, décédée en 2004 à l'âge de 78 ans, soit découvert momifié dans la salle de bains de son appartement. Isabel Rivera n'avait pas d'enfants et n'entretenait plus de rapports avec sa famille. À plusieurs reprises, des voisins s'étaient manifestés auprès des autorités, alertés par les mauvaises odeurs et les courriers qui débordaient de sa boîte aux lettres. En vain. C'est finalement l'une de ses nièces qui a obtenu l'ouverture de l'appartement en 2019. Selon les enquêteurs, Isabel serait morte naturellement. La banque a indiqué que, depuis 2004, les factures de la septuagénaire étaient prélevées chaque mois sans incident, mais que son compte n'indiquait aucune autre opération. Il y a cinq ans, une autre voisine avait demandé que des guirlandes électriques de Noël, toujours accrochées entre le balcon de la vieille dame et un lampadaire dans la rue, soient enfin enlevées. Elle craignait que cela ne facilite l'intrusion de cambrioleurs.

LA POSTE SE DIVERSIFIE DE PLUS EN PLUS

Compiler les Perles

Précision

Qui l'a dit ? Un touriste en visite en Bretagne et qui n'a pas dû beaucoup se renseigner avant de partir sur les spécialités culinaires de la région…

La perle : « Oui bonjour, je cherche une dame qui fait des crêpes et du cidre, pas loin d'ici. Vous la connaissez ? »

On ne connaît pas la réponse de la personne de l'office du tourisme à qui a été posée la question, mais ça a dû être compliqué de ne pas éclater de rire !

Fils et filles de...

En lisant son nom, Lolita Séchan, nos lecteurs fans de chanson française n'auront pas de mal à établir le lien de paternité. Pour les autres, précisons tout de même qu'il s'agit de la fille du chanteur Renaud Séchan, plus connu sous son seul prénom, Renaud. Si Lolita a inspiré plusieurs chansons célèbres à son papa (qui la surnomme souvent Lola), dont les illustres *Morgane de toi et Mistral Gagnant*, cette graine de star a choisi la plume pour suivre son propre chemin artistique. Son métier ? Auteure de livres illustrés pour enfants et scénariste de bandes dessinées. Un choix de carrière très judicieux pour la fille adorée du blouson noir préféré des Français !

Mardi **22 juin**

Saint Alban – On fête aussi les Albane

À la Saint-Alban, planque tes talbins !

WWW.

Le NET pas BÊTE

Qui n'a jamais eu envie de se rappeler à son (bon) souvenir en écrivant une lettre à celui qu'il sera demain dans un futur plus ou moins proche ? Le site « Future Me » permet de s'envoyer des messages électroniques qui arriveront le jour choisi, dans un, deux, dix ou trente ans. À la condition de ne pas changer d'adresse email dans l'intervalle, bien entendu !
www.futureme.org

ILS ONT DIT

« Nous deviendrons tous poètes, nous allons tous faire des vers... »

Georges Danton

Ça s'est passé

En 1421

L'empereur de Chine Yongle, troisième de la dynastie Ming, décide de transférer la capitale de son pays de Nankin à Pékin, où il fait construire la Cité interdite.

VERMOT'ROSCOPE

CANCER (22 juin – 22 juillet)

Caractère

Calme, réservé, sensible, sentimental, émotif, aimable, doux, aimant, protecteur, attaché à ses racines et à la famille, serviable, imaginatif, attachant, têtu, attentiste, lunatique, compliqué, mélancolique, rêveur, infantile.

Le message des astres

Neptune et Pluton vous offriront de très beaux moments d'amitié. Ainsi, vous serez amené à rencontrer des personnages hauts en couleur. Saturne et Jupiter vous rendront plus attentif à votre budget.

Vie relationnelle

Année agréable avec de belles relations amicales. Votre vie sociale se révèlera épanouissante et enrichissante. En janvier, les autres auront toute votre attention. En avril, acceptez les invitations, cela vous fera le plus grand bien. En juillet et en août, nouez de jolis liens.

Amour

En couple, l'ambiance sera plus calme que l'année dernière. Ainsi, vous aurez l'occasion de prendre le temps de vivre aux côtés de votre moitié. En janvier, la douceur, la fantaisie et le partage viendront ensoleiller votre quotidien. En juin et en juillet, misez sur l'écoute et l'harmonie. Septembre sera bercé par de belles vibrations.
Célibataire, pas de grand amour à l'horizon mais des amis sur qui vous pourrez compter. En mai, changez-vous les idées auprès de celles et de ceux que vous aimez. En juin, soyez plus sûr de vous. Testez votre charme. En septembre et en octobre, restez ouvert à une possible rencontre.

Famille

2021 sera plus paisible que l'année dernière. Vous aurez l'occasion de retrouver un certain équilibre qui vous correspondra mieux. Vos relations avec vos proches seront plus apaisées. De septembre à octobre, vos pensées seront tournées vers une personne de votre entourage.

Quotidien et vitalité

Cette année, les astres vous font une fleur en vous permettant de découvrir de nouvelles ressources. Une véritable aubaine qui vous donnera la possibilité de vous adonner à d'autres loisirs ou d'autres occupations. En janvier, évitez le stress et les tensions. En juin, changez-vous les idées et faites le plein d'énergie.

Budget

Les astres vous inciteront à plus de vigilance quant à la gestion de votre budget. Pour certains, en 2021, il sera question d'un investissement ou d'un placement important, notamment en février et en mars. En juillet et en août, sachez vous faire plaisir.

Comment optimiser votre année

Rompez avec certaines de vos habitudes. Soyez créatif et inventif. Organisez vos papiers. Évitez la procrastination. Libérez-vous du passé. Regardez vers l'avenir.

Mercredi 23 juin

Sainte Audrey – On fête aussi les Etheldrede, Ethel

Soleil
lever : 5 h 47
coucher : 21 h 58

Nuit de juin ! Dix-sept ans ! On se laisse griser. La sève est du champagne et vous monte à la tête...
Arthur Rimbaud

MUSIQUE

Oiseau de voyage

En 1979, Alain Chamfort, tout fier d'une de ses musiques, demande à Serge Gainsbourg d'en écrire le texte. Celui-ci lui propose *Adieu California* qui n'emballe pas Chamfort. Après un premier enregistrement d'essai et quelques tergiversations autour des paroles, Gainsbourg a comme un déclic : un soir, il appelle Alain Chamfort et commence à lui chanter au téléphone ce qui deviendra le tube *Manureva*. Chamfort est séduit avant même de savoir qu'il s'agit d'un hommage au navigateur Alain Colas, disparu en mer sur son bateau, le *Manureva*.

ILS ONT DIT

« Passé quarante ans, si on n'a mal nulle part, c'est qu'on est mort. »

Michel Blanc

Correspondance (très) intime...

« J'ai tant envie de toi. J'en deviens fou. Je meurs à l'idée de te retrouver, de te voir, de t'embrasser. Je veux que ta main, ta bouche, ton sexe ne quittent mon sexe. » Lorsqu'en janvier 1930, Paul Éluard écrit ces mots à Gala, sa muse et son épouse depuis 1917, leur rupture est pourtant irrémédiablement consommée. Après avoir succombé un temps aux charmes du peintre Max Ernst, ami du poète, et formé avec les deux hommes un triangle amoureux, l'impétueuse Gala a rencontré Salvador Dalí. Elle va bientôt devenir l'un de ses principaux sujets d'inspiration et sera son unique modèle féminin pendant 50 ans. Sans illusion, mais toujours éperdument épris, Paul Éluard lui écrira encore pendant plusieurs mois son amour, crûment parfois. Jusqu'à sa rencontre en 1931 avec Nusch, autre égérie du surréalisme célébrée par les œuvres de Man Ray, Picasso et Miró.

Vino populum

Muscat-du-cap-corse

À l'extrême nord de l'île de Beauté, les vins doux naturels ont une longue histoire. Ce muscat blanc à petits grains trouve matière à s'exprimer sur les sols de schistes et sur quelques terroirs granitiques du massif du Tenda. Opulence est le maître-mot, tant au nez qu'en bouche. Une ribambelle d'arômes de fruits secs et de fruits exotiques, un goût de raisin que l'on croque, de la puissance.

QUAND LES DIRIGEANTS D'ENTREPRISES FUIENT CACHÉS DANS DES MALLES

PROBLÈMES DE MATHS DU CERTIFICAT D'ÉTUDES

En vendant une pièce de drap de lin au prix de 28 F le mètre, un tailleur aurait pu encaisser 48 F. Mais le tissu s'étant rapidement démodé, il doit maintenant vendre le mètre à 26 F et ne gagne plus que 24 F sur cette pièce.

Question 1 : Quelle est la longueur totale de la pièce de drap de lin que souhaite vendre le marchand ?
Question 2 : Quel était le prix d'achat initial du mètre ?
Question 3 : Combien de costumes nécessitant chacun 3,75 m de tissu au total aurait-il pu couper dans cette pièce et quelle longueur de drap serait-il resté ?

1) La longueur totale de la pièce est de 12 m.
2) Le prix payé par le marchand pour un mètre de ce tissu était de 24 F.
3) Il aurait pu couper trois costumes, et il serait resté 0,75 m de drap au final.

Jeudi 24 juin

Saint Jean-Baptiste – On fête aussi les Rombaut, Théodulphe, Yann

À la Saint-Jean, amours au champ et feu ardent.

Nos Régions

Île-de-France

Yvelines/Versailles

Louis-Sébastien Mercier raconte dans *Tableau de Paris* qu'à la fin du règne de Louis XV « les Parisiens, le jour de la Pentecôte, prennent la galiote (un petit bateau) jusqu'à Sèvres et, de là, courent à pied à Versailles pour y voir les princes, la procession des cordons bleus puis le parc puis la ménagerie. On leur ouvre les grands appartements, on leur ferme les petits qui sont les plus riches et les plus curieux. Ils se pressent à midi dans la grande galerie pour contempler le roi qui va à la messe et la reine et Monsieur et Madame et monseigneur comte d'Artois et madame comtesse d'Artois, puis ils se disent l'un à l'autre "As-tu vu le roi ? Oui il a ri…" »

Rébus

BANDE LETTRIQUE

Pièces de théâtre françaises

AIAIGLE

L'Aigle à deux têtes, Jean Cocteau

La dictée du mois — Fils de général

Parmis les jeunes gens qui habitaient un des petits appartements du sixième étage, se composants d'une chambre et d'un cabinet de travail, il en était un qui ne passait jamais devant le père Mallet sans lui adresser un cordiale bonjour : quand sa fille était avec lui, il la saluait poliement, mais avec une complète indifférense. Ce jeune homme était un Allemand ; il se nommait Frederik Halsener, fils du général prussien de ce nom, qui s'était bravement battu contre les français et avait obtenu leur estime durants les guerres de l'Empire. Resté presque sans fortune à la mort de son père, le jeune Halsener, d'un caractère indépendant et fier, n'était pas propre à faire son chemin à la cours de Berlin.

Louise Colet, Un drame dans la rue de Rivoli, *1857.*

Solution : parmi, composant, cordial, poliment, indifférence, Français, durant, cour

Voitures célèbres

Citroën DS

Point de mire du salon de l'automobile 1955 grâce à son style révolutionnaire et à sa suspension hydropneumatique, c'est peu de dire que la Citroën DS a marqué son époque ! Véritable symbole du génie français pendant les Trente Glorieuses, elle arrivera même troisième au concours international de la voiture du siècle en 1999, derrière la Ford Model T et l'Austin Mini. Adoptée par Louis de Funès dans *Les Aventures de Rabbi Jacob* et *Fantômas*, volée à plusieurs reprises par Alain Delon dans *Le Samouraï*, elle sauvera surtout la vie du général de Gaulle lors de l'attentat du Petit-Clamart en 1962, grâce à sa tenue de route imperturbable, et ce, malgré une chaussée mouillée et deux pneus crevés !

Vendredi 25 juin

Saint Prosper – On fête aussi les Éléonore, Aliénor, Léonora

Soleil
lever : 5 h 48
coucher : 21 h 58

À la Saint-Prosper, yop la boum !

LUTTES ET HÉROS POPULAIRES

LES CANUTS

Dans les années 1830, la production textile était l'une des principales activités de la région lyonnaise et faisait vivre des dizaines de milliers de personnes. Mais avec la révolution industrielle, les artisans et ouvriers de la soie, surnommés les canuts, ont vu leurs conditions de travail et leur salaire se dégrader rapidement. En 1831, ils se sont révoltés une première fois et ont pris la ville au terme d'une bataille homérique contre l'armée qui fit près de 1 000 morts en quelques jours. Deux autres soulèvements ont eu lieu ensuite en 1934 et en 1948. Si l'origine du mot « canut » est incertaine, le souvenir qu'ils ont laissé dans la mémoire des luttes populaires est, lui, indiscutable.

NOTTO DICO

GUÉRISON, n. f.
Miracle médical.

HABITABLE, adj.
Se dit d'un logement où le plafond ne fuit que lorsqu'il pleut.

HAMAC, n. m.
Petit coin de paradis en apesanteur.

HEAUME, n. m.
Maison du chevalier.

HÉMATOME, n. m.
Couple d'amis.

CHERS DISPARUS

La perruche de Raiatea

L'existence de cet oiseau n'est connue que par deux spécimens, rapportés de Polynésie française en 1773 par le capitaine James Cook. Depuis, la destruction de son habitat, la chasse et l'introduction d'espèces exogènes ont conduit à sa disparition. Les deux perruches sont aujourd'hui naturalisées et conservées, l'une en Autriche, l'autre en Grande-Bretagne.

L'ACTU

Semblant de grand chef

Dans la série « concours qui ne manque pas d'air » (voir au 18 juin), une nouvelle compétition, bien réelle cette fois, a été créée par des Français : le championnat du monde d'Air Cuisine. Cela consiste à mimer une recette, sans ingrédients ni ustensiles. À l'origine de cette idée, plusieurs cuisiniers médiatiques, dont Denis Rippa, chef à l'hôtel Matignon. Ouverte à tous, la première édition du concours, organisée à Saint-Witz dans l'Oise, a vu s'affronter une quinzaine de candidats de toute la France. Évaluée par un jury de cuisiniers réputés, leur prestation était appréciée en fonction de la justesse technique des gestes exécutés et de la mise en scène artistique de leur recette. Chaque concurrent a donc fouetté, émincé, épluché, ciselé, mais aussi pesé, soulevé, mélangé, goûté et même dressé… « pour de faux ». Et c'est un spécialiste du mime qui a remporté la timbale ! Si le concept d' Air Cuisine ne vous convainc pas, les organisateurs l'assurent : leur championnat a régalé les concurrents, les jurés et le public. Une seconde édition, plus internationale, est déjà sur le gril !

Soleil
lever : 5 h 48
coucher : 21 h 58

Samedi **26 juin**

Saint Anthelme – On fête aussi les Saulve, Telma, Pélage, Maxence

Des orages en juin, le plein de vin.

Rétro Vermot

« Je voudrais bien connaître la route de la fortune.
– Ce n'est pas difficile. Vous « prenez » à droite, vous « prenez » à gauche, et quand vous avez « pris » de tous les côtés, vous êtes riche. »

ILS ONT DIT

« Il faut se méfier de la psychanalyse, elle a un effet secondaire : tu deviens pauvre. »
Patrick Timsit

EXPRESSIONS IMAGÉES

Se faire des cheveux

Lorsqu'on s'inquiète fortement pour quelque chose, il arrive que blanchissent quelques cheveux. On disait autrefois qu'on « se faisait des cheveux blancs » puis la locution est devenue « se faire des cheveux ». On se fait aussi « du mouron » car le « mouron » est une plante de forme touffue, agrémentée de petits poils blancs sur les bords, semblables à des cheveux.

CHAUD DEVANT !

POUR QUELQUES DEGRÉS DE PLUS

L'augmentation de la température moyenne que nous devrions connaître d'ici 2100 se situe entre 2 et 7 °C. Telle est la conclusion d'une étude menée par des chercheurs français pour le compte du rapport 2021-2022 du Groupe international des experts du climat (GIEC). Si ces quelques degrés en plus inquiètent autant, c'est parce qu'il s'agit d'une moyenne. Ponctuellement, nous aurons des températures très supérieures à la moyenne, et nous vivrons des périodes de fortes chaleurs plus fréquentes et intenses. Certains évoquent jusqu'à 70 jours de canicule par an en 2100…

ILS ONT DIT

« L'homme qui reconnaît son erreur quand il a tort est un lâche. L'homme qui reconnaît son erreur quand il a raison est un homme marié. »
Léo Campion

RECETTE

Fruits en robe blanche

Pour 6 pers. 20 min de préparation Quelques heures de repos

Pour les fruits (au choix)
3 nectarines, 3 pêches ou 3 poires
ou 250 g de fraises

Pour la crème
20 cl de crème liquide entière
2 sachets de sucre vanillé
250 g de mascarpone

Lavez les fruits. Pelez les poires et ôtez le trognon ; ôtez le noyau des nectarines ou des pêches. Équeutez les fraises. Coupez les fruits en petits morceaux et répartissez-les délicatement au fond des verrines.
Fouettez la crème liquide avec le sucre, à l'aide d'un batteur. Incorporez le mascarpone délicatement sans casser la crème montée. Mélangez et versez sur les fruits. Placez les verrines au frais quelques heures.

Conseils : il est toujours préférable, pour les fruits et légumes consommés crus et avec leur peau, de les choisir issus de l'agriculture biologique. Préférez aussi les fruits de saison et cultivés localement.

Dimanche 27 juin

Saint Fernand – On fête aussi les Ariald, Crescent

Soleil
lever : 5 h 49
coucher : 21 h 58

Je pouvais partir la tête haute. Personne ne me devait rien. Fernand Reynaud

Charade de position

Je suis un prénom et un nom de douze lettres :

Mes cinquième, **sixième**, **septième** et **huitième** lettres donnent une extrémité ;

Mes sixième, **septième** et **neuvième** lettres donnent une approbation ;

Sans mes cinquième, **sixième**, **septième**, **huitième**, **neuvième** et **douzième** lettres, je suis une alliance ;

Avec mes première, **sixième**, **septième**, et **douzième** lettres on obtient un mois d'été ;

Avec toutes mes lettres, je suis une cuisinière française plus connue sous le nom de « la mère Poulard ».

ANNE BOUTIAUT – BOUT, OUI, ANNEAU, AOÛT

Le révérend Alain Ferre
Pasteur
vous annonce la naissance de sa fille

Lucie

Solution : Lucie Ferre (Lucifer)

Ha ! Ha ! Ha !

Un jour, Dieu appelle le pape François, le président chinois Xi Jinping et Donald Trump pour les convoquer à une conférence spéciale. Lorsque les trois hommes sont réunis, Dieu leur dit :
« J'ai une mauvaise et une bonne nouvelles. La mauvaise, c'est que, vu le comportement général des humains, j'ai décidé de tous les supprimer. La bonne, c'est que j'accorde une semaine de répit à l'humanité. »
De retour au Vatican, le pape François réunit les cardinaux et annonce : « J'ai une mauvaise et une bonne nouvelles : la mauvaise, c'est que Dieu va supprimer l'humanité, la bonne, c'est qu'il nous laisse une semaine pour prier. »
De retour à Pékin, Xi Jinping convoque la direction du parti communiste et déclare : « J'ai une mauvaise et une très mauvaise nouvelles. La mauvaise, c'est que finalement Dieu existe et la très mauvaise, c'est qu'il va tout détruire d'ici une semaine. » Depuis Air Force One, Donald Trump twitte : « DEUX EXCELLENTES NOUVELLES : 1/Dieu a voulu ME voir, 2/JE l'ai vu. »

GRANDS MOMENTS DU CYCLISME

Le 2 juin 1969, dans une chambre de l'hôtel Excelsior d'Albissola, le champion Eddy Merckx pleure toutes les larmes de son corps. Non pas à cause d'une défaite, l'homme est plus digne que cela, mais à cause d'un coup tordu qui restera gravé à jamais dans les mémoires et les annales du cyclisme : Merckx vient d'être exclu du Giro d'Italia en raison d'un contrôle positif plus que suspect. La machination est cousue de fil blanc et même les médecins n'y croient pas, mais le règlement est clair. Échantillons fantômes et disparus, menaces et propositions de corruption, laboratoire louche, tout est réuni pour faire penser que les Italiens, apeurés par la condition physique exceptionnelle de Merckx cette année-là, ont organisé ce « coup » afin de laisser la place libre à leurs coureurs. Classe…

Soleil
lever : **5 h 49**
coucher : **21 h 58**

Lundi **28 juin**

Sainte Irénée – On fête aussi les Eigil, Irina

À la Sainte-Irénée, faut surtout pas se gêner.

Ha ! Ha ! Ha !

Un dimanche matin, alors que les paroissiens sont assemblés dans la petite église de leur village en attendant la messe, Satan lui-même apparaît subitement. Terrorisés, les gens hurlent et s'enfuient à toute vitesse vers l'entrée du bâtiment. Bientôt, tout le monde s'est échappé sauf un vieillard qui est resté assis sur son banc, apparemment inconscient de la présence maléfique. Surpris par l'attitude du vieil homme, le diable s'approche :
« Tu ne sais pas qui je suis ?
– Je sais parfaitement qui tu es, répond le papi.
– N'as-tu pas peur de moi ? poursuit Satan, un brin agacé.
– Non, bien sûr que non ! » rétorque l'autre, absolument pas.
À la fois perturbé et irrité, Lucifer rugit :
– Pourquoi n'as-tu pas peur de moi ? ! ? »
Toujours aussi calmement, le vieil homme répond :
« Depuis 53 ans, ma femme me fait vivre un véritable enfer ! »

HEUREUX MARIAGES

Des goûts et des couleurs

Née dans le Vaucluse, Rose Boudin n'avait déjà pas eu beaucoup de chance d'hériter de ce patronyme. Mais quelle drôle d'idée eut-elle de vouloir à tout prix épouser Alexis Blanc ? Évidemment, cela n'empêcha pas le couple Boudin-Blanc d'avoir de nombreux enfants. Et quelques années plus tard, l'une de leurs filles, Julie Boudin, se maria avec Jean Baptiste Lenoir… forcément !

LE CHIFFRE

166,7

C'est, en km/h, le nouveau record de vitesse en tracteur. Il a été battu en Angleterre sur un Fastrac, un engin agricole qui existe, sauf que ce prototype a été customisé pour gagner en aérodynamisme et en vitesse. Dans les faits, ce bolide doté d'un moteur six cylindres de 1000 chevaux n'a plus grand-chose à voir avec les tracteurs de nos campagnes. En outre, vous vous en doutez, le record n'a pas été établi dans un champ ou sur une petite route départementale, mais sur la piste d'un ancien aérodrome de la Royal Air Force. Enfin, la performance n'a pas été réalisée par un agriculteur, mais par Guy Martin, un pilote moto!

NOMS DE SAVANTS DE A À C INSCRITS SUR LA TOUR EIFFEL

G	B	U	C	E	B	G	B	G	Y	S	O	L	B
B	A	R	A	L	R	E	B	R	E	G	E	H	C
C	M	T	E	U	G	E	R	B	O	R	D	A	U
E	N	B	G	S	B	A	M	T	E	C	I	R	C
U	I	O	E	C	S	O	O	U	H	L	A	A	O
Q	Z	M	R	L	C	E	Q	E	O	I	R	G	C
R	P	B	Q	Y	G	C	V	Y	L	N	E	O	O
L	E	A	M	P	E	R	E	L	O	O	R	R	U
T	A	I	C	B	E	P	A	T	A	I	M	O	L
M	U	R	V	U	S	T	A	N	O	R	K	B	O
G	C	R	L	U	P	H	G	L	D	A	R	E	M
Y	H	C	U	A	C	H	I	G	C	H	E	A	B
M	Y	V	H	I	O	S	E	L	S	A	H	C	B
D	V	C	B	E	L	A	N	G	E	R	H	F	B

Solution page 199

Trouvez les noms des savants inscrits sur la Tour Eiffel cachés dans la grille ci-dessus. Vous les trouverez soit horizontalement, soit verticalement, soit diagonalement. Ils peuvent se lire de gauche à droite ou de droite à gauche.

AMPÈRE	BORDA	CHASLES
ARAGO	BREGUET	CHEVREUL
BARRAL	BRESSE	CLAPEYRON
BECQUEREL	BROCA	COMBES
BELANGER	CAIL	CORIOLIS
BELGRAND	CARNOT	COULOMB
BERTHIER	CAUCHY	CUVIER
BICHAT	CHAPTAL	

Mardi 29 juin

Saint Pierre et Saint Paul

Soleil
lever : 5 h 50
coucher : 21 h 57

La raison du plus fou est toujours la meilleure. Raymond Devos

Nos Régions

Normandie

Orne/Pin-au-Haras

Le haras national du Pin est le plus ancien des haras français. Désigné comme « premier haras royal » dès 1714, le site voit s'élever les premières écuries l'année suivante et reçoit les premiers étalons en 1717. La destruction du haras, votée à la Révolution, est évitée de justesse. Aujourd'hui, il accueille plusieurs dizaines de milliers de visiteurs tous les ans. Il propose des visites guidées ainsi que des découvertes thématiques (sellerie, maréchalerie, reproduction équine). Les célèbres « jeudis du Pin », une présentation de chevaux de différentes races, ont lieu de juin à septembre.

Au Jardin

Culture sur butte

La culture sur butte gagne les potagers. Il peut s'agir de simples levées de terre, mais la permaculture a mis à l'ordre du jour les buttes fertiles, ou *hügelkultur*. Là encore, ce sont des monticules de terre, mais édifiés sur un empilement de branchages, éventuellement de bûches, de rondins et d'écorces. Cette technique a l'avantage d'améliorer la fertilité du sol car le bois, en se décomposant, libère de l'humus. En outre, cette matière organique favorise la rétention d'eau et diminue les besoins en arrosage. Elle est donc particulièrement adaptée aux sols pauvres et secs. En sol ordinaire ou relativement frais, on préfère la butte classique, sans bois enfoui, qui améliore le drainage et favorise le réchauffement au printemps. La butte, qui doit régulièrement être paillée, reste en place des années.

EN PASSANT PAR TOUTES LES BULLES DE CE PARCOURS, RECONSTITUEZ CE QUE DIT CE POMPISTE.

SOLUTION : ON NE DIT PAS JERRICANE MAIS JE RIGOLE

FOOTBALL

Récompensant le vainqueur de la Coupe du Monde jusqu'en 1970, le trophée Jules Rimet a connu une fin de carrière bien agitée ! Quelques mois avant le début de la Coupe du Monde 1966 en Angleterre, le trophée fut volé lors d'une exposition publique au Westminster Central Hall de Londres. Scotland Yard eut beau se démener, c'est Pickles, le chien d'un ouvrier de chantier naval, qui retrouva le trophée dans la rue. Récompensé par un an de nourriture gratuite, il fut même la vedette d'un film tourné en son honneur.

Le coin lecture

Autoportrait de l'auteur en coureur de fond, de Haruki Murakami

C'est un écrivain qui court, pas un marathonien qui écrit ! Et quand cet écrivain est l'un des plus doués de sa génération, cela donne un autoportrait sensible où la course à pied donne l'occasion à l'auteur de s'interroger sur l'effort, le dépassement de soi, et de mettre en perspective cette activité physique avec son « métier » d'auteur. Nul besoin, donc, d'être un féru de sport ou un athlète accompli pour apprécier ce court récit. Et peut-être donnera-t-il au lecteur l'envie de chausser une paire de baskets pour se glisser dans la foulée de Murakami ?

Mercredi **30 juin**

Saint Martial – On fête aussi les Sloane, Adolphe, Othon

À la Saint-Martial, garde à vous !

Voyages en train

Avec ses chalets aux volets rouges, ses rivières bleu turquoise bordant des falaises blanches, ses vallées plantées de conifères, la Suisse est une carte postale que l'on découvre à bord du Glacier Express. Ce train détient le record de l'express le plus lent du monde ! En 8 h, il parcourt 291 km, emprunte près de 300 ponts et une centaine de tunnels, pour relier Zermatt à Saint-Moritz. Embarquer à bord du Glacier Express, c'est s'engager sur un circuit montagneux splendide. En seconde classe, on ouvre encore les fenêtres pour respirer l'air pur et prendre des photos sans filtre. Durant le voyage, les passagers peuvent déjeuner en écoutant un concert et apprécier la beauté des Alpes suisses.

Solution mots mêlés [p. 197]

G	B	U	C	E	B	G	B	G	Y	S	O	L	B
B	A	R	A	L	R	E	B	R	E	G	E	H	C
C	M	T	E	U	G	E	R	B	O	R	D	A	U
E	N	B	G	S	B	A	M	T	E	C	I	R	C
U	I	O	E	C	S	O	O	U	H	L	A	A	O
Q	Z	M	R	L	C	E	Q	E	O	I	R	G	C
R	P	B	Q	Y	G	C	V	Y	L	N	E	O	O
L	E	A	M	P	E	R	E	L	O	O	R	R	U
T	A	I	C	B	E	P	A	T	A	I	M	O	L
M	U	R	V	U	S	T	A	N	O	R	K	B	O
G	C	R	L	U	P	H	G	L	D	A	R	E	M
Y	H	C	U	A	C	H	I	G	C	H	E	A	B
M	Y	V	H	I	O	S	E	L	S	A	H	C	B
D	V	C	B	E	L	A	N	G	E	R	H	F	B

Maisons d'artistes

Il y a trente ans, Kimiyo Foujita a fait don au Conseil général de l'Essonne du dernier atelier de son époux, le peintre franco-japonais Léonard Foujita, installé à Villiers-le-Bâcle en 1961. Depuis, cette demeure du XVIIIe siècle, labélisée « Maisons des Illustres » par le ministère de la Culture, offre un aperçu de l'univers intime de cette figure fantasque de l'École de Paris. Foujita, célèbre pour ses portraits et ses nus féminins, y a rassemblé toutes sortes d'objets glanés au cours de ses voyages. Fasciné par l'artisanat, attiré par le design et la modernité, juxtaposant les influences, les matières et les cultures, celui que ses contemporains surnommaient « le magicien » a aménagé en virtuose le moindre détail de cet endroit singulier et inspirant.

Maison-atelier Foujita, 7 route de Gif,
91190 Villiers-le-Bâcle

Histoires paranormales

Guéridon sauteur

Dans *La Tragique existence de Victor Hugo*, Léon Daudet raconte une visite d'Alexandre Dumas à la famille Hugo en exil à Guernesey. Le soir de son arrivée, Hugo propose à son ami d'invoquer les esprits au moyen du petit guéridon ayant servi aux célèbres séances de tables tournantes. Dumas décline l'invitation, car il ne croit pas au spiritisme. Or, durant la nuit, musardant dans la galerie de Hauteville House, Dumas voit le guéridon en question sortir d'un bahut et sautiller vers lui. Il croit à une blague, mais le guéridon se déplace sans artifice visible. Effrayé, Dumas le saisit par le pied mais reçoit une décharge qui lui fait lâcher prise. Il ouvre la porte d'entrée et appelle le guéridon, comme s'il s'agissait d'un chien. Docile, le guéridon sort, descend les escaliers et disparaît dans la nuit…

Jeudi 1er juillet

Saint Thierry – On fête aussi les Servan, Esther, Aaron, Goulven

Soleil
lever : **5 h 51**
coucher : **21 h 57**

Voici l'été encor, la chaleur, la clarté, la renaissance simple et paisible des plantes… Anna de Noailles

MÉTÉO DU MOIS

Mois de Julius. Nom donné en l'honneur de Jules César.

23 juillet 1908. Louis Blériot arrive enfin à faire décoller l'aéroplane de son invention et à voler quelques minutes à une altitude de 8 mètres avant que le vent ne le fasse décrocher et tomber. Un an plus tard, le 25 juillet 1909, il réussit la première traversée aérienne de la Manche, de Calais à Douvres, en 27 minutes. L'atterrissage est un peu violent avec encore une bourrasque qui le plaque au sol… mais il est arrivé sain et sauf et l'exploit ouvre l'ère de la navigation aérienne. Aujourd'hui, d'innombrables avions parcourent le monde, avec souvent des centaines de passagers à bord. Il reste toujours le danger de la rafale descendante au cours de l'approche. Les pilotes redoutent particulièrement les « microbursts », ces courants descendants sous orage qui, en s'écrasant au sol, produisent de violentes turbulences menaçant l'avion de décrochage juste avant l'atterrissage.

C'est arrivé le… 14 juillet 1987

De violentes pluies d'orages provoquent la crue soudaine du Borne, en Haute-Savoie, qui submerge la vallée en quelques minutes. Au Grand-Bornand, le terrain de camping situé en bord de rivière est emporté par les flots.

REPÈRES CLIMATIQUES

C'est le mois des extrêmes mondiaux de températures. Record de chaleur tout d'abord avec 56,7 °C relevés le 10 juillet 1913 à Fumace Creek, dans le Parc de la vallée de la Mort (États-Unis). En Europe, c'est Athènes qui détient la palme avec 48 °C le 10 juillet 1977. Record mondial de froid, aussi, enregistré cette fois le 21 juillet 1983 dans l'Antarctique (une autre mesure à -98 °C en 2010 n'a pas été homologuée). Le plus gros grêlon est tombé lui aussi en juillet (le 23 juillet 2020) à Vivian dans le Dakota du Sud (États-Unis) : d'un diamètre de 20,3 cm, il pesait 879 g. En France métropolitaine, la canicule de juillet 2019 (la deuxième de l'année, après celle de juin) restera dans les mémoires : le 23 juillet il fait 40,1 °C à Rennes, 42,1 °C à Brive ; le 25 juillet, le mercure grimpe à 42,6 °C à Paris, 41,5 °C à Lille, 41,3 °C à Dunkerque (20 °C de plus que la normale saisonnière), 40,1 °C à Nancy… Les records tombent sur ces 6 jours exceptionnels où il fait plus chaud en France qu'à Dubaï !

Qu'est-ce qu'un retour d'Est ?

Les perturbations qui arrivent sur la France viennent généralement de l'Atlantique. Mais quand des hautes pressions se bloquent sur le nord de l'Europe, elles contraignent les dépressions à passer sur la Méditerranée et c'est un vent d'est qui envahit notre Midi. En hiver, les perturbations qui nous arrivent de l'est donnent des précipitations importantes et parfois de la neige sur la Côte d'Azur et la Provence.

Vendredi **2 juillet**

Saint Martinien – On fête aussi les Monégonde, Rustique, Ouzog

De tous ceux qui n'ont rien à dire, les plus agréables sont ceux qui se taisent. Coluche

1-2-3-1-2-3-1-2-3

JAMAIS DEUX SANS TROIS

Un cinq à sept

Il n'y a pas si longtemps, notamment dans la bourgeoisie urbaine, on cessait de travailler à cinq heures du soir et le dîner était servi à sept heures. Pendant ce laps de temps de deux heures, certaines personnes en profitaient pour avoir des rendez-vous galants. Ainsi les relations extraconjugales étaient-elles alors qualifiées de « cinq à sept ».

1-2-3-1-2-3-1-2-3

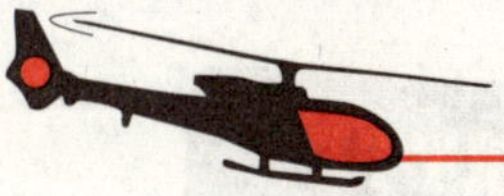

Au secours... de l'impossible

Pour s'aventurer dans les méandres des grottes inondées qui serpentent sous le sol au Venezuela, mieux vaut savoir ce que l'on fait ou être bien accompagné. Gustavo Badillo, spéléologue amateur, n'a pas respecté ces règles de base et s'est retrouvé, en 1991, coincé et perdu dans une poche d'air, quelque part dans le dédale sous-terrain, entouré d'eau trouble et de grottes immergées. Impossible pour lui de savoir par où repartir. Par chance, un sauveteur du nom de Steve Gerrard, qui connaissait l'endroit comme sa poche, a été nommé à la tête de l'équipe de sauvetage partie à la recherche de Badillo. Tout en étant persuadés qu'ils le trouveront mort – ou pas du tout –, les sauveteurs ont finalement retrouvé l'imprudent encore vivant mais en piteux état. Un petit miracle au bout de 36 heures d'exploration...

FERMETURE DES VIEILLES CENTRALES NUCLÉAIRES

CHERS DISPARUS

L'aigle de Haast

Cet aigle de Nouvelle-Zélande est le plus grand rapace connu qui ait existé. Son envergure pouvait atteindre 2,60 m et, faute de mammifères, il se nourrissait essentiellement de gros oiseaux comme le « moa » qui pesait 200 kg. La disparition au XVe siècle de sa proie principale, exterminée par les premiers conquérants, a conduit également à sa propre extinction.

L'ACTU

La très grande boucle

Chaque année, les concurrents du Tour de France qui parcourent près de 3 500 km en trois semaines suscitent une certaine admiration. Mais que dire de l'exploit réalisé par Stéphane Cand, cycliste amateur? Âgé de 47 ans, ce Suisse a traversé seize pays en six jours! Parti de la République tchèque, il est passé par la Slovaquie, la Serbie, la Hongrie, la Bosnie-Herzégovine, la Croatie, la Slovénie, l'Autriche, l'Italie, le Liechtenstein, l'Allemagne, la Suisse, la France, le Luxembourg et les Pays-Bas avant d'arriver en Belgique. Total parcouru : 2200 km, soit plus de 300 km par jour, en ne dormant que 4 h maximum chaque nuit. Désormais détenteur du record d'une discipline, certes, non homologuée par l'Union cycliste internationale, l'Helvète qui parcourt chaque jour 140 km pour se rendre au travail ne compte pas raccrocher les pédales de sitôt. Son prochain challenge : traverser l'Europe, de la Norvège à l'Espagne, en passant par toutes les capitales du Vieux Continent.

Samedi **3 juillet**

Saint Thomas – On fête aussi les Thomasine, Anatole

Soleil
lever : **5 h 52**
coucher : **21 h 56**

À la Saint-Thomas, pense au climat !

Nos Régions

Occitanie

Gers/Gascogne

Le droit romain, qui continua de s'appliquer très longtemps dans le département du Gers, permettait au père de léguer à son seul fils aîné plus des trois quarts de ses biens. Les filles n'avaient comme choix que d'entrer au couvent ou d'épouser un bon parti, et les garçons cadets ne pouvaient que s'exiler, entrer au service de l'église ou devenir militaires. C'est ainsi que fut créé les « cadets de Gascogne », régiment des troupes du roi Louis XIII, qui rassemblait prioritairement les plus jeunes garçons des familles du territoire. Insouciants quant à leur avenir, ils avaient la réputation d'être casse-cou et coureurs de jupons.

CINÉMA

La vie est un long fleuve tranquille

Comédie de classe d'Étienne Chatiliez sortie en 1988 qui épingle les bourgeois comme les prolos, ce film fait partie de ces petits miracles scénaristiques à la française. Un échange d'enfants à la maternité, des parents dignes d'une signalisation à l'Aide Sociale à l'Enfance et des enfants retors à souhait : tous les ingrédients sont là pour un succès ! On découvre au passage un nouvel acteur, Benoît Magimel, le petit « Momo » par qui le scandale arrive.

ILS ONT DIT

« Toutes les bonnes choses ont une fin. Sauf les saucisses, qui en ont deux. »

Jean L'Anselme

RECETTE

Clafoutis à la provençale

Pour 4 pers. — 20 min de préparation — 35 min de cuisson

Pour la pâte :
200 g de chèvre frais (type Petit Billy®)
1 barquette de tomates cerise
1 belle courgette
4 œufs
20 cl de lait
1 botte de ciboulette
1 pincée de noix muscade
Sel, poivre du moulin

Pour le plat
20 g de beurre
1 cuil. à soupe d'ail semoule

Préchauffez le four à 180 °C (th. 6). Pelez la courgette et râpez-la grossièrement (sur une râpe à gros trous). Salez et réservez dans une passoire.
Beurrez un grand plat à gratin et saupoudrez-le d'ail. Émiettez le chèvre au fond du plat. Lavez et coupez les tomates cerise en deux. Répartissez-les dans le plat en les posant côté arrondi, puis ajoutez la courgette râpée égouttée.
Cassez les œufs dans un cul-de-poule et battez-les avec le lait. Ajoutez la ciboulette ciselée, du sel, du poivre et de la noix muscade. Mélangez bien et versez l'appareil dans le plat à gratin. Enfournez pour 35 min de cuisson.

Ce plat, accompagné d'une salade verte, constitue un dîner parfait (les œufs sont un excellent substitut de la viande qu'il vaut mieux ne pas consommer le soir).

Soleil
lever : **5 h 53**
coucher : **21 h 56**

Dimanche **4 juillet**

Saint Florent – On fête aussi les Berthe, Déotille

À la Saint-Florent, lâche tes écrans !

L'humanité en chiffres

1900 avant notre ère

C'est la date de la plus ancienne blague salace jamais découverte par écrit sur Terre. En voici une traduction approximative : « Voici qui n'est jamais arrivé : une jeune fille ne pète pas sur les genoux de son mari. » La plus ancienne, peut-être, mais la plus drôle pas sûr !

3 . 1 4 1 5 9 2 6 5 3

www. Le NET pas BÊTE

Si vous vérifiez votre email sur le site « Have I Been Pwned ? » (en français : « Ai-je été compromis ? »), vous risquez quelques sueurs froides. Celui-ci contrôle si des informations confidentielles associées à votre adresse électronique ont publiquement été exposées à la suite d'un piratage. Il est hélas probable que ce soit le cas !
https://haveibeenpwned.com

Collectionnite aigüe

François Guibert, quatre-vingts et quelques printemps, est un aficionado un peu spécial du Tour de France. Cet habitant de Saint-Quentin dans l'Aisne collectionne… les bidons des coureurs ! Les gourdes publicitaires, siglées du nom des différentes équipes du peloton, occupent, avec d'autres souvenirs de la Grande Boucle, une pièce complète chez lui. « On les récupère le plus souvent dans les fossés, 500 m après les points de ravitaillement », explique le retraité qui a classé et étiqueté chacune de ses 400 pièces avec minutie. Parmi ses bidons, dont une bonne partie est fabriquée depuis près d'un siècle par l'entreprise Zéfal, dans le Loiret, on trouve quelques anciennes gourdes en aluminium. Celles-ci ont été en service jusqu'au début des années 1950, puis le métal a été remplacé par du plastique et la musette du coureur par le porte-bidon.

Théories du complot

Les requins espions israéliens

En 2010, une série d'attaques de requins touche et endeuille la côte égyptienne. Les autorités s'inquiètent de la multiplication des requins dans les zones de baignade et des mesures sont prises pour protéger la population. Mais des responsables politiques locaux vont plus loin, affirmant sans sourciller dans la presse que ce serait Israël qui serait à l'origine des attaques, grâce à des requins dirigés par GPS et envoyés droit sur les côtes égyptiennes pour dévorer les touristes. En plus de ces requins d'attaque, toujours selon les mêmes, l'État d'Israël serait également équipé de dauphins espions portant micros et caméras et pouvant observer tout ce que font ses ennemis. Fallait y penser !

Lundi **5 juillet**

Saint Antoine – On fête aussi les Sédophe et Zoé

Soleil
lever : **5 h 54**
coucher : **21 h 56**

À la Saint-Antoine, recompte ton avoine.

NOTTO DICO

HISTORIEN, n. m.
Menteur diplômé faisant dire ce qu'il veut au passé et que personne ne peut contredire car tous les protagonistes sont morts.

HOMOPHOBE, n.
Personne ayant peur de s'apercevoir qu'une personne homosexuelle est une personne comme une autre.

HOMOSEXUEL, n.
Personne préférant passer la nuit avec une personne du même sexe plutôt que de dormir seule.

HUERTA, n. f.
Jardin en Espagne. Pour ceux qui n'ont pas les moyens d'y avoir un château.

IKEA, n. pr.
Escape room meublée sous forme de labyrinthe dont il faut réussir à sortir sans rien acheter.

AVEZ-VOUS LE FORMULAIRE ?

Comme dans nos contrées, le permis de conduire américain nécessite de passer une épreuve théorique et une épreuve pratique. Parmi les questions posées aux candidats, certaines sont pièges, d'autres sont difficiles, mais d'autres encore sont du pain béni pour les jeunes qui n'ont pas à user trop leurs neurones pour trouver la bonne réponse. Par exemple, cette question à choix multiple : « Comprenez-vous comment fonctionnent les ronds-points ? Oui/Non. » Pas facile…

Et tu ne sous-traites pas la vaisselle au Chien !

ILS ONT DIT

« Le clonage, c'est idiot, il faut laisser faire la nature : si on ne passe pas l'aspirateur sous le lit, les moutons se reproduisent tout seuls ! »

Laurent Ruquier

MONDE DE LA MER

Les 90 ans du grand Éric

S'il n'était pas tombé à la mer de son *Pen Duick* le 13 juin 1998, Éric Tabarly aurait fêté ses 90 ans le 24 juillet 2021. Grâce à ses deux victoires dans la Transat anglaise en 1964 puis 1976, cet officier de marine a changé l'image de la plaisance en France, générant des vocations par milliers, chez les amateurs bien sûr mais aussi chez les meilleurs compétiteurs solitaires français – les Colas, Pajot, Poupon, Lamazou, Desjoyeaux, Le Cam… –, et dynamisant *de facto* l'industrie de la plaisance tricolore. Précurseur, il a aussi développé nombre de solutions techniques innovantes (foils, chaussette à spi, formes de coque, mât aile…) qui sont aujourd'hui encore employées sur toutes les mers du monde. Merci Éric : grâce à vous, la mer est entrée dans tous les foyers de France.

Rétro Vermot

« Eh oui, Madame, cela fait dix ans que mon mari m'a quittée…
– Dix ans, dites-vous, mais alors, ces six enfants-là ne sont pas les siens ?
– Ah si ! Il revient de temps en temps pour me demander pardon… »

Soleil
lever : **5 h 54**
coucher : **21 h 55**

Mardi **6 juillet**

Sainte Mariette – On fête aussi les Goar, Godiva, Dodeliève, Isaïe, Nolwenn

À la Sainte-Mariette, surfe sur le net.

LA GAFFE DE L'HISTOIRE

La mémoire courte

Dans une déclaration conjointe, Bernard Kouchner et David Douillet ont affirmé en 2008 lors du passage de la flamme olympique à Paris que « tous les pays qui ont, dans le passé, accueilli des Jeux Olympiques ont progressé sur la voie des droits de l'homme ». Vraiment ? Pourtant, en 1936, les JO se sont tenus à Berlin, à la veille de l'apogée du nazisme…

Étymologie

Petit problème mathématique

Qui soupçonnerait, à première vue, que les noms *chiffre* et *zéro* aient une origine remontant à un seul et même mot ? Et pourtant… Pour dire « zéro », le latin médiéval utilisait *cifra*, tiré de l'arabe *sifr*, « vide ». Peu à peu, *cifra* s'est transformé en *chiffre* qui a survécu avec le sens de « zéro » jusqu'au XVIe siècle tout en se chargeant du sens actuel. Parallèlement à cela, au XVIe siècle, le français a emprunté à l'italien *zero*, qui est la contraction de *zefiro* issu de l'arabe *sifr* en passant par le latin *zephirum*…

POUR UNE RENTRÉE DÈS LA SORTIE

LE CHIFFRE

12 262

C'est, en mètres, la profondeur du trou le plus important creusé par l'homme. Appelé Kola Superdeep Borehole en anglais, littéralement, le « Forage super-profond de Kola », ce gouffre artificiel est situé dans la région de Mourmansk, dans le nord-ouest de la Russie. C'est l'Union soviétique qui a commencé ce forage en 1970 afin d'étudier le contenu de la croûte terrestre. Pendant 25 ans, les scientifiques ont creusé sans relâche, remontant des fossiles de plancton vieux de plusieurs centaines de millions d'années, mais aussi de l'eau antédiluvienne coincée sous les couches profondes. Après la dislocation de l'Union soviétique, l'État russe a continué le forage jusqu'en 1994. Mais, confrontés à des roches âgées de 2,7 milliards d'années dont la température s'élevait à plus de 180 °C, les scientifiques ont arrêté de creuser, la technologie de l'époque s'avérant incapable de surmonter ces conditions. Depuis, le forage n'a jamais repris. Mais le record de profondeur du trou de Kola est resté inégalé.

PROBLÈMES DE MATHS DU CERTIFICAT D'ÉTUDES

Pour préparer la fête de leur école, les élèves sont mis à contribution. La semaine précédant la fête, ils vendent 240 programmes à 0,50 F l'unité et 140 billets de tombola à 1 F pièce aux habitants du village. Le jour de la fête, 450 spectateurs payants se présentent à l'école, et s'acquittent de 1,20 F pour entrer et participer. Les frais d'organisation se sont élevés au total à 120 F.

Sachant que les élèves vont recevoir la moitié du bénéfice total réalisé, combien pourront-ils acheter de livres à 5 F l'unité pour leur bibliothèque de classe ?

Les élèves pourront faire l'acquisition de 68 livres pour leur bibliothèque.

Mercredi 7 juillet

Saint Raoul – On fête aussi les Panthène, Edelburge, Willibald, Teï

Soleil
lever : 5 h 55
coucher : 21 h 55

Pour la Saint-Raoul, sois cool ma poule !

MOTS FLÉCHÉS

Humidificateur / Sujet à rebondissements
Trempez / Môme Moineau
Peinture / Pareils
Règle / Arme d'inuit
Pays d'Afrique centrale
Tempête passée
Prononce mal les r
Roentgenium / Cri de duc
Sortirai / Prendre des forces
Siffler / Jeune corbeau
À la pression / Coule de source
Suite d'anneaux
Tête de turcs / Finissent en pointe
Causes / Signal d'arrêt
Pièce D'échecs / Ira
Dévorés / Passe sous la porte
Canton suisse / Mélange de céréales
Encorde
Capitale du Niger / Mise en joug
Plat de nouille
Grecque / Sport alpin
Couche de fond
Étude de la formation des montagnes
Désert rocheux
Comme / Prénom de Chopin
Petit numéro / Ré
Congédies
L'Est
Papier d'emballage / Pièce de divertissement
Gîte / Démonstratif
Endroit / Trouviez drôle
Accord passé
Noir ou vert
Douche froide
Pays d'Afrique de l'Ouest / Marque le lieu
Éminence crétoise / Nombreux dans les Landes
Article / École de cinéma
Introduit une date / Prise en main
Prennent la défense
Mit un filet / Prise d'angle
Poupe de chaland / Fus apte à
Aime le plein air / Problème
Jeu de dés / Précèdent les ventes
Légèrement brûlé
Triées

SOLUTION PAGE 211

Soleil
lever : 5 h 56
coucher : 21 h 54

Jeudi 8 juillet

Saint Thibaut – On fête aussi les Edgar, Aquila, Kilian, Landrade

À la Saint-Thibaut, sois poli, mon gars, si t'es pas beau.

Compiler les Perles

Traduction

Qui l'a dit ? Un couple de touristes anglais, pas du tout rassuré à l'idée de devoir lire les sous-titres toute la soirée ! La perle : « Bonjour monsieur, pouvez-vous nous dire si le feu d'artifice sera en anglais ou uniquement en français ? » C'est vrai qu'il est important de bien se renseigner pour éviter les mauvaises surprises… Peut-être le couple a-t-il inversé ses cachets ?

Vino populum

Marcillac

Attention ! Gros caractère ! Le cépage mansois, alias fer-servadou, produit dans l'Aveyron, entre Conques et Rodez, un rouge très fruité (framboise, cassis), épicé et puissamment structuré, qui tient bien en place sur l'aligot et la bonne saucisse du Sud-Ouest. Aussi incontournable que le festival de jazz de Marcillac.

Énigmes

Une femme qui vient de commettre un vol à l'étalage dans une bijouterie a sauté sur la moto de son complice qui l'attendait à proximité. D'après le garde de sécurité, la police sait que la moto avec laquelle les malfaiteurs ont pris la fuite est bleue ou verte. Un homme, Anthony, déclare à la police qu'un témoin qui a vu les fuyards, mais n'est plus sur place, lui a dit que leur moto était verte. Sachant que ces hommes sont des complices des malfaiteurs et que l'un deux dit toujours la vérité alors que l'autre ment toujours pour confondre les policiers, pouvez-vous déduire la couleur du véhicule de fuite ?

Solution : Si Anthony ment, le témoin a dû dire que la moto était bleue. Si Anthony dit la vérité, le témoin a donc dit que la moto était verte, mais alors tous deux diraient la vérité, ce qui n'est pas possible puisque l'un d'eux ment toujours. Le témoin a donc menti… La moto est bleue.

Ça s'est passé

Le 8 juillet 1621

Jean de la Fontaine, futur fabuliste et auteur de la plus célèbre ménagerie de France, voit le jour à Château-Thierry, dans l'Aisne.

DICTION : RÉPÉTEZ APRÈS MOI !

Le débit de lait, le débit de l'eau

Ah qu'il est beau, le débit de lait. Ah qu'il est laid, le débit de l'eau. Débit de lait si beau, débit de l'eau si laid. S'il est un débit beau, c'est bien le beau débit de lait. Au débit d'eau, y a le beau Boby. Au débit de lait, y a la belle Babée. Ils sont vraiment gentils chacun dans leur débit. Mais le Boby et la Babée sont ennemis, car les badauds sont emballés par les bidons de lait de Babée. Mais l'on maudit le lent débit, le lent débit des longs bidons du débit d'eau de Boby.

Charles Trenet, Francis Blanche, Universal Music Group

GRANDS MOMENTS DU CYCLISME

Sur la photo, on voit un cycliste tordu sur son guidon, avec un morceau de tissu entre les dents. Mais quand on connaît l'histoire, on voit plutôt un moment inoubliable et mythique du cyclisme. Nous sommes sur le Giro, édition 1956, et le sulfureux Fiorenzo Magni, surnommé « le Lion des Flandres », s'avance péniblement sur les pentes de la colline San Luca, à Bologne. Deux jours auparavant, il a chuté et s'est fracturé une épaule. Mais malgré la douleur, pas question d'abandonner pour ce champion trois fois lauréat du Giro. Plutôt que de jeter l'éponge, il met au point un système qui lui permet de tirer sur son guidon sans trop souffrir, grâce à une chambre à air recouverte de tissu qu'il tient entre ses dents. L'image est insolite, mais imaginez seulement le courage qu'il faut pour courir dans ces conditions !

Vendredi **9 juillet**

Sainte Amandine – On fête aussi les Hermine, Andrée, Iphigénie

Soleil
lever : **5 h 57**
coucher : **21 h 53**

Pour la Sainte-Amandine, ici l'on dîne.

Métiers insolites

Nounou pour pandas

En France, pour se faire un peu d'argent de poche, de nombreuses jeunes filles pratiquent le baby-sitting. En Chine, il existe une variante tout à fait insolite de ce job : baby-sitter pour pandas ! Plus que simple gardien de zoo, le rôle de cette véritable nounou est d'apporter de l'affection aux bébés pandas, en plus de les nourrir et de les surveiller. Baby-sitter pour peluches vivantes, en somme. Un métier de rêve pour tous les amoureux des animaux !

MUSIQUE

Un amour (pas vraiment) au poil

Le grand amour de Léo Ferré a été Pépée, la guenon qu'il a adoptée en 1961. Le chanteur traitait le chimpanzé comme son enfant : l'animal avait sa propre chambre, ses jouets, son pyjama, il mangeait à table avec toute la famille et aidait Léo à conduire la voiture. Mais d'après l'entourage, Pépée était insupportable, colérique et destructrice. Atteinte de gangrène après un accident, elle a dû être abattue, et c'est Madeleine, l'épouse de Léo Ferré, qui s'en est chargé. Le chanteur ne s'en est jamais remis.

1 2 3 SUDOKU

2					7			
		6		5	8		7	
					6	4	1	8
	1		5			3		
			1	2	9			
	8					5		
	3	2	6	7		8		
	6							4

Solution page 210

L'ACTU

Bécot-tourisme

Embrasser des étrangers dans chaque pays qu'elle visite pour se constituer un album photo romantique : c'est le curieux défi que s'est lancé il y a quelques mois la Kosovare Kristiana Kuqi. Baiser au pied de la tour Eiffel, devant le Colisée à Rome ou avec un pompier dans le Kentucky, la jeune femme de 23 ans qui voyage seule collectionne, immortalise et affiche sur les réseaux sociaux ses embrassades avec des inconnus aux quatre coins du monde. Son but : « Faire semblant de passer un moment romantique ». Performance artistique en hommage au célèbre Baiser de Doisneau ? Plaidoyer pour le désir féminin ? Pathétique exemple du narcissisme exhibitionniste promu par les réseaux sociaux ? Ou, plus simplement, petite vengeance d'une jeune femme qui a été plaquée par son amoureux lors de son séjour à Paris, point de départ de son « challenge romantique » ?

Soleil
lever : **5 h 58**
coucher : **21 h 53**

Samedi **10 juillet**

Saint Ulrich – On fête aussi les Canut, Rufine

À la Saint-Ulrich, ô ma biche, pourquoi tu triches ?

Ha! Ha! Ha!

Un homme dans une montgolfière se rend soudain compte qu'il est perdu. Il réduit son altitude et repère quelqu'un en dessous. Il descend encore pour s'approcher du sol. Lorsqu'il n'est plus qu'à une dizaine de mètres au-dessus d'une personne, il appelle :

« Excusez-moi Monsieur, pouvez-vous me dire où je suis ?

L'autre lève la tête et répond :

– Vous êtes dans une montgolfière qui vole à dix mètres au-dessus de ce champ.

– Ah, vous, vous devez travailler dans le marketing ! réplique aussi sec l'aéronaute.

– C'est exact ! Mais, comment avez-vous deviné ? s'étonne l'autre.

– Eh bien, fait l'homme depuis sa nacelle, tout ce que vous m'avez dit est techniquement correct, mais cela ne me sert à rien.

– Ah, vous, vous devez travailler dans le management ! riposte son interlocuteur.

– C'est exact ! Et comment le savez-vous ? demande l'aérostier.

– Eh bien, comme avant notre rencontre, vous ne savez toujours pas où vous êtes ni où vous allez. Mais maintenant, c'est ma faute. »

Charade syllabique

Mon premier est un grand échassier. _ _ BIRU

Mon deuxième est un faisceau de cordelettes à nœuds inca. _ _ _ POU

Mon troisième est une substance toxique. _ _ NIN

Mon quatrième est un plat d'Afrique du Nord. _ _ _ _ COUS

Mon cinquième est une coiffure. _ _ QUE

Mon tout est un océanographe français.

JACQUES-YVES COUSTEAU (JA – QUI – VE – COUS – TO)

NOTTO DICO

IMPASSE, n. f.
Lieu tranquille privilégié pour la pratique des «passes».

INACHEVÉ, adj.
Meuble Ikea à monter soi-même.

INAUGURATION, n. f.
Syn. : apéro et petits fours gratuits.

INCOMPÉTENT, n. m.
Personne qui a menti sur son CV pour avoir le poste.

INFIRMIÈRE, n. f.
Valide aujourd'hui.

Au Jardin

Plantes résistantes aux limaces

Votre jardin est infesté par les limaces mais vous n'avez pas envie de leur faire la guerre ? Évitez les plantes qui les attirent et cultivez celles qu'elles délaissent. Parmi celles qu'il faut bannir, il y a bien sûr les hostas, mêmes si certaines variétés, notamment à feuilles bleues, résistent bien. Au jardin d'ornement, évitez entre autres le dahlia, le bégonia tubéreux et la primevère. En revanche, la pivoine, le pavot et le souci sont peu attaqués. Presque tous les légumes sont menacés, surtout au stade de jeunes plants. Parmi les plus résistants, outre la famille de l'oignon (ail, poireau, ciboulette), on note le fenouil. Et chez les salades, les moins touchées sont la romaine, les variétés à feuilles rouges, la cressonnette marocaine, le pourpier, la bourrache et la roquette.

Dimanche **11 juillet**

Saint Benoît – On fête aussi les Helga, Olga, Pie

Soleil
lever : **5 h 59**
coucher : **21 h 52**

À la Saint-Benoît, tu nous les casses !

HEUREUX MARIAGES

Auprès de mon arbre

C'est sans doute lors de travaux dans les champs et vergers que François Prunier rencontra Marie Pommier. Leur coup de foudre mena à leur mariage le 14 avril 1831 à Loriol, dans la Drôme. À Changé, dans la Sarthe, Louis Poirier épousa Émelie Cerisier, le 17 avril 1894. Souhaitons que les deux couples aient pu célébrer leurs noces de chêne, après 80 ans de mariage…

ILS ONT DIT

« Vieux, moi ? Je peux encore faire l'amour deux fois de suite. Une fois l'hiver, une fois l'été. »

Alfred Capus

Solution sudoku [p. 208]

2	4	8	3	1	7	9	6	5
1	9	6	4	5	8	2	7	3
3	7	5	2	9	6	4	1	8
9	1	7	5	6	4	3	8	2
6	2	4	7	8	3	1	5	9
8	5	3	1	2	9	6	4	7
7	8	1	9	4	2	5	3	6
4	3	2	6	7	5	8	9	1
5	6	9	8	3	1	7	2	4

Fils et filles de…

La vie des enfants et petits-enfants de dictateurs n'est jamais banale. Ils grandissent la plupart du temps dans un climat général de terreur, d'oppression et de toute puissance, ce qui, de toute évidence, influence leurs choix de vie ultérieurs. Prenons l'exemple d'Augusto Pinochet Molina. Ce dernier a été condamné par la justice en 2004, à la suite de plusieurs opérations commerciales plus que douteuses, et a été renvoyé de l'armée après avoir choisi de vanter les louanges de son sanguinaire de père lors d'une cérémonie officielle. Une idée relativement mauvaise au regard du bilan de Pinochet au Chili et qui provoqua le courroux de certains généraux de l'armée. Comme on les comprend…

LUTTES ET HÉROS POPULAIRES

BOADICÉE

Boadicée est une reine celte qui vécut entre 30 et 61 de notre ère dans la province de Bretagne, soumise à Rome à l'époque (aujourd'hui le Norfolk anglais). Quand son seigneur de mari se soumit aux Romains, Boadicée fut battue et ses filles violées. Pour se venger, elle mena une révolte d'une ampleur rare. À la tête d'une gigantesque armée de plus de 100 000 hommes, elle mit à mal la domination romaine dans la région et inscrivit son nom dans l'histoire des luttes populaires. Hélas la technique guerrière romaine eut finalement raison de l'armée de Boadicée dans une bataille qui fit 80 000 morts côté rebelles contre 400 chez les Romains… La reine, voyant la défaite arriver, se suicida en avalant du poison.

Soleil
lever : 6 h 00
coucher : 21 h 51

Lundi 12 juillet

Saint Olivier – On fête aussi les Jason

La mer de juillet qui sent la crème déshydratante et la gaufre. Jean Cayrol.

Le bon mot de l'histoire

1515 89

12 juillet 1789 : « Courons aux armes ! Prenons tous des cocardes vertes, couleur de l'espérance ! » Camille Desmoulins

Pourtant apprécié par le tiers état, le Premier ministre Necker est renvoyé par Louis XVI le 11 juillet 1789. À Paris, la nouvelle provoque la colère. Le lendemain, dans les jardins du Palais-Royal, parmi les orateurs qui appellent à l'insurrection, Camille Desmoulins prononce son premier discours. À cette occasion, il invente l'éphémère cocarde « vert d'espérance » en arborant une feuille d'arbre à la fin de sa harangue. Cette cocarde deviendra tricolore dès le lendemain.

ILS ONT DIT

« La France et l'Allemagne se sont beaucoup combattues. Et à présent elles sont cul et chemise. C'est l'Allemagne qui fait la chemise. »
Frédéric Dard

Solution mots fléchés [p. 206]

	S		D		O		L		T		I	
C	A	O	U	T	C	H	O	U	C		R	G
	T	I	R	E	R	A	I		H	U	E	R
M	U	S	C	L	E	R		C	A	L		A
	R	E	I	S		P	R	O	D	U	I	S
P	A	L	S		T	O	U	R		L	U	S
	T	E	S	S	I	N		B	R	E	L	E
M	E	T	E	I	L		N	I	A	M	E	Y
	U		Z	E	T	A		L	I	E		E
E	R	S		R		T	E	L		N	O	
		K	R	A	F	T		A	N	T	R	E
A	S	I	E		R	E	C	T	O		O	C
	C		G	R	E	L	E		T	O	G	O
T	H	E		I	D	A		L	E		E	N
	E		P	I	E	G	E	A		A	N	D
A	R	R	I	E	R	E	S		P	N	E	U
	Z	A	N	Z	I		R	O	U	S	S	I
L	O	D	S		C	L	A	S	S	E	E	S

ÇA C'EST… Faits divers

À Rochester, dans l'État de New York, un cambrioleur a commis une grosse erreur en pénétrant chez Willie Murphy, 84 printemps aujourd'hui. Alors qu'elle allait se coucher, l'octogénaire a aperçu le malfaiteur dans l'entrée. Profitant de la pénombre, elle s'est discrètement approchée avant de se jeter sur lui. Surpris, l'homme a chuté. La vieille dame s'est alors saisie d'une petite table qu'elle lui a fracassée sur le dos puis l'a roué de coups avec un balai. Pour finir, alors que le larron gisait, sonné, au sol, Willie est allée chercher une bouteille de shampooing qu'elle a versée dans les yeux du malfrat. En piteux état, l'individu n'a dû son salut qu'à l'arrivée de la police. Surnommée « la mamie la plus forte du monde », Willie Murphy, 1,50 m pour 60 kg, est bien connue dans le pays. Championne de bodybuilding, elle a remporté de nombreuses compétitions, y compris chez les seniors. Malgré son âge respectable, elle effectue quotidiennement des tractions d'une seule main et des pompes du bout des doigts, soulève le double de son poids et… peut donc mettre KO un voleur.

PLAN D'URGENCE POUR LES HÔPITAUX

PROBLÈMES DE MATHS DU CERTIFICAT D'ÉTUDES

Une fermière compte ses poulets, ses canards et ses oies pour faire un inventaire exhaustif de sa basse-cour. Elle trouve 75 volatiles en tout. Elle fait alors le constat suivant : si elle avait 12 oies et 4 canards de plus, ainsi que 7 poulets de moins, il y aurait un nombre parfaitement égal d'animaux de chaque espèce dans la basse-cour.

Question 1 : Combien la fermière a-t-elle de poulets, de canards et d'oies ?

Question 2 : Un poulet vaut 8 F, une oie vaut le triple d'un poulet et un canard la moitié d'une oie. À combienla fermière peut-elle estimer la valeur totale de ses volailles ?

1) La fermière possède en tout : 16 oies, 35 poulets et 24 canards.
2) La valeur totale des animaux présents dans sa basse-cour est de 952 F.

Mardi **13 juillet**

Soleil
lever : **6 h 01**
coucher : **21 h 51**

Saint Henri et St Joël – On fête aussi les Enrique, Clélia, Mildred

Le jour du quatorze juillet, je reste dans mon lit douillet, la musique qui marche au pas, cela ne me regarde pas. Georges Brassens

Correspondance (très) intime...

« Dix-huit ans d'amour, seize ans d'attente, deux ans de bonheur et six mois de mariage. » C'est ainsi que Gonzague Saint Bris résume la romance entre Honoré de Balzac et Ewelina Hanska dans sa biographie passionnante consacrée à l'écrivain. Issue de la noblesse polonaise, mariée et mère de famille, la comtesse Hanska écrit pour la première fois à Balzac en 1832. Cette lettre signée « L'Étrangère » intrigue l'écrivain et, au troisième courrier, sans même savoir qui elle est, il lui déclare sa flamme : « Ô mon amour, fais-toi des cieux sereins, car il n'y a dans mon être qu'affection, amour, tendresses et caresses pour toi. » Brièvement amants en 1834, ils ne se revoient plus pendant sept ans, sans jamais cesser de s'écrire. En 1842, la comtesse devient veuve et, au printemps 1850, Balzac peut enfin se marier avec celle dont il est éperdument amoureux depuis 18 ans. Mais la maladie emporte l'écrivain cinq mois plus tard...

DEVINETTES

C'est l'apanage d'un certain oiseau,

C'est ce qui fait avancer l'auto,

C'était là qu'on exposait les souffrances physiques,

On s'en sert aussi pour décrire une figure acrobatique.

Qu'est-ce que c'est ?

Réponse : La roue

Pêche

Secrètes amorces

Lorsqu'un pêcheur réussit, on dit qu'il a « un secret dans son amorce ». Rappelons que l'amorce est destinée à attirer les poissons précisément là où le pêcheur va lancer sa ligne. Toutes les amorces du commerce ou faites à la maison avec diverses farines attirent les poissons. Bien sûr, il existe des différences : l'amorce pour l'ablette ou le gardon ne comporte que des particules fines qui les excitent sans les nourrir, alors que celle pour la carpe et la brème est plus riche, ses particules sont plus grosses et les boules doivent tomber au fond de l'eau. Mais plus que la composition, c'est la manière de l'utiliser qui importe. Qu'elle vise des poissons de surface ou de fond, l'amorce doit toujours tomber au même endroit et être distribuée régulièrement, notamment après chaque touche.

Dans les étoiles

Le Soleil, comme toutes les étoiles que l'on voit dans le ciel, fait partie de notre Galaxie, un ensemble d'environ 300 milliards d'étoiles réparties dans un grand disque aplati de 100 000 années-lumière de diamètre. En été, lorsqu'on regarde vers le sud, on voit une bande lumineuse laiteuse qui s'étire de la constellation du Sagittaire jusqu'à la constellation du Cygne, et continue même au-delà (vers Cassiopée). C'est ce qu'on appelle la Voie lactée. Il s'agit, en fait, de notre Galaxie vue par la tranche. Notre regard accumule alors, le long de la ligne de visée, la faible lumière d'étoiles lointaines sur des milliers d'années-lumière ; ces étoiles ne sont pas visibles individuellement mais l'addition de leur lumière nous fait voir cette bande lumineuse caractéristique.

Mercredi 14 juillet

Sainte Camille de Lellis – On fête aussi les Cameron

On n'a quand même pas pris la Bastille pour en faire un opéra !
Pierre Desproges

Fête nationale

NOMS D'OISEAUX !

Grue

Au xvie siècle, a-t-on qualifié de grues les ribaudes parce qu'elles étaient figées dans l'attitude de l'oiseau du même nom quand il guette les vers au bord de l'eau, ou plutôt parce qu'elles faisaient le pied-de-grue ? Il semble que cette dernière expression soit postérieure ; elle se réfère donc peut-être plus directement aux fleurs de macadam qu'au bel échassier qui craque et glapit. « Grue », au sens de gigolette, s'est maintenu et on le trouve notamment chez Zola et Proust pour évoquer la vie difficile des odalisques. Car contrairement à la grue cendrée, celle du trottoir n'est pas protégée !

Histoires paranormales

Guéridon pas cher

Le 4 avril 2012, Christie's a mis aux enchères la succession de Lauretta Hugo, veuve de l'arrière-petit-fils de Victor Hugo, Jean Hugo, mort lui-même en 1984. Cette succession, composée de meubles, dessins, photos et autres reliques hugoliennes, comprenait un petit guéridon tripode au plateau circulaire décoré de fleurs, d'époque Napoléon III, dit *guéridon parlant*. Ce n'était pas le guéridon des séances de spiritisme de Jersey, mais celui utilisé au xxe siècle par Jean Hugo, Jean Cocteau, Raymond Radiguet et Paul Morand pour leurs propres séances de tables tournantes. Raison pour laquelle, sans doute, le *guéridon parlant* a été adjugé à 2 500 euros seulement, alors que certains dessins d'Hugo ont atteint plus de 300 000 euros. Ou faut-il en conclure que les esprits n'ont plus la cote ?

Métiers d'art

Séverina Lartigue est l'une des dernières héritières d'une tradition apparue dans l'Égypte ancienne et qui connut son apogée au début du xxe siècle. Son entreprise est estampillée « patrimoine vivant » et plusieurs maisons de haute couture font appel à son talent unique. Installée au cœur de la Normandie, dans un lieu poétique propice à la création, Séverina Lartigue perpétue le savoir-faire de la parurerie florale. « J'ai la chance immense de concevoir des fleurs en tissu pour embellir des robes ou des coiffures, de rendre les gens plus beaux et donc un peu plus heureux je crois », explique l'ex-architecte reconvertie dans la création de fleurs en soie, percale et autre toile de lin depuis une vingtaine d'années. « Il faut mille petites choses pour façonner une fleur. Chaque élément qui la compose est unique. Rien que pour faire une rose, il faut découper, ourler, plisser, teinter, etc, jusqu'à 100 pétales qui sont tous différents par leur forme, leur taille ou leur couleur ! » Si cette passionnée s'efforce toujours d'approcher la beauté éphémère des fleurs naturelles, son objectif pourtant n'est pas de les imiter. « J'essaie surtout de transmettre la mystérieuse émotion qui nous envahit lorsqu'on regarde une fleur. Mes créations sont comme des extrapolations de la nature. »

Ça s'est passé

Le 14 juillet 1921

Aux États-Unis, les anarchistes italiens Nicola Sacco et Bartolomeo Vanzetti sont condamnés à mort. Ils seront exécutés en 1927 malgré une mobilisation internationale.

Jeudi 15 juillet

Saint Donald – On fête aussi les Vladimir

Soleil
lever : **6 h 03**
coucher : **21 h 49**

À la Saint-Donald, largue ta bande de mickeys…

NOTTO DICO

INFORMATIQUE, n. m.
Activité professionnelle peu attractive : c'est plein de puces et on y chope des virus.

IRRESPONSABLE, n. m.
Responsable politique. Généralement ministre ou député.

INSOLENT, adj.
Singulier de « désolant ».

JAUNE n. m.
Couleur qui se cherche entre l'orange et le blanc.

JEAN, n. pr. ou n. m.
1. Prénom. 2. Pantalon. Ex : Jean-Jean a mis le jean de Jean.

Charade répétitive

Mon premier est une matière de remplissage,
Mon deuxième est Bourg-Achard,
Mon troisième est Bourg-Argental,
Mon quatrième presse la charge,
Mon cinquième est Bourg-de-Péage,
Mon sixième est Bourg-de-Thizy,
Mon septième est Bourg-en-Bresse,
Mon huitième est Bourg-la-Reine,
Mon neuvième est Bourg-Lastic,
Mon dixième couvre certains bourgeons,
Mon onzième est Bourg-Madame,
Mon douzième est Bourg-Saint-Andéol,
Mon treizième est Bourg-Saint-Maurice,
Mon quatorzième est Bourg-lès-Valence,
Mon quinzième est Bourg-d'Oueil,
Mon tout est un chanteur français prononcé par quelqu'un d'enrhumé.

GAINSBOURG (Quinze bourgs)

La dictée du mois — La poupée

Au moment ou Cosette sortit, son seau à la main, si morne et si accablée qu'elle fut, elle ne put s'empêcher de lever les yeux sur cette prodigieuse poupée, vers la dame, comme elle l'appellait. La pauvre enfant s'arrêta pétrifié. Elle n'avait pas encore vu cette poupée de prêt. Toute cette boutique lui semblait un palai ; cette poupée n'était pas une poupée, c'était une vision. C'était la joie, la splendeur, la richesse, le bonheur, qui aparaissait dans une sorte de rayonnement chimérique à ce malheureux petit être englouti si profondément dans une misère funèbre et froide. Cosette mesurait avec cette sagacité naïve et triste de l'enfance l'abîme qui la séparaient de cette poupée.

Victor Hugo, Les Misérables, *tome 2, 1862.*

Solution : où, quelle fut, appelait, pétrifiée, de près, palais, apparaissait, séparait

LE CHIFFRE

58

C'est le pourcentage de Français qui craignent un effondrement de notre civilisation selon un récent sondage Yougov. Les plus inquiets sont les 18-24 ans (65%) et les habitants du Nord-Ouest (63%). Principales raisons de cet effondrement pour les sondés : le réchauffement climatique (36%), la surpopulation (17%) et la montée des inégalités (14%). Pour sortir de cette perspective apocalyptique, 40% des sondés plébiscitent l'engagement des citoyens, contre 15% qui déclarent faire confiance aux scientifiques et seulement 8% qui comptent sur l'action des États. Enfin, concernant la nature d'un monde post-effondrement, 19 % des Français interrogés prédisent un retour à des États-nations, 25 % un retour à la nature individualisé, 25 % un retour à la nature via des communautés, enfin 26 % des sondés préfèrent ne pas se prononcer. Les plus réalistes, sans aucun doute…

Soleil
lever : **6 h 04**
coucher : **21 h 48**

Vendredi **16 juillet**

Notre-Dame du Mont-Carmel – On fête aussi les Carmen

À quatre heures du matin, l'été, le sommeil d'amour dure encore. Sous les bosquets l'aube évapore l'odeur du soir fêté. Arthur Rimbaud

1-2-3-1-2-3-1-2-3

JAMAIS DEUX SANS TROIS

À la six-quatre-deux

Quand on veut bâcler quelque chose qui demanderait six heures de temps pour être réalisé, on commence par vouloir faire le travail en quatre heures et finalement tout est bouclé en deux heures. Bien évidemment, tout ce qui est fait à la va-vite, « à la six-quatre-deux », donc de manière expéditive, est « torché », bâclé, négligé et doit souvent être refait ensuite !

1-2-3-1-2-3-1-2-3

Métiers insolites

Stimulateur de dindon

Gérer des animaux d'élevage n'est pas toujours chose facile, encore moins quand il s'agit de plusieurs milliers de dindons. Car ces oiseaux de basse-cour peuvent rencontrer des petits problèmes reproductifs… Pour y remédier, des employés sont utilisés pour masturber les dindons afin de stimuler leur appétit sexuel et favoriser certaines fonctions physiologiques. Vous ne verrez plus jamais la dinde farcie de la même façon…

FOOTBALL

L'Alsacien Arsène Wenger est l'un des entraîneurs les plus connus au monde, notamment pour avoir passé 22 ans à la tête d'Arsenal FC, équipe anglaise avec laquelle il a remporté de nombreux trophées. Ce que l'on sait moins, c'est que depuis 2007 son nom résonne aussi dans l'espace intersidéral depuis que l'astronome britannique Ian P. Griffin, fan d'Arsenal devant l'éternel, a décidé de nommer l'astéroïde qu'il avait découverte « (33179) Arsènewenger ». Une vraie star, cet Arsène !

L'ACTU

Merci patron !

En Nouvelle-Zélande, Rocketwerkz, une entreprise qui conçoit des jeux vidéo, paie des vacances et des congés maladie illimités à ses salariés. Et son patron, Dean Hall, ne le regrette pas, aucun d'entre eux n'abusant de ces avantages. Ce dernier a eu cette idée afin de débaucher des employés qualifiés travaillant pour des entreprises du secteur disposant de moyens financiers plus importants et proposant de meilleures rémunérations. Pour le P.-D. G. de Rocketwerkz, ce système permet à chacun de gérer son temps de travail au mieux et cela évite également que les salariés viennent au travail pour rien, en période creuse par exemple, simplement pour économiser des congés pour leurs vacances. Fondé sur la confiance, l'idée, séduisante a priori, a cependant une limite de taille : seuls les cadres supérieurs en bénéficient intégralement. Les cadres et techniciens de niveau inférieur ne disposent que de congés maladie illimités. Enfin, les employés les moins expérimentés ont droit à des horaires et des conditions « classiques », soit chaque année quatre semaines de congés payés et maximum 5 jours d'absence pour maladie pris en charge par l'entreprise…

Sainte Charlotte – On fête aussi les Carla, Caroline, Marceline

Soleil
lever : **6 h 05**
coucher : **21 h 47**

À la Sainte-Charlotte, propose-lui la botte…

ILS ONT DIT

« On pourrait citer de nombreux exemples de dépenses inutiles. Les murs des cimetières : ceux qui sont dedans ne peuvent pas en sortir et ceux qui sont à l'extérieur ne veulent pas y entrer. »

Mark Twain

RECETTE

Gâteau invisible aux pêches blanches

Le principe est simple : un gâteau si riche en fruits que la pâte en devient invisible… ou presque !

Pour 4 pers. 25 min de préparation 35 à 40 min de cuisson

- 8 pêches blanches
- 2 œufs
- 40 g de sucre
- 20 g de beurre fondu + un peu pour le moule
- 10 cl de lait
- 70 g de farine + un peu pour le moule
- 1 sachet de levure chimique
- 1 pincée de sel

Blanchissez les œufs en les battant avec le sucre dans un grand saladier. Ajoutez le beurre fondu, puis le lait en mélangeant toujours. Tamisez la farine, la levure et le sel, puis incorporez-les au mélange œufs-beurre-lait. Mélangez jusqu'à ce que la pâte soit homogène et exempte de grumeaux.
Préchauffez le four à 200 °C (th. 6-7). Lavez et coupez les pêches en quatre puis retirez le noyau. Taillez la chair en tranches très fines avec un bon couteau. Déposez-les au fur et à mesure dans le saladier. Remuez délicatement la pâte pour enrober les fruits.
Beurrez et farinez un moule. Versez la préparation dedans et enfournez pour 35 à 40 min de cuisson.

Nos Régions

Nouvelle-Aquitaine

Haute-Vienne/ Rochechouart

Les canolles sont des biscuits composés de deux bandes de pâtes torsadées ensemble : l'une est salée, l'autre est sucrée et parfumée à l'amande. En 1371, lorsque la ville de Rochechouart fut libérée du blocus imposé par les troupes du « Prince Noir », on conçut ce gâteau avec le peu de restes dont on disposait. Sa forme et son nom témoignent d'une moquerie envers Robert Knole, l'un des commandants des troupes ennemies.
En effet, son physique disgracieux et sa silhouette « tordue » inspirèrent les inventeurs du biscuit qui le baptisèrent « knole », lequel devint « canolle » au fil du temps.

Dimanche 18 juillet

Saint Frédéric – On fête aussi les Fred, Arnoul

L'avantage des médecins, c'est que lorsqu'ils commettent une erreur, ils l'enterrent tout de suite...
Alphonse Allais

HEUREUX MARIAGES

Copains comme cochons

Ils ont mis du temps à s'apprivoiser mais tout a fini par un mariage : Jean Lechat a dit oui à Marie Antoinette Lechien en 1706, à Ouzouer dans le Loiret et Michel Chat a épousé Anne Rat en 1803 à Brignemont, en Haute-Garonne. François Renard a réussi pour sa part à obtenir la patte, ou plutôt la main, d'Adèle Biche le 3 août 1842 à Bussy-lès-Daours, dans la Somme.

ILS ONT DIT

« Quand les femmes refusent de faire l'amour sous prétexte qu'elles ont mal à la tête, il suffit de regarder la tronche de leur mari pour savoir d'où vient leur migraine. »

Sharon Stone

L'humanité en chiffres

700

C'est le nombre de symboles pictographiques dont était composée la toute première langue écrite de l'humanité, le sumérien. Mise au point en Mésopotamie vers 3300 avant notre ère pour consigner et enregistrer les échanges marchands, elle s'est ensuite propagée à Babylone, en Assyrie et en Perse, et a évolué progressivement vers le langage cunéiforme.

3.14159265358979

Voitures célèbres

Cadillac Ecto-1 Ambulance

Ne vous laissez pas intimider par son nom, vous connaissez cette voiture ! Issue d'un modèle Cadillac Eldorado de 1959 adapté en ambulance par le carrossier de l'Ohio Millier-Meteor, l'Ecto-1 n'est autre que la voiture de l'équipe de *SOS Fantômes* (*Ghostbusters*, 1984), film culte où l'on suit les aventures de quatre scientifiques experts en parapsychologie et chasseurs de fantômes dans le New York des années 1980. Plus qu'un simple véhicule, l'Ecto-1 y fait figure de véritable laboratoire doublé d'un char d'assaut de 6,5 m de long, transportant accélérateurs de particules et autres canons à protons dans les rues de Manhattan. Avec son allure incomparable, l'Ecto-1 se hissera au rang de personnage à part entière aux côtés de Bill Murray et Sigourney Weaver !

CHAUD DEVANT !

LE RÉCHAUFFEMENT, C'EST DU RÉCHAUFFÉ !

Le PETM, ou « maximum thermique du passage Paléocène-Éocène », a eu lieu il y a 56 millions d'années. Ce changement climatique antédiluvien a eu d'énormes répercussions sur la faune et la flore mondiales. Ce fut l'épisode de réchauffement le plus important que la Terre ait connu : la température du globe a augmenté de 4 à 7 °C en 20 000 ans et il a fallu que plus de 200 000 années s'écoulent pour qu'elle redevienne comme avant. Ce qui est inquiétant, c'est que le dérèglement climatique actuel est beaucoup plus rapide que le PETM...

Lundi **19 juillet**

Soleil
lever : **6 h 07**
coucher : **21 h 45**

Saint Arsène – On fête aussi les Epaphras, Symmaque

À la Saint-Arsène, l'amour ou la haine…

EXPRESSIONS IMAGÉES

Se faire pigeonner

Plusieurs étapes ont été nécessaires à la naissance de cette expression. Il y eut d'abord « se faire duper », construite sur la « huppe » d'un oiseau. Celui qui se fait arnaquer perd son panache et devient « déshuppé » raccourci en « dupé ». Puis, considérant qu'un pigeon n'était rien d'autre qu'un oiseau sans huppe, on inventa l'expression « se faire pigeonner » pour dire la même chose.

Rétro Vermot

Macintosh parle avec son fils :
« Si tu veux être un homme, mon garçon, fais comme moi. Serre ton poing fort, très fort.
– Mais mon chéri, intervient sa femme, tu ne vas pas lui apprendre à se battre ?
– Qui te parle de se battre ? Je lui apprends simplement à bien tenir une pièce de monnaie ! »

L'ACTU

Inquiétante amnésie

« Quand un vieillard meurt, c'est la mémoire des espèces vivantes qui brûle. » Le célèbre dicton africain revisité résume les conclusions d'une étude récente sur la perception de la faune sauvage dans la population. Lizzie Jones, chercheuse pour l'université Royal Holloway de Londres, a interrogé des lycéens sur dix espèces d'oiseaux du Royaume-Uni en se fondant sur une enquête menée en 1966. Contrairement aux jeunes ayant répondu à la première enquête, la majorité des lycéens d'aujourd'hui s'est avérée incapable de donner des informations sur la plupart des volatiles. Certains ont même affirmé que ces espèces étaient prospères, alors que plusieurs d'entre elles ont pratiquement disparu aujourd'hui. Pour Lizzie Jones, « le plus gros problème, c'est que les générations actuelles ont tendance à considérer ce qu'elles voient autour d'elles comme tout à fait normal ». Ce « syndrome de la référence changeante » installe peu à peu une véritable « amnésie écologique » chez les plus jeunes, ce qui, pour certains naturalistes, représente une malédiction pour la conservation des espèces.

LES ERREURS JUDICIAIRES

TOP SECRET

En 2004, à l'issue du gigantesque procès d'Outreau censé démanteler un réseau de pédophilie, dix-huit personnes sont reconnues coupables d'agressions sexuelles sur des enfants, dont les leurs. Ce qui fait la particularité de cette affaire, c'est que le jeune juge Burgaud, chargé du procès, a fondé son verdict essentiellement sur les dires d'une seule accusée, Myriam Badaoui. Grave erreur car la dite accusée a avoué par la suite avoir tout inventé et être la seule coupable de sévices sur ses propres enfants. Résultat, les autres parents, inculpés à tort, ont passé plusieurs années en prison tandis que leurs enfants ont tous été placés. Des familles brisées uniquement parce qu'un juge a été dupé par une grande mythomane !

Soleil
lever : **6 h 08**
coucher : **21 h 44**

Mardi **20 juillet**

Sainte Marina – On fête aussi les Élie, Marine, Léon-Ignace, Vulmer

Un corset en juillet vaut un troupeau de rats. Paul Éluard

Pièges de l'ortograhe (ph)

L'accord des verbes pronominaux

Si un verbe pronominal existe sans la préposition réfléchie (comme « laver » et « se laver », « tromper » et « se tromper », « dire » et « se dire »…), on dit qu'il est « occasionnellement pronominal ». Il s'accorde alors au participe passé avec le complément d'objet direct uniquement si celui-ci est placé avant le verbe. Sinon, il s'accorde toujours en genre et en nombre avec le sujet.

Nos Régions

Centre-Val de Loire

Indre-et-Loire/ Le Grand-Pressigny

La commune du Grand-Pressigny, située à 60 km au sud de Tours dans l'Indre-et-Loire, s'est bâtie autour d'une forteresse médiévale remarquablement conservée. Le donjon rectangulaire, à vocation défensive, s'élève majestueusement sur 35 m de hauteur depuis le début du XIIe siècle et son enceinte, construite deux siècles plus tard, est toujours debout. Cette forteresse est aujourd'hui le siège d'un musée archéologique car la vallée de la Claise, que le village domine, est mondialement réputée pour ses ateliers de taille de silex d'époque néolithique.

EXPRESSIONS MARSEILLAISES

E	L	U	O	Z	Z	A	F	E	C	J	M	N	E
R	P	E	S	I	T	E	L	C	S	I	G	F	U
C	F	E	F	G	I	L	E	F	N	J	R	F	G
U	E	E	N	U	E	S	A	O	S	I	U	F	E
L	N	N	N	E	O	N	T	C	F	E	P	Z	T
A	G	A	G	G	Q	C	O	O	L	A	I	E	S
N	A	V	V	U	H	U	T	L	L	Z	D	Q	A
G	M	A	U	A	M	E	E	A	U	A	Y	G	R
A	B	H	T	O	R	V	N	T	N	O	A	H	C
S	I	C	U	B	A	Q	E	I	A	S	M	U	L
T	H	N	A	T	U	B	U	C	S	M	O	J	U
E	E	L	R	E	A	Q	A	I	G	I	A	Y	R
N	A	A	E	B	S	Y	N	B	E	U	N	G	C
S	B	A	D	E	S	S	I	A	S	I	E	S	E

Solution page 224

Cherchez les expressions marseillaises cachées dans la grille ci-dessus. Vous les trouverez soit horizontalement, soit verticalement, soit diagonalement. Elles peuvent se lire de gauche à droite ou de droite à gauche.

ADESSIAS (au revoir)
AGASSINS (pieds)
BABAOU (fanfaron)
BARTAVELLE (jacasse)
CHAVANE (gros orage)
COUFE (claque)
ENGAMBI (coup tordu)
ESQUINADE (araignée de mer)
FAZZOULE (sobriquet pour quelqu'un qui a commis des bêtises légères)
FRIFOTER (froisser)
GAMATE (objets métalliques en très mauvais état)
GISCLET (maigrichon)
GRUPI (se dit des gens qui se précipitent lorsqu'il y a quelque chose à gagner)
LANGASTE (gens qui vivent aux crochets des autres)
LUCRE (quelqu'un qui ne voit pas ce qui est sous ses yeux)
MINOT (petit)
MOULON (tas)
PALANQUÉE (quantité importante)
PÉNÉQUET (sieste)
RASTÈGUE (maigre)
RAVAN (vieille chose)
SALABRE (épuisette du pêcheur)
SCOUMOUNE (poisse)
TCHATCHE (discours interminable)
TOTÈNE (encornet)
ZIZE (façon amicale d'interpeller une femme qu'on connait bien)

MNÉMOTECHNIQUE

Ces petites listes qui deviennent des phrases

Voici quelques phrases à apprendre pour retenir les mots faisant partie d'une même catégorie grammaticale.

- *Les prépositions :* **Adam part pour Anvers avec cent sous sûrs, entre derrière chez Decontre** *(à, dans, par, pour, en, vers, avec, sans, sous, sur, entre, derrière, chez, de, contre) ou, si l'on préfère,* **Adam part pour Anvers avec deux cents sous chez Parmisur** *(…avec, de, sans, sous, chez, parmi, sur).*
- *Les possessifs pluriels :* **Mais c'était nos voleurs !** *(mes, ses, tes, nos, vos, leurs)*

Mercredi **21 juillet**

Saint Victor – On fête aussi les Trifin, Hector, Néot

Soleil
lever : **6 h 10**
coucher : **21 h 43**

À la Saint-Victor, fais gaffe au raptor !

NOMS D'OISEAUX !

Butor

Le butor est un héron dont le chant particulièrement grave ressemble au son d'une corne de brume ! Mais ce n'est sans doute pas pour cela que le mot, certes lui aussi sonore et qui rime avec stentor, qualifie un individu grossier et lourdaud. L'insulte – butor ! – est d'ailleurs plus connue que l'oiseau, et c'est un nom difficile à porter, même si l'écrivain Michel Butor s'en est toujours amusé. Il semble que le terme latin buteo, *« oiseau de proie », était déjà une insulte chez les Romains. Et la chose a perduré : il y a des butors, et même des butordes, chez Rabelais et chez Molière.*

Rébus

BANDE LETTRIQUE

Pièces de théâtre françaises

Boulanger, maçon, ingénieur, acteur, agriculteur, médecin

Le Dernier des métiers, Boris Vian

Voyager par les séries TV

Shameless

Chicago, ghetto et gentrification. Point de buildings postmodernes et de gangsters coiffés de borsalino ici, mais plutôt une version « white trash » de la grande Chicago. Les protagonistes de *Shameless* évoluent dans les quartiers pauvres du South Side, vivant de diverses magouilles et de petits délits, avec une audace sans cesse renouvelée. Au fil des saisons, *Shameless* nous raconte l'évolution non seulement de ses personnages, mais aussi de leur quartier. Autrefois ghetto noir, le South Side devient peu à peu l'apanage des blancs pauvres, les « white trash », puis se gentrifie – ou se « boboïse » si vous préférez –, à mesure que la ville s'étend. *Shameless* est une histoire de l'Amérique contemporaine, avec une touche d'insolence et de nonchalance propre à Chicago.

ÇA C'EST... Faits divers

L'an passé, un homme a été condamné à deux ans de prison pour avoir dérobé en moins d'un an plus de 7 000 livres dans les bibliothèques universitaires d'Édimbourg, la capitale écossaise. Darren Barr revendait son butin sur Internet. Un juteux trafic qui prit fin le jour où une doctorante tenta d'emprunter un ouvrage à la bibliothèque de l'université Napier. Comme aucun exemplaire n'était disponible, l'étudiante décida d'acheter l'ouvrage sur un site de vente en ligne. Quelques jours après, elle le reçut mais, à sa grande surprise, celui-ci était frappé du tampon de l'université Napier. Intriguée, elle montra le livre aux bibliothécaires. Un inventaire des stocks fut organisé et on constata que plus de 4 250 livres avaient disparu ! L'université alerta la police écossaise qui remonta rapidement à Darren Barr via le site Internet. Placé en garde à vue, le jeune homme reconnut les faits : chaque jour, il se rendait dans une bibliothèque universitaire équipé d'un sac de sport, le remplissait discrètement puis sortait, tout simplement.

Soleil
lever : **6 h 11**
coucher : **21 h 42**

Jeudi **22 juillet**

Sainte Marie-Madeleine – On fête aussi les Magda, Madelon

C'est l'été. Le soleil darde ses rayons intarissables sur l'étranger qui s'attarde au milieu des vastes sables.
Charles Cros

Nos Régions

Auvergne-Rhône-Alpes

Rhône/Lyon

Construit en 1831 place de la Comédie, le Grand-Théâtre de Lyon était à son époque un monument de modernité. Voici ce qu'en disait l'essayiste Abel Hugo, frère de Victor, quelques mois après son inauguration : « [Il] attire l'admiration par sa noble architecture, la grandeur de sa masse, la distribution de toutes ses parties et la beauté des détails. Son plan offre un carré long, sa façade est à la fois élégante et imposante. La richesse de l'intérieur répond au grandiose de l'extérieur. Un lustre de 15 pieds (4,5 m) de diamètre, de 18 pieds (5,5 m) de haut, éclairé par le gaz, jette dans toute la salle une vive lumière. »

ILS ONT DIT

« Les amateurs de musique sont absurdement déraisonnables. Ils nous demandent toujours d'être complètement muets au moment où nous aimerions être totalement sourds. »

Oscar Wilde

Tout est relatif... (Espace temps)

Faites-moi tourner ces horloges !

Parmi les diverses expériences menées pour comprendre l'effet de distorsion de l'espace-temps propre à la théorie de la relativité, celle de 1971 s'inspira du fameux paradoxe des jumeaux déjà évoqué dans cette rubrique. Les Américains Hafele et Keating ont utilisé pour la mener cinq horloges atomiques synchronisées. Deux d'entre elles furent embarquées à bord d'un avion qui fit le tour du monde dans le sens de rotation de la Terre (d'ouest en est), deux autres à bord d'un avion qui fit le tour du monde dans le sens contraire. La dernière resta sur Terre, comme témoin. Il s'avéra que les horloges se décalèrent : les deux ayant voyagé d'ouest en est retardaient par rapport à celle de référence, les deux autres avançaient. De quelques milliardièmes de secondes seulement, mais cela suffit à prouver qu'Einstein avait raison !

GRANDS MOMENTS DU CYCLISME

En 1969, le jeune Eddy Merckx, surnommé « le Cannibale », est en pleine ascension. Âgé d'à peine 24 ans, il a déjà remporté cette année-là les courses les plus prestigieuses du cyclisme comme le Tour des Flandres ou le Milan-San Remo. Lorsqu'il arrive sur son premier Tour de France, le jeune Belge, expulsé du Giro pour des accusations de dopage plus que douteuses, a la rage. Le 15 juillet, il prouve son talent en larguant tout le monde sur les pentes du Tourmalet. Passé en tête au sommet, sa descente va devenir l'un des moments les plus incroyables du cyclisme : en solitaire pendant 130 km jusqu'à Mourenx, il reprend près de 8 minutes sur ses poursuivants. Ébahis, les commentateurs auront cette phrase, qui résume bien le moment et l'homme : « C'est toute la classe d'un homme qui est étalée sous vos yeux. »

Vendredi 23 juillet

Sainte Brigitte – On fête aussi les Ézéchiel, Sev

Soleil
lever : **6 h 12**
coucher : **21 h 40**

À la Sainte-Brigitte, on a la frite !

Étymologie

Si tu veux la paix, prépare tes sous…

Il semblerait logique de réunir dans la même famille étymologique le nom *péage* et le verbe *payer*. Et pourtant, il n'en est rien ! *Péage* vient du latin populaire *pedaticum*, lui-même issu de *pes, pedis*, « pied » ; ce nom signifiait « droit de mettre le pied, de passer ». *Payer*, quant à lui, vient de *pacare*, lui-même issu de *pax, pacis*, « paix ». Il a d'abord eu pour sens « se réconcilier avec quelqu'un, l'apaiser » avant de signifier « lui donner l'argent qui lui est dû pour l'apaiser ».

NOTTO DICO

JOGGEUR, n. m.
Coureur solitaire.

JOGGEUSE, n. f.
Victime solitaire.

KAMASUTRA, n. m.
Livre indien le plus connu au monde.

KANGOUROU, n. m.
Le seul gourou à ne pas mettre l'argent de ses victimes dans sa poche.

KARMA, n. m.
Obscur concept religieux qu'il vaut mieux avoir bon que mauvais. Comme beaucoup de choses finalement.

VERMOT'ROSCOPE

LION (23 juillet – 22 août)

Caractère

Enflammé, flamboyant, passionné, charismatique, généreux, sociable, mondain, séducteur, déterminé, volontaire, observateur, créatif, affairiste, ambitieux, dynamique, autoritaire, susceptible, égocentrique, colérique.

Le message des astres

Saturne et Jupiter « au-dessus de votre tête » vous inciteront à réfléchir à votre vie amoureuse ou sociale. Pour certains natifs, ce sera l'occasion de clore un chapitre et d'en ouvrir un autre. De février à juillet, Saturne et Uranus joueront les trouble-fêtes.

Vie relationnelle

En 2021, vous ferez le point sur vos connaissances. Ce sera une année de tri. Vous serez en quête de simplicité, de sincérité et de vrai. De janvier à mai, vous cernerez mieux les personnes qui vous entourent.

Amour

En couple, ce devrait être une excellente année pour consolider votre relation. Pour certains, 2021 rimera avec constat et bilan : resserrez vos liens ou faites un état des lieux de votre vie conjugale. En avril, soyez inventif ou prenez un peu de distance vis-à-vis de certaines situations. En juillet, la sensualité sera à l'honneur. En octobre, domptez l'ennui en pimentant votre quotidien.

Célibataire, vous aurez l'occasion de tourner une page de votre vie amoureuse. Soit vous accepterez mieux votre situation, soit la vie mettra sur votre chemin une personne qui bousculera vos habitudes. Sur le premier trimestre, vous déterminerez mieux vos aspirations. Sur l'été, vous déborderez de charme, servez-vous-en. En octobre, laissez-vous aller à une histoire toute en légèreté.

Famille

2021 sera l'occasion pour vous de communiquer autrement avec vos proches. Jusqu'à juin, la famille ne sera pas votre priorité. En septembre, de beaux moments sont à prévoir. En novembre, misez sur les échanges. Éclaircissez une situation.

Quotidien et vitalité

Cette année, les autres impacteront votre quotidien et votre moral. Veillez à bien vous entourer. En janvier et en février, essayez de vous préserver du stress. En juin et en juillet, ressourcez-vous et faites le plein d'énergie.

Budget

Les astres protégeront vos finances une grande partie de l'année. Mais de juin à septembre, faites attention aux imprévus.

Comment optimiser votre année

Restez communicatif et ouvert aux autres. Privilégiez les sorties et les invitations. Rompez avec vos habitudes. Mettez un peu de fantaisie dans votre vie de tous les jours.

Samedi **24 juillet**

Sainte Christine – On fête aussi les Ségolen, Gwengalon

La caravane passe... les aigris restent. Francis Blanche

LA GAFFE DE L'HISTOIRE
L'intrus invité

En 1987, les relations diplomatiques furent coupées entre la France et l'Iran. C'est pourquoi le responsable du protocole fut surpris de voir le représentant de ce pays parmi les invités aux vœux du président François Mitterrand en janvier 1988. Vérification faite, il avait été convié en bonne et due forme par les services de l'Élysée qui n'avaient pas mis à jour leur fichier.

Ça c'est vache
Les plus belles crasses

Hollywood est un monde impitoyable, dans lequel l'empathie ne mène nulle part. Gwyneth Paltrow l'a bien compris, elle qui n'hésita pas à piquer le scénario de Shakespeare in Love *qui traînait sur la table de chevet de son amie et rivale de toujours, Winona Ryder… Un coup bas plutôt bien inspiré puisque son rôle dans le film fit gagner à Gwyneth l'Oscar de la meilleure actrice en 1999, tandis que la carrière de Winona déclinait. Que dit-on sur les biens mal acquis, déjà ?*

Pièges de l'ortografe [h] [ph]
De suite

On ne peut employer la formule « de suite » que pour parler d'événements qui surviennent l'un après l'autre, sans interruption. Par exemple, telle équipe sportive a marqué « cinq points de suite », c'est-à-dire cinq points consécutifs dans le même match. Utiliser « de suite » pour dire « tout de suite » est un abus de langage, donc on il est incorrect de dire : « Il revient de suite. »

Au Jardin
Radis Misato

La famille des radis offre une incroyable diversité : les ronds, les longs, les oblongs, les gros, les petits, ceux d'été, ceux d'hiver… Et presque toutes les couleurs de l'arc-en-ciel ! Alors changez vos habitudes, expérimenter ne coûte rien – pratiquement pas un radis. Essayez le radis Misato : il vient de Chine et il est tout rond et gros comme une orange, mais de couleur rouge intense, avec une chair d'un blanc immaculé, juteuse et à saveur douce. Au Japon, où il est très apprécié, on le mange surtout cru, par exemple en carpaccio, mais également cuit, comme un navet. C'est une variété d'automne, à semer du 15 juillet au 15 septembre, en lignes distantes de 25 cm et en sol frais. Il existe aussi une variété à chair rose violacé, très décorative dans les salades.

Dimanche 25 juillet

Saint Jacques – On fête aussi les Valentine

Soleil
lever : 6 h 15
coucher : 21 h 38

À la Saint-Jacques, on a le niac !

Rétro Vermot

Lui :
« Je viens de contracter une assurance de 50 000 francs sur la vie, mon cher amour. »
Elle :
« Voilà bien les hommes ! Ce n'est pas ma vie à moi que tu aurais songé à assurer. Égoïste, va ! »

Voyages en train

L'ancienne route de la Soie est jalonnée de paysages somptueux que l'on peut découvrir en 21 jours de croisière ferroviaire à bord du train transsibérien Golden Eagle. Ici, le service est ultra luxueux et on n'est pas loin de la perfection. Voyage culte par excellence, ce parcours raconte l'histoire des grandes civilisations européennes et asiatiques, et de leurs découvreurs. Au départ de Pékin, on file donc vers l'ouest, traversant cinq pays sur plus de 6 400 km. Un long périple à l'ancienne, un peu hors du temps, qui offre tout le loisir d'admirer les dunes de sable de Dunhuang, les palais d'Almaty et de Samarkand, les mosquées d'Ouzbékistan, avant de rejoindre les lignes imposantes du Kremlin.

Solution mots mêlés [p. 224]

E	L	U	O	Z	Z	A	F	E	C	J	M	N	E
R	P	E	S	I	T	E	L	C	S	I	G	F	U
C	F	E	F	G	I	L	E	F	N	J	R	F	G
U	E	E	N	U	E	S	A	O	S	I	U	F	E
L	N	N	N	E	O	N	T	C	F	E	P	Z	T
A	G	A	G	G	Q	C	O	O	L	A	I	E	S
N	A	V	V	U	H	U	T	L	L	Z	D	Q	A
G	M	A	U	A	M	E	E	A	U	A	Y	G	R
A	B	H	T	O	R	V	N	T	N	O	A	H	C
S	I	C	U	B	A	Q	E	I	A	S	M	U	L
T	H	N	A	T	U	B	U	C	S	M	O	J	U
E	E	L	R	E	A	Q	A	I	G	I	A	Y	R
N	A	A	E	B	S	Y	N	B	E	U	N	G	C
S	B	A	D	E	S	S	I	A	S	I	E	S	E

Le coin lecture

Le Vieil Homme et la Mer, d'Ernest Hemingway

Un vieux pêcheur cubain, pauvre mais expérimenté, se retrouve aux prises avec un énorme marlin durant trois jours et deux nuits. Qui, du vieil homme sur son bateau ou du poisson, sortira vainqueur de ce duel ? Symbole du combat entre l'homme et la nature, ce roman est considéré comme le chef-d'œuvre de l'écrivain et journaliste américain, et lui a valu le prix Nobel de Littérature en 1954. Un monument, donc, à lire ou à relire en cette année de célébration du soixantième anniversaire de la disparition d'Hemingway (21 juillet 1961). Incontournable.

LA PÉTANQUE N'EST PAS RETENUE POUR LES J.O.

LUTTES ET HÉROS POPULAIRES

ATAÏ

Ataï est un Kanak de Nouvelle-Calédonie, chef de la région de Komalé, qui s'est illustré au cours de l'insurrection sanglante de 1878. Dans une scène restée célèbre, il s'est rendu auprès du gouverneur colon Léopold de Pritzbuer, aux pieds duquel il a vidé deux sacs : l'un de terre, l'autre de pierres. Montrant les deux tas à terre, le chef kanak dit : « Voilà ce que nous possédions, et voilà ce que tu nous as laissé. » Après maintes tentatives vaines de cohabitation avec les colons, Ataï n'eut d'autre choix que de prendre les armes pour défendre sa terre. Il fut tué, comme des milliers d'autres Kanaks lors des batailles insurrectionnelles qui suivirent.

Par les soirs bleus d'été, j'irai dans les sentiers, picoté par les blés, fouler l'herbe menue. Arthur Rimbaud

Ça c'est vache
Les plus belles crasses

Franck Sinatra était un homme d'efficacité et lorsqu'il jouait au cinéma, il aimait les scènes tournées en une prise et détestait recommencer. Sachant cela, Marlon Brando, jaloux d'avoir dû céder au crooner le rôle qu'il convoitait dans Blanches colombes et vilains messieurs, *lui rendit la vie impossible sur le tournage, faisant exprès de rater des prises pour faire rejouer Sinatra sans cesse, en particulier une scène ou le chanteur devait manger du cheesecake !*

Charade classique

Mon premier renforce un accord,
Mon deuxième est une maladie des céréales,
Mon troisième est un invité,
Mon quatrième est l'organe de la vision,
Mon tout est un acteur, metteur en scène et réalisateur français.

DANIEL AUTEUIL (DA – NIELLE – HÔTE – ŒIL)

1-2-3-1-2-3-1-2-3

JAMAIS DEUX SANS TROIS

Sept ans de malheur

Pour les Romains, un miroir reflétait non seulement l'image de l'individu, mais aussi son âme. Or nos ancêtres latins considéraient que la vie humaine était découpée en cycles de sept ans (de 0 à 7 ans, de 7 à 14 ans, etc.), chacun forgeant un aspect de la personnalité. Si quelqu'un brisait un miroir, il perdait ainsi son âme jusqu'au cycle suivant, soit au maximum pendant sept ans.

1-2-3-1-2-3-1-2-3

Maisons d'artistes

C'est à Giverny, joli village de l'Eure à proximité de Paris, que Monet s'installa en famille à partir de 1883. Pendant plus de 30 ans et jusqu'à la fin de sa vie, il y peignit notamment les séries des cathédrales, des meules, des peupliers et bien sûr des fameux Nymphéas. Monet a conçu son jardin de fleurs et son jardin d'eau comme de véritables œuvres, sources d'inspiration inépuisables. Sa maison-atelier a été restaurée de façon à restituer l'atmosphère qui régnait chez le maître de l'impressionnisme. Crépi rose, volets verts, « salon bleu », « salle à manger jaune », fleurs à profusion... Difficile de ne pas tomber sous le charme coloré de la demeure. Et à défaut de pouvoir admirer des œuvres authentiques de Monet, on peut y découvrir son exceptionnelle collection d'estampes japonaises.

Fondation Claude-Monet, 84, rue Claude-Monet, 27620 Giverny

Mardi **27 juillet**

Sainte Nathalie – On fête aussi les Natacha, Natalia, Liliane

Soleil
lever : **6 h 17**
coucher : **21 h 35**

À la Sainte-Nathalie, amour et folies.

Le bon mot de l'histoire

27 juillet 1214 :
« Ma couronne au plus brave ! »
Philippe Auguste

Ce jour-là, la coalition regroupant le roi d'Angleterre, Jean sans Terre, l'empereur germanique Otton IV et plusieurs vassaux félons affronte l'armée de Philippe Auguste à Bouvines, près de Lille. Au milieu de ses chevaliers, le roi galvanise ses troupes inférieures en nombre et remporte la bataille. Cette victoire assoit son pouvoir sur le royaume, le monarque apparaissant désormais comme garant de l'unité nationale. Philippe Auguste est d'ailleurs le premier à officialiser l'expression « roi de France » en lieu et place de « roi des Francs ».

ILS ONT DIT

« Syllogisme : argument en trois propositions. L'homme est mortel, or Jules est homme, donc Jules est mortel. L'homme est mortel, or Julie est femme, donc Julie est immortelle. »

Léo Campion

Théories du complot

La face cachée de l'ONU

Si vous demandez autour de vous ce que représente l'Onu, vous allez certainement entendre des choses comme « paix », « ordre mondial », « cohésion entre les peuples » et « aide humanitaire ». Eh bien figurez-vous que pour certains complotistes un peu perchés surgis d'un recoin sombre d'Internet, l'Onu ne serait pas une force pacificatrice, mais un groupe occulte dont le but secret serait de détruire l'humanité. Selon cette thèse, un jour, des hélicoptères noirs envahiront le ciel du monde entier et anéantiront tous les habitants non préalablement sélectionnés et sauvés. Quelqu'un a de la famille à l'Onu ? C'est pour un ami…

Randonnées en

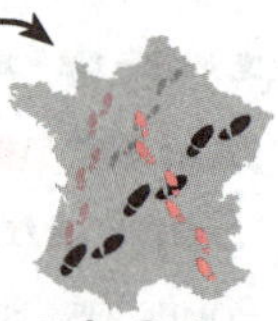

LES VOIES SPIRITUELLES

Celui qui s'engage sur l'un des chemins qui mènent à Saint-Jacques-de-Compostelle est surnommé le « jacquet ». Connus dans le monde entier, ces chemins sont empruntés non seulement par les pèlerins qui poursuivent une quête spirituelle, mais aussi par les randonneurs curieux de patrimoine et de belles rencontres. Les routes de Compostelle traversent toute l'Europe occidentale. En France, il en existe cinq : la voie du Puy-en-Velay, très fréquentée, est considérée comme la voie historique et rassemble un très grand nombre d'églises ; le Chemin d'Arles sillonne des paysages méditerranéens en passant par Toulouse ; la Via Arverna et le Chemin de Genève sont peut-être les deux voies qui conviennent le mieux aux marcheurs aguerris, qui apprécient de traverser le Massif central ; enfin, le Chemin de Cluny longe la Loire et ses paisibles vignobles.

Mercredi 28 juillet

Saint Samson – On fête aussi les Heneg, Nazaire

Au mois de juillet, bouche noire, gosier sec.

LE CHIFFRE

212

C'est l'âge cumulé de Charlotte et John Henderson, le plus vieux couple au monde. Âgés respectivement de 105 et 107 ans, les Américains ont célébré leurs noces de cornaline en décembre dernier, soit 81 ans de mariage. Tout de même ! Charlotte et John se sont rencontrés en 1934 à l'université et se sont mariés cinq ans plus tard. Depuis, ils ne se sont jamais quittés. D'après leurs proches, le couple qui vit depuis une dizaine d'années dans une maison de retraite à Austin, au Texas, a toujours été un modèle d'harmonie, menant une vie saine et simple. Charlotte et John, qui ont tous les deux fait carrière dans l'enseignement, n'éprouvent aucune nostalgie des années écoulées et continuent de se projeter dans l'avenir. Leur bonheur, disent-ils, c'est encore et toujours d'être ensemble. À une époque où la majorité des couples divorcent en moyenne au bout de 15 ans de mariage, leur union force le respect.

MUSIQUE

La nuit porte conseil

Une nuit, Paul McCartney, l'un des Beatles, rêve d'une jolie mélodie. Au réveil, il se dit qu'il a dû plagier un titre déjà existant. Mais il a beau chercher, il ne retrouve pas cette musique. Rassuré, il en écrit le texte, *Scrambled eggs* (*Œufs brouillés* en français) : « Œufs brouillés, oh bébé j'aime tellement tes jambes… » Heureusement, Paul n'en finit pas d'avoir des nuits inspirantes, et, un jour, il se réveille en ayant trouvé un autre titre pour sa chanson : *Yesterday*. Ça sonne déjà mieux, non ?

LA GAFFE DE L'HISTOIRE

Sans complexe

Tout le monde se souvient de la phrase de Jacques Séguéla parlant de Nicolas Sarkozy : « Si, à 50 ans, on n'a pas une Rolex, on a raté sa vie. » Trés critiqué, le publicitaire a tenté de s'expliquer sur ce sujet et a reproché aux journalistes d'avoir sorti son propos « de son complexe ». Le contexte ne lui était décidément pas favorable…

Histoires paranormales

Dame blanche

Dans *Lourdes, récit authentique des apparitions*, l'abbé Laurentin raconte que l'apparition de la grotte de Massabielle, en 1858, a d'abord été identifiée à un fantôme, celui d'une jeune fille, Élisa Latapie, décédée quelques mois auparavant et connue pour sa vie et sa mort édifiantes. La robe blanche, la ceinture bleue et le chapelet de l'apparition font penser qu'Élisa *revient* dans son costume des Enfants de Marie. Comme c'est alors la mode du spiritisme, les témoins de l'apparition lui tendent du papier et une plume pour qu'elle écrive son nom, mais elle refuse. Il est aussi question d'une *dame blanche* dont on craint la possible malveillance. Ce n'est qu'au bout d'un mois, le 25 mars, jour de l'Annonciation, que la Sainte Vierge dévoile son identité et sort de son statut de fantôme pour devenir l'*Immaculée Conception*.

Jeudi 29 juillet

Sainte Marthe – On fête aussi les Leu, Loup, Olave

Soleil
lever : **6 h 20**
coucher : **21 h 33**

À la Sainte-Marthe, sois pas tarte, sois smart.

Pièges de l'ortographe

Suite à

Lorsqu'un premier échange a eu lieu, certaines personnes utilisent abusivement la formule « suite à notre conversation » pour reprendre contact. C'est un abus de langage issu d'une trop forte élision. Pour être correct, il faut en effet écrire (et dire) « à la suite de notre rencontre », « pour donner suite à notre entrevue » ou encore « comme suite à notre réunion ».

CHAUD DEVANT !

C'EST DU RÉCHAUFFÉ ! (SUITE)

L'épisode du PETM (voir l'article du 18 juillet) aurait été notamment causé par une forte activité volcanique et par le dégazage des océans : ceux-ci auraient libéré quantité de méthane dans l'atmosphère. Les effets de ce réchauffement furent importants, aussi bien sur les paysages que sur les êtres vivants. De nombreuses espèces ont par exemple été touchées par le « nanisme adaptatif » : leur taille moyenne a diminué du fait de leur exposition prolongée au stress causé par la métamorphose de leur environnement habituel. Allons-nous subir le même sort ?

DES IMMEUBLES DE BUREAUX TRANSFORMÉS EN HABITATIONS

Le coin lecture

La Vérité sur l'Affaire Harry Quebert, de Joël Dicker

Dicker possède ce talent d'égarer son lecteur sur de fausses pistes. Conséquence : un thriller d'excellente facture qui nous transporte entre New York et la petite ville fictive d'Aurora dans le New Hampshire pour y suivre l'enquête de Marcus Goldman, un jeune écrivain à succès. Son mentor et ami Harry Quebert a-t-il assassiné sa petite amie trente ans auparavant ? Quels secrets cachent les habitants d'Aurora ? Le suspens tient le lecteur en haleine jusqu'à l'épilogue, naturellement surprenant. Adapté pour la télévision par Jean-Jacques Annaud et diffusé en 2018 sur TF1.

Ça s'est passé

Le 29 juillet 1921

Adolf Hitler prend la direction du parti nazi, le NSDAP, évinçant alors Anton Drexler, fondateur de ce mouvement, auquel Hitler adhère depuis septembre 1919.

Vendredi 30 juillet

Sainte Juliette – On fête aussi les Abdallah, Abdoulaye, Giulietta

Pour la Sainte-Juliette, cherche illico un Roméo.

NOTTO DICO

KÉPI, n. m.
Couvre-chef limitant volontairement le développement de toute réflexion.

KILOGRAMME, n. m.
Unité de mesure de la masse plus longue à écrire mais pas plus lourde qu'un kilo.

KIWI, n. m.
Fruit vert ayant la forme d'un noyau alors que lui-même n'en possède pas.

L'ACTU

Ivresse hydrique

Aux États-Unis, de nouvelles eaux pétillantes connaissent un véritable engouement. Légèrement gazéifiées, parfois aromatisées au pamplemousse ou au citron vert, elles sont distribuées en canettes et connaissent apparemment une croissance fulgurante : plus 168 % entre 2018 et 2019. Leur secret ? L'alcool. Elles en contiennent entre 4 et 6 % vol. et présentent ainsi l'avantage d'être beaucoup moins caloriques que des boissons alcoolisées classiques (60 calories contre 130 pour le même volume de bière blonde). Emballées dans un design élégant, ces nouvelles eaux, prévues pour être emportées et bues partout, séduisent les femmes et les jeunes – ainsi que tous ceux qui n'aiment pas le vin, la bière et les autres « vrais » alcools, mais qui veulent s'enivrer ! Ces purs produits de marketing devant débarquer dans les rayonnages européens d'ici peu, on conseillera à chacun de les consommer avec modération. Car, jusqu'à preuve du contraire, de l'eau avec de l'alcool, ce n'est plus de l'eau…

WWW.

Le NET pas BÊTE

Il existe des centaines de journées mondiales, mais si quelques-unes, consacrées à des causes sérieuses (Femmes, Sida, Paix…), sont incontournables, la majorité d'entre elles demeurent ignorées. Un site recense, détaille et classe par date et par thème environ 600 journées mondiales, plus ou moins officielles et parfois étonnantes (Serviette, Coloriage, Tricot…) : https://www.journee-mondiale.com/

Vino populum

Alsace-gewurztraminer

Il serait dommage de ne pas y toucher ! Le gewurztraminer est un cépage que vous ne retrouverez pas si facilement ailleurs en France. Gewürz signifie « épicé » et c'est bien ce qui ressort de la palette aromatique de ce vin chaleureux. On y décèle aussi des notes de rose, de fruits secs et d'agrumes. Recherchez les bouteilles des grands crus Florimont, Froehn, Kessler ou encore Mambourg, Marckrain, Spiegel, Sporen et Zinnkoepflé.

Samedi **31 juillet**

Saint Ignace de Loyola – On fête aussi les Ignacio, Inigo

Soleil
lever : **6 h 22**
coucher : **21 h 30**

Au royaume des aveugles, les borgnes sont mal vus. Pierre Dac

Nos Régions

Bourgogne-Franche-Comté

Saône-et-Loire/Autun

Au début du XVIe siècle, à Autun, on aurait intenté un procès contre les rats accusés de commettre des dégâts considérables dans les récoltes. Un avocat nommé Chasseneux leur fut attribué pour les défendre. Celui-ci obtint un report de l'affaire, plaidant que le délai de comparution imposé aux rongeurs était « trop court, d'autant plus qu'il y avait du danger pour eux de se mettre en chemin, tous les chats des villages étant aux aguets pour les saisir ». Le même avocat défendit par ailleurs les mouches qui attaquaient les raisins. Mais il perdit le procès et les insectes furent condamnés à être excommuniés.

M. Naure
Explorateur

A le plaisir d'annoncer la naissance de ses jumeaux
Théo, Paul

Solution : Théo Paul Naure (T'es au pôle Nord ?)

Charade piège

Mon premier repose sur le ber,

Mon second respirait à pleines narines,

Mon troisième nous regarde de haut,

Mon tout est un coureur cycliste français, le troisième à remporter à cinq reprises le Tour de France.

BERNARD HINAULT (BER – NARINE – HAUT)

LUTTES ET HÉROS POPULAIRES

LA GUERRE DES FARINES

Si son nom peut prêter à sourire, c'est pourtant l'un des événements déclencheurs de la Révolution française. En avril 1775, le royaume de France, et plus particulièrement sa moitié nord, souffre de la faim. Le prix du pain atteint des sommets et le peuple n'a d'autre solution que de réquisitionner les entrepôts les mieux fournis pour se nourrir. Des centaines de noyaux d'émeutes se créent partout dans le pays. Ici et là on prend, on distribue, on organise. Après cinq mois d'affrontements, la mobilisation de dizaines de milliers de soldats et des arrestations en masse, le feu de la révolte s'atténue mais ne s'éteint pas, au regard de ce qu'on sait sur la décennie suivante...

Ha ! Ha ! Ha !

Un matin, un cavaleur notoire entre dans l'église de son village et s'installe dans le confessionnal. Lorsque le prêtre prend place, il commence sa confession.

« Mon père, j'ai péché avec une femme mariée.

– Vous avez raison, c'est un pêché, répond le curé. « Tu ne convoiteras pas la femme de ton prochain » a dit notre Seigneur. Vous voulez m'en dire davantage ?

– C'est ennuyeux, car c'est une de vos paroissiennes, répond l'autre.

– Mon Dieu ! s'écrit le prêtre. Vous devez absolument me dire qui est cette pécheresse ! Même si je suis sûr que c'est la femme du boucher…

– Pas du tout, mon père, rétorque l'autre.

– Bon, alors, c'est certainement la femme du plombier, dit le confesseur.

– Non plus, mon père, répond l'homme.

– Alors ce doit être la femme du médecin ou celle du facteur ? insiste le curé.

– Non et non ! dit l'autre. Mais je préfère arrêter ma confession ici. »

Puis il se lève, remercie le curé pour son aide et quitte l'église. À la sortie, il croise un ami. Surpris de voir cet épicurien notoire devant le bâtiment religieux, il lui demande :

« Tu es allé te confesser ?

– Pas du tout, répond l'autre, je suis allé chercher des infos. »

Soleil
lever : 6 h 24
coucher : 21 h 28

Dimanche 1er août

Saint Alphonse – On fête aussi les Alma, Éléazard

C'est au mois d'août qu'on met les bouts, qu'on fait les fous, les gros matous, les sapajous. Pierre Perret

MÉTÉO DU MOIS

Le mois d'Auguste, en souvenir de l'empereur romain.

Le temps se met à l'orage. Comme on se met sur son 31, par obligation et pour grand apparat. Il s'acquitte de sa mission : faire le grand ménage, avec faste. L'orage, c'est d'abord l'éclair, le tonnerre, puis les grandes eaux et le vent qui s'imposent dans le son et la lumière. Les pluies diluviennes, la grêle et les rafales tempétueuses jouent la colère. Fascinant mais redoutable. Les fascinés organisent leur vie, armés d'un appareil photo pour traquer le phénomène. Ils se disent chasseurs d'orages. Ceux qui n'ont pas le droit à l'erreur, comme les pilotes d'avion, surveillent les cumulonimbus au radar pour les fuir. Quelques groupes d'agriculteurs essayent de les détourner ou de les faire pleuvoir avant qu'ils ne soient trop gros et qu'ils provoquent d'irréparables dégâts.

C'est arrivé le… 11 août 1958

À 18h, le ciel tombe sur la tête des Strasbourgeois. Durant une heure, un orage de grêle exceptionnel dévaste la capitale alsacienne, faisant de nombreux dégâts et plusieurs dizaines de blessés. La taille des grêlons est impressionnante. L'un d'eux pèse 972 g, un record mondial jamais homologué.

REPÈRES CLIMATIQUES

La chaleur est bien là, même si la fin du mois peut s'avérer un peu chaotique avec des épisodes orageux et de fortes pluies sur les régions méditerranéennes et dans le Sud-Ouest. La fin de l'été 1983 a été particulièrement dramatique pour les régions de l'ouest (Charente, Vienne) et du Pays basque frappées par de violentes intempéries et des vents de 200 km/h : destructions, inondations… Mais l'événement qui a sidéré la France reste la canicule d'août 2003 : une vague de chaleur sans précédent s'est installée sur l'Europe entre le 1er et le 15. L'air est brûlant, très sec au sol et en altitude. Les records de température sont relevés dans plus de 70 stations météo. Du 8 au 13 août, à Lyon, les thermomètres affichent entre 38 °C et 40,5 °C ; le 5 à Dinard, il fait 39,5 °C ; 40,5 °C au Mans le 6 ; 40,6 °C le 12 à Vichy ; 38,1 °C le 12 et le 13 à Strasbourg, soit près de 13 °C au-dessus de la normale. Les nuits sont étouffantes : le 6 août à Menton (Alpes-Maritimes), la température nocturne ne descend pas en-dessous de 30,3 °C. Si certains records absolus de température son été battus en 2019, la vague de chaleur de 2003 reste exceptionnelle par sa durée.

Qu'est-ce que l'indice UV ?

L'indice UV mérite une carte spécifique dans les bulletins météo de l'été. C'est dire son importance ! Cet indice permet de communiquer le niveau de rayonnement ultraviolet, invisible à l'œil mais néfaste pour la peau. Il s'échelonne de 1 à 11+. Si des lunettes suffisent pour se protéger d'un indice 1-2, le danger est élevé à partir de l'indice 6. Au niveau 11+, attention aux brûlures !

Lundi **2 août**

Saint Julien Eymard – On fête aussi les Julianne, Friard, Secondel

Soleil
lever : **6 h 25**
coucher : **21 h 27**

Chaque rue, chaque pierre, semblait n'être qu'à nous.
Nous étions seuls sur terre À Paris au mois d'août. Charles Aznavour

CHERS DISPARUS

Les oiseaux d'Hawaii

L'archipel d'Hawaii, situé en Océanie, est l'endroit sur Terre où le plus d'espèces animales ont disparu. On estime qu'un tiers des espèces endémiques s'y sont éteintes au cours des quatre derniers siècles. Ainsi en est-il de la Branta, une oie géante, des Apteribis, petits ibis incapables de voler, ou encore du Moho, superbe oiseau aux plumes noires et jaunes.

L'ACTU

Attraction divine

Comment attirer des fidèles dans des lieux de cultes de plus en plus désertés, en particulier l'été ? Si, en France, les autorités catholiques cherchent encore l'inspiration divine, leurs cousines de l'Église anglicane d'Angleterre expérimentent de nouvelles voies pour rapprocher les croyants du Seigneur. À Rochester, dans le sud-est du pays, la nef de la cathédrale médiévale se transforme chaque année pendant la période estivale en… mini-golf ! En lieu et place des rangées de bancs, une pelouse verte synthétique agrémentée d'obstacles accueille les paroissiens. Des putters leur sont proposés à l'entrée. D'après l'évêque de Rochester, la fréquentation du bâtiment a augmenté de 80 % grâce à cette opération. À Lichfield, dans le centre de l'Angleterre, c'est une réplique de la surface lunaire qui a été installée sur le sol de la cathédrale et, plus à l'est, à Norwich, un toboggan en spirale d'une quinzaine de mètres de hauteur permet des glissades au centre du lieu saint.

Au secours… de l'impossible

Si les sauvetages de l'extrême sont souvent à mettre au crédit exclusif des sauveteurs qui prennent tous les risques, les victimes sont aussi un pilier central de leur propre survie. Ce fut notamment le cas en 2018 lorsque 12 jeunes garçons d'une équipe de football thaïlandaise se trouvèrent pris au piège d'une grotte dans laquelle ils s'étaient aventurés. Pendant les 17 jours que dura leur recherche, ils ne se tournèrent pas les pouces, loin de là. Les jeunes hommes se relayèrent pour essayer de creuser un tunnel, méditèrent pour calmer leur organismes et ne pas penser à la faim qui les tiraillait, et mirent en place un système de collecte et de partage d'eau et du peu de nourriture qui leur restait. Grâce à ces réflexes, une fois les secours parvenus jusqu'à eux, les jeunes sortirent indemnes de leur mésaventure.

1-2-3-1-2-3-1-2-3

JAMAIS DEUX SANS TROIS

Des bottes des sept lieues

Avant l'adoption, à la Révolution, du système métrique, la lieue était une unité de distance équivalant à environ 5 km. Les bottes de sept lieues on été inspirées à Charles Pennault par les lourdes bottes des postillons, les facteurs d'antan, qui parcouraient 30 km environ d'un relai de poste à l'autre.

1-2-3-1-2-3-1-2-3

Soleil
lever : 6 h 27
coucher : 21 h 25

Mardi 3 août

Sainte Lydie – On fête aussi les Nicodème, Euphrone, Lydéric

Pour la Sainte-Lydie, sors ton bikini !

Nos Régions

Bretagne

Morbihan/Étymologie

En langue bretonne, le mot « bihan » est un adjectif qui se traduit en français par « petit ». Ainsi, l'étymologie du « Morbihan » vient de l'agglomération des deux mots « mor » (la mer) et « bihan ». Ce mot composé désigne ainsi par « petite mer » le golfe qui a donné son nom au département. Cette mer intérieure, longue d'une vingtaine de kilomètres d'est en ouest, est parsemée de nombreuses îles et s'ouvre sur la baie de Quiberon entre Locmariaquer et Arzon. Plus à l'ouest, le regard du marin se perd sur « mor braz », la « grande mer », c'est-à-dire l'océan.

Il ne faut pas confondre un fumier compost…

… et un fumier qu'on poste !

RECETTE

Salade de fruits exotiques façon ti-punch

Le mélange rhum-citron vert-sucre compose le cocktail le plus apprécié des Antilles : le ti-punch ! Cette salade s'inspire des saveurs des Tropiques pour un dessert délicieux.

Pour 4 à 6 pers. 15 min de préparation 1 à 2 h de cuisson

1 ananas
2 kiwis
250 g de fraises sucrées type mara des bois
1 citron vert (le jus)
1 ou 2 sachets de sucre vanillé
1 verre à liqueur de rhum martiniquais

Ôtez l'écorce de l'ananas et récupérez la chair. Coupez-la en petits dés. Placez-les dans un grand récipient.
Pelez les kiwis et taillez la chair en petits morceaux. Lavez et équeutez les fraises. Coupez-les en deux. Placez tous les fruits avec l'ananas.
Pressez le citron et répandez le jus sur les fruits. Versez le sucre vanillé et le rhum. Mélangez délicatement les fruits et placez le tout au réfrigérateur 1 à 2 h avant de déguster.

Variantes : vous pouvez ajouter les graines de 2 fruits de la Passion, ou bien de la banane ou encore de l'orange. Cette salade se décline à l'envi.

CINÉMA

La Cité de la peur

Le meurtre sanglant d'un projectionniste secoue le petit monde glamour du Festival de Cannes. Quoi de plus jouissif qu'un film qui parle de cinéma, de gencives de porc et d'attachées de presse mal maquillées ? Hommage hilarant au grand écran, cette comédie déjantée multiplie les références: *Basic Instinct, Pretty Woman, Evil Dead*... Écrit par Les Nuls et sorti en 1994, ce long-métrage a fêté en 2019 ses 25 ans, occasion pour Chabat et Darmon de rejouer la scène de la Carioca à Cannes.

Ça c'est vache
Les plus belles crasses

Comment prendre un coup bas avec classe ? Sur le tournage du film Le Prince et la Danseuse, *le réalisateur Laurence Olivier, exaspéré par Marylin Monroe et se moquant d'elle, prenait des paris avec son équipe sur le nombre de prises dont l'actrice aurait besoin pour tourner une scène difficile. Apprenant cela, Marylin étudia la scène intensivement et, le jour venu, boucla le tout en une seule prise. Avant de quitter le plateau, elle lança à Olivier : « Pas mal, non ? » Petite pique, grande dame !*

Mercredi 4 août

Saint Jean-Marie Vianney – On fête aussi les Uniac

Soleil
lever : **6 h 28**
coucher : **21 h 24**

En ce mois délicieux, qu'amour toute chose incite, un chacun à qui mieux mieux,
La douceur' du temps imite. Joachim Du Bellay

L'humanité en chiffres

2 500 000

C'est le nombre total de blocs de pierre qu'il a fallu pour construire la Grande Pyramide de Gizeh. Encore aujourd'hui, la technique utilisée et les secrets de cette incroyable prouesse restent un mystère total, même pour les plus grands experts.

3.141592653

Collectionnite aigüe

Stéphane Chomine n'a qu'un dada : le casse-tête. Dans son petit atelier installé à Chambéry (Savoie), il a amassé plus de 1 600 modèles exclusivement en bois, car « plus vivants et plus esthétiques » précise l'ancien réparateur de postes de télévision. La moitié d'entre eux sont ses créations. Car, de simple collectionneur, il est devenu l'un des créateurs de casse-têtes les plus féconds au monde. « Quand j'ai commencé à m'intéresser aux casse-têtes, je suis rapidement arrivé au bout de la cinquantaine de modèles existant en magasin. J'ai donc dû inventer les miens… » explique tranquillement le Chambérien. Parmi ses œuvres, le plus simple compte 25 déplacements et le plus complexe… 43 719 ! Petit conseil du céphaloclastophile pour se lancer dans la collection, voire dans la conception de casse-têtes : « Commencer avec des modèles basiques et savoir faire preuve de patience, de beaucoup de patience… »

ILS ONT DIT

« La France est le seul pays du monde où, si vous ajoutez dix citoyens à dix autres, vous ne faites pas une addition, mais vingt divisions. »

Pierre Daninos

DICTION : RÉPÉTEZ APRÈS MOI !

L'évadé du Nevada

C'est l'évadé du Nevada qui s'évada dans la vallée, dans la vallée du Nevada qu'il dévala pour s'évader sur un vilain vélo volé qu'il a volé dans une villa. Et le valet qui fut volé vit l'évadé qui s'envola. Avec un vélo, faut pas s'évader parce que c'est crevant, et puisqu'on peut crever. Si l'évadé du Nevada s'est évadé dans la vallée, c'est qu'il pensait au lit d'Éva et le voulait pour s'y lover. Sur le divan de la diva, on vit l'évadé s'affaler. Mais quand Éva le revit là, elle le vida pour l'éviter.
Sim, Universal Music Group

Théories du complot

La bombe gay

Dans le monde de la théorie du complot totalement insolite et infondée, il y a des stars. L'animateur de radio américain Alex Jones, par exemple. Ce personnage haut en couleur et au fort tempérament passe le plus clair de ses émissions à inventer toutes sortes de théories fumeuses pour attaquer le gouvernement. Sa dernière trouvaille : le gouvernement américain mettrait des agents chimiques dans l'eau potable de certaines villes dont le but serait… de rendre la population homosexuelle. L'un de ces agents chimiques, la « gay bomb » (la bombe gay en français), aurait même la faculté de rendre les grenouilles homosexuelles, menaçant ainsi de faire disparaître totalement l'espèce. C'est sympa de s'occuper de l'environnement, Alex !

Jeudi 5 août

Soleil
lever : 6 h 29
coucher : 21 h 22

Saint Abel – On fête aussi les Oswald, Ahès

À la Saint-Abel, déploie ton ombrelle.

WWW. Le NET pas BÊTE

Véritable encyclopédie botanique, le site « Au Jardin » propose gratuitement des centaines de fiches et astuces sous forme de vidéos pour vos semis, vos plantations et l'entretien de votre jardin ou de votre potager. Y figurent, bien sûr, un planning complet des cultures mois par mois, mais aussi de précieuses indications pour toutes les plantes d'intérieur : www.aujardin.info

AVEZ-VOUS LE FORMULAIRE ?

À un certain niveau de compétence, les processus de recrutement peuvent s'avérer longs et éprouvants. Séries d'entretiens alternent avec d'interminables formulaires et questionnaires à remplir. Certaines questions cependant ont le mérite de ne pas manquer de créativité, comme celle-ci, apparue sur un questionnaire de recrutement aux États-Unis : « Comment faites-vous une omelette ? » Euh… en cassant des œufs ?

ILS ONT DIT

« Vous connaissez la différence entre les prévisions économiques et les prévisions météorologiques ? Parfois, à la météo, ils prévoient le temps qu'il va faire. »

Anne Roumanoff

NOTTO DICO

LAC, n. m.
Comme il existe des sectes qui réussissent et deviennent des religions, un lac est une flaque d'eau qui a su prospérer.

LAVOIR, v.
Lettre et Lavoir sont deux auxiliaires utilisés en conjugaison.

LIT, n. m.
Support destiné au repos des humains. À ne pas confondre avec un lit de mort destiné, lui, au repos des âmes.

LIMACE, n. f.
Escargot Sans Domicile Fixe.

LONGUE-VUE, n. f.
Pour jeter un coup d'œil un peu plus loin.

voir 10 AOÛT

MONDE DE LA MER

Sur le sable abandonné…

Savez-vous d'où vient le sable sur lequel vous aimez vous prélassez en été sur la plage ? Il est généralement issu de la désagrégation de roches sous l'action des intempéries et de l'érosion. Ces roches descendent fleuves et rivières en se décomposant. Le sable actuel des plages que nous connaissons est là parfois depuis 3 000 ou 4 000 ans, mais les grains peuvent aussi être issus d'une désintégration beaucoup plus ancienne des granits ou, au contraire, provenir de coquilles broyées plus récentes. Stocké sur les plages, le sable continue de s'éroder sous l'effet des marées et des courants. Certaines se vident lors des tempêtes puis se garnissent de nouveau, mais quelques municipalités les rechargent artificiellement. Les ressources en sable sont estimées à 120 millions de milliards de m^3, mais les besoins pour la construction des bâtiments sont tels que son extraction fait régresser les plages.

Vendredi **6 août**

Soleil
lever : **6 h 31**
coucher : **21 h 21**

Transfiguration – On fête aussi les Octavien, Dahud

Un chemin qui descend est un chemin qui monte en sens inverse et réciproquement. Pierre Dac

LA GAFFE DE L'HISTOIRE

Par-dessus la jambe

En juin 2007, le roi des Belges Albert II fit une mauvaise chute au château de Laeken qui lui causa une fracture. Évoquant l'accident, la présentatrice du journal télévisé de la RTBF a frôlé le crime de lèse-majesté en annonçant que le roi avait été opéré « du col de l'utérus ». Les médecins de la clinique Saint-Jean étaient intervenus sur le royal col du fémur, évidemment !

Étymologie

Manger sur le pouce

Vieux mot-valise, *midinette* est formé de *midi* et *dînette*. Lorsqu'il est apparu à la fin du XIXe siècle, on l'employait à propos des jeunes ouvrières ou vendeuses qui travaillaient dans une grande maison de couture ou de mode à Paris. N'ayant qu'une très courte pause à l'heure du déjeuner, elles n'avaient pas le temps de rentrer chez elles pour prendre leur repas. Elles se contentaient alors d'une « dînette à midi » dans un des parcs avoisinants.

ÇA C'EST... Faits divers

Aux États-Unis, il est possible de personnaliser sa plaque d'immatriculation. Joseph Tartaro, un pirate informatique, pensait exploiter cette opportunité pour éviter les contraventions en optant pour les lettres « NULL ». En effet, le terme « null » est un mot-clé utilisé dans le codage pour désigner une donnée de valeur nulle ou inexistante. Sa plaque étant identifiée comme « sans valeur » par les serveurs de la police, le Californien espérait échapper ainsi aux amendes. Pendant plusieurs années, l'astuce a semblé fonctionner. Jusqu'au jour où le pirate a reçu une petite amende qu'il a payée sans réfléchir. Une semaine plus tard, des dizaines de contraventions sont arrivées, certaines récentes, d'autres remontant à plusieurs années pour des infractions commises dans toute la Californie par des voitures différentes ! En payant sa première contravention, Joseph Tartaro a été enregistré comme détenteur de la plaque « NULL » et toutes les amendes enregistrées comme « non-identifiées » et en attente de paiement lui ont été expédiées. C'est ballot...

PROBLÈMES DE MATHS DU CERTIFICAT D'ÉTUDES

Deux cyclistes roulant sur une route de campagne sont séparés l'un de l'autre par une distance de 63 km. S'ils se dirigeaient l'un vers l'autre, ils se rencontreraient après avoir roulé pendant 1 h 30. S'ils allaient tous les deux dans la même direction, le plus rapide des deux rattraperait l'autre cycliste au bout de 10 h 30.

Question 1 : Quelle est la vitesse en kilomètres par heure de chaque cycliste ?

Question 2 : Combien de temps faudrait-il à chacun d'eux, dans ces conditions, pour parcourir la distance qui sépare Paris de Fontainebleau et qui, sur la carte au 1/200 000e, mesure 31,5 cm ?

1) Le cycliste le plus lent avance à 19 km/h, le plus rapide à 23 km/h.
2) Le premier cycliste (le plus lent) mettrait 3 h 18 et 57 s pour aller de Paris à Fontainebleau, et le second (le plus rapide) 2 h 44 et 21 s.

Samedi 7 août

Saint Gaëtan – On fête aussi les Gaétane, Levan

Août sans orage, tout bon pour la plage !

Rétro Vermot

Maman : « Allons ! C'est bon pour cette fois. Je te pardonne mais tu n'auras pas de dessert. »
La petite fille en larmes : « Hiiiiiii.... J'aimerais mieux que tu ne me pardonnes pas et avoir du dessert ! »

Compiler les Perles

Question existentielle

Qui l'a dit ? Un enfant à son père alors qu'il regarde la marée descendante en Bretagne et qu'il doit être en plein questionnement sur la vie, le monde et l'univers. La perle : « Dis papa, elle va où la mer, quand elle descend ? » Ah ! mais en voilà une super question, tiens ! Je t'en pose, moi, des questions ? Et pourquoi tu ne la suivrais pas pour aller voir par toi-même où elle va, hein ? Non mais alors... Sale morveux...

Vino populum

Banyuls

Vous voici sur la côte Vermeille, en Roussillon. Collioure, Port-Vendres et... Banyuls. Ici, on laisse le temps au temps. Le banyuls est un vin doux naturel issu majoritairement du grenache. Certaines bouteilles sont millésimées, d'autres pas car elles sont issues d'un assemblage de plusieurs années et vieillissent de plus longues années. Aux premières les arômes de kirsch, aux secondes ceux de fruits secs, de café et de noix. Il en est pour qui le bonheur se résume en quelques carrés de chocolat noir et un verre de banyuls. On les comprend !

GRANDS MOMENTS DU CYCLISME

La fin des années 1990 a été une période particulièrement difficile pour le cyclisme mondial. Période entachée d'innombrables scandales de dopage, mais assez paradoxalement, productrice de moments inoubliables, à la saveur aigre-douce. L'un de ces moments est l'expulsion manu militari de Marco Pantani lors du Giro d'Italia 1999. Alors qu'il est donné grand favori en raison de sa victoire sur le Tour de France l'année précédente, c'est le coup de tonnerre et de théâtre sur le tour d'Italie. Contrôlé positif à plusieurs substances dopantes, le « Pirate » est exclu du Giro et sorti de sa chambre d'hôtel, tenu entre deux policiers, le regard baissé, résigné. C'est un moment de télévision douloureux pour tous les fans de Pantani, qui ne sont pas près de l'oublier...

Dimanche **8 août**

Saint Dominique – On fête aussi les Liébaut, Cyriaque, Cyrus

Soleil
lever : **6 h 33**
coucher : **21 h 17**

À la Saint-Dominique, le soleil te nique !

MOTS FLÉCHÉS

- Experts en écritures / Intuition
- Gelée / Tarie
- Belle-de-jour / Fait
- Simple / Mise à l'épreuve
- Port italien / A la peau dure
- Forcer le vent
- Charme
- Première classe / Ria
- Doit être fait avec passion / Vides
- Répète / Ère géologique
- Os / À vous
- Enfant de troupe / Bordeaux
- Frappé / Pouffant
- Entretient les artères / Détourne un courant
- Peut être Grande / Prend à la gorge
- Avarice / Souffle chaud
- Fait de / Envoya au loin
- Liter / La Réunion
- Signes physiques
- Début de l'été
- Billet vert / Hors de portée
- Alliage d'acier / Éraillement
- Au terminal du point de vente
- Porte-parole / Premier
- Débutai / Commun
- Sonne à la fin du jour / Assurance
- Pressait / Pratiques
- Repas
- Touchai à sa fin
- Bleu ou blanc / Point noir
- Absorbé / Première couche
- Fait tourner la tête / Se fixe dans le quartier
- Nourrie par robert / Imprévu
- Sorgho / N'est pas grand en ville
- Article / Devant un nom
- Troisième homme / Chrome
- On y manque de bons sens / Familier du cercle
- Tombe sous la coupe
- À l'étroit

SOLUTION PAGE 242

Lundi **9 août**

Saint Amour – On fête aussi les Herlé, Ruben

À la Saint-Amour, tu peux le faire !

ILS ONT DIT

« Un cocktail, c'est quand vous invitez tous vos amis à venir écraser leurs cigarettes sur votre tapis à 18 h et qu'ils vous abandonnent à 20 h pour aller dîner dans un endroit plus intéressant. »

P. J. O'Rourke

L'ACTU

Chambre avec vues

Depuis un an, le *Business Ryokan Asahi*, un hôtel de Fukuoka dans le sud du Japon, propose des nuitées à 100 yens, soit moins d'un euro. Pour profiter de ce tarif exceptionnel, les clients doivent accepter d'être filmés dans leur chambre 24 heures sur 24 et que les images soient diffusées en direct sur Internet. Le patron de l'établissement aurait eu cette idée lumineuse pour attirer une nouvelle clientèle, plus jeune et plus connectée. D'après lui, les 20-30 ans qui ont grandi avec la téléréalité n'ont pas le même rapport à la vie privée que leurs aînés et beaucoup ne voient même aucun problème à être filmés. Notons que les exhibitionnistes comme les voyeurs seront un tantinet frustrés par l'expérience : les volontaires s'engagent à ne pratiquer aucune activité sexuelle et la salle de bains est hors de portée des caméras. À ce jour, ils sont une petite dizaine à avoir accepté de dévoiler leur intimité, certes partiellement, pendant toute une nuit ! Et quelques milliers à avoir visionné des vidéos d'un mortel ennui.

BINERO CHIFFRÉ

Remplir les cases vides avec les chiffres 0 et 1 en respectant les règles suivantes :

- Il y a autant de 0 et de 1 sur chaque ligne et sur chaque colonne.
- Il n'y a pas plus de 2 chiffres identiques côte à côte.
- 2 lignes ou colonnes ne peuvent être identiques.

Notez que les chiffres en dehors de la grille indiquent la somme des deux premiers chiffres directement en dessous, au-dessus, à la gauche ou à la droite d'eux.

	1	1	1	0	2	2	0	1	
2									0
0									1
2									1
0									2
2									0
1									1
0									1
1									2
	1	0	1	2	0	1	2	1	

Solution page 241

MUSIQUE

Les trois mousquetaires

En 1990, le batteur Aldo Romano, le clarinettiste-saxo Louis Sclavis et le contrebassiste Henri Texier décident de partir jouer en Afrique. Le trio jazz emmène dans ses bagages le photographe Guy Le Querrec, inspirateur du projet. Bien vu : avec ce quatrième mousquetaire et ses photos qui accompagnent *Carnet de routes*, cet album devient en 1995 un des plus gros succès du jazz français. Le jazz, c'est bien ; avec de belles images en noir et blanc, c'est encore mieux.

Mardi **10 août**

Saint Laurent – On fête aussi les Lorenzo, Laura, Philomène

Soleil
lever : **6 h 36**
coucher : **21 h 14**

À la Saint-Laurent, pas marre des écrans ?

Ça s'est passé

Le 10 août 1821

Pendant la guerre de Sécession, le Missouri devient le vingt-quatrième État des États-Unis, en intégrant l'Union en tant qu'État esclavagiste.

ILS ONT DIT

« Prenez un cercle, caressez-le, il deviendra vicieux. »
Eugène Ionesco

NOTTO DICO

MAISON, n. f.
Abri où l'on reprend force et repos et qui protège de tout. Sauf de la famille.

MALADROIT, n. m
Personne dont la maladresse empêche le courrier d'arriver à destination.

MARIAGE, n. m.
Union de deux êtres qui décident de faire la même erreur ensemble.

MATELAS, n. m.
Surface de réparation.

MENSONGE, n. m.
Infox ou Fake news.

Au Jardin

Cultiver sans arroser

Un potager sans arrosage ? On sait depuis longtemps que c'est possible et, jadis, quand il n'y avait pas l'eau au robinet, beaucoup de jardiniers comptaient uniquement sur la pluie, qui n'était pas toujours au rendez-vous. Mais les plantes s'adaptaient, ce qui constituait une forme de sélection naturelle : une salade ou une tomate qui survit au manque d'eau produit des graines donnant des plantes elles-mêmes très sobres, contrairement aux hybrides F1. Et en utilisant des semences de variétés anciennes obtenues dans ces conditions, comme celles produites et diffusées par Pascal et Rachel Poot sur leur site « Le Potager de Santé », on peut récolter sans engrais et sans arroser des légumes parfaitement bio et sains, avec des rendements supérieurs à ceux d'un potager classique.

UN BATEAU FRANÇAIS TRANSFORME L'EAU DE MER EN BOISSON

Ha ! Ha ! Ha !

Tous les matins à l'aube, une femme particulièrement pieuse ouvre la porte de sa maison, avance sous son porche et se met à hurler : « Loué soit le Seigneur ! » Excédée par cette manifestation systématique et fort matutinale d'une croyance religieuse, sa voisine, une indécrottable athée, sort à chaque fois de chez elle et lui lance : « Il n'y a pas de Seigneur ! » Un jour, alors qu'elle a entendu la bigote prier pour de la nourriture, elle décide de se payer sa tête. Elle se rend à l'épicerie du coin et achète toutes sortes de victuailles. La nuit venue, elle dépose tous les aliments sous le porche de sa voisine. Le lendemain matin, comme d'habitude, la dame sort de chez elle. Elle aperçoit les provisions et s'écrie : « Loué soit le Seigneur qui m'a apporté cette nourriture ! » Sa voisine, qui n'a évidemment pas raté une miette de la scène, sort à son tour et lui lance, hilare : « Ce n'est pas le Seigneur, c'est moi ! » Alors l'autre la regarde, puis lève les yeux vers le ciel et s'écrie : « Loué soit le Seigneur qui me permet de manger aux frais de l'athée ! »

Soleil
lever : **6 h 37**
coucher : **21 h 12**

Mercredi **11 août**

Sainte Claire – On fête aussi les Clara, Suzanne, Gilberte, Géry

À la Sainte-Claire, va te faire lanlaire !

HEUREUX MARIAGES

Isaac, Abraham, Jacob et les autres…

Selon la Bible, Jacob, âgé de 15 ans, dort dans le sein d'Abraham lorsque celui-ci meurt. Cette histoire est revisitée par le mariage Abraham-Jacob, célébré le 9 décembre 1909 à Bionville-sur-Nied, dans la Moselle. L'acte précise que la mariée s'appelle Alice Jacob et que le marié, Joseph Abraham, était le fils d'Isaac Abraham et de Minette Moïse…

Fils et filles de…

Un homme politique qui veut aider son fiston en lui donnant un coup de main, où est le problème ? C'est assez courant, bien que souvent immoral et parfois même un peu trop gros pour passer… Ainsi, en 2009, un scandale éclate dans la presse : Jean Sarkozy, le fils du président Nicolas Sarkozy, est nommé à la tête de l'EPAD, l'organisme en charge de l'aménagement du plus grand quartier d'affaires d'Europe. Rien que ça ! Un poste d'envergure, donc, où les sommes d'argent et les responsabilités en jeu sont considérables. Le problème, c'est que le jeune Sarkozy, à ce moment-là, n'a que 23 ans, est en deuxième année de droit et n'a pas la moindre expérience professionnelle… Qui a dit « pistonné » ?

Métiers insolites

Épouvantail humain

Si votre enfant ou petit-enfant souhaite trouver un job d'été mais n'a vraiment aucune qualification, vous pouvez l'orienter vers ce job un peu étrange : épouvantail humain. En effet, certaines exploitations agricoles utilisent de vraies personnes pour faire fuir les oiseaux trop intelligents, qui ont bien compris que les poupées de chiffons ne pouvaient rien contre eux. Parmi les qualités nécessaires à ce métier : la patience, la patience et la patience !

DIVIN ET LOI EVIN

Solution Binero chiffré [p. 239]

	1	1	1	0	2	2	0	1	
2	1	1	0	0	1	1	0	0	0
0	0	0	1	0	1	1	0	1	1
2	1	1	0	1	0	0	1	0	1
0	0	0	1	0	1	0	1	1	2
2	1	1	0	1	0	1	0	0	0
1	0	1	1	0	1	0	0	1	1
0	0	0	1	1	0	1	1	0	1
1	1	0	0	1	0	0	1	1	2
	1	0	1	2	0	1	2	1	

LUTTES ET HÉROS POPULAIRES

CHUSHI GANGDRUK

Littéralement traduit par « quatre rivières, six montagnes », Chushi Gangdruk est le nom de la résistance tibétaine des années 1950 qui voulait renverser le pouvoir chinois d'occupation au Tibet. Dès l'arrivée en force des Chinois en 1950, les Tibétains n'ont eu de cesse de résister aux collectivisations obligatoires, aux réquisitions d'or et aux répressions sanglantes voulues par Mao. Aidée et armée par la CIA, l'armée nationale volontaire de défense du Chushi Gangdruk regroupa à son apogée jusqu'à 80 000 Tibétains prêts à tout pour préserver leur terre et leur culture. Le mouvement s'éteignit deux décennies plus tard, après l'appel à capituler du Dalaï Lama lui-même.

Jeudi **12 août**

Sainte Clarisse – On fête aussi les Gianna, Jannick, Clarisse

Soleil
lever : **6 h 39**
coucher : **21 h 11**

À la Sainte-Clarisse, s'il pleut, c'est comme vache qui pisse.

Correspondance (très) intime…

« Dis-moi les plus petites choses sur toi, pour autant qu'elles sont obscènes et secrètes et dégoûtantes. N'écris rien d'autre. Que chaque phrase soit pleine de sons et de mots sales. » La demande exprimée en septembre 1909 émane de James Joyce. Elle s'adresse bien sûr à Nora. Rencontrée cinq ans plus tôt à Dublin, la jeune femme, devenue son épouse et la mère de ses deux enfants, est aussi une muse qui jouera un rôle essentiel dans la création des grandes figures féminines de l'œuvre du poète irlandais. Nora est également une amante à laquelle Joyce écrivit, surtout entre 1904 et 1909, quelques-unes des lettres les plus sulfureuses de la littérature, oscillant avec virtuosité entre obscénités et mysticisme, jalousie et vénération.

Problèmes de maths du certificat d'études

Un chronométreur travaille 8 h par jour et est rémunéré 4,50 F par heure travaillée. Il travaille normalement cinq jours dans la semaine, se repose le dimanche, mais travaille également un samedi sur deux pendant 7 h qui sont considérées par son employeur comme des heures supplémentaires, et rémunérées à un tarif spécial : 50 % en plus du salaire normal.

Question 1 : Quel a été son gain pendant le mois de novembre, qui commençait un dimanche, sachant que le 11 novembre, férié, lui a tout de même été payé ?

Question 2 : Il a dépensé les 5/9e de ce gain total pour sa nourriture et ses frais d'entretien, et les 2/5e du reste pour des frais divers. Combien a-t-il économisé en tout ?

1) Le chronométreur a gagné 850,50 F.
2) Le montant de ses économies s'élève à 226,80 F.

Solution mots fléchés [p. 238]

	G		A		L		U		G		O	
P	R	E	S	C	I	E	N	C	E		C	P
	A	P	P	A	S	S	I	O	N	A	T	O
E	P	U	I	S	E	S		R	E	B	A	T
	H	I	C		R	A	T		S	E	V	I
V	O	S		V	O	Y	E	R		R	I	O
	L	E	S	I	N	E	R	I	E		E	N
F	O	E	H	N		E	T	A	G	E	R	
	G		U	S	D		I	N	O	X		G
J	U	I	N		O	R	A	T	R	I	C	E
	E	N	T	A	M	A	I		G	L	A	S
U	S	U	E	L		U	R	G	E	A	I	T
		T		P	U	C	E	A	U		S	U
F	R	I	C	H	T	I		G	R	I	S	E
	A	L	L	A	I	T	E	E		M	I	L
A	L	E	A		L	E	S		A	B	E	L
	A	S	I	L	E		S	C	I	U	R	E
P	I		R	E	S	S	E	R	R	E	E	S

Dans les étoiles

Dans son mouvement orbital, la Terre rencontre régulièrement des poussières ou des petits cailloux, voire des blocs rocheux qui se promènent dans le Système solaire. Ces pierres arrivent dans l'atmosphère terrestre à grande vitesse (environ 100 000 km/h) et deviennent incandescentes du fait du frottement dans l'air, ce qui donne l'impression d'une étoile qui file – d'où l'appellation populaire d'étoile filante. Cela n'a pourtant rien à voir avec les étoiles lointaines puisqu'il s'agit tout simplement d'un caillou en train de fondre dans l'atmosphère à 80 ou 100 km au-dessus de notre tête. Chaque année au mois d'août, la Terre croise les débris de la comète Swift-Tuttle, ce qui produit des étoiles filantes en grand nombre. Le maximum est généralement atteint dans la nuit du 12 au 13 août.

Vendredi 13 août

Saint Hippolyte – On fête aussi les Athanasie, Kolbe

Quand revient l'été superbe, je m'en vais au bois tout seul : je m'étends dans la grande herbe, perdu dans ce vert linceul. Gérard de Nerval

Charade classique

Mon premier est une grande bavarde,
Mon deuxième est misérable,
Mon troisième est comme l'ami de Maupassant,
Les canards pataugent dans **mon quatrième**,
Mon tout est un animateur et producteur de télévision français.

PIERRE BELLEMARE (PIE-HÈRE-BEL-MARE)

ILS ONT DIT

« Si l'on peut envoyer un homme sur la Lune, pourquoi ne pas tous les y envoyer ? »
Rona Jaffe

LE CHIFFRE

401,02

C'est la longueur en mètres de la tablée d'un seul tenant installée lors d'un banquet géant organisé par le marché d'intérêt national à Rungis (MIN). Près de 2 000 convives ont participé à ce festin. Au menu : fruits de mer, terrine, fesse de porc, viande cuisinée au barbecue, époisses ou encore tarte aux pommes. Avec plus de 400 m de victuailles, c'est un nouveau record de la plus grande table du monde qui est donc établi, le précédent réalisé lors d'un banquet sur l'île de la Réunion en 2017 n'atteignant que 322 m ! Implanté à 7 km au sud de Paris, le MIN de Rungis détient déjà le titre de « plus grand marché alimentaire frais au monde », avec ses 1 200 entreprises, ses 12 000 salariés et ses 10 000 tonnes de produits alimentaires qui y transitent chaque jour.

LA VOITURE DE "RETOUR VERS LE FUTUR" À ALENÇON

Ça s'est passé

Le 13 août 1521

Après un siège de deux mois et demi, la ville mexicaine de Tenochtitlán, capitale du royaume aztèque, capitule. L'empereur Cuauhtemoc est capturé par Cortés et ses conquistadors.

Pêche

Les nouveaux

De nouvelles espèces en provenance essentiellement du bassin du Danube sont arrivées dans nos eaux douces. Parmi elles on trouve le silure, qui atteint des tailles impressionnantes, l'aspe, un cyprinidé carnassier qui chasse les ablettes en surface, plusieurs espèces de petits gobies, très mauvais nageurs mais qui ont réussi à traverser toute l'Europe et se montrent très envahissants. Et puis il y a aussi les alevins, venus avec l'eau des ballasts des péniches par les canaux (du Danube au Rhin) ainsi que d'autres espèces nées des repeuplements en provenance d'Europe centrale. Parmi les plus connues figurent la truite arc-en-ciel, le black-bass, la perche-soleil et le poisson-chat qui viennent d'Amérique du Nord. Sans oublier la carpe, mais qui n'est pas nouvelle puisque les Romains l'ont rapportée d'Asie il y a... vingt siècles !

Saint Évrard – On fête aussi les Alfred, Assunta

Soleil
lever : **6 h 42**
coucher : **21 h 07**

À la Saint-Évrard, pourquoi pas les Baléares ?

Histoires paranormales

Inhumation précipitée

Dans « Le tic », Maupassant fait raconter à un vieux monsieur l'origine du spasme qui agite sa main avant chaque préhension. Sa fille, malade du cœur, retrouvée inanimée, avait été déclarée morte par un médecin et inhumée dans le caveau de famille. Or, la nuit suivante, lorsque le vieux monsieur ouvrit la porte pour répondre à la sonnette, il se trouva face à sa fille morte ! Terrifié, il recula devant ce qu'il croyait être une revenante en faisant de la main le geste de la chasser, d'où son tic. En fait, sa fille avait été enterrée vivante. Elle avait été ramenée à la conscience lorsque des violeurs de sépulture lui avaient coupé un doigt pour lui voler sa bague. Ce récit témoigne de la hantise de l'*inhumation précipitée* au XIXe siècle, époque où la mort clinique n'était pas encore clairement définie.

NOMS D'OISEAUX !

Poule

« Ah ! si vous connaissiez ma poule, Vous en perdriez tous la boule ! » En 1938, Maurice Chevalier chante ainsi « sa meuf ». Mais à l'époque, c'est « ma poule » qui fait florès. Le mot ne date pas d'hier : on le trouve dès le XIIIe siècle dans le Roman du comte de Poitiers *: « Vous estes m'amie et ma pole. » Malheureusement, le joli gallinacé est bientôt mis à une sauce plus corsée puisqu'une poule, fin XIXe, c'est une prostituée, parfois richement entretenue – une « poule de luxe » ! Et c'est peut-être pour éviter toute ambigüité que « ma poulette » a remplacé « ma poule » au répertoire des mots doux.*

Métiers d'art

C'est l'un des derniers artisans pipiers en France. Et il n'est pas installé à Saint-Claude ! Après avoir tenu pendant plus de quarante ans une célèbre boutique spécialisée à Paris, créée par l'un de ses aïeux en 1867, Pierre Voisin a déménagé son atelier à Tourouvre, dans l'Orne. S'il existe des pipes en écume de mer ou en argile, lui ne sculpte que des pipes de bruyère, à partir de la racine de la plante. « Dans le foyer d'une pipe, la température peut atteindre 600 °C, et la bruyère est un bois qui ne brûle pas. C'est le veinage particulier à chaque rhizome qui donne la qualité et son goût à la pipe », explique l'artisan. Sans nier les dangers du tabac, le professionnel rappelle qu'il y a des différences majeures entre la pipe et la cigarette : « La cigarette, c'est quelque chose de compulsif et rapide. La pipe, c'est l'inverse. On prend le temps, on se détend, c'est beaucoup plus épicurien. La pipe, c'est un peu l'éloge de la lenteur. »

Soleil
lever : **6 h 43**
coucher : **21 h 05**

Dimanche **15 août**

Sainte Marie – On fête aussi les Macha, Marielle, Myriam

Pour la miaou, vas-y mou !

Assomption

Notto Dico

MIROIR, n. m.
Reflet qui s'amuse à réfléchir.

MOMIE, n. f.
Viande sèche extra-longue conservation grâce à la méthode du torchon.

MORT, n. m.
Vivant dont le CDD, arrivé à son terme, n'a pas été renouvelé.

MOTORISATION n. f.
Autorisation concernant seulement les motos.

La dictée du mois À bord du ballon le Victoria

Le baobab au-dessus duquel se maintenait le Victoria presque imobile s'élevait au centre d'une clairière ; entre des champs de sézame et de cannes à sucre, on distingait une cinquantaine de huttes basses et coniques autour desquelles fourmillaient une tribu nombreuse.

À cents pieds au-dessous du ballon se dressait un poteau. Au pied de ce poteau gisait une créature humaine, un jeune homme de trente ans aux plus, avec de longs cheveux noirs, à demi nu, maigre, ensanglenté, couvert de blessures, la tête inclinée sur la poitrine, comme le Christ en croix. Quelques cheveux plus ras sur le sommet du crâne indiquaient encore la place d'une tonsure à demie effacée.

Jules Verne, Cinq Semaines en ballon, *1863.*

Solution : immobile, sésame, distinguait, fourmillait, cent, au plus, ensanglanté, à demi effacée

Charade classique

Mon premier suit le courant,

Mon second a des bagages,

Mon troisième tient la jambe,

Mon quatrième est égal à quatre quand il est doublé,

Mon cinquième suit omicron,

Mon sixième est un ouvrage spirituel,

Mon tout est un patrimoine mondial de l'Unesco en Corse.

LES CALANCHES DE PIANA (LE – CALE – HANCHE – DEUX – PI – ANA)

MNÉMOTECHNIQUE

On vous en pose des questions ?

Comment se rappeler la liste suivante des mots interrogatifs, ceux qui permettent de poser une question : Combien ? Quoi ? Qui ? Comment ? Où ? Quand ? Pourquoi ? Tout simplement en retenant cette petite phrase : **C'est cucul, c'est occupé !** *En effet, dans cette phrase, chaque syllabe se prononce comme chaque première lettre des mots de la liste : c'est (combien) cu (quoi) cul (qui), c'est (comment) oc (où) cu (quand) pé (pourquoi) !*

Lundi **16 août**

Saint Armel – On fête aussi les Roch, Arzhel, Aël

Soleil
lever : **6 h 44**
coucher : **21 h 03**

J'ai embrassé l'aube d'été. Rien ne bougeait encore au front des palais. L'eau était morte. Arthur Rimbaud

1-2-3-1-2-3-1-2-3

JAMAIS DEUX SANS TROIS

En huit

Quand on vous parle du lundi « en huit » – ou de n'importe quel autre jour de la semaine –, il ne s'agit pas du prochain lundi. Sachant que la semaine compte sept jours, « en huit » ajoute forcément plus d'une semaine à la date dont on parle. Que le prochain lundi soit demain ou dans sept jours, peu importe : le lundi « en huit » sera celui d'après, même si c'est dans 14 jours.

1-2-3-1-2-3-1-2-3

ÉTAT D'URGENCE

FOOTBALL

Saviez-vous qu'un joueur n'est pas tenu de tirer un pénalty directement en direction de la cage ? Il peut choisir de faire une passe à l'un de ses coéquipiers qui, lui, se charge de marquer dans le but du gardien pris par surprise. Plan risqué mais qui peut réussir magistralement, comme ce fut le cas en 1982 pour Johan Cruyff de l'Ajax d'Amsterdam qui fit marquer son coéquipier Olsen... ou louper lamentablement, comme la combinaison approximative de Robert Pirès et Thierry Henry en 2005, avec l'équipe anglaise d'Arsenal FC.

Nos Régions

Hauts-de-France

Pas-de-Calais/Boulogne

La première cérémonie de remise de la Légion d'honneur a eu lieu au camp de Boulogne le 16 août 1804. Instituée le 19 mai 1802 par Napoléon Bonaparte, cette décoration récompense depuis ses origines les militaires comme les civils ayant rendu des « services éminents » à la Nation. Il avait choisi le port de Boulogne comme point central du commandement de son armée d'Angleterre.

L'ACTU

Dope chef

Carmelo Chiaramonte, restaurateur transalpin réputé et médiatique, ose une gastronomie stupéfiante ! Installé en Sicile, au pied de l'Etna, ce chef iconoclaste qui animait il y a quelques années une émission culinaire très populaire sur une chaîne publique italienne, a été interpellé par les policiers locaux. À son domicile, les carabiniers ont trouvé deux plants de marijuana, 500 g « d'herbe » séchée ainsi que des pots d'olives, du vin, du café ou encore du thon aromatisés au cannabis. Le cuisinier a expliqué aux forces de l'ordre qu'il cherchait à « élaborer de nouvelles saveurs pour la cuisine du IIIe millénaire ». Un argument pas si fumeux lorsqu'on connaît les expérimentations culinaires de ce trublion, par ailleurs amoureux des terroirs italiens. Il y a quelques années, Carmelo Chiaramonte parcourait son pays avec un spectacle mêlant humour, philosophie et gastronomie dans lequel il donnait cette définition de son métier : « Un cuisinier est un drogué d'arômes et un alchimiste. » CQFD.

Mardi **17 août**

Saint Hyacinthe – On fête aussi les Carloman, Gulian, Alypius

L'accouchement est douloureux. Heureusement, la femme tient la main de l'homme. Ainsi, il souffre moins. Pierre Desproges

Le bon mot de l'histoire

17 août 1924 : « Le Français moyen, celui qui cherche de bonne foi et sans parti pris politique l'intérêt de notre pays »
Édouard Herriot

L'expression « Français moyen » est apparue pour la première fois dans une déclaration d'Édouard Herriot, alors président du Conseil, au sujet du plan Dawes. Victorieux aux élections de 1924, le chef du cartel des gauches utilise la formule devant des journalistes. Avant de devenir un terme courant dans le discours journalistique et politique, on dira longtemps « le Français moyen de Monsieur Herriot ».

RECETTE

Légumes du soleil

Un tian qui vaut mieux que deux tu l'auras grâce à son lit d'oignons compotés : un régal qui sent bon le Sud !

Pour 4 pers. 15 min de préparation 1 h 15 de cuisson environ

- 2 aubergines
- 5 tomates
- 4 courgettes
- 1 gousse d'ail
- 3 oignons
- 5 cuil. à soupe d'huile d'olive
- Herbes de Provence
- Sel, poivre

Pelez l'ail et les oignons. Émincez-les oignons. Faites compoter 15 à 20 min à la poêle sur feu doux dans 2 cuil. à soupe d'huile d'olive.

Pendant ce temps, préchauffez le four à 180 °C (th. 6). Lavez soigneusement les légumes puis coupez-les en tranches de taille régulière.

Frottez le plat avec l'ail. Disposez les oignons au fond. Intercalez les rondelles de légumes dessus.

Arrosez d'huile d'olive et saupoudrez d'herbes de Provence. Salez et poivrez à votre convenance puis enfournez pour 1 h de cuisson.

Atout santé : ce plat offre à lui seul les fameux 5 légumes par jour. Servez-le au déjeuner accompagné d'une viande ou de poisson grillé, ou le soir en plat principal en ajoutant un peu de fromage (gruyère, chèvre, mozzarella, cheddar) sur le dessus.

M. et Mme SABARDE
Historiens
ont quatre enfants
Quentin, Romain, Nathan,
Paola

Solution : Quentin Romain Nathan Paola SABARDE (Quand un Romain n'attend pas, là, ça barde)

Tout est relatif...

(Espace temps)

Comment va l'Univers ?

Einstein considérait l'Univers comme statique et éternel. Le problème, c'est qu'en appliquant les principes de sa théorie de la relativité générale, il parvint à la conclusion que loin d'être statique, l'Univers serait en expansion, ce qui sous-entend qu'il était beaucoup plus petit avant, voire qu'il a eu un commencement… et donc qu'il aura une fin. Refusant cette option, Einstein introduisit alors une constante cosmologique. Cette dernière « interdit » à la matière de trop se concentrer et de s'effondrer sur elle-même. La découverte du « big bang », vers 1950, prouva qu'Einstein avait eu tort. Mais pas complètement : dans les années 1990, on a découvert l'existence de l'énergie noire, dont l'effet correspond quelque peu à cette fameuse constante d'Einstein, qui ne manquait décidément pas d'intuition !

HEUREUX MARIAGES

Sacré inceste

Le curé de Roubaix, dans le Nord, a dû être impressionné, et peut-être choqué, quand il a été invité à célébrer le mariage de Dieu avec Jésus en 1921 ! Il ne s'agissait évidemment pas, à cette époque, d'un mariage entre personnes de même sexe mais simplement celui de Maurice Jean Baptiste Jésus avec Suzanne Sophie Dieu, deux modestes habitants de la capitale du textile.

Mercredi **18 août**

Sainte Hélène – On fête aussi les Helena, Hellen, Lana

Soleil
lever : **6 h 47**
coucher : **21 h 00**

C'est en août ou jamais, mes loutes, qu'on prend son foot !

Nos Régions

Corse

Corse-du-Sud/ Bastelicaccia

C'est avant tout « u curniciolu », l'outil indispensable du berger, qui a fait la réputation de la coutellerie corse. Pliable, on le porte toujours sur soi, au fond de la poche… Son manche est le plus souvent en corne de bouc, de bélier, de chèvre ou en bois local. Plusieurs entreprises perpétuent cette tradition et certaines proposent même des couteaux sur-mesure, fabriqués en un seul exemplaire de manière à être personnalisés pour celui qui le commande. À Bastelicaccia, un artisan coutelier fabrique par exemple « Les Couteaux de Mitarza » à l'ancienne avec le minimum de matériel industriel.

ILS ONT DIT

« Il paraît que l'inventeur de la cédille est un certain Groçon. »

Philippe Geluck

L'humanité en chiffres

40 %

C'est, en proportion, la superficie de Sparte qui était possédée par des femmes en 500 avant J.-C. Les femmes avaient un rôle central dans l'organisation de la cité, et cela avait des répercussions dans tous les domaines, y compris dans la possession et l'exploitation de terrain.

3.14159265358

Voitures célèbres

Ford Gran Torino

Voiture de taille moyenne, fiable et robuste, la Ford Gran Torino était à l'origine appréciée pour son côté pratique ; grand succès commercial des années 1970 aux États-Unis, elle était la plupart du temps jugée banale et sans grand attrait. Autant dire que la voir figurer un jour au rang des voitures mythiques n'était pas gagné ! Mais c'était sans compter sur la série à succès *Starsky et Hutch*, où deux policiers californiens pilotent un modèle reconnaissable entre tous, avec sa livrée rouge soulignée d'une grande virgule blanche, ses jantes Slot Mag et la sonorité de son V8. En 2008, consécration suprême : Clint Eastwood lui rend un hommage appuyé dans son film nommé… *Gran Torino*. Tout simplement !

CHAUD DEVANT !

UNE ÉTOILE QUI A DU CHIEN

Le mot « canicule » a pour origine *canicula* («petite chienne»), le nom latin d'une étoile appartenant à la constellation du Grand Chien. Et cette étoile, vous la connaissez bien puisqu'il s'agit de Sirius, qui est l'astre le plus brillant du ciel nocturne. Du 24 juillet au 24 août, Sirius « se lève » et « se couche » en même temps que le Soleil. Or les anciens pensaient que cette corrélation était à l'origine des fortes chaleurs que nous connaissons généralement à cette période de l'année dans l'hémisphère nord. D'où cette association, non pas avec une chienne, mais avec un astre.

Soleil
lever: **6h49**
coucher: **20h58**

Jeudi **19 août**

Saint Jean-Eudes – On fête aussi les Eudora, Guerric

Plus je connais les hommes, plus j'aime les femmes. Francis Blanche.

Rétro Vermot

**« Vous comprenez bien, mon enfant, le loup a mangé l'agneau parce qu'il n'avait pas été sage...
– Oui, M'sieur, mais si l'agneau avait été sage, c'est nous qui l'aurions mangé ! »**

ILS ONT DIT

« Notre temps est précieux. Perdons plutôt le vôtre. »
Boris Vian

EXPRESSIONS IMAGÉES

Se jeter dans la gueule du loup

Utilisée dès le XVe siècle, cette expression rappelle la dangerosité de l'animal qui sévissait autrefois dans nos campagnes. Tout le monde se méfiait du loup et cherchait à tout prix à l'éviter, sauf les inconscients qui allaient à une mort certaine s'ils s'avisaient de l'approcher de trop près. Elle prit ensuite un sens figuré pour dénoncer de folles imprudences.

LES ERREURS JUDICIAIRES TOP SECRET

En 1965, Monique Case, une femme « de petite vie », est accusée du meurtre d'un notable du Cher, Georges Segretin. C'est le début de l'affaire dite du Bois Bleu, bois dans lequel le corps de la victime a été retrouvé. En réalité, Monique Case ment pour protéger son amant, un ancien gendarme. Sans autre preuve ni indice que les jugements moraux du public et de la presse, « Monique la diabolique » est condamnée à la guillotine au terme d'une enquête expéditive. Heureusement pour elle, un juge parisien mène une contre-enquête, qui révèle rapidement le véritable coupable. Monique Case ne passera en tout que 45 jours en prison, mais cela suffira à détruire sa vie et à la pousser à changer de nom. Maigre consolation : le commissaire à l'origine de sa condamnation a été muté aux archives !

Vous avez de la glace bio d'azuki au wakamé sans gluten ?

ÇA C'EST... Faits divers

Trois mois de prison avec sursis et 500 euros d'amende pour avoir transformé un cochon en pâtés : c'est la peine infligée à une commerçante de Saint-Jacut-les-Pins, dans le Morbihan. En effet, Babe n'aurait jamais dû finir sa vie en cochonnailles. Sauvé de l'abattoir par une association de défense des animaux, le petit goret avait été confié à la dame. Celle-ci avait signé un contrat d'adoption dans lequel elle s'engageait à ne commettre aucune maltraitance. Au bout de quelques semaines, l'association n'ayant plus aucune nouvelle du porcelet et de sa gardienne, une plainte a été déposée. Interrogée par les gendarmes, la femme a reconnu avoir fait abattre puis transformer le cochon en lardons. « L'animal était trop grand pour le nourrir et il s'était échappé plusieurs fois de son enclos », a-t-elle tenté de se justifier. Mais, à la barre, son époux a assuré : « Dès le départ, elle voulait le tuer pour le manger ! » Ne lui accordant aucune circonstance atténuante, le juge l'a reconnue coupable d'abus de confiance et condamnée.

Vendredi **20 août**

Saint Bernard – On fête aussi les Amadour, Samuel, Philibert

Soleil
lever : **6 h 50**
coucher : **20 h 56**

À la Saint-Bernard, prends ton panard ou tiens-toi peinard !

LE CHIFFRE

20

C'est le nombre d'années prévu par le réalisateur Richard Linklater pour le tournage de son prochain film. Connu pour ses projets ambitieux, le cinéaste s'est spécialisé, avec un certain succès, dans les réalisations à rallonge. Commencée en 1995 avec *Before Sunrise*, sa trilogie mettant en scène Ethan Hawke et Julie Delpy s'est achevée en 2013 avec la sortie sur les écrans de *Before Midnight*. De même, son film *Boyhood* (2014) a été tourné par intermittence sur une période de douze ans afin que son acteur principal, Ellar Coltrane, vieillisse naturellement. Cette fois, Richard Linklater va adapter la comédie musicale de Stephen Sondheim, *Merrily We Roll Along*, l'histoire d'un compositeur qui a quitté Broadway pour produire des films à Hollywood. L'intrigue remontant dans le temps, Richard Linklater a expliqué qu'il devra attendre vingt ans avant de filmer les scènes d'ouverture de son film. Le plus audacieux dans ce projet est peut-être d'imaginer qu'il y aura encore une planète dans vingt ans.

Rébus
BANDE LETTRIQUE
Pièces de théâtre françaises

NUIT, FORÊT,FORÊT,

FORÊT,FORÊT

La Nuit juste avant les forêts,
Bernard-Marie Koltès

Compiler les Perles

Incroyable !

Qui l'a dit ? Un passager d'un train qui passait vers Rouen, pas loin des boucles de Seine, et qui aurait mieux fait de se taire pour ne pas finir ici. La perle : « Oh, regarde : c'est écrit "La Seine". Tu crois que c'est la même qu'à Paris ? C'est étonnant quand même… » L'ignorance est vraiment bénie, elle permet de s'extasier devant tout un tas de choses, au demeurant assez banales, mais dans certains cas mieux vaudrait tout de même le faire à voix basse…

AFFLUENTS FRANÇAIS MAJEURS DU RHÔNE

B	E	Y	G	U	E	S	P	N	Y	G	I	E	R
O	F	E	Z	E	C	D	U	R	A	N	C	E	O
U	I	U	O	E	U	D	T	R	T	R	I	A	U
R	E	V	R	U	R	S	D	M	U	F	E	V	B
B	V	Y	I	A	V	O	S	I	O	H	A	S	I
E	A	P	R	B	N	E	N	E	C	L	E	G	O
P	R	E	N	O	A	S	Z	E	S	R	C	U	N
B	E	R	R	E	E	I	D	E	E	N	N	I	O
E	Z	B	C	U	P	R	R	I	L	L	A	E	L
Z	E	R	X	N	A	I	L	D	S	N	C	R	O
E	R	U	C	T	N	L	R	O	N	E	I	S	D
V	E	O	O	E	O	O	A	A	G	A	R	O	N
I	Z	B	Q	C	M	S	Z	G	L	I	U	E	D
V	E	O	R	E	Y	R	I	E	U	X	G	K	G

Solution page 255

Trouvez les affluents français majeurs du Rhône cachés dans la grille ci-dessus. Vous les trouverez soit horizontalement, soit verticalement, soit diagonalement. Ils peuvent se lire de gauche à droite ou de droite à gauche.

AIN
ANNAZ
ARDÈCHE
BERRE
BOURBRE
CANCE
CÈZE
COLLIÈRES
DOLON
DOUX
DRANSE
DRÔME
DURANCE
ESCOUTAY
EYGUES
EYRIEUX
FIER
FURANS
GALAURE
GARDON
GARON
GÈRE
GIER
GUIERS
ISÈRE
LEZ
OUVÈZE
PAYRE
ROUBION
SAÔNE
SÉRAN
USSES
VALSERINE
VARÈZE
VÉORE
YZERON

Je suis attaché à l'argent. Mais l'argent n'est pas très attaché à moi. Francis Blanche

Nos Régions

Grand Est

Moselle/Metz

Le Graoully est un dragon mythique, vivant dans l'arène de l'amphithéâtre de Metz, qui aurait dévasté la ville avant d'en être chassé par son premier évêque, saint Clément, au IIIe siècle. On promenait autrefois en procession l'effigie de ce dragon dans les rues de Metz aux fêtes des Rogations. Le Graoully s'arrêtait devant les boutiques des boulangers et des pâtissiers qui devaient jeter dans sa gueule des petits pains et des gâteaux pour éviter que le dragon ne brûle leur échoppe. Ces offrandes n'étaient pas perdues pour tout le monde, tombant promptement dans la besace des porteurs cachés sous le mannequin !

GRANDS MOMENTS DU CYCLISME

Nous sommes le 25 octobre 1972, à Mexico. Le champion et héros populaire belge Eddy Merckx s'élance sur la piste pour un exploit un peu hors de ses considérations habituelles. Lui qui est habitué au chaos des courses en peloton sur route, le voici qui tente ce jour-là de battre le record de l'heure. Pour ce faire, Merckx s'est entraîné comme un fou dans son garage avec un masque pour simuler les conditions atmosphériques particulières et le manque d'oxygène de Mexico, perché à 2300 m d'altitude. Au terme de ce qu'il qualifiera de « pire souffrance de sa carrière » (et ce n'est pas peu dire vu les exploits du champion), Merckx s'attribue le record du monde de l'heure avec 49,431 km parcourus en 60 minutes. Un moment inoubliable pour tous les passionnés de vélo !

120 ANS d'association

Amnesty International – Le combat pour les droits humains

En 1961, sous la dictature de Salazar, deux étudiants portugais sont condamnés à sept ans de prison « pour dissidence », après avoir trinqué à la liberté en public. L'avocat britannique Peter Benenson dénonce alors leur situation dans un article intitulé « Les prisonniers oubliés » et publié dans The Observer. Cet appel trouve un écho médiatique et international, qui permet l'amnistie et la libération des prisonniers, et marque la création d'Amnesty International.

L'association devient rapidement l'une des références en matière de défense des droits humains et reçoit, en 1977, le prix Nobel de la Paix. Durant les décennies suivantes, l'organisation lutte sur tous les fronts, contre la peine de mort et les discriminations, pour la protection des droits sexuels, pour la défense des réfugiés et des migrants. Amnesty International réclame, à travers des valeurs fortes de solidarité et d'indépendance, « le respect des droits humains pour tous ». Tous les ans, l'association publie un rapport sur la situation des droits humains dans chaque pays du monde. En France, Amnesty compte plus de 100 000 membres et quelque 380 antennes. En 2021, elle fête ses soixante ans d'existence.

Dimanche **22 août**

Saint Fabrice – On fête aussi les Symphorien

Soleil
lever : **6 h 53**
coucher : **20 h 52**

À la Saint-Fabrice, amour et délices.

NOMS D'OISEAUX !

Coq

Chef du poulailler, le coq règne sur la basse-cour, d'où l'expression « coq de village » pour désigner jadis le paysan le plus riche du coin, et souvent le plus convoité par les femmes. En revanche, se faire traiter de « jeune coq » ne doit pas inciter à pousser des cocoricos, car le jeune gallinacé qui se dresse sur ses ergots et se hausse du col est plutôt ridicule. Être « fier comme un coq », c'est l'être sans en avoir les moyens, surtout si l'on a des « jambes de coq », c'est-à-dire des guibolles maigrichonnes. Le jeune coq peut devenir un « coq en pâte », choyé et gavé, mais il risque alors de finir à la marmite !

L'ACTU

Juge de pets

Un tribunal australien s'est intéressé il y a quelques mois à une étrange affaire : David Hingst accusait son ancien patron de le harceler avec… ses flatulences ! Au vu du préjudice subi, la victime réclamait 1,8 million de dollars australiens, soit 1,1 million d'euros, de dommages et intérêts à son employeur. L'ingénieur de 56 ans a expliqué au juge que son supérieur entrait plusieurs fois par jour dans son petit bureau dépourvu de fenêtre simplement pour lâcher des caisses. « Mon patron pétait derrière moi jusqu'à six fois par jour ! », s'est-il insurgé à la barre. Si le chef d'entreprise a partiellement reconnu les faits, il a nié s'être libéré de ses gaz intestinaux pour harceler son salarié. L'argument a suffi à convaincre le magistrat. Il a débouté David Hingst, considérant que les flatulences du patron n'étaient pas « malveillantes ». Selon le juge, cette affaire de pets résultait simplement de… « différences culturelles ».

CANICULE : PENSEZ À HYDRATER LES PERSONNES ÂGÉES

Voyager par les séries TV

True Detective et *Treme*

Louisiane, mystique et résiliente. Des meurtres mystico-fétichistes, une enquête empêtrée dans les eaux noirâtres du bayou, deux policiers épuisés par l'alcool et les nuits blanches : la Louisiane de *True Detective* est une terre vaporeuse, imprégnée de mauvais sorts et de légendes du bayou. Alors qu'on suit les détectives Rust Cohle et Martin Hart dans leurs quêtes policières et personnelles, on s'enlise avec eux dans l'atmosphère aussi poisseuse que fascinante de la paroisse Vermillion, située au sud-ouest de la Louisiane. *Treme* nous ramène au cœur de l'État, dans les rues de la Nouvelle-Orléans, après l'ouragan Katrina. C'est dans *Treme*, un district durement touché par la catastrophe, que l'action se déroule, au son des concerts de jazz et de l'accent chantant des Louisianais. Une ode à une ville et ses habitants qui affrontent les drames en musique.

Soleil
lever : 6h54
coucher : 20h50

Lundi 23 août

Sainte Rose de Lima – On fête aussi les Rosa, Rosy, Rosemonde

Août pluvieux, larmes aux yeux.

Étymologie

Trois mots en un !

Dans une expression figée (*tout feu tout flamme*, par exemple), on ne peut pas changer les mots qui la composent. Et il arrive qu'une expression soit « tellement » figée qu'elle finisse par s'écrire en un seul mot. C'est ce qui est arrivé à de *bonne aire* que l'on employait en ancien français dans le sens de « de bonne race, de bonne origine » et qui nous a donné l'adjectif… *débonnaire* ! Aujourd'hui, l'adjectif a perdu son sens premier, mais on l'emploie toujours comme synonyme de *bienveillant, bon enfant.*

DEVINETTES

Quand elle ne forme pas d'écran,
Elle peut servir à communiquer,
Elle peut s'élever en ruban,
Et sans trace se dissiper.
Qui est-elle ?

Réponse : La fumée

NOTTO DICO

MOUSTIQUE, n. m.
Piqûre volante.

NAÏF, n. m.
Électeur.

NAISSANCE, n. f.
Jour de sortie.

NATURE MORTE, n. f.
Peinture, hobby artistique du médecin légiste.

NATURISME, n. m.
Activité de pleine nature destinée aux natures peu farouches.

VERMOT'ROSCOPE

VIERGE (23 août – 22 septembre)

Caractère

Posé, réfléchi, ancré, logique, méticuleux, précis, perfectionniste, discipliné, volontaire, serviable, disponible, travailleur, dévoué, idéaliste, fiable, prudent, cérébral, critique, entier, calculateur, réservé, timide, distant, maniaque, nerveux, angoissé.

Le message des astres

En 2021 avec Jupiter (l'action) et Saturne (l'attente), vous alternerez entre les moments d'intense activité et besoin de calme. Vos proches auront bien du mal à vous suivre.

Vie relationnelle

Bien qu'appréciant les sorties et les invitations, vous aurez envie de tranquillité. Vous entretiendrez donc des relations à la carte avec vos amis. En mars, acceptez les invitations et changez-vous les idées. L'été sera propice aux échanges.

Amour

À deux, 2021 devrait vous voir vous épanouir au contact de votre moitié. Pour certains, vous aurez même l'occasion de booster votre vie conjugale. De beaux moments sont à prévoir. En mars, la douceur, la bonne humeur et la complicité règneront. En août, les astres vous permettront de vous retrouver. Échanges et partage rythmeront vos journées.
Seul, vous parviendrez à mieux définir vos aspirations. 2021 est une excellente année pour vous ouvrir à l'amour et écrire un nouveau chapitre. En février et en mars, laissez-vous aller à vos émotions. De mai à juillet, toutes les conditions pour faire une belle rencontre seront réunies.

Famille

Ce devrait être une année agréable et tranquille. Vous saurez prendre le temps de voir vos proches. Vos échanges n'en seront que plus intenses, plus forts et plus riches. Le dernier trimestre sera favorable à vos relations.

Quotidien et vitalité

D'un bout à l'autre de l'année, vous ferez preuve d'une grande organisation. Rien ne vous échappera et vous saurez garder la maîtrise de votre vie. Vous trouverez des occupations qui vous captiveront et bénéficierez d'une belle résistance. En janvier et en février, sortez de votre ligne de confort. En avril, ne surestimez pas vos forces. En fin d'été, faites ce qui vous plaît.

Budget

Vous réussirez à faire face à toutes vos obligations de l'année. Vous gérerez bien votre budget et parviendrez à épargner. Janvier, avril et septembre seront propices aux rentrées d'argent. En octobre, attention aux imprévus et aux dépenses.

Comment optimiser votre année

Soyez ancré et prenez régulièrement le temps de vous ressourcer. Fixez-vous des objectifs et respectez-les. Multipliez les activités pour trouver des occupations qui vous captiveront.

Saint Barthélémy – On fête aussi les Argan, Nathanaël

Soleil
lever : 6 h 56
coucher : 20 h 48

Je veux que l'été dramatique me lie à son char de fortune. Arthur Rimbaud

Pièges de l'ortografe

h / ph

Sur, on vole

L'Académie française le clame haut et fort, la préposition « sur » sert exclusivement à exprimer une idée de position, de supériorité ou de direction. Elle ne peut pas remplacer les prépositions « à » et « en » pour introduire un complément de lieu qualifiant un nom de ville, de région. On ne peut donc pas dire qu'on arrive « sur » Paris, sauf si on vole au-dessus de la capitale !

LA GAFFE DE L'HISTOIRE

Des morts ressuscités

Claire Chazal, à la tête du journal du soir sur TF1 en 2013, évoque un accident de car de touristes russes. Elle lance le reportage en annonçant que le bilan est de « vingt morts, dont trois graves ». Se rendant compte de son lapsus, elle corrige son propos en disant que les morts ne sont finalement que des blessés, parmi lesquels trois sont dans une situation grave.

Au Jardin

Ortie

Elle pique cruellement, l'ortie, c'est son défaut, mais elle est pleine de qualités. Sans même parler du fameux purin, c'est un bon accélérateur de compost et un excellent paillis. Mais où s'en procurer ? Au bord des chemins ? Éventuellement, mais il faut savoir que cette plante est un hôte indispensable pour de nombreux papillons, dont le paon-du-jour, et d'autres insectes, et qu'il est préférable de ne pas dévaster les campagnes. Mieux vaut donc la cultiver. D'autant que c'est un bon légume-feuille, qui a sa place au potager. Les jeunes feuilles, riches en fer, sont délicieuses en soupe ou en garniture. La culture est facile. La grande ortie, vivace, est envahissante, et l'on peut donc lui préférer la petite, ou ortie brûlante, qui ne l'est pas et dont les graines sont largement diffusées.

Ça c'est vache

Les plus belles crasses

Situées chacune sur une rive du Rhin, face à face, les villes allemandes de Bonn et Beuel ont décidé, à la fin du XIXe siècle, de cofinancer la construction d'un pont les reliant entre elles. Mais la ville de Beuel a refusé finalement de payer et Bonn dû s'acquitter de la totalité de la facture. Pour se venger, les citoyens de Bonn ont fait ajouter une statue qui n'était pas prévue initialement : celle d'un homme montrant ses fesses à la ville voisine et mauvaise payeuse. Créatif !

Soleil
lever : **6h57**
coucher : **20h46**

Mercredi **25 août**

Saint Louis – On fête aussi les Ebba, Genès, Lewis

Beau temps pour la Saint-Louis, plusieurs jours sans pluie.

Voyages en train

Une locomotive siffle. Un train surgi des années 1930 court entre les paysages somptueux de l'Afrique australe : c'est le Pride of Africa, une perle du tourisme ferroviaire où tout est pensé pour un voyage d'exception. Des fenêtres panoramiques et de larges baies vitrées permettent de s'immerger dans la beauté des paysages tout en restant lové dans des banquettes accrochées à des boiseries lustrées. Le regard se plonge dans les horizons lumineux d'Afrique du Sud, les forêts du Botswana, les ciels orangés du Zimbabwe, les chutes d'eau de Zambie et les vastes plaines de Tanzanie. On peut, au choix, rejoindre Cape Town au départ de Dar Es Salaam, ou préférer les parcs nationaux namibiens pendant une dizaine de jours.

Ça s'est passé

Le 25 août 1921

Les États-Unis signent avec l'Allemagne à Berlin un traité de paix séparé qui leur permet de bénéficier des avantages du traité de Versailles de 1919 sans en subir les contraintes.

Solution mots mêlés [p. 250]

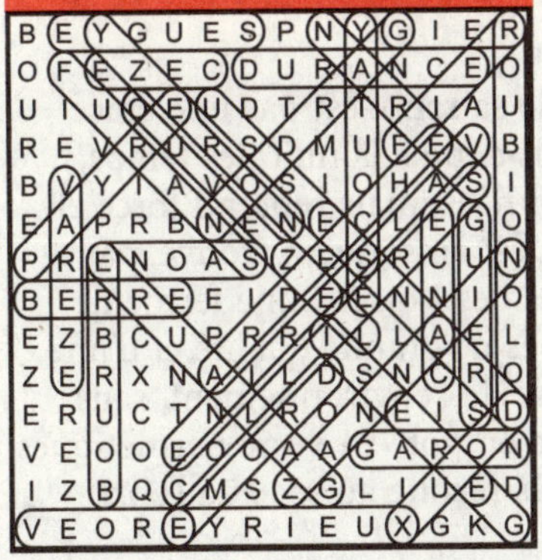

Le coin lecture

Journal et autres carnets inédits, de Georges Brassens

Brassens aurait fêté ses 100 ans le 22 octobre de cette année. Pour mieux appréhender le poète, plonger dans l'esprit et (un peu) dans l'intimité de ce libertaire militant, on sélectionnera ce journal tenu entre 1963 et 1981. Sur un carnet d'écolier, Brassens notait tout ce qui lui passait par la tête : événements intimes, idées de chansons, pensées personnelles… Un ensemble hétéroclite (d'autres textes ont été ajoutés au journal) à travers lequel transparaissent la singularité et l'humilité de celui qui se considérait comme un simple parolier.

LUTTES ET HÉROS POPULAIRES

TOUSSAINT LOUVERTURE

Parfois surnommé « le Spartacus noir », Toussaint Louverture est la figure de proue de la libération des esclaves de Saint-Domingue (l'actuelle Haïti). Fils d'un chef béninois déporté en esclavage, il échappe aux plantations, s'instruit et finit par être libéré par son maître à l'âge de 33 ans, en 1776. En 1791, il prend part à l'insurrection du Bois-Caïman, sa première bataille, puis gravit les échelons de la hiérarchie insurrectionnelle pour finir gouverneur de l'île. Bonaparte envoie une armée de 25 000 hommes pour mater ce rebelle insolent et, en 1802, Toussaint Louverture est capturé et déporté au glacial fort de Joux, dans le Jura, où il meurt peu de temps après.

Jeudi 26 août

Sainte Natacha – On fête aussi les Eulade, Césaire, Herluin

Soleil
lever : 6 h 59
coucher : 20 h 44

Prendre ses vacances au début de l'été c'est « IN », les prendre à la fin c'est août. Philippe Geluck

Le bon mot de l'histoire

1515 89

26 août 1715 : « Je m'en vais, Messieurs, mais l'État demeurera toujours. » Louis XIV

De même qu'il a théâtralisé son règne pendant plus de 60 ans, Louis XIV a méticuleusement mis en scène sa mort. Après avoir prodigué ses ultimes recommandations au dauphin, le Roi-Soleil, âgé 77 ans, aurait adressé ses adieux aux titulaires des grands offices de la cour en ces termes. Les dernières paroles du monarque sont notamment rapportées par Philippe de Courcillon de Dangeau dans son *Journal*, l'une des sources les plus fiables sur le règne de Louis XIV.

DONNER SON SANG

1-2-3-1-2-3-1-2-3-1-2

JAMAIS DEUX SANS TROIS

Un(e) de perdu(e), dix de retrouvé(e)s

L'origine de cette expression est très poétique : elle évoque les premiers temps de l'agriculture, lorsque l'homme a compris qu'une plante, en disparaissant, donnait naissance à une dizaine d'autres par ses graines. Assez optimiste, la formule signifie que même si on accorde de l'importance à une certaine chose, en cas de perte celle-ci peut être remplacée par beaucoup d'autres.

1-2-3-1-2-3-1-2-3-1-2

Maisons d'artistes

En général, Le Corbusier ne laisse pas indifférent : ou l'on adore, ou l'on déteste. Outre ses réalisations aux quatre coins de la France, de sa fameuse « cité radieuse » à Marseille à la non moins célèbre Villa Savoy, les admirateurs du célèbre architecte peuvent découvrir depuis quelques années son « logis céleste ». Situé dans le XVIe arrondissement de Paris, cet immeuble construit par ses soins abrita pendant trois décennies son appartement-atelier dans lequel il conçut les fondements de son urbanisme révolutionnaire. À la fois lieu de vie, de réception, mais aussi atelier et laboratoire, cet espace fluide et lumineux est, de toutes ses œuvres, la plus intime et sans doute la plus accessible pour apprécier l'héritage du plus grand architecte français.

Appartement-atelier de Le Corbusier,
24, rue Nungesser et Coli, 75016 Paris

Nos Régions

Centre-Val de Loire

Loiret/Amilly

Contrairement à une idée reçue, le safran n'est pas une épice exotique. Présente dans le Gâtinais depuis la nuit des temps, sa culture s'est réduite au fil des années, mais reprend force et vigueur depuis quelques temps. C'est ainsi qu'on trouve, par exemple, à Amilly (Loiret), le Clos des Musets, une ferme de production de safran issu de bulbes de grande qualité et d'une culture traditionnelle, respectueuse de l'environnement, sans engrais ni pesticide. Conditionnée en pots en verre hermétiques, l'épice se conserve quatre ans après récolte au sec et à l'abri de la lumière.

Vendredi 27 août

Sainte Monique – On fête aussi les Mona, Guérin

À la Sainte-Monique, éteins l'électronique.

L'ACTU

Le cri de la tomate

On savait déjà que les plantes étaient capables de sentir, de voir et même d'entendre. Désormais, on a également la preuve qu'elles parlent ! Une équipe de l'université de Tel Aviv en Israël a découvert que des plants de tomates et de tabac émettent des sons lorsqu'ils sont stressés par un manque d'eau ou lorsque leur tige est coupée. Et, d'après les chercheurs, si les humains ne peuvent pas entendre leurs fréquences, les insectes, voire certains mammifères, en seraient capables. Un papillon pourrait ainsi décider de ne pas pondre sur une plante qui semble stressée. De même, les plantes pourraient entendre que d'autres plantes manquent d'eau et réagir en conséquence. D'après les auteurs de l'étude, « ces résultats peuvent modifier notre façon de penser le règne végétal, qui était jusqu'à présent considéré comme presque silencieux ». Si, en plus du bien-être animal, les agriculteurs doivent désormais prendre en considération le stress végétal, on va finir par se nourrir de pierres...

ILS ONT DIT

« Le cas de la marquise de Sévigné constitue sans doute le plus fantastique exemple d'imposture de tous les siècles. En effet, cette dame se rendit universellement célèbre en écrivant d'innombrables lettres à une époque où La Poste n'était pas encore inventée ! »

François Cavanna

Métiers insolites

Nettoyeur d'oreilles

Si vous vous promenez dans les rues en Inde, vous verrez de nombreux stands aux fonctions diverses et variées. Ainsi, au milieu de street food (ou cuisine de rue) et autres bazars mobiles, un type de stand va sûrement attirer votre attention : celui des nettoyeurs d'oreilles. À l'inverse des cireurs de chaussures, ces marchands d'utilité publique « dé-cirent » les oreilles des passants et les nettoient à l'aide de pics, d'huile de coco et de produits nettoyants. Très attirant, comme métier !

Vino populum

Cassis

Le poète Frédéric Mistral disait du cassis blanc qu'il sentait le romarin, la bruyère et le myrte. Ce vin capiteux a bien le type provençal, en effet, et trouve toute sa place à côté des poissons grillés et des coquillages. Les petites notes anisées ne sont pas rares, ainsi que les nuances balsamiques. Luxe, calme et volupté aurait dit le peintre Matisse. Dix ans de garde sont à la portée des meilleurs cassis.

Samedi 28 août

Saint Augustin – On fête aussi les Linda, Hermès, Elouan

Soleil
lever : 7 h 01
coucher : 20 h 40

Se coucher tard... nuit ! Raymond Devos

LA GAFFE DE L'HISTOIRE

C'est pas le bon mort

Il arrive de temps en temps que les médias se trompent en annonçant la mort de personnalités. Ainsi, en février 2008, le NouvelObs.com rendait hommage à Salvador Dalí au lieu d'Henri Salvador qui venait de mourir. En décembre 2014, la chaîne iTélévision enterrait Jack Lang alors que Jacques Chancel était décédé. Sans oublier Martin Bouygues, enterré sans raison par la presse en 2015…

MUSIQUE

Shocking !

Sting, l'ex-chanteur du groupe Police, est francophile. C'est *Cyrano de Bergerac*, vu à Paris, qui lui a inspiré le titre *Roxane* pour une de ses plus fameuses chansons. Le problème, c'est que le sujet du texte lui est également venu dans la capitale française, quand il s'est retrouvé au cours d'une promenade nocturne dans une rue à prostituées. Il n'y avait qu'un Anglais pour oser faire du personnage d'Edmond Rostand une fille de joie ! Mais que fait la police ?

ILS ONT DIT

« Maintenant, on a 300 chaînes de télé. Le temps de décider laquelle on va regarder, il est déjà 23 heures. Alors on dit : *y a vraiment rien, éteins...* »

Anne Roumanoff

Rétro Vermot

Dans une gare, au bureau des bagages, une grosse dame (une dame énorme) donne son billet à l'employé, qui le lui rend avec la petite bande de papier réglementaire, en lui disant :

« 15 francs d'excédent.

– Comment ?! s'écrie la grosse dame étonnée, j'ai un excédent de bagages ?

– Qui vous va fort bien, du reste, ajoute un voyageur en s'inclinant. »

Histoires paranormales

Morella

Dans « Morella », l'une des *Histoires extraordinaires* d'Edgar Allan Poe, le narrateur épouse une femme (Morella) dont il n'est pas vraiment épris, mais qui le fascine par la profondeur de sa pensée. Les époux discutent de philosophie allemande et s'interrogent longuement sur le problème de l'*identité* « qui, à la mort, est ou n'est pas perdue à jamais ». Cependant la santé de Morella se dégrade. Elle meurt en laissant une fille qui se met à ressembler parfaitement à sa mère, jusque dans son langage. Décidant de la faire baptiser à dix ans, le narrateur, qui a pourtant en tête d'autres noms, laisse échapper celui de *Morella*. L'enfant répond alors « Me voilà ! » et décède. La portant lui-même à la tombe, le narrateur découvre avec horreur que la dépouille de la première Morella a disparu du caveau familial. La morte n'est plus là.

Soleil
lever : 7h03
coucher : 20h38

Dimanche 29 août

Sainte Sabine – On fête aussi les Médéric, Crispin

À la Sainte-Sabine, méfie-toi des has-been.

Pièges de l'ortograƒe

Ça vaut mieux...

Doit-on dire « Il vaut mieux l'écouter » ou bien « Il faut mieux l'écouter » ? Les deux sont possibles mais ont un sens différent... Dans le premier cas, on vous conseille de suivre les conseils formulés : c'est sur « vaut mieux » que porte l'insistance. En revanche, dans le second cas, c'est « mieux l'écouter » qui est mis en avant, on vous recommande une plus grande attention.

ILS ONT DIT

« Vous savez pourquoi c'est si difficile pour les femmes de trouver des hommes sensibles, raffinés, attentionnés et présentant bien ? C'est que, en général, ils ont déjà un petit ami. »

Jim Carrey

CHAUD DEVANT !

AVEC OU SANS NOUS ?

Les sceptiques face aux conséquences du réchauffement climatique nous rabâchent que la Terre, qui est âgée de 4,5 milliards d'années, a jusqu'à présent toujours surmonté les traumatismes qu'elle a connus. Pour les climatosceptiques, notre planète finira par vaincre le réchauffement climatique actuel, par s'autoréguler. Ils semblent toutefois oublier une chose : NOUS ! Les dinosaures sont l'exemple le plus spectaculaire d'une extinction de masse brutale (et il y en a eu d'autres !), et si la Terre finira assurément par retrouver un équilibre, il est possible que ce soit sans nous...

Le coin lecture

Une bonne épouse indienne, d'Anne Cherian

Installé à San Francisco, un jeune médecin indien voit sa vie « américaine » basculer lors d'un voyage dans son pays natal : piégé par sa famille, il est marié contre son gré à une jeune femme de sa caste. De retour aux États-Unis, le couple a du mal à se construire... Ce premier roman d'une auteure indienne elle-même expatriée explore avec beaucoup de subtilité des sujets d'actualité sociale forts : les mariages arrangés, le choc des cultures, les relations hommes-femmes... Une histoire simple, jamais manichéenne, qui ne tombe pas dans le mièvre grâce au talent de la narratrice.

Lundi **30 août**

Saint Fiacre – On fête aussi les Fantine, Édern, Juvénal

Soleil
lever : **7 h 04**
coucher : **20 h 36**

Août contre septembre lutte ; l'océan n'a plus d'alcyon ; chaque jour perd une minute,
Chaque aurore pleure un rayon. Victor Hugo

NOTTO DICO

NOËL, n. m.
Période de l'année où les adultes en font trop pour des enfants qui n'en ont jamais assez.

NŒUD PAPILLON, n. m.
Nœud chenille qui a quitté sa chrysalide.

NORMALEMENT, adv.
L'usage de ce mot dans une phrase indique immédiatement qu'il s'est passé, au contraire, quelque chose d'anormal.

NOUS, pr. pers.
Groupe de « moi ».

OBÉLISQUE, n. pr.
Ami tailleur de menhir d'Astérisque.

CHAUD DEVANT !

UNE LUEUR D'ESPOIR ?

Face aux annonciateurs de fin du monde, les plus optimistes se font entendre. Ces partisans du progrès sont persuadés que l'humanité trouvera des solutions, non pas pour stopper le dérèglement climatique, qui semble inéluctable, mais pour s'adapter aux changements que ce dernier engendre. S'adapter est en effet le secret de toutes les espèces qui survivent. Et des idées pour s'adapter, l'être humain n'en manque pas. Des solutions existent déjà, mais n'ont jamais été développées à grande échelle pour des raisons économiques ou politiques. Faute d'empêcher le monde de changer, changeons avec lui !

WWW.

Le NET pas BÊTE

« Et à la fin, ils meurent tous… » : gâcher l'intérêt d'un film en racontant sa fin à ceux qui ne l'ont pas vu n'est certes pas très gentil, mais cela peut être jouissif ! C'est le principe du site « Et en fait à la fin » qui, en une phrase, révèle le dénouement de centaines d'œuvres cinématographiques. Il suffit de cliquer sur le bouton « me gâcher un film ». Attention : les films apparaissant de manière aléatoire, on tombe vite sur un film qu'on prévoyait de voir !
http://etenfaitalafin.fr/

Théories du complot

L'attentat du 11 septembre

Juste après les attentats qui ont frappé New York le 11 septembre 2001, on a vu des théories plus ou moins fumeuses émerger pour tenter d'expliquer l'inexplicable. La plus tenace d'entre elles affirmait que l'attentat n'en était pas réellement un, mais un « inside job », un coup de l'intérieur fomenté par la CIA et le gouvernement américain pour affirmer la place de leader mondial des États-Unis et justifier une tentative de mettre la main sur le pétrole du Moyen-Orient. Pour étayer cette théorie, les conspirationnistes s'appuient sur un faisceau de « preuves » relativement douteuses, dont les scientifiques et autres experts viennent rapidement à bout. Mais le fantasme collectif à la peau dure…

Mardi **31 août**

Soleil
lever : **7 h 06**
coucher : **20 h 34**

Saint Aristide – On fête aussi les Aidan, Aricie, Zaïdane

Le trente et un du mois d'août, nous vîm' venir sous l'vent à nous une frégate d'Angleterre
Qui fendait la mer et les eaux, c'était pour aller à Bordeaux. Chant de marin

Nos Régions

Île-de-France

Seine-et-Marne/Melun

Alors que tout le monde a mangé au moins une fois dans sa vie du brie de Meaux, seuls quelques amateurs connaissent le brie de Melun. Pourtant, les historiens considèrent que c'est le « père de tous les bries » ! Moins grand que le brie de Meaux, mais plus fort en saveur et en odeur, avec un goût légèrement salé, le brie de Melun est préparé à partir de lait cru de vache. Depuis 1980, il bénéficie d'une appellation d'origine contrôlée.

LA POLLUTION DE L'AIR PEUT CAUSER LA CALVITIE

Vino populum

Viré-clessé

Aubépine, acacia, chèvrefeuille ou genêt, voire note minérale, nous disent les dégustateurs avertis. On veut bien les croire et on ne boude pas son plaisir devant ce vin blanc frais et rond à la fois. La signature du chardonnay dans toute sa générosité en Mâconnais. Une garde de cinq ans est possible : raisonnable en somme ! Pour accompagner un fromage de chèvre du Mâconnais, une volaille de Bresse à la crème ou tout simplement à l'apéritif.

Charade à tiroir

Mon premier n'est pas ici,
Mon deuxième rend service,
Mon troisième est très cultivé,
Mon quatrième met du temps à arriver,
Mon tout est une actrice française qui a joué dans Les Valseuses.

MIOU-MIOU. Mon premier est Mi car Mi est là (Millet). Mon second est OU car Ou aide (Oued). Mon troisième est Mi car Mi lit tant (Militant). Mon quatrième est OU car Ou tarde (Outarde)

Énigmes

Un soir d'hiver, un homme appela le service des urgences pour signaler la chute de sa femme par-dessus la balustrade du premier étage. Quand la police arriva, les membres du Samu étaient déjà sur place mais il n'y avait plus rien à faire, la femme était morte. L'enquêteur inspecta le corps de la victime : c'était une femme âgée d'environ 75 ans, mesurant à peu près 1,60 m, sa tête nageait dans une flaque de sang. Puis il inspecta les lieux ; il gravit l'escalier, le couloir au premier étage menait aux chambres et à la salle de bains, la balustrade s'élevait à environ 1 m du sol, ce qui correspondait aux normes.

L'enquêteur alla ensuite trouver le mari pour l'interroger. Celui-ci était visiblement ébranlé. Sa femme, dit-il, souffrait de la maladie d'Alzheimer. Alors qu'il la menait dans sa chambre pour la mettre au lit, elle s'était débattue, avait perdu l'équilibre et avait basculé par-dessus la rambarde.

L'enquêteur écarta la thèse de l'accident, pouquoi ?

Le centre de gravité du corps humain est situé environ 10 cm au-dessous du nombril (environ 55 % de la taille debout) et la hauteur de la balustrade dépassait la ceinture, donc le centre de gravité de la victime. Il n'était donc pas possible qu'elle perde l'équilibre, à moins d'être soulevée et poussée violemment.

Mercredi 1er septembre

Saint Gilles – On fête aussi les Douceline, Josué

Soleil
lever : 7 h 07
coucher : 20 h 32

À la Saint-Gilles, on retourne à la ville !

MÉTÉO DU MOIS

Le septième mois de l'année... quand elle commençait en mars.

Un chef indien passe. Il annonce au bûcheron qui coupe son bois : « Hiver sera froid. » Le bûcheron poursuit quelques jours encore son labeur. Le chef repasse et répète : « Hiver sera froid. » Le bûcheron poursuit sa tâche, il est important de bien préparer l'hiver. Au cours d'une nouvelle visite, l'indien insiste : « Hiver sera très froid »... Et le bûcheron bûcheronne. Plus tard, après la même sentence, le bûcheron n'y tient plus et demande : « Grand Chef, comment sais-tu cela ? » L'indien répond : « Quand homme blanc couper bois, couper beaucoup bois, hiver sera froid, très froid. » Encore aujourd'hui, la communication et l'usage de la météo relèvent souvent de la rumeur qui boucle jusqu'à l'absurde. Il suffit de surprendre quelques conversations sur la place du marché ou sur les quais du port pour s'en rendre compte.

C'est arrivé le... 22 septembre 1992

En amont de Vaison-la-Romaine dans le Vaucluse, 300 mm de pluie (équivalent de 3 à 4 mois de précipitations) se déversent en 5 heures. La crue éclair de l'Ouvèze inonde la vallée. Au niveau de Vaison-la-Romaine, un goulot d'étranglement (au niveau du pont) provoque une gigantesque vague.

REPÈRES CLIMATIQUES

Premier mois de l'automne pour les météorologues, septembre voit s'éloigner les grandes chaleurs estivales. C'est l'heure de la rentrée pour les écoliers et l'heure de la sortie pour les parapluies, en particulier dans le sud-est de la France. Tandis que sur la majeure partie du territoire règnent la douceur et le calme avec une lente baisse des températures, la Provence et la Côte-d'Azur sont régulièrement affectées par des épisodes méditerranéens. Des pluies violentes et localisées provoquent des crues éclairs, souvent dévastatrices. Le 3 octobre 1988, un déluge s'abat sur la région de Nîmes avec 50 mm de pluie par heure durant 8 heures. Le maximum mesuré est de 420 mm cumulés au Mas-de-Ponge, sur les hauteurs de Nîmes, soit plus de la moitié des précipitations annuelles. Sur les Cévennes, les 29 et 30 septembre 1958, des pluies diluviennes ont des conséquences catastrophiques. En septembre, les coups de grand froid sont exceptionnels (24 septembre 1928 avec -1,8 °C à Bordeaux, 0 °C à Besançon - 25 septembre 1972 avec -0,2 °C à Nancy...). En 1947, la canicule estivale (un des étés les plus chauds avec 2003) se prolonge en septembre : on relève 30 °C le 19 au Mans et, à Paris, le mercure dépasse les 33 °C du 11 au 18.

Qu'est-ce qu'un épisode méditerranéen ?

Localement appelé « épisode cévenol », ce phénomène se produit sur l'arc méditerranéen au début de l'automne. La forte évaporation de la mer, encore chaude, se heurte à de l'air froid d'altitude descendu du pôle. Le choc se traduit par des orages violents qui restent bloqués sur les reliefs. Les pluies diluviennes (supérieures à 100 mm par heure) et durables provoquent des crues éclairs.

Jeudi 2 septembre

Sainte Ingrid – On fête aussi les Ingeborg

Mieux vaut encore ne pas avoir l'air que d'avoir l'air de ne pas avoir l'air. Pierre Dac

Nos Régions

Normandie

Manche/Barfleur

La pointe de Barfleur, située sur la commune de Gatteville-le-Phare, est un cap qui constitue l'extrémité nord-est du Cotentin. Sa particularité est de se situer exactement aux antipodes… des îles des Antipodes ! Cette spécificité est suffisamment rare pour être remarquée car il existe très peu de territoires se trouvant aux antipodes d'un autre territoire émergé (la plupart correspondent à des points situés dans les océans). Ces fameuses îles des Antipodes constituent un archipel néo-zélandais inhabité situé à 650 km au sud-est de l'île Stewart.

DICTION : RÉPÉTEZ APRÈS MOI !

Le chasseur

Un vieux chasseur sobre plein de santé, mais atteint de cécité, chaussé de souliers souillés, sans cigare, fut dans la nécessité de chasser seul, sur ces champs sis en Sicile, un sinistre chat sauvage. Il siffla ses chiens, Châtain, Satin, Chauvin et suivit son chemin. Sur son passage, six chastes chérubins siciliens, sans soucis, sans chaussures, chuchotèrent ceci : « Salut, sire chasseur, citoyen sage et plein d'âge, aux yeux chassieux, au sang chaud, sois chanceux ! »

Julos Beaucarné

Randonnées en

LE CHEMIN DE STEVENSON

Le Massif central déploie ses crêtes rocheuses, ses vallons verdoyants et ses arcades pierreuses sur quelque 270 km. Le GR 70 sillonne des paysages volcaniques du Puy-en-Velay, puis le haut plateau du Gévaudan et le mont Lozère, jusqu'aux vallées des Cévennes. Il fut raconté par Robert Louis Stevenson dans son journal de bord **Voyage avec un âne dans les Cévennes** ***(1879). Alors âgé de 28 ans, le jeune écrivain avait quitté son île pour fuir un chagrin d'amour et marcher dans les pas des camisards cévenols. Aujourd'hui, il est toujours possible de suivre ce sentier accompagné d'un âne pour porter les bagages. En hommage à Stevenson, le chemin est balisé en bleu et blanc, couleurs de l'Écosse. Il faut compter 12 jours de marche pour rejoindre Alès, dans le Gard.***

Ça c'est vache

Les plus belles crasses

En 2003, au Congrès américain, le représentant de la Caroline du Nord, Walter Jones, proposa, pour punir les Français de n'avoir pas suivi les Américains en Irak, de faire officiellement renommer les frites, qu'on appelle outre-Atlantique « French fries », en « liberty fries ». Son initiative fit un flop, y compris dans son camp, et c'est tant mieux. Peut-être aurait-il été encore plus triste de voir à quel point les Français se fichent bien du nom de leurs frites et à quel point son coup bas était vain !

Vendredi 3 septembre

Saint Grégoire – On fête aussi les Grégory, Auxane, Euxane

Soleil
lever : **7 h 10**
coucher : **20 h 28**

C'est la Saint-Grégoire, la fête des bonnes poires !

CINÉMA

Le Dîner de cons

François Pignon, looser magnifique né de l'imagination de Francis Veber, est de retour sous les traits de l'angélique Jacques Villeret. Inspiré de la pièce de théâtre du même nom, le film raconte un dîner qui n'aura jamais lieu, entre un naïf constructeur de maquettes en allumettes et un arrogant éditeur parisien. Cette version hilarante de l'arroseur arrosé, servie par des dialogues savoureux et un brillant jeu d'acteurs, a été récompensée par plusieurs César en 1998.

L'ACTU

Darwinisme affectif

Si ces deux espèces vivantes étaient en danger de mort, laquelle sauveriez-vous en priorité ? Le crabe ou la grenouille ? L'éléphant ou le serpent ? L'écureuil ou le panda ? L'araignée ou le champignon ? Le Muséum national d'histoire naturelle et une équipe de l'Université de Montpellier ont testé ces associations, un brin sadiques, auprès de 3 500 personnes afin de mesurer notre degré d'empathie face aux différentes espèces. Selon les résultats de leur étude publiés dans la revue *Scientific Reports*, plus on est cousin avec un être vivant, plus son sort nous touche. À l'inverse, plus les espèces sont éloignées de nous dans l'arbre de l'évolution, moins on a d'empathie pour elles, et donc moins de compassion à leur égard. L'organisme vivant que l'on a le moins envie de sauver est la tique, devant le cactus et la méduse. En revanche, celui qui suscite le plus de compassion auprès des sondés est l'orang-outan, devant… l'homme ! En clair, entre le grand singe et un être humain en danger, une (petite) majorité sauverait le premier.

NOTTO DICO

OBÈSE, adj.
Quand le corps pèse trop lourd.

OBSCURANTISME, n. m.
Voie sans issue.

OCTOBRE, n. m.
Dixième mois de l'année dont le préfixe « octo- » signifie 8 comme dans Octave, Octogénaire, Octogone ou Octosyllabe. Logique, non ?

OCTROI, n. m.
Nombre situé entre OCDEU et OCQUATR.

OFFICIEL, adj.
Adjectif qui invite à s'intéresser au caractère officieux de la chose.

LES ERREURS JUDICIAIRES TOP SECRET

En 1985, une étudiante texane porte plainte pour viol. Alors que la police lui présente des planches de photographies, la victime identifie son agresseur : il s'agit de Tim Cole, étudiant lui aussi. Le suspect est amené au commissariat et la jeune fille le reconnaît derrière une vitre sans tain. Affaire bouclée pour les policiers, qui envoient Tim Cole devant le tribunal. Verdict : 25 ans de prison. L'histoire pourrait s'arrêter là... Or, Tim Cole meurt dans sa cellule en 1999 des suites d'une crise d'asthme sévère. Un détail qui aurait pu, à lui seul, le disculper ! Car selon le témoignage de la victime, le violeur aurait fumé plusieurs fois pendant le crime... Il faudra attendre 2007 et les aveux corroborés par l'ADN d'un autre homme pour que Tim Cole soit gracié à titre posthume.

- Je cherche l'aéroport de Lyon s'il vous plaît !
- Au 2e nuage à gauche !

Soleil
lever : 7 h 11
coucher : 20 h 26

Samedi 4 septembre

Sainte Rosalie – On fête aussi les Iris, Hermione, Moïse

À la Sainte-Rosalie, si tu la vois, ramène-la-moi !

Rétro Vermot

Lui :
« Accordez-moi votre main, ô mon aimée, et je ferai tout pour aller au-devant de vos moindres désirs ! »
Elle :
« Des moindres, peut-être, mais des autres ? »

Tout est relatif... (Espace temps)

Les voyages spatiaux, c'est la jeunesse !

La théorie de la relativité a révolutionné notre connaissance du monde. Elle a aussi inspiré les artistes, notamment avec les questions de distorsion du temps et les paradoxes susceptibles d'en découler. Le film *Interstellar* (Christopher Nolan, 2014) fait partie des plus aboutis sur ce sujet. Dans une scène mémorable, le héros rejoint son vaisseau spatial après avoir passé à peine 3 h 30 sur une planète située à proximité d'un trou noir. Entretemps, le reste de l'humanité a vieilli… de 23 ans ! L'émotion est à son comble quand le héros visionne un message de sa fille lui annonçant qu'elle avait atteint son âge. Au cours de son périple, la distorsion du temps sera telle qu'il finira même par être plus jeune que sa propre fille, devenue grand-mère et sur le point de mourir de vieillesse. Perturbant, non ?

– Soyez vraiment de votre époque. Ne lésinez pas sur les fausses notes et les paroles approximatives !

Pièges de l'ortographe

Le participe passé des verbes intransitifs

Les verbes transitifs indirects, c'est-à-dire ceux qui ne peuvent pas avoir de complément d'objet direct, ne s'accordent jamais au participe passé. On écrira donc, par exemple, que « les générations se sont succédé ». En revanche, un verbe transitif direct s'accordera au participe passé. Ainsi, « les générations se sont succédé et se sont parfois rencontrées ».

Collectionnite aigüe

Les uns s'intéressent aux collections des autres et réciproquement. Résultat : les adeptes de la vitolphilie et ceux de la philuménie se partagent la même association ! « La vitolphilie a trait à la collection des bagues de cigares tandis que la philuménie, c'est la collection des boîtes d'allumettes », explique Stéphane Pinaud, son président. Lui s'intéresse aux secondes : « Au départ, j'ai commencé à conserver des boîtes d'allumettes pour m'amuser. C'est devenu une passion et aujourd'hui je m'intéresse surtout aux exemplaires datant du XIXe siècle, quand le procédé a été inventé. » La philuménie s'est développée jusqu'aux années 1980-1990 et les illustrations sur les pochettes et boîtes d'allumettes se sont multipliées. Mais aujourd'hui, la pratique a tendance à se limiter à cause, d'une part, des briquets jetables et, d'autre part, de la diminution du nombre de fumeurs. Pendant des années objets promotionnels fétiches pour les marques et les commerçants, notamment les bars-restaurants, les boîtes d'allumettes seront bientôt des vestiges du passé. Avis aux futurs collectionneurs !

Dimanche **5 septembre**

Sainte Raïssa – On fête aussi les Iraïs, Bertin, Raïa

Soleil
lever : **7h13**
coucher : **20h24**

Voici venu le froid radieux de septembre. Anna de Noailles

SUDOKU

1 2 3
3 1
1

		1	3	7			8	
		8			1		9	
	6			8				2
	3					7		9
5		9		1	3	2		
			8				5	
			1					
				9				
6		3			5			

Solution page 269

Charade syllabique

On mange les feuilles de **mon premier** en salade. _ _ QUETTE

Mon deuxième est un lieu où pousse la bruyère. _ _ _ DE

Mon troisième est un filet de canard. _ _ _ RET

Mon quatrième est un plateau . _ _ MIER

Mon cinquième est le fils de mon frère. _ _ VEU

Mon tout est un humoriste français.

ROLAND MAGDANE (RO – LAN – MAG – DA – NE)

Pêche

Le gardon au blé

À la fin de l'été, le gardon mord bien au blé. Certains magasins vendent du blé prêt à l'emploi, mais il suffit d'en faire cuire 1 kg durant 40 minutes pour une partie de pêche. Les grains vont servir à appâter la ligne et constituer l'amorçage. Le choix du poste est important : choisissez un courant lent et régulier. Mesurez le fond avec précision et amorcez avec plusieurs poignées de blé. Le flotteur doit être réglé de façon à ce que le grain se situe au ras du fond et l'hameçon garni d'un ou deux grains. Vous devez lancer en amont et laisser dériver en retenant la ligne de temps à autre. Jetez une pincée de grains après chaque touche, les gardons sont souvent de belle taille. Et si des brèmes sont de la partie, pensez à augmenter les quantités de blé car elles sont très gourmandes !

120 ans d'association

Les associations culturelles et artistiques

En France, le modèle associatif séduit particulièrement les initiatives culturelles et artistiques. Leurs financements sont variés, du mécénat privé aux subventions publiques, en passant par les dons, les recettes de billetterie spectacle et le merchandising. Les associations culturelles ont des objectifs très variés : conservation du patrimoine matériel ou immatériel dans le cadre d'une fondation, préservation d'une culture spécifique régionale, mise en valeur de la production artistique dans une galerie ou au cours d'un festival, programmation de cinéma d'art et d'essai sous la forme d'un ciné-club ou de musique actuelle (SMAC), présentation de l'actualité locale par le biais d'une webradio ou encore animation d'un quartier ou d'une communauté grâce à l'ouverture d'un bar associatif. La forme associative possède une certaine flexibilité et une facilité de constitution qui permet aux citoyens de lancer un projet local, qui peut dans un second temps prendre une ampleur nationale – comme Les Vieilles Charrues (festival de musique rock à Carhaix, Finistère) ou encore le Festival d'Avignon.

Saint Bertrand – On fête aussi les Ève, Évelyne, Bee, Onésiphore

À la Saint-Bertrand, le mors aux dents !

MOTS FLÉCHÉS

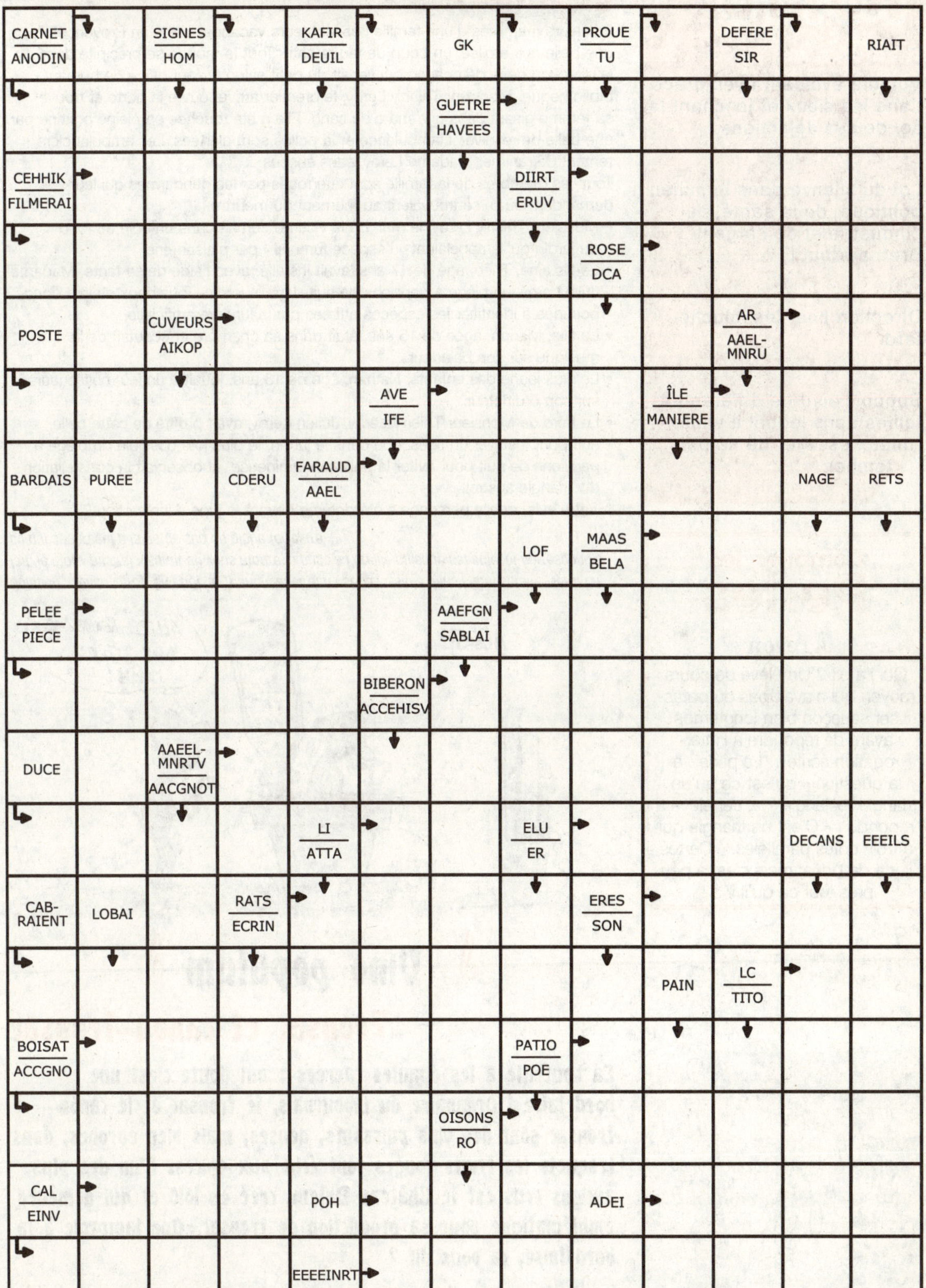

SOLUTION PAGE 270

Dans cette grille, les mots déclencheurs sont des anagrammes.

Mardi 7 septembre

Sainte Reine – On fête aussi les Cloud, Régine, Gina

Soleil
lever : **7 h 16**
coucher : **20 h 20**

La preuve que la Lune est habitée, c'est qu'il y a de la lumière. Francis Blanche

Notto DICO

OISEAU, n. m.

Volatile évoluant avec grâce dans les cieux et jonchant le sol de ses déjections.

OMERTA, n. f.

Loi du silence dans le milieu politique, de la santé, de l'industrie et de l'argent… Bref, partout !

OUEST, n. m.

Direction pour les couche-tard.

PANNEAU, n. m.

Support écrit de différentes tailles dans lequel il vaut mieux essayer de ne pas tomber.

Compiler les Perles

À revoir

Qui l'a dit ? Un élève de cours moyen qui n'avait pas dû potasser sa leçon bien longtemps avant de répondre à l'interrogation écrite… La perle : à la question « qu'est-ce qu'un triangle rectangle ? », cet élève a répondu : « C'est un triangle qui a trois côtés parallèles. » Certes il y a de l'idée, mais c'est à peu près tout ce qu'il y a !

Énigmes

Plusieurs membres d'une famille passent leurs vacances d'été en Provence. Par une belle nuit étoilée, un coup de feu retentit. Tout le monde se précipite dans la direction de la détonation qui venait du petit salon faisant office de bureau/bibliothèque. Monsieur Thierry Leroy, le premier arrivé, ouvre la porte et trouve sa femme gisant dans une mare de sang. Elle a été touchée en pleine poitrine par une balle de revolver. L'ambulance et la police sont alertées. Les ambulanciers tentent de ranimer Madame Leroy, sans succès.

Tous les membres de la famille sont interrogés par les gendarmes qui leur demandent où ils se trouvaient au moment du meurtre :

- Monsieur Thierry Leroy, le mari de la victime, fumait dans un coin au fond du jardin qu'ils appelaient « l'espace fumeur » par plaisanterie.
- Le fils aîné, Théo, âgé de 17 ans, avait installé, avec l'aide de sa tante, Madame Julie Leroy, un piège à papillons de nuit dans le jardin. Tous deux étaient donc occupés à identifier les espèces attirées par la lumière artificielle.
- La fille, Manon, âgée de 15 ans, était dans sa chambre et écoutait de la musique sur son baladeur.
- Le plus jeune des enfants, Nathan, âgé de 13 ans, jouait à un jeu multijoueurs sur son ordinateur.
- Le frère de Monsieur Thierry Leroy, Julien Leroy, avait profité de cette belle nuit pour installer un téléscope dans le jardin, le plus loin possible du piège à papillons de nuit pour éviter la pollution lumineuse, et observait la constellation du Triangle austral.

À votre avis, quelle personne a été déférée devant le juge d'instruction ?

Solution : Julien Leroy. En effet, le Triangle austral n'est pas visible dans l'hémisphère Nord. En fait, le mot « austral » aurait dû vous mettre la puce à l'oreille puisque cet adjectif correspond à ce qui appartient à la partie sud du globe terrestre.

Vino populum

Fronsac et canon-fronsac

La bouteille a les épaules carrées : nul doute c'est une bordelaise ! Originaire du Libournais, le fronsac et le canon-fronsac sont des vins puissants, denses, mais bien enrobés, dans lesquels les fruits rouges font écho aux épices. L'un des plus anciens crus est le Château Dalem, créé en 1610 et qui demeure emblématique pour sa production de fronsac. Une lamproie à la bordelaise, ça vous dit ?

Soleil
lever : **7h17**
coucher : **20h18**

Mercredi **8 septembre**

Nativité Notre-Dame – On fête aussi les Hadrien, Belinda

Les homards qui chantent sont américains. Paul Éluard

Correspondance (très) intime…

« Rien ne compte pour moi avant toi. Je crois de mon côté que je n'ai pas été un trop mauvais partenaire. Nous nous sommes complétés l'un l'autre. Le mérite t'en revient. Rien que la vue de ton nez me met la queue en l'air. » La confession qui clôt une missive particulièrement salace est signée Paul Léautaud. Elle est adressée en 1928 à Anne Cayssac, qu'il surnomme sa « garce malfaisante ». Rencontrée vingt ans plus tôt par le biais de la société protectrice des animaux, cette femme, déjà mariée, mais fantasque et libertine, entretient une longue relation chaotique et charnelle avec l'écrivain. De leurs amours tapageuses nous restent de magnifiques lettres érotiques, mais aussi Le Fléau, ce « journal particulier » très intime rédigé par Léautaud en marge de son monumental Journal littéraire.

Solidarité entre les générations

Solution sudoku [p. 266]

4	9	1	3	7	2	6	8	5
3	2	8	5	6	1	4	9	7
7	6	5	9	8	4	1	3	2
8	3	2	4	5	6	7	1	9
5	4	9	7	1	3	2	6	8
1	7	6	8	2	9	3	5	4
9	5	4	1	3	7	8	2	6
2	1	7	6	9	8	5	4	3
6	8	3	2	4	5	9	7	1

Théories du complot

Le monde selon Matrix

Le film *Matrix* présente une théorie plutôt intéressante, bien qu'assez excentrique : notre réalité ne serait qu'une simulation destinée à nous faire ignorer notre véritable situation d'esclaves, utilisés comme de vulgaires piles de courant par des machines. Cette thèse de la matrice a convaincu nombre de spectateurs du film depuis la sortie du premier opus en 1999. Parmi eux, on trouve des magnats de l'informatique de la Silicon Valley, qui sont persuadés qu'il y a du vrai dans *Matrix*. Ces milliardaires de la haute technologie auraient, selon ce qui se raconte, investi des millions de dollars dans un projet visant à sortir de la simulation dans le but de découvrir le « vrai » monde. Pendant ce temps, dans notre « faux » monde, des millions de personnes meurent de faim, mais c'est sans doute moins important…

MNÉMOTECHNIQUE

Cela peut prêter à confusion

Certains mots posent des problèmes parce qu'ils contiennent à la fois une consonne double et une consonne simple. Laquelle est double, laquelle est simple ? Les phrases suivantes permettent d'éviter les confusions.

- ***Satellite*** **prend deux *l*, car c'est plus pratique pour voler, et un seul *t*, car il tourne autour d'une seule Terre.**
- **Un professeur a un seul front et deux sourcils.** *(Donc un seul* f*, mais deux* s*)*
- **Colline a deux colonnes et colonne a deux collines.** *(Colonne = l ; colline = n)*

Jeudi 9 septembre

Saint Alain – On fête aussi les Omer, Alana, Alan, Gorgon

Soleil
lever : **7 h 18**
coucher : **20 h 16**

À la Saint-Alain, fais pas ton vilain… ni ton malin !

1-2-3-1-2-3-1-2-3

JAMAIS DEUX SANS TROIS

Treize à la douzaine

Nos ancêtres comptaient facilement grâce à leurs doigts et notamment à leurs phalanges. Tout en manipulant des objets d'une main, des œufs par exemple, ils pouvaient compter de l'autre jusqu'à douze en pliant les quatre doigts sans le pouce. Le chiffre treize, symbolisant une phalange surnuméraire, était symbole de générosité. « Treize œufs à la douzaine », c'était treize œufs pour le prix de douze !

1-2-3-1-2-3-1-2-3

AVEZ-VOUS LE FORMULAIRE ?

Le processus de recrutement des universités américaines est long et fastidieux : il consiste en une série de formulaires, questions et rédactions à effectuer pour attirer l'attention du jury. Si certaines universités donnent dans le classique, d'autres en revanche se démarquent. C'est le cas de l'université Brandeis, qui demanda, une année à ses candidats : « Préférez-vous être élevé par des robots, des dinosaures ou des aliens ? Pourquoi ? » Pas facile, celle-là !

VIEILLISSEMENT MASSIF DE LA POPULATION

TROP DE PESTICIDES !
les insectes ont disparus de nos pare-brises

LE CHIFFRE

5

C'est, en tonnes, la quantité quotidienne de plastiques collectés actuellement dans la mer grâce au REV, un nouveau navire de nettoyage exploité par le Fonds pour l'environnement mondial. Le REV, qui permet également d'observer l'océan jusqu'à 6 000 m de profondeur, récupère et transforme directement à son bord le plastique en utilisant des procédés écologiques. Kjell Inge Røkke, un milliardaire norvégien, a investi une bonne partie de sa fortune pour la construction de ce navire unique en son genre. Pour expliquer son geste, le mécène, qui dirige l'une des principales entreprises de pêche du pays, a expliqué que sa fortune lui venant de la mer, il avait décidé de lui « renvoyer la balle » ! Comme lui, l'ancien skipper franco-suisse Yvan Bourgnon souhaite nettoyer les océans. Initié en 2015, son projet See Cleaners prévoit de lancer d'ici 2023 un catamaran géant pour collecter les déchets plastiques en mer et le long des côtes.

Solution mots fléchés [p. 267]

	E		G		F		K		P		F	
I	N	O	N	D	A		G	U	E	R	E	T
	C	H	E	I	K	H		T	R	I	D	I
F	A	M	I	L	I	E	R		O	S	E	R
	R		S	U	R	V	E	C	U		R	A
P	T	O	S	E		E	V	A		L	E	I
		K			F	A	U	D	R	A		
B	R	A	D	A	I	S			A	M	A	S
	E	P	E	L	E		F	A	N	A	G	E
E	P	I	C	E		B	O	B	I	N	E	R
	U		R	A	V	A	L	E	M	E	N	T
D	E	C	U		I	L		L	E	U		
		A		T	S	A	R		E	R	S	E
B	A	T	R	A	C	I	E	N			C	L
	B	O	I	T	A	S		O	P	T	A	I
C	O	G	N	A	C		O	S	I	O	N	S
	L	A	C		H	O	P		A	I	D	E
V	I	N	E		E	R	E	I	N	T	E	E

Vendredi 10 septembre

Sainte Inès – On fête aussi les Aubert, Pulchérie

Le flux et le reflux me font "marée". Raymond Devos

L'humanité en chiffres

0,0037

C'est l'écart en jours entre l'estimation maya du cycle lunaire et la réalité scientifique, mesurée par nos instruments modernes. Les Mayas avaient en effet trouvé que la lune faisait un cycle complet en 29,5302 jours, alors que ce dernier dure en réalité 29,53059. Pas loin !

3.1415926535

MONDE DE LA MER

Roi des phares

Le phare de Cordouan, bâti entre 1584 et 1611, surnommé « roi des phares » ou « phare des rois », est le plus ancien de tous ceux qui éclairent encore les côtes françaises. Cette tour renaissance merveilleuse d'élégance et de charme est située dans l'estuaire de la Gironde, à 7 km de la terre, et classée Monument historique depuis 1862. Du haut de ses 67,50 m, il est visible jusqu'à 22 milles nautiques (40 km) de distance. Ses emménagements sont luxueux avec une chapelle, un appartement dit du Roi, la salle dite des Girondins, l'appartement de l'ingénieur avec ses magnifiques lambris courbes, un escalier sublime, des cheminées, des vitraux, des sols en marbre rare… Ce phare est aussi le dernier encore habité par des gardiens en France pour que jamais son feu ne s'éteigne. Ce qui est le cas depuis 410 ans !

Un whisky, s'il vous plaît... Juste 2 doigts !

Métiers d'art

La maison Bettenfeld-Rosenblum existe depuis 1895 et est toujours restée dans son quartier d'origine, à Paris. Cet atelier de gainerie d'art est probablement le plus ancien encore en activité. « Bureau, tables de jeux, sièges, mais également paravents, écrins, fourreaux d'épée ou encore manuscrits en parchemin et bien sûr sous-main, nous travaillons et ennoblissons tout type de cuir sur tout type d'objet », explique David Rosenblum qui perpétue la tradition familiale et un savoir-faire exceptionnel reconnu depuis l'Exposition universelle de Paris en 1900. Cuirs de Cordoue, de Venise, des Flandres ou galuchat, dans cet atelier les artisans utilisent régulièrement des techniques centenaires pour vieillir, reconstruire ou dorer les peaux les plus nobles. La gainerie possède d'ailleurs plusieurs milliers de fleurons, filets, palettes et autres roulettes pour la dorure sur cuir. Grâce à cette collection unique rassemblée au fil des générations, l'atelier peut reproduire à l'identique des frappes monastiques du XIIIe siècle !

LA GAFFE DE L'HISTOIRE

Un petit pas pour la gaffe

Lorsque l'astronaute Neil Armstrong mourut en août 2012, la presse du monde entier voulut lui rendre hommage. Le journal *La Provence*, entre autres, titra en Une : « Neil Armstrong a rejoint les étoiles ». Malheureusement, la photo qui accompagnait l'article montrait Buzz Aldrin, qui posa le pied sur la lune 19 minutes après Armstrong et… toujours vivant !

Samedi 11 septembre

Saint Adelphe – On fête aussi les Bodon, Patient

Soleil
lever : **7 h 21**
coucher : **20 h 11**

Le dramatique de la vieillesse, ce n'est pas qu'on se fait vieux, c'est qu'on reste jeune. Oscar Wilde

WWW.

Utiles et insolites

Grâce à sa communauté d'un million de membres, c'est probablement le meilleur site de dons d'objets. Créé et géré par l'association Donnons, le site au nom éponyme répertorie 20 000 annonces d'objets en tout genre à donner : meubles, électroménager, babioles, livres, vêtements, mais aussi tuiles, pièces pour voitures… Une gigantesque brocante écolo et solidaire : https://donnons.org

Étymologie

Pigeon vole, oui, mais cerf vole ?

C'est parce que ses mandibules proéminentes rappellent les bois d'un cerf que l'on a donné au lucane, ce gros coléoptère volant, le nom de *cerf-volant*. En revanche, l'étymologie du nom du jeu est plus obscure : les étymologistes émettent l'hypothèse que *cerf-volant* serait une altération de *serp-volante*, c'est-à-dire « serpent volant », la voile évoluant dans les airs tout comme les serpents ailés, dragons et autres animaux fabuleux.

MUSIQUE

La bonne blague

Jacques Dutronc a un humour bien à lui. Dans les années 1980, alors que Françoise Hardy doit chanter dans une émission de télé – exercice dans lequel elle n'est pas forcément à l'aise –, son mari ne trouve rien de plus drôle que de faire accélérer la bande-son. Au-delà de la surprise, Françoise Hardy n'est plus dans sa tessiture et se retrouve à chanter faux pendant trois minutes. Interviewée dans l'émission « Le Divan », la chanteuse parle de rapports sadomasochistes avec son mari. Effectivement !

PROBLÈMES DE MATHS DU CERTIFICAT D'ÉTUDES

Un fermier fait ses comptes de fin d'année. Il a vendu 40 l de lait par jour à 0,25 F le litre, 5 veaux à 458 F l'un, 2 génisses valant chacune 652 F, 120 douzaines d'œufs à 1,80 F la douzaine, 45 quintaux de blé à 36 F l'un, 25 tonnes de pommes de terre à 0,18 F le kilo et 60 quintaux d'avoine à 32 F le quintal. Il a payé 1 800 F de fermage, 2 605 F de main-d'œuvre, 580 F d'engrais et 185 F d'assurances. Il a versé 1 250 F au maréchal-ferrant et 486 F au charron. Se nourrissant sur les produits de la ferme, il n'a dépensé que 954 F pour son alimentation. Il a placé 4 500 F à la banque.

Question 1 : De quelle somme dispose-t-il pour ses autres dépenses ?

Question 2 : Il pense utiliser cet argent pour acquérir 2 juments dont l'une vaut 245 F de plus que l'autre, et il lui restera 625 F. Quel est le prix de chaque jument ?

1) Il lui reste 3 140 F pour ses autres dépenses.
2) Une jument coûte 1 135 F, et la seconde 1 380 F.

Dimanche 12 septembre

Saint Apollinaire – On fête aussi les Ailbe, Elvis

À la Saint-Elvis, don't be cruel !

Métiers insolites

Fiancé(e) temporaire

Vous en avez marre de la solitude ? Vous ne savez pas quoi répondre à vos parents qui vous demandent quand, enfin, vous aurez un(e) fiancé(e) ? Pas de panique, nos amis asiatiques ont la solution : en Chine et au Japon notamment, vous pouvez louer les services d'un petit copain ou d'une petite copine qui se fait passer pour votre moitié le temps d'un dîner professionnel ou d'une réunion de famille. Rien de charnel dans cette prestation, tout est dans l'apparence.

HEUREUX MARIAGES

Ça reste en famille

Quand le père épouse la mère, rien de plus classique. C'est déjà plus curieux quand les rôles sont inversés, comme lorsque Dominique Lamère épousa Virginie Lepère, le 7 février 1853 à Dottignies en Belgique. Et que dire quand Jean Aufrère se marie avec Jeanne Laseur, comme ce fut le cas à la fin du XVIIIe siècle dans le Cher ?

Nos Régions

Occitanie

Haute-Garonne/Revel

La réputation de la ville de Revel en matière de production de meubles de style, décorés de marqueterie, remonte à 1888. Cette année-là, un ébéniste versaillais nommé Alexandre Monoury s'y installe et devient l'artisan de l'âge d'or de la ville. Moins d'un demi-siècle plus tard, dans les années 1930, on comptera 140 ateliers employant 700 personnes, soit plus d'un habitant sur sept… Aujourd'hui Revel reste la capitale du meuble d'art.

L'ACTU

Gastro-tourisme

Qui l'eût cru ? Selon un récent sondage commandé par le voyagiste en ligne Travelzoo, 55 % des touristes choisissent leur destination de voyage en fonction de la cuisine locale ! Et les moins de 45 ans sont deux fois plus nombreux que les seniors à privilégier la découverte gastronomique pour choisir un séjour. D'après les 9 000 sondés originaires de neuf pays différents (Allemagne, Chine, Canada, États-Unis, France, Italie, Japon, Espagne et Royaume-Uni), les cuisines italienne, chinoise et japonaise sont les plus appréciées de toutes celles qu'ils ont eu l'occasion de goûter et les cuisines thaïlandaise, vietnamienne et coréenne, celles qu'ils souhaitent découvrir. Chauvins ou simplement fins gourmets, les Français se distinguent en classant la gastronomie gauloise devant l'italienne, la japonaise et la grecque. Quant aux spécialités mexicaines, indiennes et brésiliennes, ce sont celles qui suscitent le plus de curiosité chez nos compatriotes. 66 % d'entre eux avouent prendre entre 1 et 3 kg en vacances, sans culpabiliser pour autant.

Lundi **13 septembre**

Saint Aimé – On fête aussi les Farid, Darrell, Lidoire

Soleil
lever : **7 h 24**
coucher : **20 h 07**

La Bourse je m'en fous, j'ai choisi la vie. Guy Bedos

LA GAFFE DE L'HISTOIRE

Le trou du souffleur

Alors qu'une épidémie de grippe sévissait, on demanda à une jeune actrice de remplacer une comédienne malade. Elle comptait sur la souffleuse pour l'aider mais, malade également, celle-ci envoya sa fille de treize ans à sa place. La pièce fut un four et la comédienne de s'excuser : « J'ai appris le rôle très rapidement et, pour comble de malheur, on m'a mis un enfant dans le trou ! »

RECETTE

Gâteau chocolat-courgette

Voici une recette de gâteau au chocolat ultralégère et délicieuse, qui fait manger des légumes aux enfants !

Pour 6 pers. — 20 min de préparation — 30 min de cuisson

- 200 g de chocolat noir
- 1 belle courgette
- 4 œufs
- 80 g de sucre
- 40 g de farine
- 40 g de poudre de noisettes
- 1 pincée de sel

Préchauffez le four à 180 °C (th. 6). Faites fondre le chocolat au bain-marie. Lavez, pelez et mixez finement la courgette en purée. Cassez les œufs et séparez les blancs des jaunes. Montez les blancs en neige ferme avec le sel. Blanchissez les jaunes en les fouettant avec le sucre.
Versez le chocolat sur les jaunes puis ajoutez la farine et la poudre de noisettes. Mélangez soigneusement. Incorporez la courgette puis les blancs en procédant très délicatement à l'aide d'une maryse.
Versez la pâte dans un moule en silicone ou dans un moule classique préalablement graissé et fariné. Enfournez pour 30 min de cuisson. Laissez tiédir avant de déguster.

NOTTO DICO

PANTALON, n. m.
Vêtement à deux jambes qui ne marche pas seul.

PAPIER TOILETTE, n. m.
Indispensable ! Surtout quand on est au bout du rouleau.

PAROLES, n. f. pl.
Encore des mots. Toujours des mots. Les mêmes mots.

PERRUQUE, n. f.
Cheveux prêts à porter.

PHARE, n. m.
Invention totalement inutile en plein jour.

Étymologie

Jouer ou travailler sans avoir faim

John Montagu (1718-1792), comte de Sandwich, était un diplomate anglais. L'historien Pierre-Jean Grosley rapporte dans un récit de voyage qu'il a vu le comte manger une tranche de bœuf entre deux tranches de pain alors qu'il était absorbé dans un jeu. Il est possible que cela ne soit qu'une légende et que le diplomate ait choisi de se faire des sandwichs pour ne pas avoir à quitter son bureau. Quoi qu'il en soit, c'est bien le comte qui a donné son nom à ce type d'en-cas.

Mardi **14 septembre**

La Sainte Croix – On fête aussi les Corneille, Cornaline, Materne

Âme : on râle avant d'être obligé de la rendre et son départ nous laisse froid. Jean Delacour

Pièges de l'ortograƒe (h / ph)

En vue ou au vu ?

Ne confondez pas l'expression « au vu de » avec « en vue de ». La première signifie « compte tenu de » ou « étant donné ». Il faut donc employer le mot « vu » au masculin en évitant absolument le « e » final. En revanche, « en vue de » exprime une intention et prend un « e », se référant au nom féminin « vue » pour exprimer un horizon, un but ou un objectif à atteindre.

Ça s'est passé

Le 14 septembre 1321

Le poète italien Dante Alighieri, auteur de *La Divine Comédie*, né à Florence en 1265, meurt à Ravenne des suites de la malaria, à l'âge de 56 ans.

Ça c'est vache
Les plus belles crasses

Les relations entre la Turquie et Israël n'ont jamais été faciles. Et lorsque le ministre des Affaires étrangères israélien reçoit l'ambassadeur turc, il peut y avoir des coups bas, ou plutôt des chaises basses. En effet, lors d'une visite de l'ambassadeur, le bureau du ministre israélien a assigné à son hôte une chaise ridiculement petite. Il n'en fallait pas plus pour faire un incident diplomatique, suivi d'une coupure des relations entre les deux pays. Mais que font les adultes ?

ÇA C'EST... Faits divers

Il y a 20 ans, les attentats du 11 septembre ont totalement occulté une incroyable histoire d'escroquerie orchestrée par un ancien policier. Tout commence en 1987 lorsque McDonald's propose sur ses gobelets de soda et cornets de frites des petites vignettes Monopoly. En grattant l'enveloppe qui les recouvre, le client peut gagner des boissons, des menus, ainsi que des télés, des voitures et même de l'argent, jusqu'à un million de dollars. Jerome Jacobson, un ex-flic, est embauché par le sous-traitant qui imprime et distribue les fameuses vignettes. Son travail consiste à insérer celles-ci dans les enveloppes à gratter puis à déposer ces dernières dans chaque enseigne à travers le pays. Rapidement, il vole un premier ticket d'une valeur de 25 000 dollars, qu'il offre à son beau-frère, puis monte un véritable trafic de vignettes gagnantes. Entre 1989 et 2000, tout fonctionne à merveille pour « Oncle Jerry » et son réseau. Mais le 10 septembre 2001, Jacobson est interpellé à la suite d'une dénonciation anonyme. Tous les médias sont alors braqués sur l'homme qui a escroqué McDonald's pour 24 millions de dollars ! Et le lendemain de son arrestation, Al-Qaïda l'envoie aux oubliettes de l'actualité...

GRANDS MOMENTS DU CYCLISME

Bien qu'à l'époque le nombre des caméras et journalistes suivant le Tour de France ne puisse pas tout à fait tenir la comparaison avec le battage médiatique du vélo d'aujourd'hui, la performance d'Albert Bourlon le 11 juillet 1947 n'est pas près de sortir des mémoires, ni des annales. En effet, il signe ce jour-là le record de la plus longue échappée jamais faite sur le Tour de France, avec des chiffres hallucinants. Jugez plutôt : 253 km d'échappée entre Carcassonne et Luchon à une moyenne hallucinante de 31 km/h (imaginez un peu le poids des vélos de l'époque...). Son record a encore de beaux jours devant lui puisque les étapes complètes ne font que très rarement plus de 253 km, et qu'aucun cycliste moderne n'est assez fou pour espérer tenir 250 km seul face au peloton...

À la Saint-Roland, j'en reste comme deux ronds de flan !

Métiers insolites

Dormeur professionnel

Si vous êtes un gros dormeur, ce métier est sans aucun doute pour vous. Il s'agit du métier de dormeur professionnel : des personnes au sommeil particulièrement régulier sont payées par les hôpitaux et les laboratoires pour servir de sujets de référence dans des études sur le sommeil et les troubles associés. Évidemment, les places sont rares. Et on imagine la facilité de l'entretien d'embauche...

Histoires paranormales

Couty coupé

L'invention de M. Guillotin, censée procurer une fin instantanée et « propre » aux condamnés à mort, suscita un vaste débat durant tout le XIXe siècle. Certains scientifiques pensaient en effet que les décapités continuaient à être conscients quelques minutes ou plus après leur exécution. Dans « Le secret de l'échafaud », Villiers de l'Isle-Adam raconte l'expérience du chirurgien Velpeau (l'inventeur de la bande) sur son confrère Couty de la Pommerais, guillotiné pour meurtre en 1864. Ce dernier devait cligner trois fois de suite de l'œil droit après sa décapitation pour lui prouver la survie momentanée de sa tête. Mais les résultats de l'expérience ne furent pas concluants : la tête décapitée de Couty répondit bien aux injonctions de Velpeau, mais en clignant *une seule fois* de son œil droit…

CHERS DISPARUS

La crevette d'eau douce

Elle s'appelait Syncaris pasadenae, c'était une petite crevette d'eau douce qui vivait dans la rivière Santa Ana et le fleuve Los Angeles, près de Pasadena, aux États-Unis. Lorsque ces cours d'eau californiens ont été canalisés sur la quasi-totalité de leur longueur dans les années 1930, elle a complètement disparu. C'est le seul crustacé éteint au XXe siècle.

Théories du complot

Le Grand collisionneur de hadrons

Le Grand collisionneur de hadrons (mis en service en 2008) est une merveille scientifique, dont la construction et l'utilisation va sans aucun doute avoir de nombreuses répercussions sur l'humanité et la science. Cet énorme accélérateur de particules situé entre la France et la Suisse a plusieurs objectifs scientifiques complexes, qu'on ne développera pas ici. Mais selon certains conspirationnistes extrémistes, cet immense anneau dans lequel on fait tourner des particules pourrait avoir un effet secondaire assez délétère : ouvrir les portes de l'enfer. En effet, il n'est pas certain que ce soit ce que les concepteurs avaient en tête, mais il faudrait se poser assez sérieusement la question ! Heureusement que certains pensent à tout !

Jeudi 16 septembre

Sainte Édith – On fête aussi les Cyprien, Ludmilla, Régnault

À la Sainte-Édith, ne prends pas de cuite.

Le bon mot de l'histoire

1515 – 1789

16 septembre 1824 :
« Allons, finissons-en, Charles attend. »
Louis XVIII

D'après Victor Hugo, Louis XVIII était à la fois roi de France et roi du calembour. Peu avant de trépasser, le corps rongé par la gangrène, le souverain aurait ainsi lancé sa boutade. Ce « charlatan » (Charles attend) est évidemment son frère, l'austère comte d'Artois avec lequel il entretenait des rapports exécrables et qui lui succédera sous le nom de Charles X. Ou peut-être s'adresse-t-il à ses médecins, impuissants à soulager les souffrances qu'il endurait depuis si longtemps ?

Nos Régions

Nouvelle-Aquitaine

Corrèze/Concèze

Dans les années 1950, pour faire face à l'élevage bovin en déclin, on suggéra aux agriculteurs corréziens de se reconvertir dans la framboise. Le succès fut tel qu'aujourd'hui le département est la première zone française de production de la baie et continue de croître. À Concèze, on lui consacre même une fête depuis plus de vingt ans, avec notamment la réalisation (et la dégustation) d'une tarte géante. Celle de 1997 détient le record de la plus grande tarte à la framboise circulaire du monde dans le Livre Guinness world Records et a nécessité 23 800 framboises !

Vitesse limitée à 20km/h en centre ville...

Au Jardin

BRF

Le BRF, qui signifie « bois raméal fragment », est une technique déjà ancienne (années 1970), mais encore insuffisamment connue et pratiquée. La méthode est simple : on répand en surface une couche de 3 cm d'épaisseur de jeunes rameaux de feuillus broyés. Le but est de rendre vivants des sols qui ont été dégradés par trop de labourage et de produits chimiques. Le processus demande quelques mois, variant selon l'état et la nature du sol. Il passe d'abord par le développement de mycéliums, puis par celui d'une faune et d'une flore souterraines abondantes. Le sol retrouve peu à peu sa fertilité et stocke de l'humidité. Pour produire du BRF, il faut disposer d'un broyeur et de jeunes rameaux, âgés dans l'idéal d'un ou deux ans. L'épandage a lieu en été ou en automne et peut être renouvelé tous les trois ans.

Saint Renaud – On fête aussi les Hildegarde, Ronald, Réginald

Soleil
lever : 7 h 30
coucher : 19 h 59

À la Saint-Renaud, on repart en 4 CV !

WWW.

Utiles et insolites

Ce site canadien comblera les amoureux de la chanson française des années 1870 à 1945. Telle une véritable encyclopédie, il offre des centaines de biographies d'artistes soigneusement rédigées et surtout de multiples versions de chansons anciennes à écouter gratuitement. Des classiques, bien sûr, mais aussi des merveilles inconnues et/ou oubliées : www.dutempsdescerisesauxfeuillesmortes.net/

NOMS D'OISEAUX !

Paon

Faire le paon est, croit-on, l'apanage du mâle en posture de séduction. Mais Balzac applique aussi la comparaison au sexe opposé : « (…) ce manège d'une jeune fille faisant la roue comme un paon au soleil. » Tout de même, ce sont surtout ces messieurs qui jouent les paons : « C'est étonnant comme il fait le paon, papa… » (Maupassant, Bel Ami*), ou qui sont « fiers comme des paons ». L'oiseau au beau plumage est surtout pragmatique : lorsque qu'il a si bien fait la roue que la paonne manifeste son acceptation, il range vite ses belles caudales pour une occupation pour lui plus palpitante.*

1-2-3-1-2-3-1-2-3

JAMAIS DEUX SANS TROIS

Le bouillon d'onze heures

Au XVIIe siècle, « donner le bouillon », c'était « empoisonner ». Quant aux « onze heures » de l'expression, elles évoquent la dernière heure avant minuit (qui marque le début du jour d'après). Quand on dit de quelqu'un que sa dernière heure a sonné, c'est qu'il va passer de vie à trépas sous peu ! Donc servir le bouillon d'onze heures à quelqu'un, c'est clairement vouloir le faire disparaître…

1-2-3-1-2-3-1-2-3

Dans les étoiles

Le Système solaire compte huit planètes principales dont quatre géantes : Jupiter, Saturne, Uranus et Neptune. Ces dernières sont principalement composées de gaz, contrairement aux planètes telluriques (Mercure, Vénus, la Terre et Mars) qui ont un corps solide entouré d'une atmosphère plus ou moins ténue. Jupiter et Saturne sont les plus grosses et les plus proches de nous ; bien visibles à l'œil nu, elles ont été repérées dès l'Antiquité. Cette année, elles seront facilement observables toutes les nuits du mois de septembre dans la constellation du Capricorne, et notamment ce soir, 17 septembre, trois jours avant la pleine Lune. Jupiter et Saturne seront alors situées de part et d'autre de la Lune, à moins de 10° de celle-ci (c'est l'angle sous lequel on voit notre poing à bout de bras).

Samedi **18 septembre**

Sainte Nadège – On fête aussi les Ariana, Ariane, Nadine

Il ne faut pas lâcher la canne pour la pêche. Paul Éluard

NOMS D'OISEAUX !

Oie

L'oie serait loin d'être sotte. Pour Buffon, elle est même « dans le peuple de la basse-cour, un habitant de distinction ». D'où vient alors que l'on associe son nom à la bêtise ? L'insulte s'applique surtout aux femmes (« Une petite femme bête comme une oie » Balzac), et quelquefois aux hommes (« Monsieur le marquis, vous êtes une oie ! » Labiche). Quant à l'oie blanche, elle est à la fois niaise et candide ; toutefois, elle peut vite s'initier en se livrant à un jeu de l'oie d'un genre particulier : « Mon nouvel amant d'outre-mer avait fait vœu de se borner aux plaisirs de la petite oie » (Boyer d'Argens, Thérèse philosophe*).*

Le coin lecture

Les Immortelles, de Makenzy Orcel

Un texte brut et aussi puissant que l'histoire qu'il porte. Celle d'une prostituée d'Haïti qui demande à un écrivain de raconter la vie de la « petite », une jeune fille qu'elle avait prise sous son aile dès son arrivée dans la maison close et qui est morte dans le tremblement de terre de 2010… Le langage est parfois cru, le style toujours direct, percutant et poétique ; l'auteur ne parle pas pour ne rien dire, certains chapitres se limitent même à un paragraphe sur une demi-page. Ce premier roman très remarqué rend hommage aux destins brisés des « petites gens » de Port-au-Prince.

MUSIQUE

Jeux de mains

Le premier succès d'Angèle est arrivé avec « La Loi de Murphy », expression américaine policée que l'on peut traduire par notre fameuse et bien française « journée de merde ». La jeune Belge n'en est pas à un paradoxe près, arrivant dans la même phrase à évoquer ses treize années de piano classique, son intérêt pour le jazz, son kiff pour le rap, tout en se disant particulièrement fan… d'Hélène Ségara. Avec Angèle, ce « plat pays qui est le sien » prend tout de suite un peu plus de relief.

L'ACTU

Décès interdit

Depuis un an, à La Gresle, dans la Loire, il est interdit de mourir chez soi le week-end ou les jours fériés. La maire de cette commune de 850 habitants a en effet pris un arrêté municipal absurde pour dénoncer une situation, à ses yeux, ubuesque. Un dimanche, alors qu'elle cherchait un médecin pour faire constater un décès à domicile, indispensable avant toute opération funéraire, l'élue n'a pu que constater l'absence de praticiens disponibles dans tout son secteur. Il lui a fallu près de trois heures pour simplement réussir à décrocher un rendez-vous. À travers sa décision, l'édile explique vouloir interpeller les autorités sur cette situation préoccupante, que partagent d'autres territoires devenus de véritables déserts médicaux. Cette pénurie des professionnels de santé est doublement injuste, car les praticiens qui exercent dans ces zones sont obligés de multiplier les consultations, au risque de l'épuisement.

Dimanche 19 septembre

Sainte Émilie – On fête aussi les Emilia, Javier, Janvier

Soleil
lever : **7h33**
coucher : **19h54**

À la Sainte-Émilie, difficile d'être plus jolie !

HEUREUX MARIAGES

Elle a retrouvé son chat !

Dans la chanson populaire, la Mère Michel a perdu son chat. Elle crie même par la fenêtre à qui le lui rendra… Heureusement, dans la vraie vie, Félicie Michel n'a jamais été séparée d'Henri Minoux, son époux. Ils vivaient heureux dans les Vosges au début du XXe siècle. Et comme disait le Père Lustucru : « Voyez, la Mère Michel, votre chat n'est pas perdu ! »

DEVINETTES

Quand est-il recommandé de manger des pruneaux ?

Réponse : À jeun

NOTTO DICO

POINT D'EXCLAMATION, n. m.
S!gne de ponctuat!on qu! ressemble au !

PORTAIL, n. m.
Tout le contraire d'une fenêtre où l'on accroche des oignons.

PORTE, n. f.
Panneau de bois que l'on vous invite à emporter en dédommagement lorsque vous êtes viré.

POTACHE, n. m.
Soupe faite avec des légumes tels que le chou, les flacholets, les asperches ou la courche. Et parfois même une pointe de chimchembre.

POULPE, n. m.
Pieuvre en six lettres.

CHAUD DEVANT !

DANS LES PAS DE GRETA

La jeune Suédoise Greta Thunberg n'a pas froid aux yeux. Devenue la figure de proue du mouvement de la jeunesse contre l'inaction des politiques face au dérèglement climatique, la militante a commencé, âgée d'à peine 15 ans, par faire « la grève de l'école » devant le Parlement suédois. Son discours devant les Nations unies, en novembre 2019, a marqué les esprits : « Comment osez-vous ? (…) Vous m'avez volé mes rêves et mon enfance avec vos mots vides. » La route de cette jeune fille, qui n'hésite pas à braver les puissants, risque d'être longue. Mais c'est avec de l'audace qu'on fait évoluer les mentalités et qu'on provoque des actes !

Voyager par les séries TV

Gomorra et *L'Amie prodigieuse*

Voir Naples et mourir. La série *Gomorra*, tirée du roman éponyme, n'échappe pas à l'adage. Deux clans de la Camorra, la mafia napolitaine, s'opposent pour prendre le contrôle de la ville. Cette histoire, inspirée de faits réels, est typiquement napolitaine. On y découvre une ville hérissée de tours, de hangars désaffectés et de bâtiments délabrés, bien loin du cliché touristique… Dans *L'Amie prodigieuse*, série également adaptée d'un roman en partie autobiographique, on découvre Naples dans les années 1950, au cœur d'un quartier populaire, dans une Italie encore très marquée par le fascisme. Deux fillettes vont devenir amies et, au fil des années, vont lutter chacune à sa façon, pour échapper à une société exclusivement patriarcale. Comme dans *Gomorra*, violence et luttes de pouvoir ne sont jamais loin…

Lundi 20 septembre

Saint Davy – On fête aussi les Eustache, Egat, Gwenlaouen

Il pleut dans ma chambre, j'écoute la pluie, douce pluie de septembre
Qui tombe dans mon lit. Charles Trenet

Nos Régions

Île-de-France

Essonne/Milly-la-Forêt

La culture de la menthe poivrée fait la réputation de Milly-la-Forêt. L'appellation « menthe de Milly » qualifie d'ailleurs une variété spécifique de cette plante, plus parfumée, aromatique et forte que les menthes poivrées habituelles. C'est dans les années 1890 que les agriculteurs locaux vont développer une production déjà bien ancrée dans les traditions locales. Un certain Armand Darbonne aurait facilité la commercialisation de la plante en mettant au point un lit de séchage, connu aujourd'hui sous le nom de « séchoir de Milly », permettant aux feuilles desséchées de se conserver plus longtemps.

Rébus

BANDE LETTRIQUE

Pièces de théâtre françaises

HOLLANDE

HOLLANDE ←

Petite Hollande, Sacha Guitry

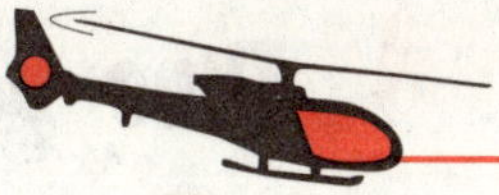

Au secours... de l'impossible

Janvier 2018, nous sommes sur les pentes du K2, le deuxième sommet le plus haut du monde, surnommé « la montagne sans pitié ». Une équipe d'alpinistes polonais s'apprête à faire l'ascension de sa vie. Mais ils apprennent par radio que deux autres alpinistes, dont la Française Élisabeth Revol, sont en détresse sur le Nanga Parbat, couramment appelé « la montagne tueuse ». Acclimatés à l'altitude, ils sont rapidement convaincus qu'ils sont les seuls à pouvoir agir suffisamment vite pour espérer les sauver et proposent leur aide, renonçant à leur propre ascension. Récupérés puis déposés par hélicoptère sur le Nanga Parbat, ils parviennent en effet à sauver l'alpiniste française, mais il est déjà trop tard pour son compagnon de cordée, Tomasz Mackiewicz, dit « Tomek », resté plus haut dans la montagne…

LE CHIFFRE

27 772

C'est précisément le nombre de femmes qui ont postulé pour accompagner Yusaku Maezawa, un milliardaire japonais fantasque qui doit s'envoler en 2023 à bord de Starship, le vaisseau spatial construit par le milliardaire australo-américain tout aussi fantasque, Elon Musk. En effet, le quadragénaire a annoncé son intention d'emmener une petite amie avec lui dans l'espace. Pour trouver cette âme sœur, le businessman a lancé un concours en partenariat avec une chaîne de télévision. Après une présélection drastique, une émission de téléréalité devait lui permettre de choisir l'heureuse élue parmi une quinzaine de candidates. Pour figurer dans cette présélection, les prétendantes devaient remplir certaines conditions, comme avoir plus de 20 ans, souhaiter la paix dans le monde et, bien sûr, être capable de suivre une préparation physique pour aller dans l'espace. Finalement, Yusaku Maezawa a annulé le concours. Peut-être s'est-il aperçu que la méthode n'était pas idéale pour rencontrer l'amour, le vrai…

Mardi **21 septembre**

Saint Matthieu – On fête aussi les Mathé, Déborah

Soleil
lever : **7 h 35**
coucher : **19 h 50**

À la Saint-Mathieu, va embrasser tes vieux.

Ça s'est passé

Le 21 septembre 1921

Une explosion a lieu dans un silo contenant 4 000 tonnes d'engrais chimiques à Oppau, en Allemagne. La ville est dévastée : il y a près de 500 victimes.

Correspondance (très) intime

« J'adore vous fouetter, vous serrer, tirer vos cheveux noirs... Ensemble, nous sommes heureux à nous enfoncer des aiguilles, à nous aimer, à ne pas trop nous comporter en adultes... » Ces mots sont du romancier britannique Ian Fleming, créateur du célébrissime agent 007. Il les adresse à la fin des années 1930 à sa maîtresse et future épouse, Ann Charteris. Pendant 20 ans, de la naissance de leur idylle secrète jusqu'aux dernières années de leur mariage, Ian Flemming écrira à « son cochon chéri ». Ces missives lèvent le voile sur la vie intime du couple, révélant notamment leurs pratiques sadomasochistes. Outre les commérages sur la haute société anglaise de l'après-guerre, elles racontent aussi – surtout ? – la genèse et l'ascension fulgurante de James Bond.

Vino populum

Muscadet-sèvre-et-maine

Muscadet est l'autre nom du cépage melon et celui de plusieurs vins : muscadet, muscadet-sèvre-et-maine, muscadet-côte-de-grandlieu et muscadet-coteaux-de-la-loire. Arrêtons-nous sur le muscadet-sèvre-et-maine que l'on réserve bien souvent aux fruits de mer. Certes, l'idée est bonne, mais nous, c'est avec un pont-l'évêque, voire un reblochon qu'on l'aime, surtout lorsque le vin a été élevé sur lie. Les arômes de fruits blancs et d'agrumes sont alors plus riches et la rondeur accentuée.

Problèmes de maths du certificat d'études

Un salarié veut passer ses 26 jours de congés payés dans un hôtel du bord de mer où la pension coûte 20 F par jour. Il compte que ses dépenses accessoires atteindront le quart du prix de la pension. Cet employé a un traitement brut de 500 F par mois sur lequel on lui retient 6 % pour la Sécurité Sociale. Sachant qu'il économise ordinairement 1/10e de son traitement net annuel, de combien devra-t-il réduire ses dépenses d'une année pour pouvoir payer ses vacances ?

Afin de pouvoir payer la totalité de ses dépenses de vacances, le salarié devra économiser 86 F de plus qu'habituellement dans l'année.

Mercredi **22 septembre**

Soleil
lever : 7h37
coucher : 19h48

Saint Maurice – On fête aussi les Gaïane, Laud, Emeran

Le vingt-deux de septembre, aujourd'hui, je m'en fous et c'est triste de n'être plus triste sans vous.
Georges Brassens

Compiler les Perles

Au bout de la langue…

Qui l'a dit ? Un élève qui préfère tenter le tout pour le tout plutôt que de s'assurer un zéro pointé. La perle : « J'ai la réponse au bout de la langue, je vous jure madame, mais elle vient pas. Vous pouvez me mettre quand même les points, parce que je vous jure que je la connais, en vrai ! » Réponse astucieuse du professeur : « J'ai les points au bout de mon stylo, mais l'encre ne vient pas… »

L'ACTU

Puce téléportée

Cette avancée scientifique majeure vous a probablement échappé et pourtant, c'est une révolution pour la physique : pour la première fois, des scientifiques ont réalisé une téléportation quantique entre deux puces informatiques qui n'étaient pas physiquement connectées. Cet exploit a été rendu possible grâce à « l'intrication quantique », phénomène fondamental de la mécanique quantique mis en évidence par les physiciens Einstein, Podolsky et Rosen en 1935, mais jamais observé. Lorsque deux particules sont intriquées ou « enchevêtrées », elles forment un système unique, la modification des propriétés d'une particule affectant instantanément celles de l'autre, et ce, quelle que soit la distance qui les sépare. L'expérience réalisée par des chercheurs de l'université de Bristol et de l'université technique du Danemark ouvre la voie aux ordinateurs quantiques qui pourraient résoudre des problèmes beaucoup plus complexes que ceux traités par les ordinateurs classiques.

UNE LOI INTERDIT LES PRODUITS À USAGE UNIQUE

Nos Régions

Auvergne-Rhône-Alpes

Cantal/Mauriac

La cascade de Salins, considérée comme l'une des plus belles cascades d'Auvergne, est la plus visitée du Cantal. Ici, dans le canton de Mauriac, la rivière Auze sort des montagnes et se précipite dans un abîme d'une trentaine de mètres. Le promeneur peut en admirer la chute à distance et même en passant entre le rocher et l'eau, grâce à un chemin aménagé dans une cavité.

LE SLIP KANGOUROU

Fils et filles de…

Être l'enfant d'un dictateur, ce n'est déjà pas facile, mais quand en plus les parents se séparent et se disputent le droit de garde, les choses peuvent vite dégénérer. Fidelito Castro (qui signifie littéralement « Petit Fidel ») est le fils aîné de Fidel Castro et de Mirta Diaz Balart. Né en 1949, il a fait les frais de cette guerre parentale d'une manière plutôt extraordinaire : après le divorce de ses parents, il a d'abord été retenu par son père jusqu'à ce que sa mère organise un enlèvement en règle, digne des meilleurs films d'action, avec hommes cagoulés et van qui démarre en trombe. Piqué au vif, le leader cubain l'a enlevé à son tour en 1959 et l'a gardé sous sa coupe jusqu'à sa mort. Bonne ambiance !

Saint Constant – On fête aussi les Line, Constance

Soleil
lever : **7 h 38**
coucher : **19 h 46**

À la Saint-Constant, même sous le vent, toujours content !

NOTTO DICO

PIÈGE, n. m.
Plan marketing réussi.

PISCINE, n. f.
Grande réserve privée d'eau potable où l'on ajoute du chlore afin de la rendre totalement impropre à la consommation.

PIZZA, n. f.
Support comestible pour anchois.

PLATANE, n. m.
Arbre poussant le long des routes françaises.

PLUIE, n. f.
Phénomène météorologique insatisfaisant. Il y en a toujours trop ou pas assez.

ILS ONT DIT

« Pour les aveugles, on dit non-voyants, pour les sourds, non-entendants, et pour les cons, non-comprenants. »

Guy Bedos

VERMOT'ROSCOPE

BALANCE (23 septembre - 22 octobre)

Caractère

Pondéré, calme, émotif, sensible, esthète, artiste, séducteur, charmant, sentimental, doux, diplomate, curieux, communicatif, sociable, compréhensif, de bonne écoute, juste, droit, adaptable, sincère, honnête, aspirant à l'équilibre, mélancolique, influençable.

Le message des astres

Belle année en perspective mise sous l'alliance Jupiter-Saturne dans un signe ami du vôtre. Vous aurez l'occasion de vous imposer et de vous épanouir dans tous les secteurs de votre vie.

Vie relationnelle

Cette année sera marquée et rythmée par de très belles rencontres. Votre vie sociale sera riche, épanouissante et enthousiasmante. En mars et en avril, allez vers les autres et acceptez les invitations. De juin à juillet, de très beaux moments en perspective !

Amour

En couple, vous aurez l'occasion de donner un nouvel élan à votre relation. C'est une superbe année pour multiplier les projets, officialiser une relation et vous ouvrir à la nouveauté. Sur le premier trimestre, misez sur les échanges et rapprochez-vous de votre partenaire. En mai et en juin, pimentez votre quotidien. En septembre et en octobre, laissez plus de place à la passion et à la fantaisie.
Célibataire, la conjoncture astrale sera favorable à une rencontre durable. Donnez-vous toutes les chances d'y accéder. De janvier à avril, acceptez les invitations et restez ouvert à l'amour. En septembre et en octobre, si vous faites une rencontre, vivez-la à fond sans vous poser de questions.

Famille

Vous vous sentirez très proche de ceux et celles que vous aimez. Certains éprouveront le besoin de passer plus de temps avec leur entourage. D'un bout à l'autre de l'année, les astres influenceront positivement votre vie et vos relations familiales.

Quotidien et vitalité

Plein d'énergie, vous saurez venir à bout de toutes vos obligations. Déterminé et volontaire, vous ne lâcherez rien. 2021 est une formidable année pour les loisirs en tout genre. Sur le premier trimestre, vous déborderez d'enthousiasme. Avril et octobre vous trouveront au top de votre forme.

Budget

En 2021, vous aurez la possibilité d'améliorer votre situation financière. De belles rentrées d'argent sont à prévoir, surtout en mai et en septembre. D'octobre à novembre, faites preuve de prudence et évitez les dépenses inutiles.

Comment optimiser votre année

Multipliez les projets. Ouvrez-vous à la nouveauté. Osez. Imposez-vous. Ayez confiance en vous, et ce, quel que soit le domaine.

Soleil
lever : **7 h 40**
coucher : **19 h 44**

Vendredi 24 septembre

Saint Thècle – On fête aussi les Andoche

Mon Automne éternelle ô ma saison mentale. Guillaume Apollinaire

Nos Régions

Bourgogne-Franche-Comté

Yonne/Auxerre

En 581, un grand synode fut tenu à Auxerre par saint Aunaire qui formula quarante-cinq conclusions dont certaines sont éclairantes sur les habitudes de son époque. Il était défendu, par exemple, de se déguiser en vache ou en cerf le 1er janvier et de se livrer aux plaisirs et aux excès de la table. Un article interdisait aux laïques de danser dans les églises, d'y faire chanter des filles ou d'y donner des festins. Un autre défendait aux prêtres de dire en un jour deux messes sur le même autel. Ou encore, il était interdit d'enterrer un mort par-dessus un autre dans le même tombeau…

L'humanité en chiffres

3.141592653589

180

C'est le nombre d'hommes avec lequel débarqua l'explorateur Francisco Pizarro sur les côtes de l'Empire inca en 1531. Moins de cinq ans plus tard, presque la totalité des 7 millions d'Incas était soumise à l'autorité espagnole. Une invasion violente et rapide, permise notamment par l'usage d'armes à feu, qui terrorisaient les Incas…

La dictée du mois — L'invention du diable

Maître Cornille était un vieux meunier, vivant depuis soixantes ans dans la farine et enragé pour son état. L'instalation des minoteries l'avaient rendu comme fou. Pendant huit jours, on le vit courrir par le village […] criant de toutes ces forces qu'on voulait empoisonner la Provence avec la farine des minotiers. « N'allez pas là-bas, disait-il ; ces brigands là, pour faire le pain, se servent de la vapeur, qui est une invention du diable, tandis que moi je travaille avec le mistral et la tramontane, qui sont la respiration du bon Dieu… » Et il trouvait comme celà une foule de belles paroles à la louange des moulins à vent, mais personne ne les écoutaient.

Alphonse Daudet, Les Lettres de mon moulin, *1869.*

Solution : soixante, installation, l'avait rendu, courir, ses forces, brigands-là, comme cela, écoutait

Voitures célèbres

Pontiac Firebird Trans Am

Comme la Ford Mustang, la Chevrolet Camaro ou la Dodge Challenger, la Pontiac Firebird fait partie des Pony Cars ayant atteint le rang de légendes sur pneus. Tout simplement parce qu'il s'agit de la voiture conduite par David Hasselhoff, alias Michael Knight, dans la célèbre série américaine *K 2000*. Pour les besoins de la série, celle que l'on connaît tous sous le nom de KITT fut modifiée et munie de fonctions avancées. L'habitacle originellement épuré laissa place à un cockpit digne d'un avion de chasse. Le bouclier avant, quant à lui, fut retravaillé pour intégrer le fameux scanner représentant les « yeux » de KITT, l'ordinateur de bord doué d'intelligence artificielle qui fut le fidèle compagnon de Michael Knight entre 1982 et 1986.

Samedi **25 septembre**

Saint Hermann – On fête aussi les Solenne, Cléophas

Soleil
lever : **7h41**
coucher : **19h41**

À la Sainte-Solenne, comme tu es vilaine !

LUTTES ET HÉROS POPULAIRES

L'AFFAIRE DE CLICHY

Le 1er mai 1891, dans les rues de Levallois, un petit groupe de militants anarchistes défile derrière le drapeau rouge, puis se réunit chez un marchand de vin de la commune voisine de Clichy. Mais le commissaire de Levallois, excédé par ce défilé non autorisé, traque les militants jusque dans leur taverne, où ils sont arrêtés par les forces de police avec une violence inouïe. Les anarchistes sont si « abîmés » qu'ils ne seront présentés au tribunal que plusieurs jours plus tard. Cet événement sera le premier d'une série de représailles et d'affrontements entre groupes anarchistes et police, qui finira par la mort des célèbres Ravachol, Henry et Vaillant en 1892, 1893 et 1894.

Voyages en train

Petites tables nappées de blanc, moquette mouchetée et banquettes à fines rayures dorées, le Golden Eagle Danube Express est tout en élégance. Il traverse l'Europe centrale et de l'est au départ de Venise. Durant 11 jours, différentes cartes postales défilent sous les yeux des voyageurs : collines verdoyantes, rivages turquoise, somptueux palais, villes dorées fortifiées, tours médiévales et basiliques centenaires. Avant d'arriver à Istanbul, son terminus, le train s'arrête à Trieste, Ljubljana, Sarajevo, Dubrovnik, Belgrade, Skopje et Sofia. Un véritable concentré des Balkans et de leurs richesses, tout en profitant d'un confort luxueux qui fait la part belle à la gastronomie régionale.

Rétro Vermot

« Vous avez donc changé de bonne ?
– Maman a renvoyé l'autre : elle était trop mal élevée.
– Ah !
– Oui, elle disait « tu » à ma poupée. »

LE CHIFFRE

300 000

C'est, en millions d'euros, le prix de l'appartement le plus cher du monde. Si ce penthouse de 3 300 m² est toujours en vente, son propriétaire, le groupe Marzocco, spécialiste de l'immobilier de luxe à Monaco, a trouvé un locataire il y a quelques mois. Aménagé sur les cinq derniers étages de la Tour Odéon, plus haut édifice de la principauté, l'appartement était inoccupé depuis l'inauguration du gratte-ciel en 2015. Parmi les diverses commodités offertes par ce logement, citons pêle-mêle une piscine à débordement, une salle de fitness, un spa, une salle de cinéma privée, des cuisines à chaque étage et un toboggan offrant une vue panoramique sur le Rocher et la grande bleue, jusqu'aux côtes italiennes. Marzocco n'ayant pas souhaité divulguer le nom de l'heureux locataire ni le montant du loyer acquitté, les spécialistes du marché monégasque estiment celui-ci à 600 000 € par mois. Minimum.

Dimanche **26 septembre**

Saint Côme et Saint Damien – On fête aussi les Damia, Cosima

Voici que la saison décline, l'ombre grandit, l'azur décroît, le vent fraîchit sur la colline,
L'oiseau frissonne, l'herbe a froid. Victor Hugo

Rétro Vermot

Le prévenu :
« Je n'étais pas ivre, Monsieur le juge : j'étais seulement pris de boisson. »
Le juge :
« Ah ! C'est différent, en effet. J'allais vous condamner à un mois de prison, mais du coup ce sera trente jours. »

Ha! Ha! Ha!

C'est la rentrée des classes. Alors que les lycéens patientent dans la cour avant d'entamer leur première heure de cours, un redoublant interpelle une jeune fille apparemment nouvelle :
« Bienvenue en enfer ! Le principal est un vrai con !
– Ah ! répond l'autre. Mais sais-tu qui je suis ?
– Bah non, fait le jeune gars un peu surpris.
– Je suis la fille du principal, figure-toi, petit comique ! lui lance la fille, mi-bravache mi-courroucée.
– Et moi, tu sais qui je suis ? lui réplique du tac au tac le garçon.
– Non, répond la lycéenne.
– Super ! Alors tout va bien ! Allez ciao ! dit le garçon en s'éloignant. »

RECETTE

Quiche à la tomate

Pour 4 pers. 15 min de préparation 30 à 35 min de cuisson

1 pâte brisée
1 cuil. à soupe bombée de moutarde à l'ancienne
1 échalote
4 à 6 tomates (selon la taille)
4 œufs
20 cl de crème fraîche
30 g de gruyère râpé
10 g de beurre
Poivre

Préchauffez le four à 200 °C (th. 6-7). Déroulez la pâte et disposez-la dans le moule, piquez-la à la fourchette puis étalez la moutarde au fond.
Coupez les tomates en rondelles. Disposez la moitié des d'entre elles sur le fond de tarte.
Pelez et émincez l'échalote, puis faites-la revenir quelques minutes à la poêle dans du beurre.
Cassez les œufs dans un cul-de-poule. Battez-les avec la crème et le gruyère puis ajoutez les échalotes et du poivre. Versez l'appareil sur la pâte.
Disposez le reste des rondelles de tomates sur le dessus de la quiche et enfournez pour 30 à 35 min de cuisson.

Conseils : servie avec une salade verte, cette quiche constitue un repas complet et équilibré. Privilégiez les œufs français issus de l'agriculture biologique ou de poules élevées en plein air pour bénéficier de leurs qualités nutritionnelles.

Lundi 27 septembre

Saint Vincent de Paul – On fête aussi les Vincente, Hiltrude

Soleil
lever : **7 h 44**
coucher : **19 h 37**

Automne en fleurs, hiver de rigueurs !

Charade classique

Mon premier est donc un ami,
Il vaut mieux ne pas perdre **mon deuxième**,
Mon troisième est un accord russe,
Mon quatrième est libéré d'une obligation,
Mon cinquième est un sentiment de profonde aversion,
Mon tout a été tour à tour reine de France, puis reine d'Angleterre.

ALIÉNOR D'AQUITAINE
(ALLIÉ – NORD – DA – QUITTE – HAINE)

HEUREUX MARIAGES

Un problème de sexe

Quelle idée traversa l'esprit de Monsieur et Madame Sexe quand ils prénommèrent leur enfant Vincent ? Malgré son nom, l'enfant fut un beau garçon qui se maria et donna naissance à une petite Jeanne. Vingt-deux ans plus tard, le 6 février 1872, celle-ci épousa Claude Petit à Verdun-sur-Doubs, en Saône-et-Loire. Ensemble ils formèrent la famille Petit-Sexe…

Ha ! Ha ! Ha !

Dans un jardin public, un couple de tourtereaux est assis sur un banc. La fille minaude :
« Mon oreille me fait mal… »
Le gars l'embrasse doucement sur l'oreille et demande :
« Est-ce que ça va mieux maintenant, ma chérie ?
– C'est guéri, glousse la fille, mais maintenant j'ai mal au cou ! »
Et le garçon l'embrasse tendrement dans le cou.
« Est-ce que ça va mieux maintenant, mon cœur ?
– C'est soigné, roucoule la demoiselle. Mais maintenant, j'ai très mal à l'épaule.
– Excusez-moi, dit alors poliment un vieil homme assis sur le banc voisin. C'est vraiment très impressionnant ! Est-ce que vous guérissez aussi bien les hémorroïdes ? »

APRÈS LE TÉLÉTRAVAIL … LES TÉLÉVACANCES

GRANDS MOMENTS DU CYCLISME

Quand on parle de Richard Virenque, on pense souvent à son expulsion de l'équipe Festina en 1998 et à sa marionnette des Guignols de l'info. Mais le moment le plus marquant de la carrière du coureur français est sans aucun doute sa victoire sur le Ventoux en 2002. Voulant prouver à tous qu'il peut tout à fait gagner en étant « clean », Virenque arrive sur ce Tour 2002 gonflé à bloc. Le 21 juillet, dans l'étape qui relie Lodève au sommet du mont Ventoux, l'atmosphère est écrasante, la chaleur étouffante et l'air manque cruellement. Une échappée de 11 coureurs se détache du peloton, dans laquelle se trouve Richard Virenque. Le groupe arrive dans les premiers lacets du Ventoux, et Virenque attaque. Il prend la tête, talonné par le Russe Botcharov. Puis, à 9 km du sommet, coup d'accélérateur surpuissant, et Botcharov est largué. Mètre après mètre, dans un effort surhumain, Virenque parvient au sommet seul en tête. Une magnifique victoire, pour lui et pour le cyclisme !

Soleil
lever : **7h45**
coucher : **19h35**

Mardi **28 septembre**

Saint Venceslas – On fête aussi les Exupère, Eustochium, Konan

Avant la Saint-Michel, ciao les hirondelles !

JOURNÉES PORTES OUVERTES DE LA POLICE

EXPRESSIONS IMAGÉES

Se rincer la dalle

La « dalle », au xve siècle, était le nom donné aux rigoles d'évacuation des eaux de pluie.

Pour parler de quelqu'un qui aime bien boire, et donc pour caricaturer la descente rapide des liquides dans son gosier, on dit qu'il « se rince la dalle » ou encore qu'il « a la dalle en pente ». Par extension, l'expression évoque également les aliments et la faim de celui qui « a la dalle ».

Ça s'est passé

Le 28 septembre 1821

L'Acte d'indépendance du Mexique est signé par Juan José O'Donojú O'Ryan, alors vice-roi du territoire de la Nouvelle-Espagne.

IVRE ET SES SYNONYMES

B	R	E	D	N	I	L	B	B	U	O	R	R	E
W	E	B	N	U	A	V	L	I	E	S	E	B	M
F	D	I	O	E	I	G	R	E	T	U	O	O	E
C	R	B	R	R	R	M	R	E	E	E	R	U	C
D	U	M	P	I	V	V	B	N	T	H	G	R	L
R	O	I	S	O	I	E	I	R	N	N	I	R	E
M	H	Z	T	N	M	V	O	O	I	O	H	E	C
N	S	I	E	E	A	P	P	Z	P	A	M	E	I
E	F	S	C	A	S	E	E	J	E	E	Q	E	U
D	M	H	A	N	U	D	R	T	R	H	R	U	T
P	E	A	A	L	N	B	L	U	T	U	T	P	E
N	A	R	T	I	H	A	X	A	T	E	T	O	C
O	T	F	R	E	X	C	U	A	R	I	T	A	H
R	D	B	Q	E	R	R	S	J	B	I	B	M	I

Solution page 291

Trouvez le mot IVRE et ses synonymes cachés dans la grille ci-dessus. Vous les trouverez soit horizontalement, soit verticalement, soit diagonalement. Ils peuvent se lire de gauche à droite ou de droite à gauche. Tous les noms de la liste sont distincts dans la grille, c'est-à-dire qu'aucun nom n'est complètement inclus dans un autre.

AVINÉ
BEURRÉ
BITURÉ
BLINDÉ
BOURRÉ
BRINDEZINGUE
CUITÉ
ÉMÉCHÉ
ENIVRÉ
EXALTÉ
GRIS
HOURDÉ
IMBIBÉ
IMBRIAQUE
IVRE
NOIR
PAF
PÂMÉ
PINTÉ
POIVRÉ
POMPETTE
RÉTAMÉ
ROND
SATURÉ
SCHLASS
SOÛL
TRANSPORTÉ

L'ACTU

Très bonne nouvelle !

Non, tout ne va pas de plus en plus mal dans le monde ! Notre époque étant parfois réduite aux seules catastrophes qui la traversent, il est important de souligner combien certaines situations se sont améliorées. Le dernier rapport de l'ONG britannique Save the Children publié à l'occasion de son centième anniversaire indique qu'au cours des vingt dernières années la vie des enfants s'est sensiblement améliorée dans 173 pays sur 176. En l'an 2000, 970 millions d'enfants avaient été privés de leur enfance à cause de la malnutrition, de mariages forcés ou de grossesses précoces, de l'absence de système éducatif, du travail des mineurs, etc. Ce nombre est aujourd'hui réduit d'un tiers. D'après l'ONG, 115 millions d'enfants supplémentaires ont pu aller à l'école, 11 millions de jeunes filles ont échappé au mariage et 3 millions à une grossesse prématurée. Symbole de ce progrès, la Sierra Leone, autrefois le pays des « diamants du sang » et des enfants-soldats, a réduit de moitié le taux de mortalité infantile ainsi que le travail et les mariages d'enfants depuis 2000.

Mercredi 29 septembre

Saint Michel – On fête aussi les Michèle, Michaëla

Soleil
lever : **7 h 47**
coucher : **19 h 33**

À la Saint-Michel, protège tes logiciels !

FOOTBALL

Le 9 novembre 2013, le jeune défenseur du club anglais Derby County, Andre Wisdom, croyant se rendre au stade pour y disputer un match, a suivi aveuglément les indications délirantes de son GPS. Résultat, il s'est enfoncé dans les bois et a fini par embourber sa Porsche Panamera dans une flaque boueuse de 70 cm de profondeur ! Plutôt que de s'obstiner, Wisdom a abandonné son bolide dans la forêt pour ne pas manquer le match. Sage décision : son équipe s'est imposée ce soir-là 3-0 face à Sheffield !

ILS ONT DIT

« Il vaut mieux être accueilli par quelqu'un à bras ouverts que par personne à Brazzaville. »

Sim

Nos Régions

Bretagne

Ille-et-Vilaine/ Grand-Fougeray

L'entreprise Maillard-La Bainaise, installée au Grand-Fougeray, produit dans les règles de l'art la fameuse andouille, célèbre spécialité bretonne. Respectant une recette à l'ancienne et une charte qualité très exigeante, elle participe également à la valorisation des déchets. En effet, lors de la cuisson, l'andouille se vide de son gras. Cette graisse cuite est alors collectée et débarrassée de ses impuretés ; les résidus de cuisson sont ensuite récupérés pour être valorisés… en biocarburant.

Au Jardin

Les taupes

Cohabiter avec les taupes ? C'est l'attitude la plus sage et la plus éco-responsable. Car que peut-on reprocher à ce petit mammifère ? Au potager, la taupe ne cause que peu de dégâts, puisqu'elle ne mange pas les légumes. Il arrive qu'elle bouleverse les semis, mais c'est en général limité. On peut essayer de l'éloigner temporairement des surfaces cultivées en épandant du purin de sureau. Et le meilleur moyen de limiter le nombre de taupinières sur une pelouse, c'est de nourrir le sol en épandant régulièrement du compost. La faune souterraine, notamment les lombrics, se développe, et la taupe trouve facilement de quoi se nourrir sans avoir besoin de creuser de longues galeries. Mais si vous les éliminez par piégeage, elles seront rapidement remplacées par d'autres, venues du voisinage par voie souterraine.

Le coin lecture

Americanah, de Chimamanda Ngozi Adichie

Ifemelu quitte son Nigeria natal et son grand amour pour suivre des études aux États-Unis. La jeune femme est, pour la première fois de sa vie, confrontée à la discrimination mais elle tente malgré tout de se construire un avenir professionnel. En vain. Après quinze ans en Amérique, elle décide de repartir au Nigeria… Dès les premières pages, le lecteur est captivé par cette jeune héroïne au fort caractère dont il suit le parcours et les déchirures entre deux continents. Le ton est vif, parfois féroce, et l'ironie vient souvent ponctuer les péripéties d'Ifemelu.

Jeudi 30 septembre

Saint Jérôme – On fête aussi les Géronima

À la Saint-Jérôme, évite de marcher à chrome…

Le bon mot de l'histoire

30 septembre 1938 : « Ah les cons, s'ils savaient… »
Édouard Daladier

Au printemps 1938, alors que l'Allemagne vient d'annexer l'Autriche, Édouard Daladier, président du Conseil, accepte de rencontrer Hitler pour tenter d'éviter la guerre. Le 29 septembre 1938, Français, Anglais, Italiens et Allemands signent un « compromis » à Munich. À Paris, tous les journaux titrent : « La Paix ! » et Daladier est acclamé comme un héros par l'immense foule qui l'attend à son retour. Surpris, il marmonne la fameuse tirade. Dans ses *Mémoires*, il dira de façon plus modérée : « Je m'attendais à recevoir des tomates et j'ai reçu des fleurs. »

Solution mots mêlés [p. 289]

B	R	E	D	N	I	L	B	B	U	O	R	R	E
W	E	B	N	U	A	V	L	I	E	S	E	B	M
F	D	I	O	E	I	G	R	E	T	U	O	O	E
C	R	B	R	R	R	M	R	E	E	E	R	U	C
D	U	M	P	I	V	V	B	N	T	H	G	R	L
R	O	I	S	O	I	E	I	R	N	N	I	R	E
M	H	Z	T	N	M	V	O	O	I	O	H	E	C
N	S	I	E	E	A	P	P	Z	P	A	M	E	I
E	F	S	C	A	S	E	E	J	E	E	Q	E	U
D	M	H	A	N	U	D	R	T	R	H	R	U	T
P	E	A	A	L	N	B	L	U	T	U	T	P	E
N	A	R	T	I	H	A	X	A	T	E	T	O	C
O	T	F	R	E	X	C	U	A	R	I	T	A	H
R	D	B	Q	E	R	R	S	J	B	I	B	M	I

Maisons d'artistes

« Quand on est né là-bas, c'est foutu, rien ne vous dit plus ! » déclarait Cézanne à propos de sa Provence natale. Né à Aix-en-Provence en 1839, « le père de l'art moderne » restera fidèle à la région dont il a sublimé les paysages, ceux de la montagne Sainte-Victoire, toute proche, en particulier. Après la vente de la bastide familiale du Jas de Bouffan, le maître du fauvisme, fou amoureux de la nature, fit construire un mas-atelier sur la colline des Lauves, au nord d'Aix. Jusqu'à sa mort en 1906, Cézanne travailla tous les matins dans cet atelier baigné de lumière, qu'il a peuplé d'objets qui lui étaient chers. On y retrouve aussi les modèles de ses célèbres natures mortes (pommes, vases, vaisselle…), ses chevalets, ses croquis, ainsi que sa blouse et son célèbre chapeau !

Atelier de Cézanne, 9 avenue Paul-Cézanne, 13090 Aix-en-Provence

Histoires paranormales

Membres fantômes

Dans « La main enchantée », Nerval imagine la main d'un pendu, tranchée par le bourreau, s'enfuyant par bonds pour rejoindre un escamoteur qui l'utilise pour ouvrir magiquement des serrures. Dans « La main enchantée », Maupassant évoque la main coupée momifiée d'un criminel étranglant celui qui l'avait achetée. Dans son roman *Les Mains d'Orlac*, Maurice Renard met en scène un pianiste ne contrôlant plus les mains qui lui ont été greffées à la suite d'un accident et qui proviennent d'un assassin guillotiné. Faut-il parler de *membres fantômes* ? Non, car au sens médical, l'expression désigne la sensation persistante d'un membre chez un patient amputé, alors qu'il s'agit ici du membre lui-même. Tandis que la médecine fait *disparaître* le membre, la littérature le fait *réapparaître*.

Vendredi 1er octobre

Sainte Thérèse de l'Enfant Jésus – On fête aussi les Arielle

Soleil
lever : **7h50**
coucher : **19h29**

Les feuilles mortes se ramassent à la pelle, les souvenirs et les regrets aussi. Jacques Prévert

MÉTÉO DU MOIS

Le huitième (octo, « huit ») mois de l'année… quand elle commençait en mars.

Raspoutitsa. Ce mot russe se traduit par « saison des mauvaises routes ». À l'automne, du fait des pluies abondantes, ou au printemps, du fait de la fonte des neiges, les plaines se transforment en mer de boue, rendant les chemins impraticables. Après Napoléon, Hitler, l'ayant à son tour négligé, vit son armée s'enliser dans le bourbier alors qu'il voulait atteindre Moscou en octobre 1941.

REPÈRES CLIMATIQUES

Les nuits sont fraîches (voire froides dans le nord et l'est) et les journées encore douces. Octobre nous conduit doucement vers l'hiver qui lance ses premières piques par le nord. Douceur et pluie, car octobre reste le mois le plus pluvieux pour de nombreuses régions comme le Bassin parisien, le Centre et l'Ouest (avec décembre), l'arc méditerranéen. Octobre, c'est aussi l'été indien — qu'on appelait l'été de la Saint-Martin avant le tube de Joe Dassin — marqué par des températures diurnes élevées. Octobre 1921 reste le plus chaud de l'Histoire avec trois semaines de hautes températures et plusieurs records départementaux battus (32,2 °C à Bordeaux le 3, 31,2 °C dans le Calvados le 5, 28,4 °C à Paris le 6…). Idem entre le 10 et le 16 octobre 2018 : 30,6 °C à Montluçon dans l'Allier le 12, 28,6 °C à Avord (Cher) le 11, 27,2 °C à Melun le 15… L'été indien manque parfois à l'appel : entre le 9 et le 13 octobre 1975, il neige en plaine dans le nord-est et il fait -0,8 °C à Toulouse le 12. Plus personne n'est là pour en témoigner directement, mais le 27 octobre 1692, la France était couverte de neige avec 15 cm à Paris. Un automne exceptionnellement polaire.

Qu'est-ce que la nébulosité ?

C'est la part du ciel couvert par les nuages. Pour la « calculer », on divise le ciel en huit parties égales. Une nébulosité de 0 sur 8 correspond à un ciel parfaitement dégagé. La nébulosité peut être de 8/8, ciel couvert, cela ne signifie pas pour autant qu'il va pleuvoir. Il faut alors repérer la nature des nuages. Stables ou instables, la plupart sont inoffensifs mais les Nimbostratus pourront donner des précipitations pluie ou neige plutôt uniformes et continues, tandis que les Cumulonimbus se sont spécialisés dans les averses de pluie, de neige, de grêle ou de grésil.

Samedi **2 octobre**

Soleil
lever : **7h51**
coucher : **19h27**

Saint Léger – On fête aussi les Bérégise, Ruth

Octobre a chaviré sa voile sur la mer et le temps se souvient de ses plaintes anciennes…
Charles Trenet

1-2-3-1-2-3-1-2-3

JAMAIS DEUX SANS TROIS

Chercher midi à quatorze heures

Même avant l'invention des horloges, il était facile de repérer l'heure de midi à la verticalité du trait sur le cadran solaire. Pour qualifier celui qui ne savait pas faire les choses simplement, on disait alors « chercher midi à onze heures ». Depuis le XVIIe siècle, où les deux aiguilles superposées sur les pendules indiquent midi, l'écart s'est creusé et on cherche « midi à quatorze heures ».

1-2-3-1-2-3-1-2-3

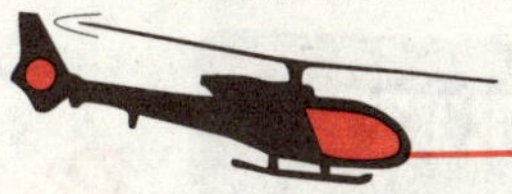

Au secours… de l'impossible

Parmi les histoires autour des survivants du naufrage du Titanic, celle d'Ella White fait sans aucun doute partie des plus originales. Cette Américaine de 55 ans devait, à la suite d'un accident, utiliser une canne pour marcher. Ingénieuse, elle avait acheté juste avant le départ une canne d'un genre particulier : munie d'une petite ampoule et d'une pile, celle-ci pouvait également faire office de lampe torche avant l'heure. Après le naufrage, Ella White se trouva embarquée dans le canot de sauvetage numéro 8. Ses compagnons d'infortune ne doivent leur sort heureux qu'à cette fameuse canne car c'est grâce à la lampe qu'Ella put alerter les sauveteurs et signaler la position du canot. En 2019, l'objet au destin exceptionnel fut vendu aux enchères pour plus de 60 000 euros.

LES GRANDES STARS ET LE PORT DU MASQUE

ATELIER CROQUIS

CHERS DISPARUS

Le dauphin du Yang-Tsé

Il y a 20 000 ans, certains dauphins venus du Pacifique ont remonté le Yang-Tsé et sont devenus la seule espèce du genre à vivre en eau douce. Au début du XXe siècle, ils étaient encore 5 000 cétacés à peupler les eaux du fleuve chinois mais leur chasse, pourtant interdite en 1983, a conduit en 2006 à la disparition définitive du « dauphin de Chine ».

L'ACTU

Expo à boire

Si, en Allemagne, la justice considère désormais la gueule de bois comme une maladie, la Croatie, elle, lui consacre… un musée. À Zagreb, un jeune couple vient de créer un lieu destiné à revivre les fins de soirées avinées. Leur musée restitue l'ambiance d'un trajet alcoolisé depuis le bar jusqu'à son domicile, à travers des salles thématiques : ici la ruelle sombre ornée de graffitis, plus loin des vitrines de magasins qui reflètent les visages hagards, puis l'imitation d'un jardin bourbeux et enfin la chambre, avec au sol, forcément, des bouteilles renversées. Les visiteurs sont invités à faire le parcours avec des « lunettes à bière » qui simulent l'ivresse. Ils peuvent aussi découvrir une collection d'objets plus au moins étranges retrouvés par des donateurs, près d'eux, un matin, en émergeant d'une brume éthylique : une citrouille, une pédale de vélo, etc. Critiqués à l'ouverture pour leur présentation un peu trop ludique et favorable de l'ivresse alcoolique, les initiateurs ont depuis peu ouvert un espace dédié à la prévention.

Dimanche 3 octobre

Saint Gérard – On fête aussi les Ewald, Bianca, Blanca, Candide

Soleil
lever : 7 h 53
coucher : 19 h 25

Fête des Grands-Pères

À la Saint-Gérard, tombe pas dans le coaltar !

Nos Régions

Centre-Val de Loire

Indre/Vatan

Comment fabrique-t-on une charentaise ? Quels sont les matériaux utilisés ? Combien de temps cela prend-il pour fabriquer une pantoufle ? Une poignée d'artisans de la première heure se sont associés pour créer « La pantoufle du Berry » et perpétuer la fabrication ancestrale de la fameuse charentaise 100 % berrichonne. Pour tout savoir sur la confection du chausson mythique, de la coupe jusqu'à la couture finale, rien ne vaut un petit détour par l'atelier du fabricant, à Vatan.

CINÉMA

OSS 117 : Le Caire, nid d'espions

Jean Dujardin excelle dans le rôle de cet espion prétentieux, raciste et misogyne, imaginé par l'écrivain Jean Bruce et porté à l'écran en 2006 par Michel Hazanavicius. Ce James Bond de pacotille est aussi irrésistible qu'exaspérant. Une blanquette toujours bonne, des vannes piteusement hilarantes, une intrigue pour le moins alambiquée et des personnages secondaires (Larmina/Bérénice Bejo, Jack Jefferson/Philippe Lefebvre) aux petits oignons.

ILS ONT DIT

« Selon les sondages, les Français consomment cinquante-huit rouleaux annuels de papier hygiénique par tête. Qu'est-ce qu'ils entendent par "tête" ?

Frédéric Dard

RECETTE

Pintade aux abricots et son écrasé de patate douce

Pour 4 pers. — 5 min de préparation — 1 h de cuisson

Pour la pintade
4 cuisses de pintade (ou 4 autres morceaux de votre choix)
1 grande boîte d'abricots au sirop
Ail semoule

Pour l'écrasé
500 g de patates douces
Beurre, à votre goût (à température ambiante)

Préchauffez le four à 200 °C (th. 6-7). Placez les morceaux de pintade dans un grand plat. disposez les abricots et leur jus autour puis saupoudrez d'ail semoule, à votre goût. Enfournez pour 1 h de cuisson.
Pelez les patates douces et mettez-les dans un plat allant au four, puis enfournez-les après 15 min de cuisson de la pintade, en les posant par exemple sur la lèchefrite.
Au terme de la cuisson écrasez grossièrement les patates douces en les mélangeant avec le beurre mou, puis servez avec la pintade.

Variante : vous pouvez aussi utiliser des pommes de terre classiques ou un mélange des deux.

MUSIQUE

Jeux de mains

Robert Schumann n'était pas vraiment sain d'esprit. Hypocondriaque, phobique au dernier degré, mélancolique notoire, sujet au *delirium tremens*… n'en jetez plus ! Plus étonnant, dans son exigence jusqu'au-boutiste de perfectionnement pianistique, il avait mis au point un appareil pour bloquer l'un de ses doigts afin d'améliorer sa dextérité. Résultat : les tendons de sa main ont été abîmés au point de signer la fin de sa carrière de pianiste virtuose. De quoi le déprimer encore plus.

Soleil
lever : **7 h 54**
coucher : **19 h 23**

Lundi **4 octobre**

Saint François d'Assise – On fête aussi les Francis, Paco, Oriane, Auriane

À la Saint-François, on est bien chez soi.

L'humanité en chiffres

18,5

C'est, en années, l'espérance de vie d'un travailleur anglais lors de la révolution industrielle, au milieu du XIXe siècle. Maladies, charges de travail et conditions déplorables ont permis d'arriver à ce chiffre indigne. Même à l'époque de Cro-Magnon l'espérance de vie était plus longue !

3 . 1 4 1 5 9 2 6 5 3 5

Collectionnite aigüe

« J'ai gardé la première en 1985. Je l'ai rapportée d'un séjour en Allemagne, à la fois parce que j'aimais le contenu, mais aussi parce que je la trouvais jolie. À partir de là, j'ai commencé à regarder autrement les canettes de bière ! » Retraité depuis une dizaine d'années, Jean-Bernard Cyffers est tégestophile, autrement dit, il collectionne des objets liés à la bière, et plus particulièrement les canettes en métal. Chez lui, à Étaples, dans le Pas-de-Calais, il en possède plus de 4 000 venant des quatre coins du monde. Plus que l'esthétisme de l'objet, voire son ancienneté, c'est son évolution industrielle qui intéresse l'ancien chimiste. « Grâce à Internet, j'ai aujourd'hui des correspondants partout dans le monde. C'est plus simple pour dénicher des pièces rares ou des séries très limitées, mais je reste un petit collectionneur par rapport à certains Américains ! » précise l'intéressé. Depuis 45 ans, Jeff Lebo, le recordman, en a accumulé près de 20 fois plus que notre tégestophile national, soit 88 000 canettes de bière différentes. Tout de même !

WWW.

Utiles et insolites

L'Intelligence artificielle (IA) ne vous inquiète pas ? Participez de manière ludique à l'apprentissage d'un réseau de neurones. Son but : identifier en moins de 20 secondes un dessin à mesure que vous l'exécutez. L'IA ayant déjà intégré des centaines de concepts et leur représentation graphique, elle reconnaît presque instantanément un chat, une valise, un verre à vin, un camion de pompier alors que vous avez à peine commencé. Bluffant !
quickdraw.withgoogle.com

Théories du complot

Le temps cubique

Et si le temps était un cube ? C'est la théorie tout à fait déjantée mise au point et défendue par un Américain du nom d'Otis Eugène Ray, autoproclamé « homme le plus sage du monde ». Cette théorie censée expliquer tout et son contraire affirme que les jours ne passent pas un par un, mais quatre par quatre. La théorie est si complexe et tordue qu'on aurait bien du mal à vous la présenter en détails. Le seul point qui pose problème à Ray, c'est quand il doit expliquer pourquoi, et surtout comment, les scientifiques et les gouvernements du monde entier garderaient un tel secret. Avis aux amateurs, Ray a promis une récompense de 10 000 dollars à quiconque lui prouverait qu'il a tort. Qui s'y colle ?

ILS ONT DIT

« L'esprit, c'est comme l'argent : on en a en général aux dépens d'autrui. »
Claude Roy

Mardi **5 octobre**

Sainte Fleur – On fête aussi les Azalée, Cerise, Clémentine, Placide

Soleil
lever : **7h56**
coucher : **19h20**

À la Sainte-Fleur, fais-m'en une…

NOTTO DICO

PSYCHANALISTE, n. m.
Professionnel de santé prétendant soigner ses patients. Alors qu'en fait, à travers les autres, c'est lui qu'il soigne.

QUADRICOLORE, adj.
C'est du bicolore élevé au carré.

QUATORZIÈME, adj.
Anciennement nommé treizième bis.

QUÊTE, n. f.
Recherche.

QUÉQUETTE, n. f.
Petite recherche.

ILS ONT DIT

« De tous ceux qui n'ont rien à dire, les plus agréables sont ceux qui se taisent. »

Coluche

DICTION : RÉPÉTEZ APRÈS MOI !

Kiki, la cocotte

Kiki était cocotte et Coco concasseur de cacao. Kiki la cocotte aimait beaucoup Coco le concasseur de cacao. Or, un marquis caracolant caduque et cacochyme conquis par les coquins quinquets de Kiki la cocotte offrit à Kiki la cocotte un coquet caraco kaki à col de karakul. Quand Coco le concasseur de cacao s'aperçut que Kiki la cocotte avait reçu du marquis caracolant caduque et cacochyme un coquet caraco kaki à col de karakul, Coco le concasseur de cacao conclut : « Je clos mon caquet, je suis cocu. »
Bernard Haller, Dits et Inédits, *Stock, 1981.*

AVEZ-VOUS LE FORMULAIRE ?

Depuis quelques décennies, les processus de recrutement ont évolué et se sont développés. Les candidats à des postes de niveau cadre sont évalués selon des critères bien définis. Mais parfois, les recruteurs aiment bien mettre un peu de piment et n'hésitent pas à poser des questions qui ressemblent à des énigmes. Comme celle-ci, posée par une grande entreprise américaine : « Pourquoi les plaques d'égout sont-elles rondes ? » Pour qu'elles ne tombent pas dans le trou. Vous le saurez !

CIGARETTES TOUJOURS PLUS CHÈRES !

MONDE DE LA MER

Les ailes d'Ariane

Lors du premier semestre 2022, un cargo flambant neuf acheminera d'Europe en Guyane les éléments de la fusée Ariane 6. Rien que de très banal si ce n'est que ce navire sera propulsé à la voile ! Ce bâtiment révolutionnaire a été dessiné par le cabinet d'architecture navale VPLP, qui truste depuis plus de 30 ans les victoires lors de toutes les grandes courses au large. VPLP a mis au point un système de voiles sous forme d'ailes rigides inspirées de celles développées depuis 2010 pour les voiliers de la Coupe de l'America. Quatre ailes hautes de 44 à 51 m et d'une surface maximum de 1 452 m² équiperont le cargo d'Arianegroup. Le transport maritime étant responsable de 5 % des émissions de gaz à effets de serre, il est déterminant de développer des initiatives propres. Certes, ce bâtiment aura toujours des moteurs mais ses ailes permettront de réduire la consommation de 30 %.

Mercredi **6 octobre**

Saint Bruno – On fête aussi les Arthaud, Brunehaut, Foy

À la Saint-Bruno, tu m'as l'air péquenaud !

LA GAFFE DE L'HISTOIRE

Couronnée d'une seringue

Mademoiselle George (1787-1867) était une actrice française très connue. Lors d'une soirée en son honneur, on la fit asseoir sur un trône au milieu de la scène d'un théâtre et une couronne devait descendre du ciel pour être déposée sur sa tête. Mais le machiniste se trompa de filin et fit arriver une gigantesque seringue à lavement prévue pour le final de *Monsieur de Pourceaugnac*.

Étymologie

Douane sans frontière

Les choses sont ainsi faites que le nom *douane* nous montre que, en matière de langue, les frontières n'existent pas ! En effet, au XIIIe siècle, le français a emprunté à l'ancien italien le nom *do(v)ana*, francisé par la suite sous la forme *dohane*, pour désigner le bureau de *douane*. Et l'italien l'avait lui-même emprunté à l'arabe *diwan*, « registre, salle de réunion », lui-même emprunté au persan… passé lui aussi dans la langue française : *divan*.

LE CHIFFRE

300

C'est le nombre de bouteilles centenaires de Bénédictine qui ont été repêchées l'an passé dans la mer Baltique. Depuis 1917, elles gisaient au large de la Suède, près de l'île de Fasta Åland, par 77 m de fond avec l'épave du Kyros. Pendant la Première Guerre mondiale, ce navire marchand avait été torpillé par un sous-marin allemand alors qu'il faisait route vers la Finlande, chargé de biens destinés à la Russie tsariste. À son bord, donc, 300 bouteilles du fameux « élixir de santé » fabriqué à Fécamp. L'équipe spécialisée qui s'est chargée de remonter le précieux breuvage assure que les bouteilles sont en très bon état. À la fois sombre et très froide, la mer Baltique offre, il est vrai, des conditions favorables à la conservation des alcools. Selon Yolande de Bueil, responsable du palais de la Bénédictine, musée consacré au fameux spiritueux installé dans sa ville natale : « En principe, la liqueur ne bouge pas. Si les bouteilles sont bien bouchées, il n'y a pas de raison qu'elle ait changé. »

PROBLÈMES DE MATHS DU CERTIFICAT D'ÉTUDES

Un manœuvre gagne 2,40 F par heure de travail normal. Son salaire est augmenté du quart pour les heures supplémentaires qu'il effectue, et il est doublé pour toutes les heures de nuit. Dans une semaine de travail, le manœuvre a cumulé 52 h de travail en tout. Le nombre de ses heures supplémentaires est le cinquième de celui des heures normales, et le double de celui des heures de nuit.

Question 1 : Combien d'heures de chaque type doit-on payer au manœuvre à la fin de la semaine ?
Question 2 : Quel a été son salaire total pour cette semaine ?

1) Le manœuvre a travaillé 40 h normales, 8 h supplémentaires, et 4 h de nuit.
2) Il a donc touché pour cette semaine un total de 139,20 F.

Jeudi 7 octobre

Saint Serge – On fête aussi les Gustave, Bacchus, Ke

Soleil
lever : **7h59**
coucher : **19h16**

À la Saint-Serge, embrasse ta concierge !

MOTS FLÉCHÉS

Limites / Tarte ou beignet
Ville du Canada / Vérifiée
Passera au bleu / Supérieure
Pousse un cri bestial
Sermonner
Il peut être creux / Qui tirent sur
Cri de charretier
Éruption / Notaire
Classa / Écrasa
Diffuse / Présents du passé
Serre la vis / Creusée
Anaconda / Service en argent
Pour se débarrasser du chat / Revend
Bricoles
À dos d'homme / Marque le lieu
Sort de sa réserve
Arbre de Minerve / Résulte d'une approximation
La Suisse / A de la gorge
Sec / Écrire mal
Fera bouillir
Coupes
Lutte
Sélénium / Tranchant
Agames / Superficie
Plus large qu'épaisse / Corriger
A mettre sur pied / Geint
Vieil accord / Peut être humaine
Une façon d'être / Nickel
Diminuèrent
Tirai son chapeau
Enlevée / Fit du vent
Zébrés / Carte
Possessif / Divisions longues
Usée
Parfumer
Côte ou carpe / Refus
Baie jaune / Point du jour
Pas le fruit d'un rêve / Siffla
N'a pas que la peau sur les os / Matière de Rideau
Maintenant dans le passé / Manque d'action
Foyer
Grecque ou basque
De plus

SOLUTION PAGE 303

Vendredi 8 octobre

Sainte Pélagie – On fête aussi les Thaïs, Morgan

Posté devant la fenêtre je guette les âmes esseulées à la faveur de l'automne. Tété

Rétro Vermot

Entre garçons d'un laboratoire de chimie :
« Dis-donc, Charles, pourquoi l'eau fait-elle tant de bruit sur le feu ?
– Ça doit être les microbes qui crient d'être trop cuits. »

Le bon mot de l'histoire

8 octobre 1814 :
« Si cela va sans dire, cela ira encore mieux en le disant. » Talleyrand

Au cours de l'une des discussions précédant le congrès de Vienne, les vainqueurs de Napoléon se réunissent pour décider des conditions de la paix et débattent d'une déclaration liminaire. Talleyrand, diplomate représentant la France vaincue, demande qu'on ajoute la mention « l'ouverture formelle [du Congrès] sera faite conformément aux principes du droit public ». Sa proposition irrite le baron von Humboldt, représentant de la Prusse, qui lui rétorque : « Pourquoi dire que nous agirons selon le droit public ? Cela va sans dire ! » Et Talleyrand de prononcer la fameuse phrase.

LES CERCUEILS EN OSIER ENFIN AUTORISÉS !

Vino populum

Fitou

Les vieux ceps de carignan n'ont pas un fort rendement, et c'est tant mieux, car le vin n'en est que meilleur. Le fitou, c'est ça : du carignan pour 60 % au moins, une couleur sombre, des arômes de fruits rouges, une multitude de notes épicées même quand le vin n'a pas été élevé en fût, des tanins solides qui demandent un peu de temps pour s'arrondir. Pas d'inquiétude, car il y a toujours une part de grenache dans les vins pour arrondir les angles.

DES VÉGÉTAUX AU GOUT DE VIANDE

GRANDS MOMENTS DU CYCLISME

Au printemps 1967, au terme d'un Giro d'Italia particulièrement mouvementé, Jacques Anquetil, le champion français qui partait favori, cède finalement la plus haute marche du podium à l'Italien Felice Gimondi. Le monde du cyclisme se pose des questions, et les fans français s'arrachent les cheveux. Ce moment d'incompréhension, cette victoire de Gimondi, impossible de l'effacer. Et pour cause ! On apprit des années plus tard que cette victoire avait bien été volée : sur son lit de mort, le directeur de course adjoint, Giovanni Michelotti, avoua qu'il avait aidé Gimondi en lui permettant de rouler derrière sa voiture une bonne partie de la dernière étape afin de remonter au classement général. L'inexplicable a toujours une explication…

Samedi **9 octobre**

Saint Denis – On fête aussi les Sybille, Gunther, Sara

Soleil
lever : **8h02**
coucher : **19h12**

À la Saint-Denis, halte à la pétomanie !

Métiers insolites

Groom on the stool

En plus d'être assez poétique, le terme de « *groom on the stool* » désigne un métier aujourd'hui disparu et particulièrement étrange pour l'observateur moderne. En effet, traduite littéralement, l'expression signifie « le groom du tabouret » : ce haut dignitaire avait pour mission unique de papoter avec le roi d'Angleterre pendant que ce dernier effectuait sa royale commission sur la chaise percée. À force, la fonction est devenue plus proche de celle d'un vrai conseiller, mais tout de même !

BINERO ADDITION

- Cette grille ne contient que des 1 et des 2.
- Il y a autant de 1 et de 2 sur chaque ligne et sur chaque colonne.
- Il n'y a pas plus de 2 chiffres identiques côte à côte.
- 2 lignes ou colonnes ne peuvent être identiques.
- Le chiffre dans chaque zone pointillée est égal à la somme des chiffres de la zone correspondante.

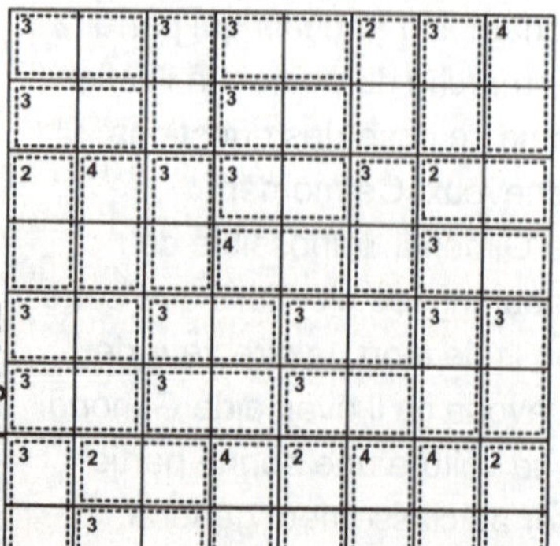

Solution page 302

CHAUD DEVANT !

QUAND LA GLACE SE ROMPT… TROP VITE

En novembre 2019, le célèbre aventurier Mike Horn et son équipier Børge Ousland ont touché du pied la réalité du changement climatique : la couche de glace à proximité du pôle Nord, devenue trop mince, s'est mise à dériver. À cause de cela, les deux hommes ont pris trois semaines de retard sur leur traversée de l'océan Arctique glacé… Et ont dû finalement être secourus alors qu'ils étaient à court de réserves de nourriture mais aussi au bout de leur propre graisse corporelle. Tout s'est bien terminé pour eux, mais ce réchauffement local confirme une inquiétude globale.

L'ACTU

Tord-boyaux pur porc

Dire qu'au Mans on est plutôt fier d'avoir inventé les fameuses rillettes est un euphémisme. Pour certains habitants, la spécialité charcutière est un peu l'âme de la ville. Pour d'autres, c'est un met qui mérite toutes les attentions et toutes les déclinaisons. Après le distributeur de rillettes ou la glace aux rillettes, voici l'eau-de-vie de rillettes ! Pour obtenir ce breuvage, Emmanuel Viton, le distillateur qui en a eu l'idée, a mis 20 kg de rillettes à macérer dans 20 l d'alcool à 96°. Farfelu et infect, pensez-vous ? Absolument pas, si l'on en croit la quarantaine de cobayes qui ont accepté, il y a quelques mois, de tester cette gnôle sarthoise en avant-première mondiale. Tous ont apprécié son goût, certes corsé, mais également raffiné et parfumé, et lui ont prédit un bel avenir, qu'il soit consommé en cocktail, à l'apéritif ou en digestif, et même en cuisine. Il est vrai que tous les testeurs étaient manceaux…

Soleil
lever : 8h03
coucher : 19h10

Dimanche 10 octobre

Saint Ghislain – On fête aussi les Virgile, Loth, Clair

J'suis issu de gens qui étaient pas du genre sobre. On conte que j'eus la tétée au jus d'octobre...
Georges Brassens

Une délinquance de plus en plus jeune...

- Ah ! Il vient de cambrioler votre estomac !... Vous voulez porter plainte ?

Ha! Ha! Ha!

Une millionnaire de 65 ans se marie et organise une grande réception pour célébrer l'événement. Comme elle épouse un beau jeune homme de 25 ans, la plupart de ses amies sont un peu jalouses. Lors de la soirée qui suit le repas de noces, l'une d'entre elles profite que la mariée soit seule pour l'interroger :
« Encore toutes mes félicitations, lui dit-elle. Dis, une petite question me taraude : comment as-tu fait pour convaincre ce beau jeune homme de t'épouser ?
– C'est simple, sourit la millionnaire, j'ai menti sur mon âge. »
Un peu surprise par cette confidence, la sexagénaire ne paraissant pas vraiment plus jeune que son âge, l'amie lui demande aussitôt :
« Et quel âge lui as-tu avoué ?
– Eh bien, répond l'autre avec malice, je lui ai dit que j'avais 89 ans... »

Rébus
BANDE LETTRIQUE
Pièces de théâtre françaises

CRIPIEDME

Un pied dans le crime,
Eugène Labiche

NOTTO DICO

QUILLE, pr. int.
Pronom interrogatif introduisant une question directe par laquelle on veut connaître l'identité d'une personne. Ex : Quille est-ce ?

QUINTAL, n. m.
Fromage d'Auvergne vendu à la coupe par morceaux de 500 kg.

QUOTIDIEN, adj.
Caractère de ce qui revient tous les jours de l'année. Sauf week-ends et jours fériés.

RACLETTE, n. f.
Instrument à base de fromage fondu très chaud servant à dégivrer le pare-brise des voitures.

RADIN, n. m.
Personne se contentant d'un radis pour souper.

Au Jardin

Jardin de mousses

La mousse est douce, belle et toujours verte. Et les tapis de mousses, comme celui du temple japonais Saihō-ji, à Kyoto, représentent une belle possibilité face au gazon dans les zones ombragées. Vous pouvez aussi implanter de la mousse sur un rocher, un muret et même une surface bétonnée. Il existe de nombreuses variétés, plus ou moins adaptées à l'ombre et à l'humidité. Pour l'introduire, deux solutions : soit vous prélevez quelques plaques de mousse dans les bois et les déposez sur un sol bien tassé, soit vous faites sécher de la mousse et la réduisez en poudre pour la répandre directement sur la terre. Si vous voulez orner une surface dure (mur, rocher), mélangez la poudre de mousse avec du yaourt afin de la faire adhérer au support. Ensuite, dans tous les cas, il faut arroser régulièrement.

Lundi 11 octobre

Saint Firmin – On fête aussi les Agilbert, Firmiane, Firminie

Soleil
lever : 8h05
coucher : 19h08

À la Saint-Firmin, fais pas ton larbin !

HEUREUX MARIAGES

Premier mobilier

Le 4 avril 1891, le jeune parisien Jules Alexandre Gay, épouse dans le XVIe arrondissement de la capitale Jeanne Ridon, venue du Cher pour exercer ses talents de cuisinière. Après ce mariage, le couple Gay-Ridon commence directement à meubler son intérieur tandis qu'un de ses témoins, Pierre Pichet, fournit la première pièce de vaisselle...

DES CHERCHEURS PERCENT LE SECRET DE LA FONDUE PARFAITE...

ILS ONT DIT

« Aspirine. Épouse d'un aspirant de marine. Généralement très élégante, elle donne à la mode un caractère particulier, un cachet d'aspirine ! »

Muriel Robin

Solution Binero addition [p. 300]

2	1	2	1	2	1	1	2
2	1	1	2	1	1	2	2
1	2	2	1	2	2	1	1
1	2	1	2	2	1	1	2
2	1	2	1	1	2	2	1
1	2	2	1	2	1	1	2
2	1	1	2	1	2	2	1
1	2	1	2	1	2	2	1

Fils et filles de...

Au départ de l'édition 2019 du Rallye Aïcha des Gazelles, un équipage pas comme les autres a attiré l'attention des concurrentes et journalistes. Se répartissant les postes de conductrice et de navigatrice, deux « filles de » étaient aux commandes d'un gros camion 4X4 : Sophie Tapie, fille de Bernard, au volant, et Kiera Chaplin, petite-fille de Charlie, à la navigation. Ce tandem de choc, sponsorisé par une grande marque d'horlogerie, a ainsi parcouru le désert marocain, armé d'une simple carte et d'une boussole, parvenant à se maintenir dans la première moitié du classement jusqu'à la fin, malgré les nombreuses difficultés et notamment les ensablements incessants. Chapeau !

MACRON ÉCRIT AUX FRANÇAIS

LUTTES ET HÉROS POPULAIRES

LA RÉVOLTE DES VIGNERONS

Le vin, en France, c'est sacré ! En témoigne l'histoire de la révolte des vignerons de Champagne : en 1911, alors que les récoltes de raisins dans la Marne étaient mauvaises depuis plusieurs années, certains négociants sournois ont cru malin de se fournir dans des régions voisines mais hors appellation. Il n'en fallut pas plus pour que les vignerons de la Champagne « officielle » voient rouge. Grève de l'impôt, vandalisme, pillages et lynchages se répandirent alors, jusqu'à ce que le gouvernement intervienne et envoie le 31e régiment de dragons pour mater la révolte. On dut trancher sur les questions de délimitation des appellations viticoles pour éviter un nouveau soulèvement.

Mardi **12 octobre**

Saint Wilfried – On fête aussi les Edwin, Edwina, Eddy

Ce qui me console de souffler bientôt ma soixantième bougie, c'est que dans « sexagénaire », il y a « sexe ». Guy Bedos.

Correspondance (très) intime...

« Un besoin criant de tes mains, de tes bras, de te tenir, d'être tenu par toi, de te respirer, de respirer avec toi. » Écrits par Paul Valéry le 7 juin 1939, ces mots, avec d'autres, témoignent de ses sentiments incandescents pour Jean Voilier, de son vrai nom Jeanne Loviton, sa dernière muse. Sept années durant, à travers plus de mille lettres extraordinaires, le poète lui chante son amour fou. À la fois obsession et réalisation de l'amour absolu, leur passion prend fin quatre mois avant la mort du poète à la demande de la romancière. Au moment de leur rencontre, Paul Valéry avait 67 ans et Jeanne 34.

ÇA C'EST... Faits divers

Ce n'est pas un mais des centaines de faits divers que vous allez (re)découvrir ! La Bibliothèque des Littératures Policières (BiLiPo) a eu l'excellente idée de mettre à disposition du public les 600 premiers numéros de *Détective*, la mythique revue du fait divers. Apparue en 1928 sous l'impulsion de Joseph Kessel et Gaston Gallimard, *Détective* se voulait à la fois percutante et littéraire. En dépit du sensationnalisme affiché, de nombreuses plumes prestigieuses collaborèrent à la revue, comme François Mauriac, Georges Simenon, Francis Carco ou encore Albert Londres. Retrouver tous les numéros publiés avant 1940, c'est se (re)plonger, grâce à des enquêtes au long cours, dans le Chicago du crime des années 1920, c'est revivre le procès des sœurs Papin, ces domestiques « modèles » qui assassinèrent leurs patronnes en 1933, mais aussi les affaires Stavisky ou Violette Nozière, la guerre d'Espagne… « Le crime existe, c'est une réalité, et, pour s'en défendre, l'information vaut mieux que le silence ! » déclarait Joseph Kessel. Extraordinaires ou tristement banals, les faits divers racontés dans *Détective* témoignent souvent de vérités sociétales propres à leur temps.

DEVINETTES

Je ne suis que poussière,
Mais j'apporte bien des misères,
Instrument de beauté,
On m'utilise pour se maquiller.

Qui suis-je ?

Réponse : La poudre

Réforme des retraites...

Solution mots fléchés [p. 298]

[p. 298]

	L		T		B		R		P		E	
G	I	R	O	F	L	E	E		R	A	S	H
	S	E	R	I	A		E	M	E	T	T	E
P	I	L	O	N	N	A		E	C	R	O	U
	E	U	N	E	C	T	E		H	E	M	
P	R	E	T		H	A	V	R	E	S	A	C
	E		O	L	I	V	I	E	R		C	H
O	S	E		A	R	I	D	E		R		O
		S	E		A	S	E	X	U	E	E	S
C	A	T	C	H		M	E	P	L	A	T	E
	C	I	R	A	G	E		O	C		E	S
G	E	M	I		U	S	E	R	E	N	T	
	R	A	V	I	E		S	T	R	I	E	S
P	E	T	A		R	A	P	E	E		M	A
		O	S		I	S	E		R	E	E	L
A	N	I	S	E	R		C	H	A	R	N	U
	O	R	E	S		F	E	U		E	T	A
I	N	E	R	T	I	E		A	U	S	S	I

PROBLÈMES DE MATHS DU CERTIFICAT D'ÉTUDES

Deux ouvriers travaillant pour un même marchand de vin en gros ont reçu le même salaire pour le mois d'avril. On a donné au premier 242 F ainsi que deux tonnelets de 56 l de vin. Quant au deuxième, il a reçu 302 F et 6 bonbonnes de 12 l du même vin que l'autre. De plus chacun d'entre eux a obtenu 3 l d'apéritif à 7 F le litre et 2 bouteilles d'eau-de-vie à 9,50 F l'unité.

Question 1 : Quel est le prix du litre de vin reçu par les ouvriers ?
Question 2 : Quel est le salaire journalier de chacun des deux ouvriers, si tous deux ont été 5 jours sans travailler sur le mois d'avril ?

1) Le prix du litre de vin reçu par les ouvriers est de 1,50 F
2) Le salaire journalier des deux ouvriers est de 18 F

Mercredi 13 octobre

Saint Géraud – On fête aussi les Fauste, Guérande

Soleil
lever : **8 h 08**
coucher : **19 h 04**

Octobre est doux. L'hiver pèlerin s'achemine au ciel où la dernière hirondelle s'étonne. Rêvons…
Albert Samain

Ça s'est passé

En octobre 1621

Le premier Thanksgiving est célébré dans les colonies anglaises en Amérique, les colons débarqués du Mayflower en 1620 profitant de leurs premières récoltes.

Rétro Vermot

Un couple veut divorcer ; le magistrat interroge les époux :
« Quels sont vos griefs, Madame ?
– Mon mari joue du cor de chasse toute la journée.
– Et vous, monsieur ?
– Ma femme ne veut s'occuper de rien sous prétexte qu'elle a des durillons qui l'empêchent de marcher.
– Allons, je vois ce qu'il vous faut : c'est une séparation de cors ! »

ILS ONT DIT

« On ne sera jamais ce que l'on est et l'hiver ne sera jamais ce qu'il a été. »
Tomi Ungerer

Pêche

La saison du sandre

À l'automne, les eaux se rafraîchissent, montent et se teintent avec les pluies, et le sandre, qui n'apprécie pas la chaleur, retrouve enfin une activité soutenue. Deux techniques se complètent selon les lieux : soit les postes ne sont pas marqués et le ver à dériver s'impose. Il permet de prospecter de larges surfaces en peignant la rivière. Le lancer s'effectue devant soi ; lorsque l'appât tombe sur le fond, on tend le fil et la ligne dérive en arc de cercle, toujours fil tendu. On se déplace de deux mètres et on recommence. Soit les postes sont bien marqués (rochers, branches noyées) et on les explore au poisson mort manié, ou au leurre souple bien plombé, de manière à évoluer en dents de scie près du fond. La touche est souvent très discrète, un ferrage appuyé s'impose au moindre arrêt.

MNÉMOTECHNIQUE

Une fin heureuse

Comme leur nom l'indique, les consonnes muettes finales ne s'entendent pas. On a donc tendance à les oublier ou à en mettre une à la place d'une autre. Voici trois phrases à retenir pour ne plus hésiter.

- **Toujours prend toujours un s : à jamais, ne jamais l'oublier.** *(À jamais signifie « pour toujours ».)*
- **On parle le flamand dans les Flandres. Le flamant rose est un oiseau de grande taille.**
- **L'artichaut pousse dans une artichautière, et non dans une chaudière.** *(Donc avec t et non d)*

Celui qui écoute aux portes la prend souvent en pleine gueule. Professeur Choron

NOMS D'OISEAUX !

Poulet

« Les poulets grouillaient comme à Houdan un jour de foire... » chantait Boris Vian dans Le tango interminable des perceurs de coffre-fort *– Houdan étant réputée pour sa volaille. Et l'on dit que si les pandores ont été surnommés les poulets, c'est parce qu'en 1871 la préfecture de police de Paris s'est installée dans un bâtiment construit en 1867 sur l'emplacement d'un marché à la volaille. Mais si le sobriquet a fait florès, c'est sans doute aussi à cause de la presque homophonie entre police et poulet, terme décliné depuis à l'infini : poulaga, poulman, poulminche, perdreau, drauper, poulard, Royco...*

Histoires paranormales

Fantôme prémonitoire ?

Le romancier Paul Bourget a aussi écrit des nouvelles. Dans *Aline*, sous-titrée « récit de Noël » (*Pastels*), il évoque le souvenir d'une petite voisine et compagne de jeu qui mourut deux jours avant Noël, lorsqu'il avait dix ans, et dont la mort le laissa inconsolable. Depuis lors, le jour de Noël, si gai pour les autres enfants, a toujours représenté pour lui « le plus mélancolique des souvenirs ». « Encore aujourd'hui », ajoute-t-il, « je ne saurais vivre ce tournant de l'année sans revoir Aline ». Or, comme s'il s'était agi de suivre le cher fantôme qui le hantait chaque année à cette période, Paul Bourget est mort *le jour de Noël* 1935. Autant que le récit d'un souvenir, *Aline*, écrit en 1888, n'est-il pas le récit d'une prémonition ?

Compiler les Perles

Preuve de féminité

Qui l'a dit ? Une touriste souhaitant bénéficier d'une réduction, mais ne voulant surtout pas voler qui que ce soit. C'est tout à son honneur ! La perle : « Bonjour, j'ai vu que l'entrée de l'exposition était offerte aux femmes ce dimanche. Dois-je amener un justificatif pour bénéficier de l'offre ? » On sait qu'aujourd'hui les questions de genre sont plus fluides qu'autrefois, mais tout de même...

Métiers d'art

Son savoir-faire conjugue la pierre et le feu. Jean-Charles Matrone, 35 ans, est émailleur sur lave dans le Puy-de-Dôme. « Cette pierre si particulière, relativement noire, c'est l'identité de l'Auvergne ! C'est avec cette "pierre de Volvic" qu'on a édifié la cathédrale de Clermont-Ferrand, la cathédrale des charbonniers, et plus tard plusieurs quartiers de la ville, de Montferrand, Riom... », précise l'artisan qui travaille aussi bien pour des particuliers que pour des sociétés. Récemment, avec son équipe il a restauré la façade de la Samaritaine à Paris qui a rouvert il y a quelques mois. Les émailleurs sur lave ne sont plus qu'une petite centaine en France. « Le processus de fabrication est très long, chaque plaque ou objet en lave émaillée nécessite trois cuissons », détaille le trentenaire. D'après lui, la patience, en plus bien sûr du savoir-faire et de la créativité, est une qualité indispensable pour qui veut apprivoiser et sublimer cette matière naturelle millénaire si particulière.

Vendredi **15 octobre**

Sainte Thérèse d'Avila – On fête aussi les Cannat, Conogan

Soleil
lever : **8 h 11**
coucher : **19 h 00**

À quoi bon prendre la vie au sérieux, puisque de toute façon nous n'en sortirons pas vivants ?
Alphonse Allais

NOTTO Dico

RAIDEUR, n. f.
Rigidité matinale observée chez les hommes en âge de procréer.

RELIGION, n. f.
Épreuve envoyée par Dieu afin d'éprouver la non-foi des athées.

RETRAITÉ, n. m.
Actif conjugué au passé.

RÉTROVISEUR, n. m.
Reflet de la vie. On y voit toujours en arrière tandis que l'on va de l'avant.

RIDEAU, n. m.
Se dit d'une variété de riz très humide.

Charade de position

Je suis un prénom et un nom de treize lettres :

Mes première, deuxième, troisième, quatrième et **cinquième lettres** donnent un préfixe égal à cent fois l'unité de base ;

Avec mes septième, huitième et **neuvième lettres** je soutiens un navire en construction ;

Mes sixième, onzième et **douzième lettres** donnent une ville connue pour son carnaval ;

Avec mes troisième, cinquième et **dixième lettres** j'entoure le cou ;

Mes neuvième, onzième et **treizième** lettres donnent une grande céréale nourricière ;

Avec toutes mes lettres je suis un compositeur français du XIXe siècle.

HECTOR BERLIOZ – HECTO, BER, RIO, COL, RIZ

La dictée du mois

L'ancien noble

M. Dambreuse s'appelait de son vrai nom le conte d'Ambreuse ; mais, dès 1825, abandonnant peu à peu sa noblesse et son partie, il s'était tourné vers l'industrie ; et, l'oreille dans tous les bureaux, la main dans toutes les entreprises, à l'affût des bonnes ocasions, subtil comme un Grec et laborieux comme un Auvergnat, il avait amasser une fortune que l'on disait considérable ; de plus, il était officier de la Légion d'honneur, membre du conseil générale de l'Aube, député, paire de France un de ces jours ; complaisant du reste, il fatiguait le ministre par ses demandes continuelles de secour, de croix, de bureaux de tabac ; et, dans ses bouderies contre le pouvoir, il inclinnait au centre gauche.

Gustave Flaubert, L'Éducation sentimentale, *1869.*

Solution : conte, parti, occasions, amassé, général, pair, secours, inclinait

Métiers insolites

Rédacteur-devin

Dans certains restaurants chinois, en particulier aux États-Unis, il est servi à la fin du repas un petit gâteau sec en forme de demi-lune à l'intérieur duquel se trouve un papier contenant une prédiction sur le futur du lecteur/mangeur. Vendus par millions, ces petits gâteaux font travailler de nombreux pâtissiers, mais aussi quelques rédacteurs, qui ont pour mission d'écrire les présages et de les renouveler afin que les clients ne tombent pas toujours sur les mêmes.

LE CHIFFRE

6,5

C'est, en kilomètres, la taille du plus long gâteau du monde confectionné récemment en Inde. Quelque 1 500 pâtissiers et cuisiniers portant toques et tabliers blancs ont passé plus de quatre heures à la préparation de ce dessert à la vanille agrémenté de ganache au chocolat. Près de 12 tonnes de sucre et autant de farine ont été nécessaires pour réaliser le dessert déposé sur des milliers de tables installées à Thrissur, dans l'État du Kerala. Au total, la pâtisserie pesait 27 tonnes ! Ce gâteau pulvérise le record établi en 2018 par des pâtissiers chinois qui avaient réalisé un cake aux fruits de « seulement »... 3,2 km !

Samedi **16 octobre**

Sainte Edwige – On fête aussi les Gall, Gaudry, Junien

Coupe ton chou à la Saint-Gall, en hiver, c'est un régal.

1-2-3-1-2-3-1-2-3

JAMAIS DEUX SANS TROIS

Voir trente-six chandelles

Les astronomes égyptiens avaient découpé le ciel en 36 parties de 10° chacune. C'est là l'origine des « trente-six chandelles » que l'on voit quand on est frappé, sonné au point d'être désorienté et de voir toutes les étoiles en même temps dans une rotation de 360°. Notons au passage que le zodiaque d'aujourd'hui reprend ces 36 décans inventés il y a... 5 000 ans !

1-2-3-1-2-3-1-2-3

LE GRAND BLUES

L'ACTU

Messe à poil

« Dieu nous a fait ainsi ! Comment cela pourrait-il être mauvais ? Jésus lui-même était nu à plusieurs moments importants de sa vie. Quand il est né, il était nu, quand il a été crucifié, il était nu, et quand il s'est levé, il a laissé ses vêtements dans la tombe et il était nu. » Ainsi parle le pasteur Allen Parker. Depuis 25 ans, tous les dimanches, il officie à la White Tail Chapel d'Ivor, en Virginie, lui aussi complètement nu. Et comme tous les fidèles qui viennent entendre son sermon. D'après ces adeptes de la messe naturiste, en tenue d'Adam ou d'Ève avant la pomme, les gens sont plus ouverts pour entendre la parole divine de Dieu et ainsi dévêtus, ils se retrouvent tous à égalité devant lui. Petite précision à l'attention de celles et ceux qui seraient subitement pris d'une crise de foi : pour fréquenter la White Tail Chapel, il faut séjourner au White Tail Resort, un terrain de camping et bungalows réservé aux nudistes.

FOOTBALL

La crise économique grecque de 2009 a contraint le football amateur à s'ouvrir à de nouveaux sponsors. C'est ainsi qu'en 2012, le président du club de Paleopyrgo s'est résolu à afficher sur les maillots des joueurs le nom d'une maison funéraire. La même année, Giannis Batziolas, président du modeste club de Voukefala à Larissa, fit encore mieux : il signa un partenariat avec... une maison close ! « Quand j'ai annoncé à mes joueurs que notre sponsor serait un bordel, ils voulaient en savoir plus sur leurs primes. »

Randonnées en

VOYAGE EN NORMANDIE MARITIME

Bercé par le cri des oiseaux marins, le randonneur parcourt un sentier littoral aux profils variés. Débutant sur la côte nord de la presqu'île du Cotentin, le chemin longe d'abord les marais de Carentan, avant d'offrir une vue splendide sur les plages du débarquement. Des tours Vauban ponctuent le sentier jusqu'à la grande rade de Cherbourg. En rejoignant la pointe septentrionale de la presqu'île, l'horizon se hérisse ensuite de falaises aux formes aiguës, au niveau du cap de la Hague. Redescendant sur Granville, le chemin s'adoucit, dévoilant des dunes sablonneuses et laissant apercevoir les îles anglo-normandes au large. La randonnée se termine en apothéose dans la baie du Mont-Saint-Michel. Bruyères maritimes, prairies herbeuses couchées par le vent frais, le tour du Cotentin est un bol d'air marin qui se découvre sur une vingtaine de jours et 436 km.

Dimanche **17 octobre**

Saint Baudouin – On fête aussi les Austrude, Osée

Soleil
lever : **8 h 14**
coucher : **18 h 56**

Bientôt nous plongerons dans les froides ténèbres ; adieu, vive clarté de nos étés trop courts !
Charles Baudelaire

HEUREUX MARIAGES

Les bons morceaux

Parce qu'elle n'aimait pas faire les choses comme tout le monde, Émilie Jambon n'a pas cherché à se marier avec un quelconque Monsieur « de Porc » ni même « Cochon ». Elle préféra choisir Claude Deveau pour convoler le 11 mai 1907 à Jujurieux, dans l'Ain. Quelques années auparavant, Aubine Côte avait épousé un certain Jean Deveau à Payzac, en Dordogne.

Rétro Vermot

Le petit Paul rend une visite avec sa mère. Arrivé au premier étage, il dit :
« C'est là ?
– Plus haut. »
Au troisième :
« Faut toujours monter ?
– Toujours.
– Alors, elle demeure au plafond. »

ILS ONT DIT

« Les chaînes du mariage sont si lourdes qu'il faut être deux pour les porter, quelquefois trois. »

Alexandre Dumas

RECETTE

Muffins à la crème de marron, cœur fondant chocolat

Pour 8 à 12 pièces (selon la taille des moules) 15 min de préparation 25 min de cuisson

- 4 œufs
- 300 g de crème de marron
- 50 g de beurre
- 100 g de poudre d'amandes
- 2 g de levure chimique
- 8 à 12 carrés de chocolat noir

Préchauffez le four à 180 °C (th. 6). Cassez les œufs dans un cul-de-poule et battez-les au fouet. Ajoutez la crème de marron. Faites fondre le beurre et incorporez-le à la pâte. Versez la poudre d'amandes et mélangez jusqu'à obtenir une préparation homogène. Ajoutez enfin la levure et mélangez une dernière fois.
Versez la pâte dans des moules à muffins. Cassez le chocolat et déposez un morceau au cœur de la pâte dans chaque moule.
Enfournez pour 25 min de cuisson : les muffins doivent dorer sans trop colorer.

Conseil : la crème de marron permet d'ôter le sucre et la farine, une recette idéale pour les intolérants au gluten. Grâce à elle, on réduit aussi la quantité de beurre. Il n'y a donc que des bonnes choses dans ces muffins !

Lundi **18 octobre**

Saint Luc – On fête aussi les Lucas, Aimable, Gwen, Mabelle

À la Saint-Luc, c'est ouf, ton truc !

Nos Régions

Corse

Corse-du-Sud/Ucciani

C'est à Ucciani que se visite la plus grande réserve de tortues d'Europe. Baptisé « a cupulatta », qui signifie « la tortue » en langue corse, ce site naturel de 2,5 hectares permet au visiteur de s'évader à l'intérieur des terres corses et de croiser toutes sortes de tortues dans un environnement naturel et sauvage. Le parc abrite 3 000 tortues et 170 espèces différentes. De l'Amérique à la Méditerranée en passant par l'Asie et l'Afrique, tous les continents sont représentés. Cette cité des tortues est incontournable pour mieux connaître la vie et les mœurs de ces animaux terrestres et aquatiques.

Voitures célèbres

Ferrari 308 GTB

Dans les années 1980, faire une série TV à succès était plutôt simple. Il suffisait de prendre un héros charismatique, de lui associer une belle voiture, et le tour était joué. C'est le cas de *Magnum*, série américaine où l'on suit les enquêtes d'un beau détective privé à moustache sur un générique entièrement dévolu à la beauté racée de la Ferrari 308 GTS, magnifique coupé décapotable de 8 cylindres mis au point en 1975. On raconte que le bolide doit son existence au succès de la Dino 246 GT, à la suite duquel Enzo Ferrari, le patron de la *Scuderia*, fut convaincu qu'il existait un marché pour des modèles plus accessibles et moins sportifs que ceux que la marque italienne produisait jusqu'alors.

L'humanité en chiffres

3.14159265358

2,5

C'est, en pourcentage, le nombre d'Italiens qui parlaient… italien en 1861. En effet, à l'époque, la grande majorité de la population parlait français (dans le nord surtout) ou des dialectes locaux. Il faudra plusieurs décennies pour faire de l'Italie un pays unifié sur le plan du langage.

CHAUD DEVANT !

DES OCÉANS DE VINAIGRE

L'augmentation des émissions de CO_2 fait grimper le pH des océans, c'est-à-dire leur acidité. Cela perturbe l'odorat des poissons, ce qui est problématique puisque beaucoup l'utilisent pour se repérer et détecter la présence de prédateurs. La survie de nombreuses espèces marines est remise en cause, et en premier lieu celle des animaux dont le squelette ou la coquille se compose de carbonate de calcium (du calcaire), un matériau très sensible aux acides. Ces petites bêtes sont loin d'être insignifiantes : elles sont parmi les premiers maillons de la chaîne alimentaire, alors ne les négligeons pas !

Mardi 19 octobre

Saint René – On fête aussi les Laure, Laura, Cléopâtre, Yaël

Soleil
lever : **8h17**
coucher : **18h53**

À la Saint-René, me raccroche pas au nez !

EXPRESSIONS IMAGÉES

S'endormir sur ses lauriers

Depuis la Grèce antique, les lauriers symbolisent la victoire des conquérants, qui en étaient couronnés après avoir gagné une guerre ou un territoire. Mais pour conforter ses conquêtes, un chef de guerre doit sans arrêt se battre et obtenir d'autres succès. Il ne doit en aucun cas se contenter d'une seule victoire et s'endormir ou se reposer sur ses lauriers, au risque de les perdre.

L'ACTU

Palmarès canin

On compte aujourd'hui près de de 2,5 millions de chiens de race en France. Chaque année, la Société centrale canine publie le classement de celles qui ont le plus de succès. Depuis 2018, le berger australien (*australian shepherd*) est numéro 1 en nombre d'inscriptions au Livre des Origines Françaises (LOF), LE livre répertoriant toutes les origines des chiens de race sur le territoire national. Derrière l'australian shepherd, qui malgré son nom est originaire du Pays basque, le chien de berger belge et le staffordshire bull terrier occupent les deux autres places du podium presque à égalité avec chacun plus de 11 000 inscriptions au LOF. Ce top 5 est complété par le golden retriever et le berger allemand qui a dominé le classement sans interruption pendant 70 ans, de 1946 à 2015. Enfin parmi les races françaises, le bouledogue français reste toujours le plus prisé, tant en France qu'à l'étranger.

Rétro Vermot

Dans un restaurant de l'Exposition 1900, on peut lire sur une pancarte : « Ici on parle toutes les langues. »
« Vous avez de nombreux interprètes ? demande un consommateur au gérant.
– Pas un seul.
– Qui donc, alors, parle toutes les langues ?
– Les clients, Monsieur ! »

LES LIVREURS SONT-ILS SUFFISAMMENT PAYÉS ?

Ça s'est passé

Le 19 octobre 1921

Lisbonne, capitale du Portugal, connaît une « nuit sanglante » avec l'assassinat de son Premier ministre, António Granjo, et de deux autres membres du parti de ce dernier.

LES ERREURS JUDICIAIRES TOP SECRET

L'affaire Loïc Sécher, en plus d'être l'une des erreurs judiciaires les plus marquantes de l'histoire judiciaire récente en France, pose surtout la question des condamnations exclusivement basées sur unique témoignage. En 2000, cet ouvrier agricole sans histoire est accusé de viol par sa voisine, une jeune fille de 14 ans. Alors qu'il clame son innocence, Loïc Sécher est condamné à 16 ans de réclusion criminelle et ce, sans analyse ADN, sans la moindre confrontation avec la victime et aucune autre preuve que le témoignage de l'adolescente. En 2008, la victime présumée devenue majeure écrit au parquet général de Rennes pour avouer avoir menti et tout inventé. Résultat pour Loïc Sécher : neuf années derrière les barreaux avant d'être réhabilité et dédommagé à hauteur de 800 000 euros.

Soleil
lever : **8h18**
coucher : **18h51**

Mercredi **20 octobre**

Sainte Adeline – On fête aussi les Aline, Adelin

Les sanglots longs des violons de l'automne blessent mon cœur d'une langueur monotone. Paul Verlaine

h ph
Pièges de l'ortografe

Combien de tirets ?

Faut-il écrire « y'a-t-il », « y a t-il », « y a-t'il » ? L'Académie française rappelle que « l'apostrophe note l'élision d'une voyelle placée en fin de mot devant un autre mot commençant également par une voyelle ou par un h muet ». Ici, le « t » ne peut remplacer le mot « te » et le « y » n'est pas un terme résultant d'une élision. Pour être correct, on écrira donc « y a-t-il ».

- J'essaie d'arrêter...

CHANSONS DE CHARLES AZNAVOUR

E	L	B	A	D	I	M	R	O	F	E	H	O	B
N	P	T	M	D	V	M	O	S	S	P	N	E	S
C	I	A	J	E	E	P	A	U	L	E	D	C	I
O	Z	C	R	D	M	V	F	A	R	E	H	A	G
R	E	O	E	U	O	F	I	E	J	I	R	N	Z
E	N	M	E	I	I	S	V	A	M	E	R	O	E
E	E	E	R	S	I	E	E	E	F	U	E	S	N
F	M	D	A	R	R	M	R	F	O	I	L	T	E
Y	M	I	S	R	M	E	U	J	X	B	L	A	M
U	T	E	O	O	S	A	R	U	O	M	A	L	M
E	D	N	C	I	H	Z	E	H	A	V	R	G	E
X	S	S	N	C	N	Y	E	M	A	M	A	I	E
F	E	E	E	P	O	M	M	E	E	A	L	E	U
D	V	R	M	Y	E	A	M	Z	P	R	F	P	X

Solution page 316

Cherchez les mots qui manquent dans les titres de chansons de Charles Aznavour. Ils sont cachés dans la grille ci-dessus. Vous les trouverez soit horizontalement, soit verticalement, soit diagonalement. Ils peuvent se lire de gauche à droite, de droite à gauche, de haut en bas ou de bas en haut.

Notez que les mots sont dans l'ordre alphabétique dans la liste ci-dessous.

1. Tu t'laisses ________
2. Après l'________
3. La ________
4. Le Palais De Nos ________
5. Les ________
6. ________ ils disent
7. J'en ________ Que Je T'aime
8. Je m'voyais ________
9. ________-moi
10. Hier ________
11. Au creux de mon ________
12. À ma ________
13. For Me ________
14. L'amour c'est comme un ________
15. La ________
16. Toi et ________
17. ________ d'aimer
18. Avec un brin de ________
19. Les ________ démodés
20. Je te ________
21. Nous Nous ________ Un jour Ou L'Autre
22. Il Faut ________
23. Il te ________ que je t'aime
24. Que c'est triste ________
25. Nous irons à ________
26. Plus bleu que tes ________

Nos Régions

Grand Est

Meuse/Saint-Mihiel

Situées à la sortie de la ville de Saint-Mihiel en direction de Verdun, les Dames de Meuse sont sept roches coralliennes qui font la fierté des Sammiellois. La première, dite « roche du calvaire », abrite un Christ au tombeau ; la deuxième accueille le banc en pierre dit « des amoureux », la troisième, la « ronde falaise », tient son nom de ses formes généreuses, la quatrième ; accessible facilement par son sommet écrasé, s'appelle tout simplement la « roche plate » ; la cinquième, dite « four du diable », est creusée d'une énorme faille ; la sixième est surnommée « la guinguette » car on dansait dessus autrefois. Enfin, la septième roche, inaccessible au public, se trouve sur une propriété privée.

C'est la nouvelle loi, il est désormais interdit de regarder le modèle pour qu'il ne se sente pas harcelé !

Sainte Céline – On fête aussi les Ursula, Celina, Viateur, Walfroy

Soleil
lever : **8 h 20**
coucher : **18 h 49**

Pour la Sainte-Céline, arrête d'acheter en ligne, tu te ruines !

NOMS D'OISEAUX !

Merle

Ne confondons pas le vilain merle et le merle blanc ! Le second, c'est l'oiseau rare, l'être exceptionnel ou différent – Alfred de Musset l'évoque dans une fable autobiographique, Histoire d'un merle blanc *(1888). Le vilain merle, lui, est un sale type. Toutefois, ce bel oiseau au bec jaune, malgré sa livrée noire, n'est pas réputé maléfique (contrairement au corbeau). Ainsi, le fin merle est un malin, un habile, mais pas un filou. Et un beau merle ? L'expression est ironique, et même péjorative car elle équivaut à « joli coco ». Par ailleurs, merle a donné « marlou », qui signifie rusé, mais aussi proxénète.*

Voyager par les séries TV

Big Little Lies

Monterey, effluves océaniques et drame sous-marin. On a rarement vu plus beau générique. Bercée par la musique de Michael Kiwanuka, la côte californienne déploie son océan à perte de vue, bordée par une interminable plage dont le ressac lave les péchés des privilégiés de Monterey. La route côtière baignée de lumière ou de brume, selon les heures, longe des villas hors du commun, tournées entièrement vers la mer, jusqu'à s'y abîmer. C'est dans ce cadre sublime, entre Monterey et Big Sur, que se jouent les intrigues de *Big Little Lies*. La vie semble paisible dans cette ville bourgeoise et distinguée. Les femmes ont les ongles impeccables, les hommes roulent dans de belles voitures. Mais rien n'est plus faux qu'une apparence, et sous cette illusoire perfection se cachent de nombreux remous.

- Les glaciers fondent et le niveau de la mer monte…

- Moi aussi mes glaçons fondent ! Par contre, le niveau a plutôt tendance à baisser…

Charade

classique

Mon premier est la moitié d'un œuf,

Mon deuxième est une grande voiture à chevaux qui transportait les voyageurs,

Mon troisième est un porte bagages,

Mon quatrième est un moyen de transport,

Mon tout est une grande couturière française.

COCO CHANEL (CO – COCHE – ÂNE – AILE)

LE CHIFFRE

44 000

C'est, en années, l'âge de la plus ancienne œuvre d'art préhistorique découverte dans une grotte située sur l'île indonésienne des Célèbes, selon une étude publiée dans *Nature*. Elle représente une scène de chasse rouge foncé et couvre la paroi sur 5 m de long. On distingue un groupe de chasseurs armés de lances et de cordes poursuivant des cochons sauvages et des buffles nains. Ces personnages sont dessinés avec un corps humain, mais une tête stylisée d'oiseau ou de reptile. Pour les spécialistes, cette œuvre d'art figurative atteste de la capacité des hommes préhistoriques à se représenter des créatures qui n'existent pas dans la nature. La plus ancienne représentation de ce type jusqu'ici, datée de 40 000 ans, est une statuette en ivoire de mammouth trouvée en Allemagne et représentant un homme doté d'une tête de lionne. Quant à la fresque, on en trouve un équivalent dans la grotte de Lascaux en France, mais elle a été réalisée 20 000 ans plus tard.

Mesdames, un conseil. Si vous cherchez un homme beau, riche et intelligent... prenez-en trois ! Coluche

Nos Régions

Hauts-de-France

Somme/Albert

La basilique Notre-Dame de Brebières d'Albert porte ce nom car on y honore une image de la Vierge trouvée par des bergers. Autrefois, un culte spécial y était donné une fois par an, au son des cornemuses pastorales. Bergers et bergères apportaient des offrandes à Notre-Dame et la fête se terminait par des danses. L'église primitive, incendiée en 1660, fut reconstruite et terminée en 1705. Devenue trop petite deux siècles plus tard, elle fut rasée et remplacée par une autre en 1897 qui disparut à son tour sous les bombardements de la Première Guerre mondiale. L'édifice actuel date de 1931.

Tout est relatif... (Espace temps)

Le chauffeur en connaît un rayon

Au cours des années 1940, Albert Einstein parcourait les États-Unis, d'université en université, pour y exposer ses théories. À force d'assister à ses conférences, son chauffeur finit par en comprendre le contenu et par le mémoriser. Si bien qu'il lui annonça un jour pouvoir prendre sa place lors de la conférence suivante. Einstein accepta de relever le défi et le chauffeur endossa parfaitement le rôle du physicien, menant son exposé sans vaciller et répondant aux questions du public. Mais quelqu'un finit par lui poser une colle. Sans se laisser démonter, le savant chauffeur s'adressa alors à Einstein, assis au fond de la salle : « *Cette question est si simple que même mon chauffeur pourrait y répondre. D'ailleurs je l'invite à le faire.* » Anecdote véridique ou légende ? Peu importe, elle va si bien avec le bonhomme !

GRANDS MOMENTS DU CYCLISME

Le 7 juin 2001, au journal télévisé du soir, les fans de cyclisme attendent avec impatience les résultats du Giro d'Italia qui en est à sa 17e étape. Mais en lieu et place des efforts sportifs du jour, c'est une opération policière qui leur est donnée à voir : une gigantesque perquisition dans les hôtels des coureurs a été organisée par la brigade des stupéfiants de Florence. Résultat : 86 personnes suspectées. Les organisateurs pensent peut-être se racheter une image grâce à ce coup de filet en des temps troublés. Mais l'effet est loin d'être positif. Le public est révolté, et les coureurs plus encore. Ils menacent de faire grève et d'arrêter la compétition, mais sous la pression des sponsors, ils repartent tout de même. Folle époque…

Samedi **23 octobre**

Saint Jean de Capistran – On fête aussi les Domice

Soleil
lever : **8h23**
coucher : **18h45**

Les feuilles qu'on foule un train qui roule la vie s'écoule. Guillaume Apollinaire

Étymologie

Effrayant, n'est-il pas ?
Le XIXe siècle a été marqué par la ruée vers l'or, mais pas que… Les paléontologues de l'époque se livrèrent à une impitoyable bataille pour savoir qui découvrirait le plus de squelettes fossilisés de ces gigantesques animaux jusqu'alors méconnus – et donc non nommés. Lorsque le scientifique britannique Richard Owen entreprit de les décrire, il proposa le nom *dinosaur*, s'inspirant ainsi du grec ancien *sauros* signifiant « reptile », et *deinos*, « terrifiant ». Adopté à l'unanimité !

NOTTO DICO

RIDICULE, adj.
État passager.

RIDULE, n. f.
Petite ride qui ne dit pas son nom afin de ne pas effrayer les femmes.

RINGARD, n. m.
Homme de plus de 50 ans jugé par les moins de 20 ans.

RINGARDE, n. f.
Femme de plus de 40 ans jugée par les moins de 20 ans.

RIVE DROITE, n. f.
Terme désignant le côté du fleuve situé juste en face de la rive gauche.

VERMOT'ROSCOPE

SCORPION (23 octobre-22 novembre)

Caractère
Combatif, volontaire, mystérieux, intuitif, réceptif, intelligent, observateur, curieux, profond, adaptable, passionné, impliqué, émotif, hypersensible, piquant, ironique, possessif, endurant, angoissé, nerveux, colérique, jaloux, autoritaire, autodestructeur.

Le message des astres
Cette année, les astres vous demanderont de faire deux fois plus d'efforts. Vous devrez vous dépasser si vous désirez faire face aux grandes échéances de 2021. Jusqu'en mai, Saturne et Jupiter ne laisseront rien passer. Heureusement, de juin à août, Jupiter allègera l'ambiance.

Vie relationnelle
Évitez d'être trop casanier, sortez et acceptez les invitations. En mars et en avril, vous passerez de délicieux moments en compagnie de vos amis. En juillet, faites-vous violence et ouvrez-vous à de nouvelles connaissances.

Amour
En couple, fuyez la routine et calez-vous sur le rythme et les envies de votre partenaire pour pimenter votre quotidien. Soyez plus à l'écoute de votre moitié. Jusqu'en juillet, profitez des influx planétaires pour sortir des sentiers battus. En septembre, misez sur la douceur et le partage.
Si vous êtes seul, tournez-vous vers la famille et les amis. Sur le premier trimestre, ne cédez à aucune passion qui se révèlerait destructrice.

Famille
La famille occupera vos pensées une grande partie de l'année, et ce, en bien comme en mal. Essayez d'avoir plus de recul sur les situations ou les personnes. Jusqu'en août, tirez les choses au clair et misez sur la communication non violente.

Quotidien et vitalité
Cette année, tout se bousculera et vos nerfs seront mis à rude épreuve. Vous devrez prendre sur vous. Pour contrer votre manque d'énergie, sortez, bougez, allez vers les autres. En début d'année, faites du tri dans vos vieilleries. Profitez du printemps pour bousculer les habitudes et aller vers la nouveauté.

Budget
Tout vous obligera à faire des économies ou à mieux gérer votre argent, car vous ne serez pas à l'abri de quelques imprévus. Faites vos comptes quotidiennement pour éviter les mauvaises surprises. En mars, avril, octobre et décembre, attention aux dépenses.

Comment optimiser votre année
Ne tombez pas dans la morosité. Faites-vous confiance et lancez-vous de nouveaux défis. Suivez vos envies et votre instinct. Pratiquez une activité apaisante.

Dimanche 24 octobre

Saint Florentin – On fête aussi les Magloire, Gloria, Florestan

Je parle en dormant. Au bureau, c'est gênant ! Pierre Doris.

LA GAFFE DE L'HISTOIRE

Double sens

Le célèbre comédien Frédérick Lemaître était fâché que le public n'apprécie pas la pièce qu'il jouait. Après avoir insulté les assistants, il revint sur scène pour faire une déclaration qui pouvait autant passer pour une gaffe qu'une nouvelle insulte : « Je vous ai traités d'imbéciles. C'est vrai ! Je vous fais des excuses. J'ai tort ! »

Pièges de l'ortografe

Plusieurs zéros

Comme vingt et cent, zéro est un des nombres cardinaux qui prend la marque du pluriel, contrairement aux autres. Par exemple, pour décrire le nombre 7070, on dira qu'il y a deux sept et deux zéros alternés. En revanche, il ne prend pas de « s » final quand il est utilisé comme déterminant invariable : on écrira « zéro faute » au sens de « pas une seule faute ».

Ça s'est passé

24 octobre 1957

Christian Dior meurt d'une crise cardiaque alors qu'il fait une cure à Montecatini Terme. Le couturier, fondateur de la maison éponyme, venait de présenter sa dernière collection, conçue avec son stagiaire, Yves Saint-Laurent. De la haute couture au parfum, Dior a connu un succès mondial, et nombreuses étaient les stars hollywoodiennes qui ne juraient que par lui.

Au Jardin

Rosiers à racines nues

Les rosiers à racines nues sont vendus du 15 octobre au 15 avril. Ils coûtent moins cher que les sujets en conteneur et repartent en général avec vigueur. Pour acheter par correspondance, recherchez une pépinière qui vous demande de préciser la nature de votre sol : vous recevrez ainsi des sujets dont le porte-greffe est adapté à votre jardin. Plantez l'arbuste dès réception. Toutefois, s'il gèle ou que le sol est détrempé, mettez-le en jauge d'attente. Pour la plantation, posez les racines sur une butte aménagée au fond du trou et, avec de la terre enrichie de compost, rebouchez jusqu'au collet. Tirez alors le rosier vers le haut pour amener le point de greffe au niveau du sol, puis achevez de reboucher. Arrosez régulièrement la première année, y compris en hiver si le sol est sec.

Mais des nuits d'automne goûtons les douceurs ; qu'aux aimables fleurs succède Pomone.
François-René de Chateaubriand

Rétro Vermot

« Pourquoi diable ne lavez-vous pas votre vaisselle quand votre femme n'est pas là ?
– Je vais vous dire : si elle ne la retrouvait pas sale sur l'évier en rentrant, elle m'accuserait de prendre mes repas au restaurant. »

Charade à tiroir

Mon premier crie comme un éléphant,
Mon deuxième est en colère,
Mon troisième prend la parole,
Mon tout est une auteure-compositrice-interprète française.

BARBARA. Mon premier est Bar car Bar barrit (Barbarie). Mon deuxième est Ba car Ba rage (Barrage). Mon troisième est Ra car Ra dit (Radis).

Solution mots mêlés [p. 311]

[p. 311]

E	L	B	A	D	I	M	R	O	F	E	H	O	B
N	P	T	M	D	V	M	O	S	S	P	N	E	S
C	I	A	J	E	E	P	A	U	L	E	D	C	I
O	Z	C	R	D	M	V	F	A	R	E	H	A	G
R	E	O	E	U	O	F	I	E	J	I	R	N	Z
E	N	M	E	I	L	S	V	A	M	E	R	O	E
E	E	E	R	S	I	E	E	E	F	U	E	S	N
F	M	D	A	R	R	M	R	F	O	I	L	T	E
Y	M	I	S	R	M	E	U	J	X	B	L	A	M
U	T	E	O	O	S	A	R	U	O	M	A	L	M
E	D	N	C	I	H	Z	E	H	A	V	R	G	E
X	S	S	N	C	N	Y	E	M	A	M	A	I	E
F	E	E	E	P	O	M	M	E	E	A	L	E	U
D	V	R	M	Y	E	A	M	Z	P	R	F	P	X

1. ALLER 2. AMOUR 3. BOHÈME 4. CHIMÈRES 5. COMÉDIENS 6. COMME 7. DÉDUIS 8. DÉJÀ 9. EMMENEZ 10. ENCORE 11. ÉPAULE 12. FILLE 13. FORMIDABLE 14. JOUR 15. MAMMA 16. MOI 17. MOURIR 18. NOSTALGIE 19. PLAISIRS 20. RÉCHAUFFERAI 21. REVERRONS 22. SAVOIR 23. SUFFISAIT 24. VENISE 25. VÉRONE 26. YEUX

Le coin lecture

Petit Pays, de Gaël Faye

Auteur-compositeur-interprète, le rappeur Gaël Faye signe un remarquable premier roman, tendre, poétique et bouleversant. Partiellement autobiographique, ce livre raconte l'enfance au Burundi de Gabriel, né d'une mère rwandaise et d'un père français, au début des années 1990. L'insouciance des jeunes années se dissipe instantanément quand éclate la guerre civile dont la violence atteindra son paroxysme avec le génocide rwandais… Ce témoignage édifiant sur un drame récent, porté par la musique des mots et la sensibilité de Gaël Faye, a reçu le Prix Goncourt des lycéens en 2016.

Luttes et héros populaires

Les pétroleuses

C'est le nom donné aux femmes que l'on soupçonnait d'avoir provoqué une série d'incendies pendant la Commune de Paris en 1871. Ce terme fut attribué notamment après l'incendie de l'Hôtel de Ville (24 mai 1871) aux communardes qui avaient combattu contre les Versaillais. Or, aucune femme n'a jamais été reconnue coupable d'incendie criminel délibéré, si l'on en croit les archives historiques. Mythe et réalité se côtoient donc largement dans l'histoire des pétroleuses, mais leur image terrifiante a bel et bien traversé les âges. Les caricatures de l'époque les représentaient telles des sorcières armées de mèches et de seaux de pétrole, prêtes à embraser la ville au nom de la liberté…

Soleil
lever : 8h28
coucher : 18h40

Mardi 26 octobre

Saint Dimitri – On fête aussi les Rustique, Démétrius

Pour la Saint-Dimitri, avec ta souris, arrêtez de mater des séries !

Voyages en train

L'Orient-Express, c'est LE train de luxe par excellence. Immortalisé par la romancière Agatha Christie, il incarne à la perfection tout le romantisme qu'évoque ce type de voyage. Avec une lenteur tout en élégance, ce train mythique poursuit son trajet originel, de Paris à Istanbul, mais offre désormais des détours par Venise, Cracovie, Dresde ou Prague. Pour dîner, on sort sa robe de cocktail et son smoking. Dans un style Art déco et une ambiance feutrée, les fourchettes vont et viennent dans les assiettes, tandis que les regards s'évadent à travers les fenêtres. De la Sérénissime à la belle Istanbul, en passant par Budapest et la Mer Noire, le voyage est infini et son souvenir reste inoubliable.

1-2-3-1-2-3-1-2-3

JAMAIS DEUX SANS TROIS

C'est reparti comme en quarante

Employée comme synonyme de « ça recommence », cette locution montre la lassitude des populations face à la guerre. Après avoir été utilisée sous la forme « c'est reparti comme en quatorze », l'expression est actualisée après la Seconde Guerre mondiale et devient « c'est reparti comme en quarante ». Elle a une connotation de défaite et d'éternel recommencement des conflits.

1-2-3-1-2-3-1-2-3

Ça c'est vache – Les plus belles crasses

Aux États-Unis, lorsqu'un sénateur en exercice meurt, on met en berne les drapeaux des monuments officiels de Washington pendant une journée. Pourtant, quand John McCain, sénateur actif, décède en août 2018, un drapeau reste bien fier et haut dans le ciel : celui de la Maison-Blanche. Un message très clair de Donald Trump pour exprimer son opinion sur son rival et ennemi. Classe, comme toujours...

QUAND LES AVIONS SONT CLOUÉS AU SOL

Maisons d'artistes

On connaît tous quelques-unes des œuvres sur le monde paysan de Jean-François Millet, l'un des plus célèbres peintres de l'École de Barbizon. À partir de 1840, suivant ses précurseurs Corot et Daubigny, Millet s'installe définitivement dans ce village de Seine-et-Marne. À Barbizon naîtront ses chefs-d'œuvre tels que *Des Glaneuses* (1857) et *L'Angélus* (1859). Le paysagiste y décède en 1875 et, avec lui, l'École de Barbizon. Sa maison-atelier, ouverte depuis 1922, permet de retrouver l'univers intime et artistique du peintre. De nombreux objets et photos lui ayant appartenus ainsi que des peintures originales de ses contemporains y sont exposés. À l'entrée, deux pierres rendent hommage à William Morris Hunt et William Babcock, deux peintres américains, amis de Millet.

Maison et atelier de Jean-François Millet, 27 Grande-Rue, 77630 Barbizon

Mercredi 27 octobre

Sainte Émeline – On fête aussi les Odran, Frumence, Évariste

Soleil
lever : **8 h 29**
coucher : **18 h 38**

Un rêve sans étoiles est un rêve oublié. Paul Éluard

L'actu

Adopte une poule !

Vers 1600, Henri IV imposait la poule au pot le dimanche. Quatre siècles plus tard, une restauratrice propose la poule chez soi à ses clients : à Colomiers, près de Toulouse, la patronne de la *Friendly Auberge* offre, aux volontaires, un volatile vivant pour deux repas. Ces poules pondeuses qui proviennent d'un élevage en batterie du Gers auraient dû prendre la direction de l'abattoir. Après un an de service, les pondeuses sont en effet « réformées », car leur productivité baisse sensiblement. Interdites de recyclage dans l'alimentation humaine, elles sont généralement transformées en farine animale utilisée pour nourrir d'autres poules. La restauratrice, qui n'affiche pas de poulet à sa carte, a installé un petit enclos derrière son établissement pour les pensionnaires à adopter. Non seulement ces volatiles recyclent les épluchures et certains déchets alimentaires, mais les adoptants ont la certitude d'avoir droit à une centaine d'œufs frais par poule chaque année pendant au moins cinq ans !

Théories du complot

Personne n'a marché sur la Lune

Le 20 juillet 1969, le monde entier est derrière son écran de télévision et regarde, bouche bée, les premiers pas sur la Lune de Neil Armstrong, Buzz Aldrin, et avec eux, ceux de toute l'humanité. Mais pour certains rabat-joie conspirationnistes, tout cela ne serait que mensonge et simulation. L'homme n'aurait jamais marché sur la Lune, et la vidéo diffusée en direct à la télévision ne serait qu'une fiction parfaitement répétée, réalisée et montée par les plus grands noms d'Hollywood, associés à des membres du gouvernement américain. Les arguments ne manquent pas, et tant pis si la science la plus basique n'a aucun mal à les réfuter, les défenseurs de la théorie y croient dur comme fer, même encore aujourd'hui…

Rétro Vermot

Un avocat a affaire à un client qu'il doit défendre devant la cour d'assises. Celui-ci s'efforce de lui démontrer qu'il est innocent. Alors l'avocat de s'écrier : « Oh, mon garçon, il faut me dire les choses clairement et franchement ; c'est mon affaire de les embrouiller ensuite. »

Énigmes

Un jeune policier s'est infiltré dans les rangs de la mafia. Sa tâche est d'identifier les hommes à la charge de ce syndicat du crime. Pour cette enquête, on lui a forgé une toute nouvelle identité avec, bien sûr, un nouveau nom mais aussi une nouvelle histoire familiale et un lourd casier judiciaire. Il a adopté pour le rôle une nouvelle apparence physique, de nouvelles manières, un nouveau style vestimentaire et a dû couper les ponts avec toutes ses anciennes connaissances. Du fait de son efficacité et de sa loyauté, il est vite monté dans les rangs et n'a pas tardé à découvrir les noms du chef et du sous-chef de l'organisation. Malheureusement, pour une raison inconnue, il a disparu du jour au lendemain. Juste avant sa disparition, il a envoyé un message à son supérieur, constitué d'une série de lettres et de chiffres :

23dO7 37IW3 : SSO8-SNOS 37 · 3NNOPN3IP S377I6 : SSO8 37

Pouvez-vous déchiffrer ce message ?

Solution : Si vous lisez le message à l'envers, tout devient clair : « Le boss : Gilles Dieudonné. Le sous-boss : Emile Lopez »

Soleil
lever : 8 h 31
coucher : 18 h 36

Jeudi 28 octobre

Saint Simon et Saint Jude – On fête aussi les Simone, Faron

La femme vit en général plus longtemps que l'homme pour avoir là encore le dernier mot. Jean Delacour

Nos Régions

Île-de-France

Yvelines/Élancourt

C'est à Élancourt que se trouve le point culminant de toute la région Île-de-France, avec la colline de la Revanche qui s'élève à 231 m ! Ironie de l'histoire, cette colline est entièrement artificielle, constituée de déchets et de remblais provenant de l'édification de la ville nouvelle de Saint-Quentin-en-Yvelines. Depuis quelques années, elle est dédiée aux sports extrêmes, ses pentes étant utilisées pour la pratique de nombreuses activités nécessitant de forts dénivelés. C'est d'ailleurs ici que se dérouleront les épreuves de VTT des Jeux olympiques d'été de 2024.

LA GAFFE DE L'HISTOIRE

Le cocu dévoilé

Le comédien Jean Le Poulain (1924-1988), lors d'un dîner, fut prévenu que sa voisine de table avait un mari volage. Il fut donc attentif à ne pas aborder de sujet scabreux jusqu'à la fin du repas où il se mit à raconter une histoire de cocu. Celle-ci serait passée inaperçue si, rouge de confusion, il ne s'était pas tourné vers sa voisine pour lui dire : « Oh ! Pardon madame… »

MUSIQUE

À deux doigts de la perfection

À 18 ans, Django Reinhardt vit une tragédie : il est gravement brûlé dans l'incendie de sa roulotte. Bilan : 18 mois d'hôpital et deux doigts en moins à la main gauche. Quand on est un guitariste manouche, qui plus est aussi virtuose que lui, c'est une tuile aussi grande qu'un Beethoven atteint de surdité. Mais Django a le feu sacré : pour pouvoir rejouer, il invente une nouvelle technique qui, depuis, est utilisée par d'autres guitaristes – qui, eux, ont tous leurs doigts !

Histoires paranormales

Enfantôme

Selon André Breton, Giorgio de Chirico avait un don particulier pour identifier les fantômes. Dans *Le Surréalisme et la peinture*, il raconte qu'Aragon, Chirico et lui-même étaient attablés dans un café de la place Pigalle quand un enfant entra pour vendre des fleurs. Chirico, le dos tourné à la porte, ne l'avait pas vu. Aragon, intrigué par son « allure bizarre », demanda si ce n'était pas un fantôme. Sans se retourner, Chirico tira un petit miroir de sa poche et, après avoir longuement examiné le garçon, conclut qu'en effet c'en était un. « La reconnaissance des fantômes sous les traits humains, il y paraissait bien exceptionnellement exercé », ajoute Breton. Roger Vitrac lui fait écho lorsqu'il salue, dans son livre *Georges de Chirico*, le peintre de la *metafisica* : « Grâce à vous, les revenants nous sont devenus familiers. »

Vendredi 29 octobre

Saint Narcisse – On fête aussi les Emelinde

Soleil
lever : 8 h 32
coucher : 18 h 35

Pour la Saint-Narcisse, donne-moi ton 06 !

Pièges de l'ortografe (h / ph)

Exclue mais incluse

Ne cherchez pas de règle, les dictionnaires ont eux-mêmes changé d'avis au fil des siècles ! Ainsi, certains verbes se terminant en « clure » ont leur participe passé en « clu » et « clue » comme conclure ou exclure, tandis que d'autres se termineront à la même forme par « clus » et « cluse » comme inclure. La faute n'est pas exclue mais la règle est incluse, c'est comme ça !

Ça s'est passé

En octobre 121

Le *Shuowen Jiezi*, premier dictionnaire étymologique de la langue chinoise, rédigé par Xu Shen, est présenté par le fils de ce dernier à l'empereur Han Andi (dynastie des Han).

ILS ONT DIT

« Un coup de pied au derrière fait souvent plaisir. Surtout quand on le donne. »

Pierre Dac

Dans les étoiles

Vénus est l'astre le plus brillant après le Soleil et la Lune. Deuxième planète après Mercure en partant du Soleil, elle reste souvent noyée dans les lueurs du levant ou du couchant. Toutefois, elle est assez brillante et donc plus facile à repérer que Mercure. Ainsi, elle est connue depuis l'Antiquité, période durant laquelle elle a été baptisée, à tort, « Étoile du berger » (alors qu'il s'agit d'une planète). Rappelons qu'une planète brille parce qu'elle reflète la lumière du Soleil alors qu'une étoile produit sa propre lumière. Vénus s'éloigne suffisamment du Soleil pour briller dans la nuit noire, et cette année elle atteindra l'élongation maximale le soir du 29 octobre. Elle sera alors écartée du Soleil de 47° et brillera généreusement à l'horizon sud-ouest.

Le coin lecture

Article 353 du Code pénal, de Tanguy Viel

En Bretagne, lors d'une partie de pêche, Kermeur, ancien ouvrier, jette à la mer un agent immobilier qui l'a entraîné dans une arnaque. Accusé de meurtre, il raconte au juge sa vie et l'enchaînement de circonstances qui l'ont conduit à commettre l'irréparable. Un huis clos prenant où l'on assiste à la longue confession d'un homme coupable de meurtre mais surtout victime de la vie, marqué par le divorce, les licenciements, les manipulations… Ce « brave homme » parviendra t-il à faire basculer l'opinion du juge ? C'est tout l'objet de cette histoire passionnante et très originale.

Soleil
lever : 8h34
coucher : 18h33

Samedi 30 octobre

Saint Bienvenue – On fête aussi les Maéva

Octobre en brume, soigne ton rhume !

NOTTO DICO

ROMANCE, n. f.
Histoire d'amour dont sont faits les romans pour célibataires.

RONFLEMENT, n. m.
Point de départ du processus de séparation des couples.

ROSE, n. f.
Fleur qui porte mal son nom tant on lui connaît de couleurs différentes.

ROUSPÉTEUR, n. m.
Personne s'exprimant avec sa bouche. Pas avec son anus.

RUGBY, n. m.
Sport collectif pratiqué entre amis où l'on a la semaine pour se remettre. Avant de remettre ça le week-end suivant.

ÇA C'EST... Faits divers L'ACTU

Le 25 avril 1964, Paul Fronczak, né à Chicago, est le premier enfant de Dora et Chester Fronczak. Deux jours plus tard, une femme d'une quarantaine d'années se faisant passer pour une infirmière enlève le bébé. Une recherche nationale est rapidement lancée. Près de 200 enquêteurs sont mobilisés, plus de 10 000 bébés sont examinés à travers tous les États-Unis. Quinze mois plus tard, le 2 juillet 1965, un jeune garçon qui ressemble à l'enfant disparu est retrouvé abandonné dans le New Jersey. Dora Fronczak est formelle : c'est Paul, son bébé. À l'époque, les deux seules preuves scientifiques à disposition du FBI étant le groupe sanguin et la forme particulière de l'oreille du nourrisson, un juge accorde la garde du bambin au couple. Mais en 2013, Paul Fronczak, qui a alors 49 ans, demande des tests ADN pour vérifier ses origines. Les résultats montrent qu'il n'est pas le fils biologique des Fronczak. Le FBI rouvre le dossier tandis que Paul Fronczak mène sa propre enquête en envoyant de l'ADN de la famille Fronczak à plusieurs sites de tests génétiques. En 2018, une correspondance est enfin établie avec un autre profil et le « vrai » Paul Fronczak est retrouvé dans le Michigan !

WWW.

Utiles et insolites

« Voyager n'est pas une question d'âge, c'est un état d'esprit ! » Evelyne et Christophe, deux seniors passionnés de voyages, de photos et de vidéos, vous invitent à explorer le monde avec eux : le lac de Côme en Italie, la route des trolls en Norvège, l'Andalousie, mais aussi l'Iran ou la baie de Somme… Tout pour organiser vos prochaines excursions : www.heulys.com

Vino populum

Fixin

« Fissssssin » pour la prononciation ! Fruits noirs pour le registre aromatique. Un vin solide, charpenté qui ne s'en laisse pas conter. Parmi les premiers crus les plus réputés, le Clos la Perrière, Hervelets, Arvelets, Clos du Chapitre et Clos Napoléon. Une toute petite production en comparaison du gevrey-chambertin et c'est bien pour cette raison que nous avons choisi d'en parler ici.

Dimanche 31 octobre

Saint Quentin – On fête aussi les Quincy

Soleil
lever : 7 h 36
coucher : 17 h 31

À la Saint-Quentin, arrête ton baratin !

Le bon mot de l'histoire

31 octobre 1472 : « Car tel est notre plaisir. »
Louis XI

Symbole pour certains de l'arbitraire royal, la formule commence à apparaître sur des actes signés par Charles VI. Mais c'est Louis XI, son petit-fils, qui va normaliser son usage dans ses ordonnances à partir de 1472 et ses successeurs l'emploieront systématiquement. Le mot « plaisir » doit être compris dans son sens médiéval (du latin *placeo*, « je trouve bon ») ; il ne renvoie pas à la satisfaction du souverain, mais exprime sa volonté. Souvent associée à François Ier, la formule « Tel est notre bon plaisir » n'apparaît en réalité que bien plus tard, sur les décrets signés… par Napoléon.

Luttes et héros populaires

Addi Bâ Mamadou

À l'instar de Jean Moulin, Pierre Brossolette et Robert Keller, pour n'en citer que quelques-uns, Addi Bâ Mamadou fut un grand résistant de la Seconde Guerre mondiale. Tirailleur volontaire originaire de Guinée, il participa aux violents combats des Ardennes de 1940, au cours desquels il finit par être capturé et emprisonné dans les Vosges. Il s'échappa et parvint à monter un noyau de résistance dans la région avec d'autres évadés, tirailleurs, anciens du STO et autres résistants de tous bords. Il organisa le passage de nombreux tirailleurs en Suisse et constitua le premier maquis des Vosges. Finalement arrêté, il fut torturé puis exécuté. Mort pour la France à l'âge de 27 ans, aucun hommage posthume officiel ne lui a été rendu.

Ils ont dit

« Mauvais éloge d'un homme que de dire : son opinion politique n'a pas varié depuis quarante ans. »

Victor Hugo

Limitation de la vitesse sur route à 80 km/h...

Ha ! Ha ! Ha !

Vous conduisez une voiture qui roule à vitesse constante. Sur le côté gauche, vous apercevez un grand trottoir. Toutefois, celui-ci n'est pas au-dessus mais en dessous de la chaussée, à environ 50 cm plus bas que votre voie. Il y a beaucoup de monde dessus, dont de nombreux enfants. Sur votre côté droit, un camion de pompier avance exactement à la même vitesse que vous. Devant vous se trouve un énorme cheval au galop de la taille de votre voiture et il vous est impossible de le doubler. Juste derrière vous, il y a un éléphant. Le cheval et le pachyderme avancent également à la même vitesse que vous. Comment faire pour vous sortir sans encombre de cette situation extrêmement dangereuse ? Manifestement vous êtes encore ivre, descendez tout de suite de ce manège !

Soleil
lever : 7 h 37
coucher : 17 h 30

Lundi 1er novembre

Toussaint – On fête aussi les Harold, Bénigne

Les morts ont de la chance : ils ne voient leur famille qu'une fois par an, à la Toussaint.
Pierre Doris

MÉTÉO DU MOIS

Le neuvième (novem, « neuf ») mois de l'année… quand elle commençait en mars.

Le 14 novembre 1854, 38 navires engagés dans la guerre de Crimée firent naufrage dans une tempête méditerranéenne. Urbain Le Verrier, directeur de l'Observatoire de Paris, prit alors l'initiative de recueillir auprès de ses collègues européens les mesures météo effectuées du 12 au 16 novembre. L'analyse de plus de 250 observations mit en évidence la trajectoire de la tempête à travers l'Europe et démontra que de tels événements étaient prévisibles. Le Verrier convainquit Napoléon III et put développer, dans les années qui suivirent, le premier réseau météorologique français.

REPÈRES CLIMATIQUES

Non seulement la durée du jour est faible (environ 8 h 30 en fin de mois), mais le ciel se couvre souvent de nuages. Bref, le soleil ne semble pas au rendez-vous du dernier mois de l'automne météorologique. Entre la Normandie et l'est de la France, il ne brille que 60 heures sur tout le mois et pas plus de 40 heures dans les Ardennes. Si on ajoute à cela des températures moyennes frisquettes (entre 8 et 10 °C dans l'ouest, 7 °C du centre au nord, moins de 6 °C dans l'est…), la période n'est pas la plus souriante de l'année. Sauf peut-être en 1985, où une agréable douceur s'installe entre le 5 et le 11 sur les régions du sud de la Loire (27,2 °C le 8 à Tarbes et Dax, 25,2 °C à Saint-Etienne et 31,4 °C à Solenzara en Corse). Ce type d'épisode reste, pour le moment, extrêmement rare. Moins rares, mais tout autant exceptionnels, des fins d'automnes hivernaux restent dans les mémoires : dix jours de neige entre le 2 et le 11 novembre 1980 (30 cm à Clermont-Ferrand et 20 cm à Béziers le 6), neuf jours de froid intense du 17 au 25 novembre 1998 avec de nombreux records départementaux battus le 23 (-13,4 °C au Puy-en-Velay, -13,1 °C à Colmar, -12 °C à Saint-Christol dans le Vaucluse) et le 24 (-12 °C à Nevers, -11,6 °C à Saint-Dizier, -11,5 °C à Reims, -11,1 °C à Troyes).

Qu'est-ce que le Gulf Stream ?

Sans ce courant chaud marin qui caresse notre façade Atlantique du sud vers le nord, le climat de la France ne serait pas aussi clément. Le courant naît dans les eaux chaudes tropicales et remonte, en se divisant, vers les côtes américaines et européennes. La fonte des glaces polaires va-t-elle ralentir, voire annihiler ce fabuleux régulateur climatique ? Aucune projection sérieuse ne peut l'affirmer.

LES BAGNOLES DE FONCTION

Mardi **2 novembre**

Défunts – On fête aussi les Malachie, Marcien

Soleil
lever : **7 h 39**
coucher : **17 h 28**

C'est la saison où tout tombe aux coups redoublés des vents ; un vent qui vient de la tombe moissonne aussi les vivants. Alphonse de Lamartine

Nos Régions

Occitanie

Hérault/Béziers

Le pont-canal de l'Orb porte le canal du Midi au-dessus de la rivière Orb dans la traversée de la ville de Béziers. C'est un des plus grands ponts-canaux de France, il est inscrit aux monuments historiques depuis 1996. Sa construction a débuté en 1854 sous la direction d'Urbain Maguès, chargé du développement du canal du Midi, et a duré quatre ans. Auparavant, il fallait que les bateaux traversent le lit de l'Orb, opération qui s'avérait souvent dangereuse. On peut aujourd'hui admirer son architecture depuis les bords de la rivière ou en navigant sur le canal dans sa traversée de la ville.

DICTION : RÉPÉTEZ APRÈS MOI !

Ta Katie t'a quitté

Tic tac tic tac, ta Katie t'a quitté. Tic tac tic tac, t'es cocu, qu'attends-tu ? Cuite-toi, t'es cocu. T'as qu'à, t'cuiter et quitter ton quartier. Ta Katie t'a quitté. Ta tactique était toc, ta tactique était toc. Ta Katie t'a quitté. Ôte ta toque et troque ton tricot tout crotté et ta croûte au couteau qu'on t'a tant attaqué contre un tacot coté quatre écus tout compté. Et quitte ton quartier. Tout à côté, des catins décaties taquinaient un coker coquin et d'étiques coquettes.

Boby Lapointe, Warner Music France

Randonnées en 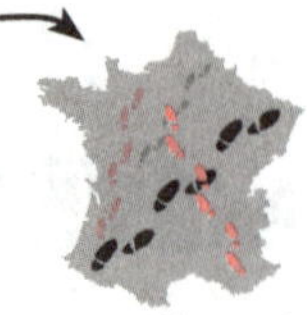

LES BALCONS DE LA MER DE GLACE

Marcher sur les glaciers de Haute-Savoie confère un sentiment de bout du monde à ceux qui les découvrent. Au départ de la gare de Montenvers, cette randonnée sublime s'adresse aux marcheurs aguerris, qui connaissent les exigences de la progression sur glacier et qui ne craignent pas les échelles et les via ferrata vertigineuses. Les échelles de la Charpoua permettent d'accéder aux fameux balcons. De là, on domine les cimes et les glaciers prestigieux du massif du Mont-Blanc, comme celui des Grandes Jorasses. Le sentier suit une boucle, que l'on parcourt en deux ou trois jours, avec une nuit au refuge du Couvercle, l'idéal étant d'être accompagné d'un guide. C'est une expérience qui permet de se préparer à d'éventuelles randonnées de haute montagne, tout en restant relativement accessible (un équipement de randonnée glaciaire est toutefois nécessaire).

J't'ai demandé un ballon DE rouge, pas un ballon rouge !

Ça c'est vache

Les plus belles crasses

Avoir beaucoup d'argent n'est pas synonyme d'avoir beaucoup de classe. Preuve en est cette histoire de divorce, qui ferait rêver plus d'un ex contrarié. Quand Bill Gross se sépare de sa femme Sue, le couple pèse plusieurs milliards de dollars, mais Bill ne digère pas de devoir laisser l'une de ses maisons à Sue et décide de se venger : il dissimule des poissons morts dans le système d'aération et place au milieu du salon une immense sculpture de chats empaillés aux visages lacérés. Sympa !

Mercredi **3 novembre**

Saint Hubert – On fête aussi les Gwenaël, Gwenaëla, Papoul, Pirmin

À la Saint-Hubert, chasse les humeurs délétères.

CINÉMA

Bienvenue chez les Ch'tis

C'est l'histoire d'un directeur d'agence de La Poste des Bouches-du-Rhône (Kad Merad) muté dans le « ch'nord ». Il est accueilli par Antoine (Dany Boon), un facteur guilleret qui lui ouvre les portes d'une région attachante. Dany Boon, également scénariste et réalisateur, s'amuse des préjugés sur les Ch'tis et parvient, tout en les détournant, à dresser un portrait aussi comique que chaleureux. Le film est un immense succès et incarne désormais le feel good movie à la française.

L'ACTU

Transport prohibé

Régulièrement, l'agence nationale américaine de sécurité dans les transports, la Transportation Security Administration (TSA), publie la liste des objets interdits les plus insolites qui ont été confisqués dans les aéroports du pays. Si l'agence dévoile bien sûr, États-Unis obligent, son lot d'armes singulières telles que différents modèles de sabres de samouraï, des couteaux de boucher ou encore des scies électriques, certains articles saisis, moins dangereux, sont bien plus improbables. Les contrôleurs ont en effet confisqué, entre autres bizarreries : un airbag, des feux de signalisation, des hippocampes (morts) dans une bouteille de Brandy, un serpent (vivant) dans une trousse de toilette et, cerise sur le gâteau, un sac plein de fumier d'élan. Intercepté à l'aéroport d'Anchorage, en Alaska, son propriétaire a expliqué aux agents de la sûreté aéroportuaire que ces excréments étaient un souvenir de son voyage dans la région.

NOTTO DICO

SABLE, n. m.
Cailloux extra-fins.

SAC PLASTIQUE, n. m.
Objet en voie de disparition… au bout de 100 à 150 ans dans la nature selon la composition du plastique.

SAISON, n. f.
Anciennement Printemps, Été, Automne et Hiver. Tombée en désuétude car aujourd'hui, « il n'y a plus de saisons, ma bonne dame ».

SCOTCH, n. m.
1. Ruban adhésif sentant le whisky écossais. 2. Whisky écossais auquel on s'attache fort.

SHORT, n. m.
Pantalon ayant le défaut d'être un peu trop court.

MACRON : CONCERTATION SUR LES RETRAITES

LES ERREURS JUDICIAIRES TOP SECRET

« Qui tue un chat, tue une fillette. » Voilà ce qu'aurait dit le juge qui a expédié l'affaire Jean-Marie Deveaux. En 1961, ce jeune apprenti boucher est accusé d'avoir tué l'enfant de son patron, une fillette âgée de 7 ans. Bien qu'il ait un alibi, le jeune homme craque sous la pression des policiers, convaincus de sa culpabilité, et avoue le crime. Dès le lendemain il se rétracte, mais c'est trop tard, et bien qu'aucun élément ne vienne corroborer la thèse de sa culpabilité, le juge n'a aucun doute. L'un de ses arguments s'appuie sur la découverte d'un cadavre de chat près de chez Deveaux. D'où la fameuse phrase… La vérité, c'est que le chat est mort de causes naturelles et que le jeune apprenti est innocent. Qu'importe, il sera condamné à vingt ans de prison, et en purgera huit avant d'être acquitté et libéré.

Jeudi 4 novembre

Saint Charles – On fête aussi les Charlène, Éméric, Jessica, Flour

Soleil
lever : **7 h 42**
coucher : **17 h 25**

À la Saint-Charles, y'a d'la joie partout, y'a d'la joie !

Rétro Vermot

« Ce château que nous allons visiter a été bâti par François Ier. Comment le trouvez-vous ?
– Pas mal, mais pourquoi diable l'a-t-il construit si loin de la gare ? »

L'ACTU

Coup de froid

Cette information pourrait vous causer un petit choc thermique ! Contrairement à ce que l'on a toujours pensé, la température normale du corps humain ne serait pas de 37 °C. C'est en tout cas le résultat d'une récente étude menée par des scientifiques de l'université de Stanford, aux États-Unis. Ces derniers ont constaté que la température corporelle normale avait baissé depuis plusieurs décennies pour se fixer aujourd'hui en moyenne à 36,5 °C. Leur observation se fonde sur 600 000 mesures de températures relevées sur des Américains entre 1862 et 2017. D'après leurs calculs, la baisse serait de 0,03 °C par décennie. Le phénomène serait lié à la modification des conditions de vie des habitants ces 150 dernières années, ce qui signifie que la diminution est peut-être moins marquée ailleurs qu'aux États-Unis. Rappelons également que ce 37 °C, une norme établie au milieu du XIXe siècle, est un point d'équilibre physiologique qui peut varier d'une personne à l'autre, la température normale devant se situer entre 36,1 °C et 37,8 °C.

Pièges de l'orthographe

Apprendre à partager

Le verbe « partager » est assez souple dans sa construction. On peut, par exemple, « partager entre frères ». En revanche, il est incorrect de vouloir « partager son point de vue » quand on cherche à le faire partager à son interlocuteur. De même, on ne partage pas « autour d'un sujet » mais on « aborde le sujet ».

Collectionnite aigüe

Mécascriptophile… quèsaco ? L'étymologie impose l'évidence : il s'agit des amateurs de machines à écrire et (par extension) à calculer mécaniques. Dans le Maine-et-Loire, Loïc Pichot est probablement l'un des plus anciens mécascriptophiles, sa collection ayant débuté en 1975. « Pourtant, je n'étais pas très doué en orthographe », s'amuse l'ancien maçon. « La première machine à écrire a été inventée par l'Américain Henry Mill en 1714, mais c'est un Français qui a imaginé le système avec les touches », poursuit le retraité expert en modèles anciens, particulièrement ceux des années 1900-1920. Parmi ses pièces préférées, une Mignon de 1913. « Son concept est original : elle n'a pas de clavier, mais un stylet. L'écriture est moins rapide, mais la machine est beaucoup moins lourde. » La collection de Loïc Pichot compte bien sûr des Japy, Remington, Underwood, des modèles de machines à boule et la fameuse Hermes Baby, cette petite machine portable prisée par Hemingway, Steinbeck ou Ionesco. Et bien sûr, toutes les machines à écrire de Loïc Pichot fonctionnent !

Vendredi 5 novembre

Sainte Sylvie – On fête aussi les Silvina, Zacharie, Géric

À la Sainte-Sylvie, l'amour fleurit… s'il vit !

SUDOKU

1 2 3
3 1
1

6						3		
		1	7	4			8	6
					1		4	7
	2		3					5
	8			7			6	
4					6		2	
8	5		9					
3	6			2	7	8		
		4						9

Solution page 330

Pêche

Le brochet aime le bois

Les feuilles mortes qui flottent dans l'eau compliquent la pêche aux leurres sur de larges surfaces. À cette époque, comme les caches sont moins nombreuses, les brochets se rassemblent sous les branches tombées à l'eau. Donc quelle que soit la méthode de pêche employée, c'est là qu'il va falloir les traquer ! Le pêcheur au vif lance ses lignes à quelques mètres de l'obstacle, pour que le poisson-appât ne s'emmêle pas dans les branches en tentant de se cacher. Le pêcheur au lancer doit faire pénétrer son leurre dans cet amas de bois. À la cuiller, les lancers se font un peu au large, il est difficile avec ce leurre de pénétrer sans accroche dans l'obstacle. Un poisson mort ou un leurre souple, que l'on va faire évoluer le plus librement possible dans l'amas de branches, s'avère redoutable.

Rétro Vermot

Le client :
« En vérité, c'est la première fois qu'on me donne ici un bifteck un peu tendre. »
Le garçon :
« Bonté divine ! Ce doit être celui du patron ! »

120 ans d'association

Emmaüs International – Lutter contre la misère et l'exclusion

Emmaüs International trouve ses origines dans le Mouvement Emmaüs porté par l'abbé Pierre au début des années 1950. Ce prêtre français, figure mythique de la solidarité et du dévouement aux autres, dira cette phrase puissante à un homme au bord du suicide : « Je ne peux rien te donner. Mais, toi qui n'as rien, au lieu de mourir, viens m'aider à aider. » C'est le fondement même du mouvement, qui s'est décliné ensuite en diverses formes de luttes contre la pauvreté : solutions d'hébergement, emploi des plus précaires, dons de biens et nourriture, et plus récemment actions de développement durable ou de lutte contre l'endettement.

Solidarité, certes, mais aussi autonomie sont les valeurs principales de l'association. On redonne à chacun sa place dans la société. À partir des années 1960, l'abbé Pierre entame une série de conférences à travers le monde, faisant germer sur son passage des communautés Emmaüs. Et c'est ainsi, qu'en 1971, Emmaüs International est créé. S'organisant ainsi en vaste réseau d'entraide, Emmaüs International est désormais présent dans une quarantaine de pays. En 2021, l'organisation internationale fête ses cinquante ans.

Samedi 6 novembre

Saint Léonard – On fête aussi les Bertille

Soleil
lever : 7 h 45
coucher : 17 h 22

À la Saint-Léonard, on presse le pinard !

MOTS FLÉCHÉS

- Affligera / Gâtera
- Mois d'hiver républicain / Loua
- Nounou / Hommes polis
- Plateau / Rhénium
- Déesse hindoue
- Résistance
- Faite au moule
- Mercure / Petit gris
- Rigoureux / Prenons l'air
- Habitant des Andes / Peut être antérieur
- Marque le but / Vaut la chandelle
- Amortit la chute
- Orne un fût / Détention criminelle
- Prend la tête
- Non porté à l'écran / Répandu
- Capter / Fond
- Parti en éclats / Tapis d'orient
- Extrémité / Paraîtra (s')
- Endroit où hâler / Somme
- Base de calculs / Produit de la mer
- Imprévue
- 100 ares
- Demain / Applaudissent
- Divisé / Accompagne le pas
- Appât / Lenteur
- Plat hongrois
- Transport de poulets / Souligna
- Avant-goût / Homme de main
- Tête de turcs / Saisit
- Plate-forme de départ / Terrain défriché
- Ancienne italienne / Fait un couac
- Donner un coup de fer / Noble ou Rapace
- Sortie d'égout / Oiseau
- CIA ou FBI / Ont gagné la campagne
- Notaire / Trépida
- Étant donné / Point de départ
- Sujet aux retraits / Passé de mode
- Billet vert / Convient
- Récuses / Placée en retenue
- Subsisté
- Donna du poids
- Hélium

SOLUTION PAGE 331

Dimanche 7 novembre

Sainte Carine – On fête aussi les Ernest, Engelbert, Amaranthe

Salut ! bois couronnés d'un reste de verdure ! Feuillages jaunissants sur les gazons épars !
Salut, derniers beaux jours ! Alphonse de Lamartine

NOTTO DICO

SLIP, n. m.
Cache-sexe masculin changé un jour sur deux.

SMARTPHONE, n. m.
Téléphone intelligent qui rend con.

SOLEIL, n. m.
Système de chauffage central publique et efficace.

SOLUTION, n. f.
Problème qui s'ignore.

STATION BALNÉAIRE, n. f.
Lieu de villégiature où s'exposent bronzages et tatouages.

Énigmes

Un homme, inquiet au sujet de son voisin qu'il n'a pas vu depuis plusieurs jours, appelle la police. Arrivée sur place et n'obtenant pas de réponse, la police défonce la porte et trouve l'homme pendu dans la salle à manger. Ses mules ont glissé de ses pieds et se trouvent en dessous de lui. Rien n'a été déplacé, tout est en ordre, aucun tiroir n'a été retourné, toutes les chaises sont groupées autour de la table. Le même ordre règne dans toutes les pièces de la maison. Pas de doute possible, l'homme s'est suicidé. Pourtant, un des enquêteurs écarte la thèse du suicide, pourquoi ?

Solution : Si l'homme s'était pendu lui-même, il y aurait une chaise, une caisse ou un autre objet placé en dessous de lui.

Compiler les Perles

Arrête de te plaindre !

Qui l'a dit ? Un candidat (sans aucun doute malheureux) à l'épreuve de philosophie du baccalauréat 2019, peu soucieux de son orthographe. La perle : « Le bonheur est un état de bien-être complet, qui est accompagné d'un sentiment de plaignitude totale. » Que voulez-vous, voilà les jeunes d'aujourd'hui : même quand on leur demande de parler du bonheur, ils arrivent à trouver une raison de se plaindre !

Vino populum

Côte-roannaise

Au cœur du Massif central se situe un petit royaume, celui du cépage gamay. Là sortent des caves des vins rouges et rosés, sans autre prétention que de faire plaisir. Cassis, framboise, cerise, mûre et fraise des bois : ça ne va pas chercher loin dans l'exotisme, et c'est bien cela que l'on aime. Tantôt légers, tantôt corsés, les côtes-roannaise intéressent les chefs de la région, à commencer par Michel Troigros.

Ça s'est passé

Le 7 novembre 1921

Le procès d'Henri Désiré Landru s'ouvre à Paris. Le tueur en série sera reconnu coupable de onze meurtres et condamné à mort le 30 novembre, puis exécuté le 25 février 1922.

Lundi 8 novembre

Saint Geoffroy – On fête aussi les Scott, Willard

Soleil
lever : **7 h 48**
coucher : **17 h 19**

À la Saint-Geoffroy, ou il fait chaud, ou il fait froid !

Correspondance (très) intime…

« Ta dépersonnalisation te conduit si loin, tu te désintègres à un tel point que tout devient sexe, et le sexe est un trou, et après lui c'est la mort. » Quand Anaïs Nin envoie ces lignes à Henry Miller en mars 1937, ils sont amants depuis cinq ans. Cet amour clandestin, passionné et sulfureux va durer une décennie au cours de laquelle les deux écrivains briseurs de tabou correspondent abondamment. Volupté, fantasmes et érotisme y occupent, on s'en doute, une place considérable. Pour Henry Miller, cette relation embrasée, vouée à tous les excès, sera un grand motif d'inspiration. Quant à Anaïs Nin, sa muse, maîtresse et amie, elle écrit son premier roman érotique grâce à lui…

Solution sudoku [p. 327]

6	4	7	8	5	9	3	1	2
2	9	1	7	4	3	5	8	6
5	3	8	2	6	1	9	4	7
7	2	6	3	1	8	4	9	5
9	8	5	4	7	2	1	6	3
4	1	3	5	9	6	7	2	8
8	5	2	9	3	4	6	7	1
3	6	9	1	2	7	8	5	4
1	7	4	6	8	5	2	3	9

Théories du complot

Barack Obama, créateur d'ouragans

C'est le jeu en politique, en particulier dans les systèmes politiques bipartisans comme aux États-Unis : lorsque le président sortant est remplacé par un nouveau président de l'obédience opposée, ce dernier critique sans retenue le bilan de son prédécesseur, lui attribuant tous les maux du monde. « C'est pas ma faute, m'sieurs dames, c'est celui d'avant ! » Circulez, y'a rien à voir. Mais certains Républicains, une fois Barack Obama parti de la Maison-Blanche, sont allés encore plus loin en affirmant que l'ex-président avait eu recours à la manipulation météorologique pour créer des catastrophes naturelles et détourner l'attention du public de ses mesures secrètes. Parmi ses « créations », l'ouragan Sandy, qui frappa la côte Atlantique américaine en 2012. Balèze, Barack !

MNÉMOTECHNIQUE

On ne les confondra plus

Les homophones sont des mots qui se prononcent de la même façon, mais qui s'écrivent différemment. Pour écrire le bon mot, on retiendra ces phrases.

- **Le vrai sceptique a vexé la fosse septique censée le soulager.** *(a vexé = avec c ; censée = sans c)*
- **Les amandes poussent sur les arbres, les amendes sur les essuie-glaces.**
- ***Guère* signifie « pas beaucoup », donc un seul *r*. Il faut au moins deux adversaires pour faire la guerre, donc deux *r*.**
- **Ma tante, c'est ma tata et en été, je dors sous la tente.**

Soleil
lever : **7h50**
coucher : **17h17**

Mardi **9 novembre**

Saint Théodore – On fête aussi les Mathurin

Elle se pendait à ma manche et nous roulions en avalanche, de la table au lit de satin, à l'été à l'été à l'été de la Saint-Martin. Jean Ferrat

1-2-3-1-2-3-1-2-3

JAMAIS DEUX SANS TROIS

Être aux cent coups

Les « cent coups » dont il est question ici font référence à la vie monastique. Lorsqu'il fallait rassembler les moines pour les offices ou les repas, on sonnait la cloche cent fois, ce qui permettait à chacun de terminer son travail ou ce qu'il était en train de faire avant de répondre à l'appel. Aujourd'hui, on dirait que les cent coups étaient générateurs du stress d'être en retard !

1-2-3-1-2-3-1-2-3

AVEZ-VOUS LE FORMULAIRE ?

Lors d'un sondage effectué par une agence de voyages sur les questions les plus étranges trouvées sur les formulaires de demande de visa, celle-ci fut rapportée par plusieurs voyageurs s'étant rendus en Arabie Saoudite. Sur le formulaire, en dessous de l'état marital, le voyageur devait indiquer « le nombre de femmes » qu'il allait amener dans le pays. « Mais non, chérie, je te jure, c'est pas ce que tu crois, c'est juste pour le visa ! »

Solution mots fléchés [p. 328]

	D		N		N		M		K		O	
D	E	F	I	G	U	R	E	R	A		H	G
	S	E	V	E	R	E	S		L	A	M	A
V	O	L	O	N	S		A	F	I	N		U
	L	I	S	T	E	L		U		O	F	F
R	E	C	E	L		O	B	T	E	N	I	R
	R	I		E	M	B	O	U	T		L	E
T	A	T	A	M	I		U	R	A	T	E	
		A	V	E	N	I	R		L	O	T	I
H	A		E	N	C	O	R	N	E	T		N
	C	A	R		I	D	E	E		A	G	A
A	C	C	E	N	T	U	A		P	L	O	T
	L	I	R	E		R	U	E	R		U	T
C	A	N	A	R	D	E		S	I	G	L	E
	M	E		V	U		E	S	T	R	A	N
G	E	S	T	I	C	U	L	A		U	S	D
	N	I	E	S		S	U	R	V	E	C	U
O	T	E	E		L	E	S	T	A		H	E

LE CHIFFRE

24 000

C'est le nombre de lettres retrouvées au domicile d'un facteur japonais officiant à Kanagawa, près de Tokyo. Âgé de 61 ans, l'homme accumulait du courrier depuis presque vingt ans parce que, selon ses propres déclarations dans les médias locaux, « distribuer des lettres, c'est trop barbant ! » Finalement dénoncé par un de ses collègues plus jeune qui, étonné par le rythme échevelé avec lequel son aîné bouclait certaines de ses tournées, l'avait épié, le facteur a immédiatement été licencié par Japan Post. L'entreprise a promis que toutes les lettres découvertes chez l'indélicat arriveraient finalement à destination. Mis en examen pour « violation de la loi postale », l'intéressé attend son jugement. Il risque trois ans de prison, soit environ une heure à l'ombre pour chaque lettre escamotée.

Saint Léon – On fête aussi les Léonie, Léo, Eurydice, Noé

Soleil
lever : 7 h 51
coucher : 17 h 16

À la Saint-Léon, chauffe-toi le croupion !

WWW.

Utiles et insolites

Ce site vous permet d'écouter un roman, une nouvelle, un poème d'auteur classique ou contemporain, gratuitement et légalement. Cette audiothèque virtuelle propose près de 7 000 œuvres regroupées par genre (romance, science-fiction, policier…) et les enregistrements sont de très bonne qualité : www.litteratureaudio.com

MONDE DE LA MER

Des courses au large saisonnières

Fin octobre ou début novembre, chaque année sont donnés depuis les côtes françaises les départs des plus grandes courses au large en solitaire. Le Vendée Globe (prochaine édition en 2024) depuis Les Sables-d'Olonne, la Route du Rhum (12e édition en 2022) au départ de Saint-Malo et, chaque année impaire, la Transat Jacques Vabre qui s'élance du Havre à destination de l'Amérique du Sud. Ces départs automnaux permettent aux navigateurs de rejoindre au plus vite les vents alizés qui soufflent d'est en ouest sur l'Atlantique et qui sont très puissants en cette saison. Autre avantage : ceux qui effectuent le tour du monde affrontent les océans de l'hémisphère sud dans de meilleures conditions, a priori, puisque c'est l'été là-bas à ce moment-là. Reste qu'il faut quand même systématiquement commencer par affronter le golfe de Gascogne entre les côtes françaises et espagnoles… alors que c'est la saison des tempêtes !

Le bon mot de l'histoire

10 novembre 1970 :
« Le général de Gaulle est mort. La France est veuve. »
Georges Pompidou

La veille, vers 19 h, Charles de Gaulle, 79 ans, s'effondre dans sa résidence de Colombey-les-Deux-Églises. Victime d'une rupture d'anévrisme, le Général décède 20 minutes plus tard, avant même l'arrivée des médecins. Le lendemain, son successeur Georges Pompidou entame son allocution radiotélévisée par ces mots. La semaine suivante, *Hara-Kiri* titre : « Bal tragique à Colombey : un mort. » L'hebdomadaire satirique est immédiatement interdit. Pour contourner la censure, son équipe crée *Charlie Hebdo*.

Métiers d'art

« Un bon sabot à chausser doit répondre à trois qualités : solidité, beauté, confort. » C'est d'emblée ce qu'explique Claude Simon lorsqu'on pousse la porte de son atelier-boutique installé à Camors, dans le Morbihan. Avec Sylvie, son épouse, qui travaille le cuir et les motifs, il est l'un des derniers sabotiers de l'hexagone encore en exercice. « Il n'y a ni apprentissage ni diplôme pour être sabotier. Transmettre son savoir-faire aux plus jeunes est très compliqué. » Lui-même a repris l'atelier de son père. Tradition oblige, ses sabots sont réalisés en hêtre de la région. « Il n'y a pas si longtemps, avec la sciure récupérée, les sabotiers s'occupaient également de fumer les andouilles et charcuteries pour la population locale », précise Claude Simon. Si la galoche traditionnelle connaît un petit renouveau, notamment auprès de certains jeunes en quête d'authenticité, lui admet bénéficier d'un contrat régulier qui assure la pérennité de sa petite entreprise. Depuis dix ans, notre sabotier chausse en effet les 800 figurants du parc du Puy-du-Fou, en Vendée.

Jeudi 11 novembre

Armistice – On fête aussi les Martin, Ménas, Véran

Ce qu'il y a de pis, c'est que la guerre est un fléau inévitable. Voltaire

L'humanité en chiffres

3.1415926535

10

C'est, en tonnes, la quantité de plastique produite chaque seconde (oui, oui) dans le monde. Et sur cette hallucinante quantité, seuls 9 % sont recyclés au final. De quoi rendre l'interdiction du sac plastique en supermarché bien anecdotique…

MUSIQUE

Chaussure à son pied

En 1927, Maurice Ravel fait une tournée triomphale aux États-Unis. À Chicago pourtant, le concert menace de ne pas avoir lieu : le compositeur a perdu la valise qui contient ses souliers vernis et il est hors de question de se produire sur scène avec des chaussures bassement ordinaires. C'est finalement une cantatrice, envoyée de toute urgence à la gare, qui permit au concert de se dérouler, non sans un certain retard, avec un Ravel parfaitement chaussé. On est chic ou on ne l'est pas.

Étymologie

Banc ou paquet de glace ?

D'après son étymologie, et malgré les apparences, la croûte de glace qui recouvre les régions polaires n'est pas un « banc de glace », mais bien un « paquet de glace ». En effet, le nom *banquise* a été emprunté au scandinave *pakis*, composé de *pakke*, « paquet », et *is*, « glace ». Le scandinave prononçant le *p* initial presque comme un *b*, on a eu vite fait de transformer *pak* en banc, parce qu'un banc, c'est aussi un amas formant une couche allongée et sensiblement horizontale.

PROBLÈMES DE MATHS DU CERTIFICAT D'ÉTUDES

Un convoi militaire, composé de camions semblables, se déplace sur une route à la vitesse de 50 km/h. On constate que l'avant du premier camion atteint la borne hectométrique 2 placée après le kilomètre 54 lorsque l'arrière du dernier camion franchit la borne hectométrique 8, placée avant le kilomètre 53.

Question 1 : L'intervalle de sécurité entre chaque camion est de 50 m et chaque camion mesure 8 m de long. Combien de camions composent le convoi ?

Question 2 : Le premier camion est parti à 15 h. Il atteint le portail de la caserne après avoir parcouru 75 km. À quelle heure le dernier camion aura-t-il franchi le portail ?

1) Le convoi est composé de 25 camions au total.
2) Lorsque le dernier camion aura passé le portail, il sera très exactement 16 h 31 et 40 s.

Vendredi **12 novembre**

Saint Christian – On fête aussi les Astère, Josaphat, Cunibert

Soleil
lever : **7 h 55**
coucher : **17 h 13**

Soleil de juin à la Saint-Christian, c'est le climat qui fout le camp !

Nos Régions

Normandie

Manche/Cherbourg

Le célèbre écrivain Roland Barthes, né à Cherbourg le 12 novembre 1915, était fils d'un capitaine au long cours mobilisé à Cherbourg comme enseigne de vaisseau et qui mourut peu de temps après.
Le jeune Roland passa ensuite une partie de son enfance à Bayonne jusqu'à ses 10 ans, puis à Paris, où il obtint le baccalauréat en 1934 et s'inscrivit en lettres classiques à la faculté des lettres de l'université de Paris. Auteurs notamment d'essais et d'écrits sur le théâtre et la littérature, il figure au panthéon des intellectuels du XXe siècle.

L'ÉTAT DÉBLOQUE DES MILLIONS POUR DES PISTES CYCLABLES

Métiers insolites

Nettoyeur de l'extrême

Parmi les métiers les plus originaux de notre temps, il y a celui de nettoyeur, une activité pas très glamour qu'on ne souhaiterait pas à notre pire ennemi. Ce sont les agents d'entretien de l'extrême qu'on appelle pour nettoyer les scènes de crime après que la police a fini son travail d'analyse et de relevés d'empreintes. Une flaque de sang par-ci, un petit bout de cervelle par-là… Nous tirons notre chapeau à ces véritables héros anonymes !

HEUREUX MARIAGES

Mariés sous X

Si Georges Choux a voulu épouser Marie Cailloux le 14 janvier 1823 à Fraimbois (Meurthe-et-Moselle), c'est uniquement pour donner naissance à de vrais bijoux qui seraient couverts toute leur enfance de nombreux joujoux. Claudine Hiboux, quant à elle, ne chercha pas l'exception à tout prix et s'unit avec Joseph Roux le 21 janvier 1860 en l'église Notre-Dame-de-Grâce à Passy.

L'ACTU

Noces de pipeau

Si, en France, le service national a été supprimé en 1997, la conscription est toujours en vigueur ailleurs en Europe. C'est notamment le cas en Autriche, en Grèce, en Suède ou encore en Suisse. On imagine aisément que, dans ces pays, certains jeunes appelés échafaudent des combines pour échapper à leurs obligations, à la manière des loustics de *Comment se faire réformer*, fameux nanar français réalisé par Philippe Clair dans les années 1970. En Ukraine, où il est difficile d'échapper au service militaire à cause du conflit plus que larvé avec le voisin russe, Alexander Kondratyuk pensait pouvoir être exempté en se mariant avant son incorporation avec une femme souffrant d'un handicap. Dans ce cas, le conjoint est effectivement dispensé. Mais après vérification, l'armée a eu de sérieux doutes sur cette union. La jeune mariée était certes handicapée, mais elle était aussi la cousine du garçon. Et surtout, elle avait 81 ans… 57 ans de plus que son époux et est âgée… ! À ce jour le principal intéressé nie toute volonté de fraude, jure son amour sincère, mais attend vraisemblablement d'avoir 27 ans pour divorcer. Car à cet âge, il sera trop vieux pour être incorporé !

Samedi **13 novembre**

Saint Brice – On fête aussi les Livia, Homobon, Maxellende

À la Saint-Brice, tu nous les brises !

LA GAFFE DE L'HISTOIRE

Cascade de gaffes

Lors d'une audience de tribunal, les juges devaient entendre une fillette de treize ans. Voulant la rassurer, le président lui dit : « Approchez, mon enfant, la Cour aime beaucoup les petites filles. » Puis, aux rires de l'assistance, il se rendit compte de l'ambiguïté de sa phrase et fit une nouvelle gaffe en complétant : « Oh ! Mais la Cour aime aussi beaucoup les petits garçons ! »

RECETTE

Rougail de saucisses fumées

Pour 4 pers. 20 min de préparation 30 min de cuisson

- 4 saucisses de Morteau
- 4 oignons
- 3 gousses d'ail
- 1 poivron rouge
- 500 g de tomates pelées en boîtes
- 1 pincée de curcuma ou de curry
- 1 pincée de piment
- Quelques brins de coriandre fraîche
- Huile
- Sel et poivre du moulin

Coupez les saucisses en rondelles. Pelez les oignons et l'ail. Ciselez les oignons et hachez l'ail. Plongez le poivron quelques secondes dans de l'eau bouillante puis pelez-le et émincez-le.

Dans une cocotte, faites chauffer un peu d'huile et laissez blondir les oignons et l'ail. Ajoutez les rondelles de saucisse puis, quand elles sont dorées, mettez les tomates, le poivron, le curcuma et le piment. Mélangez et laissez cuire 25 à 30 min.

Au moment de servir, rectifiez l'assaisonnement et saupoudrez de coriandre ciselée.

Conseils : servez ce rougail avec du riz thaï. Et pour le piment, choisissez le piment d'Espelette pour sa douceur, ou le piment oiseau pour sa chaleur, ou encore le traditionnel de Cayenne…

NOTTO DICO

STEWART, n. m.
Hôtesse avec des couilles.

SURVIVANT, n. m.
Un type qui nous enterrera tous.

T-SHIRT, n. m.
Vêtement en forme de T majuscule afin d'y passer les deux bras. Existe aussi en t minuscule pour les manchots du côté droit.

TATOUAGE, n. m.
Marquage indélébile pratiqué sur la peau des humains afin de les reconnaître facilement en cas de perte.

TÉLÉCHARGEMENT, n. m.
Pratique consistant à attendre devant son écran sans rien faire durant un laps de temps qui va du simple au centuple. Voire plus.

Étymologie

Nicotine contre migraine

Le tabac fut introduit en France au début du XVIe siècle par un franciscain d'Angoulême qui avait rapporté des plants du Brésil. Mais c'est à l'humaniste Jean Nicot (1530-1560) que la plante doit son nom latin *Nicotiana tabacum*. En effet, alors qu'il était ambassadeur à Lisbonne, ce dernier fit parvenir en 1560 à Catherine de Médicis de la poudre de tabac pour soigner les migraines de son fils François II. Pour lui rendre hommage, on décida d'appeler le tabac *nicotiane* ou *herbe à Nicot*.

Dimanche 14 novembre

Saint Sidoine – On fête aussi les Balsamie, Devrig

Soleil
lever : **7 h 58**
coucher : **17 h 11**

Il fait novembre en mon âme. Feuilles couleur de ma douleur, comme il en tombe ! Émile Verhaeren

Pièges de l'orth**ogra~~f~~**ph**e**

Trop tard pour le tas

Il ne faut pas confondre l'expression « sur le tard », qui signifie « à un âge avancé », et « sur le tas » qui fait écho à une « expérience directe ». Nous pouvons donc dire sans problème qu'un ami « s'est marié sur le tard » s'il est resté longtemps célibataire, mais aucunement « sur le tas ». Néanmoins, la même personne peut avoir « appris la vie de couple sur le tas ».

Ça c'est vache
Les plus belles crasses

C'est toujours difficile d'être la « deuxième » femme d'un homme marié. Et souvent, face à la lâcheté des maris et leurs promesses, les maîtresses décident de se venger. Quand YaVaughnie Wilkins, maîtresse de l'homme d'affaires Charles Phillips, décide de le faire, elle ne se contente pas d'appeler madame Phillips : elle affiche sa liaison avec son amant sur des panneaux publicitaires géants qu'elle fait placer aux abords du domicile et du travail de Charles. Oups…

Histoires paranormales

Fantôme familial

En psychologie, le *fantôme familial* désigne un secret ou un événement refoulé, qui se transmet d'une génération à une autre et peut revenir soudain à travers un comportement bizarre, une phobie, une manie, etc. Ainsi Salvador Dalí a peint 64 réinterprétations de *L'Angélus* de Millet, ne comprenant pas à quelle pulsion il répondait, jusqu'au jour où il apprit que la scène du couple de paysans penchés sur une corbeille dans une attitude de recueillement cachait un *repentir de peintre*. À l'origine, le couple peint par Millet était penché sur le cercueil d'un enfant ! Un ami jugeant ce tableau invendable, le peintre avait dissimulé le cercueil. Pour Dalí, *L'Angélus* faisait revenir le fantôme de Salvador, un petit frère mort avant sa naissance dont ses parents ne pouvaient faire le deuil et dont il avait pris la place.

GRANDS MOMENTS DU CYCLISME

Ce moment inoubliable aurait pu être une joie immense, celle de voir deux Français sur les plus hautes marches du podium des championnats du monde. Mais ce qui restera en mémoire, c'est au final la déception de voir la victoire s'envoler… Nous sommes en 1966, sur le circuit de Nürburgring en Allemagne. Anquetil et Poulidor, les deux grands champions français, sont favoris et en tête pendant un moment, accompagnés de l'Allemand Rudi Altig. Plutôt que de s'entendre tous les deux pour assurer la victoire tricolore, les deux Français la jouent individuel. À cause de cela, c'est bien Altig qui passera la ligne en première position, devant Anquetil et Poulidor, dans cet ordre. Une déception que le public n'oubliera pas de sitôt !

Lundi 15 novembre

Saint Albert – On fête aussi les Adalbert, Léopold, Arthur, Victoire

À la Saint-Albert, tout est relatif (en général) !

Métiers insolites

Creamer

En 2010, la station balnéaire huppée des Sables-d'Olonne a publié une annonce d'un genre particulier. Pour la saison d'été, la municipalité était en effet à la recherche de « *creamers* », des jeunes gens (au physique avantageux de préférence) dont la mission était de mettre de la crème solaire aux touristes et de les conseiller en protection solaire. Payé 5 000 euros bruts, le job, bien qu'étrange, avait de quoi attirer les candidats qui se sont d'ailleurs présentés en nombre !

ÇA C'EST... Faits divers L'ACTU

Avant l'oscarisé et multiprimé *Parasite*, le cinéaste Bong Joon-ho avait réalisé en 2003 *Memories of Murder*, un film policier qui s'inspirait de l'histoire vraie du premier serial killer en Corée du Sud. Dans la région de Hwaseong, une ville de 600 000 habitants, dix femmes avaient été violées puis étranglées entre 1986 et 1991. Malgré la mobilisation de milliers de policiers et des investigations menées sur près de 3 000 suspects, le coupable ne fut jamais retrouvé. Jusqu'à l'an passé ! Soit 30 ans après le dernier meurtre, et ce, grâce à de nouvelles analyses génétiques. L'homme était incarcéré depuis 1994 pour un viol suivi d'un meurtre commis dans une autre région. À l'époque de son arrestation, les enquêteurs qui travaillaient sur les crimes de Hwaseong avaient souhaité l'interroger, mais leur requête avait été rejetée pour une histoire de procédure. Un raté d'autant plus regrettable que le coupable a reconnu tous les meurtres ! Et le pire dans cette affaire, c'est qu'il ne sera jamais jugé pour ses crimes, le délai de prescription de 25 ans ayant expiré. La réalité est, hélas, souvent pire que la fiction…

CHERS DISPARUS

Le tigre de Tasmanie

Le dernier tigre de Tasmanie est mort en captivité en 1936. De la taille d'un loup, ce marsupial avait le pelage tigré et était très répandu en Australie et en Nouvelle-Guinée il y a plusieurs milliers d'années. Il se nourrissait de kangourous, de wallabies et d'oiseaux nichant à terre. Il fut décimé par la chasse intensive et l'introduction des chiens dans son habitat.

Théories du complot

La Terre, ronde et creuse

Après la théorie du complot qui affirme que la Terre ne serait pas une sphère mais un terrain plat, voici que notre pauvre planète est à nouveau victime d'accusations malveillantes. Certains esprits assez originaux affirment en effet que la Terre serait ronde, certes, mais creuse. Selon eux, l'intérieur de notre planète serait un espace « vide » habité par des civilisations supérieures à la nôtre qui manipuleraient le destin de l'humanité depuis les entrailles de la Terre… Aucune, mais alors aucune base scientifique ne vient étayer cette folle théorie, ce qui ne l'empêche pas d'avoir un certain succès sur Internet !

Mardi 16 novembre

Sainte Marguerite – On fête aussi les Gertrude

Soleil
lever : 8 h 01
coucher : 17 h 09

Comme moi n'es-tu pas un soleil automnal, ô ma si blanche, ô ma si froide Marguerite ?
Charles Baudelaire

Notto Dico

TÉLÉRÉALITÉ, n. f.
Émission où le téléspectateur ne regarde pas la télé. C'est la télé qui regarde le téléspectateur.

TEXTO, n. m.
Kour méssaje ékri.

TUNNEL, n. m.
Passage souterrain réalisé par des ingénieurs au taupe niveau.

ULTRAVIOLET, n. m.
Couleur à mi-chemin entre l'ultra-rouge et l'ultra-bleu.

UNANIME, adj.
C'est quand tout le monde est d'accord. Même les deux au fond qui ne voulaient pas mais qui votent POUR quand même, histoire de ne pas se faire remarquer.

Rétro Vermot

« Jeanine m'a dit que vous lui aviez dit le secret que je vous avais dit de ne pas lui dire.
— Oh ! Comment cela se fait-il, je lui avais pourtant bien dit de ne pas vous le dire !
— Eh bien, elle me l'a dit. Mais comme je lui ai promis que je ne vous le dirais pas, ne lui dites rien ! »

Ils ont dit

« On ne sait pas de quoi demain sera fait, ni hier non plus si on a un trou de mémoire, ni hier non plus si on a deux trous de mémoire... »
Stéphane De Groodt

Nos Régions

Nouvelle-Aquitaine

Landes

Une vieille tradition landaise voulait que lorsqu'un jeune homme souhaitait épouser une jeune fille, il devait se rendre au milieu de la nuit chez les parents de celle-ci accompagné de deux amis portant chacun une cruche de vin. Malgré l'heure tardive, toute la famille se levait et les recevait, sauf la jeune fille concernée. Les hôtes improvisaient un repas et tout le monde mangeait en buvant le vin des cruches et en parlant de tout sauf de l'objet véritable de la visite. Le repas se terminait au lever du jour par le dessert servi par la jeune fille à marier. S'il y avait des noix parmi ce qu'elle apportait à table, le galant était congédié. Naquit ainsi l'expression locale « galant à la noix » pour désigner un prétendant éconduit et déçu.

LE CORONAVIRUS FAIT EXPLOSER LE NOMBRE DE CHÔMEURS

Ha! Ha!

Au cours d'un atelier d'accompagnement à l'accouchement, la sage-femme qui prépare les futurs parents annonce :

« Aujourd'hui, nous allons faire un exercice dont le but est de permettre aux hommes de se mettre dans la situation de leurs partenaires. »

Puis, montrant un ventre artificiel avec une sangle, elle ajoute :

« Voici un costume de grossesse, le porter vous donnera l'impression d'être enceinte. Quel mari se porte volontaire pour l'essayer en premier ? »

Un homme se propose, prend le costume et l'enfile. Alors qu'il fait quelques pas ainsi équipé, il lance :

« C'est pas mal ! Je crois que je pourrais m'y habituer.

— Très bien, dit la sage-femme en souriant, maintenant je voudrais que vous vous baissiez et que vous preniez le stylo que je pose par terre.

— Vous voulez que je ramasse ce stylo comme je le ferais si j'étais enceinte ? demande l'autre en hésitant.

— Oui ! C'est cela ! lui répond la formatrice.

— Chérie ! dit l'homme en se tournant vers son épouse. Ça te dérange de prendre ce stylo pour moi ? »

Mercredi 17 novembre

Sainte Élisabeth – On fête aussi les Élise, Hilda, Aignan

À la Saint-Élisabeth, sur le net tchatchent les fillettes…

WWW.

Utiles et insolites

Conçu par une bande d'amis, le site « Google Fight » compare, grâce à un algorithme spécifique, le « score de visibilité » sur internet entre deux mots. Si logiquement « lion » l'emporte sur « gazelle » ou « prix Goncourt » sur « prix Renaudot », en terme de visibilité c'est « pot de terre » qui l'emporte sur « pot de fer » et « argent » sur « bonheur » : www.googlefight.fr

NOMS D'OISEAUX !

Dinde

Les Américains, apôtres de la dinde avec leur Thanksgiving, traitent les femmes de « silly turkeys », comme en France on les qualifie de dindes. Cette belle volaille n'échappe donc pas à la réputation – stupide ! – dont pâtissent ses compagnes du poulailler. André Gill l'illustre vertement dans Vingt années de Paris *: « Ton couillon de père et ta pauvre dinde de mère n'ont pas pipé. » Toutefois, la dinde joint le plus souvent la petitesse à la bêtise, comme chez ce misogyne de Jules Renard : « Il y a toujours, dans la plus spirituelle des femmes, une petite dinde qui ne prend jamais le temps de dormir. »*

1-2-3-1-2-3-1-2-3

JAMAIS DEUX SANS TROIS

Être à mille lieues de penser

Si on convertit les « mille lieues » d'autrefois en système métrique, on obtient environ 4 828 km, soit la distance qui sépare Paris de Bamako, au Mali, ou de Doha, au Qatar. Alors qu'aujourd'hui ces voyages sont accessibles à la plupart d'entre nous, ils étaient autrefois tout à fait inenvisageables : on était « à mille lieues de penser » pouvoir les réaliser un jour !

1-2-3-1-2-3-1-2-3

Tout est relatif… (Espace temps)

Surveillez votre masse !

$E=mc^2$ est probablement la formule mathématique la plus célèbre : elle exprime l'équivalence entre l'énergie contenue dans un corps au repos (E) et la masse de ce corps (m) multipliée par la vitesse de la lumière (c) au carré. Cette formule est universellement attribuée à Albert Einstein qui, dans l'un de ses fameux articles sur la relativité restreinte publiés en 1905, explique que « si un corps perd une énergie E sous forme de rayonnement, sa masse diminue de E/c^2 ». Mais si le physicien allemand est bien le premier à avoir apporté la démonstration de cette formule, c'est le Français Henri Poincaré (un mathématicien qui portait bien son nom !) qui l'énonça en premier, dans un article publié en 1900 relatif aux travaux d'un autre génie de l'époque, le Néerlandais Hendrik Lorentz. Rendons-leur hommage.

Jeudi 18 novembre

Sainte Aude – On fête aussi les Odon, Maudez, Patrocle

Soleil
lever : **8 h 04**
coucher : **17 h 06**

Il vaut mieux qu'il pleuve un jour comme aujourd'hui, plutôt qu'un jour où il fait beau. Pierre Dac

NOMS D'OISEAUX !

Dindon

Si la dinde est tenue pour stupide, elle a tout de même plus d'un tour dans son sac puisqu'un dindon, c'est historiquement un mari trompé, et d'autant plus cocu qu'il l'est en général par son meilleur ami. Ainsi joué, dupé ou encore dindonné, il est le dindon de la farce, comme le Georges Dandin de Molière. Toutefois, en digne compagnon de la dinde, le dindon est aussi un individu borné : il avait l'air « bête comme un dindon » (Flaubert). Et cette sottise, en outre, se double de fatuité et de suffisance : faire le dindon, c'est se rengorger et se pavaner avec un parfait ridicule.

Le coin lecture

Le Livre de ma mère, d'Albert Cohen

Voici déjà 40 ans, le 17 octobre 1981, que s'est éteinte l'une des plus belles plumes du XXe siècle. Albert Cohen rend ici bien plus qu'un hommage à sa mère : ce texte est un cri d'amour et de reconnaissance envers cette femme qui n'a vécu que par et pour son fils. Une histoire universelle dans laquelle le fils se souvient, se moque parfois avec bienveillance de cette mère dévouée et exprime ses regrets de ne pas lui avoir assez montré qu'il l'aimait. La poésie de Cohen et son style narratif unique touchent directement le cœur du lecteur. Une œuvre incontournable devenue un classique de la littérature française.

Dans les étoiles

Il y a éclipse de Lune lorsque celle-ci passe dans l'ombre de la Terre. Ce phénomène, bien compris dès l'Antiquité, a permis d'estimer très tôt la taille de la Lune à un quart de celle de la Terre, par la simple observation de la forme de l'ombre de la Terre se profilant sur le disque lunaire au moment d'une éclipse. On parle d'éclipse totale lorsque la Lune disparaît entièrement dans l'ombre de la Terre (bien que toujours visible avec une couleur rouge brique) et d'éclipse partielle dans les autres cas. Aujourd'hui, 19 novembre 2021, aura lieu une éclipse partielle de Lune. Elle sera toutefois peu observable depuis la France car la Lune se couchera lorsque l'éclipse aura à peine commencé. De la Bretagne, on pourra voir le premier contact avec l'ombre à 8 h 19 (TU+1 h), lorsque la Lune se couchera à l'horizon ouest-nord-ouest.

Ça s'est passé

Le 18 novembre 1421

En Hollande, des pluies torrentielles causent la rupture de plusieurs digues, ce qui entraîne la submersion des polders. Plusieurs milliers de personnes meurent noyées.

Soleil
lever : 8 h 05
coucher : 17 h 05

Vendredi 19 novembre

Saint Tanguy – On fête aussi les Eudeline, Eudes

Quand novembre de brume inonde le ciel bleu, que le bois tourbillonne et qu'il neige des feuilles,
Ô ma muse ! en mon âme alors tu te recueilles… Victor Hugo

HEUREUX MARIAGES

L'équilibre des comptes

C'est peut-être par générosité et grand cœur que Jean Leriche décida de se marier le 4 septembre 1792 à Bazouges-la-Pérouse, en Ille-et-Vilaine, avec Marguerite Pauvret. Seul leur contrat de mariage pourrait nous dire si les dots étaient en rapport avec leurs patronymes ou si, au contraire, Marguerite était la riche et Jean le pauvret…

CHAUD DEVANT !

LA FIN DU MONDE SERAIT-ELLE PROCHE ?

Que se passera-t-il si l'humanité ne parvient pas à négocier le virage serré du dérèglement climatique et de ses conséquences économiques, sanitaires, sociales… ? La fin du monde, rien de moins. Et pour 2030. C'est ce qu'annoncent les plus pessimistes, comme Yves Cochet, mathématicien et ancien ministre de l'Environnement, chantre du mouvement de pensée que l'on appelle la collapsologie ; cela consiste à croire à l'effondrement prochain de nos civilisations et à se préparer à l'autosuffisance dans le but de survivre le jour où l'Apocalypse arrivera… Réjouissant !

De mon temps, un simple "Space Invaders" nous amusait pendant des heures !

Rétro Vermot

« Oui, je ne demande pas mieux que d'écrire quelques articles sur la pêche dans votre revue… Mais ce serait payé comment ?
– Ben… à la ligne, naturellement ! »

NOTTO DICO

UNIJAMBISTE, n. m.
Quelqu'un qui a perdu pied.

UNITÉ POLITIQUE, n. f.
Sourire forcé pour tout le monde.

UNIVERSITAIRE, n. m.
Grosse tête pleine de vide.

URANIUM, n. m.
Source d'énergie pour un temps donné. Puis source d'ennuis pour des siècles et des siècles…

URINE, n. f.
Liquide sacré auquel un autel destiné à le recevoir est dédié dans toute habitation.

Voyager par les séries TV

Downtown Abbey et Broadchurch

Splendeurs et mystères de la campagne anglaise. Dans leur vaste demeure située dans l'Oxfordshire, la famille Crawley coule des jours plus ou moins heureux, rythmés par les mondanités et les placements financiers à risque. En parallèle, leurs domestiques mènent également une existence haute en couleurs, entre trahisons et coups fourrés. *Downtown Abbey* revisite le soap opera, en y ajoutant une touche british du meilleur goût, qui nous transporte à travers la campagne anglaise du début du XXe siècle, entre élégance, quête de modernité et conservatisme bourgeois. On se rapproche de la côte et du XXIe siècle avec *Broadchurch*. Le corps d'un jeune garçon est découvert au pied de falaises battues par les vents. Ellie Miller et Alec Hardy mènent l'enquête dans la tranquille bourgade imaginaire de Broadchurch, située dans un Dorset aussi intrigant que mystérieux.

Samedi 20 novembre

Saint Edmond – On fête aussi les Octave, Benward

Soleil
lever : 8h07
coucher : 17h04

À la Saint-Edmond, aimons-nous comme les autres nous t'aimons.

Nos Régions

Corse

Haute-Corse/Casta

Le désert des Agriates est un territoire bordé au sud par un massif montagneux, la Serra di Tenda, et partout ailleurs par la mer Méditerranée, soit 37 km de côte vierge. Le surnom de « désert » lui vient du fait qu'il n'y ait qu'un seul lieu habité, le village de Casta, sur une superficie d'environ 15 000 hectares où quelques étangs offrent de rares oasis de fraîcheur. Le maquis couvre à perte de vue cet endroit étrange, hérissé d'escarpements rocheux. Le promeneur amoureux de la nature s'y trouvera au paradis, il pourra suivre le sentier du littoral, dit « sentier des douaniers », et croiser les trois tours génoises, aujourd'hui ruinées : Mortella et Fornali à l'est, et l'Ostriconi à l'ouest.

Au secours... de l'impossible

En 1952, une violente tempête fait rage au large des côtes de Nouvelle-Angleterre. Un pétrolier, le SS Pendleton, est pris dans la tourmente et envoie un message de détresse. Ses réservoirs ont été éventrés par la mer déchaînée et les 41 membres de l'équipage font face à une mort imminente. Les garde-côtes s'engagent alors dans une mission de sauvetage à bord de leur bateau à moteur aux airs de coque de noix face aux éléments. Une « mission suicide » selon l'un d'eux. Bien que chahutés à l'extrême par la mer en furie, les courageux sauveteurs parviennent jusqu'au SS Pendleton et multiplient les prises de risque pour récupérer tout le monde. « Hors de question de partir en laissant quelqu'un ici. On vit tous ou on meurt tous », dit le chef Bernard Webber. Et, miracle, la mission se termine par un succès total, sans victimes !

L'humanité en chiffres

13 000 000

C'est, en tonnes, la quantité de plastique qui finit chaque année dans les océans, résultat d'une humanité qui s'appuie sur cette matière pour exister. Aujourd'hui, 99 % des oiseaux marins et des poissons ont déjà ingéré du plastique, alors qu'en 1960, ils n'étaient que 5 % !

3 . 1 4 1 5 9 2 6 5 3 5

LE CHIFFRE

3,7

C'est, en millions de dollars, le prix atteint par la Mustang GT 390 conduite par Steve McQueen dans le film *Bullitt* lors d'une récente vente aux enchères aux États-Unis. Entrée dans la légende du cinéma grâce à la fameuse séquence de course-poursuite dans les rues de San Francisco entre le flic Bullitt et deux tueurs à gages, la voiture appartenait à Sean Kiernan. Celui-ci l'avait héritée il y a cinq ans de son père qui lui-même l'avait acquise en 1974 chez un vendeur de voitures d'occasion pour l'équivalent de 3 500 dollars (d'aujourd'hui !). La famille avait utilisé le célèbre coupé cabriolet jusqu'en 1980, année où l'embrayage avait cassé. Depuis, la Mustang était sagement restée au garage. Pour la petite histoire, en 1968, Ford n'ayant pas souhaité cautionner *Bullit*, la Mustang apparaissait dépourvue de tout logo. Cinquante ans plus tard, le constructeur américain a annoncé la sortie d'un nouveau modèle s'en inspirant... En revanche, aucune annonce concernant un retour de la mythique Mustang rouge confiée à Louis de Funès dans *Le Gendarme de Saint-Tropez* (1964).

Dimanche 21 novembre

Présentation de Marie – On fête aussi les Gélase, Rufus

Automne mouillé et ensoleillé, girolles en poêlée.

MUSIQUE

Humour anglais

Les Anglais du groupe *The Stranglers* ont un rapport particulier avec notre pays. Non contents d'avoir accumulé les scandales, allant jusqu'à passer 24 h en prison à la suite d'un concert transformé en bataille rangée, ils convient en 1979 le jeune critique à *Rock and Folk* Philippe Manœuvre à une virée sur la Tour Eiffel. Après lui avoir baissé son pantalon, ils le laissent là, attaché à une poutrelle. Depuis lors, le magazine de Manœuvre n'a jamais plus voulu parler des Stranglers. Étonnant, non ?

Le bon mot de l'histoire

21 novembre 1836 :
« Soldats, ils sont six mille, vous êtes trois cents. La partie est donc égale. Regardez-les en face et tirez juste. »
Nicolas Changarnier

Chef de bataillon pendant la conquête de l'Algérie, Nicolas Changarnier dirigeait l'arrière-garde chargée de couvrir le reste de l'armée française à Constantine en 1836. Alors que six mille goumiers arabes s'apprêtaient à fondre sur ses hommes dix fois moins nombreux, Changarnier les galvanisa en ces termes et les soldats français tinrent les assaillants en échec. Nommé lieutenant-colonel puis général, Changarnier deviendra gouverneur général d'Alger en 1848.

Vino populum

Chinon

Nous pourrions vous parler de Rabelais, d'Henri II Plantagenêt, voire de Jeanne d'Arc. Mais non… Nous préférons rester dans l'actualité d'un vin toujours d'actualité, issu du cabernet franc. Il est rouge, blanc ou rosé. Nous, nous l'aimons rubis, tout en fruits rouges et d'un joli grain de tanins. Un tempérament souple et aimable. Bref, un peu de rondeur dans ce monde chaotique…

PROBLÈMES DE MATHS DU CERTIFICAT D'ÉTUDES

Un fermier possède 25 noyers sur son exploitation, qui lui ont donné en moyenne 54 kg de noix fraîches chacun. Il peut les vendre immédiatement pour un prix de 0,80 F/kg.

Question 1 : Les frais de ramassage s'élèvent à 12 F, le transport au marché coûterait 9 F. Quel serait alors le bénéfice du fermier ?

Question 2 : Il préfère laisser sécher ses noix avec une perte de poids de 60 % et en extraire l'huile. Les noix sèches donnent 15 % de leur poids en huile vendue 5,60 F/kg. Les frais de fabrication de l'huile s'élèvent au total à 0,40 F par litre d'huile obtenue. Le fermier a-t-il eu raison d'attendre ou pas ? Pourquoi ? (sachant que 1 l d'huile pèse 0,9 kg.)

1) Le bénéfice total de la vente des noix fraîches serait de 1059 F.
2) Le fermier a eu tort d'attendre, et il perd un total de 612 F.

Lundi 22 novembre

Christ Roi – On fête aussi les Cécile, Shirley, Sheila, Philémon

Soleil
lever : 8h10
coucher : 17h02

Un baiser apaise la faim, la soif. On y dort. On y habite. On y oublie. Jacques Audiberti.

Nos Régions

Auvergne-Rhône-Alpes

Puy-de-Dôme/Besse-en-Chandesse

La lac Pavin n'est pas une étendue d'eau ordinaire : c'est le cratère d'un ancien volcan qui s'est entièrement rempli grâce à la pluie. Il est né lors de la dernière éruption volcanique auvergnate, il y a 6 700 ans. Plusieurs particularités rendent l'endroit magnifique et incomparable. La première est la forme circulaire du lac. L'homme n'aurait pu faire mieux que la nature dans cette rigoureuse géométrie ! La deuxième est la présence de végétation sur toute sa circonférence, au plus près de l'eau. Les résineux bordent l'unique rive comme les cils bordent une paupière. Enfin, avec ses 92 m de profondeur, le lac Pavin détient le record d'Auvergne.

Compiler les Perles

Répétition ?

Qui l'a dit ? Un élève qui n'a pas eu peur d'appuyer, appuyer et appuyer encore son propos lors de l'épreuve de philosophie du baccalauréat 2019. Enfin, si toutefois il en avait un… La perle : « Chaque soutien que nous soutenons tous les jours, il faut continuer à le soutenir pour, au final, avoir ce que l'on soutenait. » Réponse du correcteur : « Est-ce une citation du philosophe Jean-Claude Vandamme ? » La vraie question est : si c'était le cas, la phrase mériterait-elle plus de points ? Vous avez quatre heures.

L'ACTU

Encéphale antique

On dirait une simple pierre noire, brillante. Mais aux yeux des anthropologues italiens qui l'ont étudié, le caillou est une rareté archéologique. Retrouvé dans les ruines d'Herculanum, cité romaine détruite par l'éruption du Vésuve en l'an 79 après J.-C., comme sa célèbre voisine Pompéi, ce fragment est un morceau de cerveau humain ! Exhumé à l'intérieur de la boîte crânienne d'une victime de l'éruption volcanique, ce bout de bulbe vitrifié appartiendrait au gardien d'un temple dédié à l'empereur Auguste. Son corps calciné avait été retrouvé sur un lit en bois dans les années 1960, mais sa boîte crânienne vient seulement d'être analysée en détail. Selon le *New England Journal of Medicine* qui a publié l'information, les scientifiques tentent désormais d'extraire de l'ADN du malheureux carbonisé il y a presque 2 000 ans.

Fils et filles de…

Le despote soviétique Joseph Staline a toujours été décrit comme un personnage terrifiant, sanguinaire et cruel. Mais comment était-il dans la vie privée ? À quoi a donc pu ressembler la vie de sa fille, Svetlana ? Plongée dans la paranoïa de son père, la petite Svetlana en a subi les pires conséquences, comme le suicide de sa mère alors qu'elle n'avait que 6 ans, ou l'arrestation et la déportation de sa nounou, ou encore l'envoi à la mine de son amour de jeunesse, un cinéaste juif qui n'avait rien pour plaire à papa… Après s'être exilée aux USA, elle a résumé ainsi la situation : « J'aurais préféré que mon père fût un simple cordonnier géorgien. » Les millions de soviétiques victimes de son tyran de père aussi…

Soleil
lever : **8h11**
coucher : **17h01**

Mardi **23 novembre**

Saint Clément – On fête aussi les Colomban, Bassim, Rachilde

À la Saint-Clément, j'veux ma maman !

Au Jardin

Jardin en lasagnes

Le jardin en lasagnes permet de cultiver des légumes ou des fleurs sur des sols ingrats et même dans une cour dallée, car il s'agit d'une culture hors-sol d'un type particulier. Elle est constituée, comme son nom l'indique, de différentes couches superposées : la première est composée de carton d'emballage (carton ondulé), que l'on applique directement sur le sol, sans préparation. Ensuite on alterne des couches d'environ 5 cm d'épaisseur de matières brunes (feuilles mortes, broyat de rameaux, un peu de paille, un peu de papier journal) et de matières vertes (déchets de tonte, déchets de légumes et de fruits, mauvaises herbes). On termine par une couche de 10 cm de compost bien mûr. Plantez les végétaux en godets sans attendre et arrosez. Par la suite, surveillez l'arrosage pour éviter le dessèchement.

ET TOUJOURS HALLOWEEN

ILS ONT DIT

« L'amour, vous savez, cette chose merveilleuse qui peut exister entre un homme et une femme, une femme et une femme, ou un homme et deux femmes. »

Gaspard Proust

VERMOT'ROSCOPE

SAGITTAIRE (23 novembre-21 décembre)

Caractère

Vif, entreprenant, enthousiaste, curieux, généreux, spontané, communicatif, disponible, pédagogue, avant-gardiste, ouvert sur le monde, bienveillant, optimiste, gai, bon vivant, gourmand, direct, franc, indépendant, aventureux, risque-tout, impulsif, pressé, hyperactif, enflammé, colérique.

Le message des astres

« Père et fils » des hautes sphères (Saturne et Jupiter) vous permettront de consolider votre vie sociale ou amicale. Au programme de 2021, de très belles rencontres. Passé juin, « l'astre Roi », Jupiter viendra vous titiller.

Vie relationnelle

C'est une très belle période qui s'annonce rythmée par de nouvelles amitiés enrichissantes. Jusqu'à l'été, la vie mettra sur votre route des personnes rayonnantes et hautes en couleur. Savourez chaque instant. Après septembre, vous serez un peu plus casanier.

Amour

À deux, pas question pour vous de subir les habitudes. Prenez le taureau par les cornes et faites en sorte de donner une dimension sociale à votre relation. En février, organisez-vous de sympathiques tête-à-tête. En avril, soyez plus démonstratif. En mai et en juin, misez sur le dialogue et surtout soyez créatif. En juillet, évadez-vous en amoureux le temps d'un voyage ou de vacances. En octobre, réapprenez à vous connaître.
Célibataire, votre vie amoureuse sera entre parenthèses au profit de votre vie sociale ou amicale. Sur le premier trimestre, vous serez le premier à vouloir sortir et voir vos amis. Mai et juin seront ensoleillés par de très belles rencontres. Savourez-en les bienfaits.

Famille

Vous aurez du mal à comprendre vos proches et les incompréhensions seront nombreuses. Forcez-vous à prendre du recul et à faire preuve d'ouverture d'esprit. Attention à mars, avril, août et octobre qui ne seront pas propices au dialogue.

Quotidien et vitalité

En 2021, vous opterez pour multiplier les loisirs ainsi que les occupations. D'un bout à l'autre de l'année, vous bénéficierez d'une belle énergie et d'une grande résistance. Attention toutefois à ne pas surestimer de vos forces, notamment en été.

Budget

Pas de gros souci cette année. Tout en vous faisant plaisir, vous garderez la maîtrise de vos finances. Janvier pourrait bien être marqué par une rentrée d'argent.

Comment optimiser votre année

Bousculez vos habitudes. Multipliez les loisirs et les activités. Bougez, sortez et pensez à prendre du temps pour vous.

À la Sainte-Flora, c'est toi la fleur des pois !

La dictée du mois — Découverte de la ville

Dès que j'eûs mis le pied dans cette toute petite et ravissante ville, je compris que j'allais y rester longtemps. De partout l'œil embrasse un vaste cercle de sommets crochus, dantelés, cornus et bizares, tellement fermé qu'on découvre à peine la pleine mer, et que le golf a l'air d'un lac. L'eau bleue, d'un bleu laiteux, est d'une transparance admirable ; et le ciel d'azur, d'un azur épais, comme s'il avait reçu deux couches de couleur, étalent au-dessus sa surprenante beauté. Ils semblent se mirer l'un dans l'autre et se renvoyer leur reflets. Bougie est la ville des ruines. Sur le quai, en arrivant, on rencontre un débri si magnifique qu'on le dirait d'opéra.

Guy de Maupassant, « Marroca », Mademoiselle Fifi, *1882.*

Solution : j'eus, dentelés, bizarres, golfe, transparence, étale, leurs, débris

Nos Régions

Bourgogne-Franche-Comté

Haute-Saône/Esmoulières

Il est un endroit préservé, beau et romantique à l'envi, sur la commune d'Esmoulières en Haute-Saône : la cascade ou « saut » du Brigandou. À l'origine de cette chute d'eau qui dévale dans les bois, le Beuletin, magnifique ruisseau de montagne. Né à l'étang d'Arfin, celui-ci traverse le flanc abrupt de la vallée glaciaire du Beuletin pour offrir cette majestueuse cascade bruyante et envoûtante. La légende raconte qu'une chèvre poursuivie par un loup a sauté par-dessus la cascade et le loup, lui, a glissé. On dit ainsi dans la région « qu'au saut du Brigandou, la chèvre a pris le loup ».

Voitures célèbres

Citroën 2 CV

« Deuche », « Deudeuche », « Doche » ou encore « Deux pattes » : tous ces surnoms suffisent à donner une idée de la popularité de la Citroën 2 CV. Produite à partir de 1948 pour les classes rurales car dotée d'une suspension « permettant de traverser un champ labouré avec un panier d'œufs sans en casser un seul », la petite Citroën a traversé les époques jusqu'à se hisser au rang des dix voitures françaises les plus vendues de l'histoire ! D'abord symbole d'un certain art de vivre à la française – à l'instar de la baguette de pain –, la 2 CV fit du cinéma, notamment avec Jane Fonda (dans *Les Félins*) et Bourvil (dans *Le Corniaud*), et ne compte plus désormais les clubs et associations d'amoureux autour du monde. Intemporelle.

ILS ONT DIT

« Le cas de la marquise de Sévigné constitue sans doute le plus fantastique exemple d'imposture de tous les siècles. En effet, cette dame se rendit universellement célèbre en écrivant d'innombrables lettres à une époque où La Poste n'était pas encore inventée ! »

François Cavanna

Jeudi 25 novembre

Sainte Catherine – On fête aussi les Cathy, Ketty, Mercure

Le mariage, ma petite, c'est la robe. Après, évidemment, on a le mari ! Jean Anouilh

Correspondance (très) intime…

« À bientôt, ma superbe. Je suis si content à l'idée de te revoir que je ris en t'écrivant ! » Albert Camus conclut ainsi la lettre qu'il expédie ce 4 janvier 1960 à l'actrice Maria Casarès, qu'en réalité il ne reverra jamais car il meurt le jour même dans un accident de voiture. Les deux amants s'étaient rencontrés en 1944. Rapidement séparés, ils s'étaient retrouvés quatre ans plus tard, par hasard, pour ne plus se quitter. Dans leurs échanges, Maria est sa « savoureuse », sa « petite sainte brûlante », son « Hespéride ». Il est son « beau prince exilé », son « vivant », son « jeune homme mince et brun aux yeux de lumière ». Malgré les contraintes familiales de Camus et les tournées de Casarès, leur correspondance révèle une passion toujours intense, absolue, vertigineuse…

Rétro Vermot

Au sommet d'une poubelle fort pleine, un chat couché parmi des papiers gras surveille le monde avec philosophie. « Regarde, Maman, s'écrie une petite fille. Quelqu'un a jeté un chat qui est encore en bon état ! »

LUTTES ET HÉROS POPULAIRES

LES RÉSISTANTS DU STO

« Plus jamais une heure, plus jamais un homme pour les Boches », titre *La Vie ouvrière*, le journal clandestin de la CGT, à l'été 1942. Le mot d'ordre est donné : les travailleurs français doivent résister par tous les moyens possibles au STO, le Service du Travail Obligatoire, biais par lequel l'Allemagne nazie met à son service toute la main-d'œuvre européenne. L'un des moyens de résistance les plus répandus parmi ces héros anonymes est le « mini-sabotage » : usiner des pièces très légèrement défectueuses, de sorte que le contremaître ne puisse pas le remarquer, mais que le fonctionnement de l'objet final — voiture, arme ou autre — soit contrarié. Un sabotage discret mais efficace !

L'ACTU

Trop bien équipé

Si l'on en croit les sondages, nombreux sont les hommes qui estiment que leur sexe n'est pas assez long. Pourtant, être trop bien équipé peut aussi être un problème… Steve Whitehurst, un Anglais de 46 ans, a été victime d'une mésaventure plutôt embarrassante. Alors qu'il faisait des courses avec sa femme dans un magasin de vêtements et s'apprêtait à régler ses achats, la caissière l'a soupçonné de vol à cause d'un gonflement suspect au niveau de l'entrejambe. Steve a eu beau lui expliquer qu'il s'agissait d'un phénomène naturel (et donc de son pénis), la vendeuse a appelé sa responsable qui, elle aussi, a refusé de le croire. Pour les convaincre, il a donc baissé son pantalon et exhibé son caleçon. Mais le gérant du magasin, appelé en renfort, a estimé que ce n'était pas suffisant puisqu'il y avait toujours une bosse suspecte. Afin de prouver son innocence, Steve a dû se rendre dans une cabine d'essayage et montrer son sexe à un agent de sécurité. Furibard, le couple a quitté les lieux et déposé plainte contre l'enseigne.

Vendredi 26 novembre

Sainte Delphine – On fête aussi les Conrad, Sirice

Soleil
lever : 8 h 16
coucher : 16 h 59

Ce n'est peut-être que cela la jeunesse, de l'entrain à vieillir. Louis-Ferdinand Céline

Rétro Vermot

« Un enfant qui se brûle craint le feu, dit l'instituteur. Voyons qui trouvera une maxime du même esprit mais en changeant la forme.
– Moi, répond un élève.
– Parfait. Quelle est votre maxime ?
– Un enfant qu'on a lavé redoute l'eau. »

CHAUD DEVANT !

AVANT QU'IL NE SOIT TROP TARD

Le 26 novembre 2019, quelques semaines avant la COP25 de Madrid, les experts de l'ONU ont poussé un énième cri d'alarme, encore plus inquiétant que les précédents : puisque rien de significatif n'a été fait au cours des dix années précédentes, c'est désormais à une baisse de 7,6 % par an de leurs rejets carbonés que les États doivent s'engager d'ici 2030 pour espérer réussir à contenir la hausse de la température globale à 1,5° C. Est-ce qu'on peut commencer à y croire désormais, ou l'urgence n'est-elle pas encore assez impérieuse ?

BLACK FRIDAY

RECETTE

Tarte aux poires à la noisette

Pour 4 à 6 pers. 20 min de préparation 30 min de cuisson

1 pâte à tarte de votre choix prête à dérouler
8 demi-poires (fraîches ou au sirop)
100 g de poudre de noisettes
100 g de beurre fondu
2 œufs
50 g de sucre
30 g de Maïzena (ou fécule de maïs)

Préchauffez le four à 200 °C (th. 6-7).
Étalez la pâte dans le moule à tarte.
Préparez les fruits frais : pelez-les, coupez-les en deux et ôtez les pépins. Coupez les demi-poires en dés ou en lamelles et réservez.
Dans le bol d'un mixeur, réunissez la poudre de noisettes, le beurre fondu, les œufs, le sucre et la Maïzena. Mélangez et versez la préparation sur le fond de tarte.
Répartissez les morceaux de poires sur la tarte et enfournez pour 30 min de cuisson.

Conseil : en France, nous avons plusieurs variétés de poires, toutes aussi délicieuses les unes que les autres : la comice, la conférence, la williams, la guyot... L'automne est la pleine saison, et donc le moment idéal pour déguster ce fruit ou le cuisiner.

EXPRESSIONS IMAGÉES

Tirer le diable par la queue

La littérature regorge d'histoires où des hommes et des femmes signent un pacte avec le diable et lui abandonnent leur âme en échange d'un service. « Tirer le diable par la queue » c'est, à l'origine, solliciter Lucifer comme dernier recours quand on est dans la misère, tenter d'obtenir son aide sans pour autant accepter de signer avec lui le fameux pacte.

Samedi **27 novembre**

Saint Séverin – On fête aussi les Séverine, Virgile, Goustan

À la Saint-Séverin, mouche-toi le tarin !

Charade classique

Mon premier est un gros maillet,
Mon deuxième est irritant,
Mon troisième forme une paire,
Mon quatrième est un peu plus loin,
Mon cinquième est entouré,
Mon sixième gouverne le bateau,
Mon septième est un petit écran,
Mon huitième est un élément de baguette,
Mon tout est un événement des guerres de religion en France.

MASSACRE DE LA SAINT BARTHÉLEMY (MASSE – ÂCRE – DEUX – LA – CEINT – BARRE – TÊTE – MIE)

Ce qu'elle aime au ski, c'est qu'elle peut faire des doubles selfies.

Ha ! Ha ! Ha !

Un jour, alors que je revenais d'un weekend chez mon fils qui vit à Bordeaux, je me suis arrêté dans une station-service pour aller aux toilettes. Je venais à peine de m'asseoir sur la cuvette que j'ai entendu une voix en provenance de la cabine à côté de la mienne : « Salut ! Comment ça va ? » Plutôt surpris et bien que je n'aie pas l'habitude d'entamer une conversation avec mes voisins quand je suis aux toilettes, j'ai quand même répondu : « Je vais bien. » Et puis, j'ai poliment ajouté : « Merci d'avoir posé la question. » Alors la voix m'a demandé : « Qu'est-ce que tu fais de beau en ce moment ? » Pour être honnête, j'étais à la fois amusé et gêné par la situation et le toupet de mon voisin. Mais plutôt que de l'ignorer, j'ai calmement répondu : « Je me soulage… » C'est juste après que j'ai entendu la voix à côté dire : « Écoute, je vais devoir raccrocher et te rappeler plus tard. Il y a un imbécile juste à côté qui répond à toutes mes questions ! »

GRANDS MOMENTS DU CYCLISME

Le 16 juillet 1984, dans le virage 14 des pentes de l'Alpe d'Huez, deux hommes sont en tête : le Français Bernard Hinault, dit « le Blaireau », et le Colombien Luis Herrera. Alors que le Sud-Américain place une attaque, Hinault lâche et se fait distancer. Puis les virages s'enchaînent, et on voit apparaître un troisième homme : Laurent Fignon, « l'Intello ». Le chouchou du public pousse comme un beau diable sur les pédales et talonne désormais Hinault. Bandeau sur le front, maillot bleu-blanc-rouge de champion de France sur les épaules, Fignon semble facile. Il reste une douzaine de virages avant le sommet de l'Alpe quand « l'Intello » dépose « le Blaireau ». Le moment est d'une intensité rare pour les spectateurs, qui hésitent entre la joie de voir Fignon s'envoler, et la tristesse de voir Hinault à la peine. Inoubliable et plein d'émotion…

Dimanche 28 novembre

Saint Jacques de la Marche – On fête aussi les Sosthène

Soleil
lever : **8h18**
coucher : **16h58**

Avent

La langue est un organe sexuel dont on se sert occasionnellement pour parler. Boris Vian

L'ACTU

On a marché sur la Terre !

Et le gagnant est… le scorpion ! Il serait en effet le premier animal à avoir foulé la terre ferme, d'après une étude récente publiée dans *Nature*. Si les scientifiques savent depuis longtemps que le scorpion fait partie des plus anciennes bestioles terrestres, ils viennent seulement d'établir grâce à deux fossiles que le *Parioscorpio venator*, le « précurseur des scorpions chasseurs », vivait exclusivement à l'air libre et sur terre en reconstituant son système respiratoire. L'animal mesurait 2,5 cm et vivait au Silurien, il y a environ 435 millions d'années. C'est au cours de cette période justement que divers arthropodes ont quitté les océans pour la terre ferme, abandonnant au passage leurs branchies. Hasard du calendrier, au moment où les chercheurs annonçaient leur trouvaille, d'autres dévoilaient avoir déniché la plus ancienne forêt fossile datant du Dévonien supérieur, soit entre 360 et 375 millions d'années avant notre ère.

HEUREUX MARIAGES

C'est trop bête...

Il y avait des centaines d'hommes qu'elle aurait pu épouser pour faire disparaître son nom de jeune fille au profit de son nom de femme. Eh bien non, lorsqu'elle voulut se marier, Marie Josèphe Troccon choisit le seul homme qui allait lui permettre de rester dans la catégorie des porteurs de noms ridicules : le 10 janvier 1831, dans l'Ain, elle épousa Jean Baptiste Francon !

LES DIFFÉRENTS TYPES DE CAFÉ SERVIS DANS LE MONDE

O	A	M	E	R	I	C	A	N	O	H	E	D	C
T	Z	A	C	E	E	U	H	W	C	E	Z	O	G
A	J	C	P	I	F	A	R	A	F	J	N	R	G
G	C	C	A	Q	M	F	S	F	Q	I	A	T	N
O	E	H	K	R	R	B	O	I	C	U	G	U	A
F	D	I	B	G	A	C	A	C	R	B	E	I	Y
F	P	A	N	K	H	J	U	L	D	A	Q	T	N
A	S	T	T	S	F	P	I	F	I	E	H	L	A
E	B	O	I	R	P	Y	K	L	E	N	C	P	U
Y	J	R	A	A	O	A	G	A	L	A	O	I	Y
E	I	P	C	K	A	C	N	E	H	O	T	X	X
D	P	D	F	P	G	Q	U	N	B	V	N	P	K
E	O	T	I	D	A	R	O	C	E	F	I	K	A
R	J	L	U	D	M	X	T	Q	P	R	T	E	R

Solution page 352

Trouvez les noms des différents types de café servis dans le monde cachés dans la grille ci-dessus. Vous les trouverez soit horizontalement, soit verticalement, soit diagonalement. Ils peuvent se lire de gauche à droite, de droite à gauche, de haut en bas ou de bas en haut.

AFFOGATO
AMERICANO
CAPPUCCINO
CARAJILLO
CHAQUETA
CIMBALINO
CORADITO
CORTADO
EINSPÄNNER
FIKA
FRAPPÉ
GALÃO
ICED COFFEE
IRISH COFFEE
KAAPI
KAHVI
KARSK
MACCHIATO
PHARISÄER
RED EYE
TINTO
YUANYANG

Ça s'est passé

Le 28 novembre 1721

Louis-Dominique Garthausen, surnommé « Cartouche », qui sévissait avec sa bande pendant la régence de Philippe d'Orléans, est exécuté place de la Grève, à Paris.

Soleil
lever : 8h20
coucher : 16h57

Lundi 29 novembre

Saint Saturnin – On fête aussi les Sernin

C'est l'heure exquise et matinale que rougit un soleil soudain. À travers la brume automnale Tombent les feuilles du jardin. François Coppée

FOOTBALL

Lors des huitièmes de finale du Mondial 2002 opposant les Italiens de la Squadra Azzura à la Corée du Sud, Byron Moreno, un arbitre équatorien, a refusé un but valable à Christian Vieri, expulsant Francesco Totti et accordant un pénalty litigieux aux Coréens, qui ont fini par éliminer l'Italie. Aussi polémiques soient-elles, ce ne sont pourtant pas ses décisions arbitrales qui ont valu à M. Moreno d'aller en prison, mais le fait d'avoir été arrêté à l'aéroport JFK de New York avec… 6 kg d'héroïne !

Nos Régions

Bretagne

Finistère/Crozon

C'est à Crozon que naquit le 24 décembre 1887 le grand comédien, metteur en scène et directeur de théâtre Louis Jouvet. Son père y était installé provisoirement, dans le cadre de ses missions de conducteur de travaux aux Ponts et Chaussées. Rien de breton dans l'ascendance de Jouvet qui tire ses origines paternelles du Limousin et les maternelles de Champagne. Parallèlement à de brillantes études de pharmacie, qu'il achève en 1904, il passe tout son temps libre dans les théâtres amateurs et monte sur les planches pour la première fois en 1908. Le virus de la scène le gagne rapidement jusqu'à faire de lui l'artiste incomparable que nous connaissons.

Au Jardin

Salades originales

Les laitues et les chicorées sont excellentes, mais changer de salades, c'est bien aussi ! Il existe de nombreuses variétés faciles à cultiver qui permettent de varier les menus et les saveurs. Essayez l'arroche, une grande plante atteignant 1,50 m dont les jeunes pousses sont utilisées comme celles de l'épinard. Le plantain corne-de-cerf forme des rosettes dont les feuilles fraîches, très dentées, ont un goût agréablement acidulé. La raiponce, une bisannuelle, produit des feuilles qui ont un peu la saveur de la mâche quand elles sont nouvelles, et donne ensuite une racine comestible. La baselle est une grimpante à cultiver contre un mur ensoleillé. Son goût acidulé rappelle celui de l'oseille. Quant à la cressonnette marocaine, c'est une laitue originale aux longues feuilles étroites, croquantes et savoureuses.

NOVEMBRE : MOIS SANS TABAC !

Le coin lecture

L'Amie prodigieuse, de Elena Ferrante

L'histoire d'une amitié entre deux fillettes qui se rencontrent sur les bancs de l'école et dont on suit les destins croisés dans la Naples populaire et violente des années 1950. L'une doit quitter l'école pour aider son père cordonnier, tandis que l'autre, aidée par son institutrice, poursuit de brillantes études. Leurs vies se tracent alors en parallèle, s'écartent souvent et se rejoignent parfois… Premier tome d'une tétralogie, *L'Amie prodigieuse* dessine une fresque hyperréaliste des milieux sociaux défavorisés dont il est difficile de s'échapper. Un beau roman, une belle histoire.

Mardi **30 novembre**

Saint André – On fête aussi les Tugdual

Soleil
lever : **8 h 21**
coucher : **16 h 56**

Trop de figues à la Saint-André, trois jours de diarrhée !

Voyages en train

Le Canadien prend son départ sur les rives du Pacifique, à Vancouver, ville dynamique de Colombie-Britannique. Il se lance alors sur 4 465 km pour traverser une partie du Canada et atteindre Toronto, en Ontario. Véritable fierté nationale, ce train est une vitrine sur les beautés naturelles dont recèle ce vaste pays. Si l'on parcourt l'intégralité du trajet, en passant par Kamloops, Jasper, Edmonton, Saskatoon et Winnipeg, il faut compter trois jours et deux nuits à bord. Une option à la journée est possible, on s'installe alors confortablement, le nez en l'air, dans l'un des wagons au toit vitré avec le sentiment d'être au plus près des montagnes enneigées, des pins majestueux et des lacs miroitants.

Solution mots mêlés [p. 350]

O	A	M	E	R	I	C	A	N	O	H	E	D	C
T	Z	A	C	E	E	U	H	W	C	E	Z	O	G
A	J	C	P	I	F	A	R	A	F	J	N	R	G
G	C	C	A	Q	M	F	S	F	Q	I	A	T	N
O	E	H	K	R	R	B	O	I	C	U	G	U	A
F	D	I	B	G	A	C	A	C	R	B	E	I	Y
F	P	A	N	K	H	J	U	L	D	A	Q	T	N
A	S	T	T	S	E	P	I	F	I	E	H	L	A
E	B	O	I	R	P	Y	K	L	E	N	C	P	U
Y	J	R	A	A	O	A	G	A	L	A	O	I	Y
E	I	P	C	K	A	C	N	E	H	O	T	X	X
D	P	D	F	P	G	Q	U	N	B	V	N	P	K
E	O	T	I	D	A	R	O	C	E	F	I	K	A
R	J	L	U	D	M	X	T	Q	P	R	T	E	R

Maisons d'artistes

À Paris, dans le XIVe arrondissement, près du parc Montsouris, entre 1926 et 1968, vécut et travailla Chana Orloff, l'une des plus grandes sculptrices du XXe siècle. Autodidacte, cette artiste d'origine ukrainienne, qui se fit connaître grâce à ses visages sculptés de personnalités, demanda à l'architecte Auguste Perret dont elle avait réalisé le buste de lui concevoir sa maison-atelier. Sans décor superflu, mêlant béton armé et verre, le lieu est resté dans son ambiance initiale, même si les meubles signés Chareau et Jourdain ont été volés pendant l'Occupation. On peut le visiter, guidé par la petite-fille de l'artiste, et y découvrir une œuvre singulière, riche en portraits sculptés en marbre, bronze, ciment, bois ou plâtre, et aux lignes toujours stylisées, élégantes et pures…

Atelier de Chana Orloff, 7 bis Villa Seurat, 75014 Paris

Histoires paranormales

Zombies

Pourquoi les zombies ont-ils tendance à supplanter les traditionnels fantômes et vampires dans la culture contemporaine ? Pour Maxime Coulombe, auteur d'une *Petite philosophie du zombie*, ils reflètent un état de conscience de nos sociétés où les sujets apparaissent souvent brisés par des catastrophes, tels les rescapés du 11 septembre sortant des ruines des *Twin Towers*, ou par les rythmes aliénants de la modernité, qui dépouillent l'homme de lui-même pour en faire un zombie. Ce dernier personnifie aussi la mort dans ce qu'elle a d'horrible pour nous, la décomposition, et plus généralement ce que notre société hygiéniste et obsédée par la santé ne peut plus supporter. Au contraire du revenant, qui fait le lien entre les morts et les vivants, le zombie est « la représentation d'une mort qui, privée de cadre, revient pour manger les vivants ».

Soleil
lever : **8 h 22**
coucher : **16 h 56**

Mercredi 1er décembre

Sainte Florence – On fête aussi les Éloi, Ansan, Mokhtar

En décembre, fais la teuf ou garde la chambre !

MÉTÉO DU MOIS

Le dixième (decem, « dix ») mois de l'année… quand elle commençait en mars.

« Le silence se prolongeait. Il devenait de plus en plus épais, comme le brouillard du matin. Épais et immobile. » Vercors écrit cela dans *Le Silence de la mer*. L'immobilité n'est pas fréquente dans notre monde météo, sauf par temps de brouillard. On peut être dans le brouillard, corps et âme, vision bouchée, incertitude. Intellectuellement, ce manque de visibilité est dû à un trop plein de paramètres à considérer. Physiquement, le brouillard est constitué d'un trop plein de minuscules gouttelettes d'eau en suspension dans l'atmosphère. On est dans un nuage dont la base touche le sol. Au cours des 30 dernières années, la fréquence des brouillards a diminué en Europe. Cela est dû, au moins en partie, à l'amélioration de la qualité de l'air.

REPÈRES CLIMATIQUES

Pour les météorologues, l'hiver ne commence pas au solstice (le 21 décembre, quand la durée du jour est à son minimum) mais au 1er décembre. Il ne s'agit pas de faire venir le printemps plus tôt : c'est juste une convention. L'hiver 1962-1963 fut le plus froid, avec une température moyenne de 0,7 °C sur les trois mois (4,7 °C sous la normale), tandis que 2015-2016 reste, pour le moment, l'hiver le plus chaud avec 8 °C en moyenne. Parmi les records du mois de décembre, le thermomètre est descendu à -25,8 °C dans la journée du 18 décembre 1933 à Clermont-Ferrand lors d'un hiver particulièrement rigoureux. Décembre 1970 reste aussi dans les annales pour le froid (-10,1 °C à Brest le 28, -19,6 °C à Reims et-11,2 °C à Montélimar dans la Drôme le 31) et pour les chutes de neige mémorables qui on recouvert la vallée du Rhône sous un manteau blanc : 60 cm à Montélimar, 80 cm à Privas (Ardèche)… En 2015, on fêtait Noël au balcon lors du mois de décembre le plus chaud de l'Histoire : deux semaines de grande douceur sur la France et en particulier sur le Sud-Ouest avec, le 19 décembre, 25,4 °C à Pau, 23,3 °C à Biarritz et 22,2 °C à Capbreton.

Qu'est-ce que la couche d'ozone ?

À une quinzaine de kilomètres au-dessus de nos têtes, une fine couche de gaz (l'ozone) nous protège d'une grande partie des ultraviolets solaires. Bonne nouvelle : le trou qui se formait et s'agrandissait d'année en année au-dessus de l'Antarctique est en train de diminuer. L'arrêt de la production de gaz CFC (réfrigérateur…) effective depuis 1994 est bel et bien en train de porter ses fruits.

Jeudi 2 décembre

Sainte Viviane – On fête aussi les Bibiane

Soleil
lever : **8 h 24**
coucher : **16 h 55**

À la Sainte-Viviane, arrête tes vannes !

CHERS DISPARUS

Le pika corse

Il ressemblait à un gros lapin sans queue et avec des oreilles rondes de taille moyenne. Comme son nom l'indique, il vivait en Corse mais aussi en Sardaigne et n'a existé nulle part ailleurs sur la planète. Très présent dans les deux îles durant le Quaternaire, il s'est éteint à l'époque romaine. Selon les scientifiques, c'est le seul mammifère disparu en France.

ÇA C'EST... Faits divers L'ACTU

VIH en baisse

Bonne nouvelle ! Selon l'Organisation des Nations unies (ONU), le nombre de décès liés au VIH (virus du sida) dans le monde a diminué d'un tiers par rapport à 2010 en passant de 1,2 million à 770 000. En outre, plus de trois personnes séropositives sur cinq suivent des traitements antirétroviraux qui empêchent la transmission du virus du sida. C'est tout simplement dix fois plus qu'au milieu des années 2000. Le nombre de nouvelles infections, lui, reste stable par rapport aux années précédentes (1,7 million). La baisse notable du nombre de morts et le meilleur accès aux traitements s'expliquent notamment par les importants progrès réalisés en Afrique, zone historiquement la plus concernée par le sida. Enfin, et au moins aussi encourageant, dix ans après le « patient de Berlin », premier homme à avoir guéri du sida, un deuxième homme séropositif connaît une rémission complète depuis plus de deux ans.

1-2-3-1-2-3-1-2-3

JAMAIS DEUX SANS TROIS

Mettre dans le mille

C'est une curieuse déformation qui a donné naissance à ce « mille ». Même si des petits malins imaginent un tableau de jeu de fléchettes avec des valeurs de cercles qui vont croissant vers le centre, ce n'est pas l'origine de l'expression. Il faut tout simplement voir ici le « milieu » de la cible que l'on atteignait qu'avec précision grâce à une maîtrise certaine du tir.

1-2-3-1-2-3-1-2-3

PROBLÈMES DE MATHS DU CERTIFICAT D'ÉTUDES

Jacques décide un jour d'améliorer l'installation d'eau de son appartement. Il achète alors 2 lavabos, l'un coûtant 89 F et l'autre 105 F, un évier à 138 F, 3 robinets dont 2 à 18,50 F pièce et un à 32,50 F, ainsi qu'une chasse d'eau valant 78,50 F. Il achète également 12 m de tuyaux à 4,50 F le mètre et 28 F de fournitures diverses.

Question 1 : Sachant qu'il bénéficie d'une remise de 15 % sur le prix du matériel, combien dépense-t-il au total pour son installation ?

Question 2 : L'ouvrier qui fait les travaux commence à travailler le lundi matin à 10 h et termine le jeudi à 11 h. Sachant qu'il commence normalement sa journée de travail à 8 h et qu'il travaille 9 h par jour à 3,50 F de l'heure, quel sera le prix de revient total de l'installation terminée ?

1) Le matériel revient au final à 477,70 F.
2) Le prix de revient total de l'installation est de 575,70 F.

Soleil
lever : **8 h 25**
coucher : **16 h 55**

Vendredi **3 décembre**

Saint François-Xavier – On fête aussi les Birin

À la Sainte-Barbara, amour qui fut sera !

Le bon mot de l'histoire

3 décembre 1792 : « Louis doit mourir pour que la patrie vive. » Robespierre

Après la découverte de « l'armoire de fer » aux Tuileries en novembre 1792, Louis XVI est mis en accusation pour « intelligence avec les puissances ennemies ». Pour Robespierre, la question essentielle réside moins dans le procès que dans la sentence. Si, dans son discours, le leader des jacobins réaffirme son opposition à la peine de mort, il considère que, par la « nature » de ses crimes et comme « symbole », Louis XVI doit mourir. Le 15 janvier 1793, 387 députés sur 726 présents votent la mort du roi.

RECETTE

Magret de canard poêlé et pommes de terre à la suédoise

Pour 4 pers. 20 min de préparation 40 min de cuisson

2 magrets de canard

Pour les pommes de terre à la suédoise
8 belles pommes de terre bio de préférence
Ail semoule
Herbes de votre choix : thym, romarin, mélange d'herbes de Provence…
Huile d'olive
Sel, poivre

Préchauffez le four à 200 °C (th. 6-7). Lavez et brossez les pommes de terre puis séchez-les avant de les entailler tous les 3 mm sans que les tranches ne se désolidarisent (placez une baguette chinoise de chaque côté pour stopper le couteau). Déposez-les sur une plaque de four tapissée de papier cuisson. Versez un trait d'huile d'olive, parsemez d'ail semoule et d'herbes. Assaisonnez puis enfournez pour 40 min.
Avant la fin de la cuisson des pommes de terre, saisissez les magrets côté peau dans une poêle sèche, retournez-les et laissez cuire selon votre goût (saignants ou rosés).
Coupez les magrets en aiguillettes et servez-les avec les pommes de terre.

CINÉMA

Intouchables
Cette rencontre entre un jeune banlieusard à la langue bien pendue (Omar Sy) et un riche homme d'affaires tétraplégique (François Cluzet) conte l'histoire d'une amitié improbable, sur fond de choc des cultures et de grande humanité. Basé sur une histoire vraie, le film puise sa force dans ses dialogues pétillants, signés Éric Toledano et Olivier Nakache, et son jeu d'acteurs – qui révèlera d'ailleurs tout le talent d'Omar Sy, César du meilleur acteur en 2012 pour ce rôle.

Ça c'est vache
Les plus belles crasses

Aujourd'hui, quand un journal people envahit la vie privée d'une célébrité, celle-ci n'a souvent d'autre choix que de saisir la justice. Mais en 1985, il en était autrement. Ainsi, pour se venger du journal National Enquirer *qui titrait un peu trop souvent sur sa vie à son goût, Burt Reynolds collecta le fumier de ses 100 chevaux et le largua par hélicoptère sur le siège du journal. Un coup bas efficace certes, mais qui demande des moyens et de la préparation !*

Samedi 4 décembre

Sainte Barbara – On fête aussi les Adnette, Cyran, Barbe

Soleil
lever : **8 h 26**
coucher : **16 h 55**

Si haut qu'on monte, on finit toujours par des cendres. Henri Rochefort

L'humanité en chiffres

2 322

C'est, en années, l'âge du plus vieux pays du monde : la république de Saint-Marin. Fondé le 3 septembre 301 avant notre ère (quelle précision !), ce petit pays « perdu » dans le nord de l'Italie est aussi celui qui possède la plus ancienne constitution écrite : la sienne date de 1600 !

3 . 1 4 1 5 9 2 6 5 3 5

ILS ONT DIT

« Y a trois choses qu'on ne peut pas regarder en face : le soleil, la mort et le dentiste. »
Alex Métayer

DICTION : RÉPÉTEZ APRÈS MOI !

Méli Mélodie

L'idée d'amener des minous, des minous menus de Lima, miaulant dans les dais de damas et dont les mines de lama donnaient mille idées à Léda, Léda dont les dix dents de lait laminaient les mâles mollets d'un malade mendiant malais dînant d'amibes amidonnées. Mais même amidonnée, l'amibe, même l'amibe malhabile, emmiellée dans la bile humide, l'amibe, ami, mine le bide... Et ledit malade adulé, dont Léda limait les mollets indûment, le mal a donné, dame Léda l'y a aidé !
Boby Lapointe, Universal Music Group

Collectionnite aigüe

« C'est peut-être moins le cas maintenant, mais pendant des siècles beaucoup de choses importantes se décidaient à table » rappelle Jean-Maurice Sacré, le plus important libellocénophile français. Sa collection exceptionnelle réunit plus de 2 000 menus des tables les plus prestigieuses au monde. Cet épicurien cultive cette passion depuis 30 ans. « Qu'ils soient historiques, présidentiels ou plus artistiques, ces menus permettent d'apprécier l'évolution de la gastronomie, mais aussi celle des arts graphiques », précise le collectionneur qui vient de consacrer un ouvrage en tirage limité et numéroté à ses plus belles pièces. Parmi ses « prises » préférées, le menu du seul repas officiel jamais donné dans le wagon de l'armistice de 1918, deux ans après la fin du conflit, en présence du président Millerand et des maréchaux Foch et Joffre. Pour la petite histoire, ce jour-là les convives eurent droit à des filets de sole, des côtelettes d'agneau, des perdreaux rôtis, et terminèrent par un parfait praliné.

Théories du complot

L'aéroport néonazi

Et si l'aéroport de Denver, dans le Colorado, n'était qu'une machination néo-nazie ? Drôle de question, non ? Eh bien pourtant, des milliers de personnes se la posent réellement, et essaient d'apporter enfin LA preuve indiscutable de cette théorie complotiste d'un nouveau genre. Les arguments de ses défenseurs sont pourtant béton, jugez plutôt : l'aéroport a été construit avec un budget dépassé de 2 milliards de dollars, ce qui signifie qu'il y a forcément des passages et des salles secrètes destinées aux réunions des nazis (oui oui), et les pistes, vues du ciel, ressemblent vaguement à une croix gammée. Ça vous paraît un peu léger comme explication ? À nous aussi, mais cela n'a pas l'air de perturber ceux qui y croient...

Soleil
lever : **8 h 27**
coucher : **16 h 54**

Dimanche **5 décembre**

Saint Gérald – On fête aussi les Bassus, Crispine

À la Saint-Gérald, évite les engueulades !

WWW.

Utiles et insolites

Plus originale qu'une carte postale, un bouquet de fleurs ou un faire-part, envoyez un petit mot sur… une patate ! Ce site expédie pour vous, anonymement, un message inscrit sur une pomme de terre, emballée ou non. Les textes étant écrits à l'aide d'un stylo alimentaire, l'envoi reste comestible : www.patateanonyme.fr

AVEZ-VOUS LE FORMULAIRE ?

Quand une personne de nationalité américaine en épouse une d'une autre nationalité, cette dernière doit passer une série d'entretiens et remplir un certain nombre de questionnaires pour obtenir la nationalité américaine. Parmi les questions posées aux jeunes mariés, on trouve des questions basiques, sans originalité particulière, mais aussi d'autres, un peu plus étranges, comme le « type de musique jouée » ou « le gâteau choisi » au mariage. L'administration serait-elle jalouse de ne pas avoir été invitée ?

Charade

classique

Mon premier sert à manger,

Mon deuxième est un marteau de charpentier,

Mon troisième est à la mode,

Mon tout est un personnage de bande dessinée.

BÉCASSINE (BEC – ASSE – IN)

NOTTO Dico

USUEL, adj.
Que l'on a l'habitude d'user.

UTILITAIRE, n. m.
Gros cul chez les véhicules de catégorie B.

UTOPIE, n. f.
Politique du réel.

VARICE, n. f.
Comme le disait François Ier : « Souvent femme varice, bien fol qui s'y fie. »

VAINQUEUR, n. m.
Ennemi juré du vaincu.

MONDE DE LA MER

Dormir sous l'eau

Sur terre, les mammifères respirent automatiquement, sans réfléchir. Mais dans l'eau, pour les cétacés qui possèdent des poumons comme nous, c'est une autre histoire : ils doivent « penser » à respirer ! Ainsi, ils reviennent à la surface chercher de l'air toutes les 20 à 30 minutes. Du coup, comment font-ils pour dormir ? Des scientifiques ont récemment observé des cachalots immobiles non loin de la surface, à la verticale tête en haut, alors que les baleines à bosse dormiraient tête en bas. Certaines espèces de dauphins présentent aussi un comportement de repos en pratiquant une nage lente en surface avec une synchronisation du groupe. Dans tous les cas, tous ne dorment que d'un demi-cerveau : une moitié du cerveau dort, l'autre non, ce qui permet de conserver une certaine vigilance pour respirer tout en se reposant.

Lundi **6 décembre**

Saint Nicolas – On fête aussi les Nikolaï, Colas, Nicole

Soleil
lever : **8 h 28**
coucher : **16 h 54**

Saint-Nicolas marie les filles avec les gars.

Étymologie

Veiller ou vouloir ?

Le verbe *vouloir* n'a pas toujours eu la conjugaison que nous lui connaissons aujourd'hui. Il a ainsi eu pour participe présent *vueillant* à partir duquel ont été formés les adjectifs *bienvueillant* (« voulant du bien ») et *malveuillant* (« voulant du mal »). Mais ces derniers se sont altérés au contact de *veiller* et de son participe présent *veillant* pour donner les formes actuelles *bienveillant* et *malveillant*. Ainsi, qu'on le veuille ou non, ces deux adjectifs sont bien de la famille de *vouloir* et non de *veiller*.

LE CHIFFRE

5 559

C'est le nombre exact de chaussettes qu'il a fallu pour composer la plus grande guirlande de chaussettes du monde. Ce record, dûment homologué, est à mettre sur le compte des habitants de Caignac, un village de Haute-Garonne jadis occupé par les chevaliers-hospitaliers. C'est le gérant de l'épicerie locale qui, l'an passé, a eu cette idée un brin cocasse à l'occasion des animations organisées pour le Téléthon. Pendant quinze jours, aidé de bénévoles, il a récupéré des chaussettes orphelines auprès des habitants, mais également un peu partout dans le département. Les maisons de retraite du secteur ont été particulièrement généreuses, fournissant presque un quart des unités. Une fois rassemblées, les chaussettes ont été épinglées une par une sur un fil. Cette superbe guirlande de 500 m de long a été accrochée le long des façades de plusieurs maisons. Pour une prochaine édition, nous suggérons un concours d'enfilage de chaussettes. À ce jour, le record à battre est de 47 en une minute.

GRÈVE DES TRANSPORTS À NOËL

Ça s'est passé

Le 6 décembre 1521

La signature du traité de Londres permet à l'Irlande du Sud de devenir un État libre et à l'Irlande du Nord de choisir entre la réunification ou son maintien dans le Royaume-Uni (ce qui sera sa décision).

PROBLÈMES DE MATHS DU CERTIFICAT D'ÉTUDES

À 8 h, un cycliste part d'Avignon, muni d'une carte au 1/200 000e de la région. D'Avignon à Orgon (distance sur la carte : 14 cm), il roule à 20 km/h de moyenne. D'Orgon à Lambesc (distance sur la carte : 13,5 cm), il roule à 18 km/h de moyenne. De Lambesc à Aix-en-Provence (distance sur la carte : 10,5 cm), il roule à 15 km/h de moyenne.

Question 1 : Quelle est la distance totale séparant Avignon d'Aix-en-Provence ?

Question 2 : Sachant que notre cycliste s'est arrêté 1 h 15 à Lambesc, à quelle heure est-il arrivé à Aix-en-Provence ?

1) La distance totale séparant Avignon d'Aix-en-Provence est de 76 km.
2) Le cycliste est arrivé à destination à 13 h 33.

Mardi **7 décembre**

Saint Ambroise – On fête aussi les Ambroisie, Azenor

Sois choute, pour la Saint-Ambroise, refile-moi ton arobase !

Rétro Vermot

Après l'école :
« Tu sais, Victor, que je t'ai défendu d'aller chez Henri, qui est très mal élevé.
– Alors, Maman, Henri peut venir chez moi, qui suis très bien élevé... »

Compiler les Perles

Démonstration sans faille

Qui l'a dit ? Un élève un peu trop confiant dans son vocabulaire pourtant parfaitement boiteux lors de l'épreuve du baccalauréat de philosophie en 2019.
La perle : « Pour être vrai (*sic*) il faut que la vérité a (*sic*) des éléments pour le montrer et pour être fausse des éléments pour le démontrer. » Ça pique rien qu'en lisant.

ILS ONT DIT

« Il ne faut jamais gifler un sourd. Il perd la moitié du plaisir. Il sent la gifle, mais ne l'entend pas. »

Courteline

LA ROUGEOLE EST DE RETOUR !

Vino populum

Moulin-à-vent

Ne cherchez pas cette commune sur une carte du Beaujolais : elle n'existe pas ! Le vignoble occupe les coteaux entre Romanèche-Thorins et Chénas. Beaujolais oblige, le gamay noir règne en maître, mais il produit ici des vins particulièrement élégants, charnus et structurés qui tiennent la comparaison avec les cousins de la Côte d'Or. C'est vous dire !

GRANDS MOMENTS DU CYCLISME

Si aujourd'hui le cyclisme féminin commence à gagner en traction (et c'est tant mieux !), il fut longtemps difficile pour les femmes voulant faire du vélo sportivement d'être prises au sérieux. Mais quand on veut vraiment quelque chose… En 1924, une chose absolument incroyable se passe sur le tour d'Italie : une femme est autorisée à concourir. Sentant le bon coup de pub, l'organisateur Emilio Colombo décide de donner le feu vert à Alfonsina Strada, une cycliste à l'époque détentrice du record de l'heure avec 37,192 km. Avec deux conditions : porter un pantalon et couvrir l'intégralité de ses frais (la classe italienne…). Elle devient trois semaines plus tard la première femme – et la seule – à terminer un grand tour, et bien qu'elle ait passé la ligne d'arrivé finale hors délai, sa performance a bien de quoi être qualifiée d'inoubliable !

Mercredi **8 décembre**

Immaculée Conception – On fête aussi les Elfried, Eucher

Soleil
lever : **8 h 30**
coucher : **16 h 54**

La neige emplit le noir sillon… Ferme ta porte à l'aquilon. Victor Hugo.

MOTS FLÉCHÉS

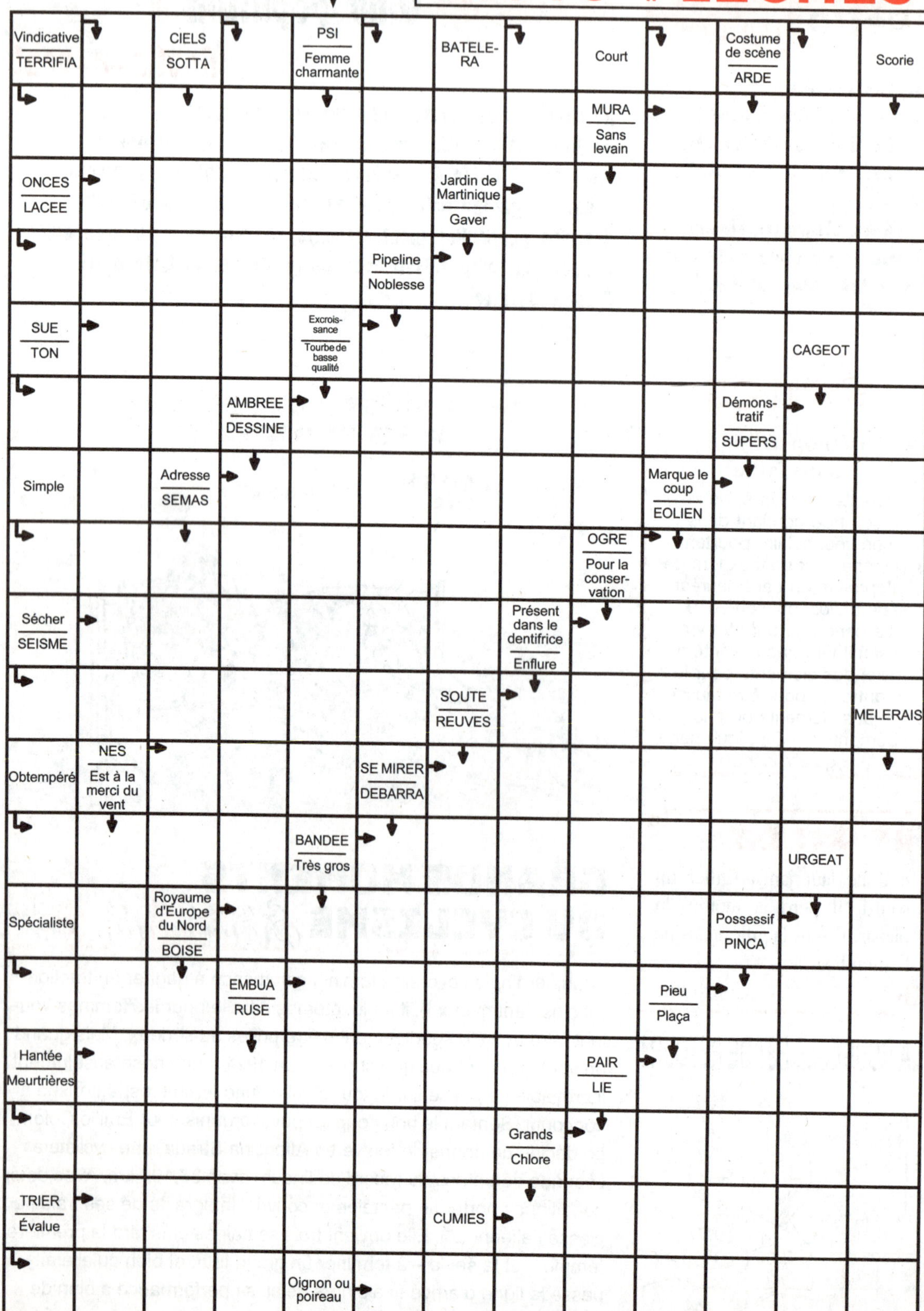

Les mots déclencheurs en majuscules sont des anagrammes.
Les mots en minuscules sont des définitions.

SOLUTION PAGE 364

Jeudi 9 décembre

Saint Pierre Fourier – On fête aussi les Léocadie

La neige des Avents a de longues dents.

Nos Régions

Centre-Val de Loire

Loir-et-Cher/Touraine

Au Moyen Âge, les fouaces étaient de simples galettes de froment piquées pour en éviter la levée. Elles étaient utilisées comme assiette et consommées au fur et à mesure du repas. Au fil du temps, la préparation a évolué vers un pain de luxe, enrichi de matières grasses et d'épices, associé aux fêtes. La fouace de Touraine se mange aujourd'hui nature ou couverte de fromage de chèvre ou de rillettes de porc. Rabelais, dans *Gargantua*, a immortalisé cette spécialité locale dans l'épisode de la guerre picrocholine aussi intitulé « guerre des fouaces ».

L'ACTU

Taxe déconne

À Denver, au Colorado, le restaurant Tom Diner, un établissement ouvert 24 h sur 24 depuis 1999, s'amuse à truffer ses menus de plats plutôt facétieux. Après le « Rentrer à la maison », choix gracieusement offert bien sûr, la carte du restaurant affiche désormais un supplément « Question idiote », facturé lui à 0,38 dollar. Le principe est très simple : chaque fois qu'un client demande « Elles sont bonnes vos frites ? », « Vous fermez à quelle heure ? », « Vous avez de la bière ? » ou toute autre question aussi inutile que stupide, le tavernier ajoute 0,38 dollar à son addition. En théorie, car dans les faits le restaurateur ne facture que ceux qui réclament de régler leur « question idiote ». Histoire de gonfler leur chiffre d'affaires, nos taverniers pourraient s'inspirer du Tom Diner en taxant les clients qui draguent la serveuse, les groupes qui font du bruit ou, plus rentable encore puisque c'est la nouvelle tendance, en réclamant un supplément à tous ceux qui photographient leurs plats pour les exhiber sur des réseaux sociaux.

BINERO FUTOSHIKI

La grille suivante est basée sur le binero et le futoshiki. Les règles sont identiques à celles du binero à la différence qu'aucun chiffre n'apparaît dans le casse-tête. Les chiffres sont remplacés par les signes « plus grand que » ou « plus petit que » (comme au futoshiki) entre les cases.

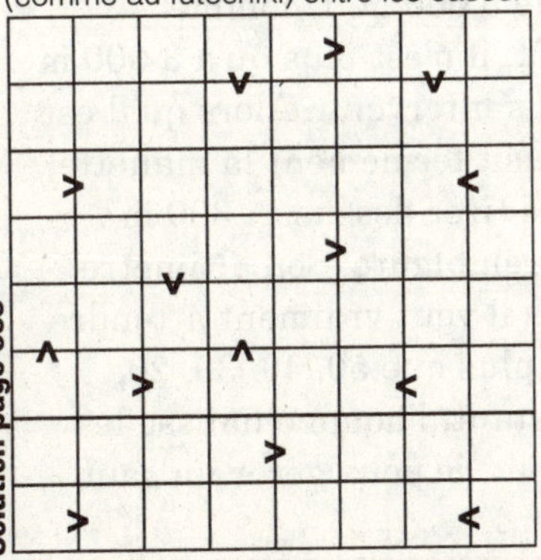

Solution page 363

MUSIQUE

Caprice, c'est fini

Outre le fait de venir en jet privé, de réserver 75 chambres dans un palace pour son staff de près de 150 personnes et une suite présidentielle pour elle-même et son fils, de réclamer une loge spacieuse où la température doit rester constante à 23 °C, d'être en permanence entourée d'un dentiste personnel, d'un ORL, d'un physiothérapeute et de 11 gardes du corps, on ne peut pas dire que Céline Dion ait beaucoup d'exigences en tournée.

Vendredi **10 décembre**

Saint Romaric – On fête aussi les Eulalie, Koulizh

Soleil
lever : **8 h 33**
coucher : **16 h 53**

À la Saint-Romaric, tous aux abris, l'hiver rapplique !

Ça s'est passé

Le 10 décembre 1921

Le physicien Albert Einstein reçoit le prix Nobel de physique pour ses travaux en physique théorique, et plus particulièrement pour son explication de l'effet photoélectrique.

Métiers insolites

Feutier

Savez-vous ce que fait un feutier ? Ou plutôt devrait-on dire LE feutier, car il n'en existe qu'un en France : celui de Lourdes. Sa mission est de s'occuper exclusivement des cierges : gestion des stocks, surveillance lors des veillées et des jours de grande affluence pour éviter les accidents, nettoyage des porte-cierges, entretien des brûloirs, etc. Le feutier est en charge de tout ce qui touche de près ou de loin aux bougies sacrées dans la ville des miracles. Un job unique en son genre !

Au Jardin

Le pré fleuri

Le gazon à l'anglaise n'est pas très écologique. Il consomme de l'énergie (pour la tonte), beaucoup d'eau et souvent des désherbants sélectifs. Le pré à l'ancienne, au contraire, où les graminées coexistent avec de nombreuses plantes vivaces et annuelles qui fleurissent du printemps à l'automne, favorise la biodiversité et attire les abeilles. Pour transformer votre pelouse en pré, cessez les apports d'engrais et repiquez dedans des plantes locales : primevère, trèfle, géranium des prés, verge d'or, pissenlit, sauge des prés, petite pimprenelle… Repiquez aussi ou semez des annuelles : bleuet, coquelicot, aneth… Ne fauchez qu'une ou deux fois par an (fin juin et septembre) et évacuez le foin sur le tas de compost. Les plantes se ressèment spontanément et le pré trouve rapidement son équilibre.

Ha! Ha! Ha!

Un homme veut établir un nouveau record de parachute : la plus longue chute libre avant de tirer sur la manette pour ouvrir la voile. Il saute donc d'un avion à très haute altitude. Au bout de quelques secondes, son altimètre indique 5 000 m. L'homme continue sa chute libre. Bientôt, il n'est plus qu'à 3 000 m du sol. Il poursuit sa chute sans intervenir. Alors qu'il est à 1 000 mètres d'altitude, il saisit fermement la manette, mais continue sa descente sans tirer dessus. À 300 m du sol, il fredonne d'une voix tremblante. Son altimètre indique désormais 100 m, mais il veut vraiment attendre le dernier moment. Il ne reste plus que 50, 40, 30, 20, 10… 5 m avant le sol. À cet instant, l'homme hausse les épaules et se dit : « Franchement, je peux gérer un saut de 5 m sans parachute… »

Samedi **11 décembre**

Saint Daniel – On fête aussi les Gentien, Sabin

Pour la Saint-Daniel, t'as droit aux péchés véniels !

HEUREUX MARIAGES

De Saint-Nicolas au Père-Noël

C'est le 8 décembre 1755 que le mariage Saint-Nicolas fut célébré à Voray-sur-l'Ognon en Franche-Comté. En effet, ce jour-là, deux jours avant la fête du saint patron des enfants, Geneviève Saint convola avec Pierre Nicolas. De même, en avril 1827, l'union Père-Noël eut lieu en Bretagne, à La Selle-en-Coglès. On espère que ce fut un mariage en blanc et non des noces rouges...

Fils et filles de...

Tous les parents sont forcément déjà passés par là à un moment ou un autre : le délicat exercice de concevoir et distribuer les invitations aux anniversaires de leurs chers bambins. Mais quand on fait partie de la famille royale, la chose a tout de même une autre dimension ! Le petit prince George, fils de Kate et William, ne fait pas exception à la règle, et lorsque l'illustre chérubin royal veut inviter ses petits camarades d'école à venir fêter son anniversaire à Kensington Palace, c'est un véritable casse-tête pour la sécurité et la confidentialité. Heureusement, jusqu'à présent, les petites fiestas du prince se sont déroulées sans encombre, et sans *paparazzi* déguisés en gamins pour passer les portes !

NOTTO DICO

VAMPIRE, n. m.
Bénévole nocturne au don du sang depuis plusieurs générations.

VENDEUR, n. m.
Personne qui vante et qui vend du vent.

VENT, n. m.
Appel d'air qui, au bout d'un moment, s'essouffle.

VÉRITÉ, n. f.
Infox ou fake news.

VERTIGE, n. m.
Phénomène concernant les personnes terre à terre ayant du mal à prendre de la hauteur.

Solution Binero Futoshiki [p. 361]

0	1	0	1 ∨	1 >	0	1 ∨	0
0	1	1	0	0	1	0	1
1 >	0	0	1	0	1	0 <	1
1	0	1 ∨	0	1 >	0	1	0
0	1	0	0	1	1	0	1
∧ 1	1 >	0	∧ 1	0	0 <	1	0
0	0	1	1 >	0	1	1	0
1 >	0	1	0	1	0	0 <	1

LUTTES ET HÉROS POPULAIRES

CHANGER LE MONDE... AVEC DES NUGGETS

Face à un système économique incontrôlable, où les occasions de se perdre sont nombreuses, les nouvelles générations trouvent de nouveaux moyens de résister et de servir leurs convictions. C'est ainsi qu'un groupe de héros anonymes s'est fait connaître sur Internet. Venant des quatre coins du monde, ses membres travaillent tous dans les cuisines d'un célèbre fast-food. En signe de protestation contre cet employeur et le monde qu'il représente, ces petites mains se font un devoir d'ajouter un ou plusieurs nuggets de poulet dans chaque boîte. Leur but symbolique est de combattre, un nugget à la fois, le capitalisme forcené. Tous les héros ne portent pas de cape...

Dimanche **12 décembre**

Saint Corentin – On fête aussi les Coralie, Lupita

Soleil
lever : **8 h 34**
coucher : **16 h 53**

À la Saint-Corentin, plaque ton crétin !

Correspondance (très) intime…

« Je voudrais être le seul qui eût le bonheur de vous foutre, et je voudrais à présent n'avoir jamais eu que vos faveurs et n'avoir déchargé avec vous ! » Mazette ! On est en 1753 et c'est un certain François-Marie Arouet, plus connu sous son pseudonyme de Voltaire, qui s'adresse ainsi à sa maîtresse, qui plus est sa nièce ! Le génie des Lumières, le brillant moraliste, le défenseur acharné de la liberté d'expression entretint en effet des amours incestueuses avec Marie-Louise Denis, la fille de sa sœur aînée. De 1744 jusqu'à la mort du philosophe en 1778, la jeune femme de vingt ans sa cadette sera sa compagne, sa complice et sa gouvernante sans que ni l'un ni l'autre renonce pour autant à avoir d'autres relations.

Dans les étoiles

Il ne faut pas confondre le jour le plus court de l'année avec celui où le Soleil se couche le plus tôt ! En effet, en décembre, le Soleil tarde de plus en plus à se coucher chaque soir alors même que les jours raccourcissent. Et c'est aujourd'hui, 12 décembre, que le Soleil va se coucher le plus tôt de toute l'année, alors qu'on pourrait s'attendre à ce que ce soit le 21 décembre, jour du solstice d'hiver. Après le solstice, qui correspondra bel et bien au jour le plus court de l'année, on continuera à gagner en ensoleillement le soir mais on en perdra toujours un peu le matin, et on devra attendre les premiers jours de janvier pour voir enfin le Soleil se lever plus tôt. Ce phénomène, lié aux particularités de l'orbite terrestre, est à l'origine du dicton populaire : « À partir de la Sainte Luce [13 décembre], les jours avancent du saut d'une puce. »

Solution mots fléchés [p. 360]

[p. 360]

	R		S		P		A		G		T	
R	A	T	I	F	I	E	R		A	R	U	M
	N	O	C	E	S		B	A	L	A	T	A
E	C	A	L	E		G	A	Z	O	D	U	C
	U	S	E		P	O	L	Y	P	E		H
O	N	T		B	A	R	E	M	E		C	E
	I		D	O	I	G	T	E		P	A	F
D	E	M	E	U	R	E	E		O	R	G	E
	R	A	S	S	I	R		F	L	U	O	R
M	E	S	S	I	E		O	U	E	S	T	
		S	E	N		R	E	M	I	S	E	R
O	B	E	I		B	E	D	A	N	E		E
	I		N	O	R	V	E	G	E		T	A
P	R	O		B	A	U	M	E		P	A	L
	O	B	S	E	D	E	E		P	A	R	I
T	U	E	U	S	E	S		L	O	N	G	S
	T	I	R	E	R		C	E	S	I	U	M
P	E	S	E		A	L	L	I	A	C	E	E

Au secours… de l'impossible

Avoir mal au ventre, en soi, n'est souvent pas très grave. Mais quand on travaille sur une base au pôle Sud et que ce mal de ventre s'avère être une pancréatite aigüe, les choses se compliquent un peu. C'est ce qui arriva en 2015 à Malcolm Roberts, un ingénieur britannique en mission dans la base la plus au sud du monde, en Antarctique. Pour organiser son sauvetage au début de l'hiver polaire, il fallut affréter en urgence un avion spécial qui mit plus de 24 h à arriver, avec à son bord un médecin, du sang et suffisamment de matériel pour stabiliser Malcolm Roberts et le ramener à bon port. Après plus de 50 h de voyage chaotique, de privation de sommeil et de risques considérables, le médecin de l'extrême, Tim Nutbeam, put confier son patient à l'hôpital de Punta Arenas, au Chili. Ouf !

Lundi **13 décembre**

Soleil
lever : **8 h 35**
coucher : **16 h 53**

Sainte Lucie – On fête aussi les Josse, Lucette, Ursicin, Mencia

Pour la Sainte-Lucie, chérie me revoici !

LA GAFFE DE L'HISTOIRE

Mon oncle

Lors d'une cérémonie à l'Élysée en 1965, le général de Gaulle salue les invités accompagné de son aide de camp qui annonce leur nom et glisse un petit mot au président pour lui permettre de les situer. Arrive Jacques Tati, et l'ordonnance dit « Mon oncle » à l'oreille du Général, qui répond en s'adressant au cinéaste : « Je suis extrêmement satisfait des services de votre neveu. »

LE CHIFFRE

10

C'est en microns que se mesure la taille de la plus petite maison du monde, selon ses « bâtisseurs ». Conçue comme une maison en pain d'épices, elle a été taillée dans du silicone par des physiciens au moyen d'un rayon ionique et sous l'œil d'un microscope électronique. Réalisée par le Centre canadien de microscopie électronique, la micromaisonnette affiche un luxe de détails, notamment les petites briques de la cheminée, les tours de fenêtres et même un paillasson minuscule en forme de drapeau à la feuille d'érable. Confectionnée à l'occasion des fêtes de Noël, cette maison est posée sur la tête d'un bonhomme de neige. L'ensemble a été présenté photographié à côté d'un cheveu humain, beaucoup plus gros. Pour mémoire, rappelons qu'un micron, ou micromètre, correspond à un millième de millimètre…

— ON A DÉJÀ DONNÉ !

LES AIDES À DOMICILE SONT À BOUT !

Charade piège

Mon premier s'obtient sous pression,
Mon deuxième précède le navire,
Mon troisième a ses piliers,
Mon quatrième est un type de fruit,
Mon cinquième ferme les yeux,
Mon sixième est le sujet d'une autobiographie,
Il vaut mieux éviter de boire **mon septième**,
Mon tout est l'auteur du recueil de nouvelles *Les Diaboliques*.

JULES BARBEY D'AUREVILLY (JUS – LE – BAR – BAIE – DORT – VIE – LIE)

Pêche

Ranger le matériel de pêche

Quoi de plus énervant pour ceux qui ne pêchent pas que de trouver cannes, fils, hameçons dans les endroits les plus insolites ? C'est désagréable et, en plus, on peut se piquer. Il existe des solutions simples pour éviter les problèmes à la maison : démontez les lignes et rangez-les dans des boîtes bien fermées. Ainsi elles ne s'emmêleront pas et vous les retrouverez en bon état. Les cannes, elles, sont sensibles aux chocs : démontez-les, groupez les éléments et accrochez-les ensemble avec des élastiques (ceux pour les cheveux sont les plus pratiques). Ensuite, placez-les verticalement dans une caisse haute ou un baril de lessive, par exemple. Les nylons actuels sont résistants mais n'aiment pas la lumière. Des boîtes sombres sont donc recommandées pour ranger les moulinets avec le fil.

À la Sainte-Odile, ton phone, recharge les piles !

Histoires paranormales

Fantômes au téléphone

Après la mort d'un cousin victime du cancer, M. Sazaki, un habitant du village d'Otsuchi au Japon, installa une cabine téléphonique dans son jardin pour continuer la conversation avec ce parent qui lui était cher. Durant le tsunami de 2011, M. Sazaki perdit son meilleur ami et se servit de son *téléphone du vent* pour communiquer avec lui. Les habitants de son village se mirent également à utiliser sa cabine ; bientôt elle fut connue loin à la ronde et des reportages émouvants lui furent consacrés. Le téléphone devenait un nouveau moyen de spiritisme, et pas seulement à Otsuchi : ainsi des pompiers témoignent avoir reçu des appels persistants de plusieurs maisons situées dans un endroit totalement détruit par le tsunami. Après que des bonzes se furent rendus sur les lieux pour les exorciser, les appels cessèrent.

NOMS D'OISEAUX !

Perruche

La jolie perruche, à la mode dans les salons du Second Empire, était prisée de la cocotterie – les prostituées de luxe –, comme en témoigne le tableau de Renoir La Femme à la perruche *(1871). Ainsi, Zola dit de Nana qu'elle a des « goûts de perruche, croquant des radis et des pralines, chipotant la viande… ». Toutefois, c'est le chant aigu de l'oiseau qui est mis en exergue pour dénigrer certaines voix féminines, perçues comme criardes, et l'on associe à ces sonorités perçantes une cervelle d'oiseau : « Cette petite de Bonnières n'est qu'une perruche bruyante et jacassante. » (Journal des frères Goncourt)*

Métiers d'art

Tout aurait pu s'arrêter en 2017, lorsqu'un terrible incendie a ravagé les locaux historiques de la petite manufacture, à Montrouge, en banlieue parisienne. Pourtant, après deux ans de travaux, la production a pu reprendre. Mais, si les cuves, les séchoirs et les presses sont neufs, le procédé de fabrication, lui, reste inchangé depuis sa mise au point en 1885 par Auguste Ponsot. D'ailleurs, la signature du chimiste orne toujours chacune des 36 lamelles en buvard parfumé à la résine de benjoin qui compose le célèbre petit carnet de papier d'Arménie. Vendu à des millions d'exemplaires dans le monde, ce papier unique se consume sans flamme en exhalant une odeur caractéristique, à la fois vanillée et ambrée. Labellisée Entreprise du Patrimoine Vivant, la fabrique emploie une dizaine de personnes et conserve un fonctionnement très artisanal. Dans l'atelier, chacun est un peu alchimiste, détenteur d'une formule magique à la fragrance d'antan qui embaume toujours merveilleusement notre temps.

Mercredi **15 décembre**

Sainte Ninon – On fête aussi les Nina, Mesmin

À la Sainte-Ninon, dis-moi oui ou dis-moi non !

NOTTO Dico

VICTIME, n. f.
Complément de l'agresseur.

VICTOIRE, n. f.
Défaite des autres.

VIGNERON, n. m.
Homme sans qui rien ne serait vin.

VISUEL, adj.
Caractère de ce qui se voit. Ex. : « Cet homme politique est très visuel. Il se fout de nous, ça se voit ! »

VITRINE, n. f.
Moderne miroir aux alouettes.

La dictée du mois — L'emménagement

Ver la fin des vacances, il y a bien longtemps, une voiture de paysan, qui précédait notre ménage, nous avait déposé, ma mère et moi, devant la petite grille rouillée. […] Ma mère, que nous appelions Millie, et qui était bien la ménagère la plus méthodique que j'aie jamais connu, était entrée aussitot dans les pièces remplies de paille poussiéreuse, et tout de suite elle avait constatée avec désespoir, comme à chaques « déplacement », que nos meubles ne tiendraient jamais dans une maison si mal construite… Elle était sortie pour me confié sa détresse. Tout en me parlant, elle avait essuyé doucement avec son mouchoir ma figure d'enfant noirci par le voyage.

Alain Fournier, Le Grand Meaulnes, 1913.

Solution : Vers, déposés, connue, aussitôt, constaté, chaque, confier, noircie

Charade piège

Mon premier se trouve dans le quartier des Halles,

Mon deuxième arrive à une heure indue,

Mon troisième a vendu son âme,

Mon quatrième a un coup dans l'aile,

Mon tout est un journaliste politique français.

ALAIN DUHAMEL (HALLES – INDUE – ÂME – AILE)

MNÉMOTECHNIQUE

Pas de règle sans exception

- **Les bonbons m'ont donné de l'embonpoint sans néanmoins me transformer en bonbonne.** *(Exceptions à la règle du m devant m, b, p)*
- **Viens mon chou, mon bijou, sur mes genoux avec tes joujoux, et jette des cailloux sur ce hibou plein de poux !** *(Noms en ou qui ont leur pluriel en x et non en s)*
- **Dans mon pays natal eut lieu, c'était fatal, un combat naval. Heureusement, ce fut le combat final, parce qu'il faisait glacial.** *(Adjectifs en al qui ont leur pluriel en als et non en aux)*

Jeudi **16 décembre**

Sainte Alice – On fête aussi les Adélaïde, Aïda, Alizée

Soleil
lever : **8 h 38**
coucher : **16 h 54**

L'amour... il y a ceux qui en parlent et il y a ceux qui le font. À partir de quoi il m'apparaît urgent de me taire. Pierre Desproges

1-2-3-1-2-3-1-2-3

JAMAIS DEUX SANS TROIS

Je te l'ai déjà dit un milliard de fois

C'est évidemment la notion de nombre impossible à atteindre qui est à l'origine de cette expression. Savez-vous par exemple que pour compter jusqu'à un million, au rythme d'un chiffre par seconde, 12 jours sont nécessaires ? Et pour atteindre le milliard, il faudrait... 43 ans ! On imagine alors aisément l'exaspération de répéter « un milliard de fois » la même chose.

1-2-3-1-2-3-1-2-3

- Papa ! "*mdr*", ça prend un "s" ou un "x" au pluriel ?

FOOTBALL

Certains footballeurs sont connus pour leurs bons mots presqu'autant que pour leur jeu. Ainsi George Best, l'attaquant nord-irlandais du grand Manchester des années 1960, confia un jour à la presse : « J'ai dépensé beaucoup d'argent dans la boisson, les filles et les voitures de sport. Le reste, je l'ai gaspillé. » Ou encore le génie argentin Diego Maradona, qui déclara qu'arriver dans la surface sans pouvoir tirer au but, « c'est comme danser avec sa sœur ». Âmes de poètes, les footballeurs ?

Nos Régions

Corse

Haute-Corse/Calvi

Gâteaux traditionnels des bergers corses, les canistrelli sont des biscuits sucrés, secs et cassants. Ils sont fabriqués à partir de farine de blé, de sucre et de vin blanc, auxquels on ajoute des raisins secs, de l'anis ou du citron. Leur origine remonterait au Moyen Âge où les biscuits étaient bénis dans l'église de Calvi le Jeudi saint. Austères autrefois, les canistrelli se sont enrichis aujourd'hui avec l'ajout de noisettes, amandes, cacahuètes, pépites de chocolat ou même le remplacement de la farine de blé par celle de châtaigne.

L'ACTU

Flocons impératifs

Si certains maires prennent des arrêtés absurdes pour dénoncer des situations qui ne le sont pas moins (voir l'article du 18 septembre sur les décès interdits), d'autres le font pour dérider leurs administrés. En décembre dernier, le maire de La Turballe, en Loire-Atlantique, a pris un arrêté obligeant la neige à tomber le soir de l'inauguration des illuminations de Noël. À l'inverse, le texte promulgué et placardé sur la place du marché de la cité balnéaire interdit formellement soleil, masses d'air et autres courants chauds, mais il incite les habitants, notamment les adultes, à « sourire, être en joie et à avoir des étoiles dans les yeux ». Pour justifier son arrêté, l'édile a simplement expliqué qu'il voulait apporter une dose de bonne humeur supplémentaire à l'entrée d'une période festive alors que la vie est parfois très compliquée. Il est vrai que la magie de Noël et ses illuminations, c'est mieux avec de la neige.

Dans l'interminable ennui de la plaine la neige incertaine luit comme du sable. Paul Verlaine

HEUREUX MARIAGES

Le soulagement

Ce ne fut pas facile pour Marie Alphonsine Lanus de trouver un époux. Pourtant, elle avait hâte de se marier et, par cela, de changer de nom. Depuis l'enfance, elle en avait entendu des blagues plus ou moins raffinées sur ce patronyme dont elle avait hérité ! Alors, en ce beau jour de juin 1906, quand elle épousa Pierre Veysset, elle fut soulagée.

Rétro Vermot

La maîtresse :
« Les petites filles ne mettent pas le pouce à la bouche. »
L'élève :
« Ben, quel doigt alors ? »

ILS ONT DIT

« Comestible : susceptible d'être mangé et digéré, comme un ver pour un crapaud, un crapaud pour un serpent, un serpent pour un cochon, un cochon pour l'homme et l'homme pour le ver. »

Ambrose Bierce

RECETTE

Saumon gravlax

Pour 4 pers. 20 min de préparation 10 h de repos (minimum)

400 g de filet de saumon sans peau extra-frais (à commander chez le poissonnier)
1 bouquet d'aneth
2 cuil. à soupe de sucre en poudre
4 cuil. à soupe de gros sel
Baies roses

Vérifiez qu'il ne reste plus d'arêtes dans le saumon ; sinon, retirez-les à l'aide d'une pince à épiler. Rincez le saumon puis épongez-le. Lavez, séchez et ciselez la moitié de l'aneth. Mélangez le sucre, le sel, l'aneth ciselé et les baies.

Placez du film étirable sur un plat et répartissez la moitié du mélange dessus. Déposez le saumon puis couvrez-le du reste du mélange. Massez le saumon avec ce dernier puis fermez soigneusement le film étirable. Placez au réfrigérateur pour quelques heures. Avant de servir, coupez le saumon en tranches fines et goûtez-le. S'il est trop salé ou sucré, rincez-le. Sinon, servez-le directement avec le reste d'aneth.

Conseils : à préparer le matin pour le soir, ou bien la veille pour le lendemain. Vous pouvez l'accompagner d'une petite sauce (moutarde et crème fraîche par exemple).

Tout est relatif... (Espace temps)

Bohr versus Einstein

Si la rivalité entre Albert Einstein et le physicien danois Niels Bohr (prix Nobel de physique 1922) avait eu lieu de nos jours, peut-être aurait-elle fait le buzz, car les deux hommes ne manquaient ni d'intelligence ni de sens de la répartie. C'est à Bohr qu'Einstein adressa son fameux « Dieu ne joue pas aux dés ». Et Bohr de rétorquer : « Mais qui êtes-vous pour dire à Dieu ce qu'il doit faire ?! » Les deux hommes s'opposaient au sujet de la physique quantique : Einstein trouvait cette théorie incomplète car elle comportait une dimension probabiliste, tandis que Bohr acceptait cette idée d'incertitude. Il fallut attendre 2014 pour que les progrès permettent de les départager. Résultat : c'est Bohr qui avait raison ! Dieu et hasard feraient donc parfois bon ménage…

Samedi 18 décembre

Saint Gatien – On fête aussi les Gatienne

Soleil
lever : **8 h 39**
coucher : **16 h 54**

Pour tes cadeaux, à la Saint-Gatien, n'oublie pas ton chien !

Nos Régions

Grand Est

Haute-Marne/ Joinville la veilleuse

La ville de Joinville, aujourd'hui dans le département de la Haute-Marne, était autrefois un point fort de surveillance de la frontière séparant la Champagne de la Lorraine. Son rôle militaire a perduré jusqu'au XVIIIe siècle pour assurer la tranquillité des populations face à d'éventuels envahisseurs. Une veille indispensable même en temps de paix qui a donné à Joinville sa devise : « Omnia tuta, time » que l'on interprète par « Quand tout paraît calme, reste vigilant ».

ILS ONT DIT

« Zèle : se dit d'un collaborateur dont on ne peut rien dire d'autre. »

Pierre Daninos

L'humanité en chiffres

6 912

C'est le nombre de langages et de dialectes parlés sur Terre. Ce nombre comprend les langues actuelles, mais aussi les langues mortes. En revanche, il ne tient pas compte des langues malheureusement disparues. Parmi ces langages, le plus courant est le mandarin : une personne sur 12 sur Terre le parle !

3.14159265358979

Voitures célèbres

Alpine A110

Fabriquée à Dieppe entre 1962 et 1977 à partir de mécaniques Renault, celle qui fut dévoilée au salon de Paris 1961 doit moins sa renommée internationale au cinéma qu'aux compétitions automobiles. Saluée dans *Robert et Robert* et *Il y a des jours et des lunes* par le cinéaste Claude Lelouch, grand fan de sport automobile, l'Alpine A110 est surtout la légendaire voiture qui gagna toutes les courses des années 1970. Ove Andersson, sacré lors du Rallye de Monte-Carlo en 1971, en sait quelque chose ! Et que dire de Jean-Luc Thérier, Jean-Claude Andruet, Bernard Darniche et Jean-Pierre Nicolas, les « mousquetaires d'Alpine Renault » qui remportèrent tous au moins une victoire, faisant d'Alpine le premier champion du monde des rallyes !

CHAUD DEVANT !

UN PEU C'EST BIEN, BEAUCOUP C'EST TROP !

Les gaz à effet de serre ont mauvaise presse car ils menacent notre avenir en contribuant au réchauffement de la planète. Pourtant, à la base, ils sont très utiles car ils permettent à la Terre de réguler globalement son climat. Des études ont même montré que s'il n'y en avait pas du tout dans l'atmosphère, la température moyenne du globe avoisinerait les -20 °C alors qu'elle est actuellement de... 14 °C ! En réalité, ce n'est pas tant ces gaz qui posent problème que leur quantité accumulée dans l'atmosphère, de plus en plus considérable et augmentant à une vitesse exponentielle. Ça sent le gaz !

Soleil
lever : **8 h 40**
coucher : **16 h 55**

Dimanche **19 décembre**

Saint Urbain – On fête aussi les Samantha

À la Saint-Urbain, lâche un peu l'turbin et claque tes talbins !

Rétro Vermot

Un père à son fils :
« Rappelle-toi, mon fils, qu'il y a dans le monde des choses qui valent mieux que l'argent.
– Oui, je sais bien, mais c'est avec l'argent qu'on les achète. »

LES ERREURS JUDICIAIRES TOP SECRET

En 1894, dans un contexte politique tendu, le capitaine Dreyfus est accusé d'avoir transmis des documents secrets à l'ennemi de toujours, l'Allemagne. Condamné à perpétuité, il est envoyé au bagne. Pourtant, les preuves ne manquent pas contre le véritable coupable, Ferdinand Walsin Esterhazy, mais celui-ci est acquitté en 1898. En réaction à ce scandale, Émile Zola publie son célèbre article « J'accuse », dénonçant ainsi publiquement l'injustice subie par Dreyfus. L'année suivante, « l'Affaire », comme on l'appelle, est réexaminée, et un second jugement est prononcé contre l'innocent : dix ans de détention, avec circonstances atténuantes. La grâce présidentielle d'Émile Loubet l'en tire après cinq ans d'incarcération pour rien ! Et il faudra attendre 1906 pour que le capitaine Dreyfus soit totalement blanchi.

ILS ONT DIT

« La principale différence entre le boucher et le banquier, c'est qu'il y en a un des deux qui ne dira jamais : « Il y en a un peu plus, je vous le mets ? » »

Philippe Geluck

ÇA C'EST... Faits divers

Le 20 décembre 2019, toutes les communications sont rompues avec Peter Brown et ses deux équipiers alors qu'ils affrontent une tempête en plein milieu de l'océan Pacifique. Dans leur dernier message, ils indiquent que le mât de leur voilier s'est brisé sous la violence des vagues. Personne ne connaît la localisation exacte des trois skippers partis un mois plus tôt du Japon en direction d'Hawaï. Pendant deux semaines, les rares avions expédiés pour survoler la zone ne repèrent aucune trace de l'épave ni des marins. Sur terre, chez leurs proches, l'espoir de les retrouver en vie s'amenuise à mesure que les jours défilent. Et puis, miracle : le 3 janvier 2020, les naufragés sont repérés par un navire marchand grâce... à un miroir ! La radio étant endommagée, Peter Brown avait récupéré le petit miroir de la salle de bains pour faire des SOS lumineux. Leur message de détresse a été aperçu alors qu'ils pensaient leur dernière heure arrivée. Ils ont été repêchés à plus de 300 km (200 miles nautiques) de la zone où on pensait les trouver...

EXPRESSIONS IMAGÉES

Tomber dans les pommes

C'est à George Sand, célèbre femme écrivain du XIXe siècle, que nous devons cette expression. En effet, celle-ci avait l'habitude de dire, quand elle ressentait une grande fatigue, qu'elle était « dans les pommes cuites ». Par extension et allégorie, qui perd subitement son énergie « tombe dans les pommes » et son corps ressemble à la mollesse d'un fruit cuit.

Lundi **20 décembre**

Saint Théophile – On fête aussi les Zéphyrin, Isaac

Soleil
lever : **8 h 40**
coucher : **16 h 55**

Tout ce qui vole n'est pas rose. Paul Éluard

Nos Régions

Hauts-de-France

Nord/Humour ch'ti

Ch'est deux camarat' qui discutent insempe :

« Cha va t'in ju ?

– Mi cha va et ti ?

– Cha va ch'est le printemps, les ti osiaux sont contints, tout i arvit, tout i sort ed'terre !

– Arrête ! J'ai intérré m'belle-mère l'semaine passée ! »

Charade classique

Mon premier est une greffe,
Mon deuxième est un Anglais,
Mon troisième est une extrémité cornée,
On peut avoir **mon quatrième** sur la main,
Mon cinquième appelle de loin,
Mon tout est un physicien français du XIXe siècle.

ANTOINE BECQUEREL (ENTE – ONE – BEC – CŒUR – HÈLE)

NOMS DE VILLES FRANÇAISES DANS LES LIVRES, CHANSONS ET FILMS

E	O	E	S	L	D	P	A	R	I	S	J	V	S
T	L	R	Y	V	A	V	O	V	E	C	M	R	I
R	I	L	L	C	B	R	R	N	A	D	Z	F	O
E	C	L	I	C	H	Y	O	R	T	E	O	D	L
T	O	N	L	E	M	E	C	C	P	O	X	N	L
A	O	Z	A	T	S	A	R	O	H	N	I	M	A
T	E	U	S	N	S	R	R	B	A	E	O	S	V
Y	O	E	L	S	T	T	A	V	O	A	L	Y	E
N	R	A	O	O	T	E	I	M	E	U	Y	L	L
B	S	N	U	N	U	G	S	H	R	J	R	L	E
L	N	L	I	Q	N	S	B	A	I	E	O	G	S
E	O	A	R	O	C	H	E	F	O	R	T	L	T
N	S	S	N	A	E	L	R	O	Y	B	A	A	S
L	S	I	A	I	H	C	Y	L	C	S	R	P	T

Solution page 377

Cherchez les noms de villes qui manquent dans les titres de chansons, de films et de livres. Ils sont cachés dans la grille ci-dessus. Vous les trouverez soit horizontalement, soit verticalement, soit diagonalement. Ils peuvent se lire de gauche à droite ou de droite à gauche.
Notez que les mots sont dans l'ordre alphabétique dans la liste ci-dessous.

1. Sur le pont d'_________ (chanson traditionnelle)
2. La Fille de _________ (Emmanuelle Bercot)
3. La Cité de _________ (Charles Trenet)
4. Les Parapluies de _________ (Jacques Demy)
5. Jours tranquilles à _________ (Claude Chabrol)
6. Les Galets d'_________ (Charles Aznavour)
7. Le P'tit _________ (Allain Leprest)
8. La Ville de _________ (Tri Yann)
9. Le Vénitien de _________ (Dalida)
10. Le Poinçonneur des _________ (Serge Gainsbourg)
11. Un mariage à _________ (Stefan Zweig)
12. Le Mercenaire de _________ (Richard Berry)
13. La Folle de _________ (Didier Wampas)
14. Dans les prisons de _________ (chanson traditionnelle)
15. La Demoiselle d'_________ (Mireille Mathieu)
16. Il est cinq heures, _________ s'éveille (Jacques Dutronc)
17. Dernier train pour _________ (Les Wampas)
18. Les Filles de _________ (Tri Yann)
19. Les filles de _________ (Jacques Demy)
20. Le Gendarme de _________ (Jean Girault)
21. Les Marins de _________ (Maurice Fanon)
22. _________ est sarrazine (Fabulours Trobadors)

ILS ONT DIT

« Il y a deux sortes d'hommes politiques : ceux qui usent de la langue pour dissimuler leurs pensées, et ceux qui en usent pour dissimuler leur absence de pensée. »

Jan Greshoff

Mardi **21 décembre**

Saint Pierre Canisius – On fête aussi les Thémistocle

Que j'aime le premier frisson d'hiver ! le chaume, sous le pied du chasseur, refusant de ployer ! Alfred de Musset

HIVER

Ça s'est passé

Le 21 décembre 1521

Il est fait mention pour la première fois de « sapins de Noël » dans un registre : des gardes forestiers de Sélestat, en Alsace, sont payés pour surveiller les sapins de la municipalité en cette période.

GRANDS MOMENTS DU CYCLISME

La perte d'un héros est toujours un moment chargé d'émotion. Celle du champion des champions, le « Campionissimo » Fausto Coppi, ne fait pas exception à cette règle. En 1959, le coureur italien se rend en Haute-Volta (actuel Burkina Faso) pour une course fêtant le premier anniversaire de l'autonomie de la colonie. Accompagné par son ami français Jacques Anquetil (à qui il cède d'ailleurs la victoire de la course), Coppi participe aussi à un safari et à diverses visites. Mais bientôt, c'est le drame : il contracte une malaria qui se déclare juste après son retour. Mal diagnostiqué, mal soigné, il meurt quelques temps après, le 2 janvier 1960, à 40 ans, laissant toute la famille mondiale du cyclisme en deuil.

120 ans d'association

Les associations environnementales

Au-delà des ligues de protection de la nature et des animaux (LPO, WWF, etc.) qui existent depuis très longtemps, les associations dédiées à la préservation de l'environnement se multiplient ces dernières décennies. La cause environnementale, et plus largement la prise de conscience générale concernant notre impact écologique, entraîne ainsi la formation de nombreux groupements d'action. La fédération française des associations de protection de la nature et de l'environnement, France Nature Environnement, regroupe environ 3 500 associations en France. Quelques grandes figures charismatiques se détachent de ces mouvements. Dans les années 1990, le « commandant Cousteau » embarque le grand public dans ses documentaires à bord de la Calypso, militant pour la protection de l'environnement marin et s'engageant dans plusieurs causes internationales. Plus récemment, Pierre Rabhi, chantre de la « sobriété heureuse », œuvre pour une société plus responsable, proche de la nature, avec son association Colibris, tandis que Nicolas Hulot, après s'être fait un nom avec l'émission de télévision Ushuaïa Nature, s'invite dans le débat politique et sociétal.

Mercredi **22 décembre**

Sainte Françoise-Xavière – On fête aussi les Gratien, Deved

Soleil
lever : **8 h 41**
coucher : **16 h 56**

J'ai cueilli ce brin de bruyère l'automne est morte souviens-t'en.
Nous ne nous verrons plus sur terre… Guillaume Apollinaire

Étymologie

Attention aux clous !

Régionalisme du centre de la France (Limousin, Poitevin), le nom *clafoutis* est entré dans l'usage courant à la fin du XIXe siècle. Ce nom est issu du croisement de deux mots. Tout d'abord, le verbe de l'ancien français *claufir*, lui-même issu du latin *clavo figere*, « fixer (*figere*) avec des clous (*clavo*) », pris dans le sens « faire paraître comme recouvert de clous » (les cerises du clafoutis). Ensuite, de *foutis*, dérivé de *foutre* pris dans le sens de « remplir, ficher ».

NOTTO DICO

VOLLEY, n. m.
Sport homonyme de volet, voler, volée, volez, volé, volés et volées. Bref. De quoi vous dégoûter du sport et de l'orthographe !

VOYELLE, n. f.
Minorité alphabétique.

VULNÉRABLE, adj.
Vénérable pour les nuls.

WC PUBLICS, n. f. pl.
Paradoxe. Lieu ouvert à tous où chacun se presse à la recherche d'un moment d'intimité.

WEB, n. m.
Réseau parfois antisocial.

VERMOT'ROSCOPE

CAPRICORNE *(22 décembre-20 janvier)*

Caractère

Réservé, timide, calme, méfiant, posé, maîtrisé, concentré, franc, respectueux, travailleur, observateur, solide, résistant, déterminé, ambitieux, sincère, fiable, hypersensible, critique, cérébral, intransigeant, matérialiste, buté, entier, solitaire.

Le message des astres

Cette année, les astres vous laisseront tranquille. Vous aurez enfin l'occasion de souffler et de respirer. Pluton viendra quand même parfois rythmer votre quotidien et vous inciter à aller au bout de votre transition entreprise en 2020.

Vie relationnelle

De bons influx planétaires souffleront sur votre vie amicale. Les échanges, l'épanouissement, la joie de vivre et la bonne humeur seront donc au rendez-vous. En mars, en juin et en juillet, passez plus de temps avec vos amis.

Amour

En couple, l'ambiance sera plus détendue et plus calme. Vous aurez tout le loisir de vous rapprocher de votre moitié et de passer de bons moments. Janvier sera parfait pour que vous exprimiez vos sentiments. En février et en mars, brisez la glace ou faites preuve de créativité. En mai et en juillet, filez le parfait amour ou remettez de la passion là où il n'y en avait plus.

Si vous êtes célibataire et que l'amour n'est pas au rendez-vous, vous aurez toutefois l'occasion de vivre de délicieux moments en compagnie de vos amis. En janvier, n'hésitez pas à céder à une aventure ou déterminez mieux vos aspirations. Entre le printemps et l'été, ouvrez-vous à d'autres influences.

Famille

En 2021, vous vivrez mieux vos relations avec vos proches ou vous aurez la distance nécessaire pour mieux vivre la famille, notamment en mai et en avril.

Quotidien et vitalité

D'un bout à l'autre de 2021, vous ne manquerez pas une occasion de bousculer vos habitudes, de vous remettre en question ou de mieux définir votre quotidien. Vous irez au bout de toutes vos obligations ou de toutes vos entreprises. Janvier devrait vous trouver en pleine forme en février, mars, avril, juin et juillet.

Budget

Les astres vous inciteront à plus de rigueur. Profitez de cette vague de vigilance pour faire vos comptes régulièrement et reprendre votre situation en main. Sur le premier semestre, n'hésitez pas à envisager de faire des placements qui sauront vous rapporter dans l'avenir.

Comment optimiser votre année

Restez adaptable et ouvert d'esprit. Gardez un œil sur vos dépenses sans pour autant que cela devienne une obsession. Ayez conscience de votre potentiel.

Jeudi **23 décembre**

Saint Armand – On fête aussi les Dagobert

Pour la Saint-Armand, souhaite joyeux Noël à ta maman !

Le bon mot de l'histoire

23 décembre 1588 :
« C'est bien taillé, mon fils ; maintenant il faut recoudre. »
Catherine de Médicis

Catherine de Médicis, alors au crépuscule de sa vie, aurait dit cette phrase à son fils Henri III après que celui-ci eut ordonné l'assassinat du duc de Guise. Inquiète des suites que cet acte allait pouvoir engendrer alors que le royaume était ravagé par les guerres de religion, la reine ne cachait pas son anxiété, et sa remarque dû sonner comme un avertissement. Hasard ou prémonition, moins d'un an après, le 1er août 1589, Henri III fut assassiné par le moine Jacques Clément, ligueur fanatique.

LE CHIFFRE

7

C'est, en milliards d'années, l'âge de la météorite de Murchison tombée il y a un demi-siècle dans un village australien. Étudiée depuis cinq décennies et déjà célèbre en raison de la présence de nombreux composés organiques en son sein, la roche cosmique est, de fait, la plus ancienne dans sa catégorie. Grâce à une nouvelle méthode, des scientifiques ont réussi à établir l'âge des micrograins les plus vieux de la météorite. Découvertes en 1987, ces poussières présolaires, qui n'avaient pas pu être datées jusqu'à présent, auraient entre 4,6 milliards et 4,9 milliards d'années, ce qui correspond au moment où les étoiles, mourantes, les ont libérées dans l'espace. La durée de vie de ces astres étant comprise entre 2 milliards et 2,5 milliards d'années, ces particules ont donc autour de 7 milliards d'années. En déterminant l'âge de la météorite de Murchison, les scientifiques confortent la théorie d'un « baby boom » d'étoiles, bien avant la formation de notre Soleil, il y a 4,6 milliards d'années.

Voyager par les séries TV

Breaking Bad et *Westworld*

Le grand Ouest américain, terre de toutes les expérimentations. Walter White en slip dans le désert. Voilà une carte postale comme on en voit rarement. Série narco-psychologique par excellence, *Breaking Bad* nous entraîne dans l'ascension – ou la descente ? – d'un professeur de chimie un peu terne vers les plus hautes sphères criminelles. Les déserts du Nouveau-Mexique, au sud des États-Unis, accueillent le labo-caravane qui permet à Heisenberg de fabriquer la « meth » (méthamphétamine) la plus pure de l'ouest. De plans-séquences en scènes de course-poursuite, on se brûle la rétine sur ces vastes plaines irradiées de chaleur. *Westworld*, série de science-fiction pointue, est le nom d'un parc d'attraction du Far West peuplé de robots. Les visiteurs, plongés dans des époques différentes, viennent réaliser leurs fantasmes les plus fous.

ILS ONT DIT

« Dans le Nord, on pleure deux fois : quand on arrive et quand on repart. Entre les deux, on prend du Prozac. »
Mathieu Madénian

Tant crie-t-on Noël qu'il vient !

Pièges de l'ortografe (h / ph)

Genèse de la rébellion

Il est des mots dont la prononciation – et l'orthographe – ont du mal à entrer dans les mœurs. Ainsi a-t-on tendance à parler de la « génèse » alors qu'il faut prononcer et écrire « genèse ». À l'inverse, si le « rebelle » ne prend pas d'accent, la « rébellion » en nécessite un, tant dans l'écriture que dans la phonétique, comme « ténacité » (et non « tenacité »).

LA GAFFE DE L'HISTOIRE

Rugbywoman

Lors d'une interview télévisée, Michèle Alliot-Marie fut invitée à parler de rugby. En effet, celle qui venait alors d'être promue secrétaire d'État aux Universités avait été auparavant députée des Pyrénées-Atlantiques, une des patries du ballon ovale. Évoquant sa pratique du sport, elle dit tout naturellement : « Je crois que je serais encore capable de faire une passe. »

Au Jardin

Les bambous

Les bambous sont toujours verts, poussent vite et constituent d'excellents brise-vent et des haies décoratives. En outre, ils sont très variés d'aspect, avec des chaumes de couleurs diverses. Mais ils ont un défaut majeur : ils sont très envahissants et pratiquement impossibles à éradiquer une fois qu'ils ont pris le large. Pour planter une haie ou une touffe isolée, il faut donc prendre la précaution de mettre en place une barrière anti-rhizomes, un film spécial en polypropylène semi-rigide. Creusez à 80 cm de profondeur et positionnez le film en le faisant dépasser d'au moins 10 cm en surface. Rebouchez en plantant le bambou et arrosez généreusement la première année. Il existe toutefois quelques variétés non envahissantes, dites aussi « cespiteuses », du genre *Fargesia*.

À QUOI SERT LA RELIGION ?

Ça c'est vache

Les plus belles crasses

Visible à Buenos Aires, le Kavanagh Building est une beauté Art déco de 31 étages, mais aussi et surtout le résultat d'une vengeance amoureuse. Corina Kavanagh a fait construire ce qui fut longtemps le plus haut building d'Amérique Latine dans un seul but : boucher la vue de la famille de son fiancé qui l'avait rejetée. Apparemment, en Argentine, la vengeance se mange froid, et avec une grosse dose de détermination !

Soleil
lever : **8 h 43**
coucher : **16 h 58**

Samedi **25 décembre**

Noël – On fête aussi les Emmanuel, Jésus, Jacopone

N'oublie pas mes petits souliers !

Voyages en train

Pendant une semaine, les voyageurs du Tren Al Andalus embarquent pour un circuit au sud de l'Espagne, à la rencontre de l'Andalousie et de ses influences multiculturelles. À bord de wagons datant des années 1930 et superbement restaurés, on quitte les ruelles dorées de Séville pour rejoindre Jerez et ses bodegas, Grenade et l'Alhambra, Ubeda et Baeza, classées au patrimoine mondial de l'Unesco, avant de revenir au cœur de l'Andalousie. Un bar, un salon de thé et deux wagons-restaurants complètent les cabines confortables. Pour la petite anecdote, sachez que ce train a connu un prestigieux passé, puisqu'il était auparavant utilisé pour transporter les membres de la monarchie britannique à travers la France !

Ils ont dit

« Les hommes, il faut les renouveler de temps en temps : c'est comme les draps, ça s'aère ! »
Anémone

Solution mots mêlés [p. 372]

E	O	E	S	L	D	P	A	R	I	S	J	V	S
T	L	R	Y	V	A	V	O	V	E	C	M	R	I
R	I	L	L	C	B	R	R	N	A	D	Z	F	O
E	C	L	I	C	H	Y	O	R	T	E	O	D	L
T	O	N	L	E	M	E	C	C	P	O	X	N	L
A	O	Z	A	T	S	A	R	O	H	N	I	M	A
T	E	U	S	N	S	R	R	B	A	E	O	S	V
Y	O	E	L	S	T	T	A	V	O	A	L	Y	E
N	R	A	O	O	T	E	I	M	E	U	Y	L	L
B	S	N	U	N	U	G	S	H	R	J	R	L	E
L	N	L	I	Q	N	S	B	A	I	E	O	G	S
E	O	A	R	O	C	H	E	F	O	R	T	L	T
N	S	S	N	A	E	L	R	O	Y	B	A	A	S
L	S	I	A	I	H	C	Y	L	C	S	R	P	T

1. AVIGNON 2. BREST
3. CARCASSONNE 4. CHERBOURG
5. CLICHY 6. ÉTRETAT 7. IVRY
8. LA ROCHELLE 9. LEVALLOIS
10. LILAS 11. LYON 12. MARSEILLE
13. MARVEJOLS 14. NANTES
15. ORLÉANS 16. PARIS
17. PONTOISE 18. REDON
19. ROCHEFORT 20. SAINT-TROPEZ
21. TOULON 22. TOULOUSE

Le coin lecture

La Vraie Vie, d'Adeline Dieudonné

Un père chasseur qui dédie une chambre à ses trophées. Une mère transparente soumise aux accès de brutalité de son mari. Deux enfants qui jouent dans la casse d'à-côté en attendant le passage du marchand de glace. Un jour, un accident vient subitement rompre le quotidien… Sombre, parfois drôle, souvent acide, ce premier roman sonne comme un conte cruel où l'on sent la violence gravir les échelons, peu à peu, année après année. Le style d'écriture est vif, la narration très proche de la réalité. Un livre qui se lit vite mais qui ne laisse pas indifférent !

Luttes et héros populaires

Asmaa Mahfouz

Dans le mouvement baptisé le Printemps arabe, une femme a joué un rôle central et essentiel. En 2011, Asma Mahfouz, une Égyptienne de 26 ans, lance à visage découvert un appel vidéo sur les réseaux sociaux pour inciter la jeunesse à manifester contre le pouvoir autoritaire en place : « Si nous avons encore un honneur et que nous voulons vivre dignement dans ce pays, nous devons descendre place Tahrir le 25 janvier. » Cette courageuse militante risque le pire face à un régime connu pour sa brutalité envers les opposants. D'abord incarcérée pour trouble à l'ordre public, Asma Mahfouz est finalement relâchée grâce à la pression populaire, et se voit même récompensée du prix Sakharov par le Parlement européen.

Dimanche 26 décembre

Saint Étienne – On fête aussi les Estève, Esteban, Stève, Stéphanie

Soleil
lever : **8 h 43**
coucher : **16 h 59**

À la Saint-Étienne, à la tienne mon vieux !

Métiers insolites

Surveillant de coupe

La Ligue nord-américaine professionnelle de hockey (LNAH) ne rigole pas avec la sécurité de sa coupe : chaque année, l'équipe qui remporte la finale du championnat se voit remettre la célèbre Stanley Cup, le graal des hockeyeurs mondiaux. Le contrat de la LNAH stipule que l'équipe gagnante doit assurer la sécurité de la coupe, notamment en garantissant une surveillance 24 h/24 et 365 jours par an. Une équipe de surveillants de coupe est donc nommée et ne quittera pas le précieux trophée des yeux pour une saison entière.

ILS ONT DIT

« Il y a trois temps qui déplaisent souverainement aux jardiniers : le temps sec, le temps pluvieux, le temps en général. »

Pierre Daninos

Maisons d'artistes

Près Saint-Céré, dans le Lot, le château des Tours-Saint-Laurent est un lieu chargé d'histoire. Certes, il ne reste plus grand-chose de l'ancienne forteresse, propriété des Turenne pendant huit siècles, mais, reconstruite au XIXe siècle, elle fut par la suite un des hauts lieux de la Résistance avant d'être achetée après la guerre par Jean Lurçat, le fabuleux rénovateur de la tapisserie au XXe siècle. La bâtisse deviendra son champ de création jusqu'à sa mort en 1966. Le talent et la fantaisie uniques de Jean Lurçat éclatent partout dans le château : on retrouve ses soleils, ses lunes, ses sarabandes d'animaux merveilleux et ses plantes volubiles sur les boiseries, les plafonds, les cheminées, les meubles et les carreaux de cuisine…

Atelier-musée Jean Lurçat, Saint-Laurent-les-Tours, 46400 Saint-Céré

Nos Régions

Île-de-France

Yvelines/Carrières-sur-Seine

La commune de Carrières-sur-Seine tient son nom des exploitations souterraines de pierre qui s'étalent sur 44 hectares. Exploitées du XIe au XXe siècles, ces carrières ont fourni le matériau nécessaire à la construction de nombreuses maisons sur des kilomètres carrés à la ronde. Fermées au public mais régulièrement visitées clandestinement par les cataphiles, certaines ont été officiellement reconverties en champignonnières.

Lundi 27 décembre

Saint Jean l'Évangéliste – On fête aussi les Fabiola, Hans

Dédaigner l'argent, c'est faire preuve de désintéressement, surtout quand il s'agit de celui qu'on doit.
Pierre Dac

Correspondance (très) intime…

« Viens, je t'en prie, me baigner de sérénité une fois de plus. Oui, j'ai été entièrement, intégralement, heureuse… » Ces mots sont destinés à la poétesse britannique Vita Sackville-West. Ils ont été écrits par Virginia Woolf en 1927. Les deux femmes se sont rencontrées quatre ans plus tôt et leur amitié s'est transformée en liaison amoureuse. À travers leurs échanges épistolaires magnifiques et viscéraux, on découvre une Virginia Woolf parfois facétieuse et frivole, moins exclusivement mélancolique et tourmentée que dans ses autres textes. Cet amour saphique, qui prend fin en 1928, lui inspirera Orlando, l'un de ses plus beaux romans. En mars 1941, Virginia se noie, des pierres dans les poches…

L'ACTU

Stupéfiante reconversion

Il y a quelques mois, *Le Journal de Montréal* a relaté cette histoire pour le moins saugrenue : l'ancien directeur du Service de police de la Ville de Montréal est désormais à la tête d'une entreprise spécialisée dans la production et la vente de cannabis, lequel est légalisé au Canada depuis 2018. Il faut dire que l'homme justifie d'une solide expérience en matière de stupéfiants : dans les années 1980-1990, il était agent infiltré dans les réseaux de trafiquants. Puis il a dirigé la Division des stupéfiants et des produits de la criminalité avant d'être nommé chef de la police de Montréal. Son entreprise, QC Gold Tech, fait partie de la quinzaine habilitée à vendre du cannabis par la Société québécoise du cannabis. Interrogé par le quotidien, l'ex-policier assure ne voir aucune contradiction entre son ancienne activité et la nouvelle. Autrefois, il luttait contre les trafiquants ; aujourd'hui, il s'intéresse au cannabis pour ses vertus thérapeutiques, désormais unanimement reconnues, et fait en sorte que « les gens aient une consommation responsable, comme pour l'alcool ».

Théories du complot

Le mariage de Jésus

La vie de Jésus, entre réalité historique et contes bibliques, est assez logiquement la source de multiple fantasmes. Nombreux sont ceux qui ont lu, relu, et analysé dans tous les sens les écrits pour y trouver un quelconque secret sur l'existence et le destin du fils de Dieu. Pas étonnant donc que l'une des théories du complot les plus répandues ait attrait à ce personnage ô combien mythique… Selon cette thèse vieille de plusieurs siècles déjà, Jésus se serait marié avec Marie-Madeleine avant de mourir. Les défenseurs de la théorie affirment que si l'Église fait tout pour garder ce mariage secret, c'est avant tout en raison du métier impur de Marie-Madeleine, qui en ferait une prétendante inacceptable pour le sauveur de l'humanité…

Mardi **28 décembre**

Saints Innocents – On fête aussi les Gaspard

Soleil
lever : **8 h 43**
coucher : **17 h 00**

Décembre prend, il ne rend.

LA GAFFE DE L'HISTOIRE

Le vainqueur est…

Malheureusement, il n'est pas rare que lors de la remise de prix, les présentateurs se trompent de lauréat. À Los Angeles en février 2017, lors de la cérémonie des Oscars, le film *La La Land* a été déclaré vainqueur de la compétition par Warren Beatty et Faye Dunaway à cause d'une erreur d'enveloppe, alors que le meilleur film choisi par le jury était *Moonlight*.

MUSIQUE

Vive les boules !

Quand il était ado, le chanteur Cali avait la rage ; celle qui fait que l'on appelle son premier groupe de lycée *Pénétration anale* – dans un style musical sans doute plus violent que la musette – avec des textes à l'avenant. L'administration du lycée a été peu sensible à la provocation, y voyant peut-être une apologie d'une pratique jugée contre-nature, et a exclu le jeune Cali. Le chanteur s'est vite calmé, devenant à 18 ans champion de France de pétanque catégorie « triplette ».

NOMS D'OISEAUX !

Cocotte

C'est le cri de la poule qui a donné le mot « cocotte », sans doute d'abord dans le langage enfantin, et, comme « poulette », c'est devenu un terme affectueux, parfois servi à une jument : hue, cocotte ! *Mais dès la fin du XVIII*e *siècle, la cocotte est aussi une prostituée d'élite, une femme distinguée et élégante qui séduit les hommes riches et se fait entretenir. La cocotte connaît son apogée sous le Second Empire et à la Belle Époque, notamment avec la Belle Otero. C'est aussi une star de la littérature avec la Nana de Zola, qui tourne mal, ou l'Odette de Swann, chez Proust, qui fait fortune.*

Histoires paranormales

Fantôme à l'écran

La pneumatologie, du grec *pneuma*, « le souffle », « l'esprit », est une discipline qui s'occupe des fantômes. Spécialiste de pneumatologie littéraire, l'universitaire suisse Daniel Sangsue a livré les secrets de ses recherches dans son *Journal d'un amateur de fantômes* (La Baconnière, 2018). Il y raconte, entre autres, sa seule expérience de revenance : un jour, il vit le prénom de son père, mort une année auparavant, s'inscrire à la place du sien sur un écran d'ordinateur, trois fois de suite. Lorsqu'il fit appel à un tiers, le phénomène cessa. Cette apparente manifestation de l'au-delà a bouleversé le chercheur pour qui les fantômes n'étaient jusqu'alors qu'un objet d'étude comme un autre. Il avoue cependant ne pas savoir s'il a été témoin d'une vraie apparition fantomatique ou victime d'une hallucination persistante.

Mercredi 29 décembre

Saint David – On fête aussi les Abigaël

À la Saint-David, joue pas les caïds, tu vas faire un bide !

Pièges de l'ortographe

Financier pas pécunier

L'adjectif « pécuniaire » qualifie tout ce qui a rapport à l'argent. « Financier » se rapporte à la finance, aux ressources pécuniaires. Il ne faut donc pas les confondre : une personne dans le besoin a « des ennuis pécuniaires » et non « des problèmes financiers » qui, eux, se réfèrent plutôt à un marché global. Quant à « pécunier » ou « pécunière », ce sont des barbarismes.

Rétro Vermot

L'institutrice, après avoir expliqué ce qu'est une fraction :
« Voyons si tu m'as bien comprise, Isabelle. J'ai deux pommes. J'en coupe une en deux. Qu'est-ce que tu préfères, celle qui est intacte ou les deux moitiés de l'autre ?
— Les deux moitiés.
— Et pourquoi donc, s'il te plaît ?
— Parce que celle-là, au moins, je verrai si elle est véreuse. »

ILS ONT DIT

« Une rengaine, c'est un air qui commence par vous entrer par une oreille et qui finit par vous sortir par les yeux. »

Raymond Devos

CHAUD DEVANT !

UNE ÉVOLUTION ACCÉLÉRÉE

En 40 ans, aux États-Unis, les petits oiseaux migrateurs, qui affrontent des températures de plus en plus élevées, ont perdu du poids et vu leur corps rétrécir, à l'exception des ailes qui, elles, se sont allongées et affinées. Ils évacuent ainsi plus facilement la chaleur et dépensent moins d'énergie en volant. A contrario, dans les forêts polonaises où les températures sont plus clémentes, les oiseaux sont de plus en plus sédentaires et voient leurs ailes rétrécir et s'arrondir. Cette rapide adaptation est une bonne nouvelle ! Mais jusqu'à quel point ? Telle est la question.

L'INDUSTRIE EN 2021

Le coin lecture

Le Monde horizontal, de Bruno Remaury

Une brève histoire de l'Homme, de son évolution sur Terre et de son passage d'un monde vertical, tourné vers les cieux, à un univers horizontal, celui de la civilisation. En mêlant faits réels et fiction, en faisant se croiser des individus de différentes époques (un préhistorien, des mineurs de 1905, Christophe Colomb, Léonard de Vinci…), Bruno Remaury propose un livre structuré comme un millefeuille, dont les couches successives s'assemblent habilement pour donner corps à l'histoire et au propos. Un récit audacieux, intelligent et très facile à lire.

Jeudi 30 décembre

Saint Roger – On fête aussi les Anysia, Tirid

Soleil
lever : **8 h 44**
coucher : **17 h 02**

À la Saint-Roger, à trop manger, tu vas gerber !

NOTTO

DICO

XYLOPHONE, n. m.
Instrument de musique proche du stylophone. Mais en moins bien car on ne peut pas écrire avec.

YEN, n. m.
Monnaie officielle du Yapon.

YO, Onomatopée
Interjection de rappeur.

YOYO, n. m.
1. Surnom donné à un clown. 2. Jouet en bois avec une ficelle.

YOYOYOYOYO
Clown rappeur utilisant un jouet en bois avec une ficelle.

ÇA C'EST... Faits divers L'ACTU

Humour so irish

Cette affaire s'est déroulée, il y a quelques mois, à Hambourg, en Allemagne. Surnommé le « braqueur du jeudi » pour sa propension à dévaliser les banques juste avant l'heure de fermeture le jeudi, Michael Jauernik, 71 ans, comparaissait devant la justice pour trois braquages. Avant l'annonce du verdict, le septuagénaire aux faux airs de Richard Gere a pu, comme la loi l'y autorise, prononcer quelques mots. Enfin… presque : sa déclaration a duré 20 h ! Le juge a fini par interrompre la diatribe, estimant que l'individu avait amplement outrepassé ses droits. Pendant son très long discours, le « gentleman cambrioleur » (autoproclamé) n'a prononcé ni excuse ni repentir. Il a calmement égrené sa vie de criminel avec moult anecdotes, justifiant ses attaques de banques par les multiples scandales financiers éclaboussant les établissements bancaires. Il a également détaillé ses séances de musculation en prison, ses lectures de Brecht, Hegel ou Sartre, rythmant son récit de citations de Schiller. Excédé, le juge l'a finalement condamné à douze ans et demi de prison…

WWW.

Utiles et insolites

Le site « On boit quoi avec ? » fonctionne comme un sommelier personnel. Créé par trois Bordelais, il vous permet de connaître le vin qui se marie parfaitement avec votre plat. L'intelligence artificielle du site intègre les données de plus de 130 000 recettes qu'elle croise avec des milliers de référence en vin rouge, blanc et rosé pour vous conseiller au mieux : www.onboitquoiavec.fr

Vino populum

Clairette-de-die méthode ancestrale

Un vin effervescent, doux et à faible teneur en alcool, dominé par le cépage muscat. Il vaut bien une petite recherche sur les rayons du caviste. Pline l'Ancien appréciait déjà un vin de cet acabit, celui des Voconces, peuple gaulois des Pré-Alpes. Respect, donc ! Tout est élégant et gourmand, sur le fruit et un équilibre délicat entre douceur et fraîcheur.

Vendredi **31 décembre**

Saint Sylvestre – On fête aussi les Colombine, Yona, Colombe

Au gui l'an neuf, avec ma meuf !

Nos Régions

Normandie

Eure/Pont-Audemer

Il y avait autrefois une tradition dans l'arrondissement de Pont-Audemer qui intervenait lors des baptêmes, à la sortie de l'église. Les enfants du village venaient crier « pouquette cousue » (poche cousue) au parrain pour stimuler sa générosité. Celui-ci, pour montrer qu'il n'avait effectivement pas les poches cousues, jetait en abondance des dragées et de la monnaie aux petits garnements qui les ramassaient, contents.

Rétro Vermot

Max va avec son père au cimetière. Il lit les épitaphes toujours élogieuses que l'on inscrit sur la tombe des défunts et demande : « Mais, papa, où enterre-t-on les méchants ? »

ILS ONT DIT

« Un bon policier est celui qui est capable de prédire l'avenir et qui, par la suite, est également capable d'expliquer pourquoi les choses ne se sont pas passées comme il l'avait prédit. »

Winston Churchill

Énigmes

Le corps de Mlle Dubois a été trouvé dans son laboratoire de recherche par l'un des membres de l'équipe d'entretien de l'institut. Mlle Dubois était une chimiste accomplie, de renommée mondiale. Selon tous ses collègues, elle n'avait pas d'ennemis. Aucune trace de violence n'était visible mais Mlle Dubois avait du sang autour de la bouche, sa peau avait une teinte rosée et ses ongles et ses lèvres étaient rose-violet, ce qui amena les enquêteurs à suspecter un empoisonnement au cyanure.

Sur le plan de travail, la verrerie habituelle : tubes à essai, ballons, éprouvettes, burettes, etc., mais aussi un calepin utilisé par Mlle Dubois pour y noter des renseignements divers concernant ses expériences (la dernière inscription était une liste de trois éléments : Argent, Astate, Hélium) et son agenda contenant son emploi du temps. Elle n'avait eu que trois visiteurs le jour de sa mort : un professeur, un fournisseur et un élève.

Accident, suicide ou meurtre ? Une question superflue pour la police qui procéda à l'arrestation du coupable le jour même. Savez-vous comment les enquêteurs sont arrivés à leur conclusion ?

Solution : Le symbole chimique de chaque élément donne le nom de l'assassin, qui était l'un des visiteurs : Argent = Ag ; Astate = At ; Hélium = He, donc AGATHE.

Et l'année prochaine...

Que se passera-t-il encore ?
Vous pensez que rien ne vous étonnera plus ?

Pas si sûr...